Juan López

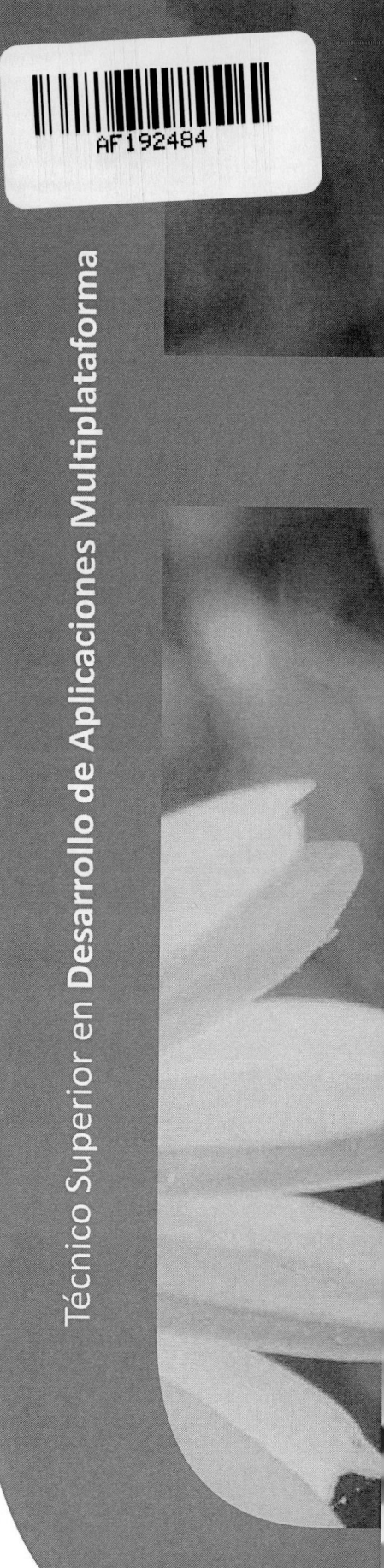

Técnico Superior en Desarrollo de Aplicaciones Multiplataforma

Administración de Sistemas Operativos 2.ª Edición

Garceta
grupo editorial

Administración de Sistemas Operativos 2.ª Edición

Juan López

ISBN: 978-84-1903-456-4
IBERGARCETA PUBLICACIONES, S.L., Madrid 2024

Edición: 2.ª
Impresión: 1.ª
N.º de páginas: 436
Formato: 20 x 26 cm

Administración de Sistemas Operativos 2.ª Edición

© Juan López

2.ª edición, 1.ª impresión
OI: 0118/2026
ISBN: 978-84-1903-456-4

Deposito Legal: M-11268-2024
Imagen de cubierta: © Isbel Capella

Impresión: Imprenta Valle del Tiétar, S.L.

IMPRESO EN ESPAÑA - PRINTED IN SPAIN

Administración de Sistemas Operativos
2.ª Edición

Contenido

## CAPÍTULO 1

ADMINISTRACIÓN DE SERVICIO DE DIRECTORIO

Contenidos

1.1. Servicio de directorio. Definición, elementos y nomenclatura. LDAP

1.2. LDAP

1.3. Esquema del servicio de directorio

1.4. Controladores de dominios. Creación de dominios

1.5. Instalación, configuración y personalización del servicio de directorio

1.6. Objetos que administra el dominio. Cuentas, usuarios, grupos y equipos

1.7. Herramientas gráficas de administración del servicio de directorio

Actividades propuestas

1.1. SERVICIO DE DIRECTORIO. DEFINICIÓN, ELEMENTOS Y NOMENCLATURA. LDAP

A medida que el número de usuarios y equipos en una red crece, los servicios de Directorio Activo o dominio son fundamentales. Cuando un usuario se conecta a la red, debe seleccionar el dominio al que quiere entrar e introducir sus datos de usuario. Al ser autenticado en un dominio, el usuario tiene disponibles todos los recursos dados de alta en dicho dominio, sin tener que autenticarse en cada uno de los servidores que formen parte de dicho dominio. La gestión de un dominio se realiza de forma centralizada, ya que toda la información se encuentra en una base de datos almacenada en el *controlador de dominio*.

Los servicios de Dominio o Directorio Activo son la base para la infraestructura de una red. Permiten almacenar información acerca de usuarios, equipos y otros dispositivos y servicios de la red de la empresa de forma centralizada. También permiten autenticar usuarios y equipos, permitir o denegar el acceso de un usuario o equipo a un recurso de red y facilitar a los usuarios la búsqueda de impresoras, recursos compartidos y otros usuarios.

El Directorio Activo dispone de una base de datos que guarda toda la información de los objetos del dominio como usuarios, equipos, grupos, etc. El controlador de dominio es un servidor que mantiene la base de datos de usuarios del dominio. A través de las herramientas de administración se pueden administrar los usuarios, grupos, equipos, permisos y demás componentes del dominio. Un dominio puede dividirse en subdominios que funcionarán como dominios en su campo de administración. Asimismo, los dominios pueden agruparse en estructuras superiores que les contienen, denominadas bosques. Un *bosque* es una colección de uno o más dominios. Al primer dominio del bosque se le llama dominio raíz.

Microsoft implementa los servicios de directorio a través de Active Directory. Microsoft presentó Active Directory con Windows 2000. El siguiente gran lanzamiento, Windows Server, integró mejoras significativas en Active Directory, pero no fueron cambios de excesiva relevancia.

Actualmente, con Windows Server, Active Directory es un servicio de directorio muy consistente y eficaz que ha integrado numerosas mejoras en la última versión para mejorar la seguridad y la capacidad de administración de este servicio de red principal.

Si usa la función del servidor de los Servicios de dominio de Directorio Activo *(Active Directory* o AD DS) en el sistema operativo Windows Server, podrá crear una infraestructura escalable, segura y administrable para la administración de usuarios y recursos, y puede ofrecer compatibilidad con aplicaciones con directorio habilitado como, por ejemplo, Microsoft Exchange Server.

AD DS proporciona una base de datos distribuida que almacena y administra información acerca de los recursos de red y datos específicos de las aplicaciones con directorio habilitado. Los administradores pueden usar AD DS para organizar los elementos de una red (por ejemplo, los usuarios, los equipos y otros dispositivos) en una estructura de contención jerárquica. Ésta incluye el bosque de Active Directory, los dominios del bosque y las unidades organizativas de cada dominio. El servidor que ejecuta AD DS se llama controlador de dominio.

La organización de los elementos de la red en una estructura de contención jerárquica ofrece las siguientes ventajas:

- El bosque actúa como un límite de seguridad para la organización y define el ámbito de autoridad de los administradores. De forma predeterminada, el bosque contiene un solo dominio llamado dominio raíz del bosque.

- Se pueden crear dominios adicionales en el bosque para facilitar la partición de los datos de AD DS, lo que permite a las organizaciones replicar datos sólo si es necesario. Esto permite que AD DS se ajuste de forma global en una red con un ancho de banda limitado.

- Además, un dominio de Active Directory es compatible con otras funciones clave relacionadas con la administración, incluidas la identidad de usuario, la autenticación y las relaciones de confianza en la red.

- Las unidades organizativas simplifican la delegación de autoridad para facilitar la administración de un gran número de objetos. Mediante la delegación, los propietarios pueden transferir una autoridad total o limitada sobre los objetos a otros usuarios o grupos. La delegación es importante porque ayuda a distribuir la administración de un gran número de objetos para una serie de usuarios en quienes se confía para realizar tareas de administración.

La seguridad se integra con AD DS mediante la autenticación de inicio de sesión y el control de acceso a los recursos del directorio. Con un solo inicio de sesión de red, los administradores pueden administrar los datos de directorio y la organización a través de la red. Los usuarios de red autorizados también pueden usar un inicio de sesión de red único para tener acceso a cualquier punto de la red. La administración basada en directiva facilita la administración de incluso las redes más complejas.

1.2. LDAP

LDAP (*Lightweight Directory Access Protocol* o Protocolo compacto de acceso a directorios) es un protocolo estándar que permite administrar directorios, esto es, acceder a bases de información de usuarios de una red mediante protocolos TCP/IP. LDAP es un protocolo de aplicación que permite el acceso a un servicio de directorio (dominio).

Las bases de información, donde se almacenan y gestionan las entradas del directorio, generalmente están relacionadas con los usuarios, pero, algunas veces, se utilizan con otros propósitos, como el de administrar el hardware de una compañía.

El objetivo del protocolo LDAP, desarrollado en 1993 en la Universidad de Michigan, fue reemplazar al protocolo DAP (utilizado para acceder a los servicios de directorio X.500 por OSI) integrándolo a TCP/IP. Desde 1995, DAP se convirtió en LDAP independiente, con lo cual se dejó de utilizar sólo para acceder a los directorios tipo X500. LDAP es una versión más simple del protocolo DAP y de ahí deriva su nombre *Protocolo compacto de acceso a directorios*.

El árbol de directorios de LDAP permite gestionar el rendimiento de la instalación al permitir distribuir el directorio entre varios servidores. También permite asignar servidores a zonas geográficas concretas y administrar cada servidor separadamente por un equipo diferente.

Entre los servicios que proporciona un servidor LDAP podemos distinguir los servicios de información (estructura y tipos de datos que tiene el directorio), los servicios de asignación de nombres (para referenciar de forma única las entradas y los datos en el árbol de directorios), los servicios funcionales (operaciones para acceder al árbol de directorio: autenticación, solicitudes y actualizaciones) y los servicios de seguridad (mecanismos de autenticación para garantizar al cliente cómo probar su identidad y mecanismos de autorización para controlar el acceso al servidor). Estas categorías de servicios suelen ir asociadas a modelos de información, asignación, funcional y de seguridad, respectivamente.

El protocolo LDAP define el método para acceder a datos en el servidor a nivel cliente, pero no la manera en la que se almacena la información. LDAP le brinda al usuario métodos que le permiten: conectarse, desconectarse, buscar información, comparar información, insertar entradas, cambiar entradas y eliminar entradas. Asimismo, el protocolo LDAP ofrece mecanismos de cifrado (SSL, etc.) y autenticación para permitir el acceso seguro a la información.

LDAP presenta la información bajo la forma de una estructura jerárquica de árbol denominada DIT (*Árbol de información de directorio*), en la cual la información, denominada entradas (o incluso DSE, *Directory Service Entry*), se representa por bifurcaciones (Figura 1-1). Una bifurcación ubicada en la raíz de una bifurcación se denomina entrada raíz. Cada entrada en el directorio LDAP corresponde a un objeto abstracto o real (por ejemplo, una persona, un objeto material, parámetros, etc.)

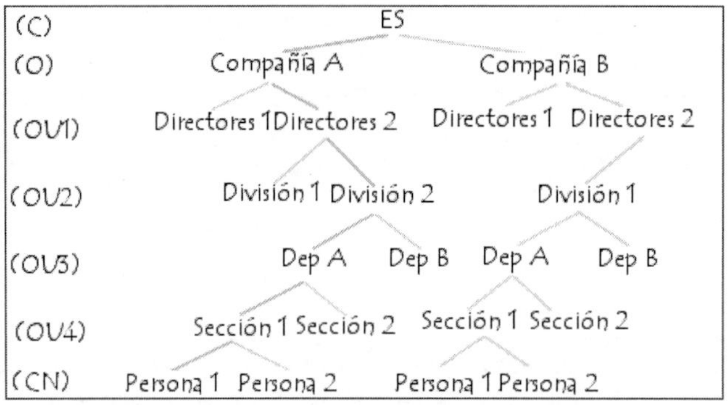

Figura 1-1

Cada entrada está conformada por un conjunto de pares clave/valor denominados atributos.

LDAP brinda un conjunto de funciones (procedimientos) para llevar a cabo solicitudes en los datos para buscar, cambiar y eliminar entradas en los directorios. A continuación, encontrará una lista de las principales operaciones que puede realizar LDPA:

Funcionamiento	Descripción
Abandon (Abandonar)	Cancela la operación previa enviada al servidor
Add (Agregar)	Agrega una entrada en el directorio
Bind (Enlazar)	Inicia una nueva sesión en el servidor LDAP
Compare (Comparar)	Compara las entradas en un directorio según los criterios
Delete (Eliminar)	Elimina una entrada de un directorio
Extended (Extendido)	Realiza operaciones extendidas
Rename (Cambiar nombre)	Cambia el nombre de una entrada
Search (Buscar)	Busca entradas en un directorio
Unbind (Desenlazar)	Finaliza una sesión en el servidor LDAP

LDAP brinda un formato de intercambio de datos (LDIF, Formato de intercambio de datos de LDAP) que permite importar y exportar datos desde un directorio mediante un archivo de texto simple. La mayoría de los servidores LDAP admiten este formato, lo cual permite una gran interoperabilidad entre ellos.

1.3. ESQUEMA DEL SERVICIO DE DIRECTORIO

Las características de los Servicios de dominio de Directorio Activo AD DS adicionales en Windows Server son:

- Un conjunto de reglas, el **esquema**, que define las clases de objetos y atributos incluidos en el directorio, las restricciones y límites de las instancias de estos objetos y el formato de sus nombres.

- Un catálogo global que contiene información acerca de todos los objetos del directorio. Los usuarios y los administradores pueden usar el catálogo global para buscar información del directorio con independencia del dominio en que el directorio tiene los datos.

- Un mecanismo de consulta e índice para poder publicar los objetos y sus propiedades, y buscar por usuarios o aplicaciones de red.

- Un servicio de replicación que distribuye los datos de directorio en una red. Todos los controladores de dominio de escritura de un dominio participan en la replicación y contienen una copia completa de toda la información de directorio del dominio. Cualquier cambio en los datos del directorio se replica en todos los controladores de dominio del dominio.

- Funciones de maestro de operaciones –llamadas también operaciones FSMO (*Flexible Single Master Operations*)–. Los controladores de dominio que contienen las funciones de maestro de operaciones se designan para realizar tareas específicas para garantizar la coherencia y eliminar las entradas en conflicto del directorio.

Los programadores y los administradores del sistema con experiencia pueden administrar el esquema de Active Directory, aunque el complemento Esquema de Active Directory no está instalado de forma predeterminada. Además, el archivo *schmmgmt.dll* debe estar registrado para poder instalar el complemento.

Para *instalar el complemento Esquema de Active Directory*, pulse en *Inicio*, haga clic con el botón secundario en *Símbolo del sistema* y, a continuación, en *Ejecutar como administrador*. Si aparece el cuadro de diálogo *Control de cuentas de usuario*, confirme que la acción que muestra es la que desea y, a continuación, haga clic en *Continuar*. Escriba *regsvr32 schmmgmt.dll* y presione *Intro*. Haga clic en *Aceptar* para cerrar el cuadro de diálogo que confirma que la operación se ha realizado correctamente. Pulse en *Inicio*, en *Ejecutar*, escriba *mmc* y, a continuación, en *Aceptar*. Si aparece el cuadro de diálogo *Control de cuentas de usuario*, confirme que la acción que muestra es la que desea y, a continuación, pulse en *Continuar*. En el menú *Archivo*, haga clic en *Agregar o quitar complemento*. En *Complementos disponibles*, haga clic en *Esquema de Active Directory*, en *Agregar* y, a continuación, en *Aceptar*.

Para guardar esta consola, en el menú *Archivo*, haga clic en *Guardar*. En el cuadro de diálogo *Guardar como*, realice una de las siguientes acciones:

Para colocar el complemento en el menú *Herramientas administrativas*, escriba un nombre para el complemento en *Nombre de archivo* y, a continuación, haga clic en *Guardar*.

Para guardar el complemento en una ubicación distinta de la carpeta Herramientas administrativas, en *Guardar en*, desplácese a la ubicación donde desea guardar el complemento. En *Nombre de archivo*, escriba un nombre para el complemento y haga clic en *Guardar*.

A continuación, se presenta un resumen rápido de lo que constituye actualmente la marca Active Directory en Windows Server.

- *Servicios de dominio de Active Directory* (AD DS). Lo que solíamos llamar Active Directory. Ofrece autenticación basada en NTLM y Kerberos para usuarios y equipos de dominio, y administra unidades organizativas, usuarios, grupos, directivas de grupo y mucho más.

- *Active Directory Lightweight Directory Services o Servicios de Directorio Ligero* (AD LDS). Servidor LDAP de alto rendimiento basado en el mismo código fuente usado por ADDS.

- *Servicios de certificados de Active Directory* (AD CS). Ofrece autenticación segura mediante certificados X.509.

- *Active Directory Rights Management Services* (AD RMS). Protege los activos digitales, como documentos y correo electrónico, del uso no autorizado mediante la creación de archivos y contenedores protegidos con derechos.

- *Servicios de federación de Active Directory* (AD FS). Ofrece inicio de sesión único web y federación de identidades para servicios web compatibles con WS-*.

A continuación, se resumen las características novedosas de AD DS más importantes:

Controlador de dominio de sólo lectura (RODC). Un RODC es un tipo de controlador de dominio nuevo que hospeda particiones de sólo lectura de la base de datos de Active Directory. Un RODC resulta especialmente útil en los siguientes casos:

- La seguridad física de un controlador de dominio no se puede garantizar o su ubicación no incluye administradores con la autoridad en todo el dominio necesaria para administrar un controlador de dominio de escritura.

- Los usuarios de sucursales se pueden beneficiar de un proceso de inicio de sesión más eficaz, proporcionado por un controlador de dominio local de la sucursal.

Instalación por fases de un RODC. Esta característica proporciona una instalación de RODC en dos fases. En la primera fase, un miembro del grupo *Admins.* del dominio crea una cuenta para el RODC. En la segunda fase, un usuario delegado conecta un servidor a la cuenta RODC.

Conjunto de atributos filtrado de RODC. Es un conjunto de atributos secretos que no se replica en el RODC. De este modo, se evita la revelación de los valores de atributo en caso de robo del RODC. El conjunto de atributos filtrado de RODC se puede configurar dinámicamente para una aplicación.

Separación de funciones de administrador. Esta característica permite a los administradores del dominio delegar la instalación y administración de un RODC en usuarios no administrativos.

Mejor Asistente de instalación (*dcpromo*). El Asistente para la instalación de los Servicios de dominio de Active Directory (*dcpromo.exe*) ha mejorado la compatibilidad con las instalaciones desatendidas, la selección de sitio, la instalación por fases para RODC y otras opciones avanzadas.

Creación de medios de instalación seguros. Con esta característica, es posible usar *Ntdsutil.exe* en Windows Server para crear medios de instalación seguros para las siguientes instalaciones de AD DS y Servicios de directorio ligero de Active Directory (AD LDS). En las versiones anteriores de Windows Server, se recomendaba a los administradores usar Ntbackup.exe para crear medios de instalación del controlador de dominio. En Windows Server, se recomienda a los administradores usar Ntdsutil.exe para crear medios de instalación. Puede crear medios que no contengan secretos en caché (por ejemplo, contraseñas) para usarlos en la instalación de RODC. Al quitar los secretos en caché de los medios de instalación, un usuario malintencionado que obtenga acceso a los medios de instalación no puede extraer los secretos de dichos medios.

AD DS reiniciable. Puede usar esta característica para detener y reiniciar AD DS sin reiniciar el controlador de dominio. Las operaciones sin conexión (por ejemplo, la desfragmentación sin conexión) se pueden completar más rápidamente porque no es necesario reiniciar el controlador de dominio en el modo de restauración de servicios de directorio.

Auditoría de cambios en AD DS. Esta característica configura la auditoría de AD DS con una nueva subcategoría de auditoría para registrar valores antiguos y nuevos siempre que se realicen cambios en objetos y sus atributos.

Directiva de contraseñas específica. Esta característica permite especificar las directivas de contraseñas y bloqueo de cuenta para determinados usuarios y grupos de seguridad global de un dominio. Usa objetos de configuración de contraseña y reglas de precedencia nuevos para quitar la restricción de una sola directiva para cada dominio.

Herramienta de minería de datos. Con esta característica, puede ver los datos de AD DS y AD LDS almacenados en instantáneas o copias de seguridad en línea. Aunque no permite restaurar objetos y contenedores eliminados, esta característica se puede usar para comparar datos de instantáneas o copias de seguridad realizadas en diferentes momentos para decidir qué datos se van a restaurar sin necesidad de reiniciar el controlador de dominio o el servidor de AD LDS.

1.4. CONTROLADORES DE DOMINIOS. CREACIÓN DE DOMINIOS

Los dominios ofrecen muchas opciones para facilitar a los usuarios el acceso a los recursos, al mismo tiempo que mantienen un control y seguridad adecuados. En un dominio es más sencillo efectuar el seguimiento de las contraseñas y los permisos, ya que un dominio es una base de datos sencilla y centralizada de cuentas de usuario, permisos y otros detalles de la red. La información de esta base de datos se replica automáticamente entre los controladores de dominio.

1.4.1. Especificación de un nombre de equipo y un dominio en Windows Server

Si es la primera vez que instala Windows Server en el equipo, el proceso de instalación asignará al equipo un número generado aleatoriamente como nombre del equipo. Si está reinstalando o actualizando a una versión más reciente de Windows Server, el programa de instalación conservará el nombre de equipo existente. Es posible que le resulte más fácil obtener acceso al servidor remotamente y reconocerlo en informes y registros si le asigna un nombre descriptivo que se ajuste al esquema de asignación de nombres de los equipos de su organización.

Además, puede especificar un nombre de equipo durante la instalación si usa un archivo de instalación desatendida para instalar Windows Server.

Tenga en cuenta lo siguiente al asignar un nombre de equipo:

- La longitud que se recomienda para la mayoría de los idiomas es de 15 caracteres o menos. En los idiomas que requieren más espacio de almacenamiento por cada carácter, como el chino, japonés y coreano, la longitud que se recomienda es de 7 caracteres o menos.

- Se recomienda usar únicamente caracteres estándar de internet para el nombre del equipo. Los caracteres estándar son los números del 0 al 9, las letras mayúsculas y minúsculas de la A a la Z, y el guión (-). Los nombres de equipo no pueden estar compuestos únicamente por números.

- Si usa DNS en la red, puede usar una variedad de caracteres más amplia, incluidos los caracteres Unicode y otros caracteres no estándar, por ejemplo, "Y" comercial (&). El uso de caracteres que no son estándar puede afectar al funcionamiento en la red del software que no sea de Microsoft.

- La longitud máxima permitida para un nombre de equipo es de 63 bytes. Si el nombre tiene más de 15 bytes de longitud (15 caracteres en la mayoría de los idiomas, 7 caracteres en algunos), los equipos con Windows NT 4.0 y versiones anteriores reconocerán el equipo por los primeros 15 bytes del nombre solamente. Además, hay pasos de configuración adicionales si la longitud de un nombre supera los 15 bytes.

Si un equipo forma parte de un dominio, debe elegir un nombre que sea diferente de todos los demás nombres de equipos del dominio. Para evitar conflictos de nombres, el equipo debe ser único en el dominio, grupo de trabajo o red. Si el equipo forma parte de un dominio y contiene más de un sistema operativo, debe usar un nombre de equipo exclusivo para cada sistema operativo que esté instalado. Este requisito sólo se aplica a un equipo que contenga varias instalaciones del mismo sistema operativo.

Para asignar un nombre al equipo y unirlo a un dominio, haga clic en *Proporcionar nombre del equipo y dominio* en la ventana *Tareas de configuración inicial* y utilice la ficha *Nombre de equipo* (Figura 1-2). La ficha *Hardware* (Figura 1-3) da acceso al *Administrador de dispositivos* que relaciona y permite configurar todos los dispositivos del equipo (Figura 1-4) y a la *Configuración de controladores de Windows Update* con las opciones de la Figura 1-5. La ficha *Opciones avanzadas* (Figura 1-6) permite configurar rendimiento según las opciones de la Figura 1-7, perfiles de usuario según las opciones de la Figura 1-8 e inicio y recuperación según las opciones de la Figura 1-9. La ficha *Acceso remoto* (Figura 1-10) gobierna el acceso remoto a este equipo.

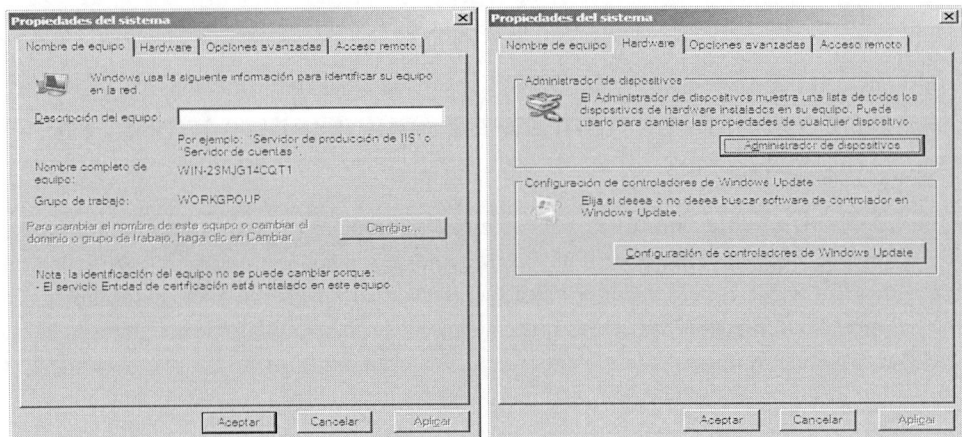

Figura 1-2   Figura 1-3

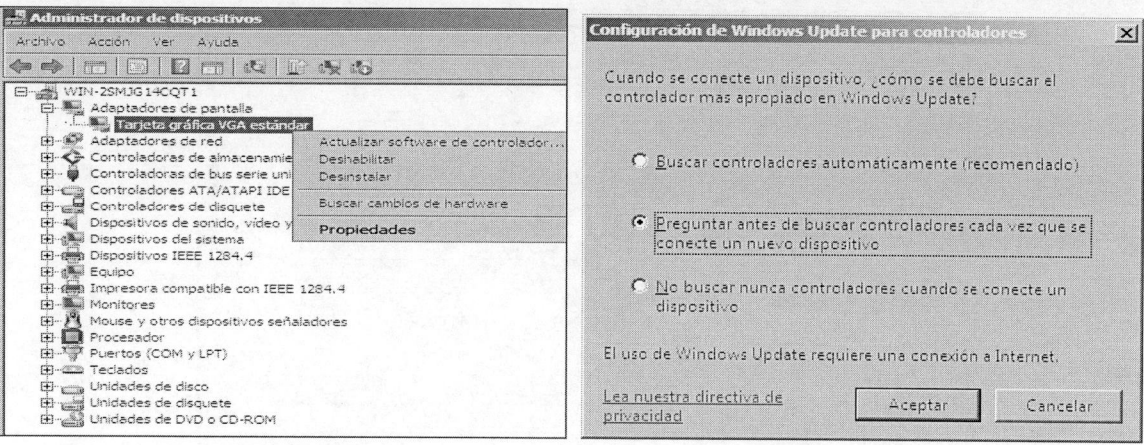

Figura 1-4   Figura 1-5

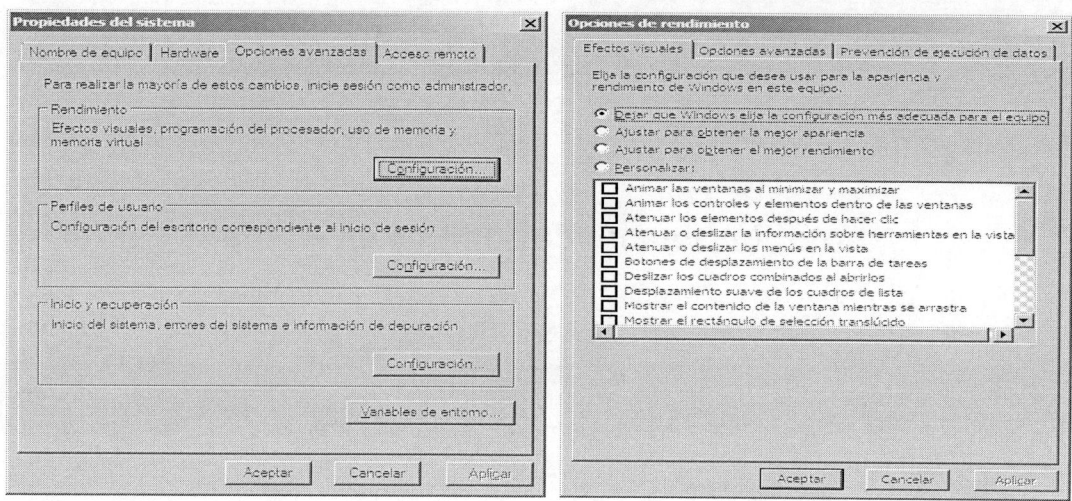

Figura 1-6   Figura 1-7

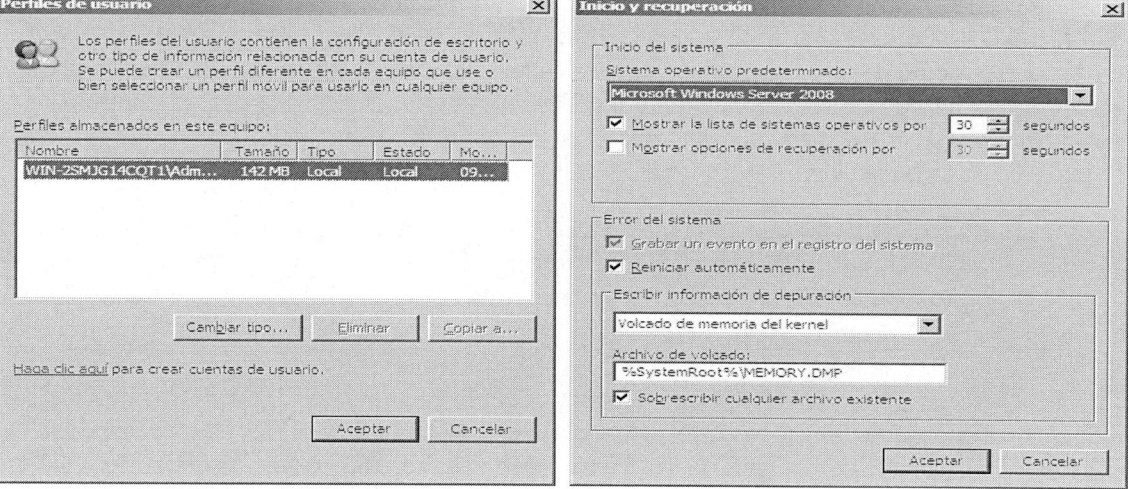

Figura 1-8   Figura 1-9

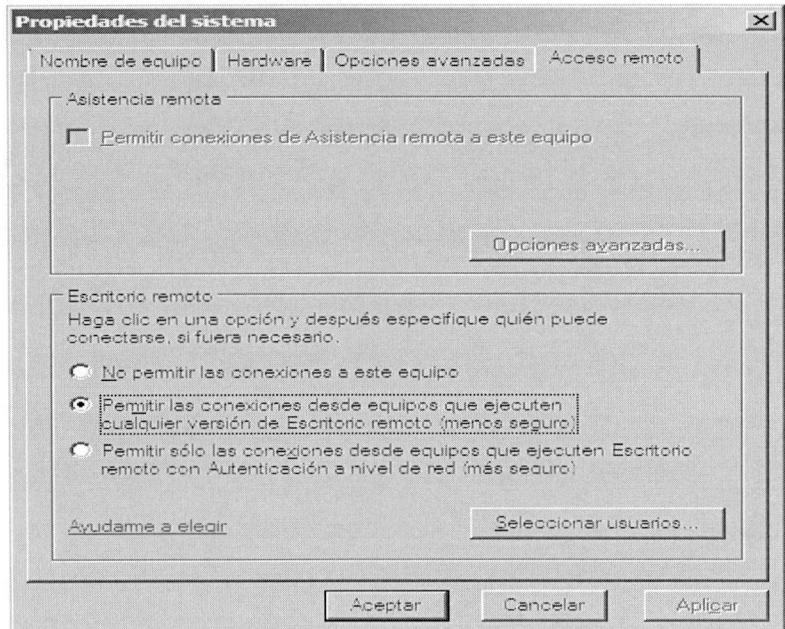

Figura 1-10

1.4.2. Creación de un controlador de dominio en Windows Server

La instalación de Active Directory consta de dos partes: instalar la función servicios de dominio de Active Directory (se verá en los párrafos siguientes) y usar *dcpromo.exe* para instalar los servicios de dominio de Active Directory. Para instalar un controlador de dominio haga clic en el vínculo de Servicios de dominio de Active Directory del Administrador del servidor (Figura 1-11). Se obtiene el árbol de la consola de administrador del servidor con la función *Servicios de dominio de Active Directory* activada (Figura 1-12).

A la derecha de la pantalla del Administrador del servidor, bajo *Resumen*, se hace clic en *Ejecute el Asistente para la instalación de los servicios de dominio de Active Directory*. Se obtiene la pantalla del asistente de la Figura 1-13. Al hacer clic en *Siguiente*, se obtiene el cuadro de diálogo informativo de la Figura 1-14. Se hace clic en *Siguiente* y se obtiene la pantalla de la Figura 1-15 que permite elegir la configuración de implementación, pudiendo crear un controlador de dominio para un bosque existente o para un bosque nuevo. Haga clic en *Siguiente* y elija un nombre para el controlador de dominio (Figura 1-16). Haga clic en *Siguiente* y establezca el nivel funcional del bosque (Figura 1-17). Haga clic en *Siguiente* y elija opciones adicionales del controlador de dominio (Figura 1-18).

Para *instalar un controlador de dominio de sólo lectura* (RODC) se señalará la opción *controlador de dominio de sólo lectura* (RODC) en el cuadro correspondiente de la pantalla *Opciones adicionales del controlador de dominio* (Figura 1-18). La propia pantalla avisa de que el primer controlador de dominio de un bosque no puede ser un RODC.

Al hacer clic en *Siguiente* se obtiene la pantalla de la Figura 1-19 que permite introducir la ubicación de las carpetas de la base de datos, archivos de registro y SYSVOL. Se hace clic en *Siguiente* y en la pantalla de la Figura 1-20 se introduce la contraseña del administrador del *Modo de restauración de servicios de directorio*. Se pulsa en *Siguiente* y se obtiene un resumen de las opciones seleccionadas para la instalación (Figura 1-21).

Se hace clic en *Siguiente* y comienza la instalación (Figuras 1-22 y 1-23). Finalizado el proceso de instalación se obtiene la pantalla del asistente que indica este hecho (Figura 1-24). Al pulsar en *Finalizar* se completa la instalación y el asistente avisa de la necesidad de reiniciar el equipo (Figura 1-25).

Una vez instalado el controlador de dominio, podrá administrar objetos en el dominio usando *Usuarios y equipos de Active Directory*, *Dominios y confianzas de Active Directory* y *MMC complementos de Servicios de Active Directory*. El complemento *Esquema de Active Directory* ya hemos visto como se instala en el apartado anterior.

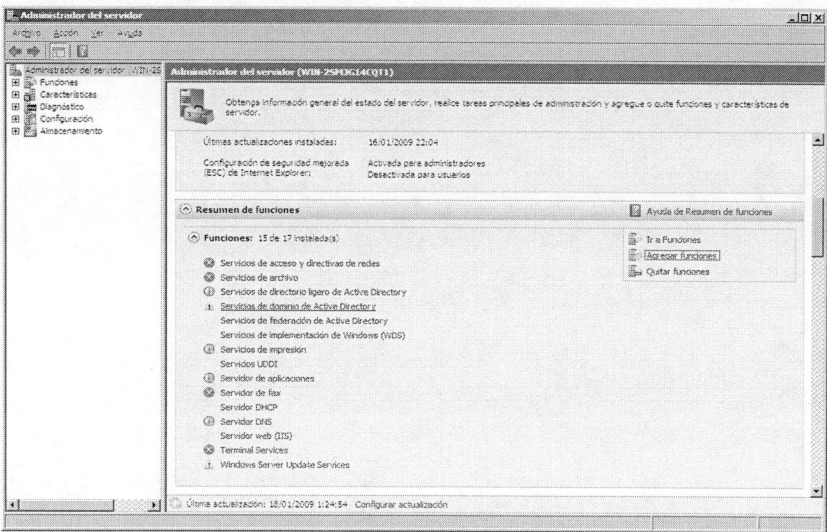

Figura 1-11

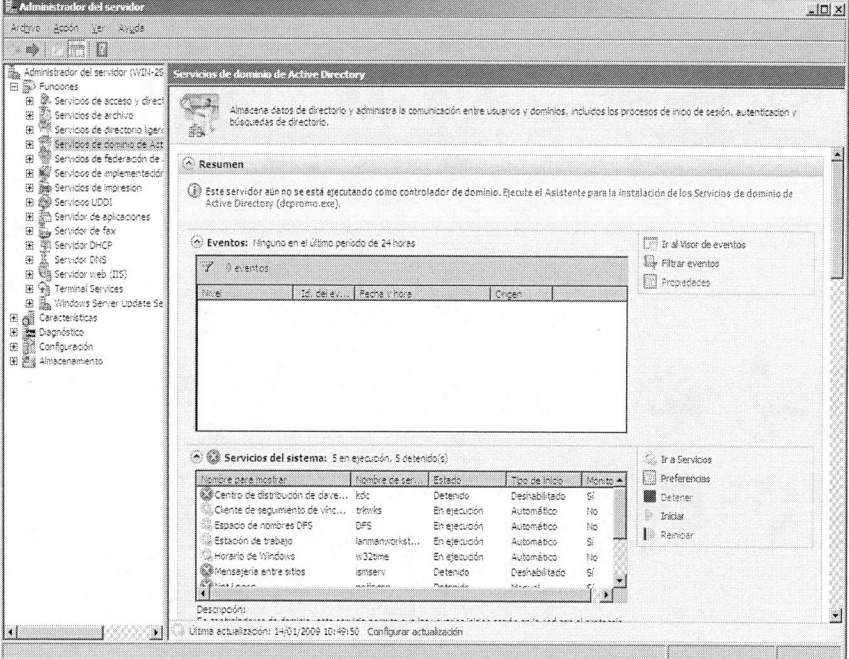

Figura 1-12

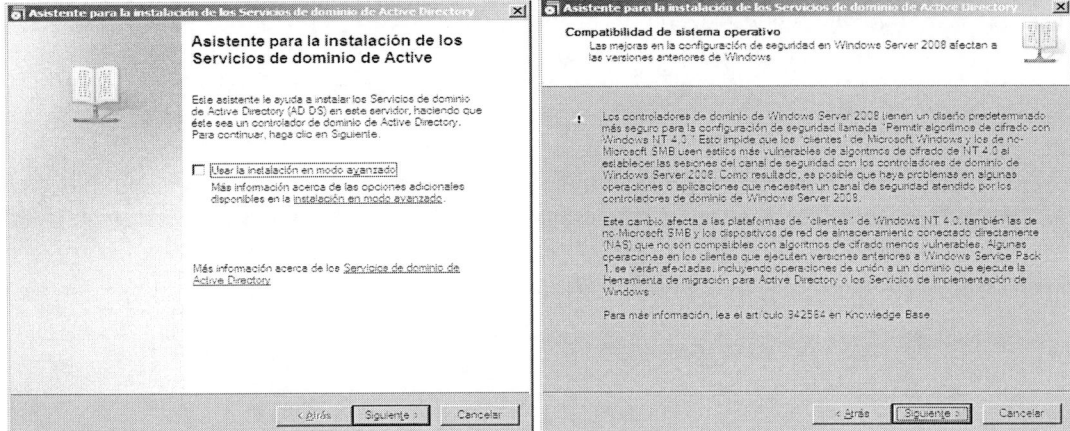

Figura 1-13   Figura 1-14

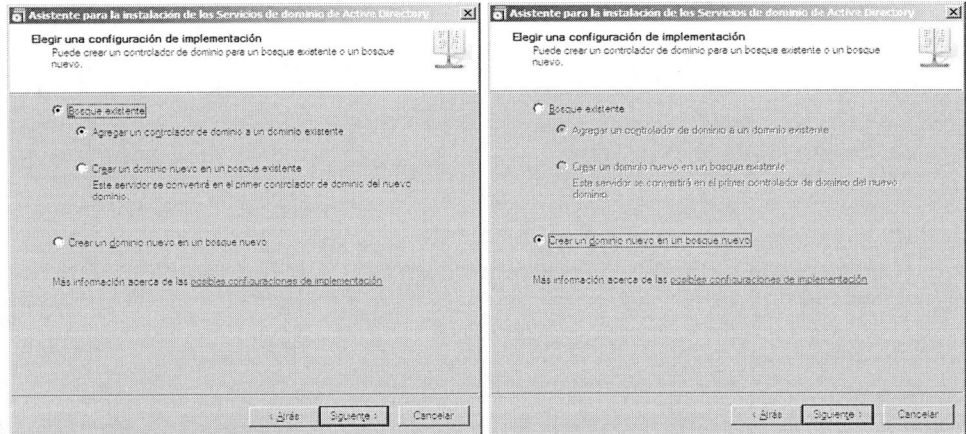

Figura 1-15   Figura 1-16

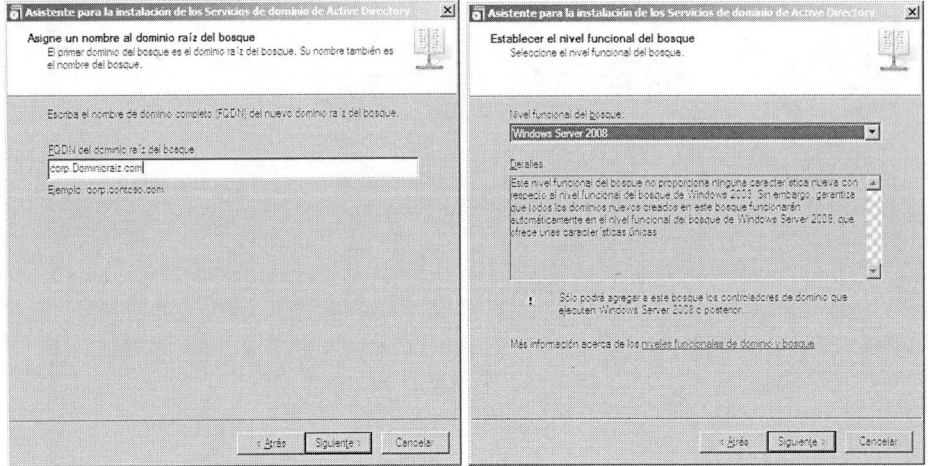

Figura 1-17   Figura 1-18

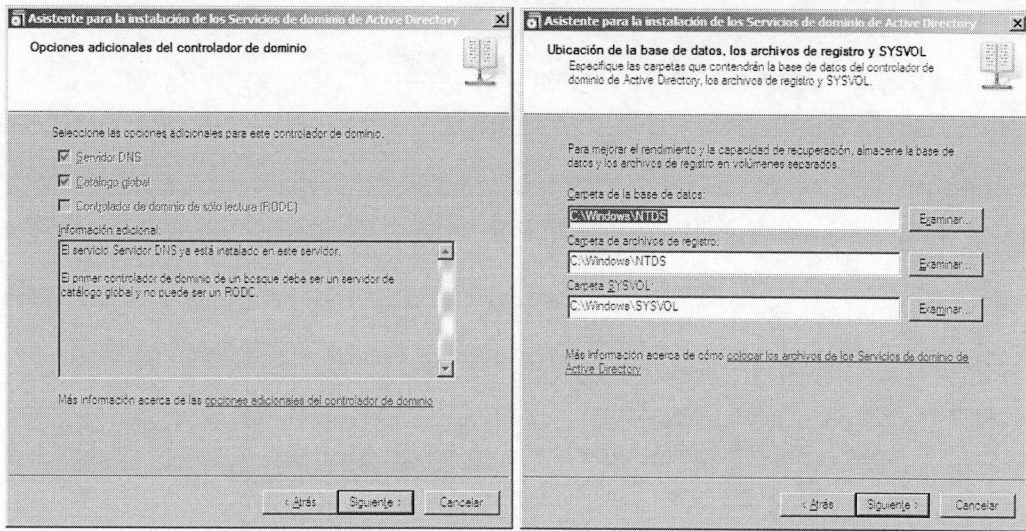

Figura 1-19   Figura 1-20

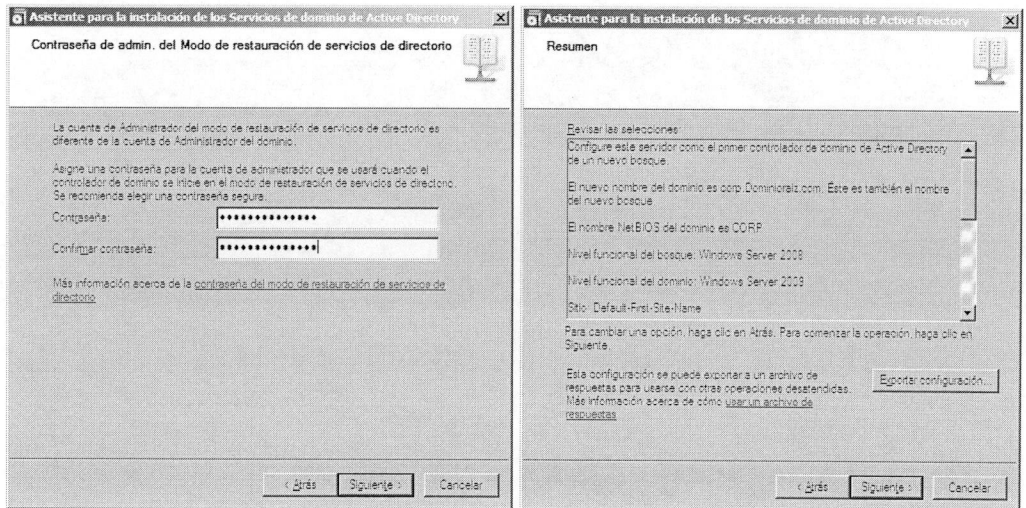

Figura 1-21   Figura 1-22

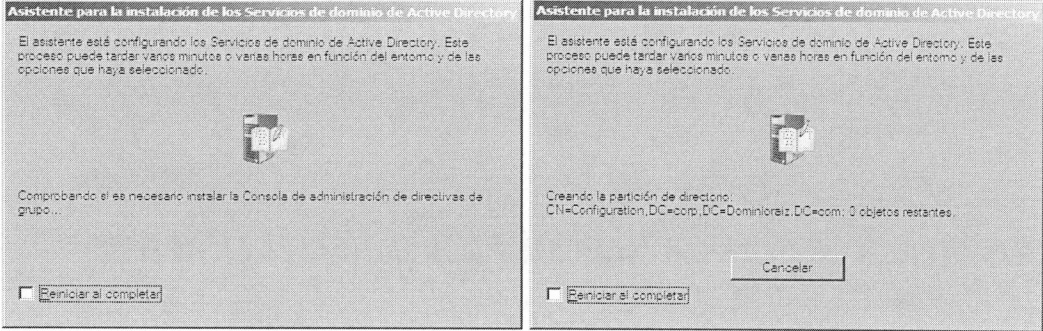

Figura 1-23   Figura 1-24

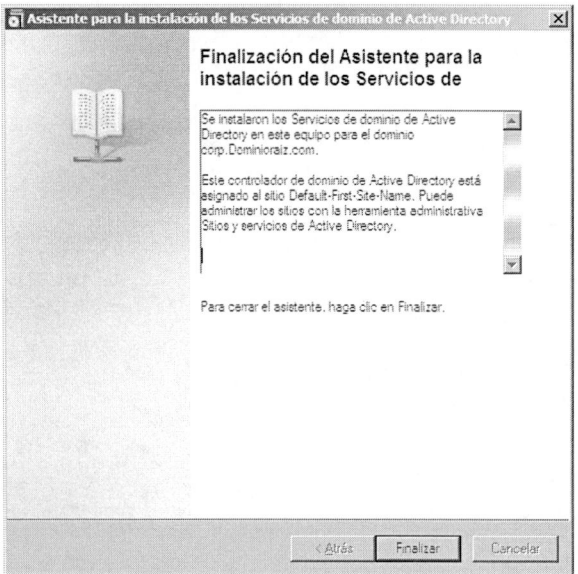

Figura 1-25

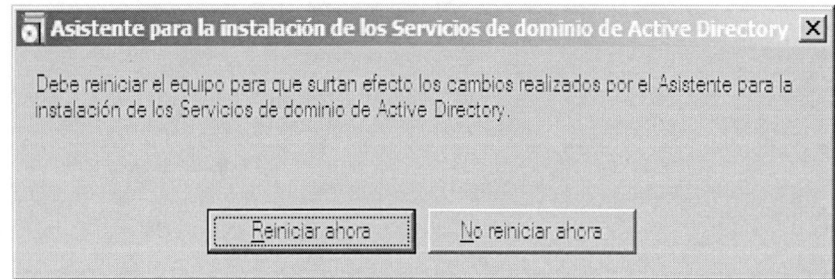

Figura 1-26

1.4.3. Integración de los equipos UNIX y Windows

Identity Management for UNIX es un servicio de función de AD DS que se puede instalar sólo en los controladores de dominio. Dos tecnologías de Identity Management for UNIX, Servidor para NIS y sincronización de contraseña, facilitan la integración de los equipos UNIX con Windows. Los administradores de AD DS pueden usar el Servidor para NIS (*Network Information Services*) para administrar los dominios del Servicio de información de la Red (NIS). La sincronización de contraseña sincroniza automáticamente las contraseñas entre los sistemas operativos Windows y UNIX.

1.5. INSTALACIÓN, CONFIGURACIÓN Y PERSONALIZACIÓN DEL SERVICIO DE DIRECTORIO

La instalación de Active Directory conlleva l instalación previa de la función del servidor que gobierna los servicios de dominio de Active Directory.

1.5.1. Instalación de la función del servidor de Active Directory en Windows Server

Los servidores con Windows Server necesitan como mínimo 512 megabytes (MB) de RAM y 20 gigabytes (GB) de espacio en disco duro. Además de los requisitos de espacio en disco duro mínimos, las actualizaciones de los controladores de dominio que ejecutan Microsoft Windows Server requieren el doble de espacio que hay asignado para la base de datos de Active Directory, los archivos de registro y SYSVOL en sus volúmenes respectivos. Estos requisitos son necesarios para la reversión de una actualización. El espacio se recupera al finalizar el proceso de actualización.

La función del servidor de AD DS requiere que los servicios del Sistema de nombres de dominio (DNS) busquen equipos, controladores de dominio, servidores miembro y servicios de red por nombre. La función de servidor de DNS ofrece servicios de resolución de nombres DNS para redes basadas en TCP/IP mediante la asignación de nombres a direcciones IP, lo que permite que los equipos busquen recursos de red en entorno AD DS. Además, AD DS se debe instalar en la red para implementar otras tecnologías importantes de Windows Server como la directiva de grupo y los Servicios de Certificate Server de Active Directory (AD CS).

Una vez instalado el sistema operativo, puede usar las *Tareas iniciales de configuración* o el *Administrador de servidores* para instalar las funciones de servidor. Para instalar la función del servidor de AD DS, haga clic en *Agregar funciones* (Figura 1-27) para iniciar el *Asistente para agregar funciones* y, a continuación, pulse en *Servicios de dominio de Active Directory*. Siga los pasos del *Asistente para agregar funciones* para instalar los archivos para la función del servidor de AD DS (Figura 1-28). Una vez completado el Asistente para agregar funciones, haga clic en el vínculo para iniciar el *Asistente para la instalación de los Servicios de dominio de Active Directory*.

Siga los pasos del Asistente para la instalación de los Servicios de dominio de Active Directory para completar la instalación y configuración del controlador de dominio. La mayoría de las páginas del asistente incluyen un vínculo de *Ayuda* para obtener más información acerca de los valores que puede configurar.

Para automatizar las instalaciones de los controladores de dominio, puede usar un archivo de respuesta o especificar parámetros de instalación desatendida en la línea de comandos.

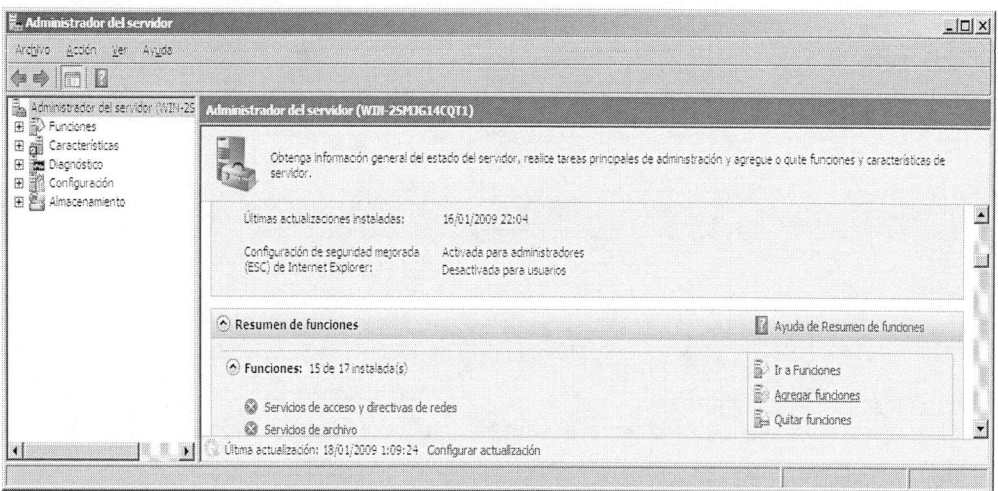

Figura 1-27

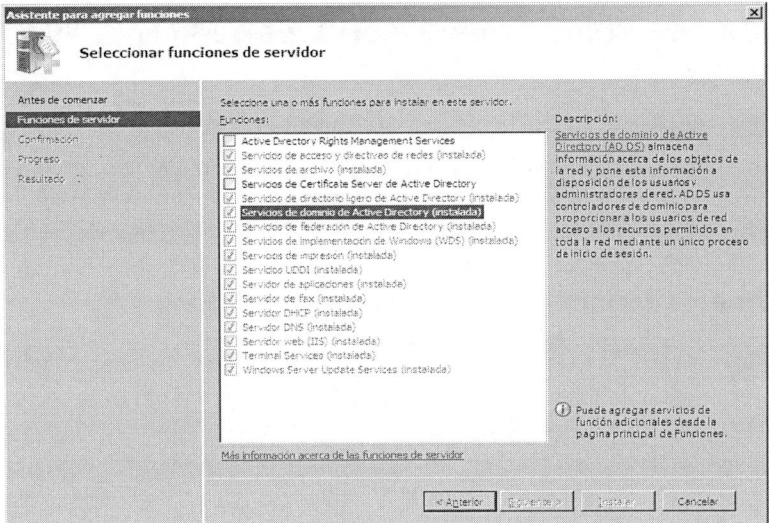

Figura 1-28

1.5.2. Administración de la función del servidor de Active Directory en Windows Server

Las funciones de servidor se pueden administrar con los complementos Microsoft Management Console (MMC). Para administrar un controlador de dominio (es decir, un servidor que ejecute AD DS), haga clic en *Inicio → Panel de control → Herramientas administrativas* y, a continuación, haga doble clic en el complemento correspondiente.

Para administrar cuentas de usuario y equipo, haga clic en *Usuarios y equipos de Active Directory* (Figura 1-29).

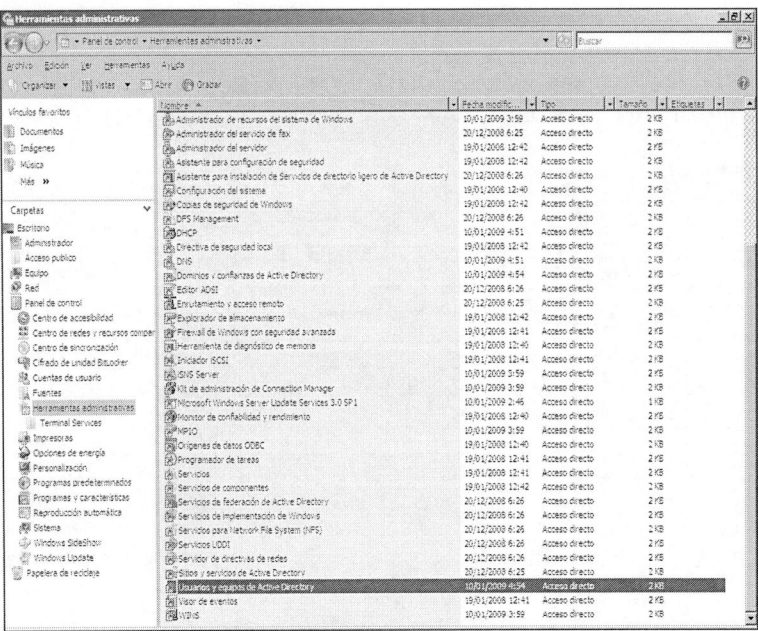

Figura 1-29

Para administrar confianzas de Active Directory, niveles funcionales y funciones del maestro de operaciones en todo el bosque, haga clic en *Dominios y confianzas de Active Directory*.

Para administrar los sitios y los vínculos a sitios de Active Directory, haga clic en *Sitios y servicios de Active Directory*.

Otra posibilidad es hacer doble clic en el complemento correspondiente en la página Servicios de dominio de Active Directory del Administrador del servidor (Figura 1-30).

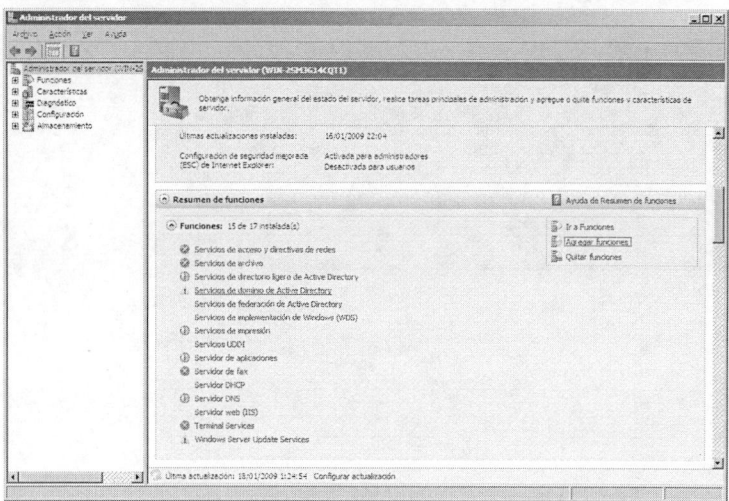

Figura 1-30

Los programadores y los administradores del sistema con experiencia pueden administrar el esquema de Active Directory, aunque el complemento Esquema de Active Directory no está instalado de forma predeterminada. Además, el archivo *schmmgmt.dll* debe estar registrado para poder instalar el complemento.

Para *instalar el complemento Esquema de Active Directory*, pulse en *Inicio*, haga clic con el botón secundario en *Símbolo del sistema* y, a continuación, en *Ejecutar como administrador*. Si aparece el cuadro de diálogo *Control de cuentas de usuario*, confirme que la acción que muestra es la que desea y, a continuación, haga clic en *Continuar*. Escriba *regsvr32 schmmgmt.dll* y presione *Intro*. Haga clic en *Aceptar* para cerrar el cuadro de diálogo que confirma que la operación se ha realizado correctamente. Pulse en *Inicio*, en *Ejecutar*, escriba *mmc* y, a continuación, en *Aceptar*. Si aparece el cuadro de diálogo *Control de cuentas de usuario*, confirme que la acción que muestra es la que desea y, a continuación, pulse en *Continuar*. En el menú *Archivo*, haga clic en *Agregar o quitar complemento*. En *Complementos disponibles*, haga clic en *Esquema de Active Directory*, en *Agregar* y, a continuación, en *Aceptar*.

Para guardar esta consola, en el menú *Archivo*, haga clic en *Guardar*. En el cuadro de diálogo *Guardar como*, realice una de las siguientes acciones:

Para colocar el complemento en el menú *Herramientas administrativas*, escriba un nombre para el complemento en *Nombre de archivo* y, a continuación, haga clic en *Guardar*.

Para guardar el complemento en una ubicación distinta de la carpeta Herramientas administrativas, en *Guardar en*, desplácese a la ubicación donde desea guardar el complemento. En *Nombre de archivo*, escriba un nombre para el complemento y haga clic en *Guardar*.

1.6. OBJETOS QUE ADMINISTRA EL DOMINIO. CUENTAS, USUARIOS, GRUPOS Y EQUIPOS

Usuarios y equipos de Active Directory es un complemento de Microsoft Management Console que se puede usar para administrar y publicar información en el directorio. Permite la administración de usuarios, grupos, equipos dominios y unidades organizativas. Se accede a este complemento mediante *Inicio → Herramientas administrativas → Usuarios y equipos de Active Directory* (Figura 1-31) para obtener la interfaz de la Figura 1-32.

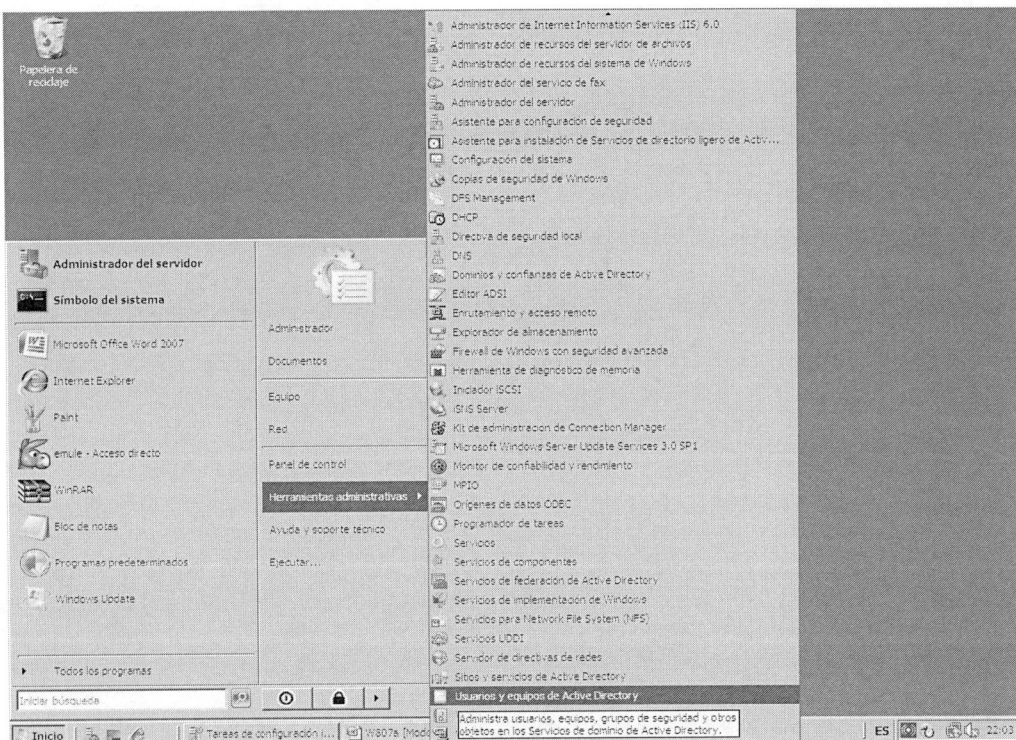

Figura 1-31

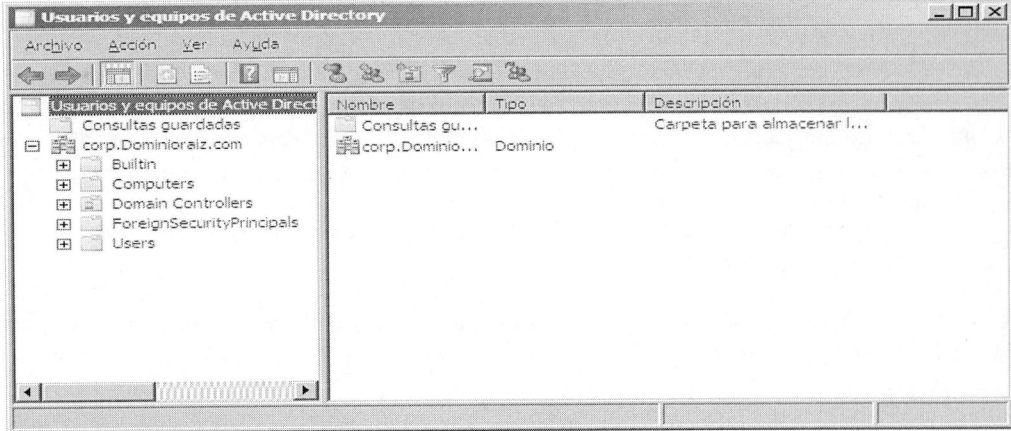

Figura 1-32

1.6.1. Administración de usuarios

Las cuentas de usuario de Active Directory representan entidades físicas, como personas, pero también se pueden usar como cuentas de servicio dedicadas para algunas aplicaciones. A veces, las cuentas de usuario también se denominan entidades de seguridad, que son objetos de directorio a los que se asignan automáticamente identificadores de seguridad (SID), que se pueden usar para obtener acceso a recursos del dominio. La finalidad principal de una cuenta de usuario es autenticar su identidad permitiendo que inicie sesión en equipos y dominios con una identidad.

Un usuario que inicia sesión en la red debe tener una cuenta de usuario y una contraseña propias y únicas. Para maximizar la seguridad es necesario evitar que varios usuarios compartan una misma cuenta. Por otro lado, una cuenta de usuario autoriza o deniega el acceso a los recursos del dominio. Después de que un usuario se autentica, se le concede o se le deniega el acceso a los recursos del dominio en función de los permisos explícitos que se le hayan asignado en el recurso.

1.6.2. Creación de cuentas de usuario

Se crean cuentas de usuario en Servicios de dominio de Active Directory (AD DS) para administrar los usuarios de un dominio; en cambio, para administrar los usuarios específicos de un equipo, se crean cuentas de usuario locales.

Para *crear una cuenta de usuario en AD DS* mediante la interfaz de Windows, abra *Usuarios y equipos de Active Directory* y en el árbol de consola haga clic con el botón secundario en la carpeta a la que desea agregar una cuenta de usuario. La ruta de la carpeta suele ser *Usuarios y equipos de Active Directory/nodo del dominio/carpeta.* A continuación, elija *Nuevo* y haga clic en *Usuario* (Figura 1-33). En la pantalla *Nuevo objeto-Usuario* (Figura 1-34) escriba el nombre del usuario en el campo *Nombre*, en *Iniciales* escriba las iniciales del usuario y en *Apellidos* escriba los apellidos del usuario. Modifique *Nombre completo* para agregar iniciales o invertir el orden del nombre y los apellidos.

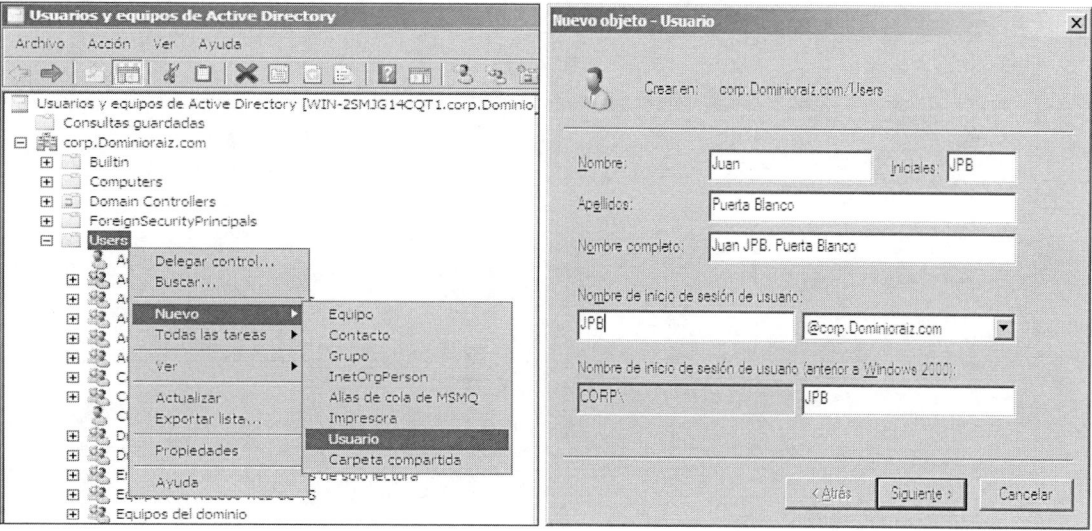

Figura 1-33   Figura 1-34

En *Nombre de inicio de sesión de usuario*, escriba el nombre de inicio de sesión del usuario, haga clic en el sufijo de nombre principal de usuario (UPN) en la lista desplegable. Si el usuario va a emplear un nombre diferente para iniciar sesión en equipos con los sistemas operativos Microsoft, Windows, escriba ese otro nombre en *Nombre de inicio de sesión de usuario* (anterior a Windows 2000). Haga clic en *Siguiente* y en la Figura 1-35, en *Contraseña* y *Confirmar contraseña* escriba la contraseña del usuario y, más tarde, seleccione las opciones apropiadas para la contraseña. Haga clic en *Siguiente* y se obtiene la Figura 1-36 con el resumen de propiedades de la cuenta. Al hacer clic en *Finalizar*, la nueva cuenta ya aparece en el árbol de la consola (Figura 1-37).

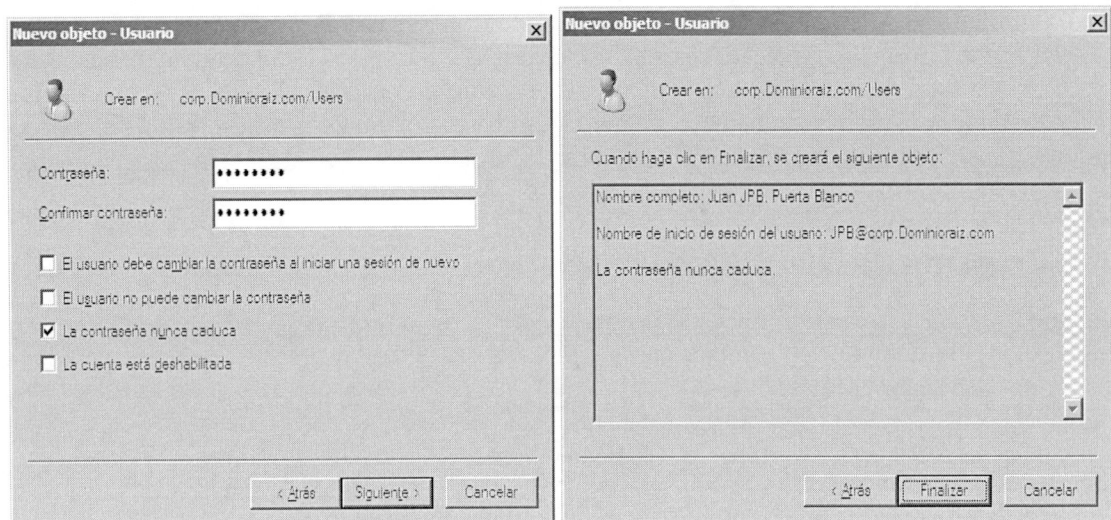

Figura 1-35   Figura 1-36

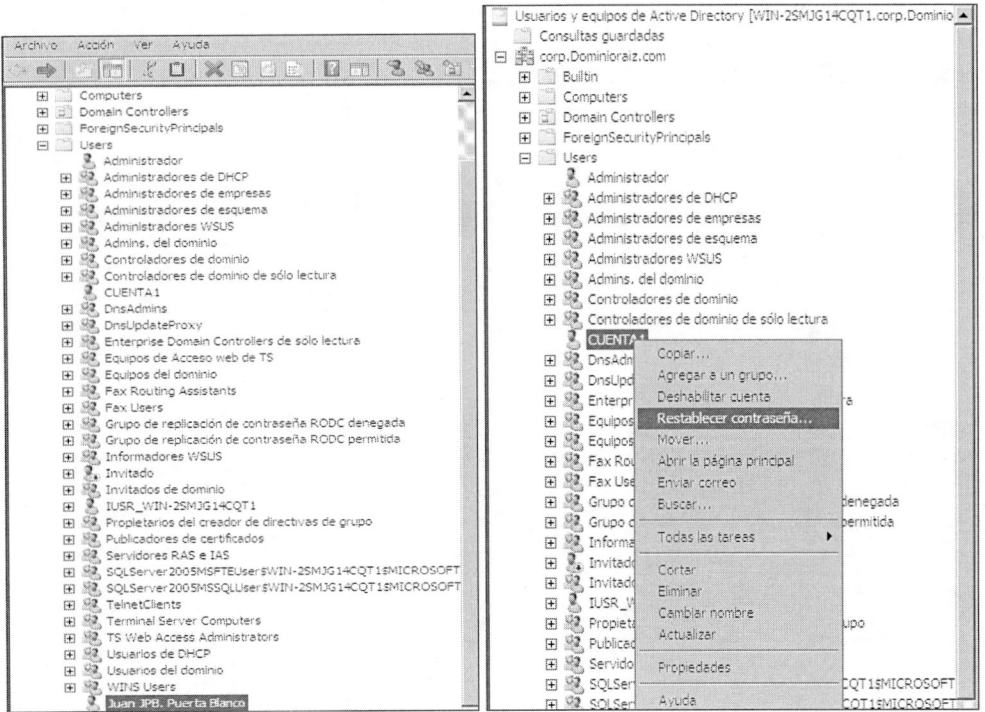

Figura 1-37   Figura 1-38

1.6.3. Restablecer una cuenta de usuario

Para *restablecer una cuenta de usuario* mediante la interfaz de Windows, en el árbol de consola, haga clic en *Usuarios*. A continuación, haga clic con el botón derecho del ratón en la cuenta de usuario cuya contraseña se va a restablecer y en el menú emergente resultante haga clic en *Restablecer contraseña* (Figura 1-38). En la pantalla de la Figura 1-39 escriba la contraseña y, luego, confírmela (Figura 1-40). Si desea que el usuario cambie esta contraseña en el siguiente inicio de sesión, active la casilla *El usuario debe cambiar la contraseña en el siguiente inicio de sesión*.

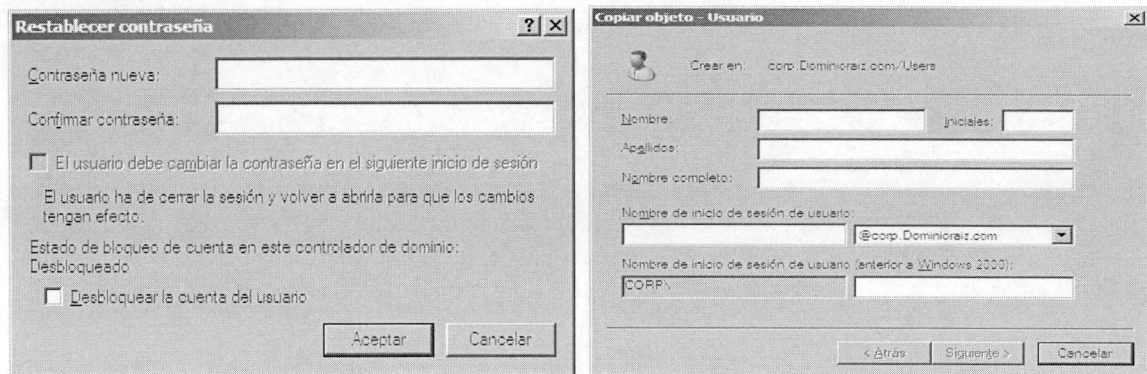

Figura 1-39   Figura 1-40

1.6.4. Copiar una cuenta de usuario

Para *copiar una cuenta de usuario*, en el árbol de consola, haga clic en *Usuarios*. A continuación, haga clic con el botón derecho del ratón en la cuenta de usuario que desea copiar y en el menú emergente resultante pulse en *Copiar* (Figura 1-38). Se obtiene la Figura 1-40. En *Nombre* escriba el nombre del usuario, en *Apellidos* escriba los apellidos del usuario, modifique *Nombre completo* para agregar iniciales o invertir el orden del nombre y los apellidos y en *Nombre de inicio de sesión de usuario* escriba el nombre de inicio de sesión del usuario haga clic en el sufijo de nombre principal de usuario (UPN) en la lista desplegable y haga clic en *Siguiente*. Si el usuario va a emplear un nombre diferente para iniciar sesión en equipos con Windows, escriba ese otro nombre en *Nombre de inicio de sesión de usuario (anterior a Windows 2000)*. En *Contraseña* y *Confirmar contraseña* escriba la contraseña del usuario y, más tarde, seleccione las opciones apropiadas para la contraseña. Si la cuenta de usuario desde la que se copió la nueva cuenta estaba deshabilitada, haga clic en *La cuenta está deshabilitada* para habilitar la nueva cuenta.

1.6.5. Desplazar una cuenta de usuario

Para *desplazar una cuenta de usuario*, en el árbol de consola, haga clic en *Usuarios*. A continuación, pulse con el botón derecho del ratón en la cuenta de usuario que desea mover y en el menú emergente resultante haga clic en *Mover* (Figura 1-38). En el cuadro de diálogo *Mover* (Figura 1-41), haga clic en la carpeta a la que desea desplazar la cuenta de usuario.

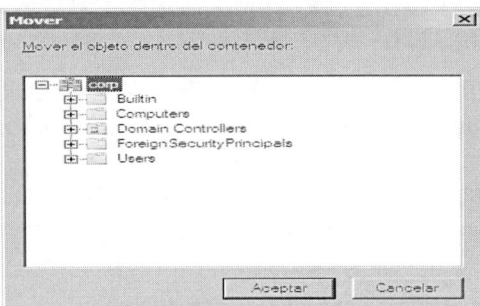

Figura 1-41

1.6.6. Establecer las horas de inicio de sesión

Para *establecer las horas de inicio de sesión*, en el árbol de consola, haga clic en *Usuarios*. A continuación, pulse con el botón derecho del ratón en la cuenta de usuario para la que desea establecer las horas de inicio de sesión y en el menú emergente resultante haga clic en *Propiedades* (Figura 1-38). En la ficha *Cuenta* (Figura 1-42) de la pantalla *Propiedades*, haga clic en *Horas de inicio de sesión* y, por último, establezca las horas de inicio de sesión permitidas o no permitidas para el usuario.

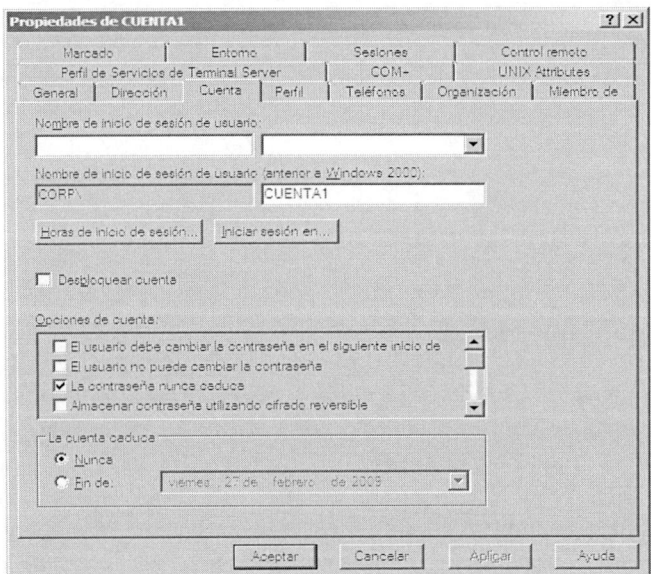

Figura 1-42

1.6.7. Habilitar o deshabilitar cuentas de usuario

Para *habilitar o deshabilitar cuentas de usuario*, en el árbol de consola, haga clic en *Usuarios*. A continuación, pulse con el botón derecho del ratón en la cuenta de usuario que desea habilitar o deshabilitar y en el menú emergente resultante (Figura 1-38), en función del estado de la cuenta, realice uno de los pasos siguientes:

- Para deshabilitar la cuenta, haga clic en *Deshabilitar cuenta*.

- Para habilitar la cuenta, haga clic en *Habilitar cuenta*.

1.6.8. Eliminar una cuenta de usuario

Para eliminar una cuenta de usuario, en el árbol de consola, haga clic en *Usuarios*. A continuación, pulse con el botón derecho del ratón en la cuenta de usuario que desea eliminar y en el menú emergente resultante haga clic en *Eliminar* (Figura 1-38).

1.6.9. Modificar el grupo principal de un usuario

Para *cambiar el grupo principal de un usuario*, en el árbol de consola, haga clic en *Usuarios*. A continuación, haga clic con el botón derecho del ratón en la cuenta de usuario para la que desea cambiar el grupo principal y en el menú emergente resultante haga clic en *Propiedades* (Figura 1-38). En la ficha *Miembro de* (Figura 1-43), haga clic en el grupo que desea definir como el grupo principal del usuario y, luego, pulse en *Establecer grupo principal*.

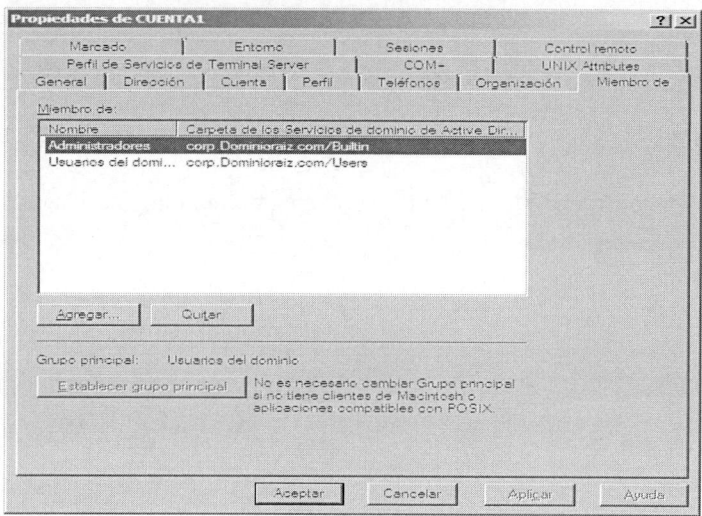

Figura 1-43

1.6.10. Administración de grupos

Un grupo es un conjunto de cuentas de usuario y de equipo, contactos y otros grupos que se pueden administrar como una sola unidad. Los usuarios y los equipos que pertenecen a un grupo determinado se denominan miembros del grupo.

Los grupos de los Servicios de dominio de Active Directory (AD DS) son objetos de directorio que residen en un dominio y en objetos contenedores Unidad organizativa (OU). AD DS proporciona un conjunto de grupos predeterminados cuando se instala y también incluye una opción para crearlos. Los grupos de AD DS se pueden usar en primer lugar para simplificar la administración al asignar los permisos para un recurso compartido a un grupo en lugar de a usuarios individuales. Cuando se asignan permisos a un grupo, se concede el mismo acceso al recurso a todos los miembros de dicho grupo. En segundo lugar, los grupos se pueden utilizar para delegar la administración al asignar derechos de usuario a un grupo una sola vez mediante la directiva de grupo. Después, a ese grupo le puede agregar miembros que desee que tengan los mismos derechos que el grupo. Finalmente, también se pueden usar los grupos para crear listas de distribución de correo electrónico.

Los grupos se caracterizan por su *ámbito* y su *tipo*. El ámbito de un grupo determina el alcance del grupo dentro de un dominio o bosque. El tipo de grupo determina si se puede usar un grupo para asignar permisos desde un recurso compartido (para grupos de seguridad) o si se puede usar un grupo sólo para las listas de distribución de correo electrónico (para grupos de distribución). También existen grupos cuyas pertenencias a grupos no se pueden ver ni modificar. Estos grupos se conocen con el nombre de identidades especiales. Representan a distintos usuarios en distintas ocasiones, en función de las circunstancias. Por ejemplo, el grupo Todos es una identidad especial que representa a todos los usuarios actuales de la red, incluidos invitados y usuarios de otros dominios.

Los *grupos predeterminados*, como es el caso del grupo Administradores del dominio, son grupos de seguridad que se crean automáticamente cuando se crea un dominio de Active Directory. Estos grupos predefinidos pueden usarse para ayudar a controlar el acceso a los recursos compartidos y para delegar funciones administrativas específicas en todo el dominio. A muchos grupos predeterminados se les asigna automáticamente un conjunto de derechos de usuario que autorizan a los miembros del grupo a realizar acciones específicas en un dominio, como iniciar sesión en un sistema local o realizar copias de seguridad de archivos y carpetas. Por ejemplo, un miembro del grupo Operadores de copia de seguridad puede realizar operaciones de copia de seguridad para todos los controladores de dominio del dominio. Cuando se agrega un usuario a un grupo, ese usuario recibe todos los derechos de usuario asignados al grupo y todos los permisos asignados al grupo para los recursos compartidos.

Los grupos predeterminados en Windows Server se encuentran en los contenedores Builtin y Users (Figura 1-44).

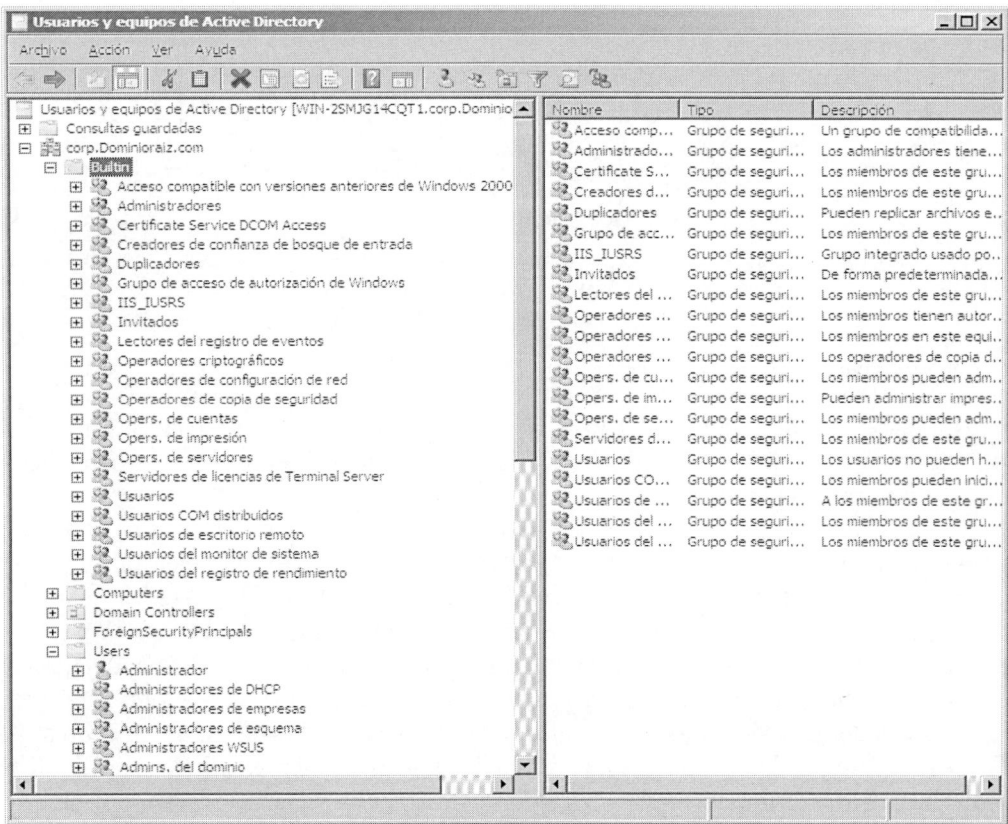

Figura 1-44

Los grupos predeterminados del contenedor *Builtin* tienen el ámbito de grupo *Integrado local*. Su ámbito de grupo y tipo de grupo no se pueden cambiar. El contenedor *Users* incluye grupos definidos con ámbito *Global* y grupos definidos con ámbito *Local de dominio*. Los grupos ubicados en estos contenedores se pueden mover a otros grupos o unidades organizativas del dominio, pero no se pueden mover a otros dominios.

Los grupos se caracterizan por un ámbito que identifica su alcance en el bosque o árbol de dominios. Existen tres *ámbitos de grupo: local de dominio, global y universal*. Los grupos con ámbito *Local de dominio* ayudan a definir y administrar el acceso a los recursos dentro de un dominio único. Estos grupos pueden tener como miembros a grupos con ámbito Global, grupos con ámbito Universal, cuentas, otros grupos con ámbito Local de dominio y una combinación de los anteriores. Se determina así una *estrategia de anidamiento*.

Por ejemplo, para conceder acceso a una impresora determinada a cinco usuarios, puede agregar las cinco cuentas de usuario a la lista de permisos de la impresora. Sin embargo, si posteriormente desea que esos cinco usuarios tengan acceso a otra impresora, deberá volver a especificar las cinco cuentas en la lista de permisos para la nueva impresora. Con un poco de previsión, puede simplificar esta tarea administrativa rutinaria al crear un grupo con ámbito Local de dominio y asignarle permisos de acceso a la impresora. Coloque las cinco cuentas de usuario en un grupo con ámbito Global y agregue este grupo al grupo que tiene ámbito Local de dominio. Cuando desee que los cinco usuarios tengan acceso a una nueva impresora, asigne permisos de acceso a la nueva impresora al grupo con ámbito Local de dominio. Todos los miembros del grupo con ámbito Global recibirán automáticamente el acceso a la nueva impresora.

Los miembros de los *grupos globales* pueden incluir sólo otros grupos y cuentas del dominio en el que se encuentra definido el grupo. A los miembros de estos grupos se les pueden asignar permisos en cualquier dominio del bosque. Los grupos con ámbito Global se utilizan para administrar objetos de directorio que requieran un mantenimiento diario, como las cuentas de usuario y de equipo. Dado que los grupos con ámbito Global no se replican fuera de su propio dominio, las cuentas de un grupo con ámbito Global se pueden cambiar frecuentemente sin generar tráfico de replicación en el catálogo global. Aunque las asignaciones de derechos y permisos sólo son válidas en el dominio en el que se asignan, al aplicar grupos con ámbito Global de manera uniforme entre los dominios apropiados, es posible consolidar las referencias a cuentas con fines similares. De esta manera se simplifica y se racionaliza la administración de grupos entre dominios.

Los miembros de los *grupos universales* pueden incluir otros grupos y cuentas de cualquier dominio del bosque o del árbol de dominios. A los miembros de estos grupos se les pueden asignar permisos en cualquier dominio del bosque o del árbol de dominios. Use los grupos con ámbito Universal para consolidar los grupos que abarquen varios dominios. Para ello, agregue las cuentas a los grupos con ámbito Global y anide estos grupos dentro de los grupos que tienen ámbito Universal. Si usa esta estrategia, los cambios de pertenencias en los grupos que tienen ámbito Global no afectarán a los grupos con ámbito Universal.

En cuanto a los *tipos de grupo*, existen dos tipos diferenciados en AD DS: grupos de distribución y grupos de seguridad. Los *grupos de distribución* se usan para crear listas de distribución de correo electrónico y los *grupos de seguridad* se usan para asignar permisos para los recursos compartidos. Los grupos de distribución sólo se pueden usar con aplicaciones de correo electrónico (como Microsoft Exchange Server 2007) para enviar mensajes a conjuntos de usuarios. Los grupos de distribución no tienen seguridad habilitada, lo que significa que no pueden aparecer en las listas de control de acceso discrecional (DACL). Si necesita un grupo para controlar el acceso a los recursos compartidos, cree un grupo de seguridad. Si se usan con cuidado, los grupos de seguridad son eficaces para conceder acceso a los recursos de la red.

Con los grupos de seguridad se puede asignar derechos de usuario a los grupos de seguridad de AD DS y asignar permisos para recursos a los grupos de seguridad.

Se asignan derechos de usuario a un grupo de seguridad para determinar lo que pueden hacer los miembros de ese grupo en el ámbito de un dominio (o bosque). A algunos grupos de seguridad se les asignan derechos de usuario automáticamente cuando se instala AD DS para ayudar a los administradores a definir la función administrativa de una persona en el dominio. Por ejemplo, si se agrega un usuario al grupo *Operadores de copia de seguridad* de Active Directory, éste puede realizar operaciones de copia de seguridad y restauración de archivos y directorios en cada controlador de dominio del dominio. Los permisos y los derechos de usuario determinan quién puede obtener acceso a un recurso compartido y el nivel de acceso, como *Control total*. Los grupos de seguridad se pueden usar para administrar el acceso y los permisos en un recurso compartido. Algunos permisos que se establecen en objetos de dominio se asignan automáticamente para proporcionar varios niveles de acceso a los grupos de seguridad predeterminados, como el grupo Operadores de cuentas o el grupo Administradores del dominio. Como sucede con los grupos de distribución, los grupos de seguridad también se pueden usar como entidades de correo electrónico. Al enviar un mensaje de correo electrónico al grupo, se envía a todos sus miembros.

Además de los grupos de los contenedores Users y Builtin, los servidores en los que se ejecuta Windows Server incluyen varias *identidades especiales*. Por comodidad se las suele llamar grupos. Estos grupos especiales no tienen pertenencias específicas que se puedan modificar. Sin embargo, pueden representar a distintos usuarios en diferentes ocasiones, en función de las circunstancias. Como ejemplos de grupos que son identidades especiales tenemos:

- *Inicio de sesión anónimo*. Este grupo representa a los usuarios y servicios que obtienen acceso a un equipo y sus recursos a través de la red sin usar un nombre de cuenta, contraseña o nombre de dominio. En los equipos con Windows NT y versiones anteriores, el grupo Inicio de sesión anónimo es un miembro predeterminado del grupo Todos. En los equipos con Windows Server, el grupo Inicio de sesión anónimo no es miembro del grupo *Todos* de manera predeterminada.

- *Todos*. Este grupo representa a todos los usuarios actuales de la red, incluidos invitados y usuarios de otros dominios. Cuando un usuario inicia una sesión en la red, se agrega automáticamente al grupo *Todos*.

- *Red*. Este grupo representa a los usuarios que obtienen acceso en ese momento a un recurso dado a través de la red, frente a los usuarios que obtienen acceso a un recurso mediante un inicio de sesión local en el equipo en el que reside el recurso. Cuando un usuario obtiene acceso a un recurso dado a través de la red, se agrega automáticamente al grupo *Red*.

- *Interactivo*. Este grupo representa a todos los usuarios que disponen de una sesión iniciada en un equipo determinado y que están obteniendo acceso a un recurso ubicado en ese equipo, frente a los usuarios que obtienen acceso al recurso a través de la red. Cuando un usuario obtiene acceso a un recurso dado en el equipo en el que ha iniciado sesión, se agrega automáticamente al grupo *Interactivo*.

Aunque a las identidades especiales se les puede conceder derechos y permisos para los recursos, sus pertenencias no se pueden ver ni modificar. Las identidades especiales no tienen ámbitos de grupo. Los usuarios son asignados automáticamente a ellas cuando inician sesión u obtienen acceso a un recurso concreto.

En AD DS, los grupos se crean en los dominios. Para crear grupos, se utiliza *Usuarios y equipos de Active Directory*. Con los permisos necesarios, se pueden crear grupos en el dominio raíz del bosque, en cualquier otro dominio del bosque o en una unidad organizativa. Además de por el dominio en el que se crea, ya sabemos que un grupo también se caracteriza por su ámbito. El ámbito de un grupo determina el dominio desde el que se pueden agregar miembros y el dominio en el que son válidos los derechos y permisos asignados al grupo. Elija el dominio o la unidad organizativa donde va a crear un grupo en función de las tareas de administración que requiera el grupo. Por ejemplo, si un directorio tiene varias unidades organizativas y cada una tiene un administrador diferente, puede crear grupos con ámbito Global dentro de esas unidades organizativas para que los administradores administren la pertenencia a grupos de los usuarios de las unidades organizativas que les correspondan. Si se necesitan grupos para controlar el acceso fuera de la unidad organizativa, podrá anidar los grupos de la unidad organizativa dentro de grupos con ámbito Universal (u otros grupos con ámbito Global) que puede utilizar en otros lugares del bosque.

1.6.11. Creación de cuentas de grupo

Para crear una cuenta de grupo mediante la interfaz de Windows, se abre *Usuarios y equipos de Active Directory* mediante *Inicio → Herramientas administrativas → Usuarios y equipos de Active Directory* (Figura 1-45) para obtener la interfaz de la Figura 1-46.

A continuación, en el árbol de consola, haga clic con el botón secundario en la carpeta en la que desea crear el grupo (ruta *Usuarios y equipos de Active Directory/nodo del dominio/carpeta*), elija *Nuevo* y haga clic en *Grupo* (Figura 1-47). En la pantalla de la Figura 1-48 escriba el nombre del nuevo grupo y en *Ámbito de grupo* haga clic en una de las opciones disponibles. A continuación, pulse en una de las opciones de *Tipo de grupo*. Al hacer clic en *Aceptar* se obtiene ya el nuevo grupo en el árbol de la consola colgando de la carpeta en la que se ha creado (Figura 1-49).

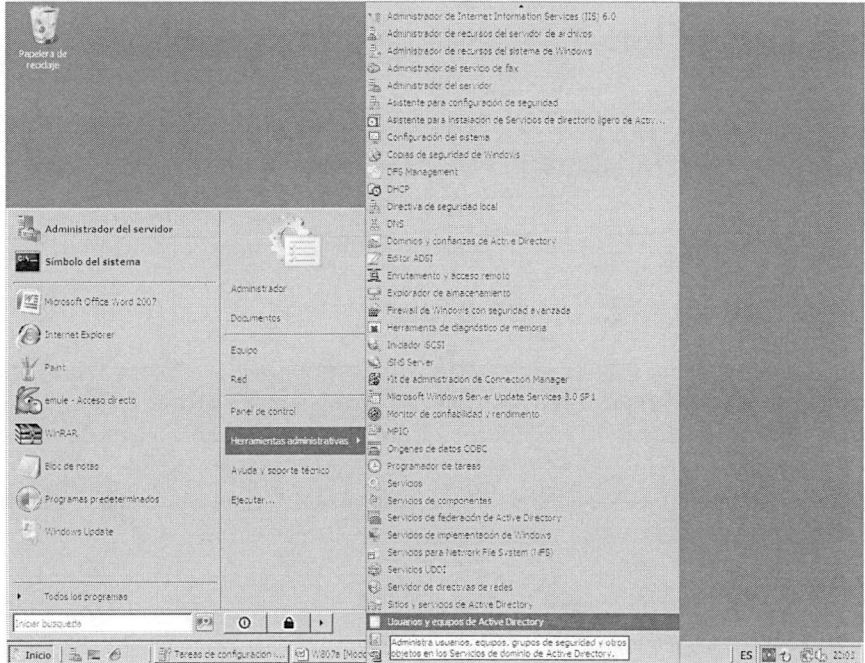

Figura 1-45

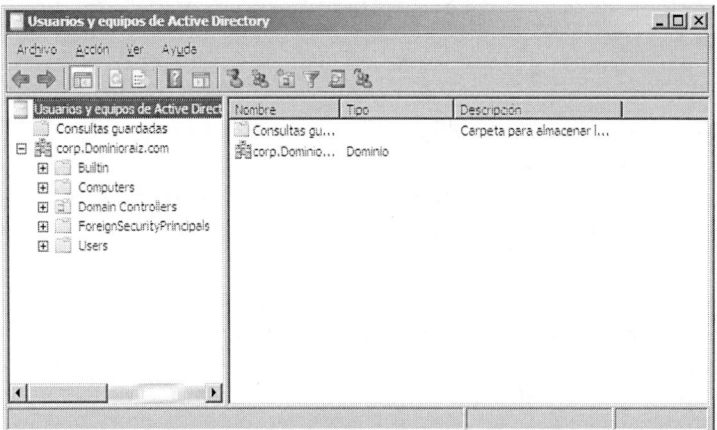

Figura 1-46

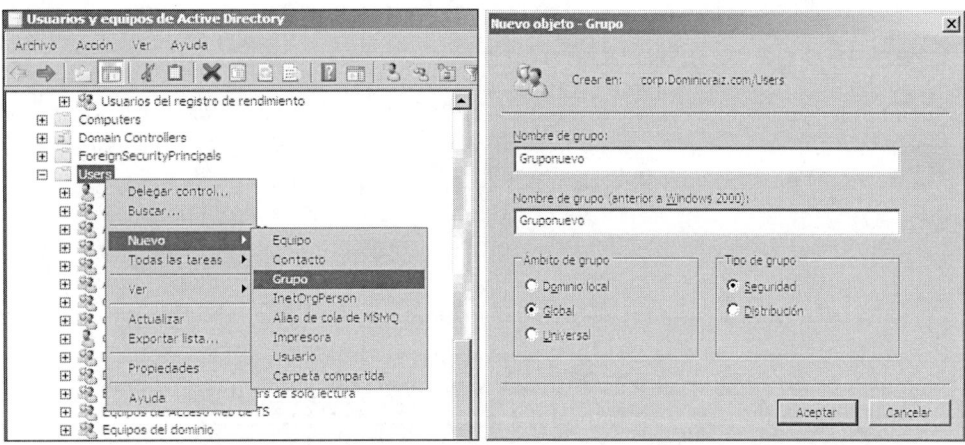

Figura 1-47   Figura 1-48

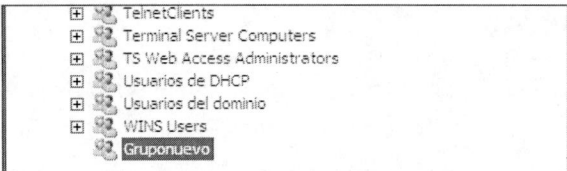

Figura 1-49

1.6.12. Agregar un miembro a un grupo

Para agregar un miembro a un grupo, en el árbol de consola de Usuarios y equipos de Active Directory, haga clic en la carpeta que contiene el grupo al que desea agregar un miembro, pulse en el grupo con el botón derecho del ratón y en el menú emergente resultante haga clic en *Propiedades* (Figura 1-50). A continuación, en la ficha *Miembros* pulse en *Agregar* (Figura 1-51). En *Escriba los nombres de objeto que desea seleccionar,* escriba el nombre del usuario, grupo o equipo que desee agregar al grupo y, a continuación, pulse en *Aceptar* (Figura 1-52).

Para agregar miembros a un grupo, también se puede seleccionar el objeto deseado y, a continuación, hacer clic en el icono de la barra de herramientas *Agrega los objetos seleccionados al grupo que especifique*. También es posible arrastrar un objeto de miembro a un grupo o hacer clic en el objeto con el botón secundario y, a continuación, pulse en *Agregar a un grupo*.

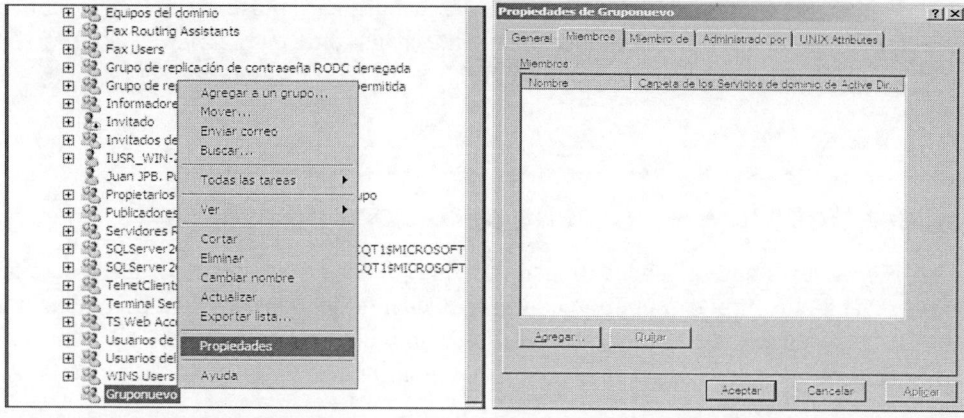

Figura 1-50   Figura 1-51

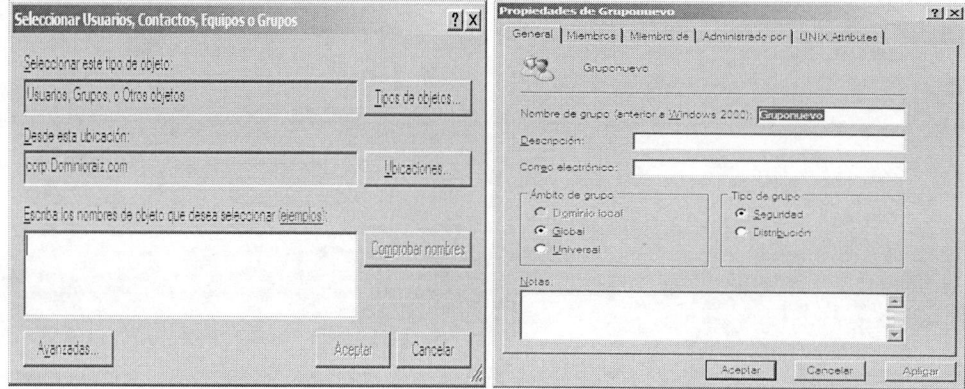

Figura 1-52   Figura 1-53

1.6.13. Convertir tipos de grupo

Para convertir un tipo de grupo a otro tipo de grupo, en el árbol de consola de Usuarios y equipos de Active Directory, haga clic en la carpeta que contiene el grupo al que desea convertir, pulse en el grupo con el botón derecho del ratón y en el menú emergente resultante haga clic en *Propiedades* (Figura 1-50). A continuación, en la ficha *General*, en *Tipo de grupo*, haga clic en el tipo de grupo que desee (Figura 1-53).

1.6.14. Modificar el ámbito de un grupo

Para modificar el ámbito de un grupo, en el árbol de consola de Usuarios y equipos de Active Directory, haga clic en la carpeta que contiene el grupo al que desea modificar el ámbito, pulse en el grupo con el botón derecho del ratón y en el menú emergente resultante haga clic en *Propiedades* (Figura 1-50). A continuación, en la ficha *General*, en *Ámbito de grupo*, haga clic en el tipo de grupo que desee (Figura 1-53).

1.6.15. Eliminar una cuenta de grupo

Para eliminar una cuenta de grupo, en el árbol de consola de Usuarios y equipos de Active Directory, haga clic en la carpeta que contiene el grupo que desea eliminar, pulse en el grupo con el botón derecho del ratón y en el menú emergente resultante haga clic en *Eliminar* (Figura 1-50). La eliminación de un grupo es una operación permanente.

1.6.16. Buscar los grupos a los que pertenece un usuario

Para buscar los grupos a los que pertenece un usuario, en el árbol de consola de Usuarios y equipos de Active Directory, haga clic en la carpeta que contiene la cuenta del usuario cuya pertenencia a grupos desea ver, pulse en la cuenta de usuario con el botón derecho del ratón y en el menú emergente resultante haga clic en *Propiedades* (Figura 1-50). A continuación, pulse en la ficha *Miembro de* (Figura 1-54).

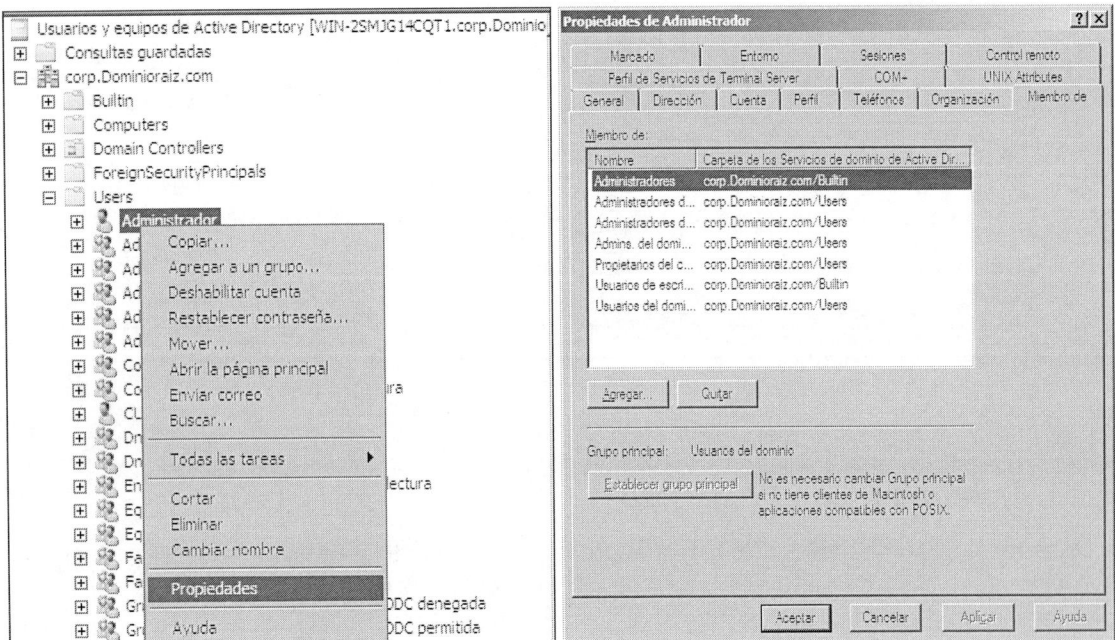

Figura 1-54   Figura 1-55

1.6.17. Asignar derechos de usuario a un grupo en Active Directory

Para asignar derechos de usuario a un grupo en Active Directory, abra *Administración de directivas de grupo* haciendo clic en *Inicio* y en *Ejecutar*, escribiendo *gpmc.msc* (Figura 1-56) y pulsando en *Aceptar*.

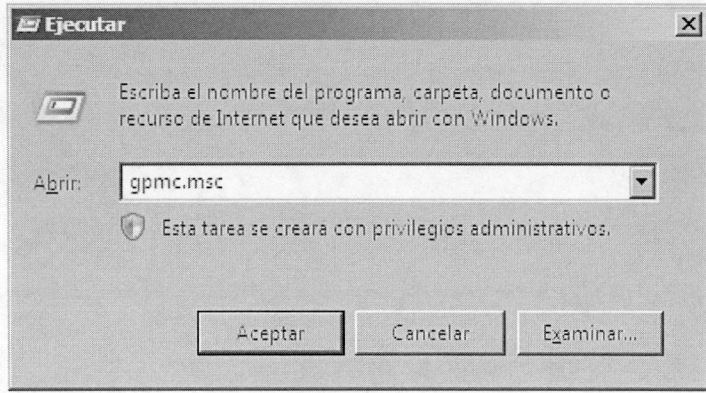

Figura 1-56

En el árbol de consola, haga clic con el botón secundario en *Directiva predeterminada de controladores de dominio* (ruta *Dominios/ nombre del dominio actual/Objetos de directiva de grupo/Directiva predeterminada de controladores de dominio*) y, a continuación, haga clic en *Editar*. En el árbol de consola (ruta *Configuración de Windows/Configuración de seguridad/Directivas locales/ Asignación de derechos de usuario*) haga clic en *Asignación de derechos de usuario*. A continuación, haga doble clic en el derecho de usuario que desee asignar y pulse en *Agregar usuario o grupo*. Si el botón está atenuado, active la casilla *Definir esta configuración de directiva*. Escriba el nombre del grupo al que desea asignar este derecho.

1.6.18. Equipos del dominio. Administración de equipos

Como sucede con las cuentas de usuario, las cuentas de equipo sirven para autenticar y auditar el acceso a la red y a los recursos del dominio. Una cuenta de equipo debe ser única. Un equipo en el que se ejecuta Windows o un servidor en el que se ejecuta Windows Server que se una a un dominio, tiene una cuenta de equipo obligatoriamente.

Puede agregar, deshabilitar, restablecer y eliminar cuentas de usuario y de equipo con Usuarios y equipos de Active Directory. También puede crear una cuenta de equipo al unir un equipo a un dominio. Cuando el nivel funcional del dominio se establece en Windows Server, se usa un nuevo atributo, *lastLogonTimestamp*, para realizar el seguimiento de la hora del último inicio de sesión de una cuenta de usuario o equipo. Este atributo se replica en el dominio y puede proporcionar información importante acerca del historial de un usuario o un equipo.

1.6.19. Crear cuentas de equipo

Para *crear una cuenta de equipo* mediante la interfaz de Windows, abra *Usuarios y equipos de Active Directory* mediante *Inicio → Herramientas administrativas → Usuarios y equipos de Active Directory* (Figura 1-57) para obtener la interfaz de la Figura 1-58. A continuación, en el árbol de consola, haga clic con el botón secundario en *Equipos* (ruta *Usuarios y equipos de Active Directory/nodo del dominio/Equipos*) y en el menú emergente resultante elija *Nuevo* y pulse en *Equipo* (Figura 1-59). En la Figura 1-60 escriba el nombre del equipo y haga clic en *Siguiente*. Se obtiene la Figura 1-61 en la que hay que escribir el GUID del equipo para equipos administrados. Pulse en *Siguiente* y se obtiene la pantalla con el resumen de la cuenta de equipo creada (Figura 1-62). Al hacer clic en *Finalizar* se obtiene la nueva cuenta de equipo en el árbol de la consola (Figura 1-63).

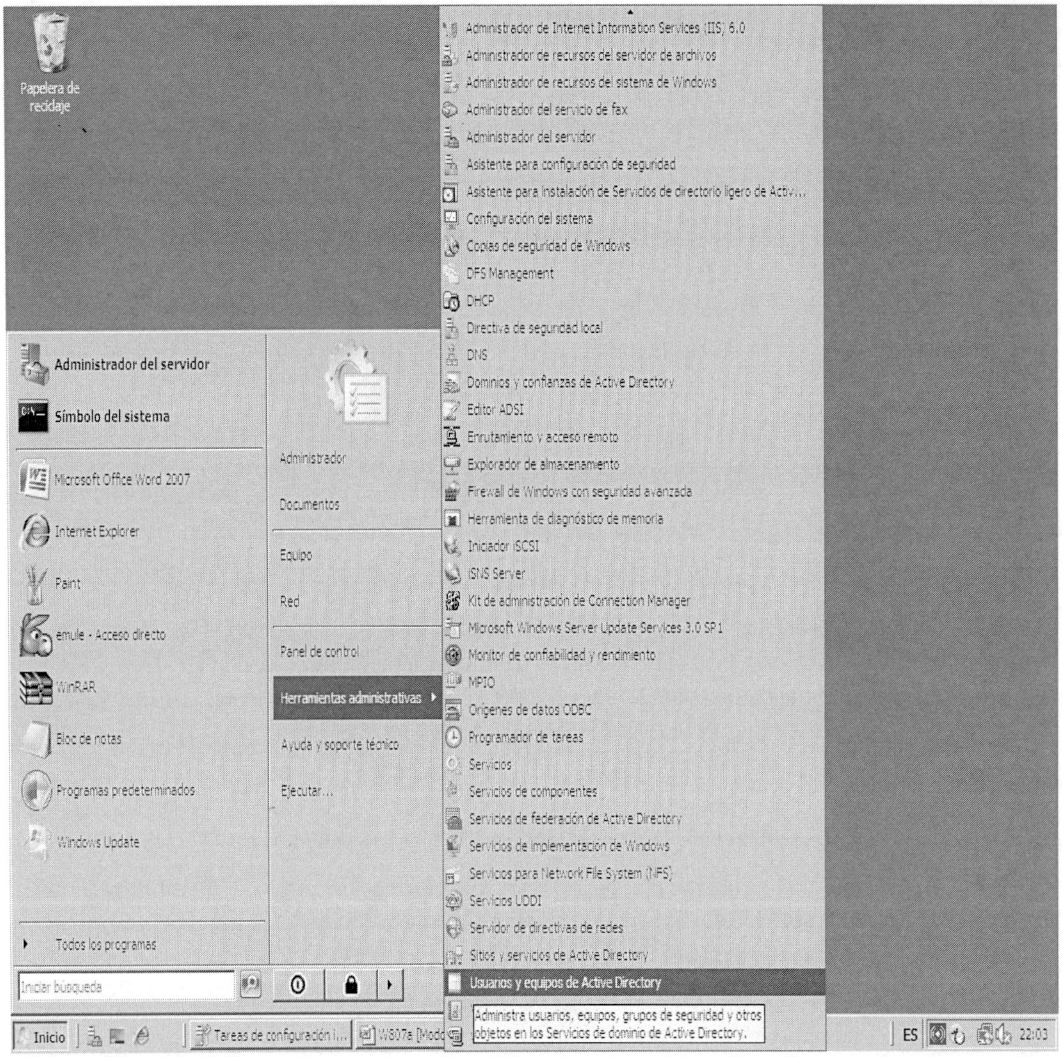

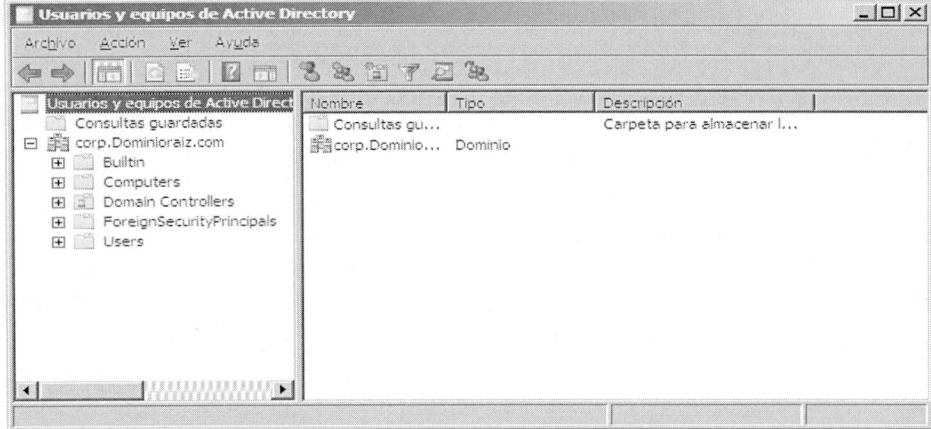

Figura 1-57

Figura 1-58

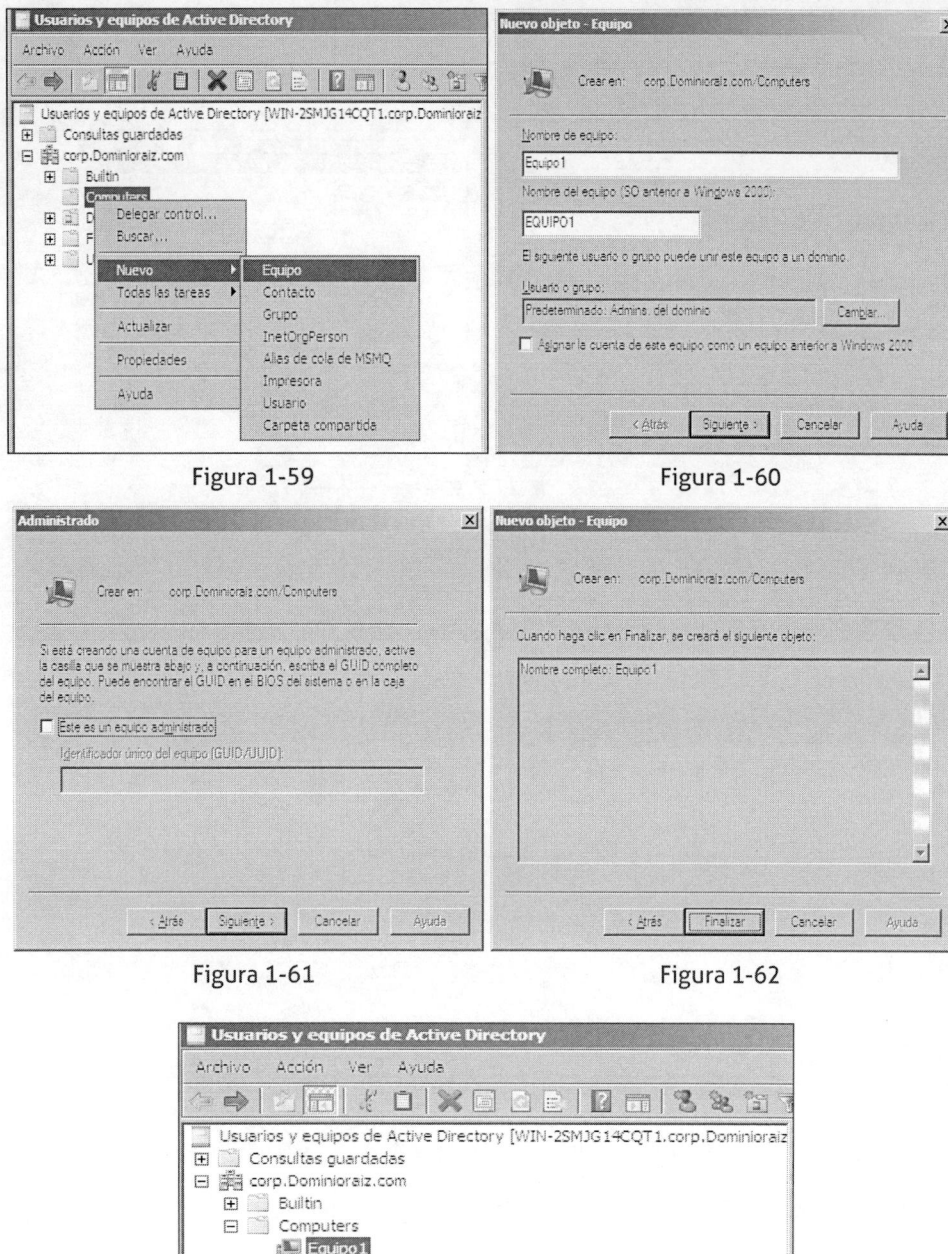

Figura 1-59   Figura 1-60

Figura 1-61   Figura 1-62

Figura 1-63

1.6.20. Agregar una cuenta de equipo a un grupo

Para agregar una cuenta de equipo a un grupo, en el árbol de consola de Usuarios y equipos de Active Directory, haga clic en *Equipos* y, a continuación, pulse con el botón derecho del ratón en el equipo que quiere agregar a un grupo. En el menú emergente resultante haga clic en *Propiedades* (Figura 1-64). Luego, en la ficha *Miembros de* haga clic en *Agregar* (Figura 1-65). En *Escriba los nombres de objeto que desea seleccionar,* escriba el nombre del grupo a que quiere que pertenezca ese equipo y, por último, pulse en *Aceptar* (Figura 1-66).

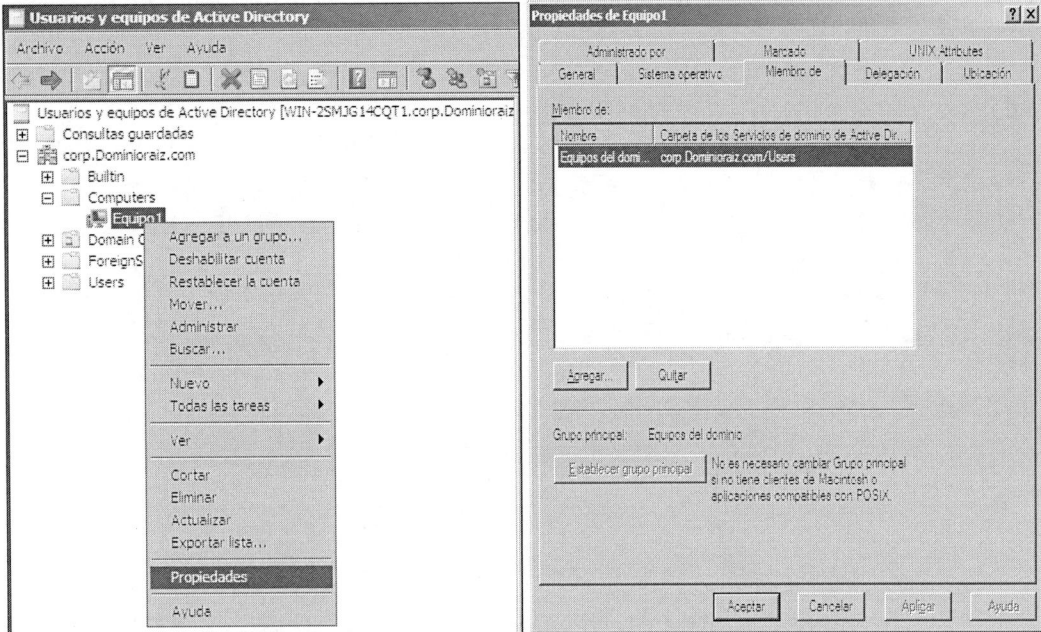

Figura 1-64   Figura 1-65

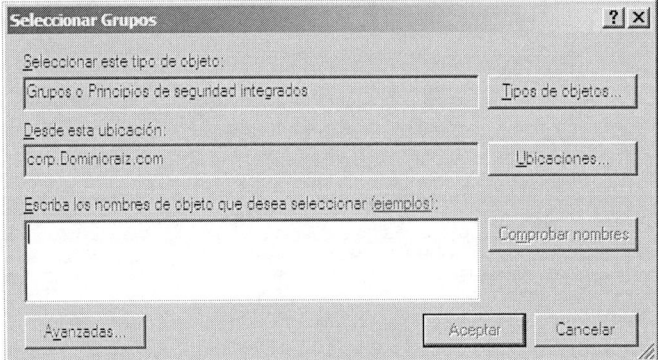

Figura 1-66

1.6.21. Eliminar una cuenta de equipo

Para eliminar una cuenta de equipo, en el árbol de consola de Usuarios y equipos de Active Directory, haga clic en la carpeta que contiene el equipo que desea eliminar, pulse en el equipo cuya cuenta se va a eliminar con el botón derecho del ratón y en el menú emergente resultante haga clic en *Eliminar* (Figura 1-64).

1.6.22. Mover una cuenta de equipo

Para mover una cuenta de equipo, en el árbol de consola de Usuarios y equipos de Active Directory, haga clic en la carpeta que contiene el equipo que desea mover, pulse en el equipo cuya cuenta se va a mover con el botón derecho del ratón y en el menú emergente resultante haga clic en *Mover* (Figura 1-64). En el cuadro de diálogo *Mover* (Figura 1-67), haga clic en el nodo del dominio, pulse en la carpeta a la que desea mover el equipo y, luego, haga clic en *Aceptar*.

Figura 1-67

1.6.23. Administrar un equipo remoto

Para administrar un equipo remoto, en el árbol de consola de Usuarios y equipos de Active Directory, haga clic en la carpeta que contiene el equipo que desea administrar, pulse en el equipo que se va a administrar con el botón derecho del ratón y en el menú emergente resultante haga clic en *Administrar* (Figura 1-64). Se inicia *Administración de equipos*, desde donde se pueden administrar los equipos remotos (Figura 1-68).

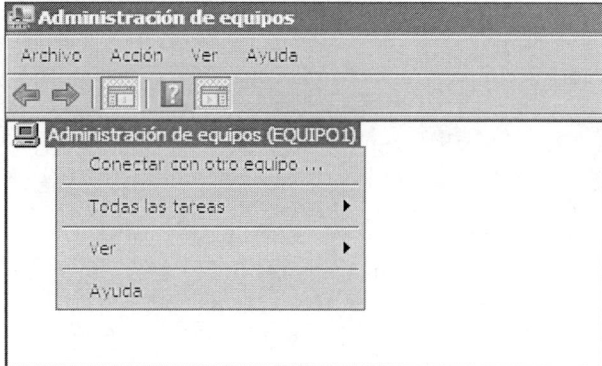

Figura 1-68

1.6.24. Restablecer la cuenta de un equipo

Para restablecer la cuenta de un equipo, en el árbol de consola de Usuarios y equipos de Active Directory, haga clic en la carpeta que contiene el equipo cuya cuenta desea restablecer, pulse en el equipo con el botón derecho del ratón y en el menú emergente resultante haga clic en *Restablecer la cuenta* (Figura 1-64).

1.6.25. Habilitar o deshabilitar una cuenta de un equipo

Para habilitar o deshabilitar la cuenta de un equipo, en el árbol de consola de Usuarios y equipos de Active Directory, haga clic en la carpeta que contiene el equipo cuya cuenta desea habilitar o deshabilitar, pulse en el equipo con el botón derecho del ratón y en el menú emergente resultante haga clic en *Habilitar cuenta* o *Deshabilitar cuenta* respectivamente (Figura 1-64).

1.6.26. Administración de dominios

En Usuarios y equipos de Active Directory se puede establecer una conexión con un dominio o controlador de dominio específico y ver o administrar la información de directorio de ese dominio o controlador de dominio.

Los dominios son unidades de replicación. Todos los controladores de dominio de un dominio concreto pueden admitir cambios y replicar esos cambios en los demás controladores del dominio. Cada dominio de los *Servicios de dominio de Active Directory* (AD DS) se identifica mediante un nombre de dominio del *Sistema de nombres de dominio* (DNS). Cada dominio requiere uno o varios controladores de dominio. Si una red requiere varios dominios, éstos se pueden crear fácilmente.

Uno o varios dominios que comparten el mismo esquema y catálogo global se conocen como *bosque*. El primer dominio de un bosque se denomina *dominio raíz del bosque*. Si varios dominios del bosque tienen nombres de dominio DNS contiguos, la estructura se denomina árbol de dominios.

Un dominio puede abarcar varias ubicaciones físicas o sitios y puede contener millones de objetos. La estructura de sitios y la estructura de dominios son independientes y flexibles. Un dominio puede abarcar varias ubicaciones geográficas y un sitio puede incluir usuarios y equipos que pertenecen a varios dominios.

Una de las ventajas de los dominios es que se pueden organizar. No es necesario crear dominios independientes sólo para reflejar la organización de divisiones y departamentos de una empresa. Para este fin, dentro de un dominio se pueden usar unidades organizativas (OU). Las unidades organizativas simplifican la administración de las cuentas y los recursos del dominio. Posteriormente, se puede asignar la configuración de la directiva de grupo y colocar los usuarios, grupos y equipos dentro de las unidades organizativas. El uso de un solo dominio simplifica enormemente el trabajo administrativo.

Otra de las ventajas de los dominios es que se pueden publicar recursos e información sobre los objetos de dominio. Un dominio almacena información sólo para los objetos que se encuentran en ese dominio. Por lo tanto, al crear varios dominios se particiona o segmenta el directorio para administrar mejor un conjunto de usuarios diverso. Al usar varios dominios, se puede ajustar AD DS para que se adecue a unas necesidades concretas de administración y publicación de directorios.

También es una ventaja que al delegar la autoridad ya no es necesario disponer de varios administradores con una autoridad administrativa amplia. El uso combinado de la autoridad delegada y los objetos de directiva de grupo y las pertenencias a grupos permite asignar a un administrador derechos y permisos para administrar los objetos de un dominio completo o de una o varias unidades organizativas del dominio. También es muy positivo el hecho de que la configuración y las directivas de seguridad (como los derechos de usuario y las directivas de contraseñas) no se transfieren entre los dominios. Cada dominio tiene sus propias directivas de seguridad y relaciones de confianza con otros dominios. Sin embargo, el bosque es el límite de seguridad máximo. Asimismo, un dominio almacena información sólo para los objetos que se encuentran en ese dominio.

1.6.27. Administrar un dominio diferente

Para *administrar un dominio diferente* mediante la interfaz de Windows, abra *Usuarios y equipos de Active Directory* mediante *Inicio → Herramientas administrativas → Usuarios y equipos de Active Directory* (Figura 1-57) para obtener la interfaz de la Figura 1-58. En el árbol de consola haga clic con el botón secundario en *Usuarios y equipos de Active Directory* y, a continuación, pulse en *Cambiar dominio* (Figura 1-69). En la Figura 1-70 escriba el nombre del dominio. Alternativamente, haga clic en *Examinar* y seleccione un dominio de la lista.

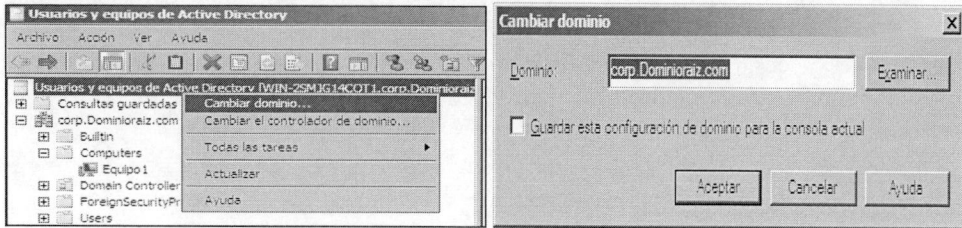

Figura 1-69   Figura 1-70

1.6.28. Administrar dominios con controladores de dominio diferentes

Para *administrar un dominio con un controlador de dominio diferente* mediante la interfaz de Windows, abra *Usuarios y equipos de Active Directory* mediante *Inicio → Herramientas administrativas → Usuarios y equipos de Active Directory* (Figura 1-57) para obtener la interfaz de la Figura 1-58. En el árbol de consola haga clic con el botón secundario en *Usuarios y equipos de Active Directory* y, a continuación, pulse en *Cambiar el controlador de dominio* (Figura 1-69). En la Figura 1-71 haga clic en un controlador de dominio de la lista. Alternativamente, pulse en el campo *<Escriba un nombre de controlador de dominio o una dirección IP aquí>* y, por último, escriba el nombre de un controlador de dominio.

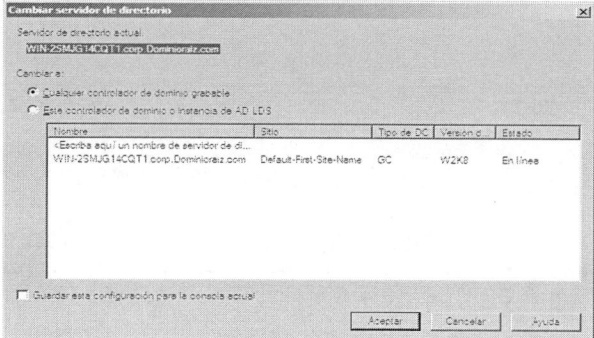

Figura 1-71

1.6.29. Administración de unidades organizativas

En Usuarios y equipos de Active Directory se pueden crear unidades organizativas (OU y contenedores, así como administrar los existentes. Una OU es un tipo de objeto de directorio especialmente útil que se encuentra en un dominio. Las unidades organizativas son contenedores de Active Directory donde se pueden colocar usuarios, grupos, equipos y otras unidades organizativas. Una unidad organizativa no puede contener objetos de otros dominios.

Una OU es el ámbito o la unidad más pequeña a la que se pueden asignar valores de configuración de directiva o a la que se puede delegar autoridad administrativa. Mediante las unidades organizativas se pueden crear contenedores dentro de un dominio que representen las estructuras jerárquicas lógicas de una organización. Después, se puede administrar la configuración y el uso de las cuentas y recursos en función del modelo organizativo. Las unidades organizativas pueden contener otras unidades organizativas. La jerarquía de unidades organizativas se puede ampliar según sea necesario para dar forma a la jerarquía de la organización dentro de un dominio. El uso de unidades organizativas ayuda a minimizar el número de dominios que requiere una red. Las unidades organizativas pueden usarse para crear un modelo administrativo que se pueda adaptar a cualquier tamaño. Un usuario puede tener autoridad administrativa sobre todas las unidades organizativas de un dominio o para una sola unidad administrativa. No es necesario que el administrador de una unidad organizativa tenga autoridad administrativa sobre las demás unidades organizativas del dominio.

1.6.30. Crear una unidad organizativa

Para crear una unidad organizativa mediante la interfaz de Windows abra *Usuarios y equipos de Active Directory* mediante *Inicio → Herramientas administrativas → Usuarios y equipos de Active Directory* (Figura 1-57) para obtener la interfaz de la Figura 1-58. En el árbol de consola, haga clic con el botón secundario en el nombre de dominio, seleccione *Nuevo* y pulse en *Unidad organizativa* (Figura 1-72). En la Figura 1-73 escriba el nombre de la unidad organizativa (OU) y haga clic en *Aceptar*. La nueva unidad organizativa se muestra en el árbol de la consola (Figura 1-74).

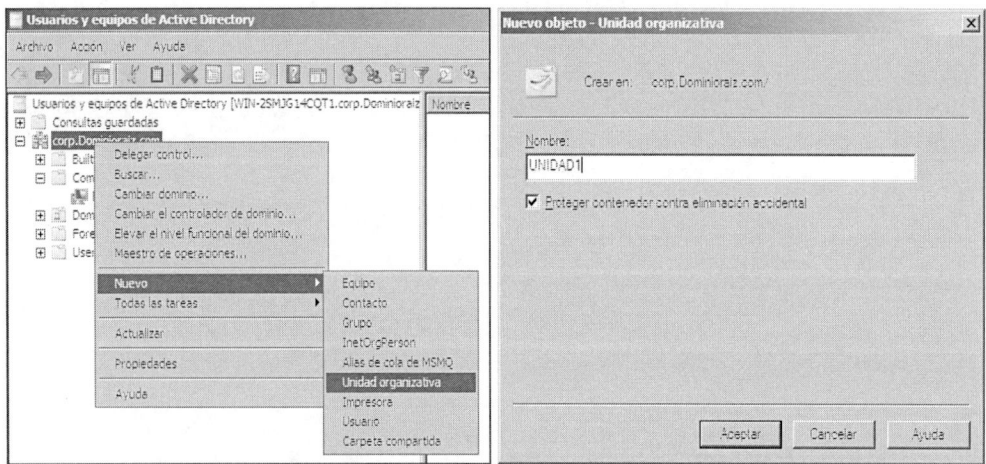

Figura 1-72   Figura 1-73

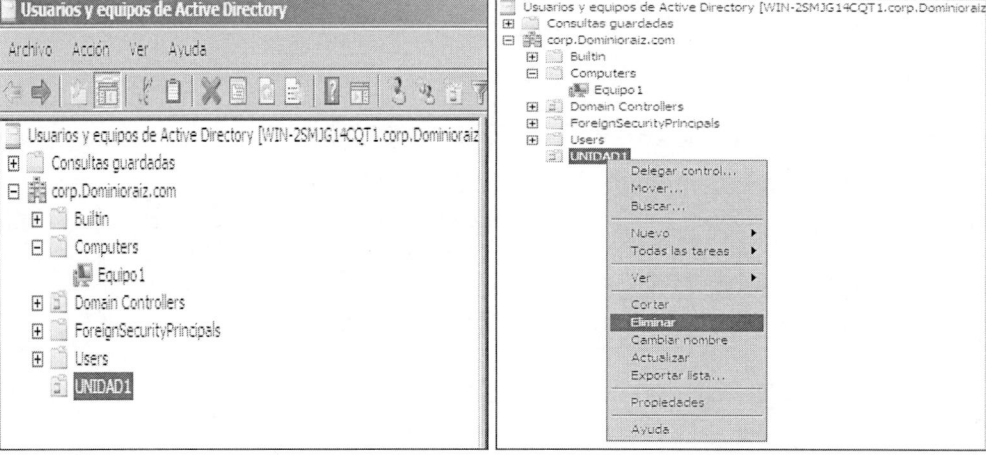

Figura 1-74   Figura 1-75

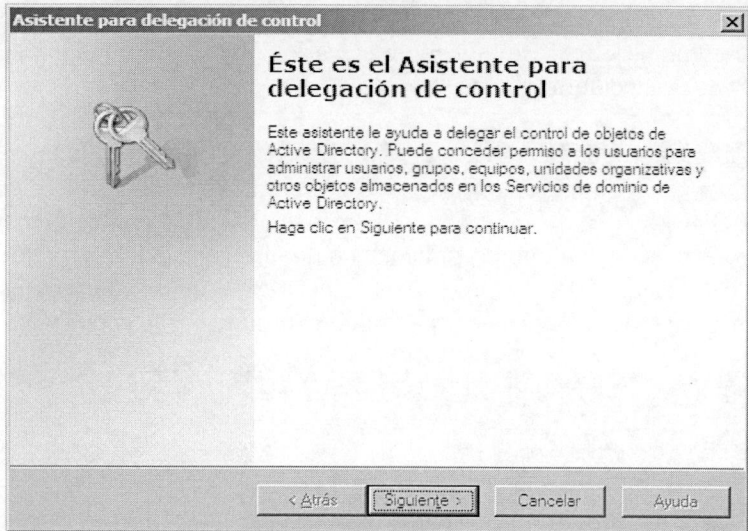

Figura 1-76

1.6.31. Eliminar, desplazar y delegar el control de una unidad organizativa

Para *eliminar una unidad organizativa* se hace clic sobre ella con el botón derecho del ratón en el árbol de la consola y en el menú emergente resultante (Figura 1-75) se selecciona *Eliminar*. Para desplazar la unidad organizativa, haga clic en *Mover* en la Figura 1-75 y pulse en la carpeta a la que desea desplazar la unidad organizativa. Para delegar el control de una unidad organizativa haga clic en *Delegar control* en la Figura 1-75 para iniciar el *Asistente para delegación de control* y, a continuación, siga las instrucciones del asistente (Figura 1-76).

El *Asistente para delegación de control* también establece varios permisos automáticamente, pero, a diferencia de Administrador de autorización, no proporciona un método para hacer un seguimiento de los permisos concedidos ni para quitarlos.

1.7. HERRAMIENTAS GRÁFICAS DE ADMINISTRACIÓN DEL SERVICIO DE DIRECTORIO

Microsoft incorpora herramientas gráficas de administración para los sistemas operativos Windows que se denominan *Complementos de Microsoft Management Console* (MMC). A lo largo de este capítulo ya hemos utilizado algunos de ellos. En los párrafos siguientes nos ocuparemos de los complementos *Dominios y confianzas de Active Directory* y *Sitios y Servicios de active Directory*.

1.7.1. Dominios y confianzas de Active Directory

Dominios y confianzas de Active Director es el complemento Microsoft Management Console (MMC) que se puede usar para administrar confianzas de dominios, niveles funcionales del bosque o del dominio, y sufijos de nombre principal de usuario (UPN). La funcionalidad de dominios y bosques, disponible en los Servicios de dominio de Active Directory (AD DS) de Windows Server, proporciona una forma de habilitar características para todo el dominio o características de Active Directory para todo el bosque en su entorno de red. Hay disponibles varios niveles de funcionalidad del dominio y del bosque, dependiendo de su entorno de red.

Se accede a Dominios y confianzas de Active Directory mediante *Inicio* → *Herramientas Administrativas* → *Dominios y confianzas de Active Directory* (Figura 1-77).

Si todos los controladores de dominio de su bosque o dominio ejecutan Microsoft Windows Server y el nivel funcional del bosque y del dominio se establecen en Windows Server, estarán disponibles todas las características para todo el dominio y para todo el bosque.

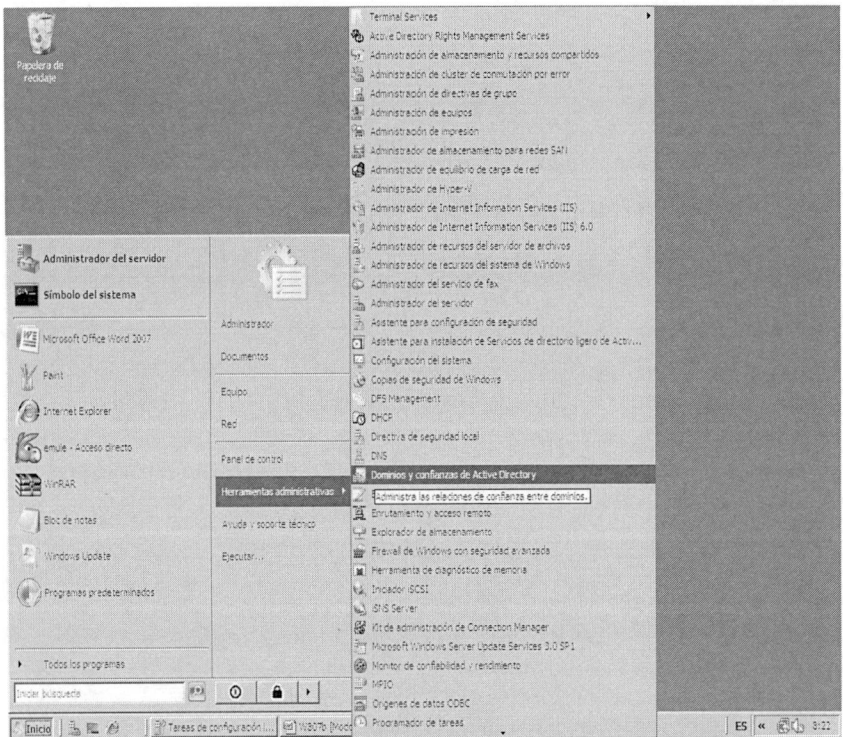

Figura 1-77

1.7.2. Administración de confianzas

Una confianza es una relación entre dominios que hace posible a los usuarios de un dominio autenticarse por medio de un controlador de dominio en otro dominio.

En el sistema operativo Windows NT, las confianzas se limitan a dos dominios y la relación de confianza es no transitiva y unidireccional. Todas las confianzas en bosques de Windows y Windows Server son relaciones transitivas y bidireccionales. Por lo tanto, ambos dominios en una relación de confianza son de confianza. Un controlador de dominio que ejecute Windows Server autentica a usuarios y aplicaciones que usen uno de estos dos protocolos: el protocolo Kerberos versión 5 (V5) o NTLM. El protocolo Kerberos V5 es el protocolo predeterminado en equipos que ejecutan Windows o Windows Server. Si un equipo en una transacción no es compatible con el protocolo Kerberos V5, usará el protocolo NTLM.

Con el protocolo Kerberos V5, el cliente solicita un vale desde un controlador de dominio en su dominio de cuenta para el servidor del dominio que confía. Este vale lo emite un intermediario en el que confían el cliente y el servidor. El cliente presenta este vale de confianza al servidor del dominio que confía para su autenticación.

Cuando un cliente intenta tener acceso a recursos de un servidor en otro dominio mediante la autenticación NTLM, el servidor que contiene el recurso debe ponerse en contacto con un controlador de dominio en el dominio de cuentas de cliente para comprobar las credenciales de la cuenta.

Los objetos del dominio de confianza (TDO) son objetos que representan cada relación de confianza en un dominio particular. Cada vez que se establece una confianza, se crea un TDO único y se almacena en su dominio (en el contenedor System). Los atributos tales como nombres de dominio recíprocos, tipo y transitividad de confianza se representan en el TDO.

Los TDO de confianzas de bosque almacenan atributos adicionales para identificar todos los espacios de nombres de confianza de su bosque asociado. Entre estos atributos se incluyen nombres de árboles de dominios, sufijos de nombre principal del usuario (UPN), sufijos de nombre principal de servicio (SPN) y espacios de nombres de identificadores de seguridad (SID).

Puede usar el *Asistente para nueva confianza* o la herramienta de línea de comandos *Netdom* para crear cuatro tipos de confianza: externa, de dominio kerberos, de bosque y abreviada. En la tabla siguiente se describen estos tipos de confianza.

Tipo de confianza	Transitividad	Dirección	Descripción
Externa	No transitiva	Unidireccional o bidireccional	Use las confianzas externas para proporcionar acceso a los recursos ubicados en un dominio de Windows NT 4.0 o en un dominio ubicado en un bosque distinto que no está unido por una confianza de bosque
De dominio kerberos	Transitiva o no transitiva	Unidireccional o bidireccional	Use las confianzas de dominio kerberos para formar una relación de confianza entre un dominio kerberos que no es de Windows y un dominio de Windows Server.
De bosque	Transitiva	Unidireccional o bidireccional	Use las confianzas de bosque para compartir recursos entre bosques. Si una confianza de bosquees bidireccional, las solicitudes de autenticación realizadas en alguno de los dos bosques pueden llegar al otro bosque.
Abreviada	Transitiva	Unidireccional o bidireccional	Use las confianzas abreviadas para mejorar los tiempos de inicio de sesión de usuario entre dos dominios en un bosque de Windows Server. Esto es útil cuando dos dominios están separados por dos árboles de dominios.

Cuando crea confianzas externas, abreviadas, de dominio kerberos o de bosque, puede crear cada lado de la relación independientemente o puede crear ambos lados simultáneamente. Si elige crear cada lado de la relación de forma independiente, deberá ejecutar el Asistente para nueva confianza dos veces (una vez por cada dominio). Cuando cree confianzas con este método, debe suministrar la misma contraseña de confianza para cada dominio. Por motivos de seguridad, es recomendable que todas las contraseñas de confianza sean contraseñas seguras. Si elige crear ambos lados de la relación de confianza de forma simultánea, deberá ejecutar el Asistente para nueva confianza solamente una vez. Cuando elige esta opción, se genera una contraseña de confianza segura de forma automática. Debe contar con las credenciales administrativas adecuadas para los dominios entre los que está creando la relación de confianza.

El *tipo de confianza y su dirección* asignada afectan a la ruta de acceso de confianza que se usa para la autenticación. Una *ruta de acceso de confianza* es una serie de relaciones de confianza que deben seguir las solicitudes de autenticación entre dominios. Antes de que un usuario pueda tener acceso a un recurso en otro dominio, el sistema de seguridad en los controladores de dominio que ejecutan Windows Server debe determinar si el dominio que confía (el dominio que contiene el recurso al que el usuario está intentando obtener acceso) tiene una relación con el dominio de confianza (el dominio de inicio de sesión del usuario). Para determinar esto, el sistema de seguridad calcula la ruta de acceso de confianza entre un controlador de dominio en el dominio que confía y un controlador de dominio en el dominio de confianza.

Una *confianza unidireccional* es una ruta de autenticación unidireccional creada entre dos dominios. Algunas confianzas unidireccionales pueden ser transitivas o no transitivas, dependiendo del tipo de confianza que sea. Todas las confianzas de dominio en un bosque de Windows Server son *confianzas transitivas bidireccionales*. Cuando se crea un nuevo dominio secundario, se crea automáticamente una confianza transitiva bidireccional entre el nuevo dominio secundario y el dominio primario. La transitividad determina si una confianza se puede extender fuera de los dos dominios entre los que se formó la confianza. Puede usar una *confianza transitiva* para extender las relaciones de confianza a otros dominios. Puede usar una *confianza no transitiva* para denegar relaciones de confianza con otros dominios.

Además de las confianzas transitivas predeterminadas que se establecen en un bosque de Windows Server, puede crear manualmente, mediante el *Asistente para nueva confianza*, las confianzas transitivas siguientes:

- *Confianza abreviada*: una confianza transitiva entre un dominio en el mismo bosque o árbol de dominios que abrevia la ruta de acceso de confianza en un bosque o árbol de dominios grande y complejo.

- *Confianza de bosque*: una confianza transitiva entre un dominio raíz del bosque y un segundo dominio raíz del bosque.

- *Confianza de dominio kerberos*: una confianza transitiva entre un dominio de Active Directory y un dominio Kerberos V5.

Para *crear una confianza abreviada* mediante la interfaz de Windows abra Dominios y confianzas de Active Directory mediante *Inicio → Herramientas Administrativas → Dominios y confianzas de Active Directory* (Figura 1-77). En el árbol de consola, haga clic con el botón secundario en el nodo del dominio para el que desea establecer una confianza abreviada y, a continuación, haga clic en *Propiedades* (Figura 1-78). En la ficha *Confianzas* haga clic en *Nueva confianza* y luego en *Siguiente*. En la página *Nombre de confianza*, escriba el nombre del Sistema de nombres de dominio (DNS) (o nombre NetBIOS) y, luego, pulse en *Siguiente*. En la página *Dirección de confianza*, realice una de las acciones siguientes:

- Para *crear una confianza abreviada bidireccional*, haga clic en *Bidireccional*. Los usuarios de este dominio y del dominio especificado podrán usar esta ruta de acceso de confianza.

- Para *crear una confianza abreviada unidireccional de entrada*, haga clic en *Unidireccional de entrada*. Los usuarios del dominio especificado no podrán usar esta ruta de acceso de confianza.

- Para *crear una confianza abreviada unidireccional de salida*, haga clic en *Unidireccional de salida*. Los usuarios de este dominio no podrán usar esta ruta de acceso de confianza.

Siga las instrucciones del asistente de la Figura 1-79.

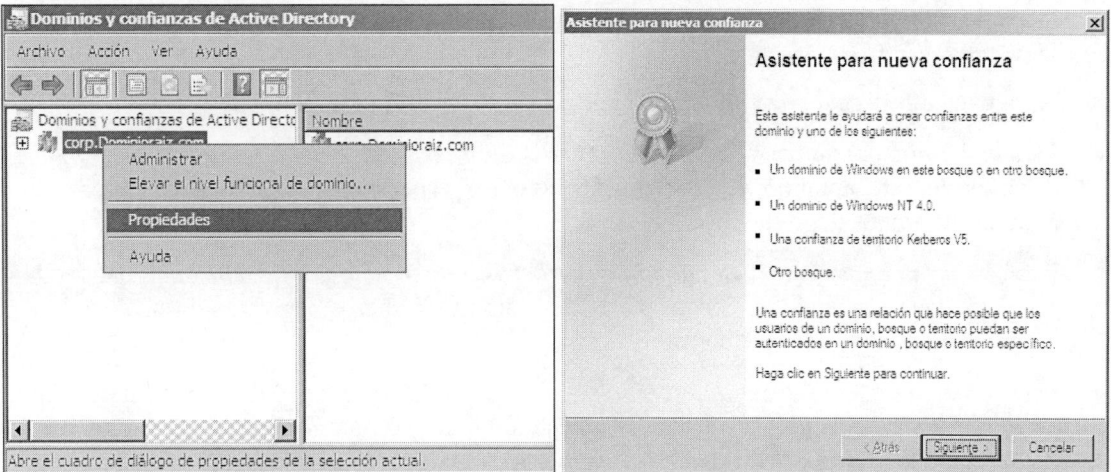

Figura 1-78   Figura 1-79

Para *crear una confianza externa* mediante la interfaz de Windows, abra *Dominios y confianzas de Active Directory* mediante *Inicio → Herramientas Administrativas → Dominios y confianzas de Active Directory* (Figura 1-77). En el árbol de consola, haga clic con el botón secundario en el nodo del dominio para el que desea establecer una confianza externa y, luego, haga clic en *Propiedades*. En la ficha *Confianzas* pulse en *Nueva confianza* y luego en *Siguiente*. En la página *Nombre de confianza*, escriba el nombre del Sistema de nombres de dominio (DNS) (o nombre NetBIOS) y, a continuación, haga clic en *Siguiente*. En la página *Tipo de confianza*, haga clic en *Confianza externa* y, luego, en *Siguiente*. En la página *Dirección de confianza*, realice una de las acciones siguientes:

- Para *crear una confianza externa bidireccional*, haga clic en *Bidireccional*. Los usuarios de este dominio y del dominio especificado podrán usar esta ruta dc acceso de confianza.

- Para *crear una confianza externa unidireccional de entrada*, haga clic en *Unidireccional de entrada*. Los usuarios del dominio especificado no podrán usar esta ruta de acceso de confianza.

- Para *crear una confianza externa unidireccional de salida*, haga clic en *Unidireccional de salida*. Los usuarios de este dominio no podrán usar esta ruta de acceso de confianza.

Siga las instrucciones del asistente.

Para *crear una confianza de dominio kerberos* mediante la interfaz de Windows, abra *Dominios y confianzas de Active Directory* mediante *Inicio → Herramientas Administrativas → Dominios y confianzas de Active Directory* (Figura 1-77). En el árbol de consola, haga clic con el botón secundario en el nodo del dominio para el que desea establecer una confianza de dominio kerberos y, luego, pulse en *Propiedades*. En la ficha *Confianzas* haga clic en *Nueva confianza* y luego en

Siguiente. En la página *Nombre de confianza*, escriba el nombre del Sistema de nombres de dominio (DNS) (o nombre NetBIOS) y, a continuación, haga clic en *Siguiente*. En la página *Tipo de confianza*, haga clic en *Confianza de dominio kerberos* y, por último, en *Siguiente*. En la página *Transitividad de la confianza*, realice una de las acciones siguientes:

- Para formar una relación de confianza con el dominio y el dominio kerberos especificado, haga clic en *No transitiva* y, luego, en *Siguiente*.

- Para formar una relación de confianza con el dominio, el dominio kerberos especificado y todos los dominios kerberos de confianza, haga clic en *Transitiva* y, a continuación, en *Siguiente*.

En la página *Dirección de confianza*, realice una de las acciones siguientes:

- Para *crear una confianza de dominio kerberos bidireccional*, haga clic en *Bidireccional*. Los usuarios de este dominio y del dominio kerberos especificado podrán tener acceso a los recursos de ambos dominios.

- Para *crear una confianza de dominio kerberos unidireccional de entrada*, haga clic en *Unidireccional de entrada*. Los usuarios del dominio kerberos especificado no podrán tener acceso a los recursos de este dominio.

- Para *crear una confianza de dominio kerberos unidireccional de salida*, haga clic en *Unidireccional de salida*. Los usuarios de este dominio no podrán tener acceso a los recursos del dominio kerberos especificado.

Para *comprobar una confianza mediante la interfaz de Windows*, abra *Dominios y confianzas de Active Directory* y en el árbol de consola, haga clic con el botón secundario en el dominio que contiene la confianza que desea comprobar y, luego, en *Propiedades*. En la ficha *Confianzas*, en *Dominios de confianza para este dominio (confianzas de salida)* o *Dominios que confían en este dominio (confianzas de entrada)*, haga clic en la confianza que desea comprobar y, a continuación, pulse en *Propiedades*. Haga clic en *Validar*. Realice una de las siguientes acciones y, por último, en *Aceptar*:

- Haga clic en *No, no validar la confianza de entrada*. Si selecciona esta opción, es recomendable que repita este procedimiento para el dominio recíproco.

- Haga clic en *Sí, validar la confianza de entrada*. Si selecciona esta opción, deberá escribir una cuenta de usuario y una contraseña con credenciales administrativas en el dominio recíproco.

Para *quitar una confianza mediante la interfaz de Windows*, abra *Dominios y confianzas de Active Directory* y en el árbol de consola, haga clic con el botón secundario en el dominio que contiene la confianza que desea quitar y, luego, en *Propiedades*. En la ficha *Confianzas*, en *Dominios de confianza para este dominio (confianzas de salida)* o *Dominios que confían en este dominio (confianzas de entrada),* haga clic en la confianza que desea quitar y, más tarde, en *Quitar*. Realice una de las siguientes acciones y, al final, haga clic en *Aceptar*:

- Haga clic en *No, quitar la relación de confianza sólo del dominio local*. Si selecciona esta opción, es recomendable que repita este procedimiento para el dominio recíproco.

- Haga clic en *Sí, quitar la relación de confianza del dominio local y del otro dominio*. Si selecciona esta opción, deberá escribir una cuenta de usuario y una contraseña con credenciales administrativas en el dominio recíproco.

Para *seleccionar el ámbito de autenticación mediante la interfaz de Windows*, abra *Dominios y confianzas de Active Directory* y en el árbol de consola, haga clic con el botón secundario en el nodo del dominio que desea administrar y, luego, en *Propiedades*. En la ficha *Confianzas*, en *Dominios de confianza para este dominio (confianzas de salida) o Dominios que confían en este dominio (confianzas de entrada),* realice una de las acciones siguientes:

- Para *seleccionar el ámbito de autenticación de los usuarios que se autentican a través de una confianza externa*, haga clic en la confianza externa que desea administrar y, a continuación, pulse en *Propiedades*. En la ficha *Autenticación*, haga clic en *Autenticación en todo el dominio* o en *Autenticación selectiva*.

- Para *seleccionar el ámbito de autenticación de los usuarios que se autentican a través de una confianza de bosque*, haga clic en la confianza de bosque que desea administrar y, luego, en *Propiedades*. En la ficha *Autenticación*, haga clic en *Autenticación en todo el bosque* o en *Autenticación selectiva*.

1.7.3. Administración de confianzas de bosque

Puede crear una confianza de bosque solamente entre un dominio raíz del bosque en un bosque de Windows Server y un dominio raíz del bosque en otro bosque de Windows Server. La creación de una confianza de bosque entre dos bosques de Windows Server proporciona una relación de confianza transitiva, unidireccional o bidireccional, entre todos los dominios que residen en cada bosque.

Las confianzas de bosque son útiles para proveedores de servicios de aplicación, organizaciones en proceso de fusión o adquisición, extranets de empresas colaboradoras y organizaciones que buscan autonomía administrativa.

Una *confianza de bosque unidireccional entre dos bosques* permite a los miembros del bosque de confianza usar recursos ubicados en el bosque que confía. Sin embargo, la confianza funciona sólo en una dirección. Una *confianza de bosque bidireccional entre dos bosques* permite a los miembros de ambos bosques usar recursos ubicados en cualquiera de ellos, y los dominios de cada uno de los bosques confían de forma implícita en los dominios del otro bosque.

Antes de crear confianzas de bosque entre dominios, es importante comprobar que el servidor DNS (Sistema de nombres de dominio) de su entorno está configurado correctamente para aceptar relaciones de confianza en el futuro.

Para *crear una confianza de bosque*, abra *Dominios y confianzas* de Active Directory, y en el árbol de consola, haga clic con el botón secundario en el dominio que desea administrar y, a continuación, en *Propiedades*. En la ficha *Confianzas*, pulse en *Nueva confianza* y luego en *Siguiente*. En la página *Nombre de confianza*, escriba el nombre del DNS (o nombre NetBIOS) y, más tarde, en *Siguiente*. En la página *Tipo de confianza*, haga clic en *Confianza de bosque* y, a continuación, en *Siguiente*. En la página *Dirección de confianza*, realice una de las acciones siguientes:

- Para *crear una confianza de bosque bidireccional*, haga clic en *Bidireccional*. Los usuarios de este bosque y del bosque especificado podrán tener acceso a los recursos de ambos bosques.

- Para *crear una confianza de bosque unidireccional de entrada*, haga clic en *Unidireccional de entrada*. Los usuarios del bosque especificado no podrán tener acceso a los recursos de este bosque.

- Para crear una confianza de bosque unidireccional de salida, haga clic en *Unidireccional de salida*. Los usuarios de este bosque no podrán tener acceso a los recursos del bosque especificado.

Siga las instrucciones del asistente.

1.7.4. Administración de dominios y bosques

Al instalar Servicios de dominio de Active Directory (AD DS) en un servidor que ejecuta Windows Server, se habilita de manera predeterminada un conjunto de características básicas de Active Directory. Además de las características básicas de Active Directory en controladores de dominio individuales, hay disponibles nuevas características de Active Directory para todo el dominio y para todo el bosque cuando todos los controladores de dominio en un bosque o dominio ejecutan Windows Server.

Para que se habiliten las características nuevas para todo el dominio, todos los controladores de dominio deben ejecutar Windows Server y debe elevarse el nivel funcional del dominio a Windows Server.

Para *elevar el nivel funcional del dominio*, abra *Dominios y confianzas de Active Directory* mediante *Inicio → Herramientas administrativas → Dominios y confianzas de Active Directory* (Figura 1-77). En el árbol de consola, haga clic con el botón secundario en el dominio del que desea elevar el nivel funcional y, luego, haga clic en *Elevar el nivel funcional del dominio* (Figura 1-80).

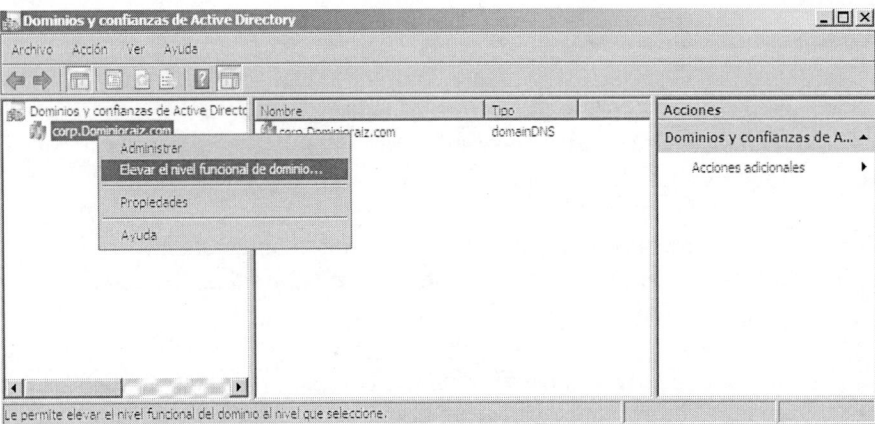

Figura 1-80

En *Seleccione un nivel funcional del dominio disponible*, haga lo siguiente:

- Para elevar el nivel funcional del dominio a Windows Server, haga clic en *Windows Server* y, a continuación, pulse en *Elevar*.

- Para elevar el nivel funcional del dominio a Windows Server, haga clic en *Windows Server* y, a continuación, pulse en *Elevar*.

No eleve el nivel funcional del dominio a una versión posterior si tiene o va a tener controladores de dominio que ejecutan versiones anteriores de Windows Server. Una vez elevado el nivel funcional del dominio, no se puede volver al nivel funcional anterior.

También puede elevar el nivel funcional del dominio si hace clic con el botón secundario en un dominio del complemento *Usuarios y equipos de Active Directory* y, a continuación, haga clic en *Elevar el nivel funcional del dominio*. El nivel funcional del dominio se muestra en *Nivel funcional del dominio actual*, en el cuadro de diálogo *Elevar el nivel funcional del dominio.*

Para *elevar el nivel funcional del bosque*, abra *Dominios y confianzas de Active Directory* mediante *Inicio → Herramientas administrativas → Dominios y confianzas de Active Directory* (Figura 1-77). En el árbol de consola, haga clic con el botón secundario en *Dominios y confianzas de Active Directory* y, a continuación, pulse en *Elevar el nivel funcional del bosque* (Figura 1-81).

En *Seleccione un nivel funcional del bosque disponible*, haga lo siguiente:

- Para elevar el nivel funcional del bosque a Windows Server, haga clic en *Windows Server y*, a continuación, haga clic en *Elevar.*

- Para elevar el nivel funcional del bosque a Windows Server, haga clic en *Windows Server* y, a continuación, en *Elevar.*

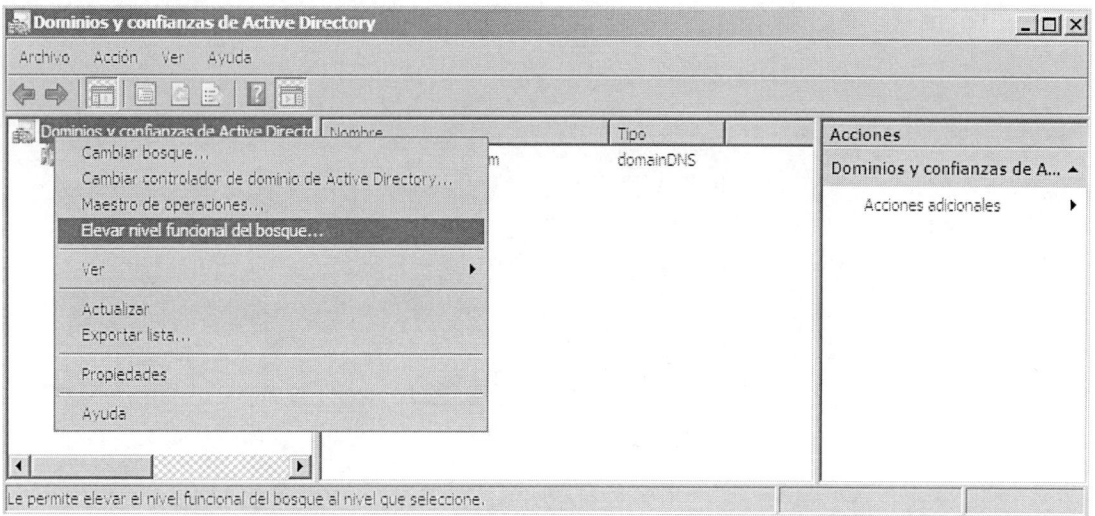

Figura 7-81

No eleve el nivel funcional del bosque a Windows Server si tiene (o va a tener) controladores de dominio que ejecuten Windows Server o una versión anterior. Tras elevar el nivel funcional del bosque a Windows Server, no se puede volver a cambiar.

Windows nativo es el nivel funcional del dominio mínimo necesario para elevar el nivel funcional del bosque a Windows Server. Del mismo modo, Windows Server es el nivel funcional del dominio mínimo necesario para elevar el nivel funcional del bosque a Windows Server.

Antes de elevar el nivel funcional del bosque a Windows Server, compruebe que todos los dominios del bosque están establecidos en el nivel funcional del dominio de Windows Server. Tenga en cuenta que los dominios establecidos en el nivel funcional del dominio de Windows Server se elevarán automáticamente a Windows Server al mismo tiempo que se eleva el nivel funcional del bosque a Windows Server.

Si no puede elevar el nivel funcional del bosque, puede hacer clic en *Guardar como*, en el cuadro de diálogo *Elevar el nivel funcional del bosque*, para guardar un archivo de registro que especifique los controladores de dominio del bosque que todavía necesitan actualizarse a una versión posterior.

El nivel funcional del bosque se muestra en *Nivel funcional del bosque actual*, en el cuadro de diálogo *Elevar el nivel funcional del bosque*.

Puede usar Dominios y confianzas de Active Directory para agregar sufijos de nombre principal de usuario (UPN) a la cuenta de usuario existente. El sufijo de nombre principal de usuario predeterminado para una cuenta de usuario es el nombre de dominio DNS del dominio que contiene la cuenta de usuario. Puede agregar sufijos UPN alternativos para simplificar los procesos de inicio de sesión de usuarios y de administración mediante el uso de un sufijo de nombre principal de usuario para todos los usuarios. El sufijo UPN sólo se usa dentro del bosque de Active Directory y no es necesario que sea un nombre de dominio DNS válido.

Para *agregar sufijos de nombre principal de usuario*, abra *Dominios y confianzas de Active Directory* y en el árbol de consola, haga clic con el botón secundario en Dominios y confianzas de Active Directory y, luego, en *Propiedades* (Figura 7-80). En la ficha *Sufijos UPN* (Figura 7-82), escriba un sufijo de nombre principal del usuario (UPN) alternativo para el bosque y, por último, haga clic en *Agregar*. Se repite el paso para agregar otros sufijos UPN alternativos.

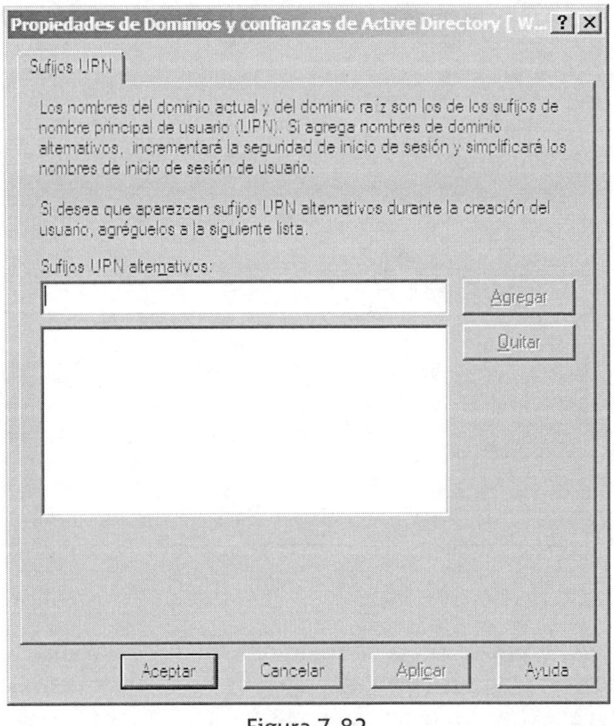

Figura 7-82

1.7.5. Sitios y servicios de Active Directory

Sitios y servicios de Active Directory es un complemento de Microsoft Management Console (MMC) del sistema operativo Windows Server que se puede usar para administrar la replicación de los datos de directorio entre todos los sitios de un bosque de los Servicios de dominio de Active Directory (AD DS). Este complemento también proporciona una vista de los objetos específicos del servicio que se publican en AD DS.

También puede usar Sitios y servicios de Active Directory para administrar la replicación de datos de directorio entre todos los sitios de un conjunto de configuración de Servicios de directorio ligero de Active Directory (AD LDS). Los administradores responsables de la administración del bosque completo pueden usar Sitios y servicios de Active Directory para administrar la topología de replicación entre sitios para el bosque. Los administradores responsables de los servicios de aplicación pueden tener delegada la responsabilidad de los contenedores de servicios en los que se publican los objetos específicos de la aplicación.

1.7.6. Adición de un sitio al bosque

Si desea implementar controladores de dominio en un área de la red que es remota desde el sitio del concentrador, puede crear un objeto de sitio en Servicios de dominio de Active Directory (AD DS) para representar la red de área local (LAN) en el área remota. Debe configurar el sitio para incluir las direcciones de subred que se asignan en la LAN remota. Cuando se crea un nuevo objeto de sitio, se debe colocar el sitio en un vínculo a sitios existente. Si ya tiene varios sitios, es posible que deba crear un vínculo a sitios adicional para conectar el nuevo sitio a un sitio existente.

Después de crear un nuevo sitio, cuando agrega la función de servidor de Servicios de dominio de Active Directory a un servidor que tiene una dirección IP que se asigna a ese sitio, puede especificar que el objeto de servidor para el nuevo controlador de dominio se cree en el sitio según su dirección IP. Como alternativa, puede seleccionar el sitio para el nuevo controlador de dominio y, a continuación, configurar su dirección IP en una dirección que se asigne a una subred de ese sitio.

Los sitios de AD DS representan la estructura física, o topología, de la red. AD DS usa la información de topología de red, que se almacena en el directorio como objetos de sitio, subred y vínculo a sitios, para generar la topografía de replicación más eficaz. La topología de replicación en sí consta de un conjunto de objetos de conexión que permiten la replicación de entrada desde un controlador de dominio de origen al controlador de dominio de destino que almacena el objeto de conexión. La comprobación de coherencia de la información (KCC) crea estos objetos de conexión automáticamente en cada controlador de dominio.

Puede usar el complemento Sitios y servicios de Active Directory para administrar objetos de sitio, subred y vínculo a sitios que se combinan para influir en la topología de replicación. También puede usarlo para administrar sitios de un conjunto de configuración de Servicios de directorio ligero de Active Directory (AD LDS). Es importante distinguir entre sitios y dominios. Los sitios representan la estructura física de la red, mientras que los dominios representan la estructura lógica de la organización. Los objetos de sitios y sus contenidos se replican en todos los controladores de dominios del bosque, independientemente del dominio o del sitio.

Los controladores de dominio y otros servidores que usan los sitios publican objetos de servidor en AD DS para aprovecharse de la buena conectividad de red que proporciona el sitio. Los controladores de dominio se colocan en sitios según el lugar donde se necesitan los datos de dominio. Por ejemplo, si ningún usuario de un dominio está ubicado físicamente en un sitio, no hay ninguna razón por la que se deba colocar un controlador de dominio para ese dominio en el sitio.

Los sitios facilitan varias actividades, entre las que se incluyen:

- *Replicación*. AD DS equilibra la necesidad de información de directorio actualizada con la de optimización de banda ancha al replicar la información de un sitio cuando los datos están actualizados y entre sitios de acuerdo con un programa configurable.

- *Autenticación*. La información del sitio ayuda a que la autenticación sea más rápida y eficaz. Cuando un cliente inicia sesión en un dominio, primero solicita la autenticación a un controlador de dominio del sitio local. Al establecer sitios, se puede garantizar que los clientes usen los controladores de dominio más cercanos a ellos para la autenticación, lo cual reduce la latencia de la autenticación y el tráfico en conexiones de red de área extensa (WAN).

- *Ubicación de servicio*. Otros servicios, como Servicios de Certificate Server de Active Directory (AD CS), Exchange Server y Message Queue Server, usan AD DS para almacenar objetos que pueden usar la información de la subred y el sitio que permite encontrar los proveedores de servicio más cercanos de una forma más sencilla.

Cuando se agrega la función de servidor de Servicios de dominio de Active Directory para crear el primer controlador de dominio en un bosque, se crea un sitio predeterminado (*Default-First-Site-Name*) en AD DS. Mientras éste sea el único sitio del directorio, todos los controladores de dominio que se agreguen al bosque se asignarán a este sitio. Sin embargo, si el bosque tiene varios sitios, se deberán crear subredes que asignen direcciones IP a *Default-First-Site-Name* así como a todos los sitios adicionales.

Los objetos de servidor se crean en AD DS mediante aplicaciones o servicios, y se colocan en un sitio en función de su dirección IP. Cuando se agrega la función de servidor de Servicios de dominio de Active Directory a un servidor, se crea un objeto de servidor en el sitio de AD DS que contiene la subred a la que se asigna la dirección IP del servidor. Si la dirección IP del controlador de dominio no se asigna a ningún sitio del bosque, el objeto de servidor del controlador de dominio se crea en el sitio del controlador de dominio que proporciona el origen de replicación para AD DS.

Para un cliente, la asignación de sitios se determina de forma dinámica mediante la dirección IP y la máscara de subred durante el inicio de sesión.

Para *crear un sitio,* abra *Sitios y servicios de Active Directory* haciendo clic en *Inicio*, en *Herramientas administrativas* y, a continuación, en *Sitios y servicios de Active Directory* (Figura 7-83). En el árbol de consola, haga clic con el botón secundario en *Sitios* y, a continuación, en *Nuevo sitio* (Figura 7-84). En *Nombre*, escriba el nombre del nuevo sitio, en *Nombre de vínculo*, haga clic en un objeto de vínculo a sitios y, luego, en *Aceptar* (Figura 7-85). Se recomienda usar nombres del Sistema de nombres de dominio (DNS) válidos al crear nuevos nombres de sitio. De lo contrario, sólo se podrá obtener acceso al sitio donde haya un servidor DNS de Microsoft.

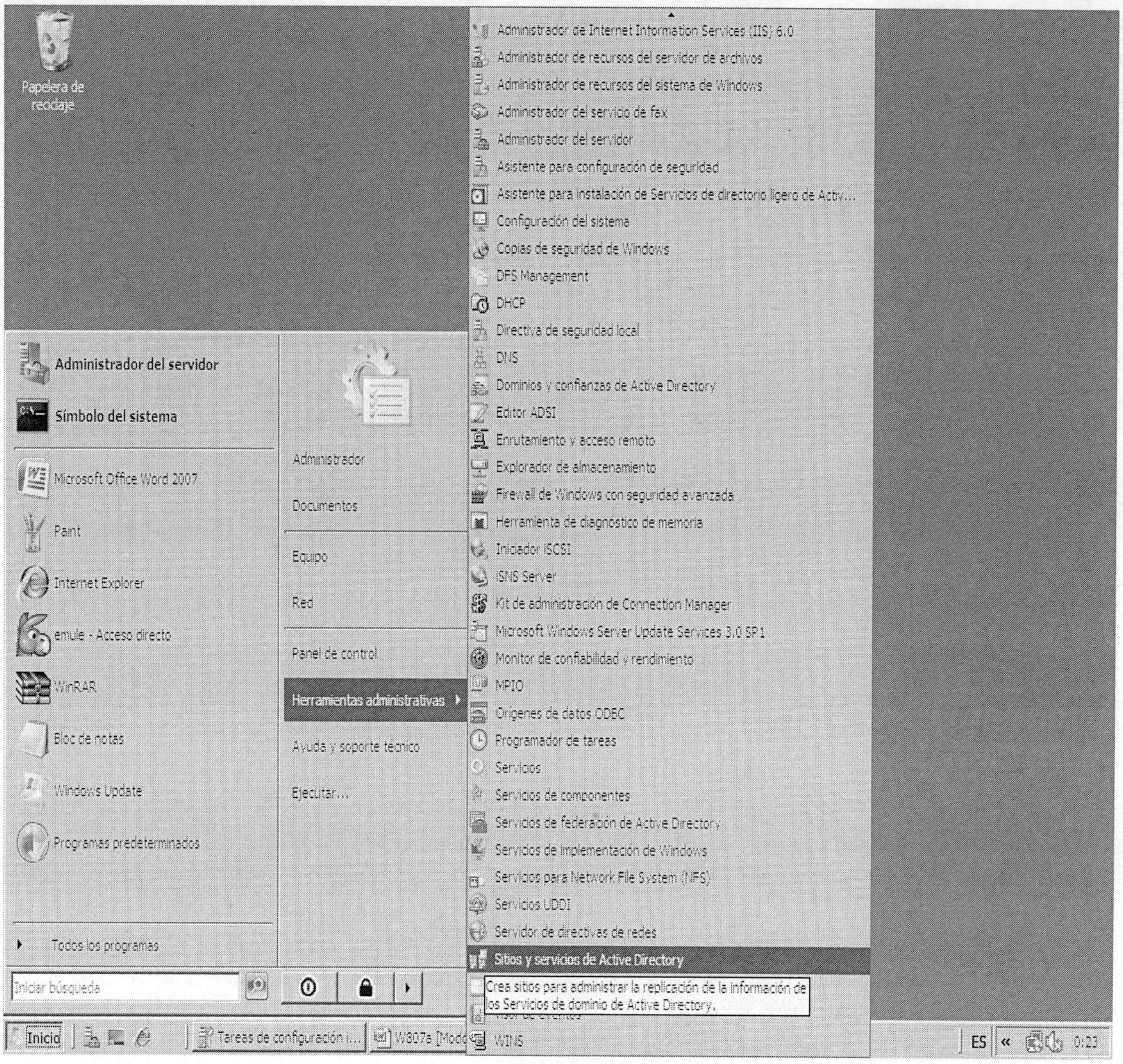

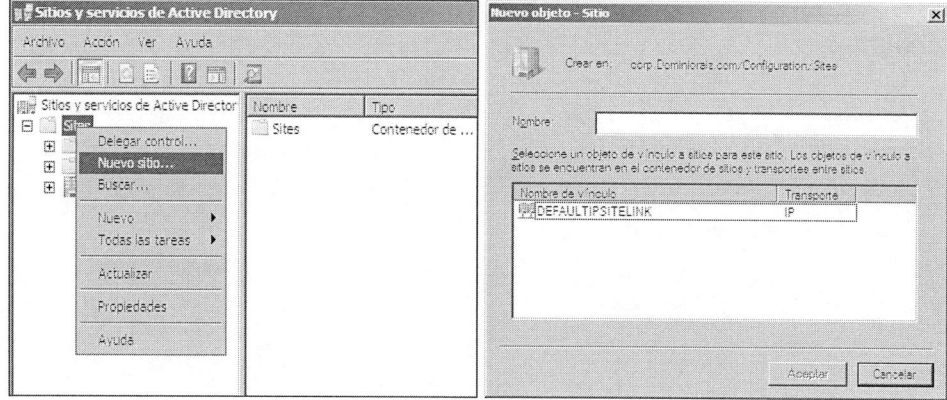

Figura 7-83

Figura 7-84   Figura 7-85

Para *crear una subred*, abra *Sitios y servicios de Active Directory* y en el árbol de consola, haga doble clic en *Sitios*, pulse con el botón secundario en *Subredes* y, a continuación, haga clic en *Nueva subred* (Figura 7-86). En *Prefijo*, escriba el prefijo de subred de IP versión 4 (IPv4) o IP versión 6 (IPv6). En *Seleccionar un sitio de objeto para este prefijo*, pulse en el sitio para asociarlo a esta subred y, para finalizar, pulse en *Acepta*r (Figura 7-87).

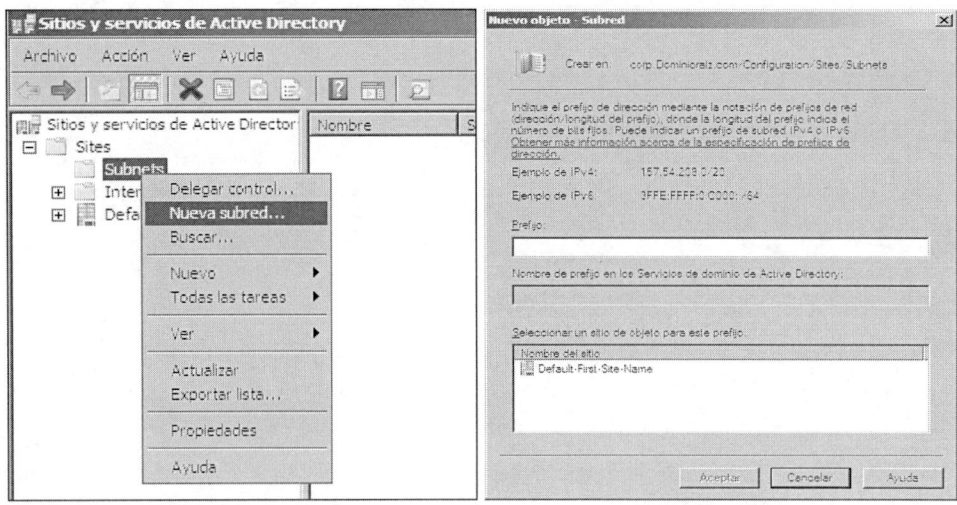

Figura 7-86   Figura 7-87

Para *crear un vínculo a sitios*, abra *Sitios y servicios de Active Directory* y en el árbol de consola, haga clic con el botón secundario en el protocolo de transporte entre sitios que desea que use el vínculo a sitio (ruta *Sitios y servicios de Active Directory/Sitios/Transportes entre sitios/IP o SMTP*). Haga clic en *Nuevo vínculo a sitios* (Figura 7-88). En *Nombre* (Figura 7-89), escriba un nombre para el vínculo a sitios. En *Sitios no pertenecientes a este vínculo*, pulse en un sitio para agregar el vínculo a sitios y, a continuación, en *Agregar*. Repita esta acción para añadir más sitios al vínculo a sitios. Para quitar un sitio del vínculo a sitios, en *Sitios pertenecientes a este vínculo a sitios*, haga clic en el sitio y, luego, haga clic en *Quitar*. Cuando haya agregado los sitios que desea que estén conectados mediante este vínculo a sitios, pulse en *Aceptar*.

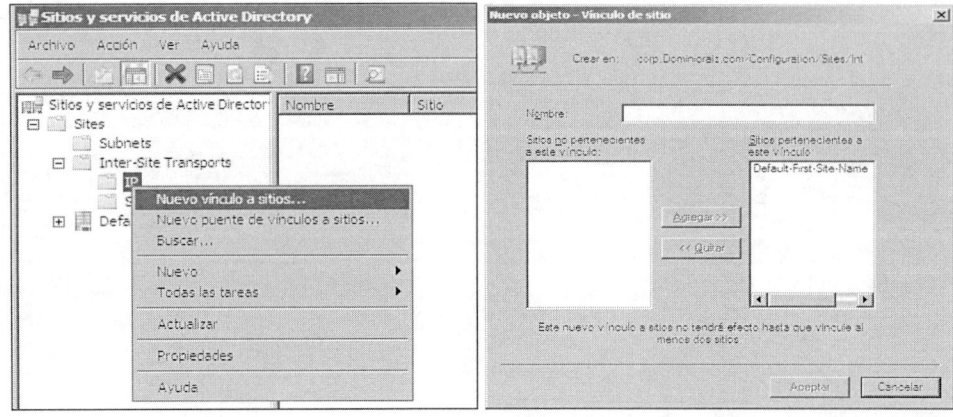

Figura 7-88   Figura 7-89

Para *agregar o quitar un sitio de un vínculo a sitios*, abra *Sitios y servicios de Active Directory* y en el árbol de consola, haga clic en la carpeta de transporte entre sitios que contiene el vínculo a sitios en el que se agrega o quita un sitio. En el panel de detalles, haga clic con el botón secundario en el vínculo a sitios donde desee agregar o quitar un sitio y, luego, pulse en *Propiedades*. En la lista correspondiente, haga clic en el sitio que desea agregar o quitar de este vínculo a sitios y, por último, pulse en *Agregar* o *Quitar*, respectivamente.

1.7.7. Programación de la replicación entre sitios

Para controlar la replicación entre dos sitios, puede usar el complemento Sitios y servicios de Active Directory para establecer la configuración del objeto de vínculo a sitios al que se agregan los sitios. Al establecer la configuración de un vínculo a sitios, puede controlar el momento en el que se produce la replicación entre dos o más sitios, así como la frecuencia.

Cuando establezca la configuración de un vínculo a sitios, tenga en cuenta el tráfico de red que generan las aplicaciones de la línea de negocio, las horas de operaciones comerciales y los períodos de máxima actividad durante el día de trabajo. Sopese estas consideraciones con la necesidad de actualizar directorios en los sitios remotos. Es posible que decida, por ejemplo, que la replicación una vez al día (tras unas horas después de un período de tráfico bajo) es suficiente para que los usuarios de los sitios remotos lleven a cabo sus tareas.

Para *configurar la disponibilidad de replicación entre sitios*, abra *Sitios y servicios de Active Directory* y en el árbol de consola, haga clic en la carpeta de transporte entre sitios que contiene el vínculo a sitios para el que se configura la disponibilidad de replicación entre sitios. En el panel de detalles, haga clic con el botón secundario en el vínculo a sitios cuyo programa desea configurar y, luego, pulse en *Propiedades*. Haga clic en *Cambiar programación* (cuando inicia sesión con una cuenta que no tiene suficientes credenciales para cambiar el programa, la opción disponible es *Ver programación*). Seleccione el bloque de tiempo durante el que desea que la replicación esté disponible o no disponible y, por último, pulse en *Replicación no disponible* o *Replicación disponible*, respectivamente.

Use el transporte entre sitios IP a menos que la red tenga sitios remotos donde la conectividad de red sea intermitente o la conectividad IP de un extremo a otro no esté disponible. La replicación de Protocolo simple de transferencia de correo (SMTP) tiene restricciones que no se aplican a la replicación IP.

Para *configurar la frecuencia de replicación entre sitios*, abra *Sitios y servicios de Active Directory* y en el árbol de consola, haga clic en la carpeta de transporte entre sitios que contiene el vínculo a sitios para el que se configura la disponibilidad de replicación entre sitios. En el panel de detalles, pulse con el botón secundario en el vínculo a sitios cuyo programa desea configurar y, a continuación, en *Propiedades*. En *Replicar cada*, escriba o seleccione el número de minutos entre replicaciones.

Use el transporte entre sitios IP a menos que la red tenga sitios remotos donde la conectividad de red sea intermitente o la conectividad IP de un extremo a otro no esté disponible. La replicación de SMTP tiene restricciones que no se aplican a la replicación IP.

ACTIVIDADES PROPUESTAS

Actividad 1. Describe el proceso de creación y administración de cuentas de usuario en Windows 11 y en Windows 10. Cuentas predeterminadas

Actividad 2. Describe el proceso de creación de grupos de usuarios en Windows 10 y en Windows 11

Actividad 3. Describe el trabajo con perfiles de usuario en Windows 10 y Windows 11

Actividad 4. Describe el funcionamiento de Administrador de autorización en Windows 11.

Actividad 5. Describe el Control de cuentas de usuario en Windows 10 y Windows 11

Actividad 6. Escribe el Administrador de credenciales de Windows 10.

Actividad 7. Especifica el funcionamiento de Windows Cardspace en Windows 11.

Actividad 8. Especifica el trabajo con carpetas compartidas y usuarios y grupos locales como herramientas administrativas del sistema en Windows 10 y Windows 11.

Actividad 9. Describe el Centro de actividades de Windows 11.

Actividad 10. Describe el Centro de Seguridad de Windows 11.

Actividad 11. Describe Windows Easy Transfer en Windows 10 y Windows 11.

## CAPÍTULO 2

ADMINISTRACIÓN DE PROCESOS DEL SISTEMA

Contenidos

2.1. PROCESOS. TIPOS. ESTADOS. ESTRUCTURA

Suele entenderse por proceso un programa que está en ejecución. Profundizando un poco, podríamos decir que un proceso es una unidad de actividad caracterizada por la ejecución de una secuencia de instrucciones, un estado actual y un conjunto de recursos del sistema asociados. Por lo tanto, un programa y un proceso no son la misma cosa. Cada proceso tiene su contador de programa, registros y variables, aislados de otros procesos, incluso siendo el mismo programa en ejecución dos veces. En este último caso, el sistema operativo utiliza la misma región de memoria de código, debido a que dicho código no cambiará, a menos que se ejecute una versión distinta del programa.

Los procesos los gestiona el sistema operativo y podemos decir que sus componentes esenciales son los siguientes:

- Las instrucciones del programa asociado al proceso que serán ejecutadas por el microprocesador.

- El estado de ejecución del proceso en un momento dado, esto es, los valores de los registros de la CPU (unidad central de proceso) para dicho programa.

- La memoria de trabajo del proceso (memoria crítica), es decir, la memoria que se le ha reservado y sus contenidos.

- Otra información que permite al sistema operativo su planificación.

Habitualmente los procesos se componen de pequeñas porciones, denominadas páginas, teniendo cada proceso su propia tabla de paginación que permite el funcionamiento del proceso como una optimización del sistema operativo ante los fallos de página.

Cuando los sistemas operativos son multihilo, un proceso consta de uno o más hilos, la memoria de trabajo (compartida por todos los hilos) y la información de planificación. Cada hilo consta de instrucciones y estado de ejecución. Los procesos son creados y eliminados por el sistema operativo, que también gobierna la comunicación entre procesos, pero lo hace a petición de otros procesos (interrupción o tiempo de reloj). El mecanismo por el cual un proceso crea otro proceso se denomina bifurcación (*fork*). Por ejemplo, el proceso de arranque de GNU/Linux inicia con un sólo proceso (*init*) y después comienza a crear los hilos necesarios para tener el sistema listo para su uso. Los nuevos procesos pueden ser independientes y no compartir el espacio de memoria con el proceso que los ha creado o ser creados en el mismo espacio de memoria.

En los sistemas operativos multihilo es posible crear tanto hilos como procesos. La diferencia estriba en que un proceso solamente puede crear hilos para sí mismo y en que dichos hilos comparten toda la memoria reservada para el proceso.

Inicialmente, los procesos pueden clasificarse en *cooperativos* o *independientes*. En el caso de los procesos cooperativos, dos o más procesos pueden cooperar mediante señales de forma que uno obliga a detenerse a los otros hasta que reciban una señal para continuar. En el caso de los procesos cooperativos, se usa una variable de tipo semáforo para sincronizar los procesos y si un proceso está esperando una señal, se suspende hasta que la señal se envíe. En todo momento, se mantiene una cola de procesos en espera en el semáforo y la forma de elegir los procesos de la cola en espera es mediante una política *first in first out*. La sincronización explícita entre procesos es un caso particular del estado "bloqueado". En este caso, el suceso que permite desbloquear un proceso no es una operación de entrada/salida, sino una señal generada a propósito por el programador desde otro proceso.

El ciclo de vida de un proceso consta de su *creación*, la *ejecución* de instrucciones y la *terminación*.

Los eventos principales que provocan la creación de procesos son los siguientes:

- Arranque del sistema.

- Ejecución, desde un proceso, de una llamada al sistema para la creación de otro proceso.

- Una petición de usuario para crear un proceso.

- Inicio de un trabajo por lotes.

La terminación de un proceso también presenta diferentes alternativas. Tenemos las siguientes:

- Salida normal.

- Salida por error.

- Error fatal.

- Eliminación por otro proceso.

La salida normal se presenta cuando el proceso termina de forma voluntaria, por ejemplo, cuando se cierra en navegador web o el procesador de textos. La salida por error se presenta cuando el proceso tiene que terminar debido a insuficiencia de datos, por ejemplo, cuando se solicita un archivo que no existe. La terminación por error fatal sucede por un error en el programa, como las divisiones entre 0 o requerimiento de memoria inaccesible. La terminación debida a la eliminación por otro proceso es sumamente útil cuando un proceso se queda colgado, es decir, sin terminar, pero tampoco responde. En Unix tenemos un ejemplo de este tipo de terminación de procesos cuando se utiliza el comando *kil*l para terminar procesos abruptamente.

Los procesos pueden contener uno o más hilos, haciendo más eficiente las tareas, intentando eliminar los interbloqueos posiblemente derivados de la complejidad de los algoritmos de sincronización.

2.1.1. Estados de un proceso

Un proceso puede estar en diferentes estados en el transcurso de su ciclo de vida. Estos estados obedecen a su participación y disponibilidad dentro del sistema operativo y surgen de la necesidad de controlar la ejecución de cada proceso. Los procesadores sólo pueden ejecutar un solo proceso a la vez, por lo que es interesante distinguir entre procesos apropiativos y procesos no apropiativos. Los *procesos apropiativos* básicamente ocupan todo el tiempo del procesador hasta que deciden dejarlo por sí mismos. Los *procesos no apropiativos* son aquellos que ocupan por un periodo de tiempo el procesador hasta que se produce un cambio de contexto.

Se entiende por *cambio de contexto* una interrupción o señal que llega al procesador para hacer el cambio de proceso.

Todo proceso puede tener los estados siguientes:

En *ejecución*: se trata de un proceso que está haciendo uso del procesador.

Bloqueado: se trata de un proceso que no puede ejecutarse hasta que un evento externo sea llevado a cabo.

Listo: se trata de un proceso que ha dejado disponible al procesador para que otro proceso pueda ocuparlo.

2.1.2. Tipos de procesos

Inicialmente podríamos decir que existen dos tipos de procesos, aquellos que se ejecutan en modo kernel y aquellos que se ejecutan en modo usuario. Los *procesos que se ejecutan en modo kernel* son más lentos por las llamadas al sistema que realizan, sin embargo, son más seguros por la integridad que representan. En el caso de los *procesos que se ejecutan en modo usuario*, podemos decir que el sistema operativo podría no ser multiproceso, ya que se vale de librerías para hacer un multiplexado y dar la apariencia de trabajar como multiproceso.

Como clasificación alternativa, podríamos considerar los procesos en primer plano y procesos en segundo plano. Los *procesos en primer plano* interactúan con el usuario, es decir, el usuario proporciona los datos que el proceso utilizará. Los *procesos en segundo plano* se crean para tareas bien definidas y no necesitan la intervención del usuario. Por ejemplo, se puede tener un proceso en segundo plano para revisar la temperatura del disco duro constantemente. Estos procesos en segundo plano se conocen como *demonios*.

2.1.3. Implantación de los procesos

La implementación del modelo de procesos se logra debido a que el sistema operativo almacena en una tabla, denominada *tabla de control de procesos*, información relativa a cada proceso que se está ejecutando en el procesador. Cada línea de esta tabla representa a un proceso.

La información que se almacena es la siguiente:

- Identificación del proceso.
- Identificación del proceso padre.
- Información sobre el usuario y grupo.
- Estado del procesador.
- Información de control de proceso
    — Información del planificador.
    — Segmentos de memoria asignados.
    — Recursos asignados.

Un concepto importante es el de *condiciones de competencia*. Las condiciones de competencia se dan cuando dos o más procesos intentan acceder a un mismo recurso.

Para solucionar las condiciones de competencia se implementó un modelo para prohibir que dos procesos accedan al mismo recurso. El modelo en cuestión se denomina *modelo de exclusión mutua*.

Las soluciones de *exclusión mutua con espera ocupada* funcionan teniendo presente que cuando un proceso intenta ingresar a su región crítica, verifica si está permitida la entrada. Si no, el proceso se queda esperando hasta obtener el permiso.

En cuanto a la *desactivación de interrupciones*, el método más simple para evitar las condiciones de competencia es hacer que cada proceso desactive todas sus interrupciones antes de entrar a su sección crítica y las active una vez que salió de la misma. Este modelo, como se puede observar, tiene un gran problema consistente en que, si se produce un fallo mientras que el proceso está en la región crítica, no se puede salir de la misma y el sistema operativo no recuperaría el control.

En el caso de las *variables cerradura,* se genera una variable que puede tener dos valores:

- O bien no hay ningún proceso en su sección crítica.

- O bien se indica que la sección crítica está ocupada y entonces cada proceso, antes de ingresar a la sección crítica, verifica el estado de la variable de cerradura. En caso de que la misma esté en 0, le cambia el valor e ingresa a la misma y en caso de que la misma sea 1 el proceso se queda verificando el estado de la misma hasta que el mismo sea 0. El problema aquí se presenta si dos procesos verifican al mismo tiempo que la variable cerradura esta en 0 e ingresan a la región crítica.

Por otra parte, el *algoritmo de alternancia estricta* no bloquea el ingreso a la región crítica cuando otro proceso se está ejecutando. El problema de esta solución es que cuando un proceso no está en la sección crítica igualmente tiene bloqueado el acceso a la misma y por lo tanto, no permite que otro proceso que requiera ingresar a la misma logre hacerlo.

Existen otras formas de tratamiento de las condiciones de competencia como las siguientes:

Instrucción TSL. Esta solución requiere ayuda del hardware ya que en general las computadoras diseñadas para tener más de un procesador tienen una instrucción TEST AND SET LOCK.

Modelo de espera acotada. Tiene el inconveniente que se desperdicia tiempo de procesador.

Problema del productor y el consumidor. Describe el hecho de que cuando hay dos o más procesos interactuando a través de un buffer común habiendo procesos que ponen información o datos y otros que los sacan, se pueden llegar a dar condiciones en las cuales los procesos que ingresan los datos no puedan hacerlo debido a que el buffer ya se encuentra lleno y para el caso de los que sacan los datos del buffer intenten sacar datos cuando ya no hay nada que sacar. Para evitar estas condiciones se desarrollaron métodos de comunicación/sincronización entre procesos en los cuales se impide que esto suceda haciendo que el proceso productor "duerma" si el buffer está lleno y una vez que exista espacio el proceso "consumidor" despierte al productor para que siga generando o viceversa.

2.2. HILOS DE EJECUCIÓN

En el ambiente de los sistemas operativos podemos definir un *hilo de ejecución, hebra o subproceso* como la unidad de procesamiento más pequeña que puede ser planificada por un sistema operativo.

El hilo de ejecución (*thread*) es un elemento esencial en el proceso de concurrencia. La creación de un nuevo hilo es una característica que permite a una aplicación realizar varias tareas a la vez (concurrentemente). Los distintos hilos de ejecución comparten una serie de recursos tales como el espacio de memoria, los archivos abiertos, la situación de autenticación, etc. La técnica de los hilos de ejecución permite simplificar el diseño de una aplicación que debe llevar a cabo distintas funciones simultáneamente. Por tanto, un hilo es básicamente una tarea que puede ser ejecutada en paralelo con otra tarea. Todas las versiones de Windows de 32 bits y superiores soportan hilos de ejecución

La relación entre hilos de ejecución y procesos es evidente. Los hilos de ejecución que comparten los mismos recursos, sumados a estos recursos, son en conjunto conocido como un proceso. El hecho de que los hilos de ejecución de un mismo proceso compartan los recursos hace que cualquiera de estos hilos pueda modificar el proceso. Cuando un hilo modifica un dato en la memoria, los otros hilos acceden a ese dato modificado inmediatamente.

Las características esenciales de un hilo de ejecución son: el contador de programa, la pila de ejecución y el estado de la CPU (incluyendo el valor de los registros).

El proceso sigue en ejecución mientras al menos uno de sus hilos de ejecución siga activo. Cuando el proceso finaliza, todos sus hilos de ejecución también finalizan. Asimismo, en el momento en el que todos los hilos de ejecución finalizan, el proceso no existe más y todos sus recursos son liberados.

Algunos lenguajes de programación tienen características de diseño expresamente creadas para permitir a los programadores lidiar con hilos de ejecución (como Java o Delphi). Otros (la mayoría) desconocen la existencia de hilos de ejecución y éstos deben ser creados mediante llamadas de biblioteca especiales que dependen del sistema operativo en el que estos lenguajes están siendo utilizados (como es el caso del C y del C++).

Un ejemplo de la utilización de hilos es tener un hilo atento a la interfaz gráfica (iconos, botones, ventanas), mientras otro hilo hace una larga operación internamente. De esta manera el programa responde de manera más ágil a la interacción con el usuario. También pueden ser utilizados por una aplicación servidora para dar servicio a múltiples clientes.

Al igual que los procesos, los hilos poseen un estado de ejecución y pueden sincronizarse entre ellos para evitar problemas de compartimiento de recursos. Generalmente, cada hilo tiene una tarea específica y determinada, como forma de aumentar la eficiencia del uso del procesador.

Pero hay claras *diferencias entre hilos y procesos*. Los hilos se distinguen de los tradicionales procesos en que los procesos son generalmente independientes, llevan bastante información de estados e interactúan sólo a través de mecanismos de comunicación dados por el sistema. Por otra parte, muchos hilos generalmente comparten otros recursos de forma directa. En muchos de los sistemas operativos que dan facilidades a los hilos, es más rápido cambiar de un hilo a otro dentro del mismo proceso, que cambiar de un proceso a otro. Este fenómeno se debe a que los hilos comparten datos y espacios de direcciones, mientras que los procesos, al ser independientes, no lo hacen. Al cambiar de un proceso a otro, el sistema operativo (mediante el *dispatcher*) genera lo que se conoce como *overhead*, que es tiempo desperdiciado por el procesador para realizar un cambio de contexto (*context switch*), en este caso pasar del estado de ejecución (*running*) al estado de espera (*waiting*) y colocar el nuevo proceso en ejecución. En los hilos, como pertenecen a un mismo proceso, al realizar un cambio de hilo el tiempo perdido es casi despreciable.

Sistemas operativos como Windows NT, OS/2 y Linux (2.5 o superiores) suelen tener hilos "baratos", y procesos "costosos" mientras que en otros sistemas no hay una gran diferencia.

2.2.1. Monohilos y multihilos. Sincronización

Otra cuestión importante es la *diferenciación entre monohilo y multihilo*. Si bien los hilos son generados a partir de la creación de un proceso, podemos decir que un proceso es un hilo de ejecución, conocido como *monohilo*. Sin embargo, las *ventajas de los hilos sobre los procesos* se dan cuando hablamos de *multihilos*. En el caso de los multihilos, un proceso tiene múltiples hilos de ejecución que realizan actividades distintas que pueden o no ser cooperativas entre sí. Los beneficios de los hilos sobre los procesos se derivan de las implicaciones de rendimiento. Podríamos citar las siguientes:

- Se tarda mucho menos tiempo en crear un hilo nuevo en un proceso existente que en crear un proceso. Algunas investigaciones llevan al resultado que esto es así en un factor de 10.

- Se tarda mucho menos en terminar un hilo que un proceso.

- Se tarda mucho menos tiempo en cambiar entre dos hilos de un mismo proceso.

- Los hilos aumentan la eficiencia de la comunicación entre programas en ejecución. En la mayoría de los sistemas en la comunicación entre procesos debe intervenir el núcleo para ofrecer protección de los recursos y realizar la comunicación misma. En cambio, entre hilos pueden comunicarse entre sí sin la invocación al núcleo. Por lo tanto, si hay una aplicación que debe implementarse como un conjunto de unidades de ejecución relacionadas, es más eficiente hacerlo con una colección de hilos que con una colección de procesos separados.

Los sistemas operativos generalmente implementan multihilos de dos maneras:

- *Multihilo apropiativo:* permite al sistema operativo determinar cuándo debe haber un cambio de contexto. La desventaja de esto es que el sistema puede hacer un cambio de contexto en un momento inadecuado, causando un fenómeno conocido como inversión de prioridades y otros problemas.

- *Multihilo cooperativo:* depende del mismo hilo abandonar el control cuando llega a un punto de detención, lo cual puede traer problemas cuando el hilo espera la disponibilidad de un recurso.

En cuanto a la *sincronización de hilos*, todos los hilos comparten el mismo espacio de direcciones y otros recursos como pueden ser archivos abiertos. Cualquier modificación de un recurso desde un hilo afecta al entorno del resto de los hilos del mismo proceso. Por lo tanto, es necesario sincronizar la actividad de los distintos hilos para que no interfieran unos con otros o corrompan estructuras de datos.

Una ventaja de la programación multihilo es que los programas operan con mayor velocidad en sistemas de computadores con múltiples CPUs (sistemas multiprocesador o a través de grupo de máquinas) ya que los hilos del programa se prestan verdaderamente para la ejecución concurrente. En tal caso el programador necesita ser cuidadoso para evitar condiciones de carrera (problema que sucede cuando diferentes hilos o procesos alteran datos que otros también están usando), y otros comportamientos no intuitivos. Los hilos generalmente requieren reunirse para procesar los datos en el orden correcto. Es posible que los hilos requieran de operaciones atómicas para impedir que los datos comunes sean cambiados o leídos mientras estén siendo modificados, para lo que usualmente se utilizan los semáforos. El descuido de esto puede generar *interbloqueo*.

Entre los usos más comunes de la tecnología multihilo se encuentran las tecnologías SMPP y SMS para las telecomunicaciones. Se trata de tecnologías específicas en las que hay muchísimos procesos corriendo a la vez y todos requiriendo de un servicio. La tecnología multihilo es muy útil en los siguientes tipos de tareas:

Trabajo interactivo y en segundo plano. Por ejemplo, en un programa de hoja de cálculo un hilo puede estar visualizando los menús y leer la entrada del usuario mientras que otro hilo ejecuta las órdenes y actualiza la hoja de cálculo. Esta medida suele aumentar la velocidad que se percibe en la aplicación, permitiendo que el programa pida la orden siguiente antes de terminar la anterior.

Procesamiento asíncrono. Los elementos asíncronos de un programa se pueden implementar como hilos. Un ejemplo es como los softwares de procesamiento de texto guardan archivos temporales cuando se está trabajando en dicho programa. Se crea un hilo que tiene como función guardar una copia de respaldo mientras se continúa con la operación de escritura por el usuario sin interferir en la misma. Es como dos programas independientes.

Aceleración de la ejecución. Se pueden ejecutar, por ejemplo, un lote mientras otro hilo lee el lote siguiente de un dispositivo.

Estructuración modular de los programas. Puede ser un mecanismo eficiente para un programa que ejecuta una gran variedad de actividades, teniendo las mismas bien separadas mediante hilos que realizan cada una de ellas.

2.2.2. Implementación de hilos

Los hilos pueden implementarse a nivel de usuario ULT (*user level thread*) y a nivel de kernel KLT (*kernel level thread*).

En la implementación de una aplicación a nivel de usuario pura, todo el trabajo de gestión de hilos lo realiza la aplicación y el núcleo o kernel no es consciente de la existencia de hilos. Es posible programar una aplicación como multihilo mediante una biblioteca de hilos. La misma contiene el código para crear y destruir hilos, intercambiar mensajes y datos entre hilos, para planificar la ejecución de hilos y para salvar y restaurar el contexto de los hilos. Todas las operaciones descritas se llevan a cabo en el espacio de usuario de un mismo proceso. El kernel continúa planificando el proceso como una unidad y asignándole un único estado (Listo, bloqueado, etc.).

Como ventaja de la implementación de aplicaciones a nivel de usuario podemos citar que el intercambio de los hilos no necesita los privilegios del modo kernel, porque todas las estructuras de datos están en el espacio de direcciones de usuario de un mismo proceso. Por lo tanto, el proceso no debe cambiar a modo kernel para gestionar hilos. Se evita la sobrecarga de cambio de modo y con esto el sobrecoste u *overhead*. También es una ventaja importante la posibilidad de que las implementaciones a nivel de usuario se pueden ejecutar en cualquier sistema operativo. La biblioteca de hilos es un conjunto compartido.

Como desventaja de la implementación de aplicaciones a nivel de usuario podemos citar que en la mayoría de los sistemas operativos las llamadas al sistema (*System calls*) son bloqueantes. Cuando un hilo realiza una llamada al sistema, se bloquea el mismo y también el resto de los hilos del proceso.

Por otro lado, en una estrategia la implementación de aplicaciones a nivel de usuario pura, una aplicación multihilo no puede aprovechar las ventajas de los multiprocesadores. El núcleo asigna un solo proceso a un solo procesador, ya que como el núcleo no interviene, ve al conjunto de hilos como un solo proceso. Una solución al bloqueo mediante a llamadas al sistema es usando la técnica de *jacketing*, que es convertir una llamada bloqueante en no bloqueante.

En la implementación de una aplicación a nivel de núcleo (*kernel*) pura, todo el trabajo de gestión de hilos lo realiza el kernel. En el área de la aplicación no hay código de gestión de hilos, únicamente un API (interfaz de programas de aplicación) para la gestión de hilos en el núcleo. Windows, Linux y OS/2 utilizan este método. Linux utiliza un método muy particular en el que no hace diferencia entre procesos e hilos. Para Linux, si varios procesos creados con la llamada al sistema "clone" comparten el mismo espacio de direcciones virtuales, el sistema operativo los trata como hilos, y lógicamente son manejados por el kernel.

Es una ventaja de la implementación a nivel de núcleo que el kernel puede planificar simultáneamente múltiples hilos del mismo proceso en múltiples procesadores. Si se bloquea un hilo, puede planificar otro del mismo proceso. Las propias funciones del kernel pueden ser multihilo.

Como desventaja de la implementación a nivel de núcleo podemos citar que el paso de control de un hilo a otro precisa de un cambio de modo.

Sin embargo, las dos implementaciones (a nivel de usuario y a nivel de núcleo) pueden darse simultáneamente en combinación. Algunas distribuciones de linux y derivados de UNIX ofrecen la combinación de implementaciones a nivel de usuario y núcleo, como Solaris, Ubuntu y Fedora. La creación de hilos, así como la mayor parte de la planificación y sincronización de los hilos de una aplicación se realiza por completo en el espacio de usuario. Los múltiples ULT de una sola aplicación se asocian con varios KLT. El programador puede ajustar el número de KLT para cada aplicación y máquina para obtener el mejor resultado global. En un método combinado, los múltiples hilos de una aplicación se pueden ejecutar en paralelo en múltiples procesadores y las llamadas al sistema bloqueadoras no necesitan bloquear todo el proceso.

2.2.3. Procesos ligeros y señales

Un tipo especial de procesos lo constituyen los *procesos ligeros*, que son programas en ejecución que pueden considerarse básicamente procesos, pero que a diferencia de los procesos corrientes (que solo tienen un hilo de ejecución) disponen de un hilo principal más hilos secundarios o hijos. En este caso, todos los procesos hijos comparten la información del hilo principal pero además puede cada hilo tener su información privada o propia.

Dentro de la información propia tenemos:

- Contador de programa
- Pila
- Registros.
- Estado del proceso ligero.

Dentro de la información compartida tenemos:

- Variables globales.
- Archivos abiertos
- Señales
- Semáforos.
- Contabilidad.

Otro concepto importante en la ejecución de los procesos es el concepto de señal. Las *señales* son el mecanismo de comunicación que se establece entre los procesos. Para comparar se puede decir que las señales son a los procesos, lo que las interrupciones son al procesador. Cuando un proceso recibe una señal detiene su ejecución, bifurca a la rutina del tratamiento de la señal que está en el mismo proceso y luego, una vez finalizado, sigue la ejecución en el punto que había bifurcado anteriormente.

Las señales se pueden originar en un proceso o bien en el sistema operativo. Las señales se pueden enviar entre procesos que tengan el mismo identificador *uid*, o bien el sistema operativo puede enviarle una señal a un proceso, por ejemplo, *excepciones de ejecución*.

2.3. TRANSICIÓN DE ESTADOS

Ya sabemos que todo proceso puede tener los estados siguientes:

En ejecución: se trata de un proceso que está haciendo uso del procesador.

Bloqueado: se trata de un proceso que no puede ejecutarse hasta que un evento externo sea llevado a cabo.

Listo: se trata de un proceso que ha dejado disponible al procesador para que otro proceso pueda ocuparlo.

Adicionalmente, tenemos las cuatro transiciones siguientes:

Una primera transición se realiza cuando el sistema operativo determina que el proceso no puede continuar justo en ese momento. En algunos sistemas se puede hacer una llamada al sistema "pause" para pasar al estado bloqueado. En Unix, cuando el proceso está leyendo datos provenientes de una canalización o de un archivo especial (terminal) y no hay entrada disponible, el proceso se bloquea de forma automática.

Una segunda transición se produce cuando el planificador de procesos decide que el proceso ya estuvo el tiempo suficiente en ejecución y debe dar paso a la ejecución de otros procesos (adquieran tiempo del procesador).

Una tercera transición se produce cuando todos los procesos han ocupado tiempo del procesador y debe retomarse el primer proceso. La segunda y tercera transiciones se llevan a cabo por el planificador de procesos.

La cuarta transición ocurre cuando se produce un evento externo por el que un proceso estaba en espera. Por ejemplos, introducir datos desde la terminal. Si no hay otro proceso en ejecución en ese instante, la tercera transición se activa y el proceso comienza a ejecutarse, También podría pasar al estado de "listo" y esperar un momento para iniciar la ejecución.

Los procesos en el estado listo son los que pueden pasar a estado de ejecución si el planificador los selecciona. Los procesos en el estado ejecución son los que se están ejecutando en el procesador en ese momento dado. Los procesos que se encuentran en estado bloqueado están esperando la respuesta de algún otro proceso para poder continuar con su ejecución. Por ejemplo, operación de E/S (entrada/salida).

En cuanto a los hilos, los principales estados de los hilos son: *Ejecución, Listo* y *Bloqueado*. No tiene sentido asociar estados de suspensión de hilos ya que es un concepto de proceso. En todo caso, si un proceso está expulsado de la memoria principal (RAM), todos sus hilos deberán estarlo ya que todos comparten el espacio de direcciones del proceso.

En cuanto a las transiciones de estados de los hilos tenemos los siguientes cambios de estados:

- *Creación:* Cuando se crea un proceso se crea un hilo para ese proceso. Luego, este hilo puede crear otros hilos dentro del mismo proceso, proporcionando un puntero de instrucción y los argumentos del nuevo hilo. El hilo tendrá su propio contexto y su propio espacio de la columna, y pasará al final de los Listos.

- *Bloqueo:* Cuando un hilo necesita esperar por un suceso, se bloquea (salvando sus registros de usuario, contador de programa y punteros de pila). Ahora el procesador podrá pasar a ejecutar otro hilo que esté en la final de los Listos mientras el anterior permanece bloqueado.

- *Desbloqueo:* Cuando el suceso por el que el hilo se bloqueó se produce, el mismo pasa a la final de los Listos.

- *Terminación:* Cuando un hilo finaliza se liberan tanto su contexto como sus columnas.

2.4. PLANIFICACIÓN DE PROCESOS. PRIORIDADES

La planificación es el proceso por el cual el sistema operativo selecciona qué proceso ejecutar priorizándolos adecuadamente.

Los objetivos esenciales de la planificación y priorización de procesos son los siguientes:

- *Equidad*: todos los procesos deben poder ejecutarse.

- *Eficacia*: mantener ocupada la CPU un 100% del tiempo.

- *Tiempo de respuesta*: minimizar el tiempo de respuesta al usuario.

- *Tiempo de retorno*: minimizar el tiempo que deben esperar los usuarios por lotes para obtener sus resultados.

- *Rendimiento*: maximizar el número de tareas procesadas por hora.

La selección del proceso a ejecutar y la prioridad asignada al mismo se basan en alguno de los algoritmos clásicos de planificación que son los que definen qué política se va a seguir para que un proceso pase al estado de ejecución. Entre los algoritmos de planificación más importantes tenemos los siguientes:

Planificación Round-Robin. En este tipo de planificación cada proceso tiene asignado una cota de tiempo para ejecutarse y en el caso de que no pueda terminar la ejecución en su cota temporal el proceso pasa de nuevo a la cola de procesos para ser ejecutado según otra cota después de recorrer la cola para asegurarse que todos los procesos reciban esa cota de procesamiento.

Planificación por prioridad asignada. En la planificación Round-Robin todos los procesos son tratados con la misma prioridad. Sin embargo, en el caso de la planificación por prioridad asignada, a cada proceso se le asigna una prioridad para ser ejecutado. De esta forma se ordena la ejecución de los procesos.

Colas múltiples. Las colas múltiples están basadas en una pila que sirve como índice de una lista de procesos que se tienen que ejecutar.

Primero el trabajo más corto. Este tipo de algoritmo de planificación se usa para trabajos en batch o de procesamiento por lotes en los cuales se puede saber cuál es el tiempo de duración de la ejecución de cada proceso y entonces se puede seleccionar primero el trabajo más corto. El problema que se presenta con este algoritmo es que los grandes procesos podrían sufrir de inanición dado que cualquier proceso pequeño se "cuela" sobre uno de mayor tamaño y como resultado final se podría dar el caso que el proceso grande nunca obtenga procesamiento.

Planificación garantizada. En este modelo de planificación se tiene en cuenta la cantidad de usuarios en el sistema y se le asigna a cada uno el tiempo de ejecución de $1/n$ (siendo n la cantidad total de usuarios). De esa forma el planificador tiene que llevar cuenta del tiempo de ejecución de los procesos y balancear el tiempo que están utilizando el procesador para cumplir con la ecuación previa.

Planificación apropiativa mediante expulsión. La expulsión es la característica por la cual el sistema operativo puede o no expulsar del estado de ejecución a un proceso dado. En este sentido entonces tenemos, la planificación apropiativa en la cual el sistema operativo puede cortar en cualquier momento la ejecución de un proceso y la planificación no apropiativa en la cual una vez que el proceso está en ejecución el sistema operativo no puede sacarlo de ese estado.

2.5. GESTIÓN DE PROCESOS DEL SISTEMA. ENTORNO GRÁFICO. ÓRDENES

Los sistemas operativos realizan la gestión de procesos del sistema a través de órdenes específicas y a través de una interfaz gráfica. Sistemas operativos de red modernos y eficaces como Windows Server disponen de un Administrador de tareas, que realiza variedad de funciones de gestión de procesos, subprocesos, aplicaciones y otras características el sistema.

2.5.1. Administrador de tareas

El *Administrador de tareas* muestra los programas, procesos y servicios que se están ejecutando en el equipo en este momento. Puede usarlo para supervisar el rendimiento del equipo o para cerrar un programa que no responde. Si está conectado a una red, también puede usar el Administrador de tareas para comprobar el estado de la red y ver cómo está funcionando. Si hay varios usuarios conectados al equipo, podrá ver quiénes son y en qué están trabajando, y podrá enviarles mensajes.

Se puede abrir el Administrador de tareas haciendo clic con el botón secundario del ratón en una zona en blanco de la barra de tareas y, a continuación, en *Administrador de tareas* en el menú emergente resultante (Figura 2-1), o bien presionando las teclas CTRL+MAYÚS+ESC. Otra alternativa consiste en teclear *taskmrg* en el cuadro de texto *Iniciar búsqueda* del botón *Inicio* (Figura 2-2). Una última alternativa para iniciar el Administrador de tareas consiste en teclear CTRL+ALT+SUPR y hacer clic sobre la opción *Iniciar el administrador de tareas*. Por cualquiera de las vías, se obtiene la pantalla del *Administrador de tareas* de la Figura 2-3.

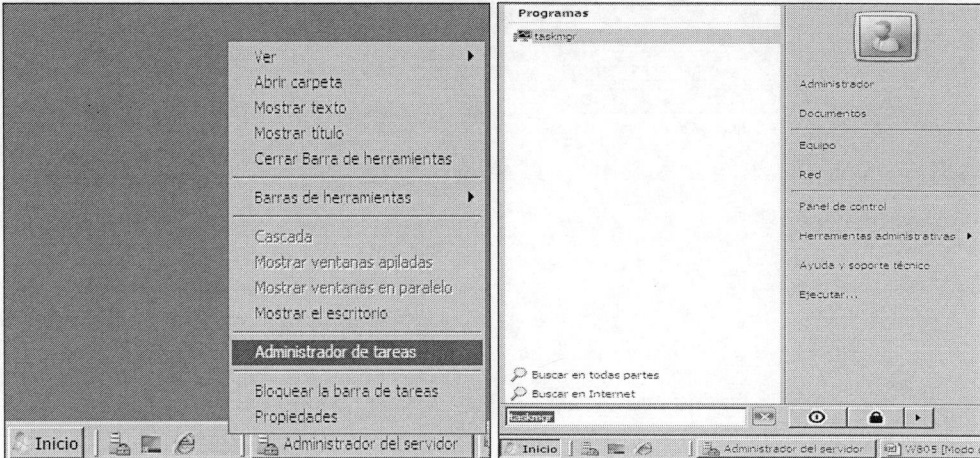

Figura 2-1   Figura 2-2

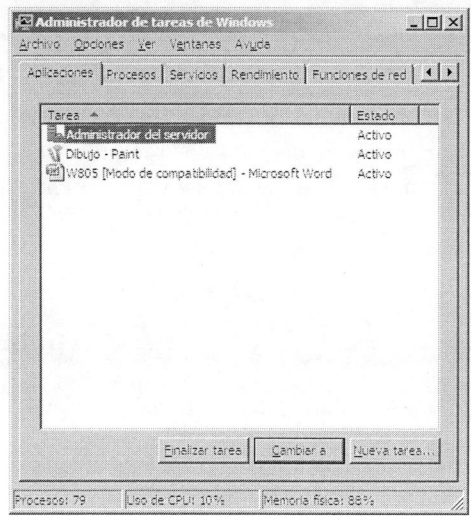

Figura 2-3

2.5.2. Administración de aplicaciones

La ficha *Aplicaciones* de *Administrador de tareas* (Figura 2-3) muestra todas las aplicaciones actualmente abiertas en la sección *Tareas*, así como su estado en la sección *Estado*. Si queremos finalizar una aplicación, bastará con seleccionarla en la lista y hacer clic en el botón *Finalizar tarea*. El botón *Cambiar a* permite cambiar desde la aplicación actual a la aplicación seleccionada en la lista del administrador de tareas. El botón *Nueva tarea* permite abrir una nueva aplicación a través de la pantalla *Crear una tarea nueva* (Figura 2-4) cuyo botón *Examinar* permite buscar en disco la aplicación para abrir.

Si se hace clic con el botón derecho del ratón sobre una aplicación, se obtiene el menú emergente de la Figura 2-5 cuyas opciones permiten cambiar a esa aplicación, traer esa aplicación al frente de la pantalla, minimizar o maximizar la aplicación, distribuirla en cascada horizontal o vertical, finalizarla, crear un archivo de volcado para finalizar la aplicación y mostrar sus procesos correspondientes en la ficha *Procesos*.

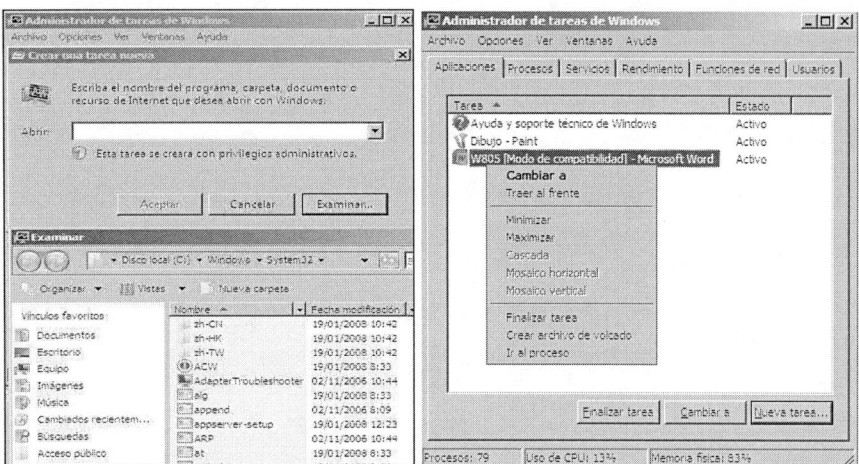

Figura 2-4   Figura 2-5

2.5.3. Administración de procesos

La ficha *Procesos* de *Administrador de tareas* (Figura 2-6) proporciona información detallada sobre los procesos en ejecución incluidos los del sistema operativo, los procesos locales, los del usuario que ha iniciado una sesión en la consola local y los de los usuarios remotos. Si no se quieren ver los procesos de los usuarios remotos, se eliminará la marca de la casilla *Mostrar procesos de todos los usuarios*.

Para cada proceso observamos su nombre o el del ejecutable a cargo del mismo (*Nombre de imagen*), el nombre del usuario o del servicio del sistema a cargo del proceso (*Nombre de usuario*), el porcentaje de utilización del procesador por parte del proceso (*CPU*), la cantidad de memoria utilizada por el proceso actualmente (*Memoria (espacio de trabajo privado)*) y la descripción del proceso (*Descripción*).

Si se elige la opción *Seleccionar columnas* en el menú *Ver*, se obtendrá el cuadro de diálogo *Seleccionar columnas* de la página *Procesos* (Figura 2-7) que permite añadir columnas adicionales a la página *Procesos*.

Si se hace clic con el botón derecho del ratón sobre un proceso, se obtendrá el menú emergente de la Figura 2-8, cuyas opciones permiten abrir la ubicación del archivo del proceso, finalizar el proceso, finalizar el árbol de procesos relacionados con él, crear un archivo de volcado para el proceso, establecer la prioridad y afinidad del proceso, ver sus propiedades e ir al servicio asociado.

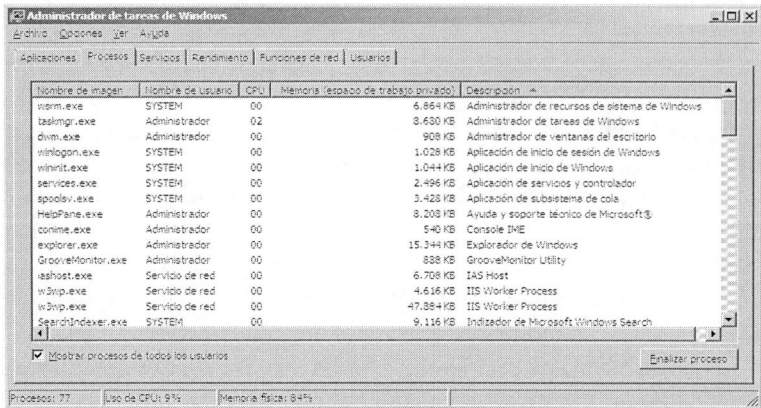

Figura 2-6

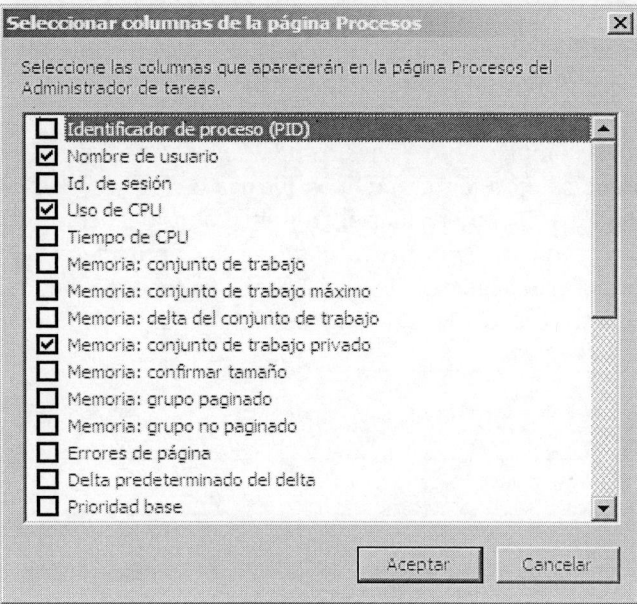

Figura 2-7

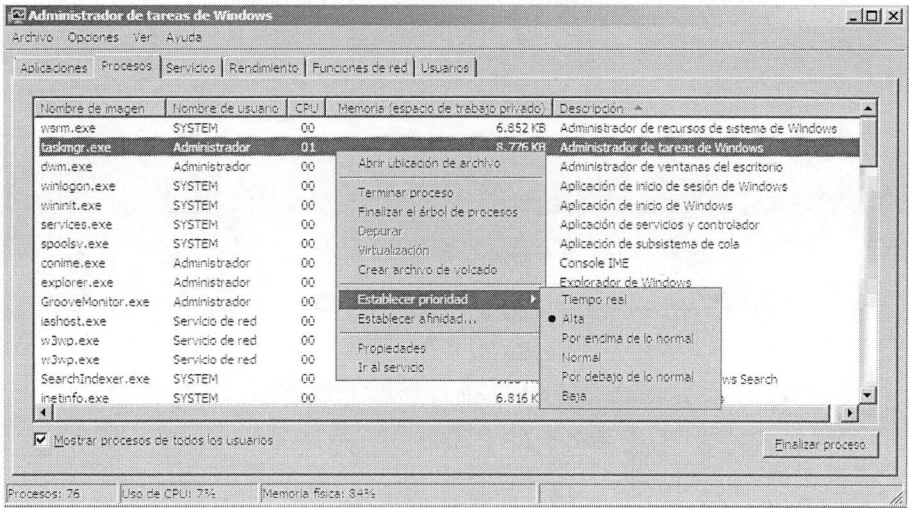

Figura 2-8

2.5.4. Administración de servicios

Un servicio es un tipo de aplicación que se ejecuta en segundo plano en el sistema, sin interfaz de usuario y es similar a un proceso demonio de UNIX. Los servicios proporcionan características del sistema operativo principal, como servicios web, registro de eventos, servicios de archivos, impresión, criptografía e informes de errores.

La ficha *Servicios* del *Administrador de tareas* (Figura 2-9) proporciona información detallada sobre los servicios del sistema. Para cada servicio, observamos su nombre, el indicador de proceso o PID, la descripción, el estado y el grupo a que pertenece. La columna *Agrupar* puede informar de la identidad o el contexto del servidor bajo los que el servicio se ejecuta.

Si se hace clic con el botón derecho del ratón sobre un servicio, se obtendrá el menú emergente de la Figura 2-10, cuyas opciones permiten poner en marcha un servicio detenido, detener un servicio en funcionamiento e ir al proceso asociado dentro de la ficha *Procesos*.

También se puede usar el complemento *Servicios de Microsoft Management Console (MMC)* para administrar los servicios que se ejecutan en equipos locales o remotos; por ejemplo, para detener o iniciar un servicio. Para ello, basta con ejecutar el Administrador del servidor haciendo clic en *Inicio → herramientas administrativas → Administración del servidor* o *haciendo* clic sobre *Administrador del servidor* en la barra de herramientas de *Inicio rápido*. En el panel de la izquierda de la pantalla del Administrador del servidor (árbol de la consola) se despliega *Configuración* y se hace clic en *Servicios* (Figura 2-11).

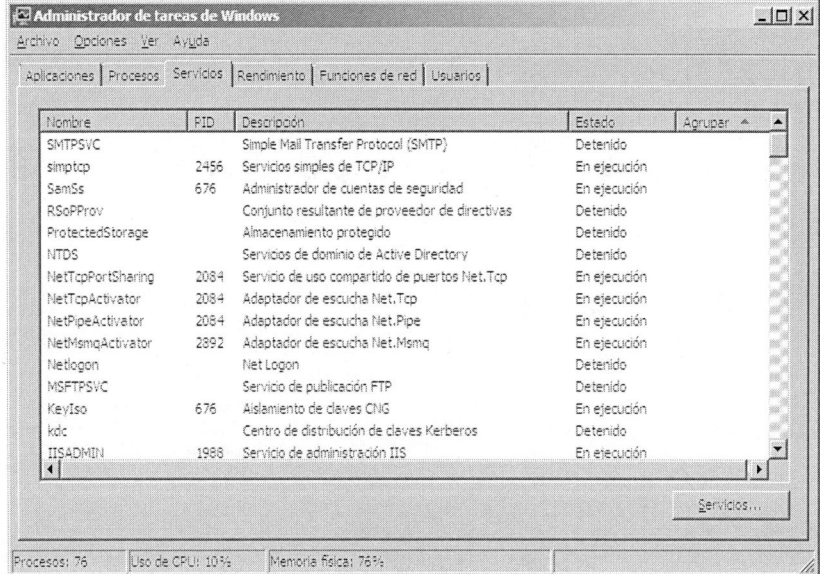

Figura 2-9

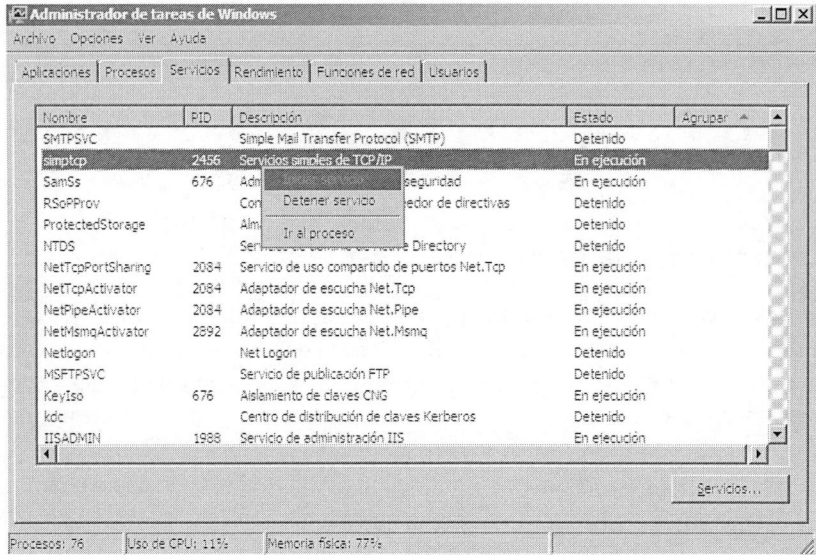

Figura 2-10

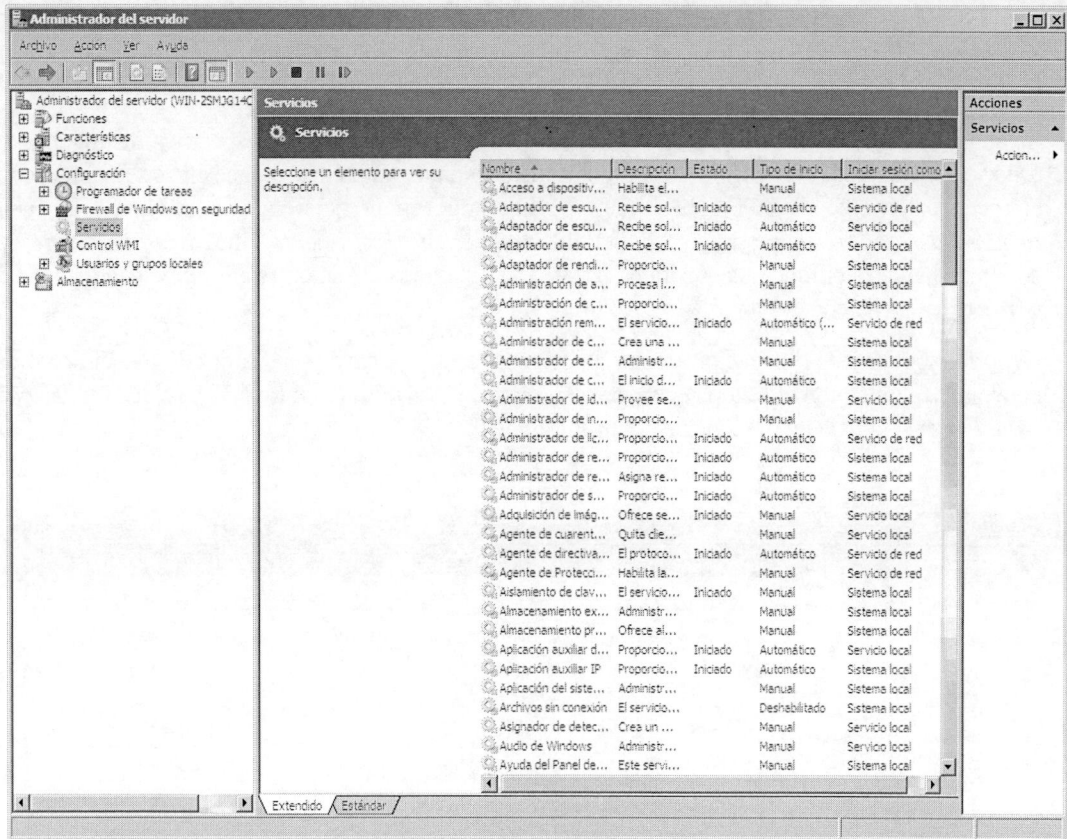

Figura 2-11

Se pueden realizar las siguientes acciones para los servicios en equipos locales y remotos.

Actualizar, iniciar, detener, pausar, reanudar o deshabilitar servicios. Para ello, se hace clic con el botón derecho del ratón sobre el servicio y se elige la opción adecuada en el menú emergente resultante de la Figura 2-12. También se puede configurar el arranque del servicio como *Automático, Manual* y *Deshabilitado* (en *Tipo de inicio* en la Figura 2-10).

- Ver el estado y la descripción de cada servicio. Para ello, se hace clic en *Propiedades* en el menú emergente de la Figura 2-12 y se hace clic en la ficha *General* de la pantalla *Propiedades del servicio* (Figura 2-13).

- Configurar las opciones de inicio de sesión de cuentas y habilitar o deshabilitar servicios para un perfil de hardware específico. Para ello, se hace clic en *Propiedades* en el menú emergente de la Figura 2-12 y se hace clic en la ficha *Iniciar sesión* de la pantalla *Propiedades del servicio* (Figura 2-14).

- Configurar acciones de recuperación para llevar a cabo si se produce un error en un servicio; por ejemplo, reiniciar el servicio automáticamente o reiniciar el equipo. Para ello, se hace clic en *Propiedades* en el menú emergente de la Figura 2-12 y se hace clic en la ficha *Recuperación* de la pantalla *Propiedades del servicio* (Figura 2-15).

- Ver las dependencias de servicios. Para ello, se hace clic en *Propiedades* en el menú emergente de la Figura 2-14 y se hace clic en la ficha *Dependencias* de la pantalla *Propiedades del servicio* (Figura 2-16).

- Ejecutar servicios en el contexto de seguridad de una cuenta de usuario específica distinta de la del usuario conectado o de la cuenta de equipo predeterminada. Para ello, se hace clic en *Propiedades* en el menú emergente de la Figura 2-12 y se hace clic en la ficha *Iniciar sesión* de la pantalla *Propiedades del servicio* (Figura 2-14). Haga clic en *Esta cuenta*, luego en *Examinar* y, a continuación, especifique una cuenta de usuario en el cuadro de diálogo *Seleccione usuario*. Cuando termine, haga clic en *Aceptar*.

- Exportar y guardar información de servicio en un archivo *.txt* o *.csv*. Para ello, en el árbol de la consola, haga clic con el botón secundario en el nodo *Servicios* (Figura 2-17), seleccione *Exportar lista* y guarde la lista de opciones de configuración.

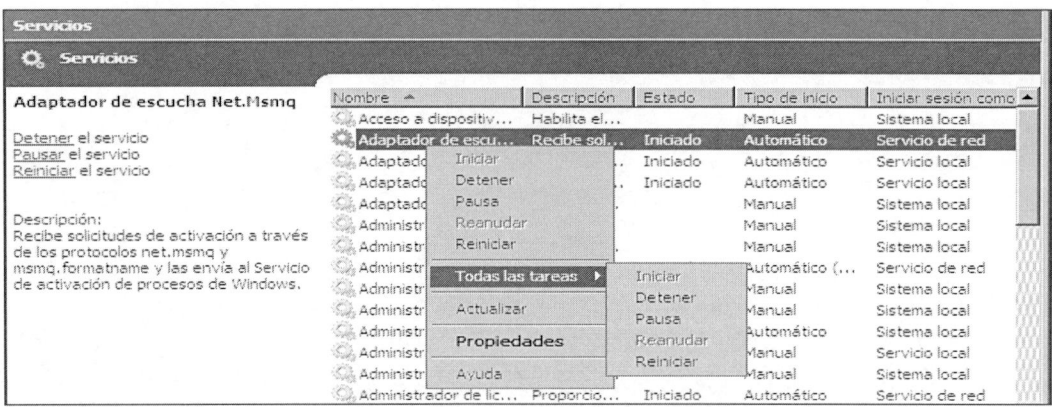

Figura 2-12

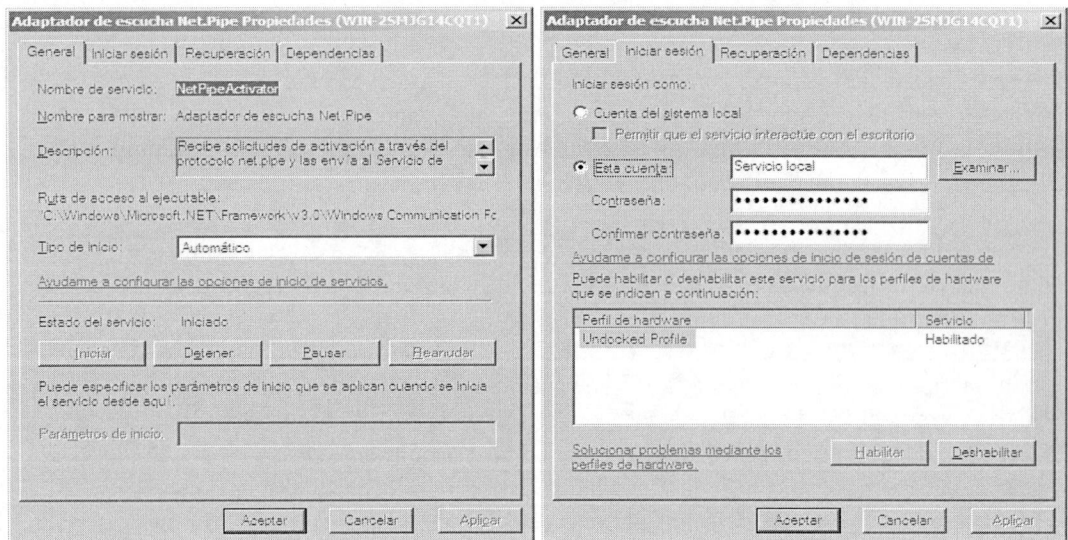

Figura 2-13   Figura 2-14

Para *configurar la forma en que se inicia un servicio mediante la interfaz de Windows*, se tendrá en cuenta lo siguiente:

- Puede exportar y guardar una lista de las opciones de configuración existentes. Para ello, en el árbol de la consola, haga clic con el botón secundario en el nodo *Servicios*, seleccione *Exportar lista* y guarde la lista de opciones de configuración (Figura 2-17).

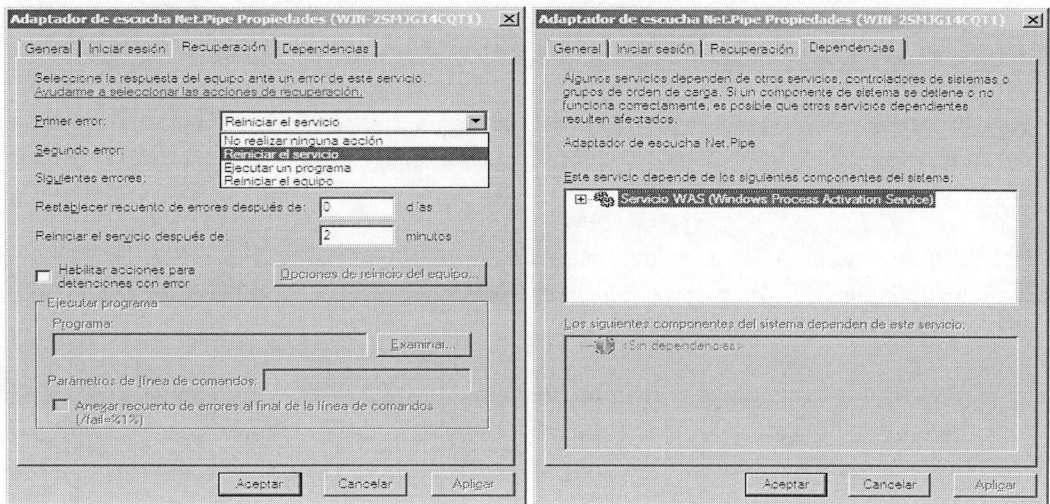

Figura 2-15   Figura 2-16

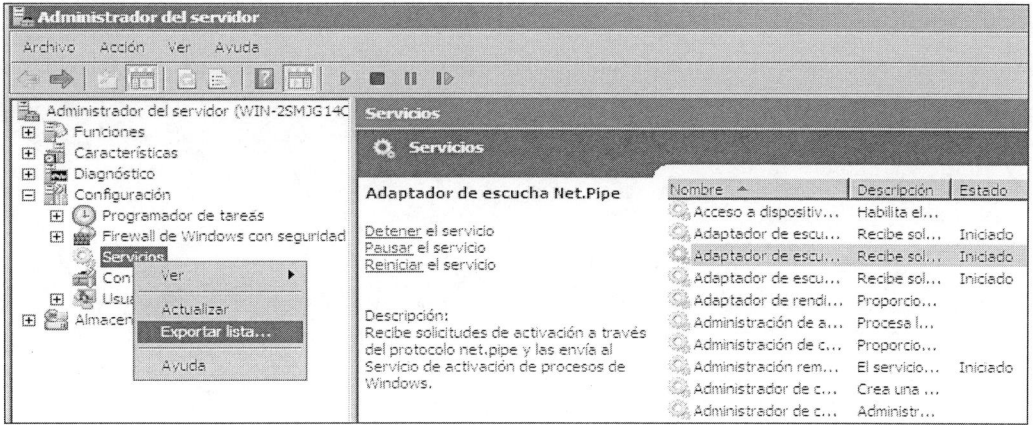

Figura 2-17

- En el panel de detalles, haga clic con el botón secundario en el servicio que desee configurar y, a continuación, pulse en *Propiedades* (Figura 2-12).

- En la ficha *General*, en *Tipo de inicio*, haga clic en *Automático, Manual, Deshabilitado* o *Automático (inicio retrasado)* según se observa en la Figura 2-13.

- Para especificar la cuenta de usuario que el servicio puede utilizar para iniciar sesión, haga clic en la ficha *Iniciar sesión* (Figura 2-14) y, a continuación, realice una de las siguientes acciones:

— Para especificar que el servicio utilice la cuenta del sistema local, haga clic en *Cuenta del sistema local*.

— Para especificar que el servicio utilice la cuenta del servicio local, haga clic en *Esta cuenta* y, a continuación, escriba *NT AUTHORITY\LocalService*.

— Para especificar que el servicio utilice la cuenta del servicio de red, haga clic en *Esta cuenta* y, a continuación, escriba *NT AUTHORITY\NetworkService*.

- Para especificar otra cuenta, haga clic en *Esta cuenta*, pulse en *Examinar* y, a continuación, especifique una cuenta de usuario en el cuadro de diálogo *Seleccione usuario*. Cuando termine, haga clic en *Aceptar*.

- Escriba la contraseña de la cuenta de usuario en *Contraseña* y en *Confirmar la contraseña* (Figura 5-14) y, a continuación, haga clic en *Aceptar*. Si selecciona la cuenta del servicio local o la cuenta del servicio de red, la contraseña deberá estar en blanco.

Para configurar la forma en que se inicia un servicio mediante la línea de comandos, se utiliza el comando *sc config*. Para obtener información sobre las opciones disponibles de este comando, abra el símbolo del sistema y escriba *sc config /?*

Para configurar el inicio de un servicio, debe ser miembro del grupo *Operadores de cuentas*, *Administradores de dominio* o *Administradores de organización*, o bien debe tener delegada la autoridad correspondiente. Como procedimiento de seguridad recomendado, considere la posibilidad de utilizar *Ejecutar como* para llevar a cabo este procedimiento.

Si se cambian las opciones de configuración predeterminadas del servicio, es posible que los servicios clave no se ejecuten correctamente. Es muy importante tener cuidado al cambiar las opciones de configuración *Tipo de inicio* e *Iniciar sesión como* de los servicios que están configurados para iniciarse automáticamente.

En la mayoría de los casos, se recomienda no modificar la configuración *Permitir que el servicio interactúe con el escritorio*. Si permite que el servicio interactúe con el escritorio, cualquier información que el servicio muestre en el escritorio también se mostrará también en el escritorio de un usuario interactivo. Un usuario malintencionado podría tomar el control del servicio o atacarlo desde el escritorio interactivo.

La cuenta del servicio local y la cuenta del servicio de red están configuradas con una contraseña nula. Se ignorará la información de contraseña que proporcione. Es recomendable que las cuentas de usuario que se utilizan para iniciar sesión como un servicio tengan activada la casilla *La contraseña nunca expira* en sus cuadros de diálogo *Propiedades* y que tengan contraseñas seguras.

Si se habilita la directiva de bloqueo de cuenta y se bloquea la cuenta, no se iniciará el servicio.

Si habilita o deshabilita un servicio y tiene problemas para iniciar el equipo, podrá iniciar el equipo en modo seguro. En modo seguro, los servicios principales que requieren el reinicio del sistema operativo se inician en un esquema predeterminado, independientemente de los cambios realizados en la configuración del servicio. Después de que el equipo salga del modo seguro, puede modificar la configuración del servicio o reiniciar la configuración predeterminada.

Si especifica una cuenta que no tiene permiso para iniciar sesión como un servicio, el complemento Servicios concederá automáticamente los permisos adecuados a dicha cuenta en el equipo que está administrando.

Puede utilizar el complemento *Servicios* junto con los perfiles de hardware predefinidos para solucionar problemas con servicios recién instalados. Por ejemplo, si asocia un servicio a dos perfiles de hardware distintos (un perfil en el que el servicio está habilitado y un segundo perfil en el que el servicio está deshabilitado), podría solucionar con mayor facilidad los problemas de hardware que podrían producirse con un servicio recién instalado, como un controlador que no se carga correctamente. Para poder realizar este procedimiento, es necesario, como mínimo, pertenecer a *Opers. de cuentas, Adminis. del dominio, Administradores de organización* o alguno equivalente.

Para habilitar o deshabilitar un servicio para un perfil de hardware, en el panel de detalles, haga clic con el botón secundario en el servicio que desee habilitar o deshabilitar y, a continuación, haga clic en *Propiedades* (Figura 2-14). En la ficha *Iniciar sesión*, haga clic en el perfil de hardware que desee configurar. Haga clic en *Habilitar* o *Deshabilitar* y, a continuación, haga clic en *Aceptar* (Figura 2-16).

Tenga cuidado al deshabilitar servicios utilizando este procedimiento. Si deshabilita un servicio para un perfil de hardware determinado, la configuración *Perfil de hardware* invalidará la configuración *Tipo de inicio* para dicho servicio. En la mayoría de los casos, se recomienda no modificar la configuración *Permitir que el servicio interactúe con el escritorio*. Si permite que el servicio interactúe con el escritorio, cualquier información que el servicio muestre en el escritorio también se mostrará en el escritorio de un usuario interactivo. Un usuario malintencionado podría tomar el control del servicio o atacarlo desde el escritorio interactivo. Si recibe un mensaje de error de Connection Manager al abrir el cuadro de diálogo *Propiedades* para un servicio, compruebe que el servicio de Registro remoto esté ejecutándose en el equipo especificado. Si el servicio de Registro remoto no está ejecutándose, o si el equipo especificado está ejecutando Windows NT, no podrá ver ni modificar la configuración del perfil de hardware, pero podrá realizar otras acciones.

El botón *Servicios* de la Figura 2-11 también abre la pantalla *Servicios* (Figura 2-18) para su administración.

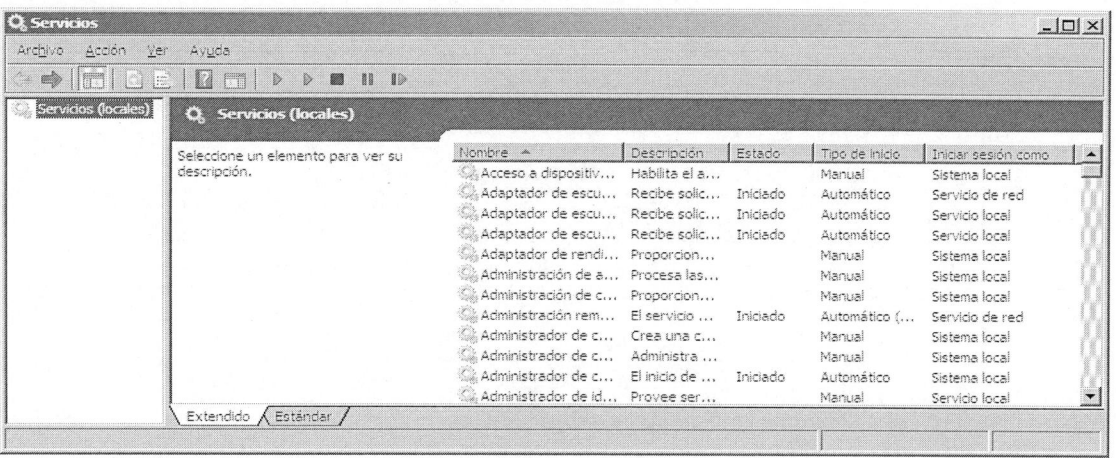

Figura 2-18

2.5.5. Órdenes para la gestión de procesos del sistema

Hasta aquí hemos visto la gestión de procesos del sistema a través de herramientas gráficas, pero también existen órdenes de sistema operativo que permiten realizar la gestión de procesos del sistema. La tabla siguiente muestra algunas de estas órdenes relativas al sistema operativo UNIX. Para profundizar en cada orden es necesario acudir a los manuales específicos del sistema operativo citado.

Comando	Descripción
ps, pgrep, prstat, pkill	Comprueba el estado de los procesos activos en un sistema y muestra información detallada sobre los procesos
pkill	Funciona de forma idéntica a pgrep, pero encuentra o señala procesos por nombre u otro atributo y termina el proceso. Cada proceso coincidente está señalado del mismo modo que si tuviera el comando kill, en lugar de tener impreso su ID de proceso
pargs, preap	Ayuda con la depuración de procesos
dispadmin	Muestra las directivas de programación de procesos predeterminadas
priocntl	Asigna procesos a una clase de prioridad y gestiona las prioridades del proceso
nice	Cambia la prioridad de un proceso de tiempo compartido
psrset	Enlaza grupos de procesos específicos a un grupo de procesadores, en lugar de un solo procesador

Para otros sistemas operativos de la familia Windows y otros pueden utilizarse comandos como los que aparecen en la tabla siguiente:

Comando	Descripción
top	Muestra los procesos que se están ejecutando y permite matarlos
ps	Muestra la lista de procesos del usuario
ps aux	Muestra la lista de procesos de la máquina
kill	Mata un proceso por su ID de proceso
killall	Mata un proceso por su nombre
time	Mide el tiempo que tarda un proceso en ejecutarse
fg	Trae a primer plano un proceso parado o en segundo plano
bg	Pone un proceso en segundo plano
&	Colocado al final de la línea de un comando, lo ejecuta en segundo plano
nice	Ajusta la prioridad de un proceso de -20 a 19

A continuación, como ejemplos, vamos a ver los comandos con los que podemos ver el estado y atributos de los procesos, y los comandos que nos permiten cambiar algunas características de los procesos.

2.5.5.1. Ejecución en background y comandos jobs, fg y bg

Cuando ejecutamos un comando en la consola esta se queda a la espera que termine el proceso que hemos ejecutado. Podemos hacer que comience la ejecución e inmediatamente nos devuelva el control a la consola. Para ello tenemos que utilizar el operador & al final del comando.

```
[pcm@sal]$ firefox &
[1] 23710
[pcm@sal]$
```

Si no hubiésemos puesto & hasta que no cerráramos la aplicación firefox no podríamos usar la consola. Podríamos ver que estamos ejecutando en esa consola en background con el comando **jobs**.

```
[pcm@sal]$ jobs
[1]+  Running                 firefox &
[pcm@sal]$
```

Incluso podemos llevar una aplicación que está corriendo en background a la consola con el comando **fg** dándole el número que aparece con el comando jobs o cuando ejecutamos el comando en background.

También podemos parar un proceso que está en la consola pulsando Control+Z o utilizando desde otra consola el comando **kill**, y luego enviando el proceso a background con **bg**.

```
[pcm@sal]$fg 1
firefox
```

Si ahora queremos llevarle a background de nuevo pulsaríamos Control+Z.

```
[1]+  Stopped                 firefox
[pcm@sal]$ bg 1
[1]+ firefox &
[pcm@sal]$
```

Si un proceso en background utiliza la consola para interactuar con el usuario, el proceso se queda en estado parado.

2.5.5.2. Comando ps

Este comando nos permite ver los procesos que actualmente existen en el sistema. Es un comando con una amplia parametrización para que podamos ver cómodamente la información de procesos.

Este es el comando preparado para ver todas las características de los procesos. Al ser un comando estándar el todos los UNIX soporta un montón de parámetros especificados en versiones anteriores del **ps**.

Para listar todos los procesos de la máquina haríamos:

```
[root@sal]# ps -ef

UID        PID   PPID  C STIME TTY          TIME CMD
root          1      0  0 Apr07 ?        00:00:01 init [2]
root          2      1  0 Apr07 ?        00:00:02 [keventd]
root          3      1  0 Apr07 ?        00:00:00 [ksoftirqd_CPU0]
root          4      1  0 Apr07 ?        00:00:00 [ksoftirqd_CPU1]
root          5      1  0 Apr07 ?        00:00:03 [kswapd]
root          6      1  0 Apr07 ?        00:00:00 [bdflush]
root          7      1  0 Apr07 ?        00:00:03 [kupdated]
root        409      1  0 Apr07 ?        00:00:00 [knodemgrd_0]
root        541      1  0 Apr07 ?        00:00:00 [khubd]
daemon      865      1  0 Apr07 ?        00:00:00 /sbin/portmap
root        955      1  0 Apr07 ?        00:00:03 /sbin/syslogd
root        958      1  0 Apr07 ?        00:00:00 /sbin/klogd
pcm20      1026      1  0 Apr07 ?        00:00:00 /usr/sbin/famd -T 0
root       1032      1  0 Apr07 ?        00:00:00 /usr/sbin/inetd
root       1047      1  0 Apr07 ?        00:00:00 /usr/sbin/lisa
root       1150      1  0 Apr07 ?        00:00:01 /usr/sbin/nmbd -D
root       1152      1  0 Apr07 ?        00:00:00 /usr/sbin/smbd -D
root       1158   1152  0 Apr07 ?        00:00:00 /usr/sbin/smbd -D
root       1159      1  0 Apr07 ?        00:00:00 /usr/sbin/sshd
root       1168      1  0 Apr07 ?        00:00:00 /sbin/rpc.statd
root       1174      1  0 Apr07 ?        00:00:01 /usr/sbin/sensord -f daemon
daemon     1205      1  0 Apr07 ?        00:00:00 /usr/sbin/atd
root       1208      1  0 Apr07 ?        00:00:00 /usr/sbin/cron
root       1313      1  0 Apr07 ?        00:00:02 /usr/sbin/apache
root       1325      1  0 Apr07 ?        00:00:00 /usr/bin/hts -F localhost:22
root       1341      1  0 Apr07 ?        00:00:00 /usr/bin/kdm
root       1348      1  0 Apr07 tty1     00:00:00 /sbin/getty 38400 tty1
root       1349      1  0 Apr07 tty2     00:00:00 /sbin/getty 38400 tty2
root       1350      1  0 Apr07 tty3     00:00:00 /sbin/getty 38400 tty3
root       1351      1  0 Apr07 tty4     00:00:00 /sbin/getty 38400 tty4
root       1352      1  0 Apr07 tty5     00:00:00 /sbin/getty 38400 tty5
root       1353      1  0 Apr07 tty6     00:00:00 /sbin/getty 38400 tty6
root       1372   1341  0 Apr07 ?        00:14:53 /usr/X11R6/bin/X -nolisten tcp -
root       1411      1  0 Apr07 ?        00:00:02 /usr/bin/perl /usr/share/webmin/
root       1418   1341  0 Apr07 ?        00:00:00 -:0
[root@sal]#
```

2.5.5.3. Comando top y htop

Nos muestran información de los procesos que existen, y de algunos parámetros del sistema como la memoria, tiempo de ocupación de cpu, a intervalos, es decir, no termina una vez que los muestra si no que vuelve a ejecutarse en pequeño tiempo y vuelve a mostrar los nuevos datos.

```
[root@sal]# top
top - 01:47:25 up 1 day,  3:38,  1 user,  load average: 0.01, 0.04, 0.03
Tasks: 112 total,   1 running, 111 sleeping,   0 stopped,   0 zombie
Cpu(s):   5.6% user,   8.2% system,   0.0% nice,  86.1% idle
Mem:    516528k total,   503012k used,    13516k free,    44320k buffers
Swap:   337356k total,    13496k used,   323860k free,   165572k cached

  PID USER      PR  NI  VIRT   RES   SHR S %CPU %MEM    TIME+  COMMAND
 2078 pcm       19   0 14772   14m   12m S 10.6  2.8  11:37.18 kdeinit
 1372 root      12 -10 83448   73m  9228 S  3.5 14.5  14:55.90 XFree86
22682 root      19   0  1084  1084   844 R  3.2  0.2   0:00.30 top
 2086 pcm       10   0  101m   97m   23m S  1.3 19.4  21:51.38 netscape-bin
21199 pcm       12   0 30420   29m   13m S  1.3  5.9   0:10.50 java_vm
 2100 pcm       12   0  101m   97m   23m S  1.0 19.4   0:09.66 netscape-bin
 2075 pcm       11   0 18184   17m   13m S  0.6  3.5   0:21.67 kdeinit
 5012 pcm       11   0 10864   10m  4072 S  0.6  2.0   3:13.78 emacs
 8591 mysql     10   0 13600   13m  2932 S  0.6  2.6   0:48.99 mysqld
 1411 root      10   0  5744  3448  2088 S  0.3  0.7   0:02.43 miniserv.pl
 2068 pcm        9   0 12920   12m   10m S  0.3  2.4   1:35.65 kdeinit
 8153 root       9   0   944   904   796 S  0.3  0.2   0:09.22 dirmngr
 8592 mysql     10   0 13600   13m  2932 S  0.3  2.6   0:54.86 mysqld
21197 pcm        9   0 30420   29m   13m S  0.3  5.9   0:04.70 java_vm
    1 root       9   0   500   500   448 S  0.0  0.1   0:01.62 init
    2 root       9   0     0     0     0 S  0.0  0.0   0:02.30 keventd
```

El mismo comando, pero visualmente más bonito y más sencillo de utilizar es *htop* (Figura 2-19). Aunque es probable que no lo encontremos instalado como base en muchos sistemas Linux o Unix.

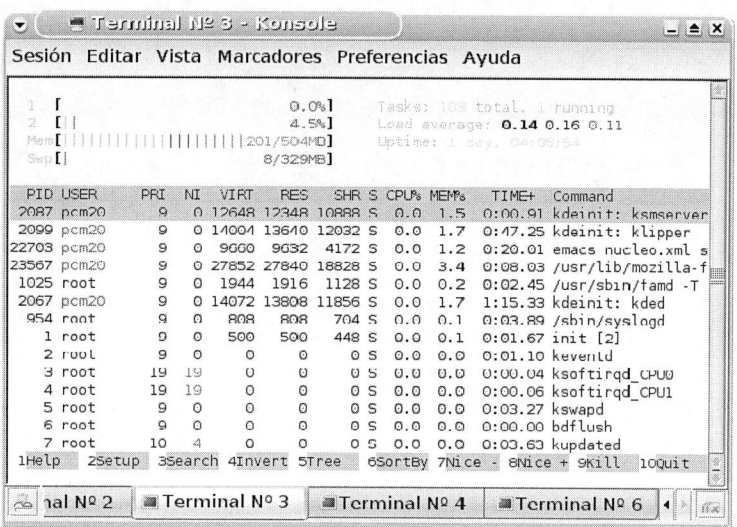

Figura 2-19

2.5.5.4. Comando pstree

Nos da el árbol de procesos, es decir nos hace un árbol de los procesos mediante su PPID.

2.5.5.5. Comando nice y renice

Estos comandos nos permiten lanzar un proceso con una prioridad determinada el primero y el segundo cambiar la prioridad de un proceso.

2.5.5.6. Comando kill

Nos permite enviar una señal a un proceso. Por defecto envía la señal de parada al PID que pongamos, de ahí su nombre, pero realmente con un parámetro podemos enviar otros tipos de señales de procesos.

```
[root@sal]# kill 22670
[root@sal]#
```

Para ver la lista de señales soportadas por el comando podemos hacer:

```
[root@sal]# kill -l

 1) SIGHUP       2) SIGINT       3) SIGQUIT      4) SIGILL
 5) SIGTRAP      6) SIGABRT      7) SIGBUS       8) SIGFPE
 9) SIGKILL     10) SIGUSR1     11) SIGSEGV     12) SIGUSR2
13) SIGPIPE     14) SIGALRM     15) SIGTERM     17) SIGCHLD
18) SIGCONT     19) SIGSTOP     20) SIGTSTP     21) SIGTTIN
22) SIGTTOU     23) SIGURG      24) SIGXCPU     25) SIGXFSZ
26) SIGVTALRM   27) SIGPROF     28) SIGWINCH    29) SIGIO
30) SIGPWR      31) SIGSYS      33) SIGRTMIN    34) SIGRTMIN+1
35) SIGRTMIN+2  36) SIGRTMIN+3  37) SIGRTMIN+4  38) SIGRTMIN+5
39) SIGRTMIN+6  40) SIGRTMIN+7  41) SIGRTMIN+8  42) SIGRTMIN+9
43) SIGRTMIN+10 44) SIGRTMIN+11 45) SIGRTMIN+12 46) SIGRTMIN+13
47) SIGRTMIN+14 48) SIGRTMIN+15 49) SIGRTMAX-15 50) SIGRTMAX-14
51) SIGRTMAX-13 52) SIGRTMAX-12 53) SIGRTMAX-11 54) SIGRTMAX-10
55) SIGRTMAX-9  56) SIGRTMAX-8  57) SIGRTMAX-7  58) SIGRTMAX-6
59) SIGRTMAX-5  60) SIGRTMAX-4  61) SIGRTMAX-3  62) SIGRTMAX-2
63) SIGRTMAX-1  64) SIGRTMAX
[root@sal]#
```

Las señales más utilizadas son:

- SIGKILL Termina el proceso, no puede ser ignorada. Se puede enviar con `kill -s SIGKILL` *pid* o `kill -9` *pid*, que es modo estándar en otros UNIX.

- SIGSTOP Para el proceso, no puede ser ignorada.

- SIGTERM Se ordena al proceso que termine, el cual puede ser ignorar la señal. La señal enviada por defecto.

2.5.5.7. Comando killall y pkill

Con estos comandos vamos a poder enviar señales a procesos, en vez de por PID, por el nombre, con **killall** y por otras propiedades de los procesos como pueden ser el usuario, el GID, el proceso padre, etc, con **pkill**. Por ejemplo:

```
[pcm@sal]# ps
 4548 pts/2    00:00:00 bash
 4565 pts/2    00:00:00 gconfd-2
22780 pts/2    00:00:34 xpdf.bin
22824 pts/2    00:00:00 ps

[pcm@sal]# killall xpdf.bin
[pcm@sal]#
```

Con esta acción terminaría el proceso 22780.

2.6. SECUENCIAS DE ARRANQUE DEL SISTEMA

La secuencia de arranque del sistema, (*boot* o *booting* en inglés) es el proceso que inicia el sistema operativo cuando el usuario enciende una computadora. Se encarga de la inicialización del sistema y de los dispositivos.

Cuando arrancamos el ordenador, éste busca en las unidades de almacenamiento los ficheros necesarios para poner en marcha el sistema, según una secuencia de arranque fijada por la BIOS. Antiguamente la secuencia era A:> C, para que primero se lea la unidad de disquetes, por si queremos formatear el disco duro o instalar un sistema operativo desde ella. Posteriormente se pasa a la unidad C: que es donde está instalado el sistema operativo. Hoy día, es normal no instalar una disquetera, por lo que deberemos indicar a la BIOS que arranque primero desde el CD-ROM, situando la secuencia de arranque D:>C.

Si al arrancar el ordenador se mantiene pulsada le tecla [supr], se entra en la pantalla de inicio de Setup. Pueden utilizarse las flechas de dirección para situarte en la opción [BIOS FEATURES SETUP], y después pulsar las flechas hasta situarte en la entrada [BOOT SEQUENCE]. Pulsando la tecla [Avpág], se busca la combinación D.C. Puede que en las distintas placas los nombres varíen, pero en definitiva se debe de indicar que primero arrancara el sistema desde la unidad de CD-ROM, y después desde el disco duro en donde esté instalado el sistema operativo, o donde se quiere instalar, si aún no se ha hecho. Una vez configurado, se pulsa la tecla [esc], para salir de la pantalla, y se elige la entrada [SAVE & EXIT SETUP]. A continuación, se pulsa [intro] y la tecla [Y] para aceptar la nueva secuencia de arranque del sistema. Cuando se reinicie el equipo, arrancará con la secuencia elegida.

Una vez que el BIOS termina de chequear las condiciones de funcionamiento de los diferentes dispositivos del ordenador, si no encuentra nada anormal, continúa el proceso de "booting" (secuencia de instrucciones de inicialización o de arranque del ordenador), cuya información se encuentra grabada en una pequeña memoria ROM denominada CMOS (Complementary Metal-Oxide Semiconductor – Semiconductor de óxido-metal complementario).

Para comenzar el proceso de inicialización, el BIOS localiza primeramente la información de configuración del CMOS, que contiene, entre otros datos, la fecha y la hora actualizada, configuración de los puertos, parámetros del disco duro y la secuencia de inicialización o arranque. Esta última es una de las rutinas más importantes que contiene el programa del CMOS, porque le indica al BIOS el orden en que debe comenzar a examinar los discos o soportes que guardan la información para encontrar en cuál de ellos se encuentra alojado el sistema operativo o programa principal, sin el cual el ordenador no podría ejecutar ninguna función.

Entre los sistemas operativos más comúnmente utilizados hoy en día en los ordenadores personales o PC, se encuentra, en primer lugar, Windows (de Microsoft), siguiéndole Linux (de código abierto) y Mac-OS (Macintosh Operating System - sistema operativo Macintosh), que emplean los ordenadores Apple. En los servidores suelen usarse Windows Server y UNIX.

En los ordenadores personales actuales, el BIOS está programado para que el POST se dirija primero a buscar el "boot sector" o sector de arranque al disco duro. Si no está programado así, lo cambiamos tal y como hemos visto al principio de este apartado. En el primer sector físico del disco duro (correspondiente también al sector de arranque), se encuentra grabado el MBR (*Master Boot Record* - Registro Maestro de Arranque) o simplemente "*boot record*", que contiene las instrucciones necesarias que permiten realizar el proceso de carga en la memoria RAM de una parte de los ficheros del sistema operativo que se encuentra grabado en la partición activa del disco duro y que permite iniciar el proceso de carga.

Generalmente el disco duro posee una sola partición activa, coincidente con la unidad "C:/", que es donde se encuentra localizado el sistema operativo. No obstante, de acuerdo a como lo haya decidido el usuario, un mismo disco duro puede estar dividido en dos o más particiones, e incluso tener un sistema operativo diferente en cada una de esas particiones (nunca dos sistemas operativos en una misma partición).

En el caso de los *sistemas operativos Windows*, después que el MBR comienza el proceso de carga, el programa del sector de arranque ejecuta las instrucciones de inicialización o de arranque para el microprocesador, las de la BPD (BIOS *Parameter Block* - Bloque de Parámetros del BIOS) y las del código que permite poner en ejecución los ficheros correspondientes al sistema operativo. En el caso de Windows el fichero que asume la función de cargador del sistema se denomina NTLDR (NT *Loader* - Cargador NT). Ese fichero carga los controles básicos de los dispositivos y ejecuta también los ficheros *ntdetec.com, boot.in* y *bootsect.dos* hasta que el sistema operativo Windows queda cargado. En otras versiones de Windows, ficheros semejantes realizan las mismas funciones. Una vez que el sistema se pone en funcionamiento, NTLDR carga los ficheros *ntoskenl.exe* y *hall.dll* (u otros semejantes dependiendo de la versión de Windows), cuya función es mostrar las ventanas de Windows.

Para *sistemas operativos* UNIX (como Linux) la secuencia de arranque es generalmente la siguiente:

- Arranque del hardware.
- El cargador del sistema operativo.
- Inicio del kernel.
- init e inittab.
- Scripts de arranque.

2.6.1. Arranque del hardware

Después de pulsar el botón de arranque un programa (PROM) contenido en la ROM (*Read Only Memory*, memoria de solo lectura), en los PCs se le suele llamar al programa BIOS. La BIOS hace un test a la máquina y accede una memoria no volátil (se la suele llamar CMOS o *nvram*) en busca de más parámetros, esta memoria no volátil está alimentada continuamente por una pequeña batería.

Los parámetros almacenados en la *nvram* difieren según sistemas, pero como mínimo, el PROM debe conocer cuál es el dispositivo de arranque (un disco duro normalmente). El PROM accede al dispositivo de arranque, carga el lanzador del sistema operativo, que está localizado en una pequeña parte del dispositivo de arranque, y le transfiere el control.

2.6.2. El cargador del sistema operativo

En los PCs el cargador del sistema operativo (OS *Loader*) está localizado en el primer sector del dispositivo de arranque, también conocido como MBR (*Master Boot Record*). El MBR está muy limitado en cuanto a espacio (512 bytes para el OS *Loader* y la tabla de particiones) por lo que es prácticamente imposible almacenar un OS *Loader* completo. Por eso la mayoría de los SO hacen que un primer cargador localizado en la MBR llame a un segundo más grande localizado en una partición.

El cargador de Linux suele ser *lilo* o *grub*. Los dos son instalados como segundos cargadores o como un lanzador de dos partes. El principal trabajo de un cargador es localizar el kernel en el disco, cargarlo y ejecutarlo. La mayoría de los cargadores permiten un uso alternativo para poder cargar más de un kernel y poder pasarle argumentos.

2.6.3. Inicio del kernel

Cuando el kernel termina de cargarse, inicia los dispositivos mediante los drivers, inicia el *swapper* (un proceso que se encarga de manejar la memoria) y monta el sistema de archivos del *root* (/). Solo entonces el kernel crea el proceso número 1 llamado *init* (*/sbin/init*) y le pasa todos los argumentos que le han pasado a él.

2.6.4. init e inittab

El proceso *init* es el padre de todos los procesos. Su primera acción es lanzar los procesos que están en */etc/inittab*, archivo que contiene las instrucciones para que *init* cree las 'getty'. Para que los usuarios puedan inicializarse, *getty* abre un puerto *tty*, pregunta un nombre de usuario y lanza */bin/login*.

Login se usa para establecer una nueva sesión con el sistema. *Login* suele ser lanzado por *getty*. *Login* debe ser 'especial' para la *shell* y no debe ser lanzado como un sub-proceso, si esto ocurre mostrara un mensaje de error. Cuando *login* es ejecutado por la shell pide el nombre del usuario y su contraseña (esta última no será mostrada según se escribe), después de abrir sesión se mostrarán todos los mensajes sobre el correo o los que estén definidos en *.bash_profile* o *bashrc*.

El archivo *inittab* también describe qué procesos que deben ser lanzados al arrancar y durante las operaciones normales. El archivo *inittab* distingue varios niveles de funcionamiento, cada uno de los cuales tiene su propia gama de procesos. Esto proporciona al administrador un fácil esquema en donde cada nivel se corresponde con una gama de servicios.

Si */etc/inittab* no existe o no hay ninguna entrada sobre cuál es el nivel de funcionamiento por defecto, este debe ser introducido mediante la consola.

2.6.5. Niveles de funcionamiento (runlevels)

Un nivel de funcionamiento es una configuración del software del sistema que permite que solo existan un grupo de procesos creados por init por cada nivel definido en */etc/inittab*.

El archivo *init* puede estar en 8 niveles: 0-8 y S/s. El nivel puede ser cambiado por el *root* mediante *telinit* que manda la señal a *init* para que cambie al nivel deseado. Los niveles 0,1 y 6 están 'reservados'. El nivel 0 es usado para parar el sistema, el nivel 6 para rearrancar el equipo y el 1 es usado para el modo monousuario. El nivel 'S' no está realmente pensado para ser usado directamente excepto para los scripts que son ejecutados cuando se entra en el nivel 1. Los niveles del 7 al 9 son también válidos, pero no suelen incluirse.

2.6.6. Scripts de arranque

Por cada uno de los servicios del sistema (*main, nfs, cron...*) hay un script de arranque localizado en */etc/init.d*. Cada uno de estos scripts deben aceptar como argumento la palabra 'start' para iniciar el servicio, también pueden aceptar otras como *'restart'*, *'status'*, etc.

Para hacer posible que cada nivel de funcionamiento se corresponda con unos servicios, existen un directorio para cada nivel, que están en */etc/rc[0-6].d*. En cada uno de esos directorios hay enlaces simbólicos a los scripts que están en */etc/init.d*.

Un primer script (*/etc/rc* o */etc/init.d/rc*) es lanzado desde *inittab* y lanza los scripts (mediante los enlaces), todos los links que empiecen por 'S' serán lanzados con el argumento *'start'* y los que empiecen con 'K' serán 'matados' con el argumento *'stop'*.

Para poder lanzar unos scripts después de otros (por ejemplo, puede que algún script necesite de otro para funcionar) después de 'S' o 'K' hay un número de dos cifras que indica el orden, cuando menos sea el valor del numero antes será lanzado o matado.

Para controlar el orden de arranque y de los niveles de funcionamiento hay que cambiar los enlaces, aunque en muchas distribuciones de Linux existen programas que lo hacen más fácil (véase *chkconfig*).

2.7. DEMONIOS

Dentro de los procesos no interactivos que se ejecutan en segundo plano y que, por lo tanto, no son controlados por el usuario, tenemos los demonios o *daemon* (*Disk And Execution MONitor*). Los demonios se ejecutan de forma continua (infinita). Por lo tanto, aunque se intente cerrar o matar el proceso, este continuará en ejecución o se reiniciará automáticamente. Esta acción se realiza sin intervención de terceros y sin dependencia de consola alguna.

Los programas *demonios* reciben este nombre en los sistemas UNIX. En sistemas operativos Windows se denominan servicios. Ya hemos visto anteriormente en este mismo capítulo cómo pueden administrarse los servicios a través del administrador de tareas de Windows.

Los demonios no disponen de una "interfaz" directa con el usuario, ya sea gráfica o textual. Tampoco hacen uso de las entradas y salidas estándar para comunicar errores o registrar su funcionamiento, sino que usan archivos del sistema en zonas especiales (*/var/log/* en los UNIX más modernos) o utilizan otros demonios especializados en dicho registro como el *syslogd*. Por ejemplo, una máquina que alberga un servidor web utilizará un demonio httpd (HTTP *Daemon*) para ofrecer el servicio y que los visitantes a dicha web puedan acceder. Otro ejemplo son los demonios "cronológicos" como *cron*, que realizan tareas programadas como mantenimiento del sistema en segundo plano.

ACTIVIDADES PROPUESTAS

Actividad 1. Describe el Administrador de tareas en Windows 11 y en Windows 10. Cuentas predeterminadas.

Actividad 2. Describe el proceso de Administración de aplicaciones en Windows 11 y en Windows 10

Actividad 3. Especifica la Administración de procesos en Windows 11 y en Windows 10

Actividad 4. Especifica la Administración de servicios en Windows 11 y en Windows 10.

Actividad 5. Especifica la Administración del rendimiento del sistema Windows 11 y en Windows 10.

Actividad 6. Especifica la Administración del rendimiento de la red en Windows 11 y en Windows 10.

Actividad 7. Describe el Monitor de rendimiento como una herramienta administrativa del sistema en Windows 11 y en Windows 10.

Actividad 8. Describe el Visor de eventos o sucesos como una herramienta administrativa del sistema en Windows 11 y en Windows 10.

## CAPÍTULO 3

INFORMACIÓN DEL SISTEMA

Contenidos

3.1. Estructura de directorios

3.2. Búsqueda de información del sistema. Herramientas gráficas

3.3. Órdenes de búsqueda de información en el sistema de ficheros

3.4. Sistema de archivos virtual

Actividades propuestas

3.1. ESTRUCTURA DE DIRECTORIOS

La jerarquía del sistema de ficheros de un sistema operativo es fundamental para obtener una compresión completa del mismo. El concepto más importante a entender es el del directorio raíz, «/».

3.1.1. Estructura de directorios en sistemas operativos libres

En sistemas operativos libres, el directorio raíz es el primero en ser montado en el arranque y contiene el sistema básico necesario para preparar el sistema operativo para su funcionamiento en modo multiusuario. El directorio raíz también contiene puntos de montaje para cualquier otro sistema de ficheros que se pretenda montar.

Un punto de montaje es un directorio del que se pueden colgar sistemas de ficheros adicionales en un sistema padre (que suele ser el directorio raíz). Los puntos de montaje estándar son, por ejemplo, /usr, /var, /tmp, /mnt y /cdrom.

Estos directorios suelen corresponderse con entradas en /etc/ que es una tabla que sirve de referencia al sistema y contiene los diferentes sistemas de ficheros y sus respectivos puntos de montaje. La mayoría de los sistemas de ficheros en /etc/ se montan automáticamente en el arranque.

A continuación, se ve una descripción de los directorios más comunes en el caso de UNIX.

Directorio	Descripción
/	Directorio raíz del sistema de ficheros
/bin/	Utilidades de usuario fundamentales tanto para el ambiente monousuario como para el multiusuario
/boot/	Programas y ficheros de configuración necesarios durante el arranque del sistema operativo
/boot/defaults/	Ficheros de configuración por omisión del arranque
/dev/	Nodos de dispositivo
/etc/	Ficheros de configuración y «scripts» del sistema
/etc/defaults/	Ficheros de configuración por omisión del sistema
/etc/mail/	Ficheros de configuración para agentes de transporte de correo como sendmail
/etc/namedb/	Ficheros de configuración de named
/etc/periodic/	«Scripts» que se ejecutan diaria, semanal y mensualmente
/etc/ppp/	Ficheros de configuración de ppp
/mnt/	Directorio vacío utilizado de forma habitual por administradores de sistemas como punto de montaje temporal
/proc/	Sistema de ficheros de procesos, *mount*, etc.
/rescue/	Programas enlazados estáticamente para restauraciones de emergencia
/root/	Directorio local para la cuenta root
/sbin/	Programas del sistema y utilidades fundamentales de administración para ambientes monousuario y multiusuario
/tmp/	Ficheros temporales. El contenido de /tmp *NO* suelen conservarse después de un reinicio del sistema. Los sistemas de ficheros basados en memoria suelen montarse en/tmp
/usr/	La mayoría de las utilidades y aplicaciones de usuario
/usr/bin/	Aplicaciones comunes, herramientas de programación y otras aplicaciones
/usr/include/	Ficheros «include» estándar de C

Directorio	Descripción
/usr/lib/	Bibliotecas
/usr/libdata/	Ficheros de datos con diversas funciones
/usr/libexec/	Demonios del sistema y utilidades del sistema (ejecutados por otros programas)
/usr/local/	Ejecutables locales, bibliotecas, etc. también se usa como destino por omisión de la infraestructura de ports del sistema. Las excepciones son el directorio *man*, que está directamente bajo /usr/local en lugar de debajo de /usr/local/share, y la documentación de los ports está en share/doc/*port*.
/usr/obj/	Árbol destino dependiente de arquitectura fruto de la compilación del árbol /usr/src
/usr/ports	La colección de Ports del sistema (opcional)
/usr/sbin/	Demonios del sistema y utilidades del sistema (ejecutados por usuarios del sistema)
/usr/share/	Ficheros independientes de arquitectura
/usr/src/	Ficheros fuente BSD y/o local
/usr/X11R6/	Ejecutables de la distribución X11R6, bibliotecas, etc (opcional)
/var/	Ficheros multipropósito de log, temporales, en tránsito y de«spool». En ocasiones se monta en /var un sistema de ficheros basado en memoria
/var/log/	Diversos ficheros de log del sistema
/var/mail/	Ficheros de buzones de correo de usuarios
/var/spool/	Directorios diversos del sistema de spool de impresora y correo
/var/tmp/	Ficheros temporales. Estos ficheros suelen conservarse tras el reinicio del sistema, a menos que /var sea un sistema de ficheros basado en memoria
/var/yp	Mapas NIS

3.1.2. Estructura de directorios en sistemas operativos propietarios

Los sistemas operativos Windows presentan su estructura de directorios a través del explorador. Previamente al análisis del explorador nos ocuparemos de la herramienta más importante para la administración de sistemas operativos Windows: el Panel de control.

El Panel de control es una herramienta fundamental en el sistema operativo. Podría decirse que se trata del cuadro de mandos del sistema desde el que se gobiernan la mayoría de las operaciones que se realizan. Se utiliza especialmente para cambiar la configuración de Windows. Esta configuración controla casi todas las cuestiones de aspecto y funcionamiento del sistema operativo y le permite personalizar Windows para que se adapte a sus preferencias. El Panel de control es una opción del menú *Inicio* que se obtiene mediante *Inicio → Panel de control* (Figura 3-1). El Panel de control presenta su contenido ordenado por grupos, que a su vez contienen subgrupos hasta diferentes niveles de jerarquía (Figura 3-2).

En principio, las opciones relativas a cada grupo del Panel de control aparecen inicialmente resumidas en la Figura 3-2. Para ver todas las tareas de un grupo, es necesario hacer clic sobre su cabecera.

Por ejemplo, si se hace clic en *Cuentas de usuario y protección infantil*, se obtienen sus tareas completamente especificadas (Figura 3-3), que a su vez pueden estar agrupadas en más subgrupos que habrá que seguir abriendo haciendo clic sobre su título. Por ejemplo, si hacemos clic en *Cuentas de usuario* se obtendrán las subtareas de la Figura 3-4 relativas a la administración de cuentas de usuario.

En la parte derecha de las Figuras 3-33 y 3-4 se presentan opciones adicionales relacionadas con el contenido de la pantalla actual.

Figura 3-1

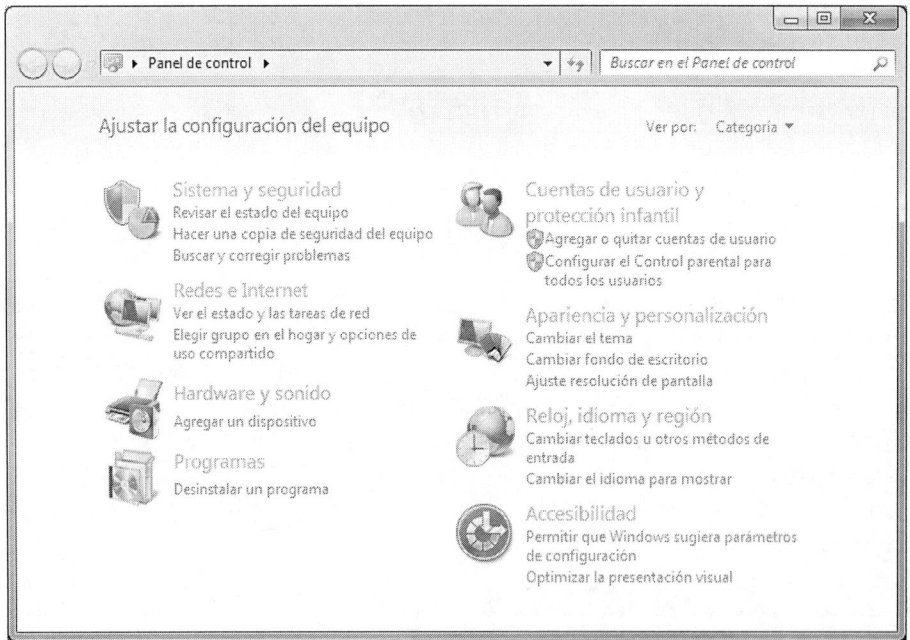

Figura 3-2

A veces, es necesario averiguar en qué grupo se encuentra una determinada tarea. Para ello, se escribe una palabra o una frase de la tarea en el cuadro *Buscar* de la parte superior derecha del Panel de control. Por ejemplo, escriba "voz" para buscar las tareas del panel de control que están relacionadas con la voz. En la Figura 3-5 observamos que se obtienen los grupos *Reconocimiento de voz, Accesibilidad, Iconos del área de notificación* y *Sonido* porque todos ellos tienen opciones que están relacionadas con la voz.

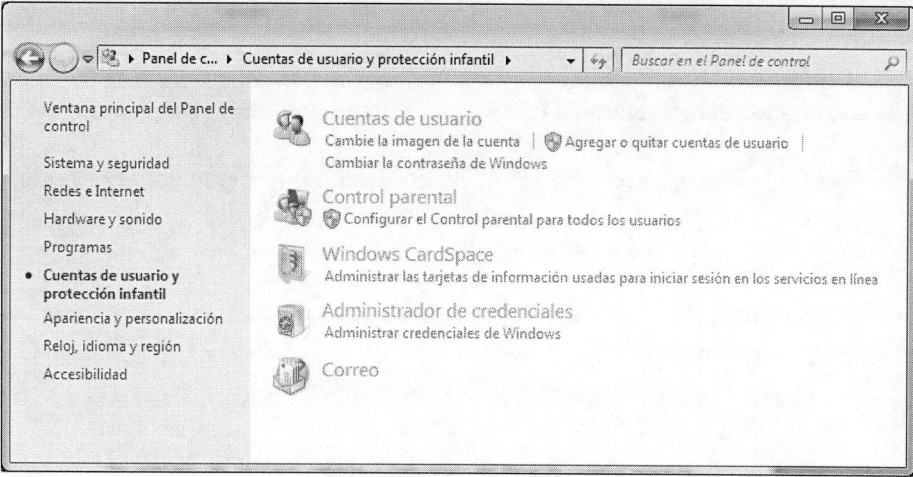

Figura 3-3

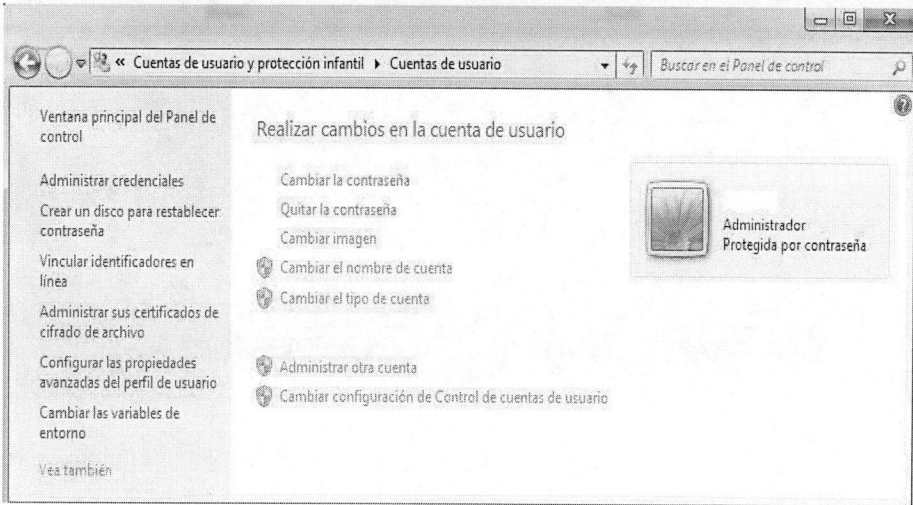

Figura 3-4

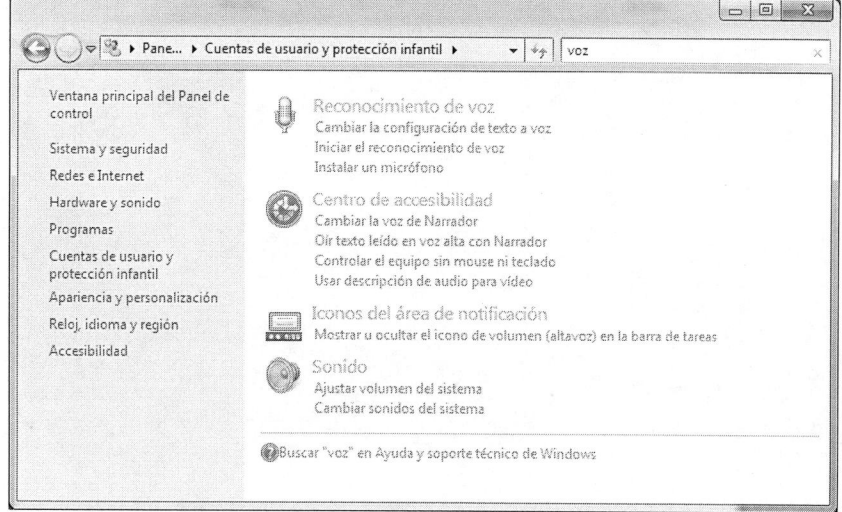

Figura 3-5

3.1.3. Explorador de Windows

El explorador de Windows presenta cambios estéticos y de funcionalidad. Asimismo, permite ver el contenido del PC en una estructura jerárquica de forma similar a un árbol genealógico.

Para acceder al explorador, se hace clic con el botón derecho del ratón sobre el botón *Inicio* y se elige *Abrir el Explorador de Windows* en el menú emergente resultante (Figura 3-6). Se obtiene la Figura 3-7 en cuyo panel izquierdo se observa el árbol de contenido del PC.

Observamos que los elementos del explorador se organizan en *Bibliotecas*, que son carpetas virtuales que agregan el contenido de varias carpetas y las muestran en una sola.

Figura 3-6

En la parte lateral izquierda del explorador (Figura 3-7) se sitúan los elementos esenciales del equipo agrupados en cuatro categorías: *Favoritos, Bibliotecas, Equipo y Red*. Se trata del primer nivel de jerarquía en la clasificación de los elementos del explorador.

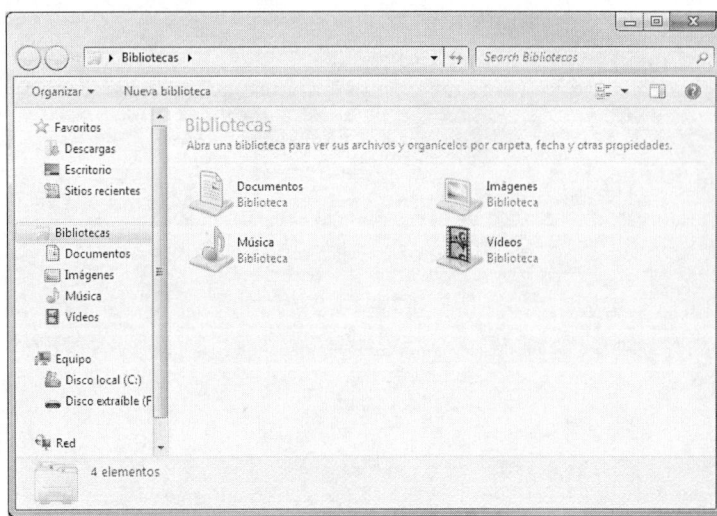

Figura 3-7

3.1.3.1. Favoritos

La sección *Favoritos* del Escritorio (Figura 3-8) abarca las carpetas:

- *Descargas* (Figura 3-9),

- *Escritorio* (Figura 3-10) y

- *Sitios recientes* (Figura 3-11).

La carpeta *Descargas* recibe por defecto todas las descargas de la web, la carpeta *Escritorio* es muy amplia y contiene a *Bibliotecas* y *Equipo*, así como accesos directos al panel de control, a Internet Explorer, a la red, a la carpeta del sistema y a la papelera de reciclaje. La carpeta *Sitios recientes* recoge las carpetas visitadas recientemente.

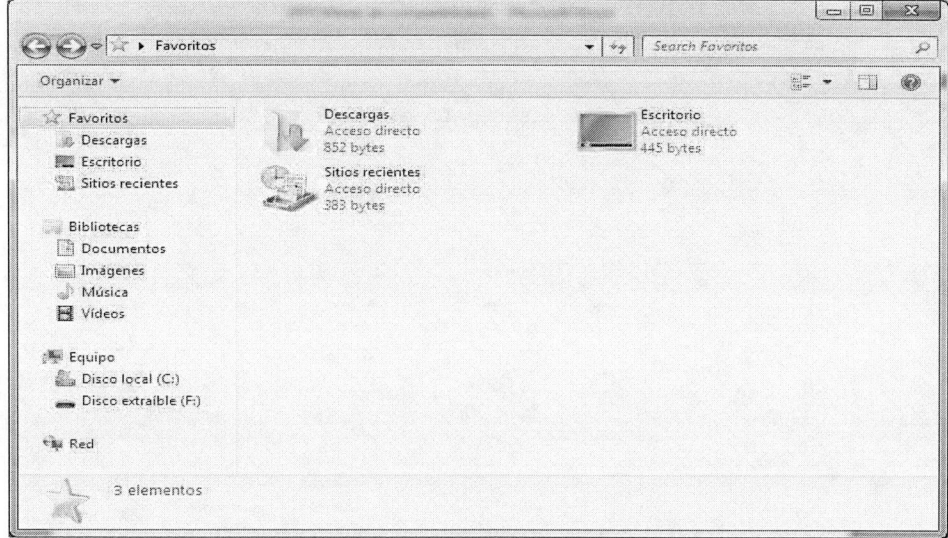

Figura 3-8

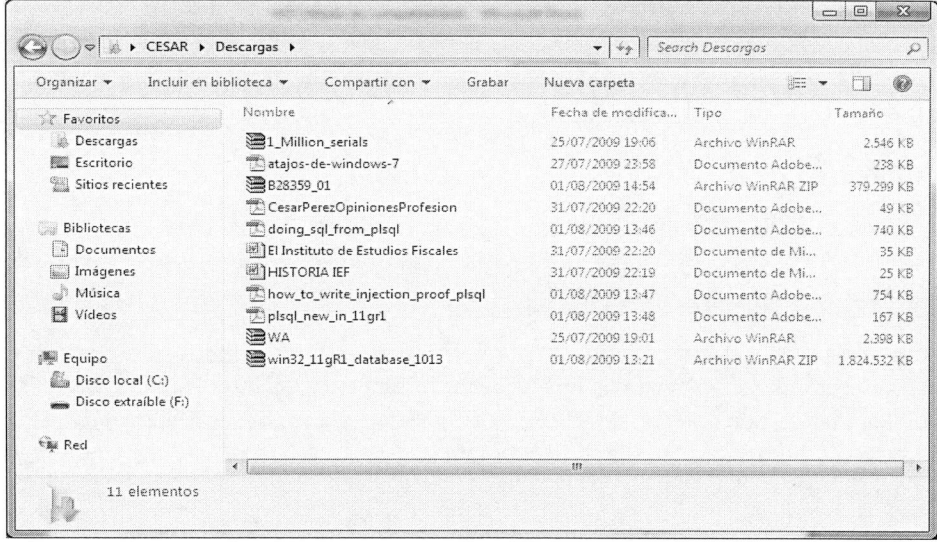

Figura 3-9

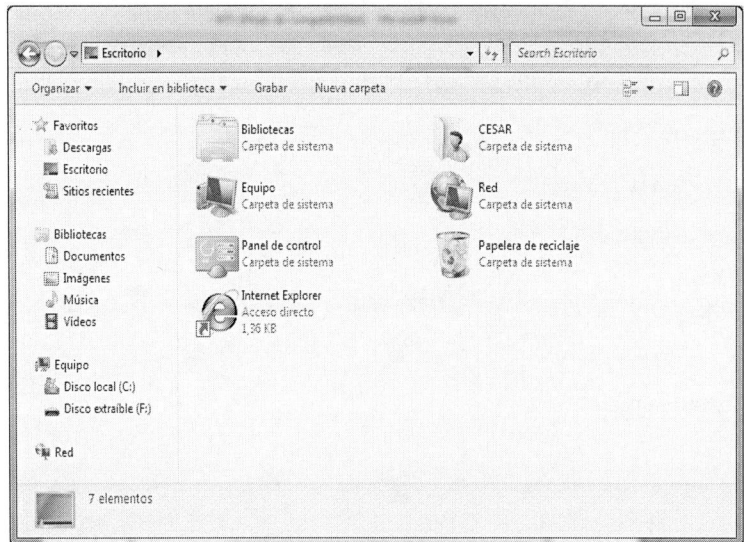

Figura 3-10

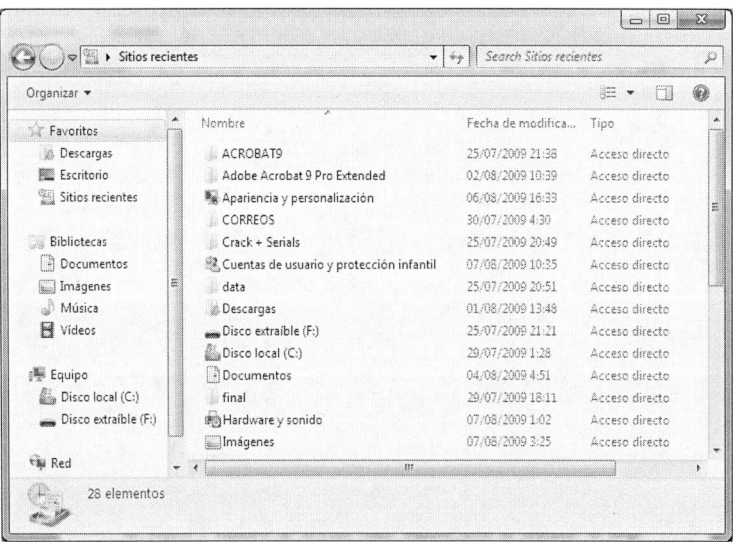

Figura 3-11

3.1.3.2. Bibliotecas

La sección *Bibliotecas* del Escritorio (Figura 3-7) abarca las carpetas *Documentos* (Figura 3-12), *Imágenes* (Figura 3-13), *Música* y *Vídeos*. Cada una de las cuales contiene los elementos del tipo que su nombre indica.

Mientras no se especifique otra cosa, los archivos de los tipos considerados se guardarán por defecto en su carpeta correspondiente. Al guardar una imagen, la ruta por defecto será la carpeta *Imágenes*. Al guardar un vídeo, la ruta por defecto será la carpeta *Vídeos*. Al guardar un clip musical, la ruta por defecto será la carpeta *Música*. Al guardar un documento, la ruta por defecto será la carpeta *Documentos*.

Con el uso de bibliotecas la organización de la información es más racional y permite su localización más fácilmente.

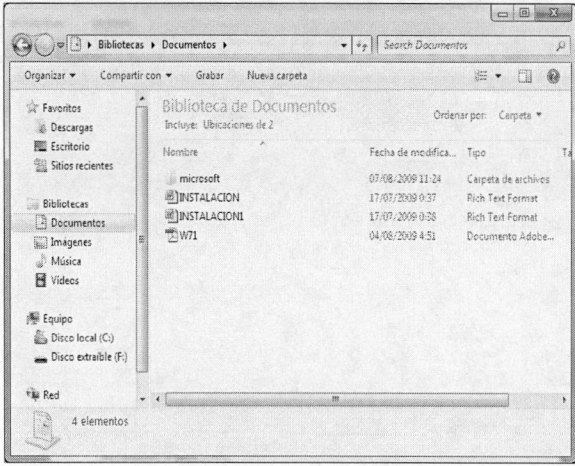

Figura 3-12

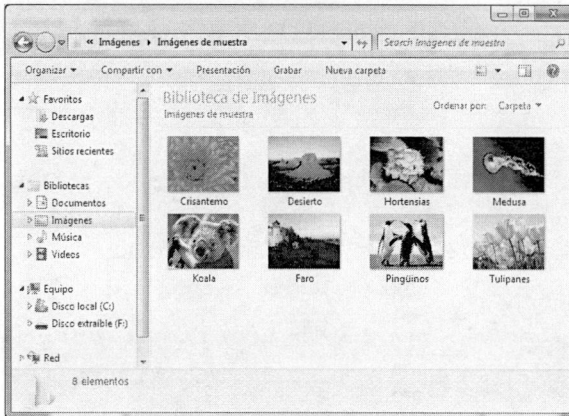

Figura 3-13

3.1.3.3. Equipo

La sección *Equipo* del Escritorio (Figura 3-14) abarca la información de las unidades instaladas en el equipo. Al hacer clic sobre cualquier unidad, se obtiene el árbol de contenido de la misma (Figura 3-15). A la carpeta *Equipo* también se accede desde la opción *Equipo* situada a la derecha del menú *Inicio*.

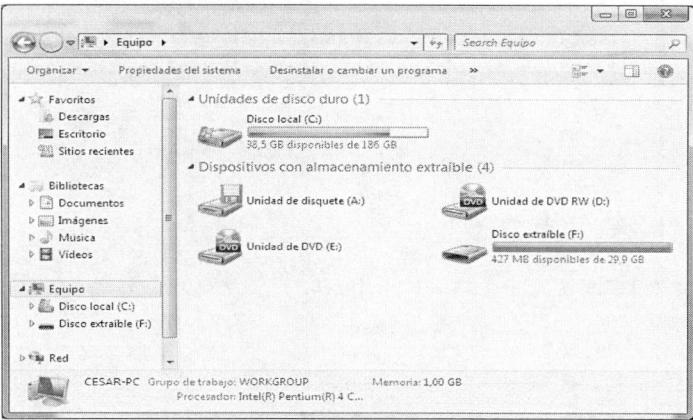

Figura 3-14

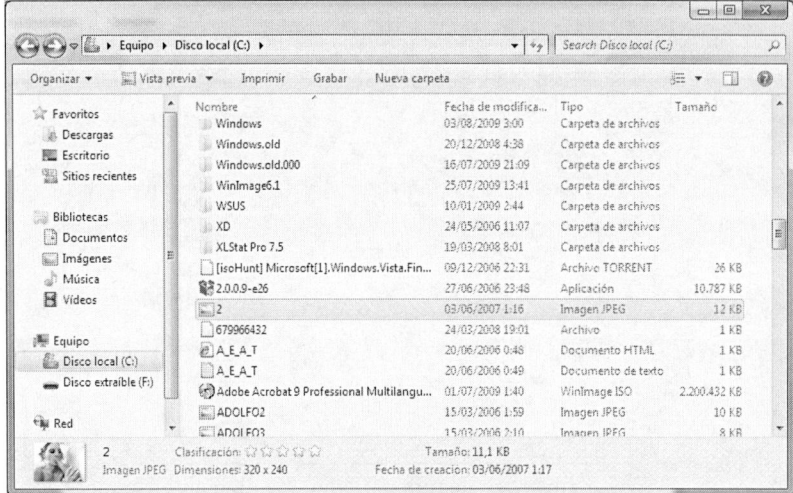

Figura 3-15

3.1.3.4. Red

La sección *Red* del Escritorio contiene el árbol de las unidades de red a las que se tiene acceso. Al hacer clic sobre cualquier unidad se obtiene el contenido de la misma. El explorador de Windows también puede obtenerse mediante *Inicio → Todos los programas → Accesorios → Explorador de Windows* (Figura 3-16).

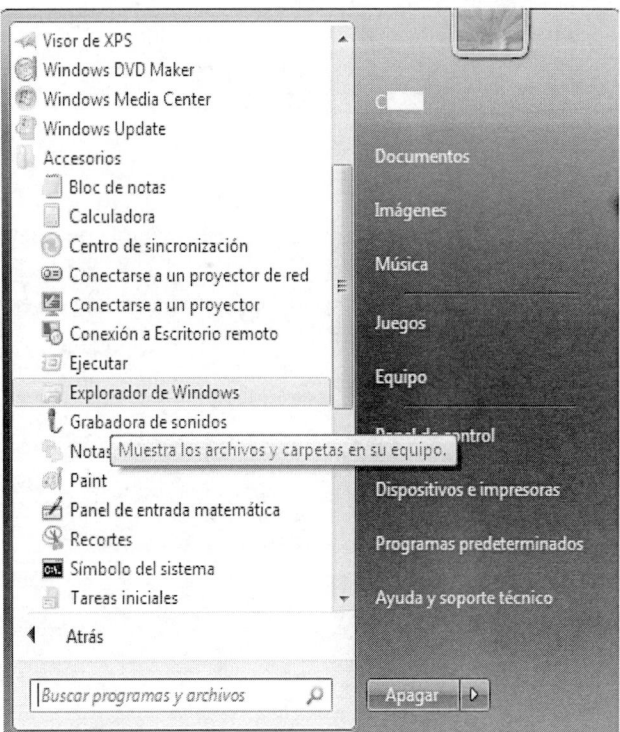

Figura 3-16

3.1.3.5. Barra del explorador

El explorador de Windows presenta en su parte superior una barra de menú con diversos iconos.

El icono *Vistas* 🔲 de la barra de menú del explorador (Figura 3-17) permite cambiar la forma en que se mostrarán los iconos de los elementos del explorador. Pueden mostrarse como *Iconos muy grandes* (Figura 3-18), *Iconos grandes* (Figura 3-19), *Iconos medianos* (Figura 3-20), *Iconos pequeños* (Figura 3-21), como una *Lista* (Figura 3-22), con *Detalles* (opción por defecto con nombre, tamaño, tipo y fecha de la última modificación según se indica en la Figura 3-23), como *Mosaicos* o mostrando su *Contenido*. El icono *Panel de vista previa* 🔲 permite ver en la parte derecha del explorador el contenido del elemento seleccionado (Figura 3-24).

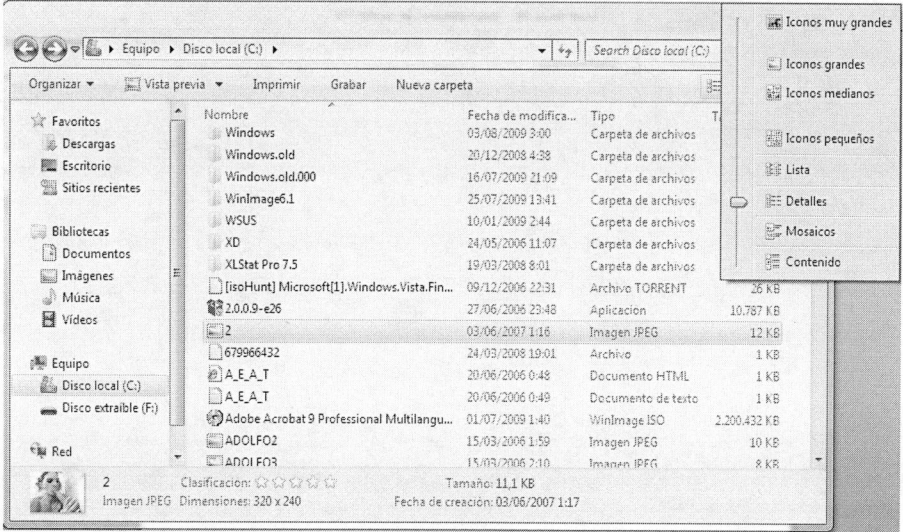

Figura 3-17

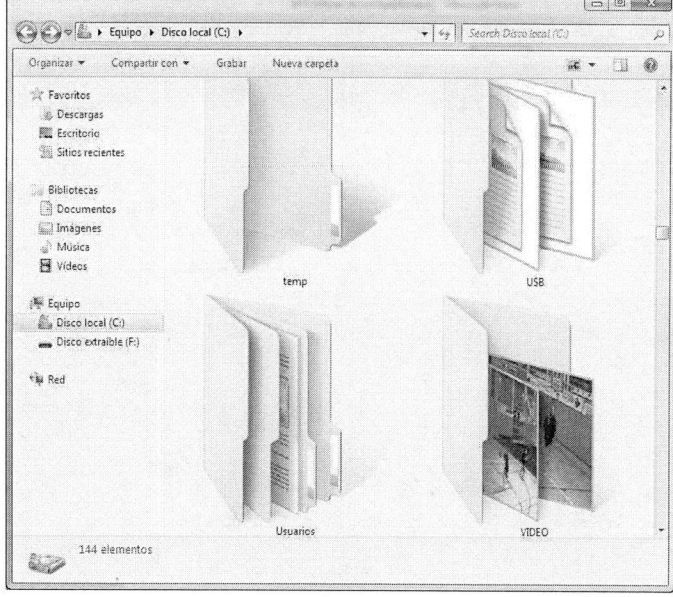

Figura 3-18

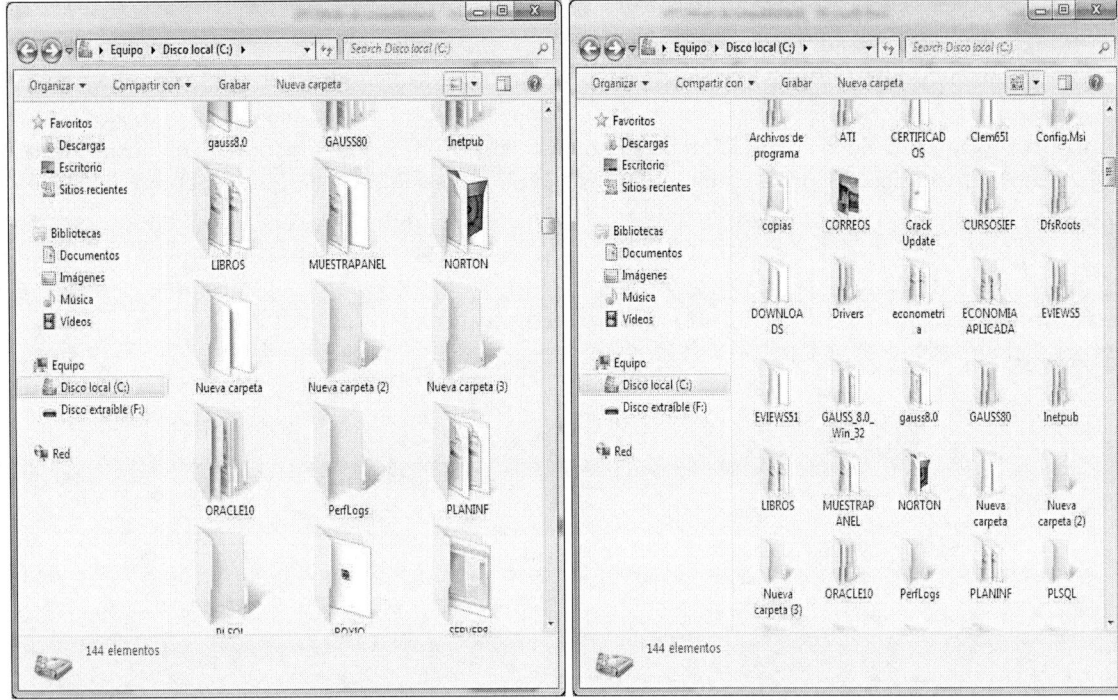

Figura 3-19

Figura 3-20

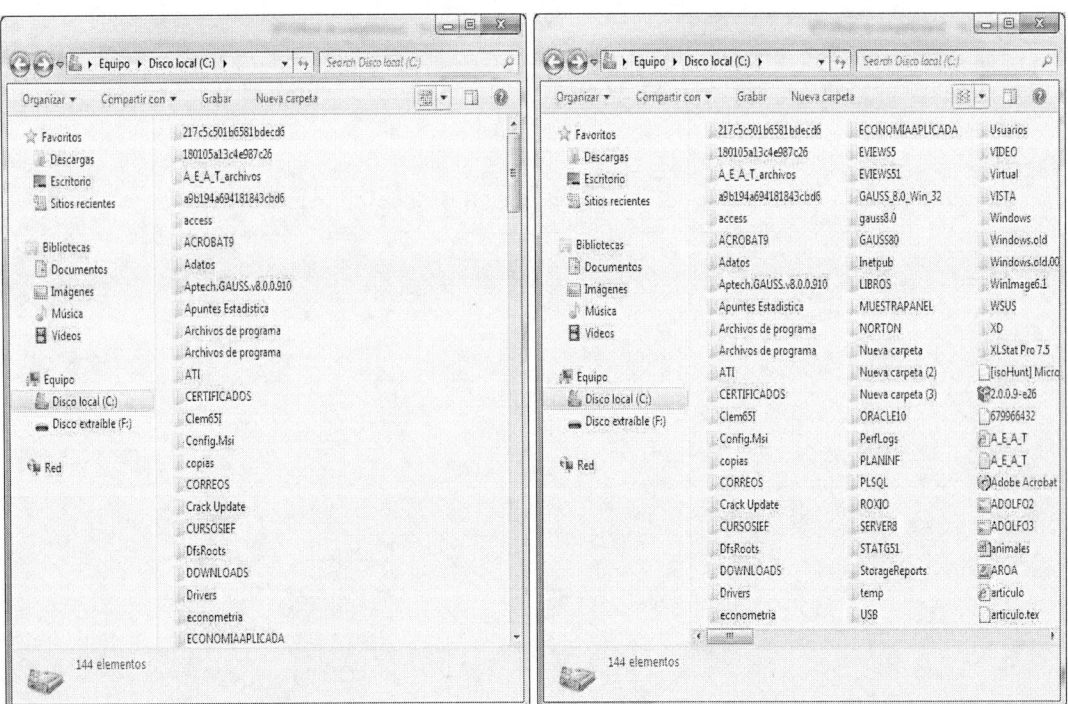

Figura 3-21

Figura 3-22

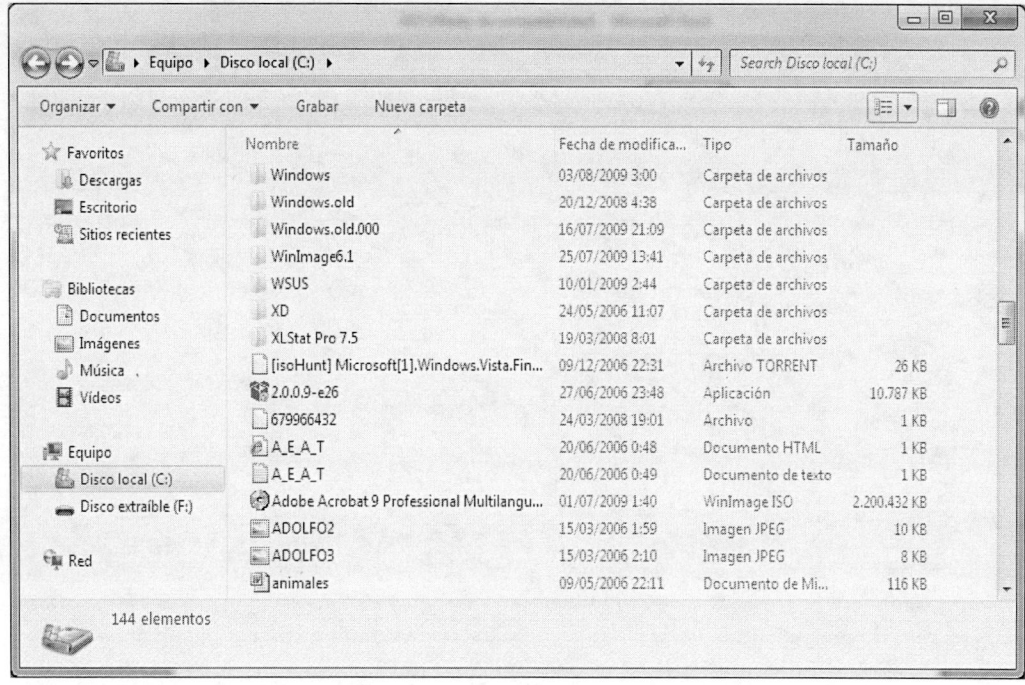

Figura 3-23

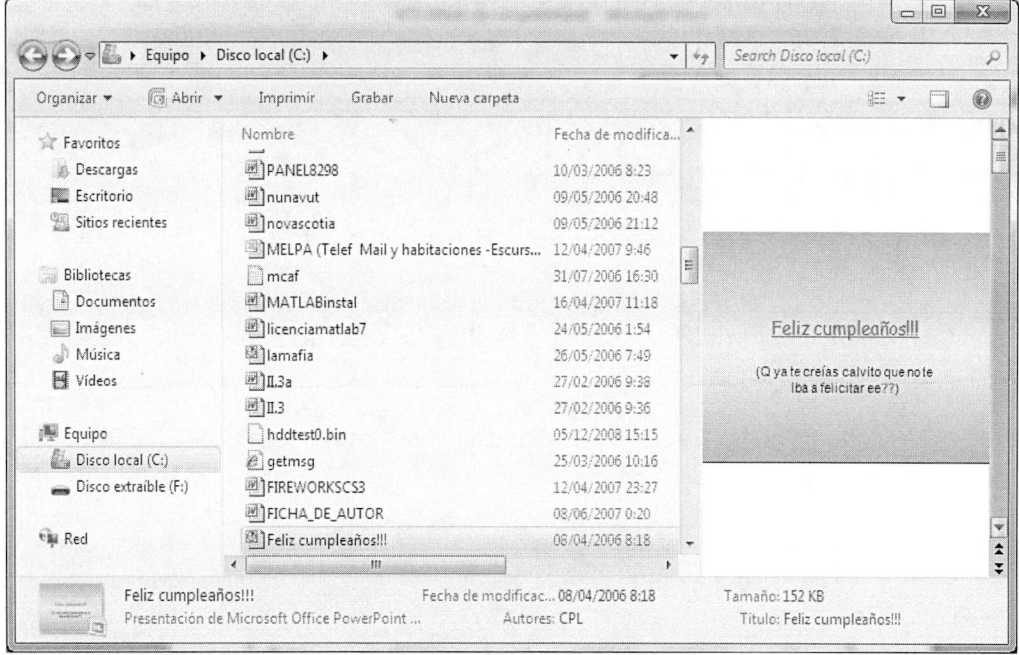

Figura 3-24

Las opciones del icono *Organizar* de la barra de menú del explorador permiten organizar el contenido de la carpeta seleccionada, crear nuevas carpetas y otras tareas definidas por el propio nombre de las opciones del icono (Figura 3-25).

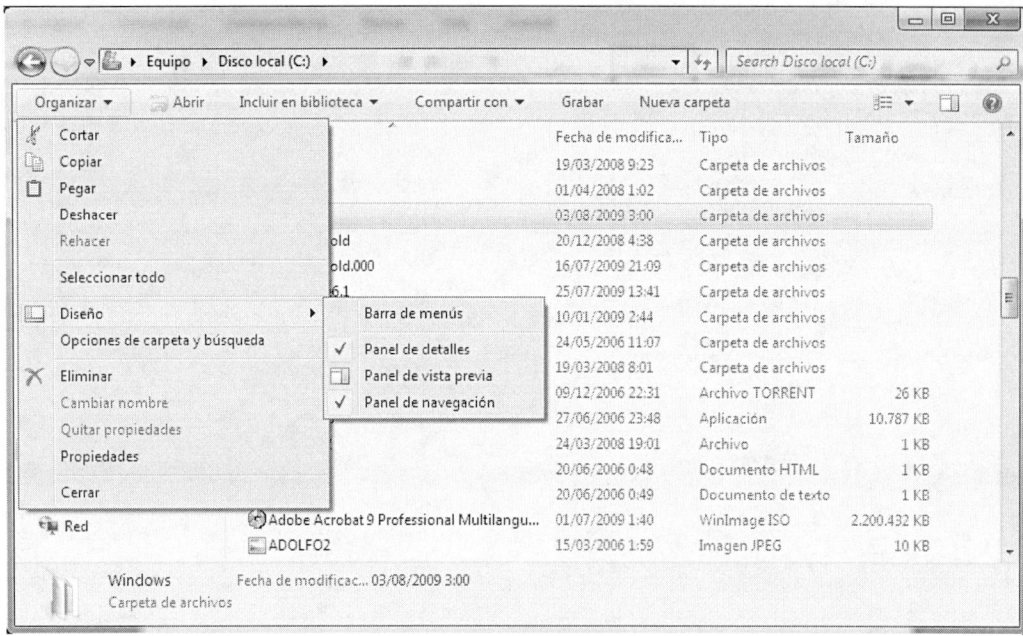

Figura 3-25

Al seleccionar un elemento en el explorador, aparecen sus propiedades en la parte inferior de la ventana, y el menú de la parte superior (barra de menú) muestra nuevas opciones dependiendo del objeto seleccionado (*Imprimir* para ficheros y *Compartir con* e *Incluir en biblioteca* para carpetas). El icono *Adelante* permite avanzar un lugar hacia arriba en el árbol de unidades y carpetas. El icono *Atrás* permite avanzar un lugar hacia atrás en el árbol de unidades y carpetas o ir a *Equipo*.

La barra de herramientas del explorador tipo Windows es:

Archivo   Edición   Ver   Herramientas   Ayuda

aparece al pulsar la tecla ALT (Figura 3-26) y permitirá gobernar el trabajo con los archivos y carpetas que se exploran. La parte inferior de la ventana del explorador describe el elemento seleccionado en el mismo.

Según lo expuesto hasta ahora, el contenido del disco duro local puede obtenerse de las siguientes formas:

Se elige *Inicio* → *Todos los programas* → *Accesorios* y, después, se hace clic en *Explorador de Windows*, y en el árbol del panel de la izquierda se elige *Equipo* y *Disco local C* o el disco que se desee analizar.

En la parte derecha del menú *Inicio*, haga clic en *Equipo* y, después, en *Disco local C*. El contenido del disco duro aparecerá en el panel de la derecha.

Haga clic con el botón derecho del ratón sobre el botón *Inicio*, elija *Abrir Explorar de Windows* en el menú emergente resultante y seleccione *Equipo* y *Disco local C* o cualquier otra unidad a analizar.

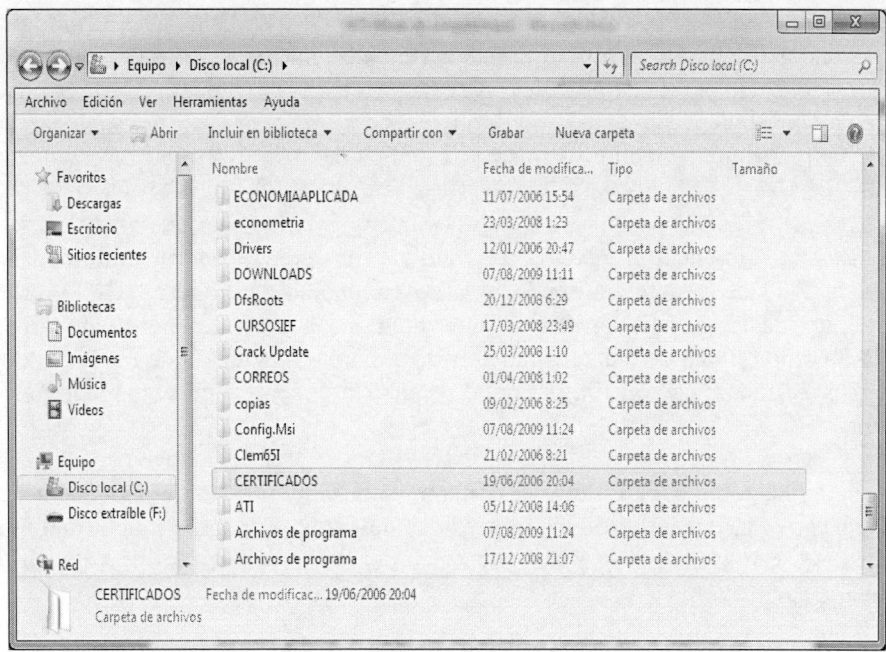

Figura 3-26

3.1.4. Sistemas de archivos en los directorios

El sistema de archivos es la forma en la que el sistema operativo organiza los ficheros en directorios y subdirectorios en el disco duro dándoles un sentido y una estructura. Sin el sistema de archivos no podríamos comunicarnos con el disco duro de la manera a la que estamos acostumbrados, accediendo a ficheros organizados en directorios y subdirectorios en vez de a trozos de datos sueltos, que es lo que el disco duro almacena en realidad. Existen diferentes tipos de sistemas de archivos que se tratan en los párrafos siguientes.

3.1.5. Sistema de archivos FAT

Para que el sistema operativo pueda acceder a cada uno de los ficheros más rápidamente, todos los discos contienen una lista de los archivos almacenados en él llamada directorio. En esta lista se incluye una sublista con información relativa a todos los paquetes de datos del disco duro que unidos forman un fichero. Estos paquetes de datos se llaman clusters, y la sublista es la llamada FAT (*File Allocation Table* o *Tabla de asignación de ficheros*) que da nombre al sistema de ficheros.

El directorio contiene la información relativa al nombre del fichero, el tamaño, la fecha de creación y, lo más importante, el primer cluster del disco donde hay datos del fichero, para a partir de ahí, acudir a la FAT, que le dice cuál es el cluster que sigue al ya leído y así sucesivamente hasta encontrar todos los clusters ocupados por el archivo, todos los que lo forman y recuperarlo por completo. El final de fichero viene indicado por un carácter especial que universalmente se representa por EOF (*End of file*).

La FAT y el directorio en sí ocupan espacio físico en el disco duro, pero siempre se localizan "al principio" del disco, en el primer sector de la pista más externa, antes que cualquier fichero que almacene el usuario.

La diferencia entre FAT16 y FAT32 viene por el tamaño de esta lista. Con 32 bits puede enlazar más clusters que con 16, y así se permiten tamaños de disco mayores. Una FAT de 16 bits permite $2^{16}=$ 64 Kilobytes de combinaciones posibles, o sea, posibles referencias a clusters. Si cada cluster tenía un tamaño de 4 kilobytes, esto nos da 64 kilobytes x 4 kilobytes= 256 Megas de tamaño máximo. Una FAT de 32 bits permite, haciendo los mismos cálculos de antes, soportar discos duros de hasta 2 Terabytes, 2048 Gigas.

FAT es con mucha diferencia el sistema de archivos más sencillo compatible con Windows. El sistema de archivos FAT se caracteriza por la tabla de asignación de archivos (FAT), que en realidad es una tabla en la que reside la parte "superior" del volumen. Para proteger el volumen, se conservan dos copias de la FAT por si una de ellas resulta dañada. Además, las tablas de FAT y el directorio raíz deben almacenarse en una ubicación fija para que se puedan encontrar correctamente los archivos de inicio del sistema.

La actualización de la tabla FAT es muy importante y consume mucho tiempo. Si no se actualiza la tabla FAT periódicamente, pueden producirse pérdidas de datos. Consume mucho tiempo porque las cabezas lectoras de disco deben cambiar de posición y ponerse a cero en la pista lógica de la unidad cada vez que se actualiza la tabla FAT.

No hay ninguna organización en cuanto a la estructura de directorios de FAT y se asigna a los archivos la primera ubicación libre de la unidad. Además, FAT sólo es compatible con los atributos de archivo de sólo lectura, oculto, sistema y modificado.

El sistema de archivos FAT es adecuado para las unidades y/o particiones de menos de 200 MB aproximadamente, ya que FAT se inicia con muy poca sobrecarga.

Cuando se utilicen unidades o particiones de más de 200 MB no debe utilizarse el sistema de archivos FAT. Esto se debe a que a medida que aumente el tamaño del volumen, el rendimiento con FAT disminuirá rápidamente. No es posible establecer permisos en archivos que estén en particiones FAT.

Las particiones FAT tienen un tamaño limitado a un máximo de 4 Gigabytes (GB) bajo Windows y 2 GB en MS-DOS.

3.1.6. Sistema de archivos NTFS

El sistema de archivos NTFS aporta sustanciosas mejoras de seguridad con respecto al sistema FAT. Por ejemplo, NTFS implementa un sistema real de permisos de acceso a archivos, directorios y subdirectorios, cosa que con FAT era imposible.

El control de la información se guarda en un conjunto de ficheros especiales que se crean a la vez que la partición NTFS y se llaman ficheros de metadatos. El fichero de metadatos MTF (*Master File Table*) almacena toda la información sobre cada fichero y directorio en una partición NTFS. Básicamente es una base de datos que contiene los atributos de cada archivo. Se podría considerar como el homólogo de la FAT, pero mucho más completo. Lo que más llama la atención cuando se crea una partición o volumen formateado con NTFS es que el sistema reserva algo más del 12% de espacio disponible bajo la carpeta *System Volume Information* a la que no se pude tener acceso (y que se encuentra con los atributos de oculto y sistema).

Con NTFS el tamaño máximo de una partición puede llegar en teoría hasta 18 Terabyte, o lo que es lo mismo, 18000 Gigabytes.

NTFS es un sistema de archivos recuperable porque hace un seguimiento de las transacciones con el sistema de archivos. En NTFS se mantiene un registro de transacciones con estos componentes de forma que CHKDSK sólo tenga que deshacer las transacciones hasta el último punto de confirmación para recuperar la coherencia dentro del sistema de archivos.

La posibilidad de recuperación diseñada en NTFS es tal que un usuario nunca debe tener que ejecutar ningún tipo de utilidad de reparación de disco en una partición NTFS.

En FAT, si se produce un error en un sector que es la ubicación de uno de los objetos especiales del sistema de archivos, se producirá un error de un único sector. NTFS evita esto de dos maneras: en primer lugar, no utilizando objetos especiales en el disco, y efectuando el seguimiento y protegiendo todos los objetos del disco. En segundo lugar, bajo NTFS se mantienen varias copias (el número depende del tamaño del volumen) de la Tabla maestra de archivos.

NTFS es más adecuado para volúmenes de 400 MB o más. Esto se debe a que el rendimiento no se degrada bajo NTFS, como ocurre bajo FAT, con tamaños de volumen mayores. No obstante, no se recomienda utilizar NTFS en un volumen de menos de unos 400 MB, debido a la sobrecarga de espacio que implica NTFS. Esta sobrecarga de espacio se refiere a los archivos de sistema de NTFS que normalmente utilizan por lo menos 4 MB de espacio de unidad en una partición de 100 MB.

3.1.7. Sistema de archivos Ext2

El sistema de ficheros en sistemas Unix o Linux es completamente distinto y en cierta medida, más "delicado". También se divide en clusters múltiplos de 512 bytes. El *boot record* o bloque de arranque es también el bloque 0 de la pista 0 de la superficie 0 de un disco. El superbloque se encuentra físicamente a continuación del bloque de arranque y contiene la información crítica sobre el sistema de ficheros. Luego viene la característica diferenciadora, los *i-nodos*.

Los *i-nodos* contienen la descripción de los bloques de disco que forman los ficheros y otro tipo de información, como el propietario del fichero, permisos de acceso, etc. Están numerados y cada uno de ellos ocupa 64 bytes. Cada nodo contiene información sobre un único fichero y un fichero se identifica independientemente de su nombre, por el número de su nodo. Un fichero en Linux puede tener varios nombres y aparecer en distintos directorios, pero si apunta al mismo nodo es, físicamente, el mismo fichero.

El sistema de ficheros en Linux y Unix es mucho más delicado que el NTFS, y reiniciar un ordenador sin cerrar el sistema operativo adecuadamente puede hacer que peligre la integridad de todo el sistema.

3.1.8. Sistema de archivos Ext3

El sistema de archivos *Ext3* ya es un sistema transaccional, asegurándonos la consistencia de los datos grabados en el disco. *Ext3* es compatible con *Ext2*. En realidad, se trata de *Ext2* con un fichero adicional de registro. *Ext3* es una capa adicional sobre *Ext2* que mantiene un fichero de registro (por defecto en el directorio */jfs*).

Las *particiones Ext3* no tienen una estructura de ficheros diferentes a los de *Ext2*, por lo que no sólo se puede pasar de *Ext2* a *Ext3*, sino que lo opuesto también funciona.

Como podemos ver cada uno de los sistemas de fichero presenta una estructura particular en lo que respecta a su funcionamiento. Debido a esto normalmente el acceso a los mismos está restringido al sistema operativo que los utiliza.

Al intentar trabajar con ficheros simultáneamente desde Windows y Linux, el mayor problema que nos encontramos en la práctica es el acceso desde Windows a los sistemas de archivos de Linux. También es dificultoso el acceso a NTFS desde Linux.

3.1.9. Gestión del sistema de archivos en los directorios

El sistema operativo da una visión uniforme para todos los sistemas de almacenamiento, definiendo una unidad lógica de almacenamiento denominada archivo. Es función del sistema operativo el encargarse de asignar el contenido del archivo a espacios en el dispositivo físico. Se considera como archivo a un conjunto de información relacionada definida por su creador, en general es una serie de bits, bytes o registros cuyo significado está definido por su autor y los usuarios.

Los archivos son nombrados y referenciados por su nombre. La forma de nombrar a los archivos cambia de un sistema operativo a otro. Además del nombre, los archivos tienen otras propiedades como su tipo, la fecha y hora de su creación, el nombre o identificador del creador, su longitud, etc. A estas propiedades se les suelen denominar atributos y varían de un sistema a otro.

El sistema operativo puede tener conocimiento de los distintos tipos de archivos según las distintas estructuras lógicas que los formen, y así dar un mejor servicio. Este conocimiento por parte del sistema operativo de los distintos tipos de archivos origina algunas desventajas como un mayor tamaño del sistema operativo y que sólo se pueden considerar tipos de archivos definidos por el sistema.

En el caso del sistema operativo Unix tenemos que sólo interpreta como tipos especiales de archivos los *Directorios* (archivos del sistema para mantener la estructura del sistema) y los *Archivos especiales* (para modelar periféricos).

La estructura tanto lógica como física de los archivos ha ido evolucionando. Unix y Dos ven los archivos como bytes cuyo significado lo dan los programas de los usuarios. Otra estructura (antigua) es considerar los archivos como secuencias de registros lógicos. También es una estructura (de uso restringido) la arborescente. También debemos tener presente que el acceso a los elementos de un archivo puede ser secuencial (antiguo) o aleatorio (más actual).

3.1.10. Operaciones con archivos y directorios mediante comandos

La gestión del sistema de archivos puede realizarse mediante comandos entre los que destacan los siguientes:

- *create* (nombre_archivo, atributos). Se utiliza para crear archivos
- *open* (nombre_archivo, modo_acceso). Se utiliza para abrir archivos

- *seek* (nombre_archivo, posicion_logica). Se utiliza para buscar en archivos

- *read* (nombre_archivo, numero_bytes, buffer_entrada). Se utiliza para leer en archivos.

- *write* (nombre_archivo, numero_bytes, buffer_salida). Se utiliza para escribir en archivos.

- *close* (nombre_archivo). Se utiliza para cerrar archivos.

- *delete* (nombre_archivo). Se utiliza para borrar archivos.

- *rename* (nombre_archivo_antiguo, nombre_archivo_nuevo). Se utiliza para renombrar archivos.

- *attrib* (nombre_archivo, atributos). Se utiliza para establecer y cambiar propiedades de archivos.

- *copyfile* (nombre_archivo_fuente, nombre_archivo_destino). Se utiliza para copiar archivos.

Los directorios son tablas simbólicas de archivos. Una entrada típica de directorio puede contener la siguiente información:

- Nombre, tipo y número de versión del archivo.

- Puntero de acceso al archivo y dirección de comienzo en el disco.

- Lista de atributos: tamaño, estructura, dueño, modos de protección, etc.

En muchos sistemas, la tabla del directorio está dividida en dos. En una se mantienen los nombres de los archivos con un número de identificación que da acceso a la otra tabla, que es la que tiene el puntero de acceso al archivo y la lista de atributos.

Los archivos de usuario y sistema disponibles están catalogados en directorios de archivos, que pueden ser directorio de nivel único (contiene todos los archivos del sistema) o un árbol de directorios (*jerárquico*) en el que los usuarios pueden agrupar los archivos relacionados en subdirectorios. Las entradas al directorio correspondiente tienen un atributo más que indica si esa entrada corresponde a un archivo o a un subdirectorio.

Por cada directorio existen dos entradas especiales:

- "." es una entrada al propio directorio (un puntero a si mismo).

- ".." es una entrada al directorio padre.

Se consideran los directorios como archivos ubicados en disco. Los directorios son archivos que tienen una lista de todos los archivos. Para localizar el directorio raíz al arrancar el sistema se le debe colocar en una dirección conocida por el volumen desde el que se arranca el sistema.

La gestión del sistema de directorios puede realizarse mediante comandos entre los que destacan los siguientes:

- *makedir*. Para crear directorios.

- *removedir*. Para borrar directorios.

- *opendir*. Para abrir directorios.

- *closedir*. Para cerrar directorios.

- *readdir*. Para leer directorios.

- *renamedir*. Para cambiar de nombre a los directorios.

- *link*. Para enlazar directorios.

- *unlink*. Para desenlazar directorios.

3.1.11. Gestión de sistemas de archivos y directorios mediante entornos gráficos

Utilizaremos como caso práctico la gestión de archivos en Windows.

Los archivos de Windows son elementos que contienen información de un determinado tipo (texto, hojas de cálculo, música, etc.) y que se organizan en directorios. El sistema operativo suele identificar cada tipo de archivo mediante un icono específico. Habitualmente los archivos se almacenan en carpetas que, además de archivos, pueden contener a otras carpetas como elementos (subcarpetas). En la Figura 3-27 se observan los elementos integrantes de una carpeta.

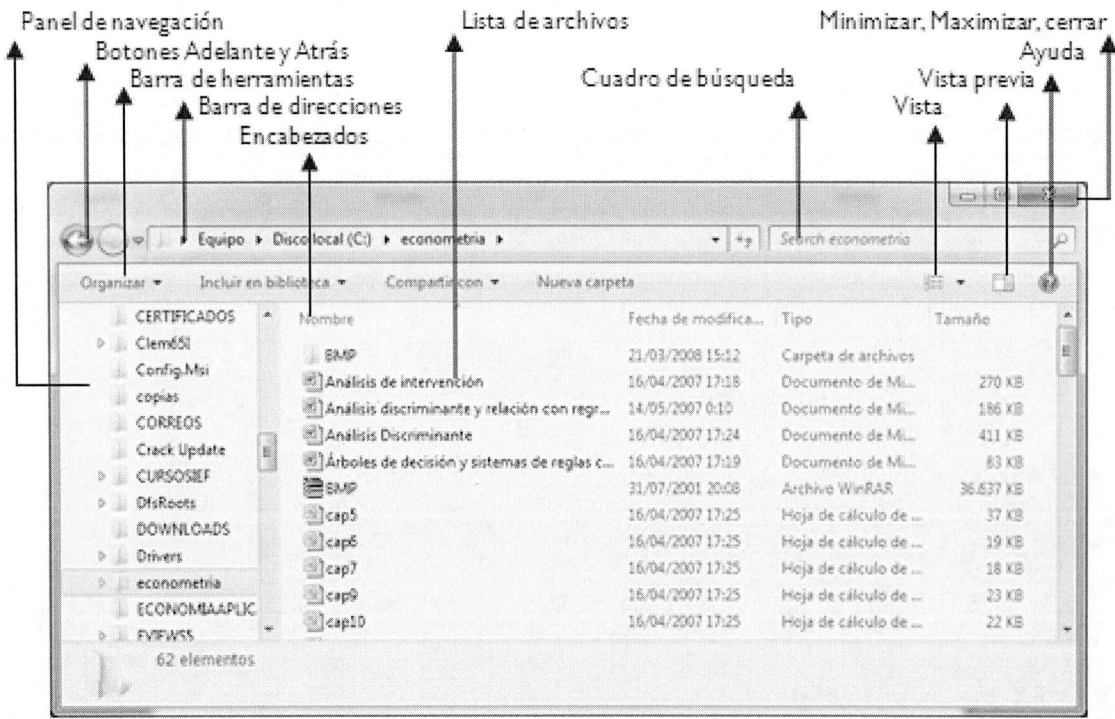

Figura 3-27

La descripción de los elementos de la Figura 3-27 es la siguiente:

Panel de navegación: se utiliza para cambiar la vista a otras carpetas.

Botones Adelante y Atrás: se utilizan para desplazarse a otras carpetas que ya haya abierto sin cerrar la ventana actual. Estos botones funcionan en combinación con la barra de direcciones; por ejemplo, después de utilizar la barra de direcciones para cambiar de carpeta, puede usar el botón *Atrás* para volver a la carpeta original.

Barra de herramientas: se utiliza para realizar tareas habituales, como cambiar la apariencia de los archivos y las carpetas, copiar archivos en un CD o iniciar una presentación de fotografías digitales. Los botones de la barra de herramientas cambian para mostrar sólo los comandos que son útiles. Por ejemplo, si se selecciona una carpeta, la barra de herramientas presentará los botones de la Figura 3-28. Si se selecciona un archivo de texto, la barra de herramientas presentará como novedad el botón *Imprimir* (Figura 3-29). Si se selecciona un archivo de imagen, la barra de herramientas mostrará botones que se indican en la Figura 3-30. Si se selecciona un archivo de música o de vídeo, la barra de herramientas presentará los botones de la Figura 3-31. Si se presiona la tecla ALT, se activará la barra de herramientas clásica de versiones anteriores de Windows con sus opciones *Archivo, Edición, Ver, Herramientas* y *Ayuda* (Figura 3-32). Esta barra de herramientas no es dinámica y no cambia de elementos al seleccionar archivos o carpetas.

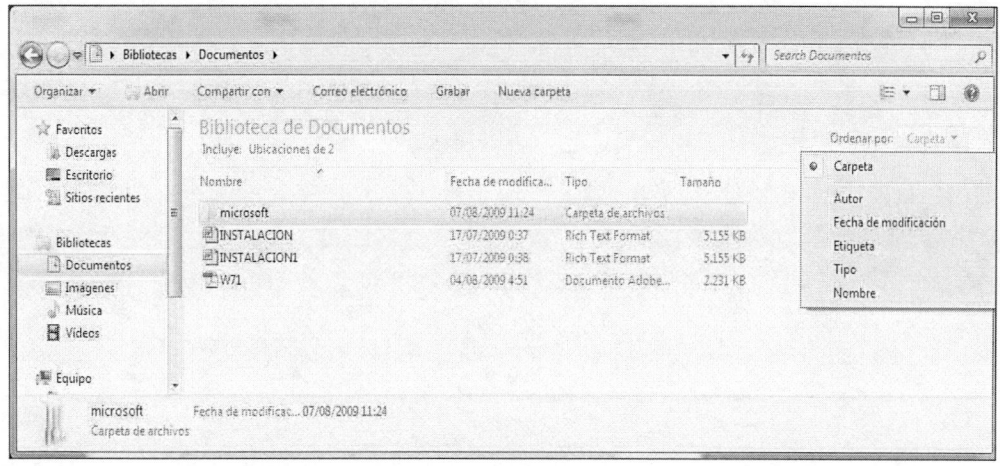

Figura 3-28

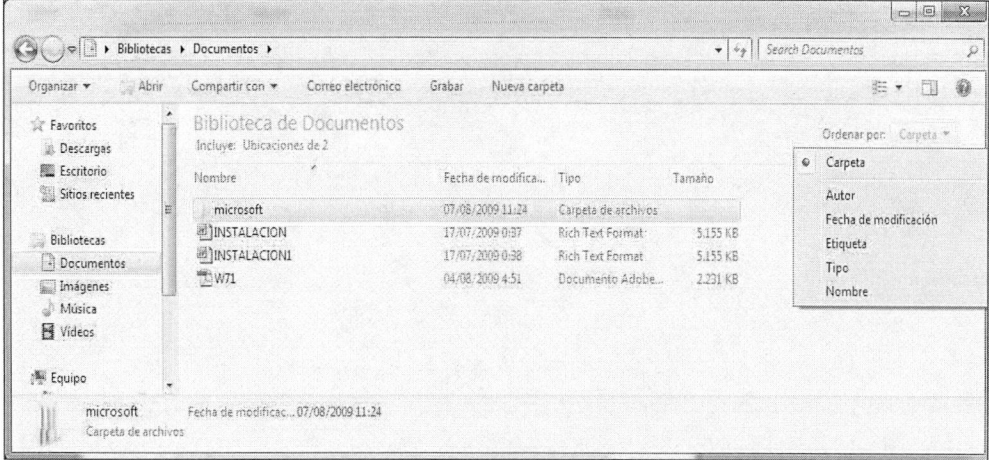

Figura 3-29

Figura 3-30

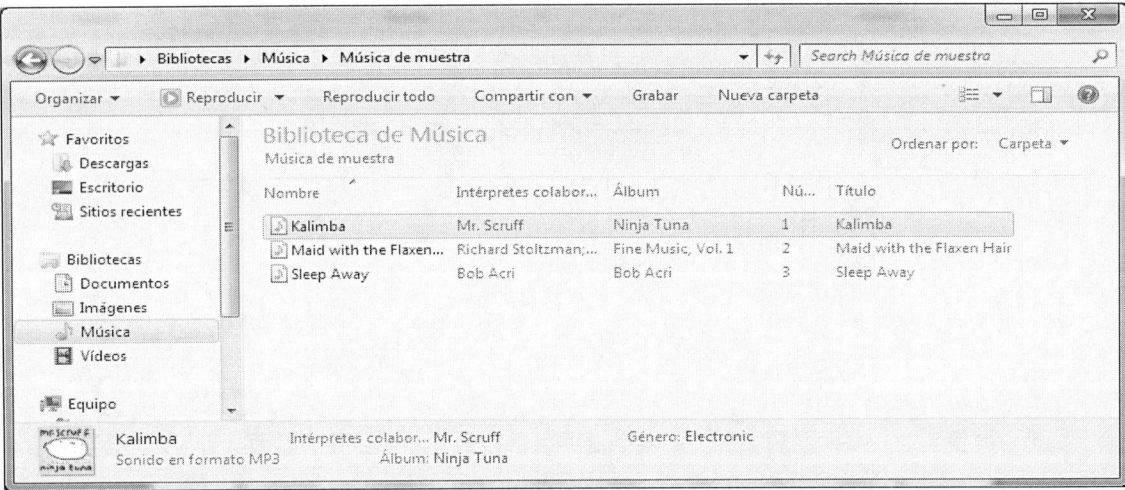

Figura 3-31

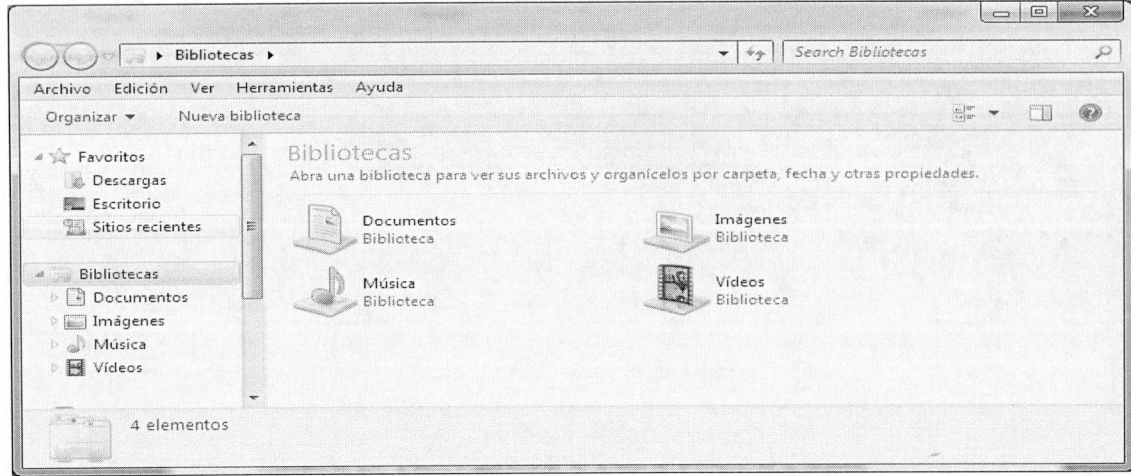

Figura 3-32

Barra de direcciones: se utiliza para desplazarse a una carpeta diferente sin cerrar la ventana de la carpeta actual.

Lista de archivos: muestra el contenido de la carpeta actual. Si escribió en el cuadro de búsqueda para buscar un archivo, sólo se verán los archivos que coincidan con la búsqueda.

Cuadro de búsqueda: se utiliza para realizar búsquedas en la carpeta actual. Escriba una palabra o frase en el cuadro de búsqueda para buscar un archivo o una subcarpeta almacenados en la carpeta actual. La búsqueda comienza tan pronto como comienza a escribir, por lo que, por ejemplo, cuando escriba B, todos los archivos que comiencen por la letra B aparecerán en la lista de archivos de la carpeta.

Encabezados de columna: se utilizan para cambiar el modo en que se organizan los archivos de la lista de archivos. Puede ordenar, agrupar o apilar los archivos de la vista actual. Como encabezados de columna suelen aparecer el nombre, fecha de modificación, tipo y tamaño de los ficheros.

Botón vista previa: se utiliza para ver el contenido de muchos tipos de archivos. Por ejemplo, si selecciona un mensaje de correo electrónico, un archivo de texto o una imagen, podrá ver su contenido sin abrirlos en un programa. El panel de vista previa no se muestra de manera predeterminada en la mayoría de las carpetas. Para verlo, haga clic en el botón *Organizar* de la barra de herramientas, haga clic en *Diseño* y, a continuación, en *Panel de vista previa*.

Botón Vistas: permite seleccionar el tamaño y la forma de los iconos que acompañan a los archivos y a las subcarpetas. Al hacer clic en la flecha situada junto al botón *Vistas*, la ventana de la carpeta cambiará el modo en que muestra los iconos de los archivos y las carpetas, alternando entre iconos muy grandes, grandes, medianos, pequeños, una vista de iconos más pequeños denominada *Mosaicos* y una vista denominada *Detalles* que muestra varias columnas de información sobre el archivo. También es posible arrastrar el control deslizante situado a la izquierda del menú *Vistas* hacia arriba o hacia abajo para ajustar el tamaño de los iconos de archivos y carpetas.

En las pantallas anteriores en las que se seleccionan archivos, observamos un *panel de detalles* en la parte inferior. Este panel de detalles muestra las propiedades más habituales asociadas al archivo seleccionado. Las propiedades del archivo son información sobre el mismo, por ejemplo, el autor, la fecha en que se modificó por última vez y cualquier etiqueta descriptiva que pueda haber agregado al archivo.

El botón *Organizar* de la barra de herramientas (Figura 3-33) permite cortar, copiar y pegar carpetas y archivos previamente seleccionados, deshacer y rehacer las acciones, seleccionar todo el contenido de la carpeta actual, diseñar la estructura de las carpetas, situar las opciones de búsqueda, eliminar o cambiar de nombre y ver las propiedades de los archivos o carpetas previamente seleccionados.

El botón *Correo electrónico* de la barra de herramientas permite enviar los archivos seleccionados como datos adjuntos por correo electrónico. El botón *Compartir con* permite compartir los archivos y carpetas seleccionados con otros usuarios en la red.

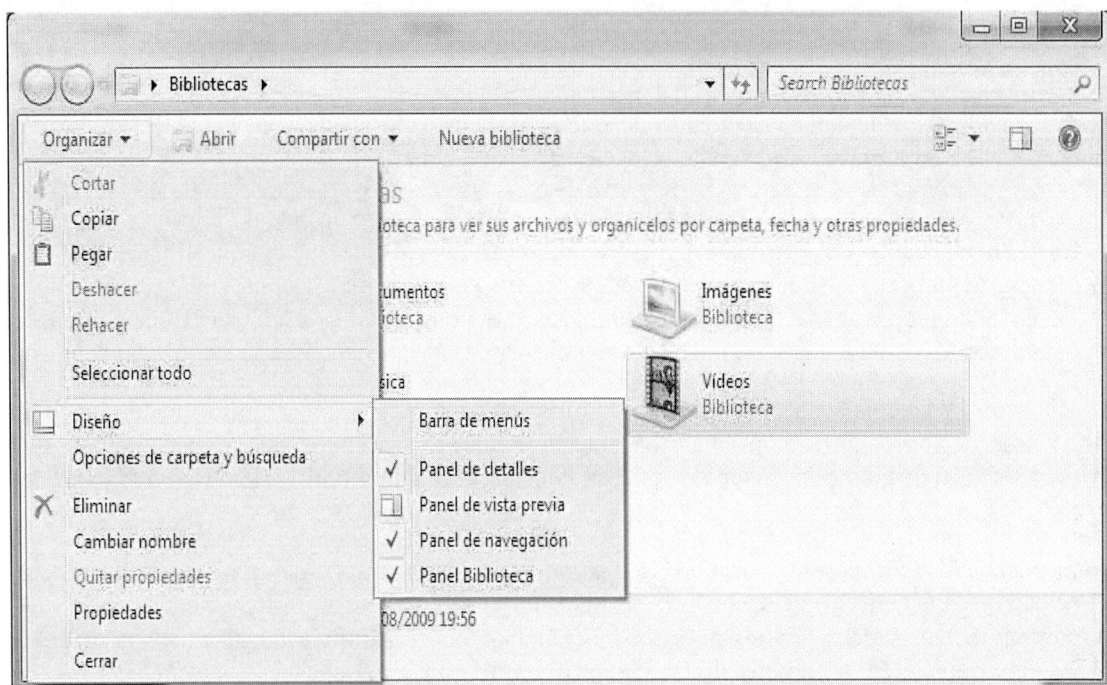

Figura 3-33

Si estando situados sobre un archivo o carpeta, hacemos clic con el botón secundario del ratón sobre él, se obtendrá el menú emergente de la Figura 3-34, cuyas opciones son parecidas a las del menú *Organizar*.

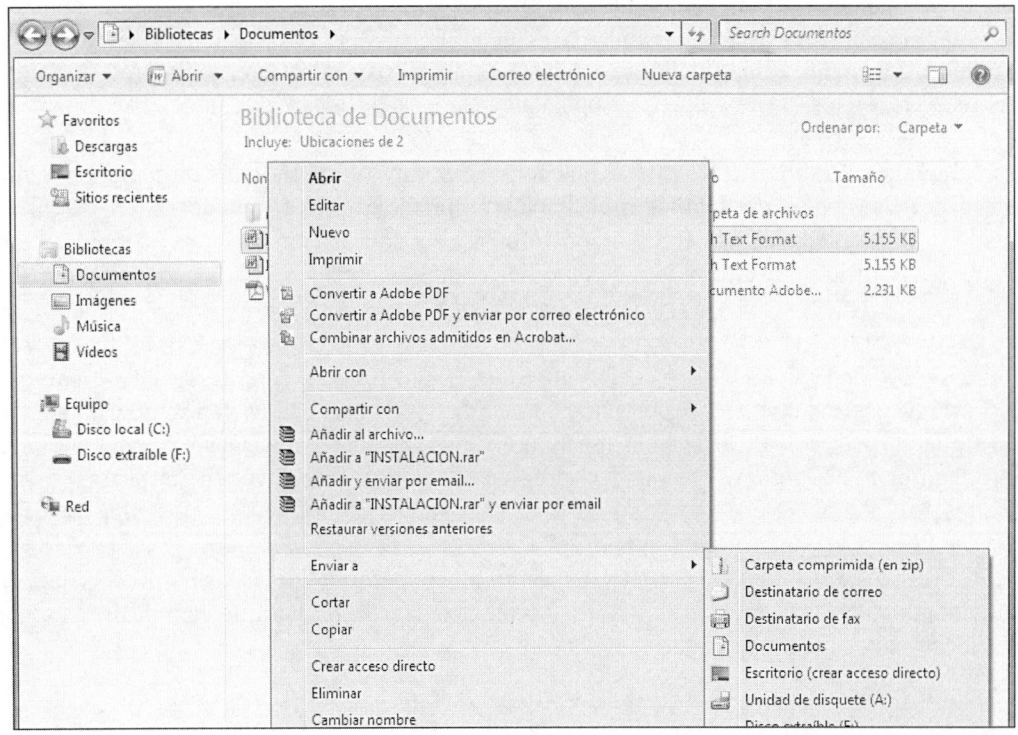

Figura 3-34

Es especialmente importante la opción *Enviar a* que permite enviar el archivo o carpeta seleccionada a distintas unidades de disco, correo electrónico o fax.

Por otra parte, la opción *Carpeta comprimida en zip* permite comprimir el archivo o carpeta en formato zip (las opciones para comprimir dependerán del software de compresión instalado en el equipo).

También es posible crear un acceso directo en el escritorio para el archivo o carpeta con la opción *Escritorio (crear acceso directo)*.

Las opciones *Cortar* y *Copiar* realizan las funciones habituales en Windows, las opciones *Abrir, Editar, Imprimir* y *Cambiar nombre* realizan las funciones que su nombre indican aplicadas al archivo o carpeta seleccionados.

La opción *Nuevo* permite crear un nuevo archivo o carpeta.

3.1.12. Extensiones de archivos y archivos ocultos en directorios

Windows oculta las extensiones de nombre de archivo de forma predeterminada para facilitar la lectura de los nombres. No obstante, es posible hacer las extensiones de los archivos visibles. Para ello, se hace clic en *Inicio* → *Panel de control* → *Apariencia y personalización* (Figura 3-35). A continuación, se pulsa en *Opciones de carpeta* en la Figura 3-36 para obtener la Figura 3-37.

Figura 3-35

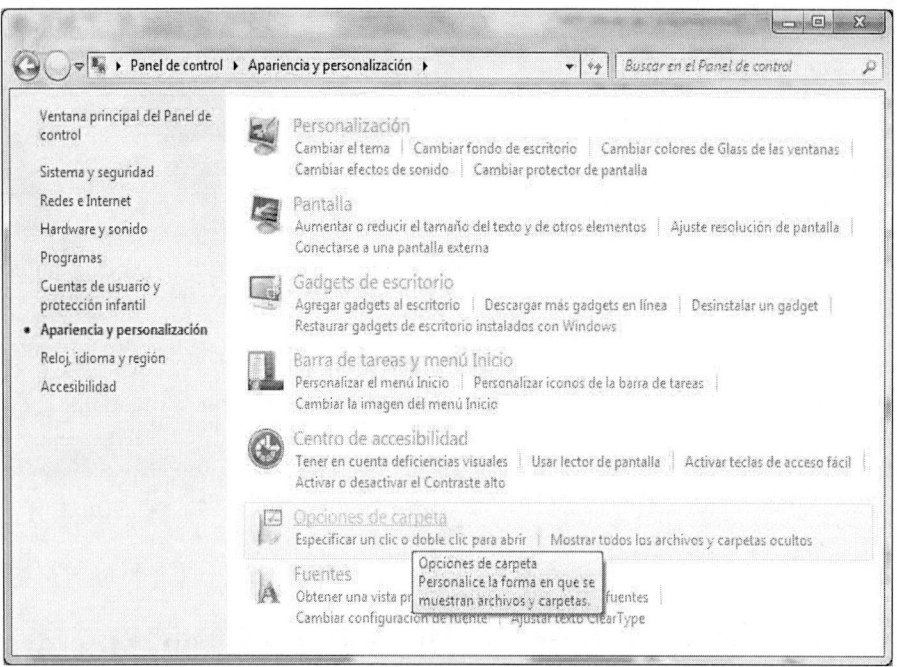

Figura 3-36

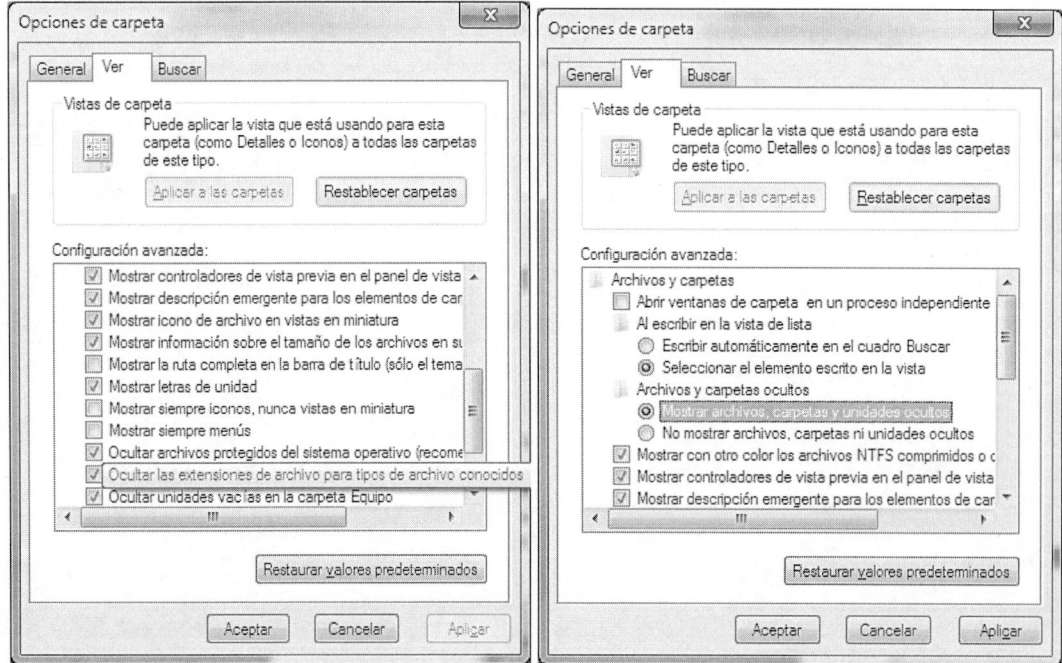

Figura 3-37   Figura 3-38

Haga clic en la ficha *Ver* y, a continuación, en *Configuración avanzada*, active la casilla *Ocultar las extensiones de archivo para tipos de archivo conocidos* para ocultar las extensiones de archivo (Figura 3-37). Si desea que se muestren las extensiones, desactive la casilla.

Para mostrar los carpetas, unidades y archivos ocultos, active la casilla *Mostrar todos los archivos, carpetas y unidades ocultos* (Figura 3-38) y haga clic en *Aceptar*. Si se quiere volver a no mostrar los archivos y carpetas ocultos, active la casilla *No mostrar archivos, carpetas y unidades ocultos* en la Figura 3-38.

3.1.13. Comprimir y descomprimir archivos en directorios

Con la finalidad de ahorrar espacio de almacenamiento en los directorios, Windows permite el trabajo con archivos y carpetas comprimidos. Para *comprimir un archivo, varios archivos o una carpeta*, selecciónelos, haga clic en él con el botón derecho del ratón sobre la selección, elija *Enviar a* en el menú emergente resultante (Figura 3-39) y haga clic en *Carpeta comprimida (en zip)*. De esta forma se crea una nueva carpeta comprimida (puede que sea necesario situarla en el escritorio). Para cambiar el nombre, haga clic con el botón secundario en la carpeta, haga clic en *Cambiar nombre* y, a continuación, escriba el nuevo nombre.

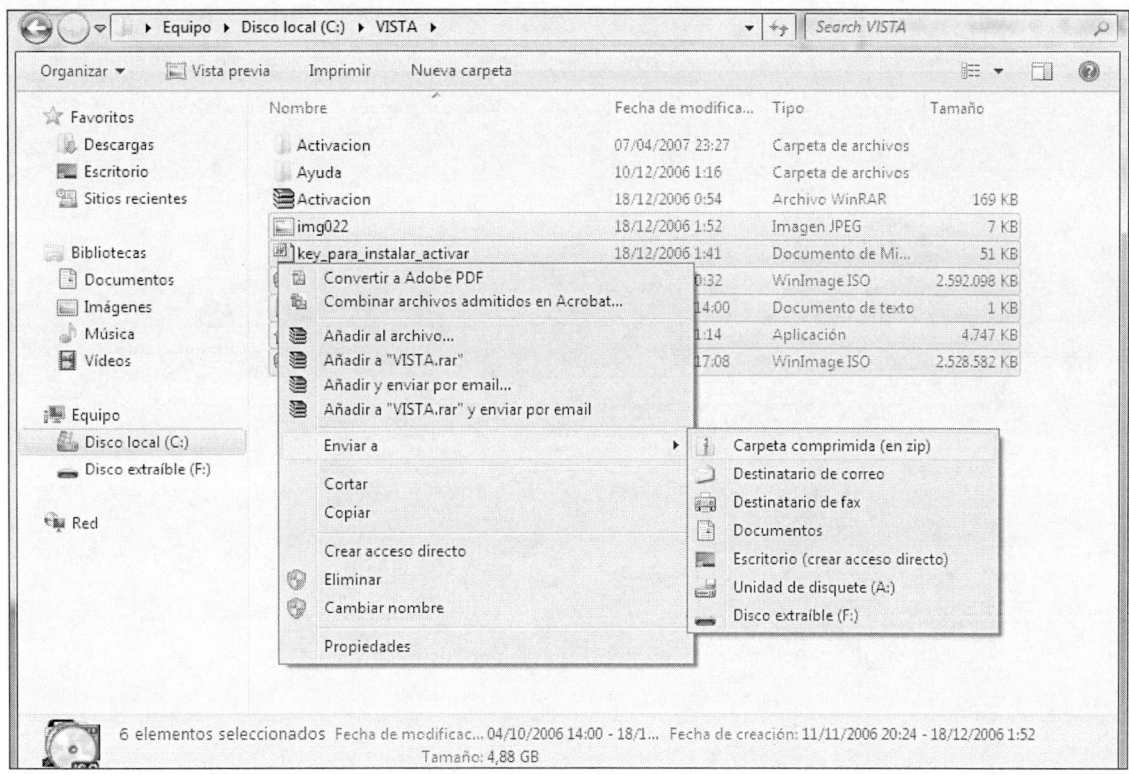

Figura 3-39

Para *extraer archivos o carpetas de una carpeta comprimida*, haga clic con el botón secundario en la carpeta, pulse en *Extraer ficheros* en el menú emergente resultante (Figura 3-40). Se obtiene la Figura 3-41 cuya ficha *General* permite elegir la carpeta de destino de los ficheros extraídos, así como las opciones de extracción.

Se podrá utilizar el *Modo actualizar* o el *Modo sobrescribir* reemplazando o no ficheros existentes en la carpeta con el mismo nombre de los que se extraen.

La ficha *Avanzado* de la Figura 3-41 muestra la Figura 3-42 con opciones de fecha y hora, ruta y otros atributos de la nueva carpeta que contendrá los archivos extraídos.

Si se quieren extraer los archivos a la carpeta actual, se hace clic en *Extraer aquí*.

Si se quieren extraer los archivos a una carpeta con el mismo nombre que la comprimida, se hace clic en *Extraer en nombre_carpeta_comprimida*.

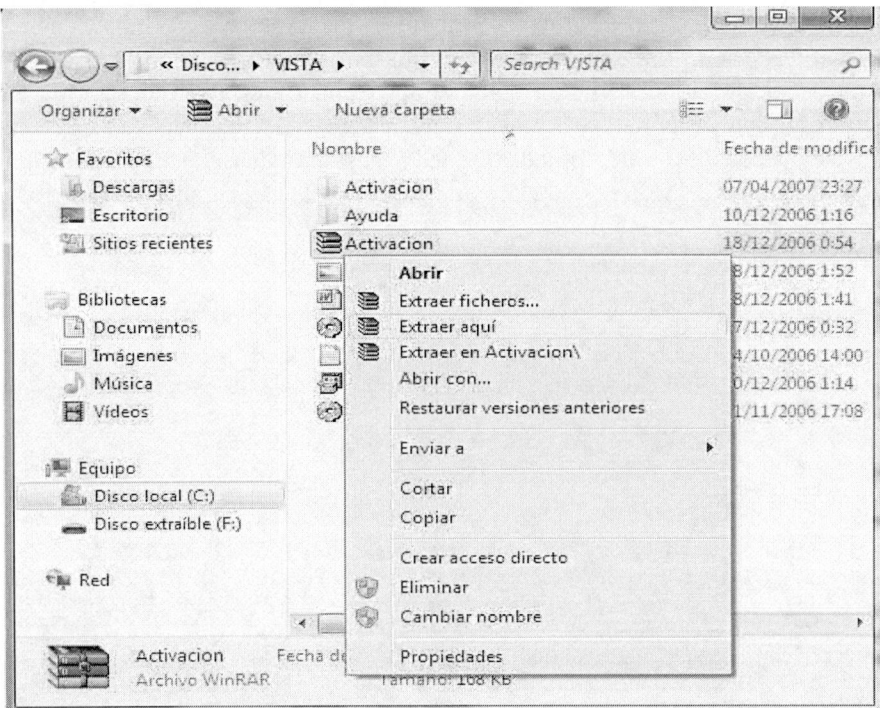

Figura 3-40

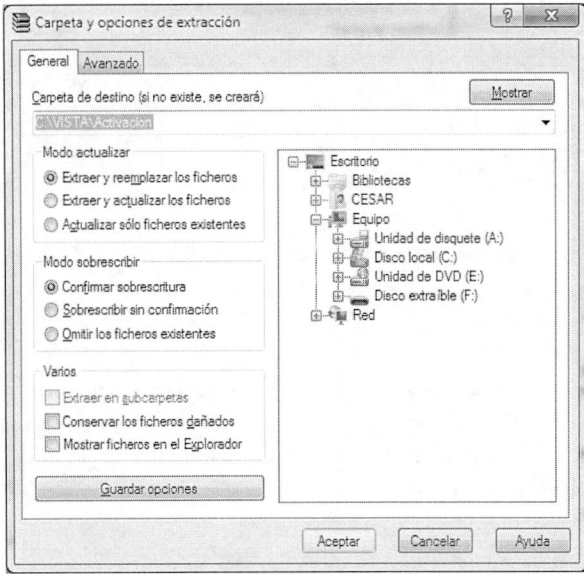

Figura 3-41

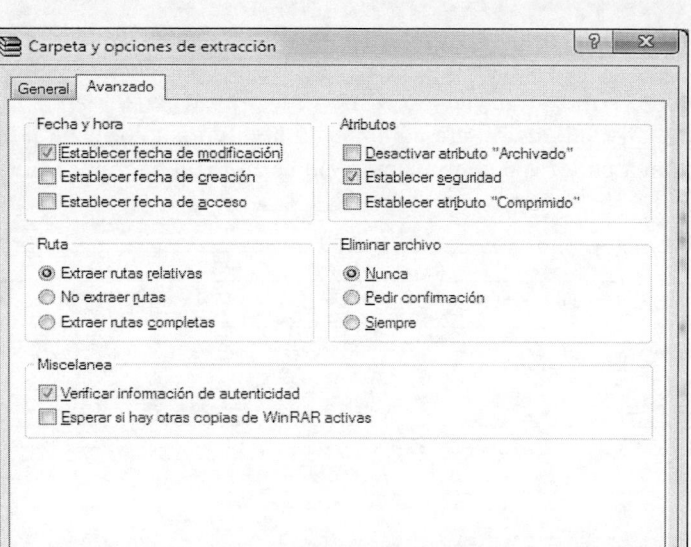

Figura 3-42

Para *extraer un único archivo o carpeta*, haga doble clic en la carpeta comprimida para abrirla. A continuación, arrastre el archivo o carpeta desde la carpeta comprimida (Figura 3-43) hasta la nueva ubicación para extraer todo el contenido de la carpeta comprimida.

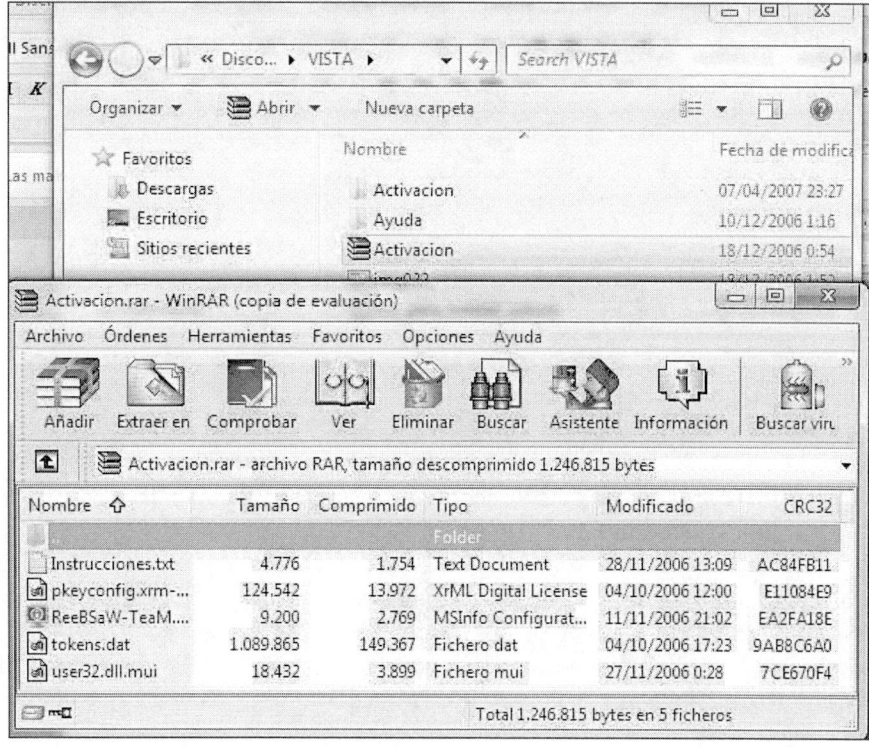

Figura 3-43

3.1.14. Archivos ocultos y de solo lectura

El estado de sólo lectura es muy útil cuando es necesario proteger los archivos de eliminaciones y cambios accidentales de su contenido. Para cambiar un archivo a sólo lectura, haga clic con el botón secundario del ratón en el archivo y, a continuación, pulse en *Propiedades* (Figura 3-44).

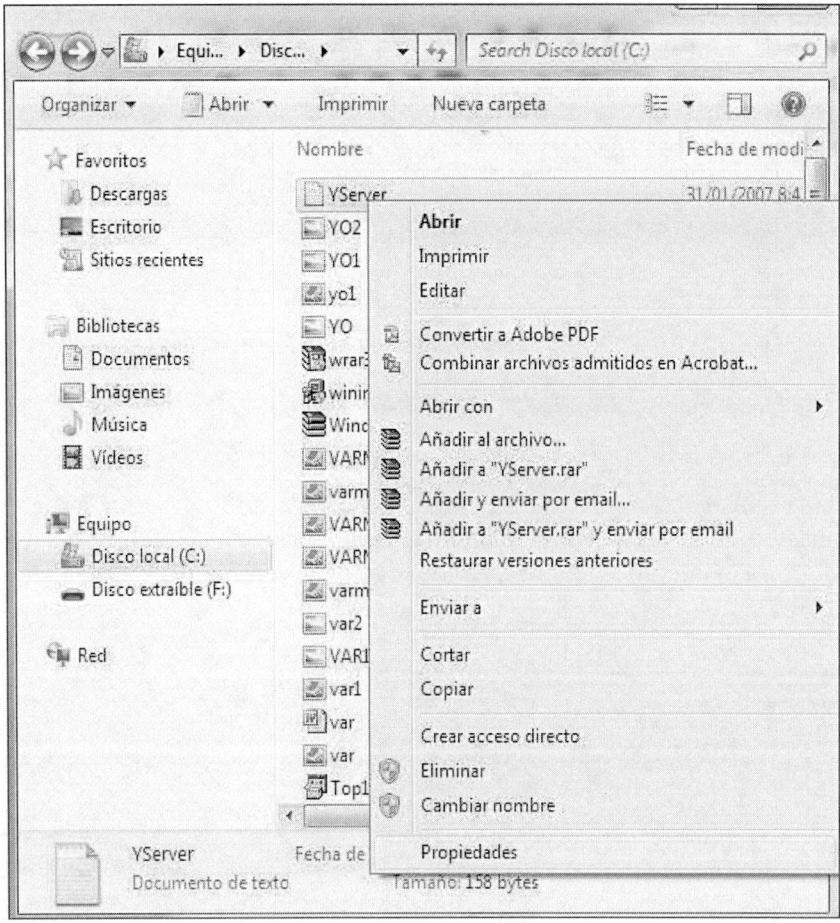

Figura 3-44

En el cuadro de diálogo *Propiedades*, haga clic en la ficha *General* y, a continuación, active la casilla *Sólo lectura* (Figura 5-45).

Para realizar cambios a un archivo de sólo lectura, desactive previamente la casilla *Sólo lectura* o guarde el archivo con un nombre diferente.

Asimismo, también es posible dotar a un archivo de la característica de oculto o visible cambiando sus propiedades. Para ocultar un archivo, haga clic en él con el botón secundario del ratón y elija *Propiedades* en el menú emergente resultante. En *Atributos* de la pestaña *General* en la pantalla de *Propiedades del archivo*, elija *Oculto* (Figura 3-46). Desactive esta casilla para que el archivo vuelva a ser visible.

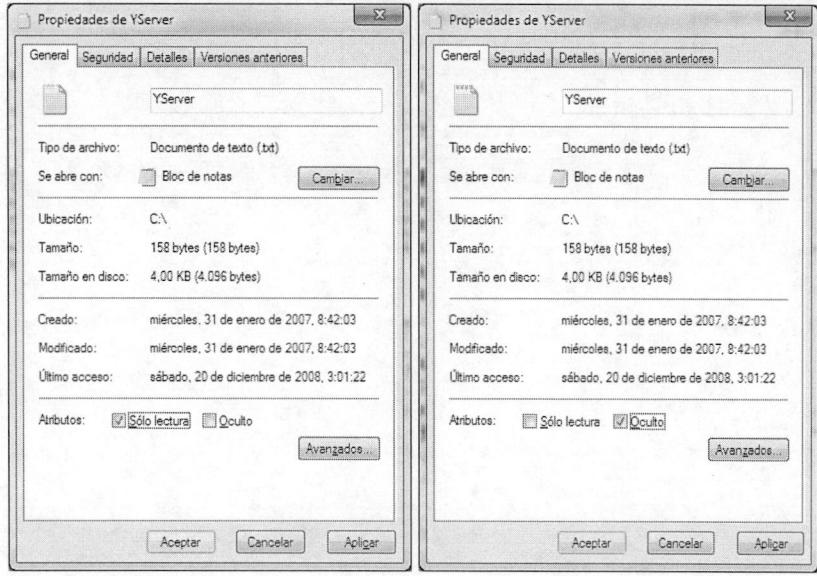

Figura 3-45   Figura 3-46

3.1.15. Crear una carpeta nueva

Es posible crear cualquier número de carpetas e incluso almacenar carpetas dentro de otras. Las carpetas que se encuentran dentro de otras se denominan a menudo subcarpetas. Para crear una carpeta, vaya a la ubicación (una carpeta o el escritorio) donde desea crear una carpeta nueva. Haga clic con el botón secundario en un área en blanco del escritorio o en la ventana de la carpeta, seleccione *Nueva* y, a continuación, pulse en *Carpeta* (Figura 3-47). Escriba un nombre para la carpeta nueva (Figura 3-48) y presione ENTRAR. La nueva carpeta que ha creado aparece en la ubicación que ha especificado.

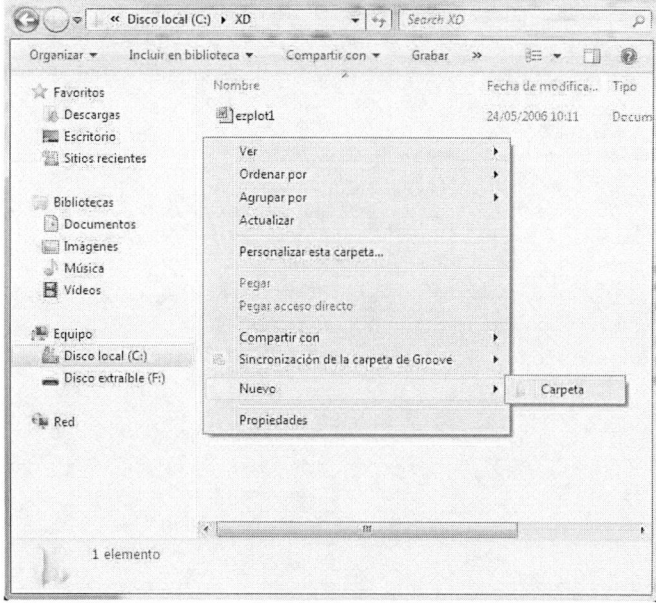

Figura 3-47

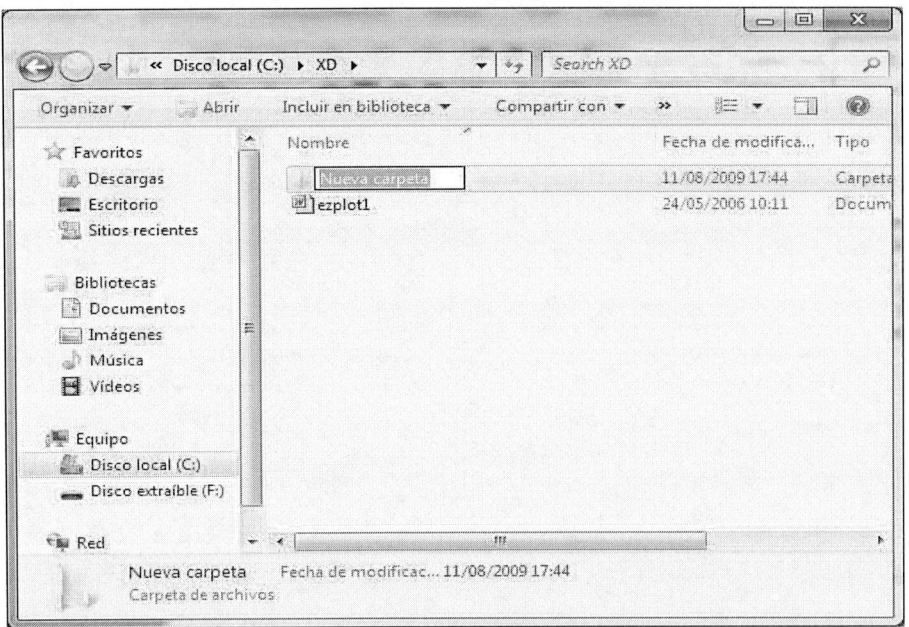

Figura 3-48

3.1.16. Cambiar el nombre de un archivo

Para cambiar el nombre de un archivo, haga clic con el botón secundario en el archivo cuyo nombre desea cambiar y, a continuación, pulse en *Cambiar nombre* (Figura 3-49). Escriba el nombre nuevo en la Figura 3-50 y presione ENTRAR. Si se solicita una contraseña de administrador o una confirmación, escriba la contraseña o proporcione la confirmación.

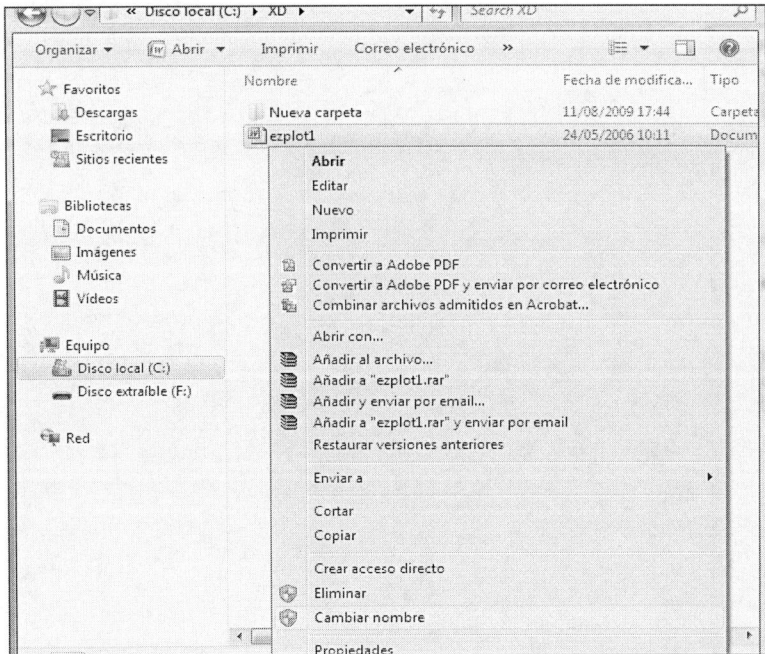

Figura 3-49

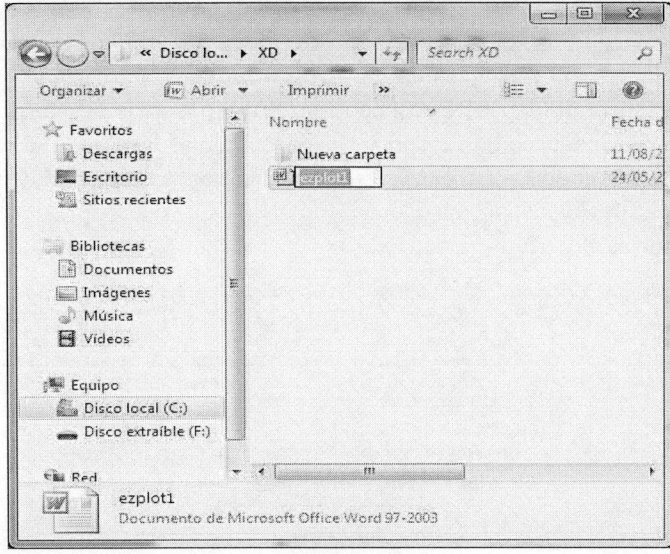

Figura 3-50

3.1.17. Abrir un archivo o una carpeta

Para abrir un archivo o una carpeta, busque el archivo o la carpeta que desee abrir y haga doble clic en el archivo o la carpeta para abrirla. Se abre automáticamente su programa asociado (si no está ya abierto). Para abrir un archivo en un programa diferente del que se abre generalmente el archivo, haga clic con el botón secundario en el mismo, seleccione *Abrir con* (Figura 3-51) y, a continuación, pulse en un programa compatible de la lista. Si tiene un archivo que no se abre, tendrá que instalar probablemente un programa capaz de abrir el archivo.

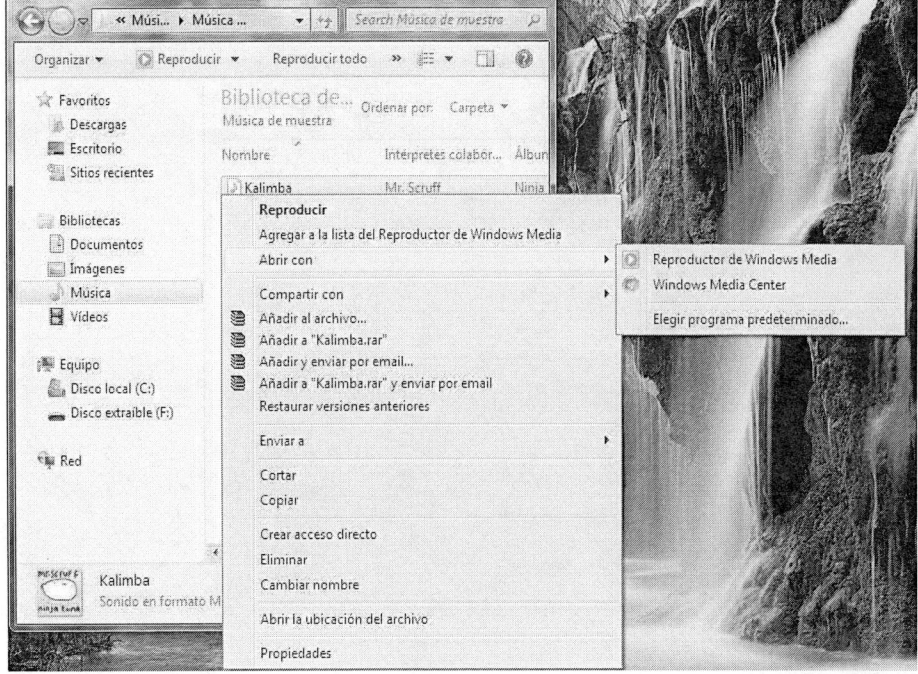

Figura 3-51

3.1.18. Copiar y mover archivos y carpetas

Windows ha mejorado el sistema de copias de archivos y carpetas. Para *copiar un archivo o carpeta en otra ubicación*, abra la ubicación que contiene el archivo o la carpeta que desea copiar, haga clic con el botón secundario en el archivo o la carpeta que desea copiar y pulse en *Copiar* (Figura 3-52). A continuación, abra la ubicación en la que desea almacenar la copia, haga clic con el botón secundario dentro de la ubicación destino y, luego, en *Pegar* (Figura 3-53). La copia de la carpeta o el archivo original aparece en la nueva ubicación (Figura 3-54).

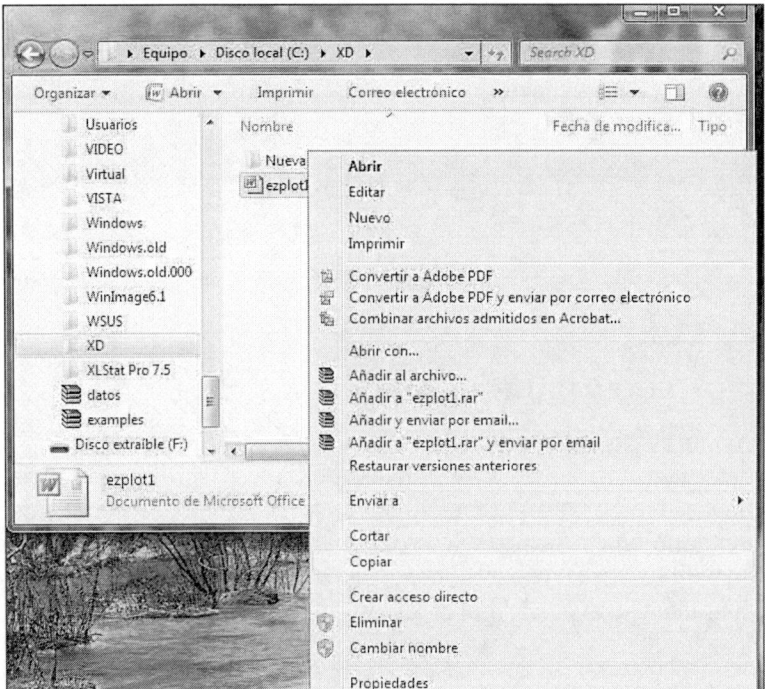

Figura 3-52

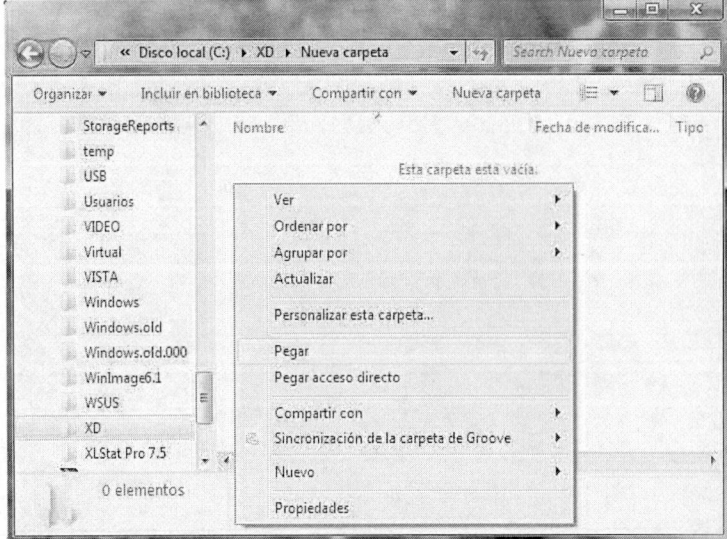

Figura 3-53

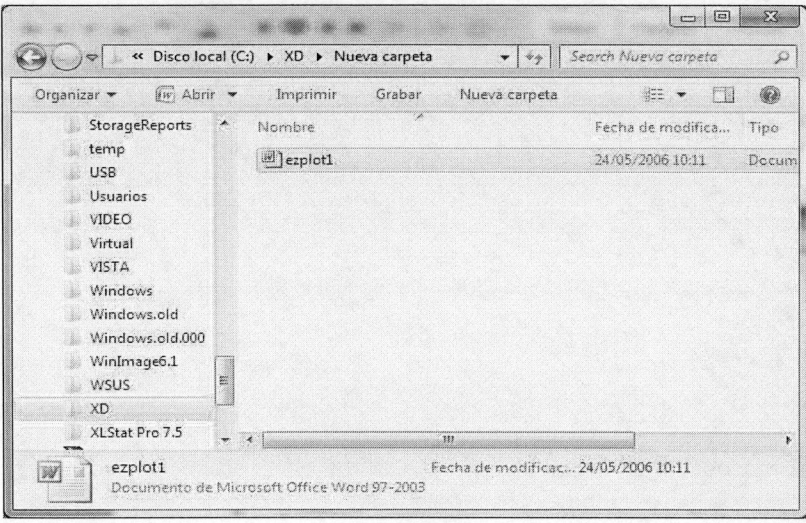

Figura 3-54

Para *mover un archivo o carpeta a otra carpeta*, basta seleccionarlo con el ratón en la carpeta origen y arrastrarlo hacia la carpeta destino sin soltar el botón izquierdo del ratón. Puede que se pida permiso para realizar la operación (Figura 3-55). Al soltar el ratón el archivo desaparece de la carpeta inicial y se coloca en la carpeta de destino.

Puede *copiar un archivo o una carpeta* haciendo clic en el archivo o la carpeta en la ubicación origen y arrastrándolos a la nueva ubicación sin dejar de pulsar el botón derecho del ratón. Cuando libere el botón del ratón, haga clic en *Copiar aquí* (Figura 3-56). Si se hace clic en *Mover aquí*, se moverá el archivo a la nueva ubicación eliminándolo de la ubicación origen. Es muy común copiar o mover información como texto e imágenes entre archivos y programas en Windows empleando el Portapapeles. El Portapapeles no está visible; por tanto, tenga en cuenta que incluso aunque utilice el Portapapeles para copiar y pegar información entre archivos, normalmente no lo verá realmente cuando lo haga.

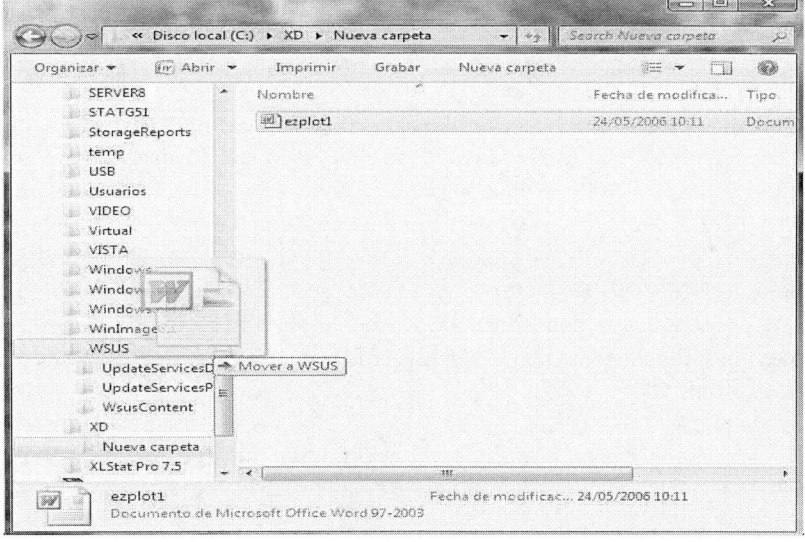

Figura 3-55

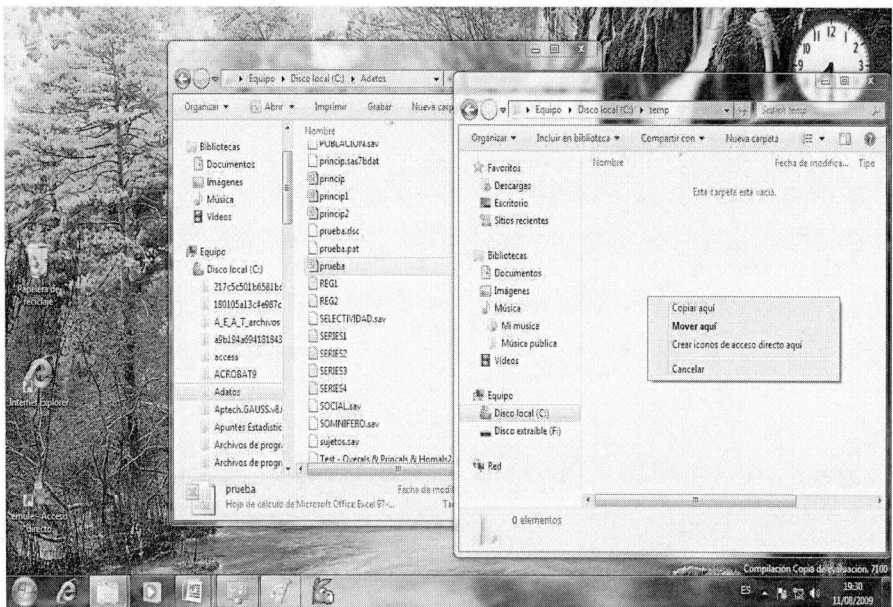

Figura 3-56

3.1.19. Gestión de enlaces

La gestión del espacio libre de disco puede realizarse mediante dos vías alternativas:

- *Mantener un mapa de bits de los bloques libres*. Un disco con *n* bloques necesitará un mapa de bits con *n* bits. Los bloques libres se representarán con un 1 y los ocupados con un 0.

- *Usar una lista enlazada de bloques libres*, o una modificación de este método consistente en utilizar una lista enlazada de bloques, en la que cada bloque contiene tantos números de bloques libres como pueda.

La asignación del espacio libre de disco puede realizarse mediante un método de *asignación contigua* o mediante un método de *asignación no contigua*. Para la asignación no contigua tenemos dos variedades: *Listas enlazadas* e *Indexación*.

En el caso de la asignación contigua cada archivo ocupa un conjunto de direcciones contiguas en disco y las entradas en los directorios indicarán la dirección del primer bloque y la longitud del archivo. La dificultad de este método es asignarle el espacio correcto cuando se crea el archivo. Si el archivo ocupa *n* bloques, se tiene que buscar *n* bloques contiguos libres. Esta tarea se puede realizar mediante el *método del primer ajuste* (menos búsquedas) o mediante el método del mejor ajuste (reduce la fragmentación interna). El inconveniente principal de la asignación contigua es que no es realizable salvo que se conozca el tamaño máximo del archivo en el momento de su creación. En algunas aplicaciones los archivos pueden crecer dinámicamente y no se conoce el tamaño, debiendo realizarse una *Reubicación*.

También puede ocurrir el inconveniente de la fragmentación externa, lo que dará lugar a una *Compactación*.

En el caso de la asignación no contigua tenemos dos variedades: *Listas enlazadas* e *Indexación*.

En las listas enlazadas unos pocos bytes de cada bloque se dejan aparte para que apunten al siguiente bloque de la secuencia y el resto del bloque contiene los datos del archivo. Las entradas en los directorios indicarán la dirección del primer bloque del disco asignado al archivo. No se produce fragmentación externa. Tampoco es necesario declarar el tamaño del archivo. Los archivos pueden crecer mientras haya bloques libres. Las listas enlazadas son adecuadas para el acceso secuencial pero no para el aleatorio.

En la indexación se colocan los punteros (índices) a los bloques de los archivos en una tabla de índices. Las entradas en los directorios indicarán la dirección del bloque donde están los índices a los bloques de datos del archivo. Como ventajas de la indexación destaca la ausencia de fragmentación externa y la eficacia tanto en el acceso aleatorio como en el secuencial. Como desventaja principal de la indexación tenemos la pérdida de espacio dado el mantenimiento de las tablas de índices.

La gestión de enlaces (*Link*) permite que un archivo o subdirectorio aparezca en varios directorios. Se específica el nombre del archivo y el camino de acceso, creándose un enlace entre este camino y el archivo ya existente. En el caso del sistema operativo Unix se mantiene una estructura de datos, *nodo-i*, asociada al archivo, de forma que los directorios apuntan al *nodo-i* correspondiente. El *nodo-i* mantiene un contador de los enlaces asociados al archivo. Para la eliminación de un archivo compartido hay que tener en cuenta lo siguiente:

- Si se elimina el archivo y el *nodo-i*, el segundo directorio tendrá una entrada a un *nodo-i* no válido.

- Si se elimina el archivo, pero se mantiene el *nodo-i*, el dueño asignado al *nodo-i* sigue siendo el primero, hasta que se elimine del segundo directorio.

Como solución a los problemas citados se utilizan los *enlaces simbólicos* que tienen las siguientes características:

- Se crea un nuevo archivo que contiene la ruta de acceso al archivo al que se quiere enlazar.

- La entrada correspondiente del segundo directorio apuntará a este archivo de enlace.

- De esta forma sólo el propietario verdadero del archivo tiene un apuntador al *nodo-i*.

- Los usuarios enlazados al archivo tienen nombres de rutas de acceso y no apuntadores al *nodo-i*.

- Permite enlaces con archivos de otras máquinas.

Como inconveniente principal de los enlaces simbólicos tenemos su alto coste en accesos a disco y las copias de seguridad que pueden crear varias copias del mismo archivo.

3.2. BÚSQUEDA DE INFORMACIÓN DEL SISTEMA. HERRAMIENTAS GRÁFICAS

La mayoría de los sistemas operativos permiten en su configuración proporcionar información del equipo.

Adicionalmente suelen existir servicios que permiten realizar búsquedas de archivos rápidas en un servidor desde equipos clientes o en los propios equipos clientes.

3.2.1. Proporcionar información del equipo en Windows Server

Windows Server presenta la consola *Tareas de configuración inicial* (Figura 3-57) al concluir la instalación del sistema operativo.

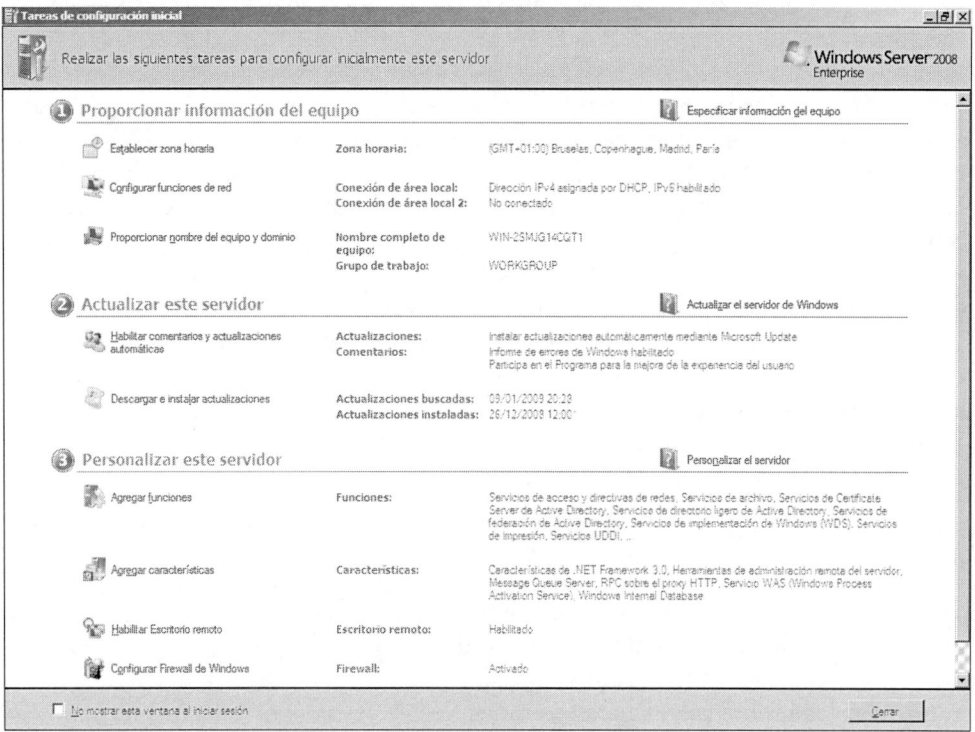

Figura 3-57

El primer apartado de la consola *Tareas de configuración inicial* se utiliza para proporcionar información al equipo y permite establecer zona horaria, configurar funciones de red y proporcionar nombre del equipo y dominio (Figura 3-58).

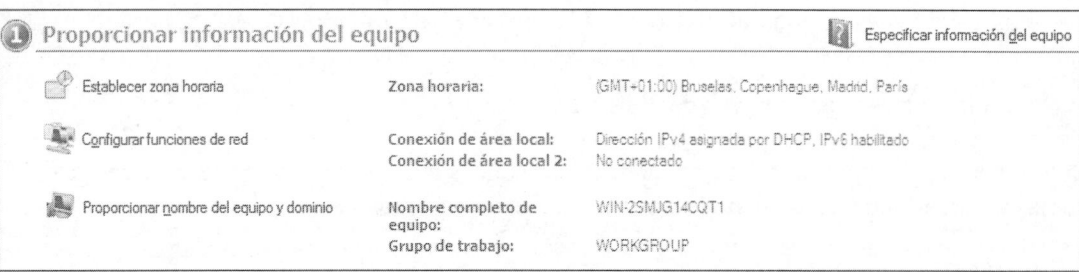

Figura 3-58

3.2.1.1. Definición de la zona horaria

Para cambiar la zona horaria en que se encuentra el equipo, haga clic en el vínculo *Establecer zona horaria* del área *Proporcionar información del equipo* de la ventana *Tareas de configuración inicial* en la Figura 3-58. Se obtiene la pantalla *Fecha y hora* cuya ficha *Fecha y hora* (Figura 3-59) presenta los botones *Cambiar fecha y hora* (Figura 3-60) y *Cambiar zona horaria* (Figura 3-61).

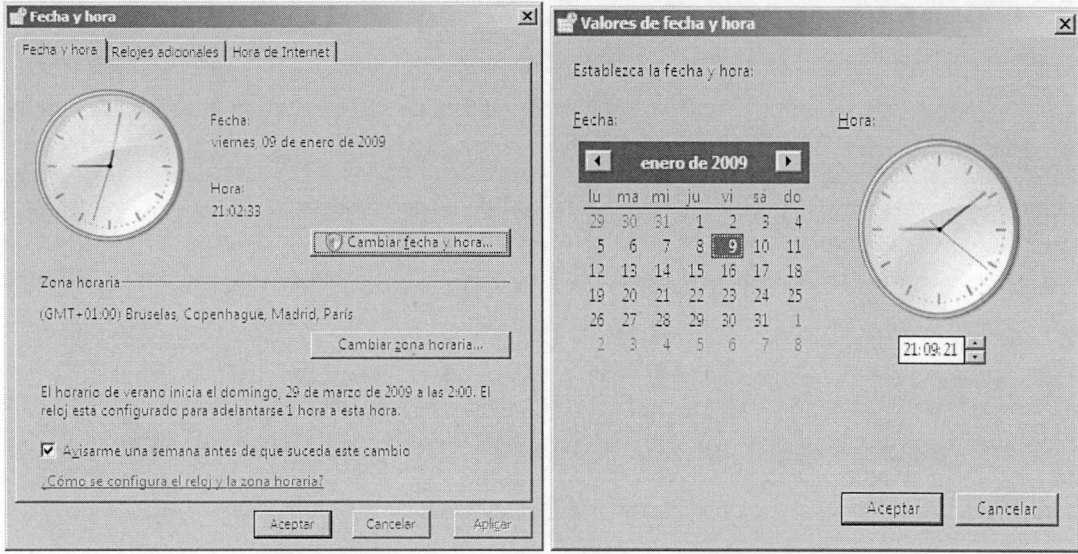

Figura 3-59   Figura 3-60

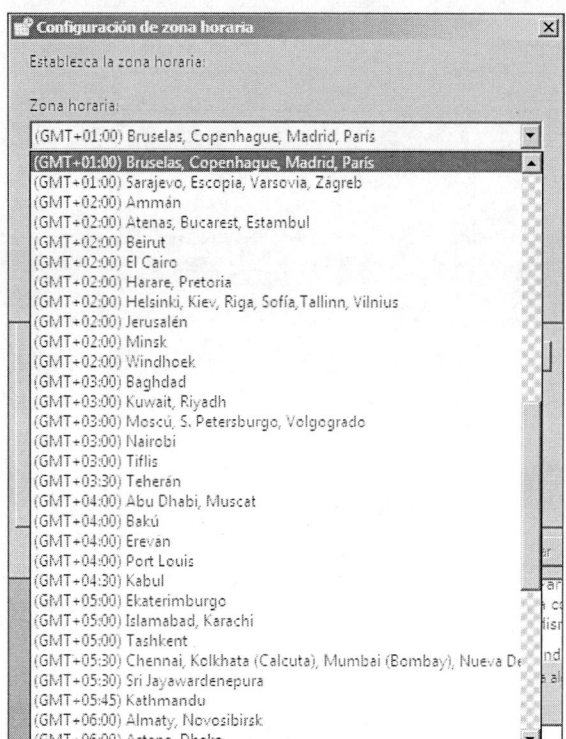

Figura 3-61

El reloj del equipo se usa para registrar el tiempo cuando crea o modifica archivos en el sistema. Para cambiar fecha y hora, en el cuadro de diálogo *Valores de fecha y hora* (Figura 3-60), realice una o varias de las acciones siguientes:

- Para cambiar la hora, haga doble clic en la hora y, a continuación, haga clic en las flechas para aumentar o disminuir el valor.

- Para cambiar los minutos, haga doble clic en los minutos y, a continuación, haga clic en las flechas para aumentar o disminuir el valor.

- Para cambiar los segundos, haga doble clic en los segundos y, a continuación, haga clic en las flechas para aumentar o disminuir el valor.

Cuando haya terminado de cambiar la configuración de hora, haga clic en *Aceptar*. Si se le solicita una contraseña de administrador o una confirmación, escriba la contraseña o proporcione la confirmación.

Para cambiar la zona horaria, en el cuadro de diálogo *Configuración de zona horaria* (Figura 3-61), haga clic en la zona horaria actual de la lista y, a continuación, haga clic en *Aceptar*.

Si la zona horaria cumple el horario de verano y desea que el reloj del equipo se ajuste automáticamente cuando éste cambie, asegúrese de que está activada la casilla *Ajustar el reloj automáticamente al horario de verano* (Figura 3-62). Haga clic en *Aceptar*.

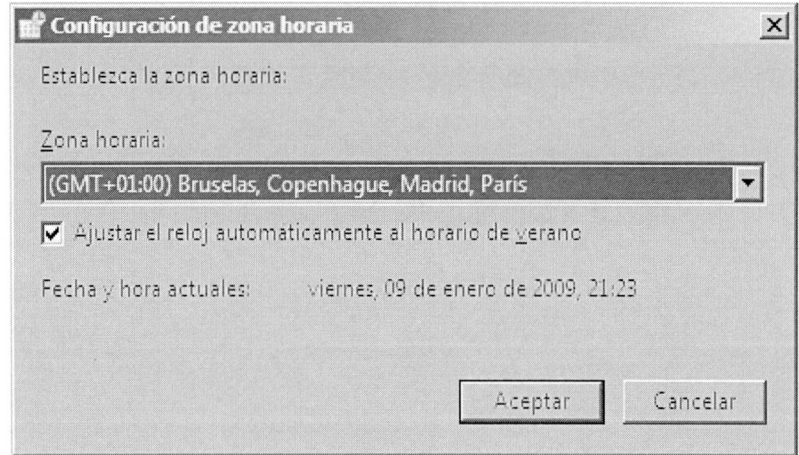

Figura 3-62

Windows puede mostrar hasta tres relojes, uno para la hora local y dos para la hora en otras zonas horarias. Para mostrarlos, haga clic en la ficha *Relojes adicionales* de la pantalla *Fecha y hora*. Se obtiene la Figura 3-63. En cada reloj, active la casilla situada junto a *Mostrar este reloj*, seleccione una zona horaria en la lista, escriba un nombre para el reloj (puede escribir un máximo de 15 caracteres) y, a continuación, haga clic en *Aceptar*. Puede sincronizar el reloj del equipo con un servidor horario de internet. Esto significa que el reloj del equipo se actualiza para coincidir con el reloj del servidor horario, lo que le ayuda a asegurarse de que el reloj del equipo es preciso. Generalmente el reloj se actualiza una vez a la semana. Debe estar conectado a internet para que se realice la sincronización.

Para sincronizar con un servidor horario de internet, haga clic en la ficha *Hora de Internet* de la pantalla *Fecha y hora* y, a continuación, en *Cambiar la configuración* (Figura 3-64). Si se le solicita una contraseña de administrador o una confirmación, escriba la contraseña o proporcione la confirmación.

A continuación, en la Figura 3-65 haga clic en *Sincronizar con un servidor horario de Internet*, seleccione un servidor horario de la lista que se observa en la Figura 3-65 y haga clic en *Aceptar*.

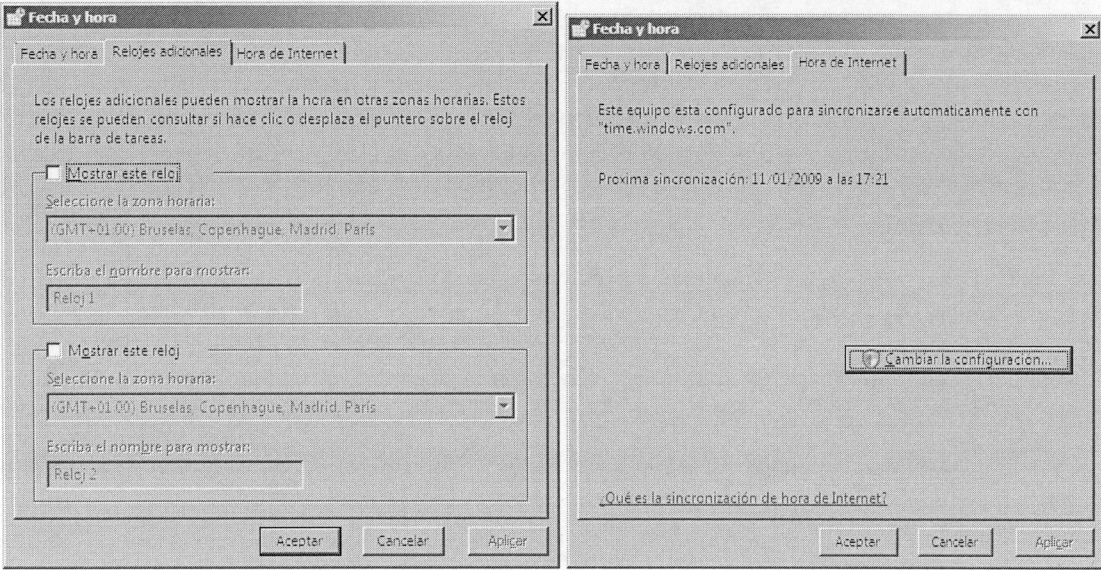

Figura 3-63   Figura 3-64

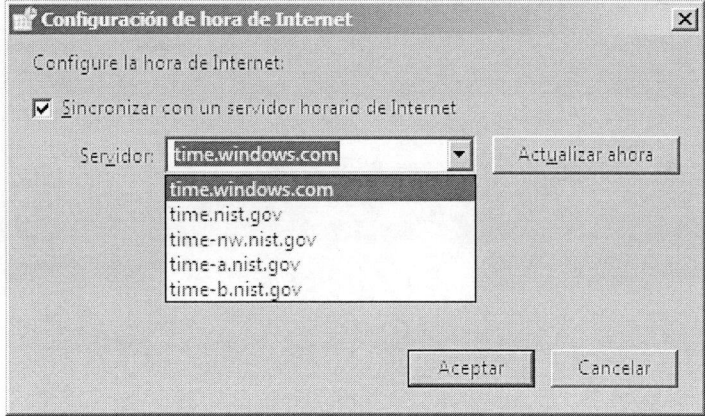

Figura 3-65

3.2.1.2. Configuración de redes

La opción *Configurar conexiones de red* de la Figura 3-58 nos lleva a la pantalla *Conexiones de red* (Figura 3-66) que presenta la conectividad entre el equipo e internet, una red u otro equipo a través de las conexiones de red.

Las conexiones de red son muy recomendables para las tareas que generalmente realizan la mayoría de las funciones de servidor que están disponibles para la instalación en el servidor Windows Server. Para configurar una conexión de red, selecciónela en la pantalla *Conexiones de red*. Si desea editar la configuración de una conexión de red existente, haga clic con el botón secundario en la conexión y en el menú emergente resultante (Figura 3-67) pulse en *Propiedades* para abrir el cuadro de diálogo *Propiedades de la conexión* (Figura 3-68).

Las opciones del menú emergente también permiten desactivar, diagnosticar, ver el estado, cambiar nombre y crear acceso directo para la conexión de red seleccionada.

La pantalla *Conexiones de red* almacena todas las conexiones de red. Una conexión de red es un conjunto de información que permite al equipo conectarse a internet, una red u otro equipo. Cuando se instala un adaptador de red en el equipo, Windows crea una conexión para ese adaptador en la pantalla *Conexiones de red*. Se crea una conexión de área local para un adaptador de red Ethernet. Se crea una conexión de red inalámbrica para un adaptador de red inalámbrica. Una vez que tiene una conexión de red, se puede configurar una red, una conexión a internet o una conexión de red privada virtual (VPN) en la pantalla *Conexiones de red*.

En la carpeta *Conexiones de red* puede seleccionar una conexión y ver la información de estado, como, por ejemplo, la duración de la conexión, la velocidad y la cantidad de datos que se han transmitido y recibido. También puede usar las herramientas de diagnóstico disponibles en una determinada conexión. La apariencia del icono cambia en la carpeta *Conexiones de red* en función del estado de la conexión.

Las opciones *Nombre* (Figura 3-69), *Estado* (Figura 3-70), *Nombre de dispositivo* (Figura 3-71), *Conectividad* (Figura 3-72), *Categoría de red* (Figura 3-73), *Propietario* (Figura 3-74) y *Tipo* (Figura 3-75) de la pantalla *Conexiones de red*, presentan la información sobre las conexiones tal y como se observa en cada Figura.

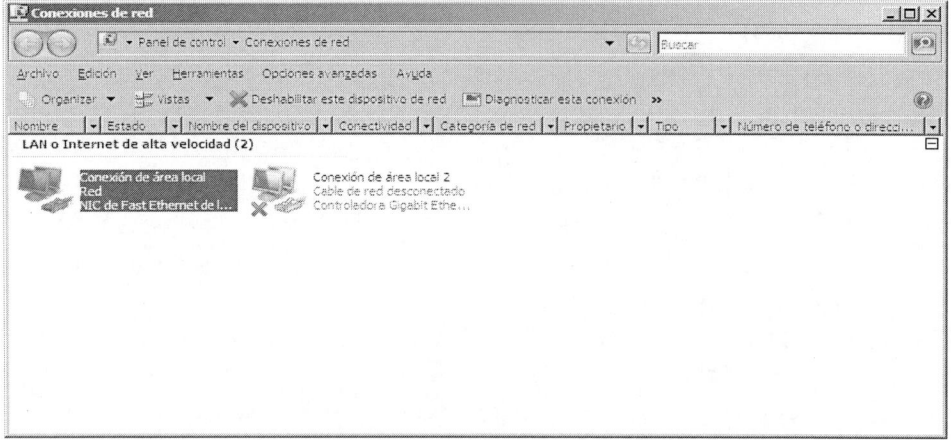

Figura 3-66

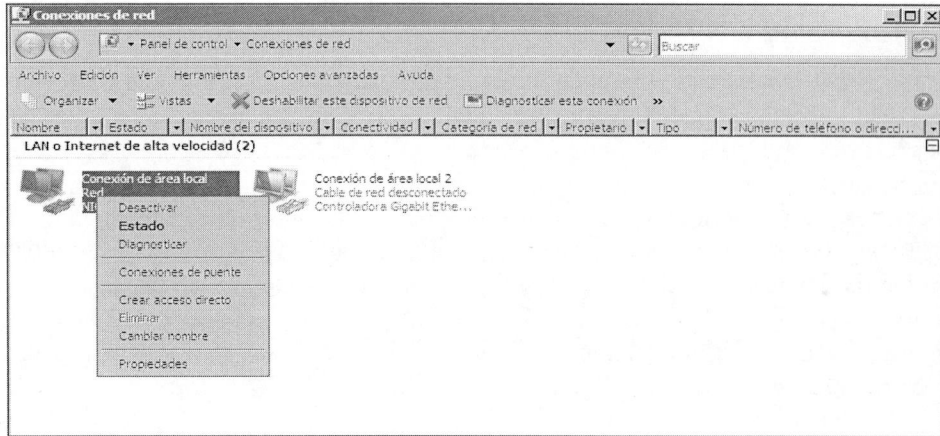

Figura 3-67

Figura 3-68

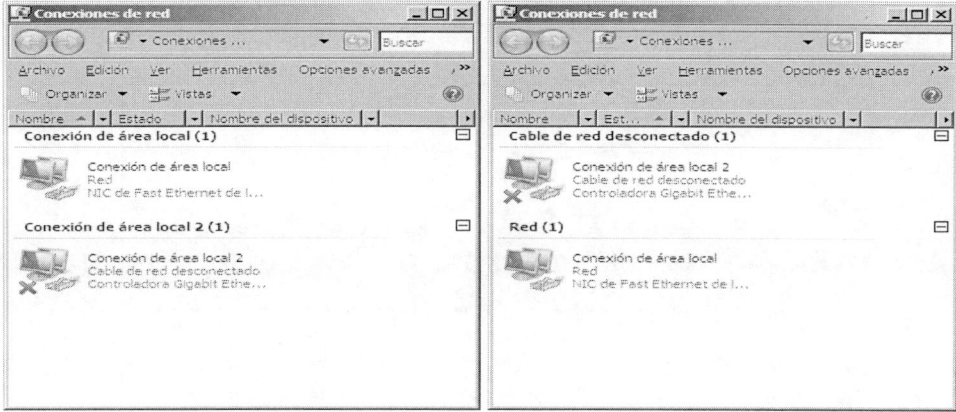

Figura 3-69   Figura 3-70

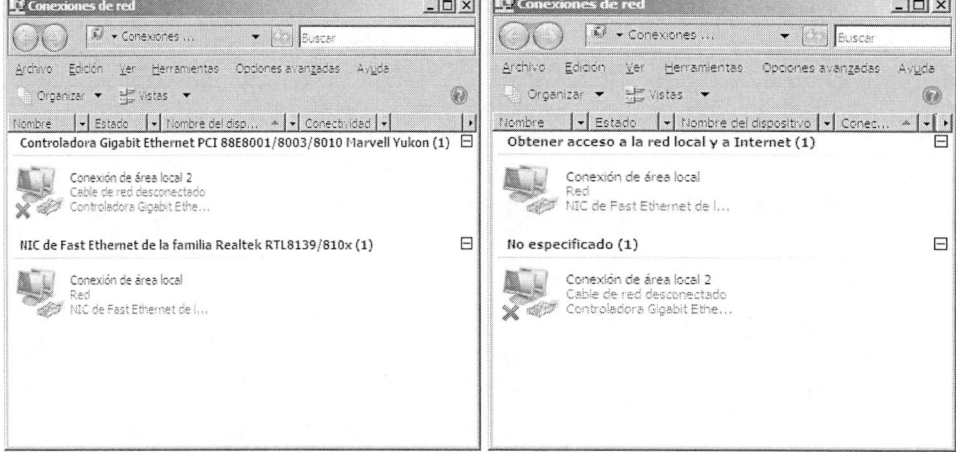

Figura 3-71   Figura 3-72

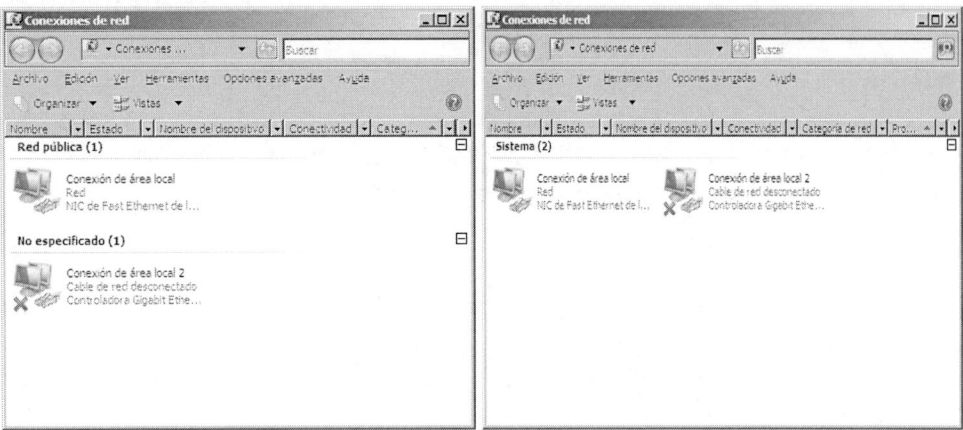

Figura 3-73   Figura 3-74

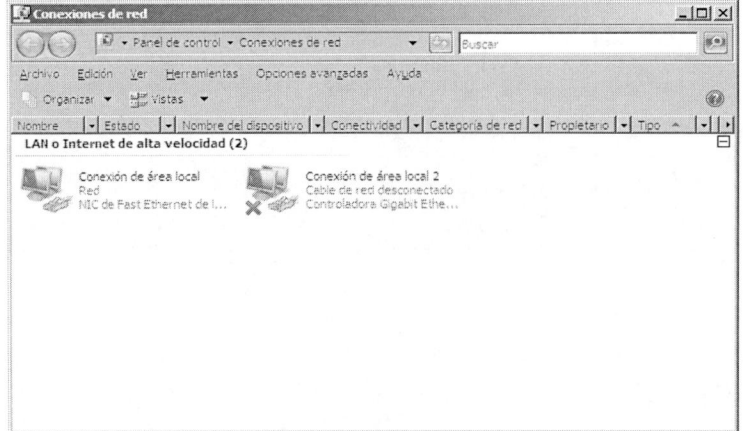

Figura 3-75

3.2.1.3. Especificación de un nombre de equipo y un dominio

Si es la primera vez que instala Windows Server en el equipo, el proceso de instalación asignará al equipo un número generado aleatoriamente como nombre del equipo. Si está reinstalando o actualizando a una versión más reciente de Windows Server, el programa de instalación conservará el nombre de equipo existente. Es posible que le resulte más fácil obtener acceso al servidor remotamente y reconocerlo en informes y registros si le asigna un nombre descriptivo que se ajuste al esquema de asignación de nombres de los equipos de su organización.

Además, puede especificar un nombre de equipo durante la instalación si usa un archivo de instalación desatendida para instalar Windows Server.

Tenga en cuenta lo siguiente al asignar un nombre de equipo:

- La longitud que se recomienda para la mayoría de los idiomas es de 15 caracteres o menos. En los idiomas que requieren más espacio de almacenamiento por cada carácter, como el chino, japonés y coreano, la longitud que se recomienda es de 7 caracteres o menos.

- Se recomienda usar únicamente caracteres estándar de internet para el nombre del equipo. Los caracteres estándar son los números del 0 al 9, las letras mayúsculas y minúsculas de la A a la Z, y el guión (-). Los nombres de equipo no pueden estar compuestos únicamente por números.

- Si usa DNS en la red, puede usar una variedad de caracteres más amplia, incluidos los caracteres Unicode y otros caracteres no estándar, por ejemplo, "Y" comercial (&). El uso de caracteres que no son estándar puede afectar al funcionamiento en la red del software que no sea de Microsoft.

- La longitud máxima permitida para un nombre de equipo es de 63 bytes. Si el nombre tiene más de 15 bytes de longitud (15 caracteres en la mayoría de los idiomas, 7 caracteres en algunos), los equipos con Windows NT y versiones anteriores reconocerán el equipo por los primeros 15 bytes del nombre solamente. Además, hay pasos de configuración adicionales si la longitud de un nombre supera los 15 bytes.

- Si un equipo forma parte de un dominio, debe elegir un nombre que sea diferente de todos los demás nombres de equipos del dominio. Para evitar conflictos de nombres, el equipo debe ser único en el dominio, grupo de trabajo o red. Si el equipo forma parte de un dominio y contiene más de un sistema operativo, debe usar un nombre de equipo exclusivo para cada sistema operativo que esté instalado. Este requisito sólo se aplica a un equipo que contenga varias instalaciones del mismo sistema operativo.

Los dominios, y el sistema de directorios de Active Directory del que forman parte, ofrecen muchas opciones para facilitar a los usuarios el acceso a los recursos, al mismo tiempo que mantienen un control y seguridad adecuados. En un dominio es más sencillo efectuar el seguimiento de las contraseñas y los permisos, ya que un dominio es una base de datos sencilla y centralizada de cuentas de usuario, permisos y otros detalles de la red. La información de esta base de datos se replica automáticamente entre los controladores de dominio.

Para asignar un nombre al equipo y unirlo a un dominio, haga clic en *Proporcionar nombre del equipo y dominio* en la ventana *Tareas de configuración inicial* y utilice la ficha *Nombre de equipo* (Figura 3-76). La ficha *Hardware* (Figura 3-77) da acceso al *Administrador de dispositivos* que relaciona y permite configurar todos los dispositivos del equipo (Figura 3-78) y a la *Configuración de controladores de Windows Update* con las opciones de la Figura 3-79. La ficha *Opciones avanzadas* (Figura 3-80) permite configurar rendimiento según las opciones de la Figura 3-81, perfiles de usuario según las opciones de la Figura 3-82 e inicio y recuperación según las opciones de la Figura 3-83. La ficha *Acceso remoto* (Figura 3-84) gobierna el acceso remoto a este equipo.

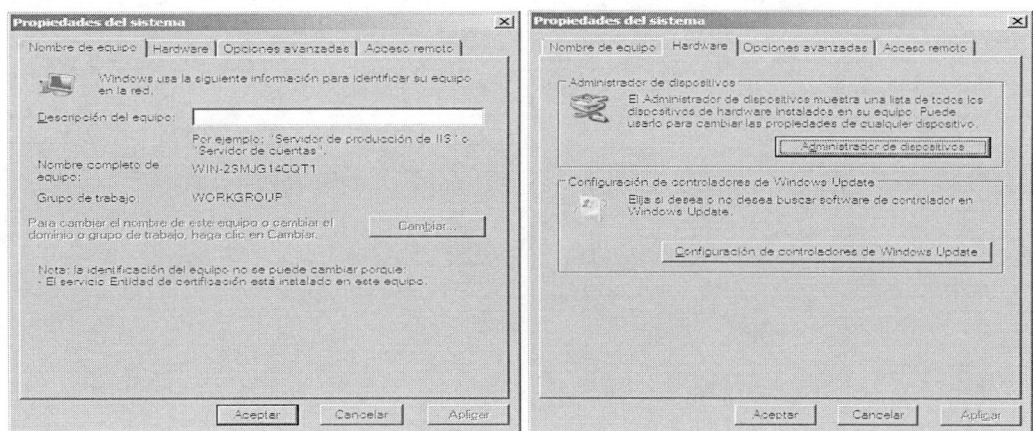

Figura 3-76   Figura 3-77

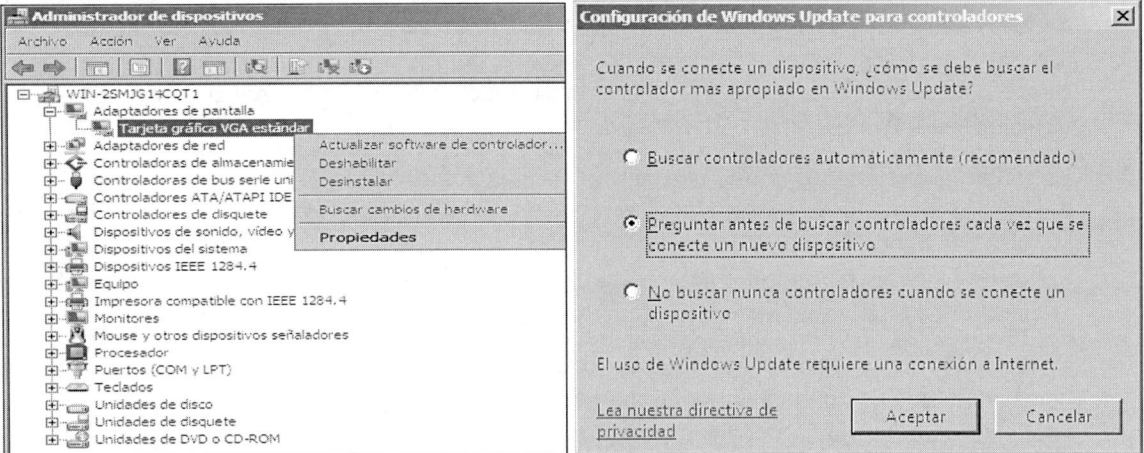

Figura 3-78

Figura 3-79

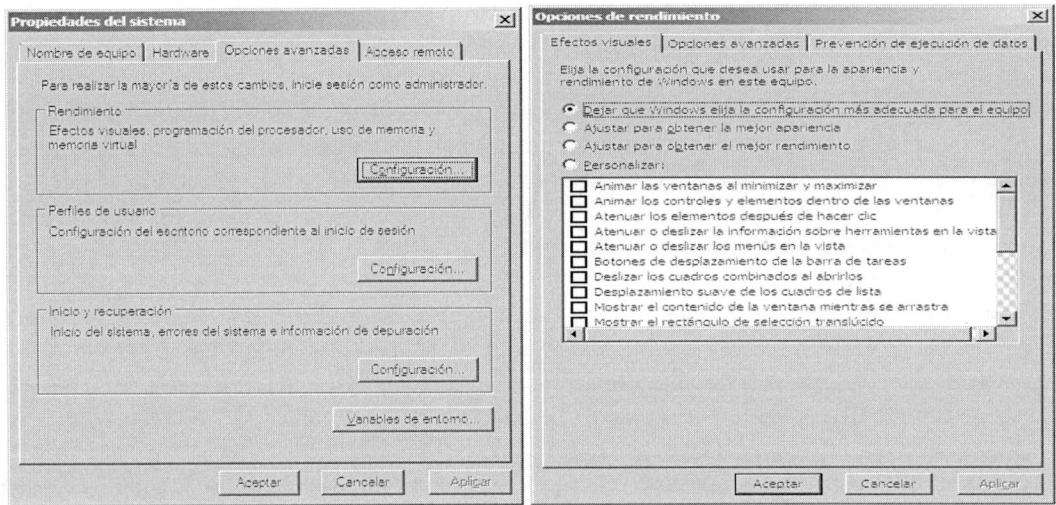

Figura 3-80

Figura 3-81

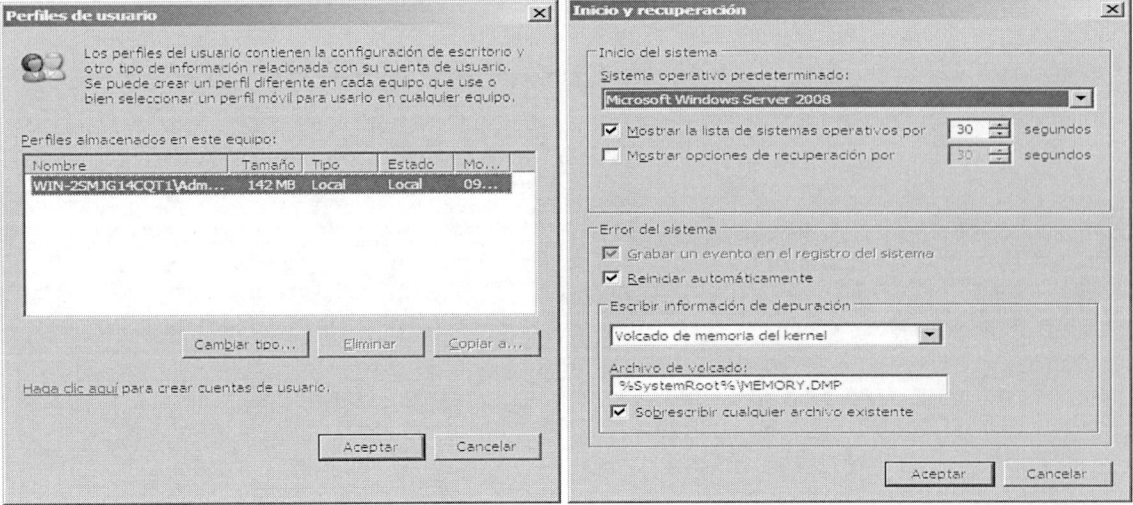

Figura 3-82

Figura 3-83

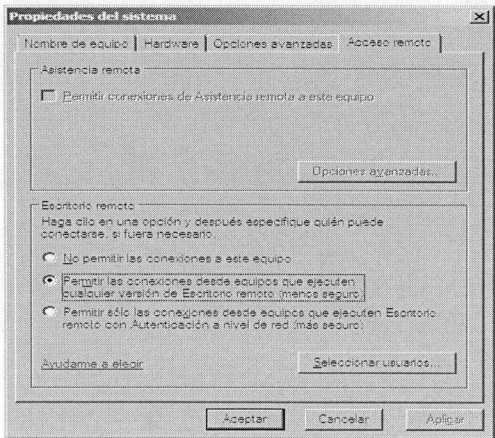

Figura 3-84

3.2.2. Servicios de búsqueda de archivos en Windows Server

Cuando muchos usuarios necesiten tener acceso a un archivo importante, éste se situará en el servidor de archivos para que los usuarios accedan a él de forma remota, en lugar de tener que situarlo en distintos equipos. Por lo tanto, un servidor de archivos proporciona una ubicación central en la red, en la que pueden almacenarse archivos y compartirlos con usuarios a través de la red. Si los usuarios de la red van a necesitar tener acceso a los mismos archivos y aplicaciones, o bien si la administración de archivos y copias de seguridad centralizada es importante para la organización, conviene configurar el equipo como un servidor de archivos agregando la función *Servicios de archivo* mediante *Inicio → Administrador del servidor → Agregar funciones* (Figura 3-85) y siguiendo los pasos del *Asistente para agregar funciones* que ya conocemos.

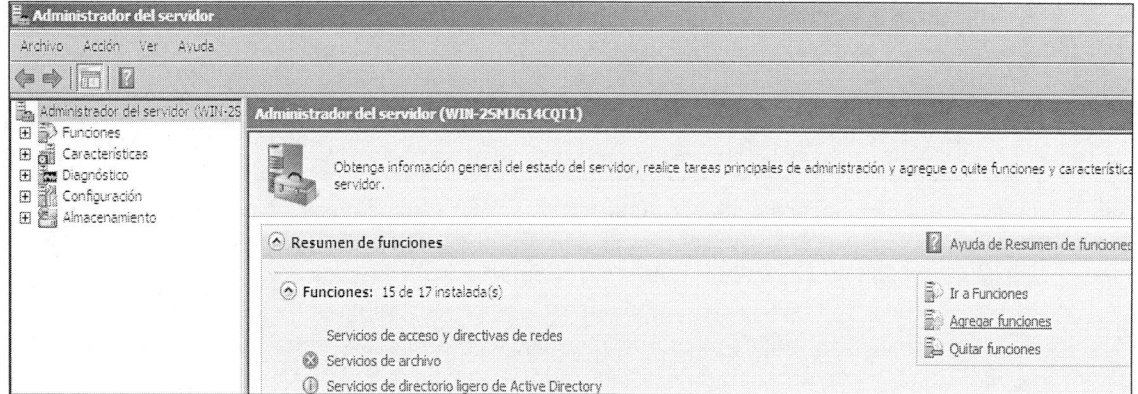

Figura 3-85

La función *Servicios de archivo* incluye los siguientes servicios de función (Figura 3-86):

- Administración de almacenamiento y recursos compartidos.
- Sistema de archivos distribuido (DFS).

- Administrador de recursos del servidor de archivos (FSRM).

- Servicios para Network File System (NFS).

- Servicio Búsqueda de Windows.

- Servicios de archivo de Windows Server.

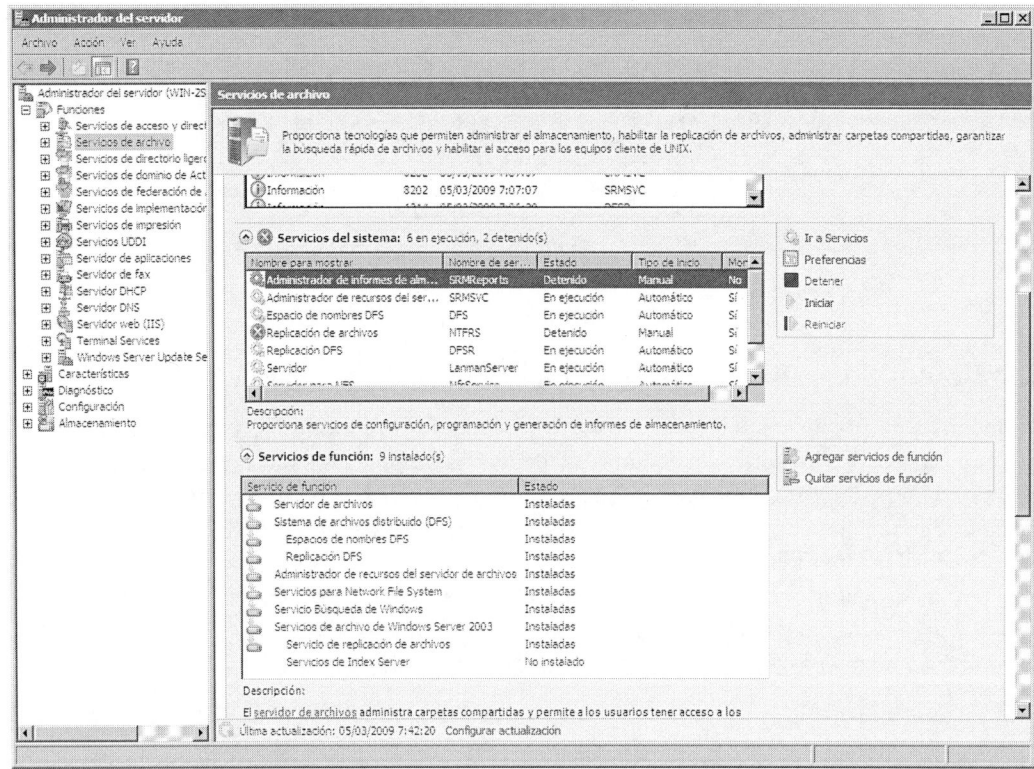

Figura 3-86

3.2.2.1. Administración de almacenamiento y recursos compartidos

La consola Administración de almacenamiento y recursos compartidos (Figura 3-88) a la que se accede mediante *Inicio → Herramientas administrativas → Administración de almacenamiento y recursos compartidos* (Figura 3-87) proporciona una administración integrada y simplificada de las carpetas compartidas y los recursos de almacenamiento. Puede usar Administración de almacenamiento y recursos compartidos para compartir el contenido de carpetas y administrar el uso de carpetas compartidas. También puede usar Administración de almacenamiento y recursos compartidos para crear y configurar números de unidad lógica (LUN) para asignar espacio en los subsistemas de almacenamiento de su red de área de almacenamiento (SAN).

3.2.2.2. Sistema de archivos distribuido (DFS)

El Sistema de archivos distribuido está formado por dos tecnologías que pueden usarse juntas o de forma independiente para proporcionar servicios de replicación y uso compartido de archivos flexibles y con tolerancia a errores en una red basada en Windows.

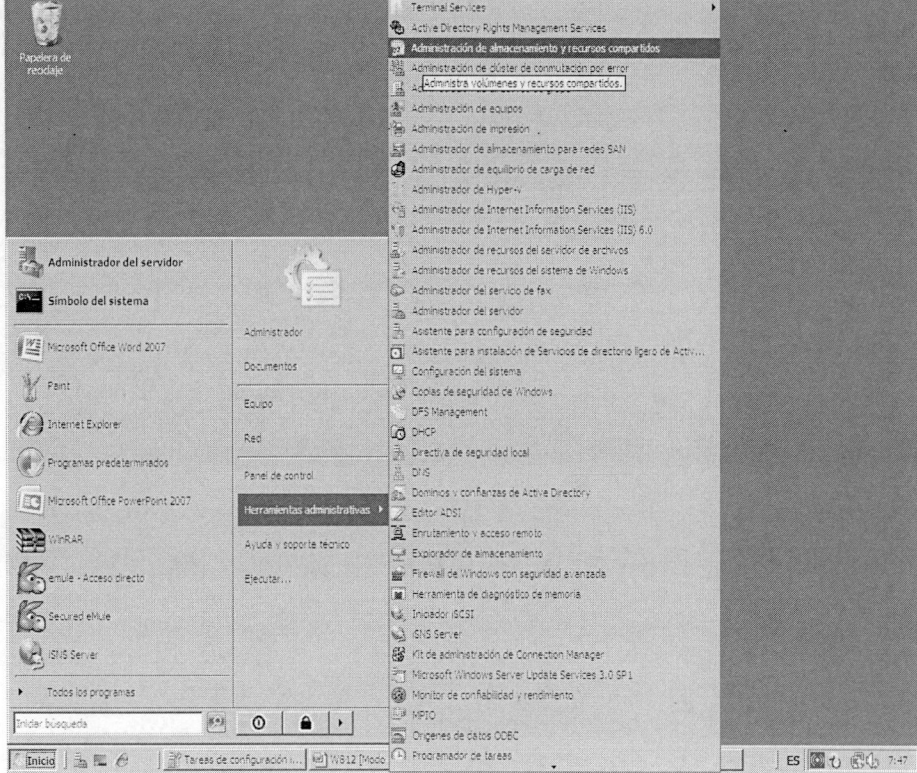

Figura 3-87

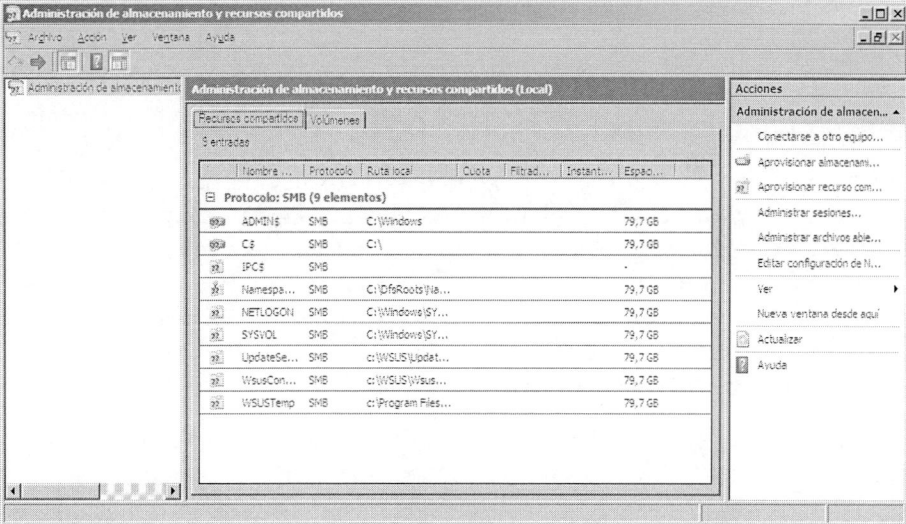

Figura 3-88

3.2.2.3. Espacios de nombres DFS

Los espacios de nombres DFS permiten agrupar carpetas compartidas situadas en distintos servidores en uno o más espacios de nombres estructurados lógicamente. Los usuarios ven cada espacio de nombres como una sola carpeta compartida con una serie de subcarpetas. Sin embargo, la estructura subyacente del espacio de nombres puede estar formada por numerosas carpetas compartidas ubicadas en distintos servidores y en múltiples sitios. Puesto que la estructura subyacente de carpetas compartidas está oculta para los usuarios, una sola carpeta en un espacio de nombres DFS puede corresponder a varias carpetas compartidas en varios servidores. Esta estructura proporciona tolerancia a errores y la posibilidad de conectar automáticamente usuarios a carpetas compartidas locales, cuando están disponibles, en lugar de enrutarlas a través de conexiones de red de área extensa (WAN).

3.2.2.4. Replicación DFS

La replicación DFS es un motor de replicación con varios maestros que permite sincronizar carpetas en varios servidores a través de conexiones de red de área local o extensa (WAN). Usa el protocolo Compresión diferencial remota (RDC) para actualizar sólo las partes de los archivos que han cambiado desde la última replicación. Se puede usar la replicación DFS junto con los espacios de nombres DFS o sola.

3.2.2.5. Administrador de recursos del servidor de archivos (FSRM)

El Administrador de recursos del servidor de archivos incluye varias herramientas que permiten a los administradores entender, controlar y administrar la cantidad y el tipo de datos almacenados en los servidores. Los administradores pueden usarlo para asignar cuotas a carpetas y volúmenes, realizar un filtrado activo de los archivos y generar informes de almacenamiento exhaustivos.

Para obtener más información, consulte la Ayuda del Administrador de recursos del servidor de archivos. Se puede ver el contenido de la Ayuda local si se escribe el siguiente comando en un símbolo del sistema: hh fsrm.chm.

3.2.2.6. Servicios para Network File System (NFS)

Servicios para Network File System (NFS) proporciona una solución para compartir archivos para aquellas empresas que usen un entorno mixto de Windows y UNIX. Con Servicios para NFS, se pueden transferir archivos entre equipos en los que se ejecutan los sistemas operativos Windows Server y UNIX mediante el protocolo NFS.

3.2.2.7. Servicio Búsqueda de Windows

El Servicio Búsqueda de Windows permite realizar búsquedas de archivos rápidas en un servidor desde equipos cliente, compatibles con Búsqueda de Windows.

No se pueden instalar el servicio Búsqueda de Windows y los Servicios de Index Server en el mismo equipo.

3.2.2.8. Servicios de archivo de Windows Server

La función Servicios de archivo en Windows Server incluye los siguientes servicios de función compatibles con Windows Server.

3.2.2.9. Servicio de replicación de archivos (FRS)

El Servicio de replicación de archivos (FRS) permite sincronizar carpetas con servidores de archivos que usan FRS en lugar del servicio Replicación DFS, más reciente. Para habilitar un servidor para que sincronice carpetas con servidores que usan FRS (con las implementaciones del Sistema de archivos distribuido de Windows Server o Windows), instale el servicio de replicación de archivos. Para habilitar la tecnología de replicación más reciente y eficaz, instale la Replicación DFS.

3.2.2.10. Servicios de Index Server

Servicios de Index Server cataloga el contenido y las propiedades de los archivos en equipos remotos y locales. También permite localizar rápidamente archivos mediante un lenguaje de consulta flexible.

No se pueden instalar los Servicios de Index Server y el Servicio Búsqueda de Windows en el mismo equipo.

3.2.3. Búsqueda del software instalado

Los sistemas operativos Windows permiten identificar rápidamente el software instalado. En el caso de Windows Server, al arrancar el sistema se obtiene la pantalla Inicio de la Figura 3-89. Si hacemos clic en *Inicio → Todos los programas*, se obtiene una relación de todos los programas instalados. Otra vía para identificar el software instalado es utilizar *Inicio → Panel de control→ Programas*. Si queremos identificar los propios programas de administración de Windows instalados utilizamos la ruta *Inicio → Herramientas administrativas* (Figura 3-90).

Figura 3-89

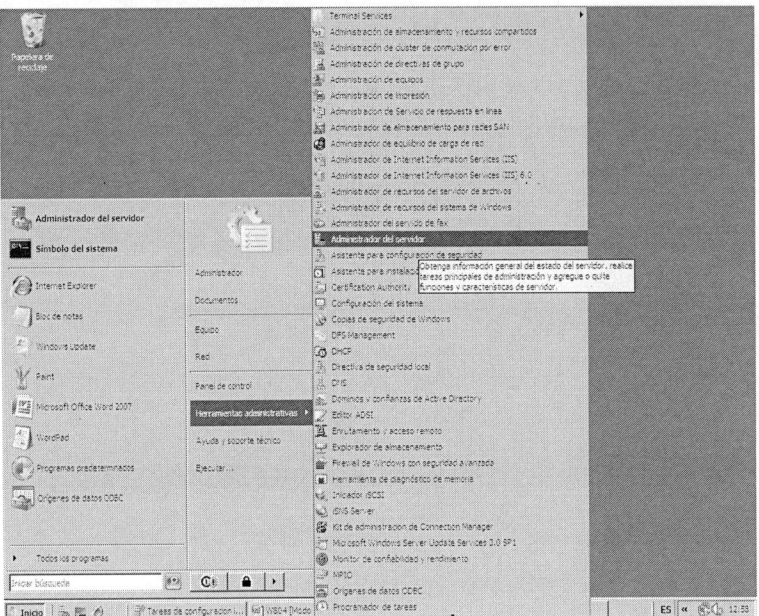

Figura 3-90

3.2.4. Gestión de información del sistema. Rendimiento. Estadísticas

En sistemas operativos Windows la ventana *Información del sistema* proporciona detalles y estadísticas acerca de la configuración del hardware del equipo, los componentes del equipo y el software, incluidos los controladores.

Para abrir Información del sistema, haga clic en el botón *Inicio → Todos los programas → Accesorios → Herramientas del sistema → Información del sistema*. En la pantalla *Información del sistema*, se presentan las categorías en el panel izquierdo de información detallada sobre cada categoría en el panel derecho (Figura 3-91).

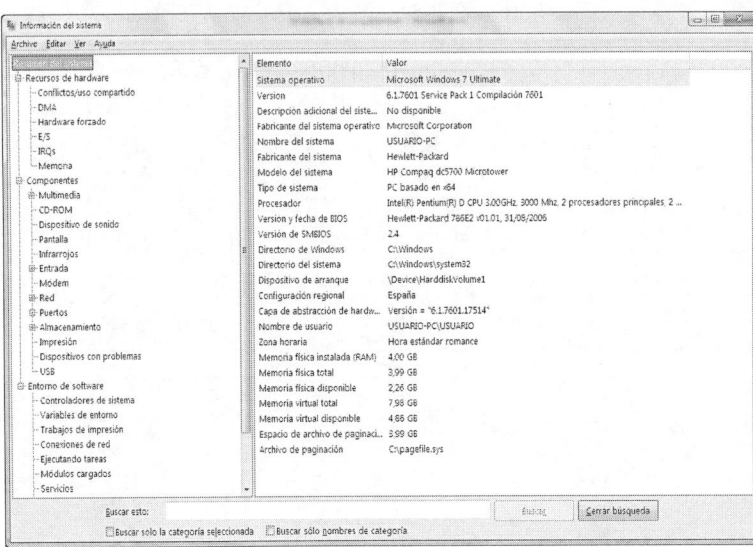

Figura 3-91

Las categorías del panel izquierdo de la Figura 3-81 son:

- *Resumen del sistema*. Muestra información general acerca del equipo y el sistema operativo, como el nombre del equipo y el fabricante, el tipo de sistema básico de entrada y salida (BIOS) que usa el equipo y la cantidad de memoria instalada.

- *Recursos de hardware*. Muestra detalles avanzados acerca del hardware del equipo, para profesionales informáticos.

- *Componentes*. Muestra información acerca de las unidades de disco, los dispositivos de sonido, los módems y otros componentes instalados en el equipo.

- *Entorno de software*. Muestra información acerca de los controladores, las conexiones de red y otros detalles relativos a programas.

Para localizar un detalle específico en *Información del sistema*, escriba la información que busca en el cuadro *Buscar*, en la parte inferior de la ventana. Por ejemplo, para averiguar cuál es la dirección del protocolo de Internet (IP) del equipo, escriba *dirección IP* en el cuadro *Buscar* y haga clic en *Buscar*.

3.2.5. Configurar el rendimiento en Windows Server

En Windows Server, mediante *Inicio → Herramientas administrativas* (Figura 3-90), se accede a la consola de Administrador de servidores (Figura 3-92) que presenta mucha información y funcionalidad en un espacio muy reducido. La ventana principal de la consola contiene cuatro secciones contraíbles: *Resumen de servidores, Resumen de funciones, Resumen de características* y *Recursos y soporte técnico*.

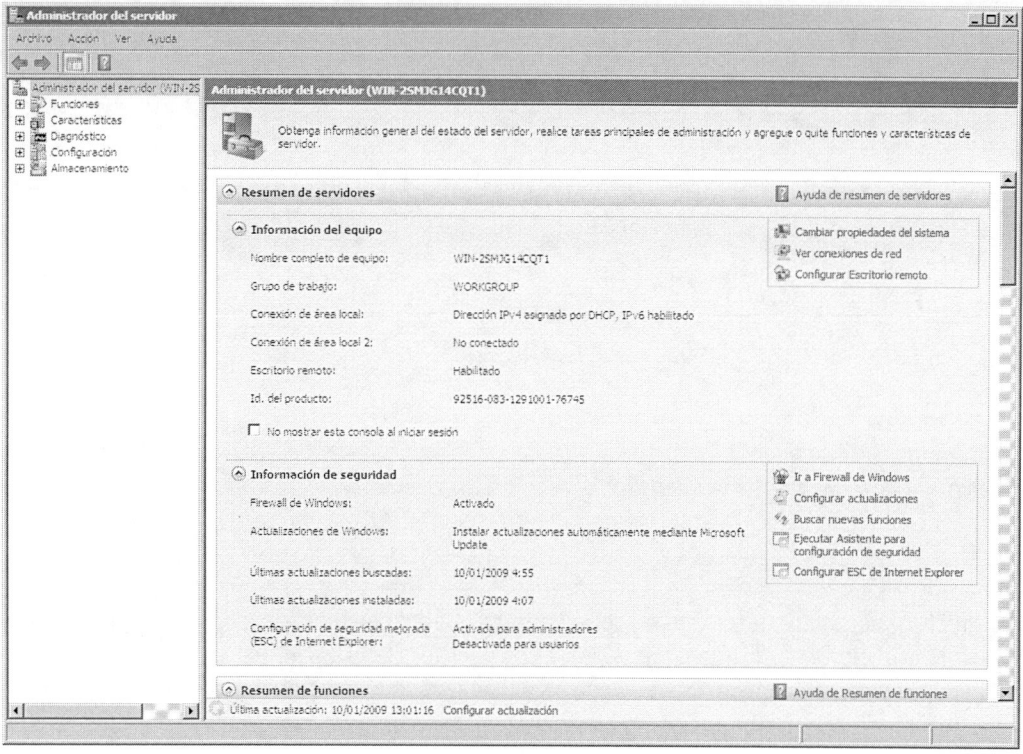

Figura 3-92

La sección *Resumen de servidores* incluye dos subsecciones: *Información del equipo* e *Información de seguridad*. La primera (Figura 3-93) muestra el nombre del equipo, el dominio, el nombre de la cuenta del administrador local, las conexiones de red y el identificador del producto del sistema operativo. También puede usar comandos aquí para editar esta información (*Cambiar propiedades del sistema, Ver conexiones de red* y *Configurar escritorio remoto*). La segunda (Figura 3-94) muestra si se han habilitado las opciones de actualizaciones automáticas de Windows y el Firewall de Windows y si la Configuración de seguridad mejorada (ESC) de Internet Explorer está activada (para administradores o para otros usuarios). De forma similar, hay comandos disponibles para editar estos parámetros y ver todas las opciones avanzadas (*Ir a Firewall de Windows, Configurar actualizaciones, Buscar nuevas funciones, Ejecutar Asistente para configuración de seguridad* y *Configurar ESC de Internet Explorer*).

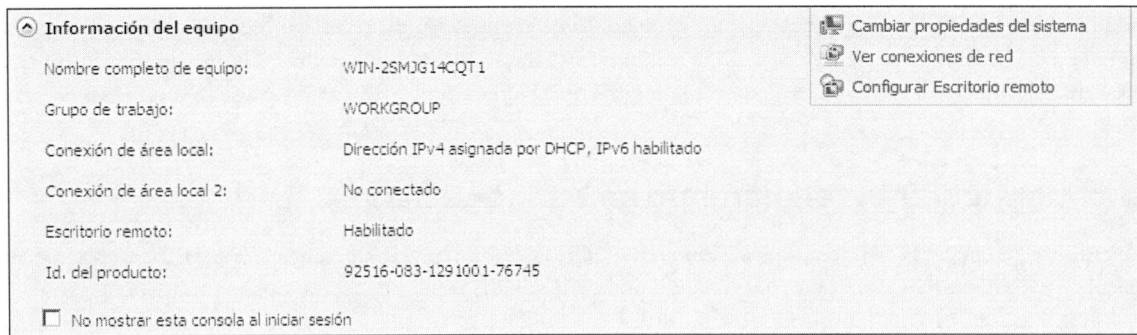

Figura 3-93

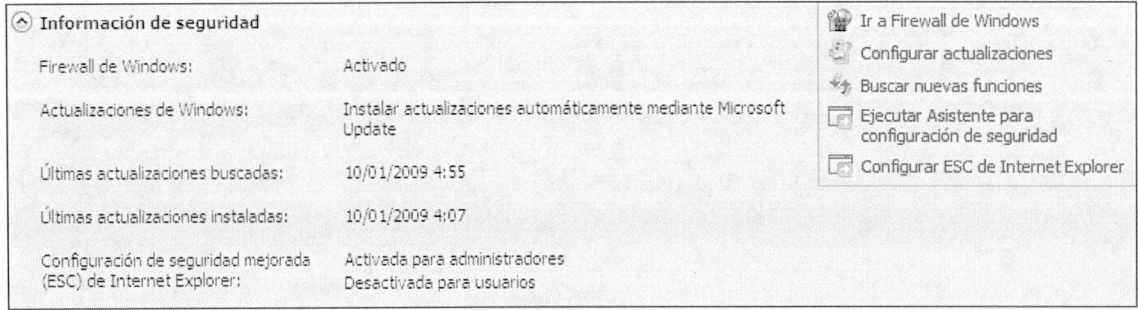

Figura 3-94

Los comandos *Cambiar propiedades del sistema* (Figura 3-95)*, Configurar escritorio remoto* (Figura 3-96) y *Ver conexiones de red* de la sección *Información del equipo* de la Figura 3-93, ya fueron explicados en este capítulo anteriormente en la sección *Búsqueda de información del sistema*.

La ficha *Opciones avanzadas* de la pantalla Propiedades del sistema (Figura 3-97) permite controlar muchas características clave del sistema operativo incluyendo el rendimiento de las aplicaciones, la utilización de la memoria virtual, los perfiles de usuario, las variables de entorno y las opciones de inicio y recuperación.

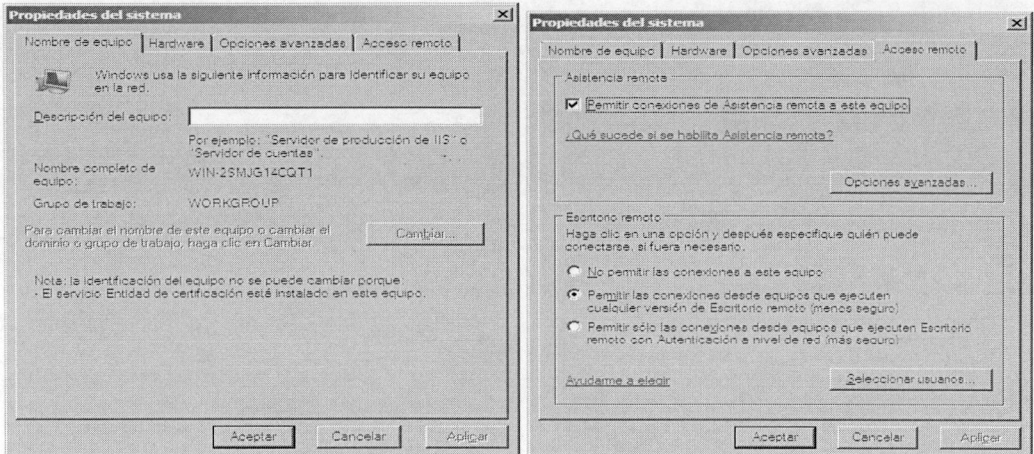

Figura 3-95   Figura 3-96

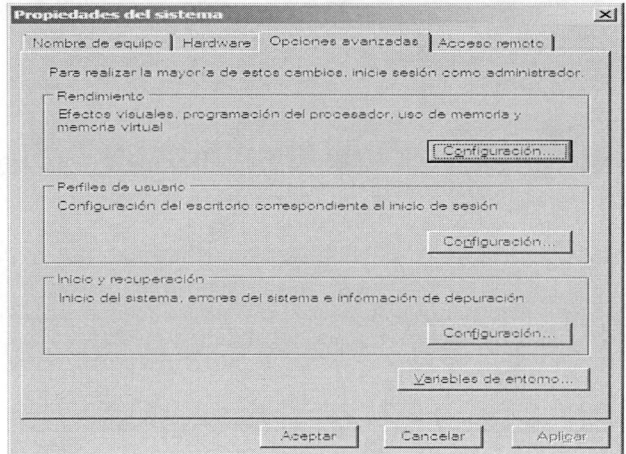

Figura 3-97

Para *configurar el rendimiento de Windows*, haga clic en *Configuración* dentro de *Rendimiento* en la Figura 3-97. Se obtiene la pantalla *Opciones de rendimiento* cuya ficha *Efectos visuales* (Figura 3-98) permite dejar que Windows elija la configuración de efectos visuales más adecuada para el equipo, ajustar para obtener la mejor apariencia, ajustar para obtener el mejor rendimiento o personalizar los efectos visuales.

Para *configurar el rendimiento de aplicaciones*, haga clic en la ficha *Opciones avanzadas* en la pantalla *Opciones de rendimiento* (Figura 3-99) y en el panel *Programación del procesador* elija *Programas* si quiere que la aplicación activa disfrute del mejor tiempo de respuesta y de la mayor parte de los recursos.

Elija *Servicios en segundo plano* si desea que los servicios en segundo plano tengan mejor tiempo de respuesta que la aplicación activa (opción habitual en los servidores) permite dejar que Windows elija la configuración de efectos visuales más adecuada para el equipo, ajustar para obtener la mejor apariencia, ajustar para obtener el mejor rendimiento o personalizar los efectos visuales.

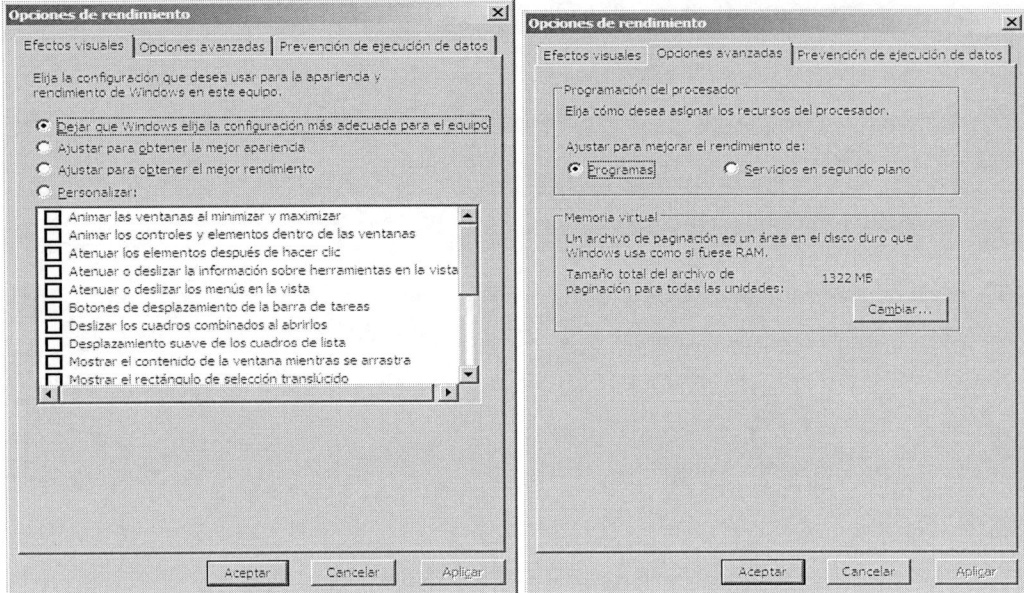

Figura 3-98   Figura 3-99

3.3. ÓRDENES DE BÚSQUEDA DE INFORMACIÓN EN EL SISTEMA DE FICHEROS

Tanto los sistemas Windows como UNIX nos ofrecen una herramienta muy potente para realizar búsquedas en el Sistema de Ficheros: la orden *find*. Esta orden necesita que le pasemos como argumentos el directorio donde deseamos hacer la búsqueda y una expresión que se refiera a lo que queremos buscar.

Por ejemplo, en Linux, para dicha expresión tenemos varias opciones:

- La opción *-name* se refiere al nombre del fichero que queremos buscar. Después de poner *-name* debemos indicar entre comillas una expresión referida al nombre del fichero que estamos buscando. Dicha expresión distinguirá mayúsculas y minúsculas. Por ejemplo, *find / -name "*.conf"* buscará todos los ficheros que acaben en *.conf* y estén situados en el directorio raíz o sus subdirectorios. Para la expresión del nombre del fichero que buscamos podemos utilizar los metacaracteres que ya conocemos.

- La opción *-iname* es igual a la anterior pero no distingue entre mayúsculas y minúsculas.

- La opción *-maxdepth* sirve para indicarle la profundidad en subdirectorios a la que queremos buscar. Por ejemplo, *find / -maxdepth 2* buscará en el directorio raíz y sus subdirectorios directos, pero no más allá.

- La opción *-size* [+-]X[ckMG] permite hacer búsquedas por el tamaño de fichero. Como vemos, se admiten varias opciones en la expresión. Puede empezar por +, lo cual indicará que buscamos ficheros que sean mayores de cierto tamaño, o por -, con lo que estaremos buscando ficheros cuyo tamaño sea menor al especificado. Después del signo se debe poner una cantidad y seguidamente c (referido a bytes), k (referido a kilobytes), M (referido a Megabytes) o G (referido a Gigabytes). Por ejemplo, si queremos buscar un fichero que ocupe más de 10MB y menos de 1GB tendríamos que poner *find / -size +10M -size -1G*.

- La opción *-type* [dfl] busca por tipo de fichero, pudiendo especificar si buscamos directorios (d), ficheros normales (f) o enlaces simbólicos (l). Por ejemplo, si queremos buscar directorios en /etc debemos hacer *find /etc -type d*.

- La opción *-samefile* busca enlaces duros al fichero que le pasemos como expresión. Por ejemplo, si queremos saber todos los enlaces duros que tiene el fichero texto.txt del directorio actual deberemos hacer *find / -samefile texto.txt*. No buscamos en el directorio actual, sino en el directorio raíz, para así encontrar todos los enlaces duros que haya en cualquiera de los directorios del sistema de ficheros.

- La opción *-user* permite buscar ficheros que pertenecen a determinado usuario. Por ejemplo, si queremos ver los ficheros que pertenecen al usuario alumno debemos ejecutar *find / -user alumno*.

- La opción *-group* permite buscar ficheros que pertenecen a determinado grupo. Por ejemplo, si queremos buscar ficheros que pertenezcan al grupo root haremos *find / -group root*.

- La opción *-amin* X busca ficheros cuya fecha de último acceso sea de hace X minutos. Si el número va precedido de un + buscamos ficheros que hayan sido accedidos hace más de X minutos. Si va precedido de un - lo que buscamos son ficheros que hayan sido accedidos hace menos de X minutos. Si no ponemos *ni* + *ni* - buscamos ficheros que hayan sido accedidos hace exactamente X minutos. Por ejemplo, para ficheros que hayan sido accedidos en los últimos 5 minutos *find / -amin -5*.

- La opción *-atime* X busca ficheros cuya fecha de último acceso sea de hace X días. Si el número va precedido de un + buscamos ficheros que hayan sido accedidos hace más de X días. Si va precedido de un - lo que buscamos son ficheros que hayan sido accedidos hace menos de X días. Si no ponemos ni + ni - buscamos ficheros que hayan sido accedidos hace exactamente X días. Por ejemplo, para ficheros que hayan sido accedidos en los últimos 5 días *find / -atime -5*.

- La opción *-cmin* X busca ficheros cuya fecha de último cambio de estado sea de hace X minutos. Si el número va precedido de un + buscamos ficheros que hayan cambiado de estado hace más de X minutos. Si va precedido de un - lo que buscamos son ficheros que hayan cambiado de estado hace menos de X minutos. Si no ponemos ni + ni - buscamos ficheros que hayan cambiado de estado hace exactamente X minutos. Por ejemplo, para ficheros que hayan cambiado de estado hace más de 30 minutos *find / -cmin +30*.

- La opción *-ctime* X busca ficheros cuya fecha de último cambio de estado sea de hace X días. Si el número va precedido de un + buscamos ficheros que hayan cambiado de estado hace más de X días. Si va precedido de un - lo que buscamos son ficheros que hayan cambiado de estado hace menos de X días. Si no ponemos ni + ni - buscamos ficheros que hayan cambiado de estado hace exactamente X días. Por ejemplo, para ficheros que hayan cambiado de estado hace más de 1 mes *find / -ctime +30*.

- La opción *-mmin* X busca ficheros cuya fecha de última modificación sea de hace X minutos. Si el número va precedido de un + buscamos ficheros que hayan sido modificados hace más de X minutos. Si va precedido de un - lo que buscamos son ficheros que hayan sido modificados hace menos de X minutos. Si no ponemos ni + ni - buscamos ficheros que hayan sido modificados hace exactamente X minutos. Por ejemplo, para ficheros que hayan sido modificados hace exactamente 1 minuto *find / -mmin 1*.

- La opción *-mtime* X busca ficheros cuya fecha de última modificación sea de hace X días. Si el número va precedido de un + buscamos ficheros que hayan sido modificados hace más de X días. Si va precedido de un - lo que buscamos son ficheros que hayan sido modificados hace menos de X días. Si no ponemos ni + ni - buscamos ficheros que hayan sido modificados hace exactamente X días. Por ejemplo, para ficheros que hayan sido modificados hace exactamente 1 año *find / -mtime* 365.

- La opción *-newer* se refiere a ficheros que hayan sido modificados más recientemente que un fichero determinado. Por ejemplo, si queremos saber qué ficheros se han modificado más recientemente que /etc/sos.conf tendremos *find / -newer /etc/sos.conf*.

En Linux también disponemos de un comando para ordenar listas denominado *sort* que puede combinarse con el comando *find* para mejorar las búsquedas. Su principal cometido es ordenar las líneas de texto que se le pasen como argumento según distintos criterios. Por defecto, el comando *sort* ordena por orden alfabético, pero hay más criterios:

- *sort -n* usa un orden numérico. Por ejemplo, si queremos ver los contenidos del directorio actual ordenados por su tamaño podemos hacer ls -s | sort -n. Como vemos, la utilidad de sort viene al concatenarlo con otros comandos como por ejemplo ls o find. En este caso usamos ls -s para listar los contenidos del directorio actual precedidos de su tamaño y con la barra | decimos que el resultado de ejecutar ese ls -s se le debe pasar a sort -n como argumento. Por su parte, sort -n ordena numéricamente lo que se le ha pasado, por lo que realmente está ordenando el contenido del directorio actual de menor a mayor tamaño de fichero.

- *sort -r* ordena los resultados en orden inverso. Por ejemplo, para ordenar los contenidos del directorio actual en orden inverso podríamos hacer ls | sort -r.

- *sort -f* ordena alfabéticamente ignorando las mayúsculas y minúsculas.

La orden *sort* también es muy útil para ordenar los resultados de las búsquedas que se realizan con *find*.

Para buscar dentro de ficheros de texto disponemos en Linux de la orden *grep*. También es muy útil para buscar entre los resultados de una orden *find* o de una orden *ls*. Esta orden busca dentro de los ficheros las líneas que coincidan con el patrón de búsqueda especificado. Para especificar dicho patrón de búsqueda podemos recurrir a los metacaracteres que ya conocemos. Algunas de sus opciones son:

- *-número*. Las líneas concordantes se mostrarán acompañadas del número especificado de líneas anteriores y posteriores.

- *-A X*. Muestra X líneas de contexto después de las que concuerden con el patrón.

- *-B X*. Muestra X líneas de contexto antes de las que concuerden con el patrón.

- *-c*. En lugar de mostrar el contenido de las líneas que coinciden con el patrón de búsqueda muestra el número de líneas que concuerdan con el patrón para cada fichero de entrada.

- *-h*. Suprime la impresión de los nombres de ficheros antes de las líneas concordantes en la salida, cuando se busca en varios ficheros.

- *-i*. No hace caso de si las letras son mayúsculas o minúsculas ni en el patrón ni en los ficheros de entrada.

- *-L*. Suprime la salida normal. En su lugar muestra el nombre de cada fichero de entrada donde no se encuentre ninguna concordancia y por lo tanto de cada fichero que no produciría ninguna salida. La búsqueda se detendrá al llegar a la primera concordancia.

- *-l*. Suprime la salida normal. En su lugar muestra el nombre de cada fichero de entrada que produciría alguna salida. La búsqueda se detendrá en la primera concordancia.

- *-n*. Prefija cada línea de salida con el número de línea de su fichero de entrada correspondiente.

- *-q*. Modo silencioso; suprime la salida normal. La búsqueda finaliza en la primera concordancia.

- *-v*. Invierte el sentido de la concordancia, para seleccionar las líneas donde no hay coincidencias con el patrón.

- *-w*. Selecciona solamente aquellas líneas que contienen concordancias que forman palabras completas.

- *-x*. Selecciona solamente aquellas concordancias que constan de toda la línea.

Como hemos dicho antes, el comando *grep* es muy útil para buscar entre los resultados de una orden *ls* o de una búsqueda con *find*. Esto se hace concatenando la salida de *ls* o *find* con la entrada de *grep* mediante la barra vertical |. Por ejemplo, para buscar entre el contenido del directorio actual todos los ficheros o directorios cuya fecha sea de 2010 podemos hacer *ls -l | grep 2010*. También podemos concatenar varios comandos *grep* para afinar más la búsqueda, por ejemplo, buscando solo los que sean de junio de dicho año: *ls -l | grep 2010 | grep Jun*.

La orden *whereis* sirve para buscar otros comandos. Como resultado de esta orden obtendremos la localización del ejecutable del mencionado comando y dónde se encuentran su código fuente y su manual. Su sintaxis básica es la siguiente:

whereis make

La orden *which* realiza la misma acción que *whereis* pero, en este caso, sólo descubriremos la localización del ejecutable. Su sintaxis básica es la siguiente:

which make

La orden locate es alternativa a la orden "*find*". La orden "*locate*" es mucho más rápida que "*find*" ya que buscará en la base de datos de los directorios de nuestra distribución GNU/Linux (no buscará en el HD como hace '*find*'). Su sintaxis básica es la siguiente:

locate archivo.txt

La orden *type* nos mostrará información sobre comandos usados en GNU/Linux o su localización. Por ejemplo, al escribir:

type cd

se obtiene la siguiente explicación: "*type es una función integrada en la shell*". Al escribir:

type sudo

El sistema operativo Windows también dispone de órdenes de búsqueda e información. A continuación, se presenta un resumen de dichas órdenes.

3.3.1. Órdenes de archivos y sistemas de ficheros

cacls – Permite modificar los permisos de lectura y escritura en ficheros y carpetas.

chkdsk – Comprueba el estado de una partición y repara los daños en caso de que encuentre alguno. Sin parámetros simplemente escanea e informa de errores. Para que además repare, añadimos el parámetro */F: chkdsk /F*.

cipher – Cifrado de datos en particiones NTFS.

comp – Compara archivos o carpetas y muestra las diferencias existentes entre ellos.

*compac*t – Compresor de archivos. El parámetro para la compresión es /C, el parámetro para descomprimir es /U.

convert – Conversor de particiones, convierte particiones FAT16 o FAT32 en particiones NTFS sin pérdida de datos.

defrag – Defragmentador de archivos.

diskpart – Permite crear, eliminar y administrar particiones. Este programa en modo consola debemos utilizarlo con cuidado puesto que es fácil que eliminemos sin darnos cuenta todo el contenido del disco duro o de la partición activa.

find y findstr – Comandos de busqueda de ficheros. *findstr* permite buscar cadenas de caracteres dentro de los archivos.

iexpress – Asistente para crear comprimidos .CAB.

openfiles – Muestra a un administrador los archivos abiertos en un sistema y permite desconectarlos si se han abierto a través de red.

3.3.2. Órdenes de configuración e información del sistema

bootcfg – Configurador de arranque. Simplemente modifica el archivo *boot.ini* para indicar opciones de arranque.

control userpasswords2 – Permite modificar las claves y los permisos de los diferentes usuarios, así como requerir la pulsación de control+alt+suprimir para poder iniciar sesión, haciendo el inicio de sesión más seguro.

driverquery – Crea un informe sobre los dirvers instalados en el sistema. Muestra además información detallada de cada uno.

dxdiag – Herramenta de diagnóstico de DirectX.

gpresult – Información de las políticas de grupo aplicadas a un usuario.

gpupdate – Actualizar las políticas de grupo.

pagefileconfig – Configuración de la memoria virtual de Windows.

prncnfg – Información sobre las impresoras instaladas.

prnjobs – Información sobre los trabajos de impresión en cola.

reg – Permite ver y modificar valores del registro de Windows. Sus opciones posibles son las siguientes:

   reg query: consulta en el registro

   reg add: añadir entrada

   reg delete: eliminar entrada

   reg copy: copiar clave en otro lugar del registro

   reg save: guardar parte del registro

   reg restore: restaura el registro

   reg load: cargar valor o clave desde un archivo *.reg*

   reg unload: descargar valor o clave

   reg compare: comparar valores de registro

   reg export: exportar registro a un archivo

   reg import: importar registro a un archivo

sc – Administrador de servicios, podemos detenerlos, ejecutarlos, etc.

sfc – Este comando permite buscar archivos del sistema dañados y recuperarlos en caso de que estén defectuosos (es necesario el CD de instalación del sistema operativo para utilizarlo). Para realizar una comprobación inmediata, deberemos ejecutar la orden *sfc /scannow*.

systeminfo – Muestra información sobre nuestro equipo y nuestro sistema operativo: número de procesadores, tipo de sistema, actualizaciones instaladas, etc.

taskkill – Permite matar procesos conociendo su nombre o su número de proceso (PID).

Tasklist – Informe sobre los procesos ejecutados en el sistema.

3.3.3. Sintaxis específica de las órdenes de búsqueda FIND y FINDSTR en Windows

La orden FIND busca una cadena de texto en uno o más archivos. Su sintaxis general es la siguiente:

FIND [/V] [/C] [/N] [/I] [/OFF[LINE]] "cadena" [[unidad:][ruta]archivo[...]]

/V   Muestra todas las líneas que no tengan la cadena especificada.

/C   Muestra sólo el número de líneas que contienen la cadena.

/N   Muestra el número de línea de cada línea.

/I   Omite mayúsculas/minúsculas al buscar una cadena.

/OFF[LINE]   No omite archivos con el atributo "sin conexión" establecido.
          "cadena"   Especifica el texto que se desea buscar.

[unidad:][ruta]archivo

          Especifica el o los archivos a buscar. Si no se especifica una ruta, FIND busca el texto que se escriba en el símbolo del sistema o que se canalice desde otro comando.

La orden FINDSTR busca cadenas en los archivos. Su sintaxis general es la siguiente:

FINDSTR [/B] [/E] [/L] [/R] [/S] [/I] [/X] [/V] [/N] [/M] [/O] [/P]
     [/F:archivo] [/C:cadena] [/G:archivo] [/D:lista_directorios]
     [/A:atrib_color] [/OFF[LINE]] cadenas [[unidad:][ruta]archivo[...]]

/B	Hace coincidir los modelos si están al principio de la línea.
/E	Hace coincidir los modelos si están al final de la línea.
/L	Literalmente usa cadenas de búsqueda.
/R	Usa cadenas de búsqueda como expresiones regulares.
/S	Busca archivos que coinciden en el directorio actual y en todos los subdirectorios
/I	Especifica que la búsqueda no distingue mayúsculas de minúsculas.
/X	Imprime líneas que coinciden con exactitud.
/V	Sólo imprime líneas que no contienen una correspondencia.
/N	Imprime el número de la línea antes de la línea que coincide.
/M	Sólo imprime el nombre de archivo si el archivo contiene una correspondencia.
/O	Imprime un carácter de desplazamiento antes de las líneas que coinciden.
/P	Omite archivos con caracteres que no son imprimibles.

/OFFLINE	No omite archivos con el atributo "sin conexión" establecido.
/A:atr	Especifica atributos de color con dos dígitos hexadecimales. Consulte "color /?"
/F:archivo	Lee la lista de archivos desde el archivo especificado (/ significa consola).
/C:cadena	Usa una cadena especificada como una búsqueda de cadena literal.
/G:archivo	Toma la búsqueda de archivos desde el archivo especificado (/ significa consola).
/D:dir	Busca un signo de punto y coma de la lista delimitada de directorios.
cadenas	Texto que se va a buscar.

[unidad:][ruta]archivo

    Especifica el archivo o archivos que se van a buscar.

Usa espacios para separar múltiples cadenas de búsqueda a no ser que el argumento lleve un prefijo con /C. Por ejemplo, 'FINDSTR "qué tal" x.y' busca "qué" o "tal" en el archivo x.y. 'FINDSTR /C:"qué tal" x.y' busca "qué tal" en el archivo x.y.

Expresión regular de referencia rápida:

.	Comodín: cualquier carácter.
*	Repetir: cero o más ocurrencias de un carácter previo o de clase.
^	Posición de línea: comienzo de la línea.
$	Posición de línea: fin de línea.

[clase]	Clase de carácter: cualquier carácter en la serie.
[^class]	Clase inversa: cualquier carácter que no esté en la serie.
[x-y]	Intervalo: cualquier carácter que esté dentro del intervalo especificado.
\x	Escape: uso literal de un metacarácter x.
\<xyz	Posición de palabra: principio de palabra.
xyz\>	Posición de palabra: fin de palabra.

3.4. SISTEMA DE ARCHIVOS VIRTUAL

El sistema de archivos virtual (VFS) permite al sistema operativo original soportar muchos, incluso muy diferentes, sistemas de ficheros y cada uno presentando una interfaz software común al sistema de archivos virtual. Todos los detalles del sistema de ficheros del sistema operativo original son traducidos mediante software al sistema virtual de forma que todo el sistema de ficheros parece idéntico al resto del kernel del sistema operativo original y a los programas que se ejecutan en el mismo. La capa del sistema de Ficheros Virtual de Linux permite al usuario montar de forma transparente diferentes sistemas de ficheros al mismo tiempo. La Figura 3-100 ilustra el concepto de sistema de archivos virtual.

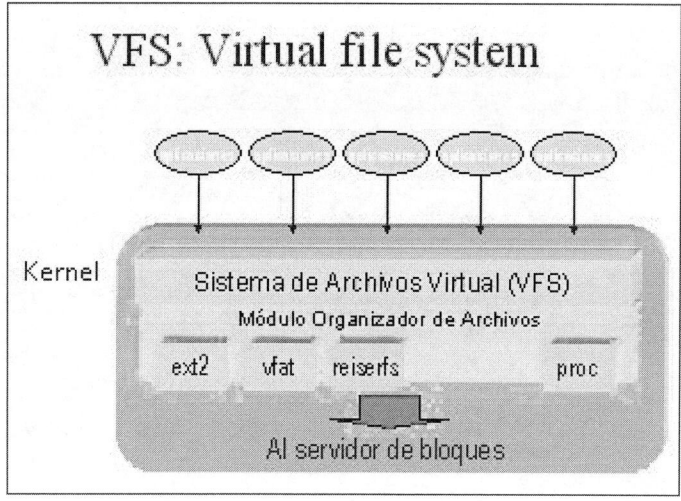

Figura 3-100

El sistema de archivos virtual mantiene una antememoria (*caché*) con información de cada sistema de ficheros montado y en uso (Figura 3-101).

La antememoria o caché más importantes es el *Buffer Cache*, que está integrado entre cada sistema de ficheros y su dispositivo de bloque. Tal y como se accede a los bloques se ponen en el Buffer Cache y se almacenan en varias colas dependiendo de sus estados. El Buffer Cache no sólo mantiene buffers de datos, también ayuda a administrar la interfaz asíncrona con los controladores de dispositivos de bloque.

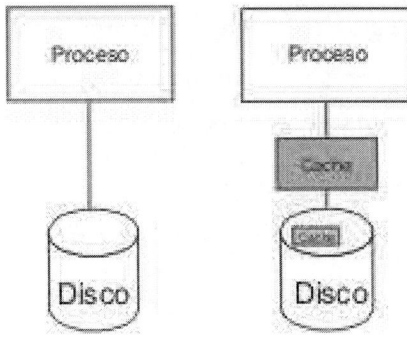

Figura 3-101

Como ventajas del sistema de archivos virtual podemos citar la estructura de datos en memoria con los bloques más frecuentemente utilizados y las lecturas adelantadas.

El sistema operativo Linux implementa el denominado *Virtual File System Cache*, (VFS Caché) para acelerar substancialmente el sistema de ficheros.

El argumento "filename" es utilizado por el VFS para buscar en una estructura denominada *Directory Entry Caché* (*dentry caché* o *dcache*), donde se almacenan referencias a los directorios utilizados

Una entrada del *dcaché* contiene un puntero a un inodo y solo residen en memoria, mientras que los inodos tienen existencia en el disco físico. El VFS implementa un buffer caché que controla los accesos a disco, realizando operaciones de lectura en avance (*look-ahead*) Existe caché de directorios, de inodos y de bloques de disco.

La Figura 3-102 ilustra el concepto de sistema de archivos virtual.

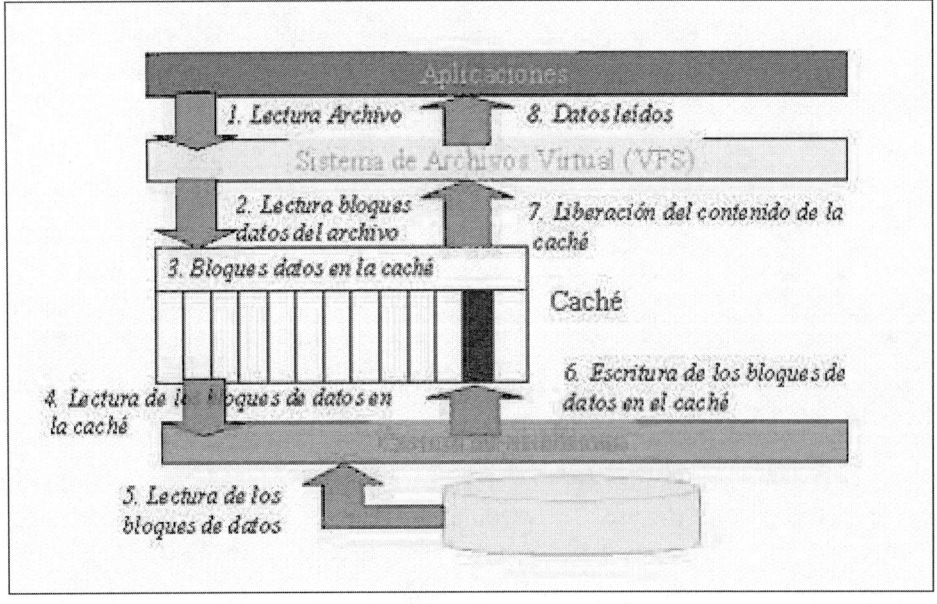

Figura 3-102

Podemos entonces decir que un sistema de archivos virtual, también llamado (conmutador de sistema de archivos virtual, es una capa de abstracción encima de un sistema de archivos más concreto. El propósito de un sistema de archivos virtual es permitir que las aplicaciones cliente tengan acceso a diversos tipos de sistemas de archivos concretos de una manera uniforme. Puede ser utilizado para tender un puente sobre las diferencias en los sistemas de archivos de Windows, de Mac OS y Unix, de modo que las aplicaciones pudieran tener acceso a archivos en los sistemas de archivos locales de esos tipos sin tener que saber a qué tipo de sistema de archivos están teniendo acceso.

Un sistema de archivos virtual especifica una interfaz entre el kernel y un sistema de archivos en concreto. Por lo tanto, es fácil agregar nuevos sistemas de archivos al kernel simplemente satisfaciendo la interfaz. Los términos de la interfaz pueden volverse incompatibles de una versión a otra, lo que requeriría que sistemas de archivos concretos fuesen recompilados, y posiblemente modificados antes de la recompilación, para permitirles trabajar con un nuevo lanzamiento del sistema operativo o el proveedor del sistema operativo pueda realizar solamente cambios retrocompatibles a la interfaz, de modo que un sistema de archivos concreto construido para un lanzamiento dado del sistema operativo trabaje con las versiones futuras del mismo sistema operativo.

En Microsoft Windows, los sistemas de archivos virtuales pueden también implementarse a través de las extensiones de consola de nombre de usuario en espacio de usuario, sin embargo, no soportan las interfaces de programación de aplicaciones del sistema de más bajo nivel de acceso de archivos, de modo que no todas las aplicaciones serán capaces de acceder sistemas de archivos que se hayan implementado como extensiones de nombre de usuario. En Linux, KIO y GNOME VFS proveen de mecanismos similares en los entornos de escritorio de KDE y de GNOME, con limitaciones similares, aunque pueden ser hechos para utilizar técnicas FUSE y por lo tanto, integrarse suavemente en el sistema.

Existen *sistemas de archivos virtuales de un solo archivo*. Se trata de sistemas de archivos virtuales de una manera tal que la ilusión de un sistema de archivos pueda ser creada usando el acceso a un solo archivo en el sistema de archivos subyacente. La ventaja primaria a este tipo de implementación es que es centralizado y fácil de quitar. Un sistema de archivos virtual de un solo archivo puede incluir todas las características básicas esperadas de cualquier sistema de archivos (virtual o de otra manera), pero el acceso a la estructura interna de estos sistemas de archivos se limita a menudo a los programas escritos específicamente para hacer uso el sistema de archivos virtual del archivo único (en vez de la implementación a través de un driver permitiendo el acceso universal). Otra desventaja importante es que el funcionamiento es relativamente bajo cuando está comparado a otros sistemas de archivos virtuales.

ACTIVIDADES PROPUESTAS

Actividad 1. Especifica la estructura de directorios en Windows 10.

Actividad 2. Especifica la estructura de directorios en Windows 11.

Actividad 3. Especifica los procesos de búsqueda de información en Windows 10.

Actividad 4. Especifica los procesos de búsqueda de información en Windows11.

Actividad 5. Describe la herramienta de Información del Sistema y estadísticas como Herramienta del Sistema en Windows 10.

Actividad 6. Describe la herramienta de Información del Sistema y estadísticas como Herramienta del Sistema en Windows 11.

Actividad 7. Presenta ejemplos de la utilización de las órdenes *find* y *findstr* sobre Windows.

## CAPÍTULO 4

INSTALACIÓN, CONFIGURACIÓN Y USO DE SERVIDORES DE ACCESO Y ADMINISTRACIÓN REMOTA

Contenidos

4.1. TERMINALES EN MODO TEXTO

Un terminal en modo texto es una forma de acceder al sistema sin utilizar la interfaz gráfica, con la finalidad de realizar todo tipo de tareas en formato texto. La forma de utilizar el sistema de este modo es mediante órdenes. El terminal muestra en pantalla un indicador de línea de órdenes (*prompt*) esperando que el usuario introduzca una orden. Este indicador finaliza generalmente por un caracter $, cuando eres un usuario normal, o # cuando eres un súper usuario (administrador). El *prompt* se puede configurar a medida.

En Linux, cuando iniciamos el sistema por primera vez nos encontramos con la pantalla de bienvenida en modo gráfico. Para acceder a las terminales de modo texto simplemente tenemos que presionar la combinación de teclas siguiente:

CTRL+ALT+TECLAFUNCIONx

siendo *x* un número del 1 al 6 para cada tecla de función (F1, F2, F3, F4, F5, F6). De esta manera el sistema automáticamente abrirá una terminal en modo texto (por lo general, una pantalla negra con letras blancas).

La palabra *login* aparecerá ante nosotros y entonces tendremos la oportunidad de ingresar nuestro nombre de usuario y contraseña para poder utilizar dicha terminal virtual de modo texto.

Desde el modo texto para pasar a otra terminal virtual simplemente debemos presionar la combinación de teclas:

ALT+TECLAFUNCIONx

Respecto a la terminal que se estaba utilizando, no ocurre nada. Todos los programas quedan en ejecución, por lo que en cualquier momento podemos volver a la terminal anterior para continuar operando la aplicación que teníamos abierta en dicho espacio virtual.

Finalmente, para volver de una terminal de texto a una terminal gráfica, debemos presionar la siguiente combinación de teclas:

ALT+F7

En GNU/Linux disponemos de las llamadas terminales virtuales, que son como varias computadoras dentro de la nuestra. En cada una de ellas podemos registrarnos con usuario y contraseña y en cada una de ellas podemos tener una cantidad determinada de programas abiertos. Por defecto, las distribuciones de GNU/Linux incluyen aproximadamente seis terminales virtuales en modo texto y una sola para el modo gráfico, pero esto es totalmente configurable por el usuario.

Para abrir una terminal virtual desde el modo gráfico accediendo a *Aplicaciones---->Accesorios---->Terminal* según se indica en la Figura 4-1.

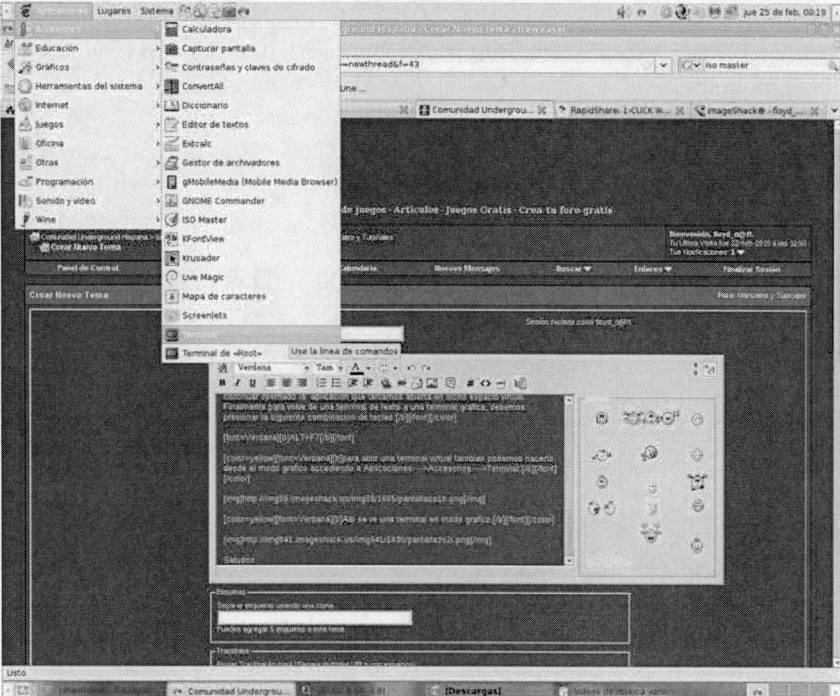

Figura 4-1

La terminal virtual en modo texto se abre sobre el modo gráfico, obteniéndose el aspecto de la Figura 4-2. A partir, de ahora, sobra l terminal en modo textp se puede realizar todo el trabajo que sea necesario en modo comandos.

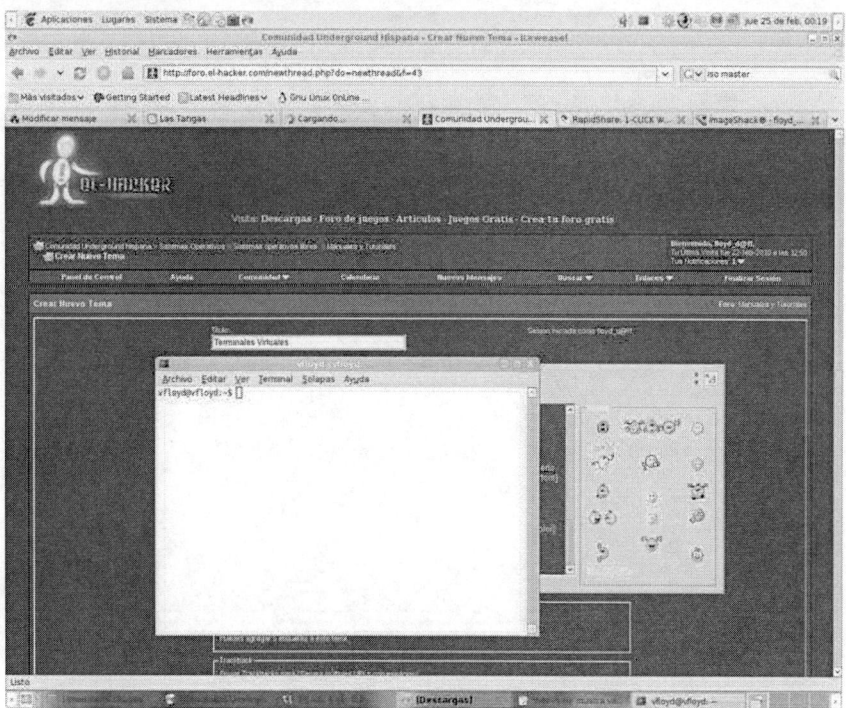

Figura 4-2

En los sistemas operativos Windows podemos abrir el terminal en modo texto mediante *Inicio* → *Todos los programas* → *Accesorios* → *Símbolo del sistema* (Figura 4-3). Obtenemos la pantalla de la Figura 4-4, que muestra la terminal en modo texto sobre la terminal gráfica.

En todo momento se puede trabajar en ambas terminales. Para pasar de una a otra basta con situarse con el ratón sobre la terminal deseada. Se puede trabajar simultáneamente en ambas sin que existan interferencias entre las mismas.

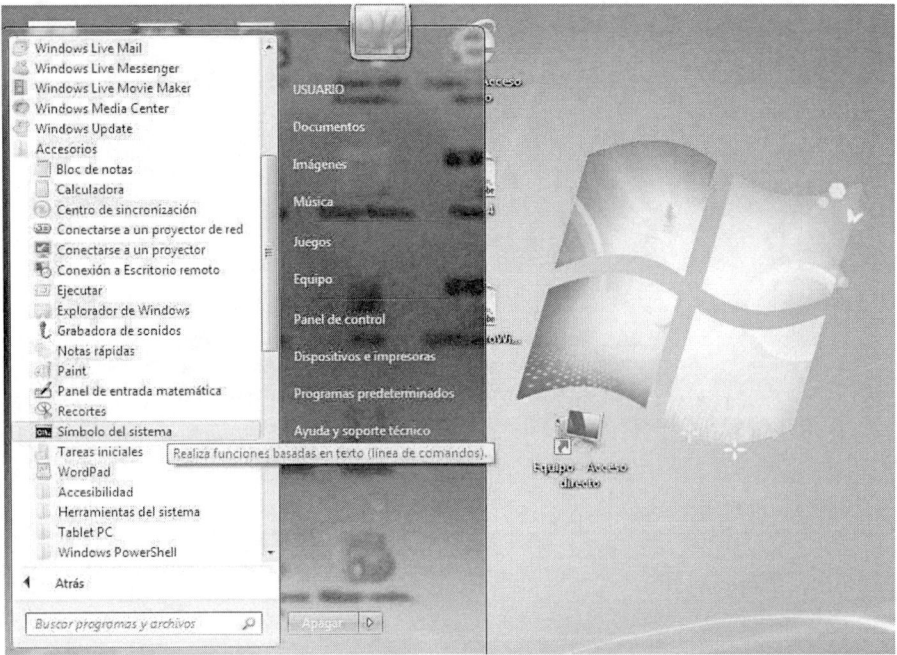

Figura 4-3

Figura 4-4

Para salir de la terminal en modo texto basta teclear el comando *exit* y pulsar *Enter* (Figura 4-5). Windows volverá al modo gráfico automáticamente y en cualquier momento será posible volver a la terminal en modo texto de la forma que ya hemos indicado.

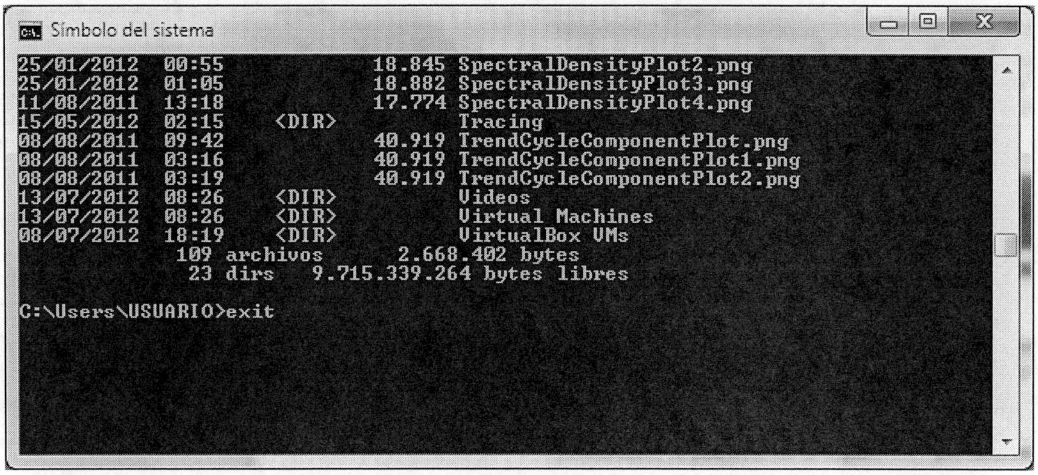

Figura 4-5

4.2. ESCRITORIO REMOTO

Escritorio remoto permite a los demás usuarios de una red conectarse al equipo central proporcionando el nombre o la dirección IP del equipo y, generalmente, las credenciales de inicio de sesión. Los usuarios conectados ven el escritorio del equipo remoto y pueden usar los programas instalados como si se estuvieran ejecutando en un equipo local.

4.2.1. Administración de sesiones de usuarios remotos

En Windows Server los usuarios remotos pueden utilizar Terminal Services o el escritorio remoto para conectarse con otros sistemas. Terminal Services permite conexiones remotas con terminales de otros sistemas. El escritorio remoto permite administrar servidores remotos como si se estuviese delante del teclado. Windows Server permite automáticamente las conexiones de escritorio remoto.

La ficha *Usuarios* (Figura 4-6) del *Administrador de tareas de Windows* muestra las sesiones interactivas tanto de usuarios locales como remotos. Para cada usuario conectado se muestra su nombre, *el* identificador de la sesión, su estado, el equipo en el que se originó la conexión y el tipo de sesión. El botón *Conectar* conecta al usuario si su sesión no está inactiva, el botón *Desconectar* desconecta al usuario deteniendo, sin guardar sus datos, todas las aplicaciones que hubiese puesto en marcha, el botón *Cerrar sesión* cierra la sesión del usuario mediante el procedimiento normal guardándose las aplicaciones y el estado del sistema, el botón *Control remoto* asigna la combinación de teclas utilizadas para finalizar las sesiones de control remoto y el botón *Enviar mensaje* envía un mensaje de consola al sistema de los usuarios con sesiones abiertas.

Se *puede* abrir el Administrador de tareas haciendo clic con el botón secundario del ratón en una zona en blanco de la barra de tareas y, a continuación, en *Administrador de tareas* en el menú emergente resultante (Figura 4-7), o bien presionando las teclas CTRL+MAYÚS+ESC. Otra alternativa consiste en teclear *taskmrg* en el cuadro de texto *Iniciar búsqueda* del botón *Inicio* (Figura 4-8). Una última alternativa para iniciar el Administrador de tareas consiste en teclear CTRL+ALT+SUPR y hacer clic sobre la opción *Iniciar el administrador de tareas*.

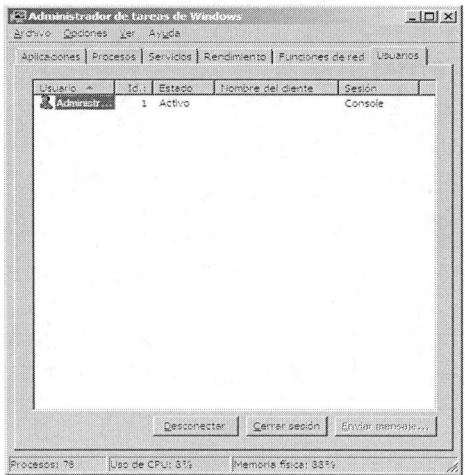

Figura 4-6

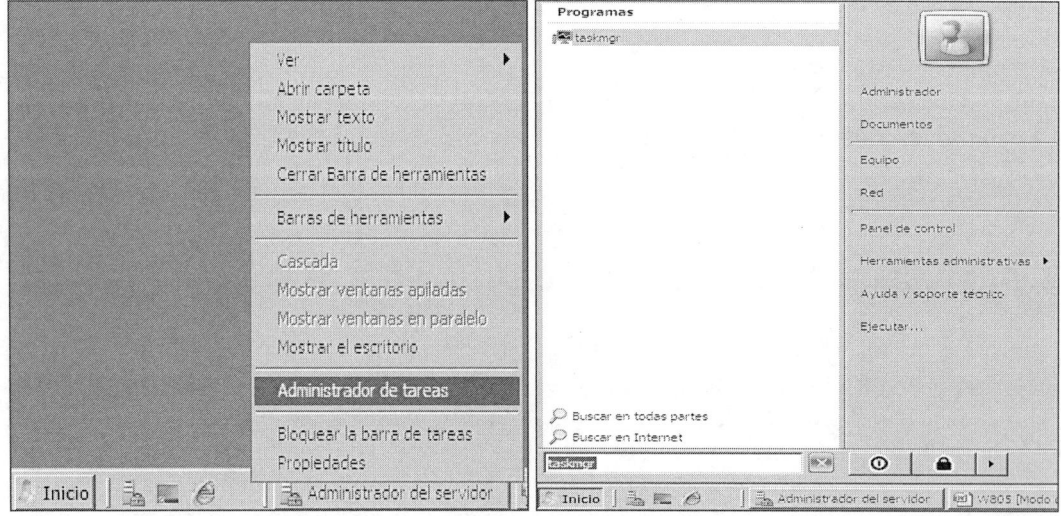

Figura 4-7   Figura 4-8

4.2.2. Habilitar escritorio remoto en Windows Server

Windows Server presenta la consola Tareas de configuración inicial (Figura 4-9) al concluir la instalación del sistema operativo.

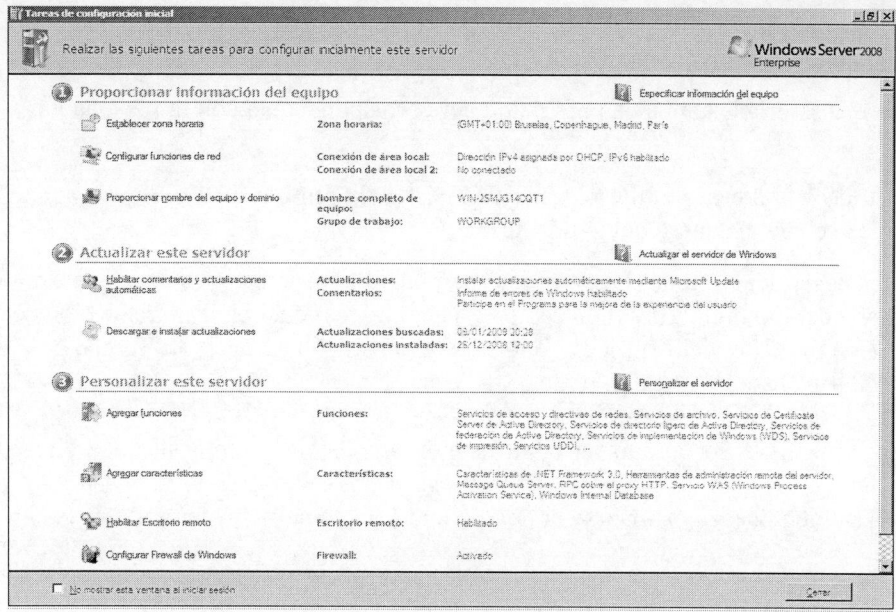

Figura 4-9

La opción *Habilitar escritorio remoto* de la ventana *Tareas de configuración inicial* abre el cuadro de diálogo *Propiedades del sistema* y muestra la ficha *Remoto* (Figura 4-10).

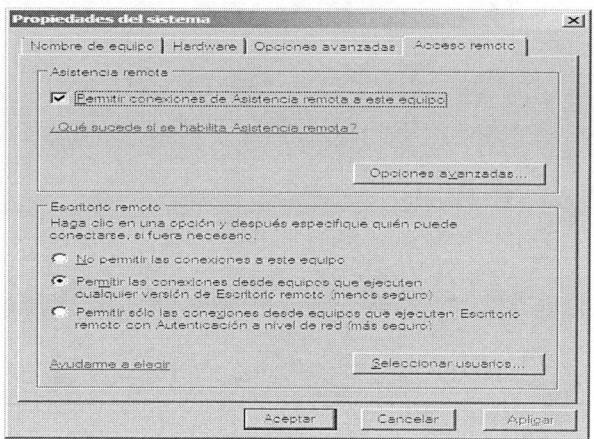

Figura 4-10

Escritorio remoto permite a los demás usuarios de una red conectarse al equipo proporcionando el nombre o la dirección IP del equipo y, generalmente, las credenciales de inicio de sesión. Los usuarios conectados ven el escritorio del equipo remoto y pueden usar los programas instalados como si se estuvieran ejecutando en un equipo local. La opción *Habilitar escritorio remoto* se incluye en la ventana *Tareas de configuración inicial* para reducir el número de pasos de implementación necesarios para los administradores que configuran Terminal Services en su empresa.

Para habilitar *Asistencia remota de Windows*, active la casilla *Permitir conexiones de Asistencia remota a este equipo* en la ficha *Acceso remoto* en *Propiedades del sistema* (Figura 9-5). Cuando activa esta casilla, se habilitan las siguientes funcionalidades:

- Enviar y recibir invitaciones de Asistencia remota de Windows mediante un correo electrónico o un archivo.

- Usar la mensajería instantánea para mantener correspondencia con la persona a la que ayuda o que le ayuda.

- Firewall de Windows permite el paso de Asistencia remota de Windows, por lo que puede comunicarse con el equipo del ayudante.

- Se inicia el servicio Teredo. Este servicio permite al ayudante conectarse a su equipo mediante la mayoría de los enrutadores (con cables e inalámbricos) que realizan traducción de direcciones de red (NAT). El servicio entra en contacto con un servidor Microsoft Teredo para obtener una dirección IPv6 para la conexión remota.

Para habilitar que nuestro equipo se controla por Asistencia remota se hace clic en *Opciones avanzadas* en la Figura 4-10 y se activa la casilla *Permitir que este equipo se conecte de forma remota* (Figura 4-11). También puede gestionarse el tiempo que pueden permanecer abiertas las invitaciones.

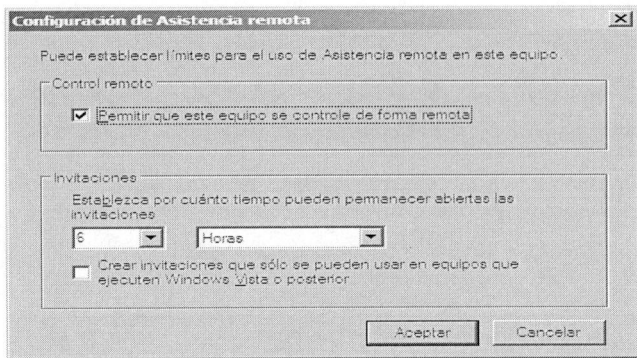

Figura 4-11

4.2.3. Trabajar con escritorio remoto en Windows Server

Para permitir las conexiones remotas únicamente con fines administrativos, no es necesario instalar un servidor de Terminal Server. En su lugar, se habilita *Escritorio remoto* en el equipo que se desea administrar de forma remota. Para ello, inicie la herramienta *Sistema* haciendo clic en *Inicio*, en *Ejecutar* y escribiendo *control system* (Figura 4-12). A continuación, haga clic en *Aceptar (Enter)*.

En *Tareas*, haga clic en *Configuración de acceso remoto* (Figura 4-13). En el cuadro de diálogo *Propiedades del sistema*, en la ficha *Acceso remoto* (Figura 4-14), Dependiendo del entorno, haga clic en *Permitir las conexiones desde equipos que ejecuten cualquier versión de Escritorio remoto* (menos seguro) o *Permitir sólo las conexiones desde equipos que ejecuten Escritorio remoto con Autenticación a nivel de red* (más seguro). Haga clic en *Seleccionar usuarios* para agregar los usuarios y grupos que necesitan conectarse al equipo con Escritorio remoto. Los usuarios y grupos que añada se agregarán al grupo *Usuarios de escritorio remoto*.

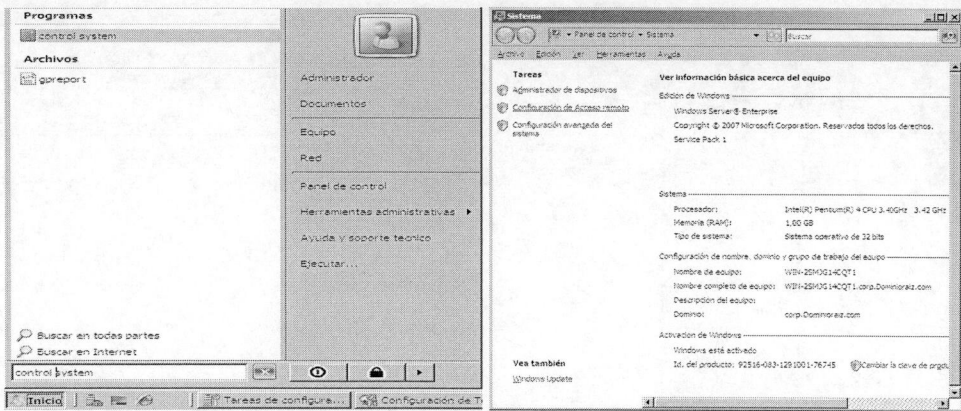

Figura 4-12   Figura 4-13

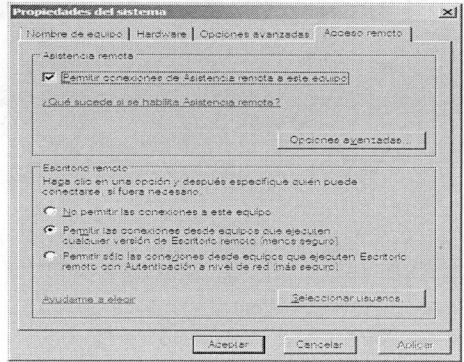

Figura 4-14

Para realizar conexiones a escritorios remotos, se utiliza la herramienta *Escritorios remotos*, que se ejecuta mediante *Inicio → Herramientas administrativas → Escritorios remotos* (Figura 4-15). Se obtiene la consola *Escritorios remotos* de la Figura 4-16.

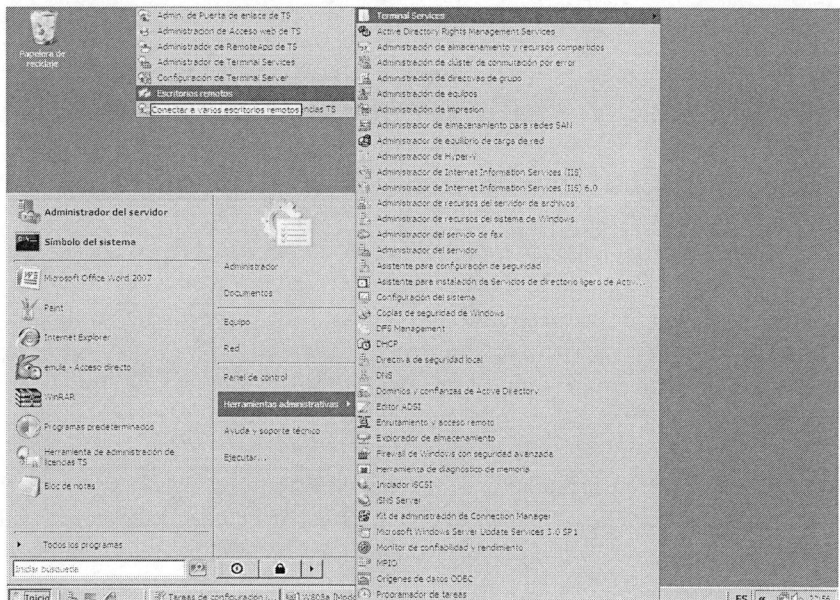

Figura 4-15

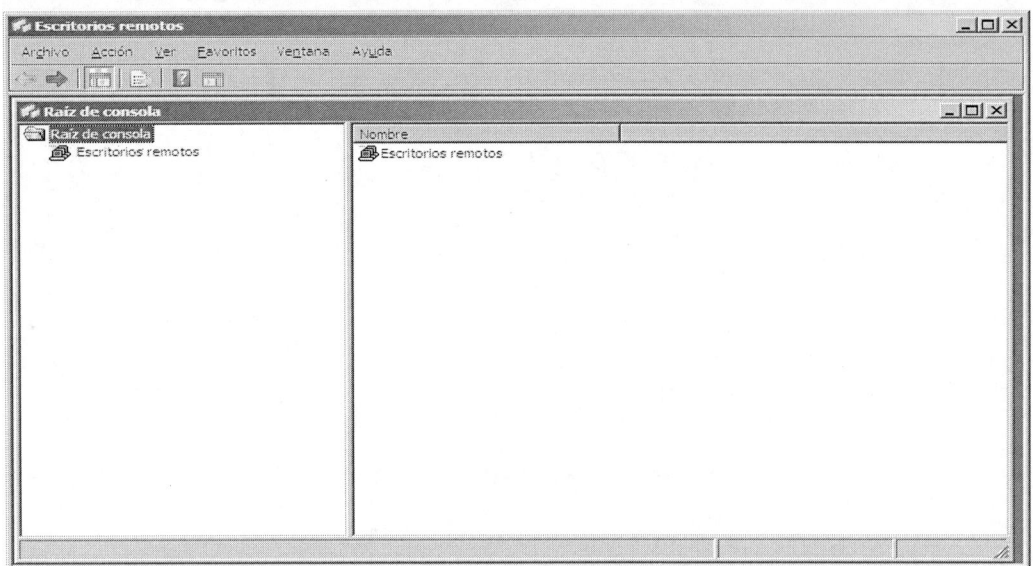

Figura 4-16

El complemento *Escritorios remotos* permite administrar *Conexiones a Escritorio remoto* para los servidores de Terminal Server y otros equipos. Si usa este complemento, podrá administrar varios equipos desde una sola ubicación remota.

Para *agregar una conexión nueva*, inicie el complemento Escritorios remotos (*Inicio →
Herramientas administrativas → Escritorios remotos*) y en el árbol de consola, haga clic con el botón secundario en *Escritorios remotos* y, a continuación, en *Agregar nueva conexión* (Figura 4-17). En *Conexión* (Figura 4-18), en el cuadro *Escriba un nombre de equipo o dirección IP*, escriba el nombre o la dirección IP del equipo al que desee conectarse. Además, puede hacer clic en *Examinar* para buscar el equipo, presionar en el nombre del equipo y, a continuación, pulsar en *Aceptar*. Como alternativa, en el cuadro *Nombre de la conexión*, puede escribir un nombre descriptivo para la conexión. De manera predeterminada, el nombre de la conexión es el mismo que el que escribió en el cuadro *Escriba un nombre de equipo o dirección IP*. De forma predeterminada, se activa la casilla *Conectar con la opción /admin*. La pertenencia al grupo Administradores del equipo remoto es el requisito mínimo para conectarse a una sesión con la opción */admin*. Si no desea conectarse a una sesión con la opción */admin*, desactive la casilla *Conectar con la opción /admin*. En *Información de inicio de sesión*, haga en el cuadro *Nombre de usuario*, escriba el nombre de usuario de la cuenta con la que desee iniciar sesión, o bien, puede dejar el cuadro *Nombre de usuario* vacío y especificar el nombre de usuario al conectarse. Si desea guardar las credenciales para iniciar sesión automáticamente en el equipo, active la casilla *Permitirme guardar credenciales*. Si activa esta casilla, las credenciales se guardarán la próxima vez que se conecte al equipo remoto mediante el complemento *Escritorios remotos*. Al finalizar, haga clic en *Aceptar*.

Para *iniciar* o *conectarse a una sesión*, abra el complemento Escritorios remotos y en el árbol de consola, expanda *Escritorios remotos* y haga clic en el nombre del equipo al que desee conectarse. Si la conexión no se inicia en unos segundos, pulse con el botón secundario en el nombre del equipo y, más tarde, haga clic en *Conectar*. Si se le piden credenciales, escriba las credenciales de inicio de sesión y, por último, pulse en *Aceptar*.

Para *desconectarse de una sesión*, en el árbol de consola del complemento Escritorios remotos, haga clic con el botón secundario en el nombre de la conexión que desee desconectar y pulse en *Desconectar*.

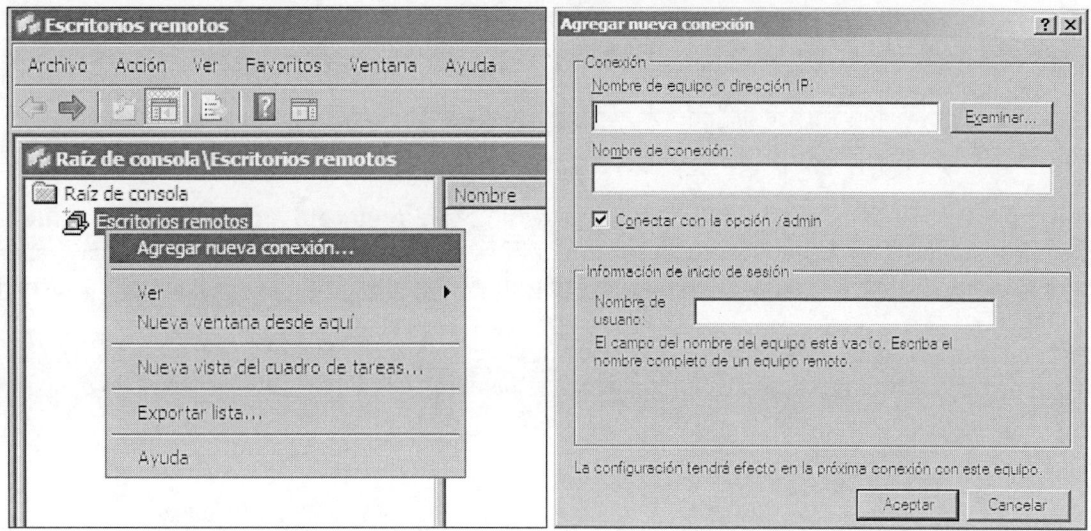

Figura 4-17   Figura 4-18

Para *modificar una conexión existente* abra el complemento Escritorios remotos y en el árbol de consola, expanda Escritorios remotos, haga clic con el botón secundario en la conexión que desea modificar y, a continuación, en *Propiedades*. Realice las modificaciones que desee. Haga clic en la ficha *General* para modificar el nombre del equipo o la conexión, para conectarse a una sesión con la opción */admin* o para modificar la información de inicio de sesión. En *Información de inicio de sesión*, si no guardó las credenciales de inicio de sesión, puede activar la casilla *Permitirme guardar credenciales*. Las credenciales se guardarán la próxima vez que se conecte al equipo remoto mediante el complemento Escritorios remotos. Si ya tiene las credenciales de inicio de sesión guardadas, puede hacer clic en *Editar* o *Eliminar* para modificar o quitar las credenciales. Si guardamos las credenciales, pero deseamos iniciar sesión temporalmente como otro usuario, podemos activar la casilla *Solicitar siempre credenciales*. Para volver a usar las credenciales guardadas, desactive esta casilla. Haga clic en la ficha *Opciones de pantalla* para modificar el tamaño del escritorio. Pulse en la ficha *Otros* para configurar o modificar un programa que se inicie al conectarse, modificar el método de autenticación o modificar la configuración de redirección de la unidad. Al finalizar, haga clic en *Aceptar*.

Para *especificar que se inicie un programa* al conectarse, abra el complemento Escritorios remotos y en el árbol de consola, expanda *Escritorios remotos*. Pulse con el botón secundario en la conexión que desee configurar y, a continuación, haga clic en *Propiedades*. Si se va a conectar a un equipo que ejecuta Windows Server o Windows, desactive la casilla *Conectar con la opción /admin* de la ficha *General*. En la ficha *Otros*, vaya a *Iniciar un programa* y haga clic para activar la casilla *Iniciar el siguiente programa al conectarse*. Especifique la ruta de acceso del programa, el nombre de archivo y el directorio de trabajo. Si no especifica que se inicie el programa, la conexión se inicia en el escritorio de Windows. Para permitir que el equipo remoto tenga acceso a las unidades del equipo local, haga clic para activar la casilla *Redirigir unidades locales cuando se inicie la sesión en el equipo remoto*. Pulse en *Aceptar*.

Para eliminar una conexión, abra el complemento Escritorios remotos y en el árbol de consola expanda *Escritorios remotos*. Haga clic con el botón secundario en la conexión que desee eliminar y, a continuación, en *Eliminar*.

4.2.4. Escritorio remoto en Linux

El escritorio remoto que ofrece Windows está basado en implementaciones del protocolo VNC (*Virtual Network Computing*) desarrollado para permitir el acceso a máquinas de forma remota.

Para implementar el escritorio remoto en Linux se utiliza el protocolo X11VNC, que permite una integración completa con las bondades del servidor X11 (servidor de entorno gráfico mayormente utilizado en Linux), con lo que a diferencia de con otras implementaciones, lograremos una mejor experiencia gráfica.

La instalación de este protocolo en Linux depende de cómo se instalen los paquetes en el sistema, incluso el nombre de los paquetes puede variar entre diferentes distribuciones. Una sintaxis más o menos estándar sería la siguiente:

> *# pacman -S x11vnc ssh vnc*

A continuación, como el protocolo trabaja bajo una arquitectura cliente-servidor, lo único necesario es arrancar el servidor en la maquina a la cual queremos controlar. Una sintaxis estándar podría ser la siguiente:

> *$ x11vnc -display :0*

Del lado del cliente solo sería necesario acceder al servidor con un cliente cualquiera, por ejemplo, el cliente por defecto. La sintaxis para el acceso puede ser:

> *$ vncviewer*

Después de indicarle la *ip* de la maquina a la que se desea acceder, tendremos ya la conexión a escritorio remoto (Figura 4-19).

Desde la ventana del escritorio remoto se puede controlar en tiempo real la máquina a la que accede.

Para agregar al escritorio remoto una contraseña podríamos hacer lo siguiente:

$ mkdir ~/.x11vnc
$ x11vnc -storepasswd password ~/.x11vnc/passwd

La forma de arrancar el servidor sería ahora mediante la sintaxis:

> *$ x11vnc -display :0 -auth ~/.Xauthority -rfbauth ~/.x11vnc/passwd -many*

Figura 4-19

4.3. PROTOCOLOS DE ACCESO REMOTO Y PUERTOS IMPLICADOS

Un protocolo es un conjunto de reglas o reglamentaciones que se deben seguir. Este concepto de protocolo es válido incluso por fuera del contexto de los computadores. Los protocolos en el ejército o en la política, son un conjunto de reglas que se deben cumplir para que finalmente haya orden y progreso. Los protocolos en el contexto de los computadores varían dependiendo de dónde sucede la comunicación. De modo que los protocolos de acceso remoto son conjuntos de reglas y reglamentaciones que se han acordado y que se deben seguir cuando nos estemos comunicando a través de líneas telefónicas.

4.3.1. Protocolos de acceso remoto en Windows

En Windows podemos establecer una conexión remota utilizando el acceso remoto mediante conexión telefónica o mediante una red privada virtual VPN. Para establecer una conexión de acceso remoto en una red de Windows podemos seleccionar protocolos de acceso telefónico o protocolos VPN. Estos protocolos de acceso remoto proporcionan interoperabilidad con componentes de acceso remoto de terceros.

4.3.2. Funciones de red en Windows Server

Las tecnologías de conexión en red en Windows Server están diseñadas para admitir desde configuraciones de redes pequeñas entre oficinas a las grandes estructuras de empresas. Microsoft Windows Server ofrece una amplia gama de tecnologías que satisfacen las necesidades de los entornos conectados actuales que presentan complejidad creciente.

En Windows Server se facilita el trabajo con redes TCP/IP. TCP/IP es un conjunto de protocolos estándar del sector diseñado para permitir las comunicaciones en redes en toda la empresa e internet. Existen dos versiones de TCP/IP admitidas por Windows Server: TCP/IP con protocolo de internet versión 4 (IPv4) y TCP/IP con protocolo de internet versión 6 (IPv6).

IPv4 es un conjunto de protocolos y estándares cuyo uso está muy difundido actualmente tanto en internet como en redes privadas. IPv4 tiene un espacio de direcciones relativamente pequeño que se está agotando rápidamente a medida que el uso de internet aumenta. La necesidad de más direcciones IP y compatibilidad para tecnologías de red más nuevas son los factores que motivan la adopción de IPv6 que es un conjunto de protocolos y estándares que admite un espacio de direcciones mucho mayor que IPv4. IPv6 tiene direcciones IP de origen y destino de 128 bits (16 bytes). En contraste, IPv4 tiene direcciones IP de origen y destino de 32 bits (4 bytes). IPv6 ofrece muchas otras mejoras de seguridad y eficacia.

En Windows Server, las tecnologías de enrutamiento administran el flujo de datos entre segmentos de la red, también denominados subredes. Estas tecnologías de enrutamiento incluyen enrutamiento de unidifusión y de multidifusión. El enrutamiento de unidifusión es el reenvío del tráfico destinado a una única ubicación de una red desde un host de origen hasta un host de destino mediante enrutadores. En la actualidad, la mayor parte del tráfico de red mundial se realiza a través de redes de protocolo de internet versión 4 (IPv4). Además, la mayor parte del tráfico iniciado por los usuarios a través de redes IPv4 es tráfico de unidifusión. El enrutamiento IP de unidifusión se produce en todas las redes IP conectadas mediante enrutadores.

Por otro lado, la *multidifusión* es el envío de tráfico de red a un grupo de extremos. Sólo los miembros del grupo de extremos que escuchen el tráfico de multidifusión (el grupo de multidifusión) procesan dicho tráfico. Todos los demás nodos omiten el tráfico de multidifusión. El concepto de la pertenencia a grupos es fundamental en la multidifusión IP. Los datagramas de multidifusión IP se envían a un grupo, y sólo los miembros del grupo los reciben. Un grupo se identifica mediante una sola dirección de multidifusión IP, que es una dirección IP en el intervalo de clase D, de 224.0.0.0 a 239.255.255.255. Estas direcciones de clase D se denominan direcciones de grupo. Un host de origen envía datagramas de multidifusión a una dirección de grupo. Los hosts de destino comunican a un enrutador local que necesitan unirse al grupo.

El *acceso remoto* es otra de las potencialidades de Windows Server. El acceso remoto contiene información acerca de la compatibilidad de Windows Server con soluciones de acceso remoto, incluidos *Red privada virtual (VPN), Acceso telefónico remoto, Telnet* y *VPN*.

Las *redes privadas virtuales (VPN)* son conexiones punto a punto a través de una red privada o pública, como internet. Los clientes VPN usan protocolos especiales basados en TCP/IP, denominados protocolos de túnel, para realizar llamadas virtuales a un puerto virtual en un servidor VPN. En una implementación VPN típica, un cliente inicia una conexión punto a punto virtual con un servidor de acceso remoto a través de internet. El servidor de acceso remoto responde a la llamada, autentica al usuario que realiza la llamada y transfiere datos entre el cliente VPN y la red privada de la organización. Para emular un vínculo punto a punto, los datos se encapsulan o se incluyen en un contenedor, con un encabezado. El encabezado proporciona la información de enrutamiento que permite a los datos recorrer la red compartida o pública hasta alcanzar su extremo. Para emular un vínculo privado, los datos enviados se cifran por motivos de confidencialidad. Los paquetes interceptados en la red compartida o pública no se pueden descifrar sin las claves de cifrado. El vínculo en el que los datos privados están encapsulados y cifrados se denomina conexión VPN.

El *Acceso telefónico remoto* permite a los clientes de acceso remoto conectarse a una red. Los clientes de acceso remoto usan la infraestructura de telecomunicaciones disponible para crear un circuito físico o virtual temporal a un puerto en un servidor de acceso remoto conectado a una red. Una vez establecida la conexión entre el cliente de acceso remoto y el servidor de acceso remoto, el servidor de acceso remoto reenvía paquetes entre el cliente de acceso remoto y la red.

Telnet es un protocolo que permite las conexiones remotas desde un cliente de acceso remoto a un host. Se puede usar un símbolo del sistema local en un cliente de acceso remoto para ejecutar programas de la línea de comandos, comandos del shell y scripts en una sesión de la consola de comandos remota.

Otra característica importante para el trabajo con redes en Windows Server es el *servicio Monitor de red* que contiene información acerca de los servicios de supervisión de la red admitidos por Windows Server. Estos servicios incluyen *Protocolo simple de administración de redes (SNMP), Calidad de servicio (QoS) basada en directiva* y *Protocolo simple de administración de redes (SNMP)*.

El *Protocolo simple de administración de redes (SNMP)* es una infraestructura y un protocolo de administración de redes ampliamente usados en redes TCP/IP para supervisar, configurar y solucionar problemas de recursos de redes remotamente desde un sistema de administración SNMP con una ubicación centralizada.

Calidad de servicio (QoS) es un conjunto de requisitos de servicio que una red debe cumplir para asegurar un nivel de servicio adecuado para la transmisión de datos. QoS permite a los programas en tiempo real aprovechar de la forma más eficaz el ancho de banda de la red.

En cuanto a acceso y seguridad de redes, Windows Server proporciona compatibilidad para las soluciones de acceso a redes seguras, incluidos *Conexiones cableadas e inalámbricas autenticadas mediante 802.1X, Connection Manager* y *Firewall de Windows con seguridad avanzada*.

Para las *conexiones inalámbricas*, el conjunto de estándares IEEE 802.11 permite la extensión de una red LAN cableada para que incluya clientes móviles inalámbricos.

Connection Manager proporciona a los administradores la posibilidad de crear conexiones que tengan una interfaz de usuario uniforme en todos los sistemas operativos de Windows, usar protocolos de autenticación específicos, buscar programas necesarios, comprobar la configuración del Registro, actualizar archivos y libretas de teléfonos o realizar cualquier combinación de estas tareas. El uso del Kit de administración de Connection Manager (CMAK) disponible en Windows y Windows Server proporciona numerosas ventajas de las que carece la creación manual de conexiones.

Firewall de Windows con seguridad avanzada es una combinación de firewall de host y protocolo de seguridad de internet (IPsec). A diferencia de un firewall perimetral, Firewall de Windows con seguridad avanzada se ejecuta en todos los equipos con Microsoft Windows o Windows Server y proporciona protección local frente a los ataques de red que puedan pasar a través de la red perimetral u originarse dentro de la organización. También proporciona una seguridad de conexión entre equipos que permite exigir autenticación y protección de datos para todas las comunicaciones.

4.3.3. Red privada virtual (VPN)

Las redes privadas virtuales (VPN) son conexiones punto a punto a través de una red privada o pública, como internet. Los clientes VPN usan protocolos especiales basados en TCP/IP, denominados protocolos de túnel, para realizar llamadas virtuales a un puerto virtual en un servidor VPN.

En una implementación VPN típica, un cliente inicia una conexión punto a punto virtual con un servidor de acceso remoto a través de internet. El servidor de acceso remoto responde a la llamada, autentica al usuario que realiza la llamada y transfiere datos entre el cliente VPN y la red privada de la organización.

Para emular un vínculo punto a punto, los datos se encapsulan, o se ajustan, con un encabezado. El encabezado proporciona la información de enrutamiento que permite a los datos recorrer la red compartida o pública hasta alcanzar su extremo. Para emular un vínculo privado, los datos enviados se cifran por motivos de confidencialidad. Los paquetes interceptados en la red compartida o pública no se pueden descifrar sin las claves de cifrado. El vínculo en el que los datos privados están encapsulados y cifrados se denomina conexión VPN (Figura 4-20).

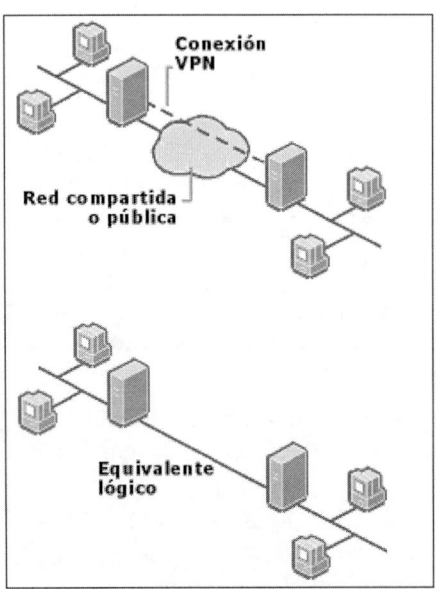

Figura 4-20

Existen dos tipos de conexiones VPN: VPN de acceso remoto y VPN de sitio a sitio.

Las *conexiones VPN de acceso remoto* permiten a los usuarios que trabajan desde casa o que están de viaje tener acceso a un servidor de una red privada con la infraestructura proporcionada por una red pública, como, por ejemplo, internet. Desde el punto de vista del usuario, la VPN es una conexión punto a punto entre el equipo (el cliente VPN) y un servidor de la organización. La infraestructura exacta de la red compartida o pública es irrelevante, ya que aparece lógicamente como si los datos se enviaran a través de un vínculo privado dedicado.

Las *conexiones VPN de sitio a sitio* (también conocidas como conexiones VPN de enrutador a enrutador) permiten a las organizaciones tener conexiones enrutadas entre distintas oficinas o con otras organizaciones a través de una red pública a la vez que se mantiene la seguridad de las comunicaciones. Una conexión VPN enrutada a través de internet funciona lógicamente como un vínculo de red de área extensa (WAN) dedicado. Cuando las redes se conectan a través de internet, tal como se muestra en la siguiente imagen, el enrutador reenvía paquetes a otro enrutador a través de una conexión VPN. Para los enrutadores, la conexión VPN funciona como un vínculo en el nivel de vínculo de datos.

Una conexión VPN de sitio a sitio conecta dos partes de una red privada. El servidor VPN proporciona una conexión enrutada a la red a la que está conectada el servidor VPN. El enrutador que realiza la llamada (el cliente VPN) se autentica a sí mismo en el enrutador que responde (el servidor VPN) y, para realizar una autenticación mutua, el enrutador que responde se autentica a sí mismo en el enrutador que realiza la llamada. En una conexión VPN de sitio a sitio, los paquetes enviados desde cualquiera de los enrutadores a través de la conexión VPN por lo general no se originan en los enrutadores. En la Figura 4-21 se presenta una conexión mediante VPN de dos sitios remotos a través de internet.

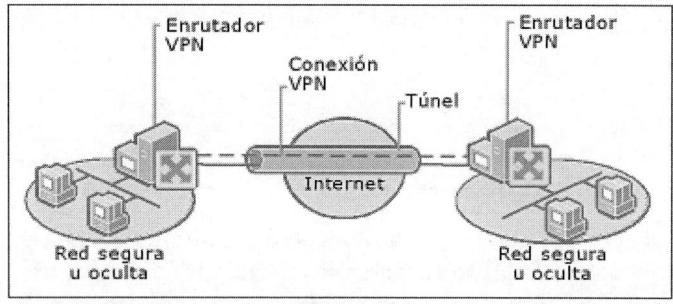

Figura 4-21

Las conexiones VPN que usan PPTP, L2TP/IPsec y SSTP presentan las propiedades de encapsulación, autenticación y cifrado de datos.

En cuanto a la *encapsulación*, con la tecnología VPN los datos privados se encapsulan con un encabezado que contiene información de enrutamiento que permite a los datos recorrer la red de tránsito.

La *autenticación* para las conexiones VPN adquiere una primera forma denominada *Autenticación en el nivel de usuario con autenticación PPP*. Para establecer la conexión VPN, el servidor VPN autentica el cliente VPN que intenta realizar la conexión con un método de autenticación en el nivel de usuario de protocolo punto a punto (PPP) y comprueba que el cliente VPN tiene la autorización adecuada. Si se usa la autenticación mutua, el cliente VPN también autenticará el servidor VPN, lo que proporciona protección contra equipos que se hacen pasar por servidores VPN.

Una segunda forma de autenticación es la *Autenticación en el nivel de equipo con el Intercambio de claves por red* (IKE). Para establecer una asociación de protocolo de seguridad de internet (IPsec), el cliente VPN y el servidor VPN usan el protocolo IKE para intercambiar los certificados de equipo o una clave previamente compartida. En cualquiera de los casos, el cliente y el servidor VPN se autentican mutuamente en el nivel de equipo. La autenticación de certificados de equipo es muy recomendable porque es un método de autenticación mucho más potente. La autenticación en el nivel de equipo sólo se realiza para las conexiones L2TP/IPsec.

Una tercera forma de autenticación es la *Autenticación del origen de datos e integridad de datos*. Para verificar que los datos enviados en la conexión VPN se originaron al otro extremo de la conexión y no se modificaron durante el tránsito, los datos contienen una suma de comprobación criptográfica basada en una clave de cifrado que sólo conocen el destinatario y el remitente. La autenticación del origen de datos y la integridad de datos sólo están disponibles para las conexiones L2TP/IPsec.

En cuanto al cifrado de datos, para garantizar la confidencialidad de los datos mientras recorren la red compartida o pública, el remitente cifra los datos y el destinatario los descifra. El proceso de cifrado y descifrado depende de que tanto el remitente como el receptor usen una clave de cifrado común. Los paquetes interceptados enviados con la conexión VPN en la red de tránsito son ininteligibles para cualquier persona que no tenga la clave de cifrado común. La longitud de la clave de cifrado es un importante parámetro de seguridad. Puede usar técnicas de cálculo para determinar la clave de cifrado. Sin embargo, dichas técnicas requieren mayor capacidad de proceso y tiempo de cálculo a medida que aumenta el tamaño de las claves de cifrado. Por lo tanto, es importante usar claves del mayor tamaño posible para garantizar la confidencialidad de los datos.

Para *configurar el servidor como un servidor de acceso remoto de red privada virtual* (VPN), use el *Asistente para la instalación del servidor de enrutamiento y acceso remoto* y seleccione *Acceso remoto (acceso telefónico o red privada virtual)*.

4.3.3.1. Configurar TCP/IP en un servidor VPN

Después de configurar el servidor como un servidor de acceso remoto, configure los parámetros de TCP/IP para la interfaz de internet o la interfaz de red perimetral y para la interfaz de intranet. Debido a problemas de enrutamiento relacionados con la configuración automática de TCP/IP, se recomienda que no configure un servidor VPN como cliente DHCP. En su lugar, configure manualmente TCP/IP en las interfaces de intranet de un servidor VPN.

Configure manualmente la interfaz de internet o la interfaz de red perimetral del servidor VPN con una puerta de enlace predeterminada. Configure los parámetros de TCP/IP con una dirección IP pública, una máscara de subred y una puerta de enlace predeterminada de un firewall (si el servidor VPN está conectado a una red perimetral) o un enrutador ISP (si el servidor VPN está conectado directamente a internet).

Para *configurar TCP/IP para la interfaz de internet o la interfaz de la red perimetral* en el *Panel de control*, haga doble clic en *Conexiones de red* y, a continuación, haga doble clic en el adaptador de red correspondiente a la interfaz de internet o la interfaz de red perimetral. En el cuadro de diálogo del adaptador de red (por ejemplo, *Estado de conexión de red de área local*), haga clic en *Propiedades*. Seleccione *Protocolo de internet (TCP/IP)* y, a continuación, en *Propiedades*. En la ficha *General*, configure la dirección IP, la máscara de subred y la puerta de enlace predeterminada. La dirección IP debe ser una dirección IP pública asignada por un proveedor de servicios Internet (ISP). También existe la posibilidad de configurar el servidor VPN con una dirección IP privada, pero asignándola a una dirección IP estática publicada mediante la cual se da a conocer en internet. Cuando se envían paquetes a y desde el servidor VPN, un dispositivo de traducción de direcciones de red (NAT) situado entre internet y el servidor VPN traduce la dirección IP publicada en la dirección IP privada. Cuando configure una conexión VPN, asigne a sus servidores VPN nombres que puedan resolverse en direcciones IP por medio de DNS. A continuación, haga clic en *Avanzada* para mostrar el cuadro de diálogo *Configuración avanzada de TCP/IP*.

Para evitar que el servidor VPN registre dinámicamente la dirección IP pública de su interfaz de internet con un servidor DNS de intranet, en la ficha *DNS*, desactive la casilla *Registrar en DNS las direcciones de esta conexión*. Esta casilla está desactivada de forma predeterminada. Para evitar que el servidor VPN registre dinámicamente la dirección IP pública de su interfaz de internet con un servidor WINS de intranet, en la ficha *WINS*, active la casilla *Deshabilitar NetBios a través de TCP/IP*. Esta casilla está activada de forma predeterminada.

Cuando configure TCP/IP para la interfaz de intranet del servidor VPN, no configure la puerta de enlace predeterminada en la conexión de intranet. De este modo, se evitan conflictos de la ruta predeterminada con la ruta predeterminada que señala a internet. Para *configurar TCP/IP para la interfaz de intranet,* en el *Panel de control*, haga doble clic en *Conexiones de red* y, a continuación, haga doble clic en el adaptador de red correspondiente a la interfaz de intranet. En el cuadro de diálogo del adaptador de red (por ejemplo, *Estado de conexión de red de área local 2*), pulse en *Propiedades*. Seleccione *Protocolo de Internet (TCP/IP)* y, a continuación, en *Propiedades*. En la ficha *General*, configure la dirección IP, la máscara de subred y la dirección del servidor DNS. Haga clic en *Avanzada* para mostrar el cuadro de diálogo *Configuración avanzada de TCP/IP*. En la ficha *WINS*, configure las direcciones IP de los servidores WINS.

Si usa el *Sistema de nombres de dominio* (DNS) para resolver los nombres de host de la intranet o el *Servicio de nombres Internet de Windows* (WINS) para resolver los nombres NetBIOS de la intranet, configure manualmente el servidor de red privada virtual (VPN) con las direcciones IP de los servidores DNS y WINS apropiados.

Durante el proceso de configuración de la conexión PPP (protocolo punto a punto), los clientes VPN reciben las direcciones IP de los servidores DNS y WINS. De manera predeterminada, los clientes VPN heredan las direcciones IP de los servidores DNS y WINS que están configuradas en el servidor VPN. Sin embargo, los clientes VPN que están capacitados para enviar mensajes DHCPINFORM (equipos con Windows Server o Windows) obtienen sus direcciones IP de servidor DNS y WINS del servidor DHCP.

4.3.3.2. VPN y firewalls

Cuando se diseña una solución de acceso remoto de red privada virtual (VPN), se puede ubicar el servidor VPN detrás del firewall. El firewall está conectado a internet y el servidor VPN se encuentra entre el firewall y la intranet. Es la ubicación que se emplea en las configuraciones de redes perimetrales, en las que hay un firewall colocado entre el servidor VPN y la intranet, y otro entre el servidor VPN e internet.

También se puede ubicar el servidor VPN delante del firewall. El servidor VPN está conectado a internet y el firewall se encuentra entre el servidor VPN y la intranet.

En la configuración que se muestra en la Figura 4-22, el firewall está conectado a internet y el servidor VPN es otro recurso de intranet conectado a la red perimetral, también conocida como subred filtrada. La red perimetral es un segmento de red IP que suele incluir recursos a disposición de los usuarios de internet, como servidores web y FTP. El servidor VPN tiene una interfaz en la red perimetral y otra en la intranet.

En este escenario, el firewall debe configurarse con filtros de entrada y salida en las interfaces de internet y red perimetral para permitir el paso del tráfico de mantenimiento del túnel y los datos de túnel al servidor VPN. Otros filtros pueden permitir el paso de tráfico a los servidores web, FTP y de otros tipos de la red perimetral. Como nivel adicional de seguridad, el servidor VPN también debe configurarse con filtros de paquetes PPTP, SSTP o L2TP/IPsec en la interfaz de red perimetral tal como se describe en "Servidor VPN delante de un firewall" en este tema.

Dado que el firewall no dispone de las claves de cifrado de cada conexión VPN, sólo puede filtrar por los encabezados de texto simple de los datos de túnel, lo que significa que todos los datos del túnel pasan a través del firewall. No obstante, esto no constituye un problema de seguridad porque la conexión VPN requiere un proceso de autenticación que evita el acceso no autorizado más allá del servidor VPN.

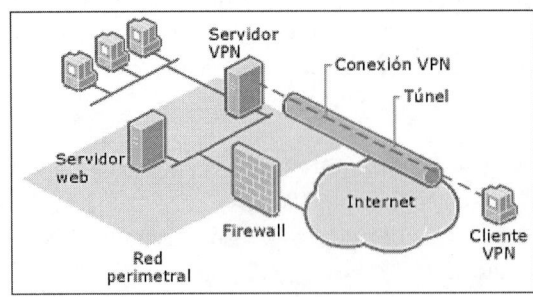

Figura 4-22

Si el servidor VPN se encuentra detrás de un firewall, los filtros de paquetes deberán configurarse para una interfaz de internet y una interfaz de red perimetral. En este escenario, el firewall está conectado a Internet y el servidor VPN es un recurso de intranet que está conectado a la red perimetral. El servidor VPN tiene una interfaz tanto en la red perimetral como en internet.

Si el servidor VPN se encuentra delante del firewall y conectado a internet, tal como se muestra en la Figura 4-23, los administradores tienen que agregar filtros de paquetes a la interfaz de internet que sólo permite el tráfico VPN hacia y desde la dirección IP de la interfaz del servidor VPN en internet. En el caso del tráfico entrante, cuando el servidor VPN descifra los datos de túnel, se reenvía al firewall, que emplea sus filtros para permitir el reenvío del tráfico a los recursos de intranet. Dado que el único tráfico que pasa por el servidor VPN es el generado por clientes VPN autenticados, el filtrado del firewall de este escenario se puede usar para evitar que los usuarios VPN obtengan acceso a recursos de intranet concretos. Puesto que el único tráfico de internet permitido en la intranet debe pasar por el servidor VPN, este escenario también evita el tener que compartir recursos de intranet con usuarios de internet no VPN.

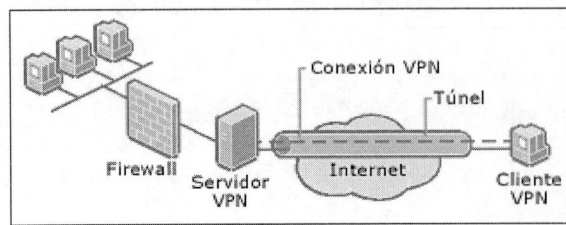

Figura 4-23

Cuando un servidor VPN se encuentra delante de un firewall y conectado a internet, los filtros de paquetes entrantes y salientes del servidor VPN deben configurarse de modo que sólo se permita el tráfico VPN hacia y desde la dirección IP de la interfaz de internet del servidor VPN. Use esta configuración si el servidor VPN se encuentra en una red perimetral, con un firewall colocado entre el servidor VPN y la intranet, y otro entre el servidor VPN e internet.

4.3.3.3. Configuración de un elemento de conexión de red privada virtual (VPN)

La extensión de opciones de red permite crear, modificar y eliminar de forma centralizada conexiones de acceso telefónico a redes y conexiones de red privada virtual (VPN). Antes de crear un elemento de preferencias de opción de red, debería revisar el comportamiento de cada tipo de acción posible con la extensión.

Para crear un nuevo elemento de preferencias de conexión VPN, abra la *Consola de administración de directivas de grupos*. Haga clic con el botón secundario en el objeto de directiva de grupo (GPO) que debe contener el nuevo elemento de preferencia y, a continuación, pulse en *Editar*. En el árbol de la consola, debajo de *Configuración del equipo* o de *Configuración del usuario*, expanda la carpeta *Preferencias* y, a continuación, expanda la carpeta *Configuración de panel de control*. Pulse con el botón secundario en el nodo *Opciones de red*, seleccione *Nuevo* y seleccione *Conexión VPN*. En el cuadro de diálogo *Propiedades de nueva conexión VPN*, seleccione una *Acción* para que realice la directiva de grupo. Escriba las opciones de configuración de conexión VPN para que la directiva de grupo las configure o quite. (Para obtener más información, consulte la sección "Opciones de configuración de conexión de red privada virtual" de este tema). Haga clic en la ficha *Común* y configure las opciones deseadas. Haga clic en *Aceptar*. El nuevo elemento de preferencia aparecerá en el panel de detalles.

El elemento de preferencia *Acciones* proporciona cuatro opciones de acción: *Crear, Reemplazar, Actualizar* y *Eliminar*. El comportamiento de los elementos de preferencias varía en función de la acción seleccionada y de si la conexión VPN ya existe.

Crear	Crear una nueva conexión de red. Si existe una conexión con el mismo nombre, no la modifique
Eliminar	Eliminar una conexión de red con el mismo nombre. La extensión no realiza ninguna acción si la conexión no existe
Reemplazar	Eliminar y volver a crear la conexión de red. El resultado final de la acción *Reemplazar* sobrescribe todas las opciones de configuración existentes asociadas a la conexión. Si la conexión no existe, la acción *Reemplazar* crea una nueva conexión
Actualizar	Cambiar de nombre o modificar una conexión de red. Esta acción se diferencia de *Reemplazar* en que sólo actualiza las opciones de configuración definidas dentro del elemento de preferencias. Todas las demás opciones de configuración permanecen como estaban cuando se configuraron. Si la conexión no existe, la acción *Actualizar* creará una nueva conexión.

En cuanto a las opciones de configuración de conexión de red privada virtual tenemos lo siguiente:

Conexión de usuario	Use esta opción de configuración para hacer visible sólo al usuario aplicable la conexión recién creada o actualizada
Conexión de todos los usuarios	Use esta opción de configuración para hacer visible a todos los usuarios del equipo la conexión recién creada o actualizada
Nombre de la conexión	Texto utilizado para dar nombre a la conexión. Presione F3 para mostrar una lista de variables entre las que puede realizar su selección. Puede importar una conexión de red privada virtual en un elemento de preferencias de red privada virtual. Haga clic en *Examinar* (...) para mostrar una lista de las conexiones de red privada virtual del equipo actual
Dirección IP o Nombre DNS	Escriba la dirección IP del equipo remoto. O bien, seleccione el cuadro *Usar nombre DNS* y escriba el nombre de domino completo del equipo remoto
Marcar otra conexión primero	Escriba el nombre de la conexión de acceso telefónico a redes establecida por esta conexión antes de conectarse a la red privada virtual
Mostrar icono en el área de notificación al conectarse	Muestra un icono animado en el área de notificación al conectarse

Use la ficha *Opciones* con el fin de seleccionar las opciones para marcar y volver a marcar del elemento de preferencias de conexión VPN. Use la ficha *Seguridad* para proporcionar las configuraciones de seguridad asociadas *Típica* y *Avanzada* para el elemento de preferencias de conexión VPN. Use estas configuraciones para determinar la seguridad de contraseñas, cifrado de datos y protocolos de autenticación. Use la ficha *Funciones de red* para elegir el tipo de conexión VPN del elemento de preferencias. Puede usar los destinos de nivel de elemento para cambiar el alcance de los elementos de preferencia. Los elementos de preferencia sólo están disponibles en GPO basados en dominios.

4.3.3.4. Instalación y configuración de un servidor VPN

El *Servicio de enrutamiento y acceso remoto* de la familia Windows Server proporciona servicios de acceso telefónico y acceso remoto de red privada virtual (VPN) y servicios de enrutamiento de protocolo múltiple de LAN a LAN, de LAN a WAN, de VPN y de traducción de direcciones de red (NAT). El Servicio de enrutamiento y acceso remoto se instala mediante el Asistente para agregar funciones.

Para *instalar el Servicio de enrutamiento y acceso remoto*, en la ventana principal del *Administrador de servidores*, en *Resumen de funciones*, haga clic en *Agregar funciones*. O bien, en la ventana *Tareas de configuración inicial*, en *Personalizar este servidor*, pulse en *Agregar funciones*. En el *Asistente para agregar funciones*, presione en *Siguiente*. En la lista de funciones de servidor, seleccione *Servicios de acceso y directivas de redes*. Haga clic en *Siguiente* dos veces. En la lista de servicios de función, seleccione *Servicios de enrutamiento y acceso remoto* para seleccionar todos los servicios de función. Además, puede seleccionar funciones de servidor individuales. Continúe con los pasos del *Asistente para agregar funciones* para completar la instalación.

Para *habilitar el Servicio de enrutamiento y acceso remoto* abra *Enrutamiento y acceso remoto*. De forma predeterminada, el equipo local aparece como un servidor. Para agregar otro servidor, haga clic con el botón secundario en *Estado del servidor* en el árbol de consola y, a continuación, en *Agregar servidor*. En el cuadro de diálogo *Agregar servidor*, haga clic en la opción correspondiente y, a continuación, en *Aceptar*. En el árbol de consola, pulse con el botón secundario en el servidor que desea habilitar y, luego, haga clic en *Configurar y habilitar Enrutamiento y acceso remoto*. Siga las instrucciones del *Asistente para la instalación del servidor de enrutamiento y acceso remoto*.

La instalación y configuración del servidor VPN también conlleva configurar propiedades de marcado y directivas de red para el permiso de marcado, la autenticación y la configuración de cifrado, configurar filtros de paquetes en el firewall y, si se desea, configurar el servidor de red privada virtual (VPN) como un cliente RADIUS.

4.3.4. Acceso telefónico a redes

El acceso telefónico remoto es una tecnología de acceso remoto que está disponible como parte de *Enrutamiento y acceso remoto* y que se incluye en Windows Server. El acceso telefónico remoto permite el acceso de forma remota a las cuentas de correo corporativas y a los archivos compartidos desde casa o desde otros lugares que estén fuera de la red corporativa. De esta forma un cliente de acceso remoto puede usar la infraestructura de red de área extensa (WAN) para conectarse a un servidor de acceso remoto.

El acceso remoto de Windows Server proporciona dos tipos de conectividad de acceso remoto: acceso telefónico remoto y acceso remoto de red privada virtual (VPN). Con el acceso telefónico remoto, un cliente de acceso remoto usa la infraestructura de telecomunicaciones para crear un circuito físico temporal o un circuito virtual a un puerto en un servidor de acceso remoto. Una vez creado el circuito físico o virtual, se puede negociar el resto de los parámetros de conexión. Con el acceso remoto de red privada virtual, un cliente VPN usa una red IP, como internet, para crear una conexión punto a punto virtual con un servidor de acceso remoto que actúa como servidor VPN. Una vez creada la conexión punto a punto virtual, se pueden negociar los parámetros de conexión restantes.

Una conexión de acceso telefónico remoto tiene como componentes un cliente de acceso remoto, un servidor de acceso remoto y una infraestructura WAN (Figura 4-24).

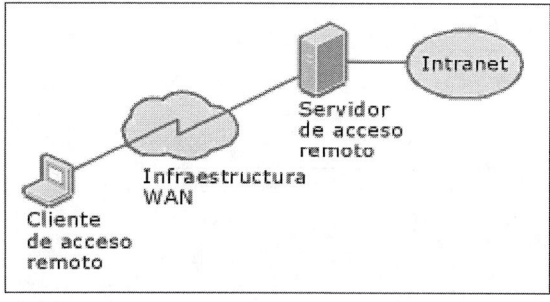

Figura 4-24

Los *clientes de acceso remoto* en los que se ejecuta Windows Server o Windows pueden conectarse a un servidor de acceso remoto que ejecute Windows Server. Casi todos los clientes de acceso remoto PPP, incluidos UNIX y Macintosh, pueden conectarse a un servidor de acceso remoto en el que se ejecute Windows Server.

El *servidor de acceso remoto* que ejecuta Windows Server acepta conexiones de acceso telefónico y reenvía los paquetes entre los clientes de acceso remoto y la red a la que está conectado el servidor de acceso remoto.

La conexión física y lógica entre el servidor de acceso remoto y el cliente de acceso remoto se facilita a través del equipo de acceso telefónico que se instala en el cliente de acceso remoto, el servidor de acceso remoto y la infraestructura WAN. La naturaleza del equipo de acceso telefónico y la infraestructura WAN varía en función del tipo de conexión. Los métodos de acceso telefónico remoto más comunes son *Red telefónica conmutada* (RTC) y *Red digital de servicios integrados* (ISDN o RDSI).

RTC, conocido también como servicio de telefonía convencional (POTS), es el sistema de teléfono analógico diseñado para transportar las frecuencias mínimas necesarias para distinguir la voz humana.

El equipo de acceso telefónico se compone de un módem analógico en el cliente de acceso remoto y al menos un módem analógico en el servidor de acceso remoto. En las organizaciones de gran tamaño, el servidor de acceso remoto está conectado a un banco de módems que contiene cientos de módems. Dado que RTC no se diseñó para la transmisión de datos, su velocidad de transmisión es limitada si se compara con otros métodos de conexión. La Figura 4-25 muestra una conexión RTC estándar.

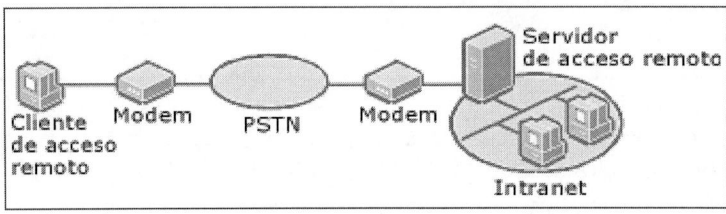

Figura 4-25

4.3.4.1. Configuración de un servidor de acceso telefónico remoto

Es posible usar un servidor con *Enrutamiento y acceso remoto* para proporcionar acceso telefónico a la intranet corporativa. Si desea que el servidor de acceso remoto admita varias conexiones de acceso telefónico a redes basadas en TCP/IP, configure: la conexión a la intranet, la conexión a los clientes de acceso telefónico a redes, los puertos de marcado, el servidor de acceso remoto, la compatibilidad multidifusión y las directivas de red.

En la Figura 4-26 se muestran los elementos de un servidor con Enrutamiento y acceso remoto que proporciona acceso telefónico a una intranet corporativa.

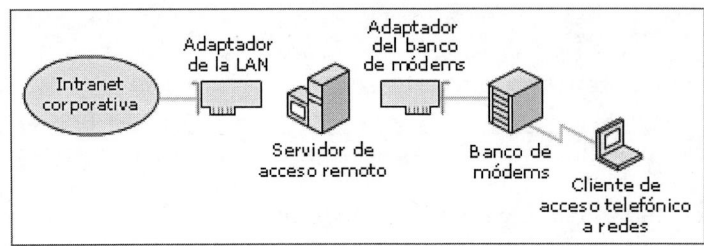

Figura 4-26

4.3.5. Configuración de puertos para acceso remoto

Para configurar puertos para acceso remoto, abra *Enrutamiento y acceso remoto* mediante *Inicio →
Herramientas administrativas → Enrutamiento y acceso remoto* (Figura 4-27) y en el árbol de
consola, haga clic con el botón secundario del ratón en *Puertos* (utilizando la ruta *Enrutamiento y
acceso remoto/nombre del servidor/Puertos*).

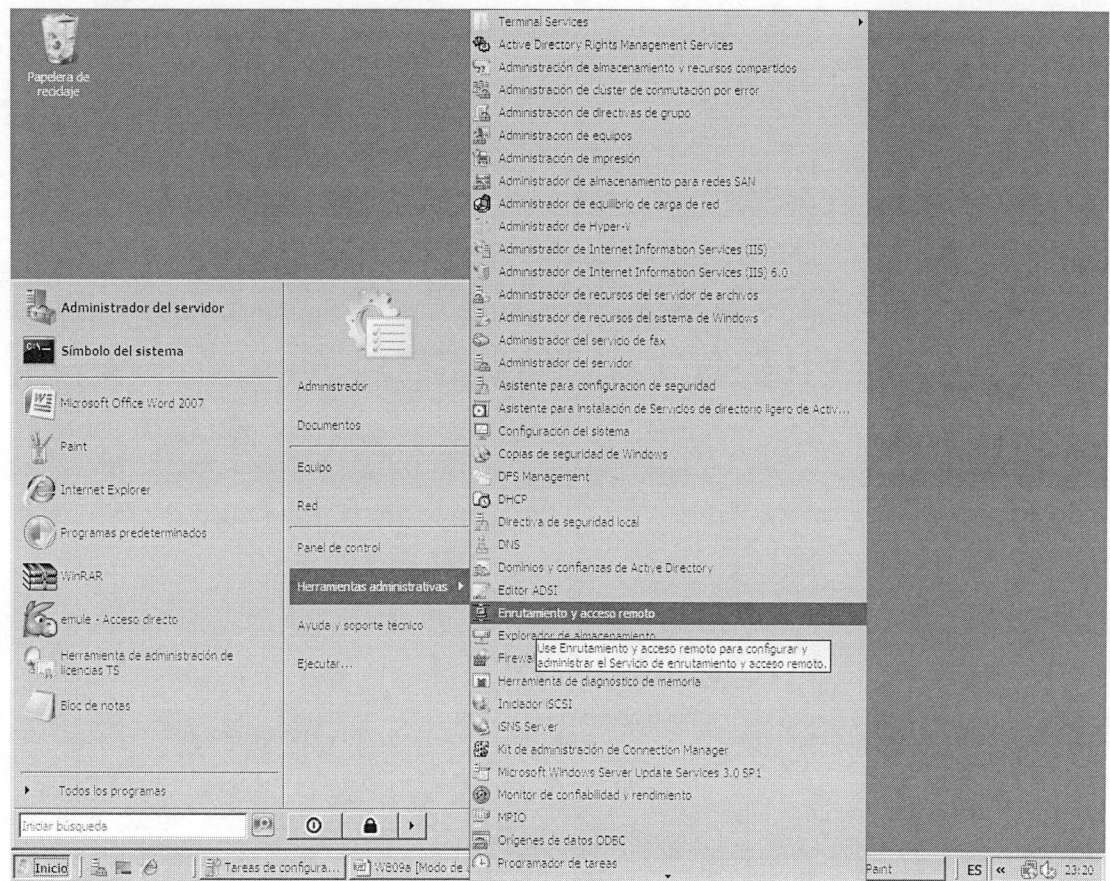

Figura 4-27

Pulse en *Propiedades* en el menú emergente resultante (Figura 4-28) y en el cuadro de diálogo
Propiedades del puerto haga clic en un dispositivo y, luego, en *Configurar* (Figura 4-29). En el
cuadro de diálogo *Configurar dispositivo* (Figura 4-30), realice una o varias de las acciones
siguientes:

- Para habilitar el acceso remoto, active la casilla *Conexiones de acceso remoto (sólo de
  entrada)*.

- Para habilitar el enrutamiento de marcado a petición, active la casilla *Conexiones de
  enrutamiento de marcado a petición (de entrada y salida)*.

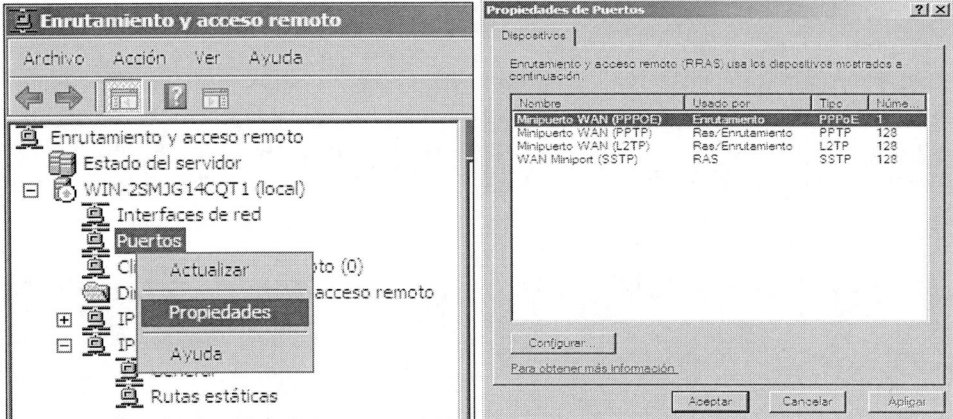

Figura 4-28   Figura 4-29

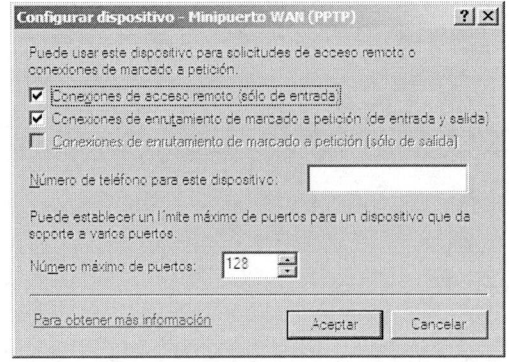

Figura 4-30

Es posible configurar el servidor de acceso remoto para que use un conjunto estático de direcciones IP para la asignación a conexiones de acceso remoto y de marcado a petición basadas en TCP/IP.

Para *crear un conjunto estático de direcciones IP* abra *Enrutamiento y acceso remoto*. Haga clic con el botón secundario en el nombre del servidor para el que desea crear un conjunto estático de direcciones IP (Figura 4-31) y, luego, pulse en *Propiedades*. En la ficha *IPv4* (Figura 4-33), haga clic en *Conjunto de direcciones estáticas* y, a continuación, en *Agregar*. Se obtiene la Figura 4-32. En *Dirección IP inicial*, escriba una dirección IP inicial y, más tarde, escriba una dirección IP final para el intervalo en *Dirección IP final* o especifique el número de direcciones IP del mismo en *Número de direcciones*. Haga clic en *Aceptar* y repita el proceso para todos los intervalos que necesite agregar.

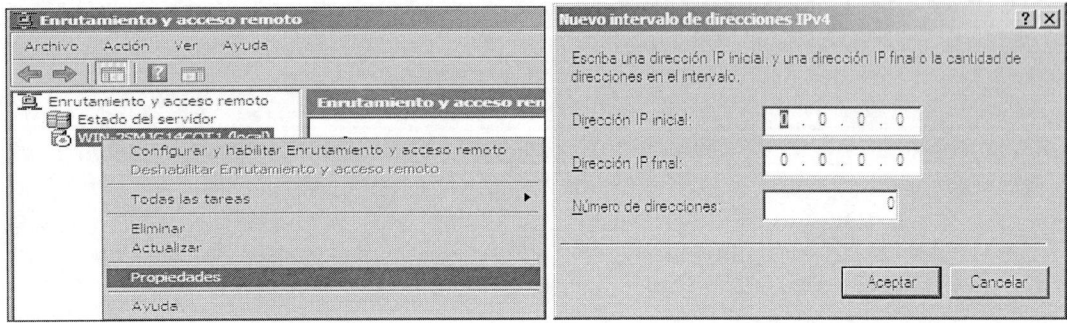

Figura 4-31   Figura 4-32

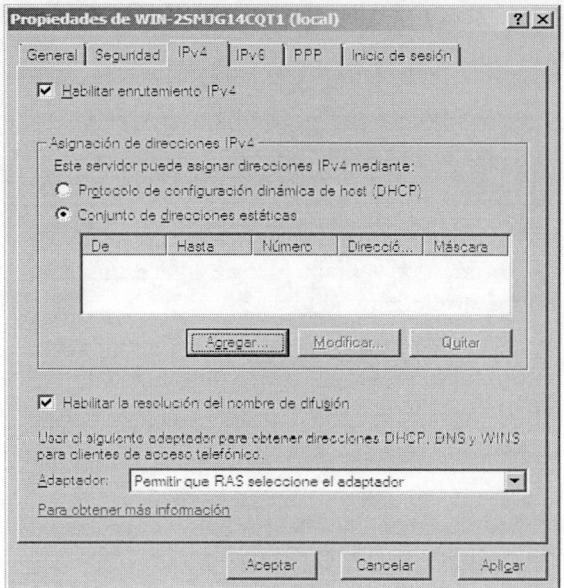

Figura 4-33

4.3.6. Protocolos de acceso remoto en Linux

El sistema operativo GNU/Linux cuenta con un servidor gráfico (la aplicación que gestiona la interfaz gráfica de usuario) llamado *X.org*, que es una implementación del sistema *X Window System*. Este servidor es el programa encargado de gestionar las pantallas, las ventanas y, también, las conexiones remotas a otros equipos para tener interfaz gráfica remota. El protocolo usado para estas conexiones remotas se llama XDMCP.

Este servidor gráfico se apoya en otra aplicación, llamada *Display Manager*, encargada de iniciar dicho servidor gráfico a la vez que muestra la pantalla de acceso para introducir el usuario y la contraseña. En Linux existen varios gestores de pantalla: *xdm, gdm, kdm, lightdm…*

Para habilitar el acceso remoto en Linux es necesario configurar el gestor de pantalla (*display manager*) del ordenador remoto al que queremos acceder para que tenga activado el protocolo XDMCP.

Hay que tener en cuenta que cada gestor usado (como hemos dicho: *gdm, kdm, lightdm…*) tiene su propia configuración, pero para el más moderno y más utilizado en las últimas versiones de Ubuntu, *lightdm*, la configuración está en el archivo */etc/lightdm/lightdm.conf* (para el resto se puede ver su configuración usando el manual o, en una consola, con el comando *man <dm>*). En este archivo de configuración hay que activar el protocolo XDMCP añadiendo las siguientes líneas en dicho archivo:

[XDMCPServer]
enable=true

A continuación, se reinicia el servidor *lightdm*, teniendo en cuenta que se cerrarán todas las sesiones, con el comando:

$ sudo service lightdm restart

Ya tenemos nuestro servidor funcionando y aceptando conexiones remotas. Para acceder a él, lo podemos hacer de dos formas:

La primera es usando el programa *Xnest* que se instala escribiendo el comando *sudo apt-get install xnest*. La sesión remota se lanza con el comando:

$ Xnest :1 -query remote.server

Con este comando se nos abrirá una ventana donde aparecerá la pantalla de acceso a nuestro servidor remoto como si estuviéramos delante de él.

La segunda opción es lanzar directamente las X (otra instancia del servidor *X.org*) desde un terminal mediante el comando:

$ X :1 -query remote.server

Hay que tener en cuenta el número de pantalla y el nombre del servidor.

Con este comando, en lugar de abrir una ventana, lo que hará será cambiar de terminal virtual (VT) a, generalmente, el número 8 (Ctrl+Alt+F8) mostrándonos la pantalla de acceso al sistema remoto.

Con el segundo método realmente parece que estamos delante de la máquina remota ya que no hay ventanas de por medio que aparenten estar en un sistema virtualizado. Además, con las combinaciones de teclas *Ctrl+Alt+Fx* bastará para cambiar entre equipos de forma muy cómoda y muy rápida, teniendo tanto la sesión local como la sesión remota totalmente activas y funcionales.

4.4. SERVICIOS DE ACCESO REMOTO DEL SISTEMA OPERATIVO

4.4.1. Servicio de enrutamiento y acceso remoto en Windows

El Servicio de enrutamiento y acceso remoto de Windows Server proporciona conectividad a usuarios remotos o entre sitios mediante el uso de conexiones de acceso telefónico o de red privada virtual (VPN). Enrutamiento y acceso remoto tiene los siguientes componentes:

Acceso remoto. La característica de acceso remoto proporciona servicios de VPN de forma que los usuarios puedan tener acceso a las redes corporativas a través de internet como si estuvieran conectados directamente. El acceso remoto también permite que los usuarios que trabajan a distancia o que se desplazan, que usan vínculos de comunicación de acceso telefónico, tengan acceso a las redes corporativas.

Enrutamiento. Enrutamiento y acceso remoto es un enrutador de software completo y una plataforma abierta para el enrutamiento y las conexiones de red. Ofrece servicios de enrutamiento a las compañías en entornos de red de área local (LAN) y red de área extensa (WAN) o a través de internet mediante el uso de conexiones VPN seguras. El componente de enrutamiento se usa para los servicios de enrutamiento multiprotocolo LAN a LAN, LAN a WAN, VPN y NAT.

Windows Server incluye varias características nuevas diseñadas para aumentar la seguridad y la capacidad de administración de *Enrutamiento y acceso remoto*. Entre ellas tenemos *Administrador del servidor, Protocolo de túnel SSTP, Aplicación de VPN para Protección de acceso a redes, Compatibilidad con IPv6* y *Compatibilidad con nuevos cifrados*.

Para *instalar Enrutamiento y acceso remoto mediante el Administrador de servidores*, instale Windows Server, haga clic en *Inicio → Herramientas administrativas → Administrador de servidores*. En *Resumen de funciones*, haga clic en *Agregar funciones*. Pulse en *Siguiente*, seleccione la función *Servicios de acceso y directivas de redes* y, más tarde, en *Siguiente*. Haga clic en *Siguiente*, seleccione el servicio de función *Servicios de enrutamiento y acceso remoto* y, por último, en *Siguiente*. Haga clic en *Instalar* y cuando aparezca el cuadro de diálogo *Resultados de la instalación*, en *Cerrar*.

Para *configurar y habilitar el Servicio de enrutamiento y acceso remoto*, haga clic en *Inicio → Herramientas administrativas → Enrutamiento y acceso remoto* (Figura 4-27). De forma predeterminada, el equipo local aparece como un servidor. Haga clic con el botón secundario en el servidor y, a continuación, en *Configurar y habilitar Enrutamiento y acceso remoto* (Figura 4-34). Se inicia el Asistente para la instalación del servidor de enrutamiento y acceso remoto (Figura 4-35). Haga clic en *Siguiente*, haga clic en *Configuración personalizada* en la Figura 4-36 y, luego, en *Siguiente*. Seleccione todos los servicios excepto NAT (Figura 4-37), haga clic en *Siguiente* y, a continuación, en *Finalizar* en la Figura 4-38.

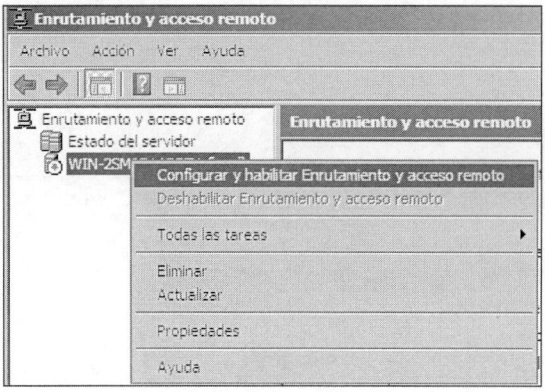

Figura 4-34

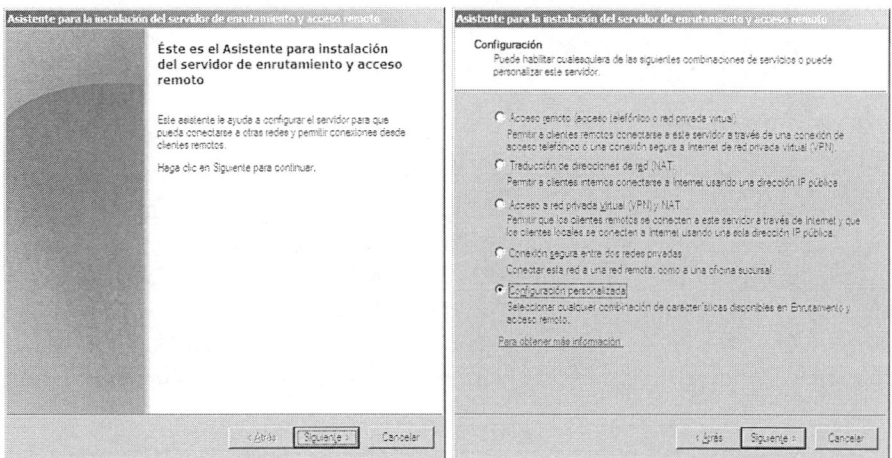

Figura 4-35   Figura 4-36

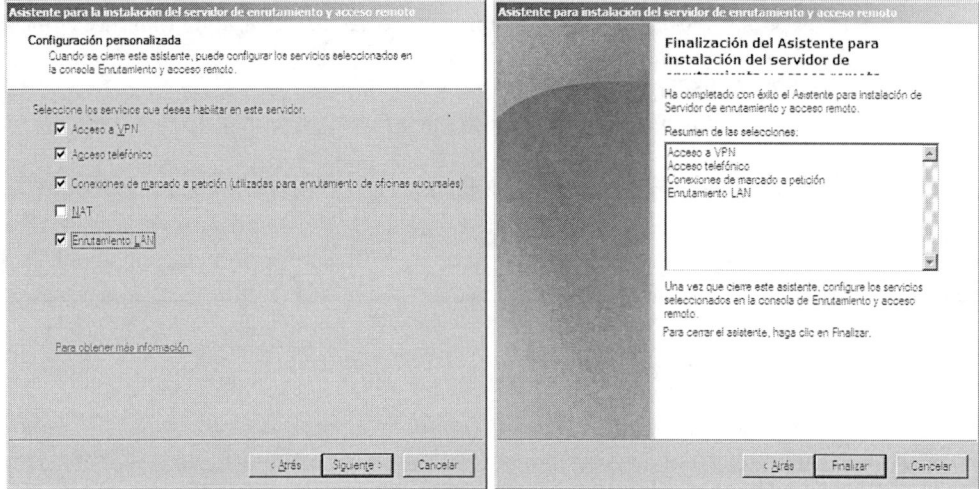

Figura 4-37   Figura 4-38

Pulse en *Aceptar* en la Figura 4-39, en *Iniciar servicio* en la Figura 4-40 y, a continuación, en *Finalizar*. La Figura 4-41 avisa de que el Servicio de enrutamiento y acceso remoto se está iniciando.

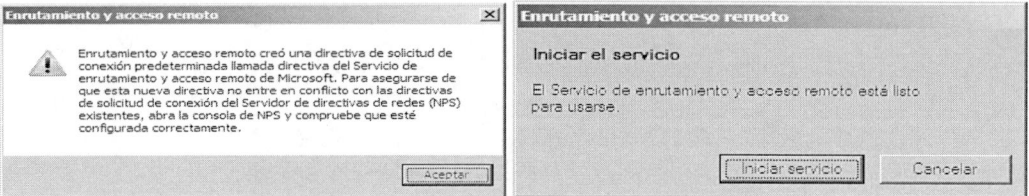

Figura 4-39   Figura 4-40

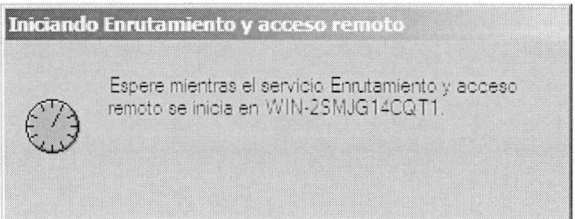

Figura 4-41

4.4.1.1. Protocolo de túnel (SSTP)

El Protocolo de túnel de sockets seguros (SSTP) es una nueva forma de túnel de red privada virtual (VPN) con características que permiten que el tráfico pase a través de los firewalls que bloquean el tráfico PPTP y L2TP/IPsec. SSTP proporciona un mecanismo para encapsular el tráfico PPP a través del canal SSL del protocolo HTTPS. El uso de PPP habilita la compatibilidad con métodos de autenticación seguros, como EAP-TLS. El empleo de HTTPS significa que el tráfico pasa a través del puerto TCP 443, un puerto que se suele usar para el acceso web. Capa de sockets seguros (SSL) proporciona seguridad de nivel de transporte con negociación, cifrado y comprobación de integridad de claves mejorados.

4.4.1.2. Aplicación de VPN para Protección de acceso a redes

Protección de acceso a redes (NAP) es una tecnología de creación, aplicación y corrección de directivas de mantenimiento de clientes incluida ya en el sistema operativo cliente Windows Vista® y en el sistema operativo Windows Server. Con NAP, los administradores de sistemas pueden establecer y aplicar de forma automática directivas de mantenimiento que pueden incluir requisitos de software, requisitos de actualizaciones de seguridad, configuraciones de equipo obligatorias y otras configuraciones.

Al establecer las conexiones VPN, es posible conceder un acceso de red restringido a aquellos equipos cliente que no cumplan la directiva de mantenimiento hasta que se actualice su configuración y cumplan la directiva. Según el modo de implementación de NAP elegido, es posible actualizar de forma automática aquellos clientes que no cumplan la directiva de modo que los usuarios puedan recuperar con rapidez el acceso de red total sin necesidad de actualizar ni de volver a configurar sus equipos de forma manual.

La aplicación de VPN proporciona acceso de red limitado seguro a todos los equipos que obtienen acceso a la red por medio de una conexión VPN. La aplicación de VPN con NAP tiene una función similar a Control de cuarentena de acceso a red, una característica de Windows Server, aunque resulta más fácil de implementar.

Para *crear y configurar directivas de acceso remoto*, es necesario usar el Servidor de directivas de redes. Para establecer la directiva de acceso remoto para conceder acceso de usuario, abra *Enrutamiento y acceso remoto*, haga clic con el botón secundario en *Directivas y registro de acceso remoto* y, luego, haga clic en *Iniciar NPS*. Pulse en *Directivas de red*, haga doble clic en *Conexiones al servidor de Enrutamiento y acceso remoto de Microsoft* y en la ficha *Información general*, en *Permiso de acceso*, haga clic en *Conceder acceso* y, a continuación, en *Aceptar*.

4.4.1.3. Compatibilidad con IPv6

Windows Server y Windows son compatibles con las siguientes mejoras del protocolo de internet versión 6 (IPv6):

- *Protocolos*:

  — PPPv6. El tráfico IPv6 nativo ahora se puede enviar a través de conexiones basadas en PPP. (RFC 2472). Por ejemplo, la compatibilidad con PPPv6 permite conectar con un proveedor de servicios internet (ISP) basado en IPv6 por medio de acceso telefónico o PPP a través de conexiones basadas en Ethernet (PPPoE) que se pueden usar para el acceso de banda ancha a internet.

  — PPPv6 a través de acceso telefónico o Ethernet así como túneles VPN.

  — L2TP a través de IPv6.

  — Agente de retransmisión DHCPv6.

- *Filtrado sin estado, basado en los siguientes parámetros*:

    — Dirección o prefijo IPv6 de origen.

    — Dirección o prefijo IPv6 de destino.

    — Siguiente tipo de salto (tipo de protocolo IP).

    — Número de puerto de origen (TCP/UDP).

    — Número de puerto de destino (TCP/UDP).

- *RADIUS a través de transporte IPv6*

De forma predeterminada, *Enrutamiento y acceso remoto* se configura para aceptar únicamente conexiones de protocolo de internet versión 4 (IPv4). En Windows Server, se puede usar *Enrutamiento y acceso remoto* de Microsoft Management Console (MMC) para configurar el enrutamiento y las conexiones IPv6.

Para *habilitar conexiones IPv6*, en Enrutamiento y acceso remoto, haga clic con el botón secundario en el servidor y, a continuación, en *Propiedades*. Pulse en la ficha *IPv6* (Figura 4-42). Escriba un prefijo IPv6 (por ejemplo: 3ffe::). Haga clic en la ficha *General* (Figura 4-43). Luego, pulse en *Enrutador IPv6* y, a continuación, en *Servidor de acceso remoto IPv6*. Haga clic en *Aceptar* y, a continuación, en *Sí* para reiniciar el Servicio de enrutamiento y acceso remoto.

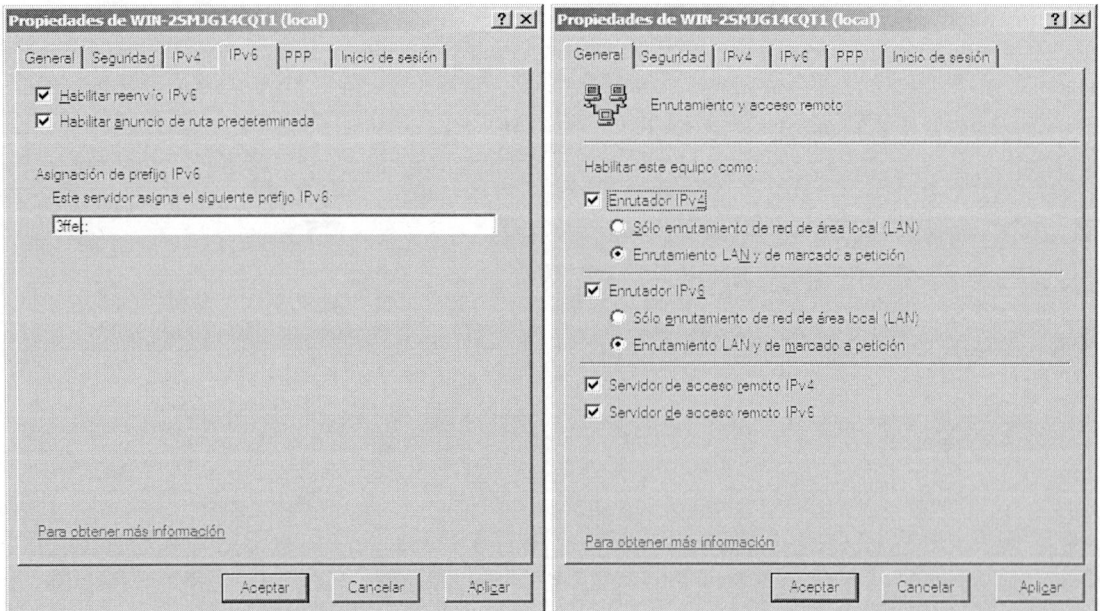

Figura 4-42   Figura 4-43

4.4.1.4. Compatibilidad con nuevos cifrados

En respuesta a los requisitos de seguridad gubernamentales y a las tendencias del sector de la seguridad de admitir cifrados más seguros, Windows Server y Windows son compatibles con los siguientes algoritmos de cifrado para conexiones VPN PPTP y L2TP.

PPTP	Sólo se admite el algoritmo de cifrado RC4 de 128 bits. Se ha eliminado la compatibilidad con RC4 de 40 y 56 bits, aunque se puede agregar mediante la modificación de una clave del Registro (no recomendado).
L2TP/IPsec	Se ha eliminado la compatibilidad con el algoritmo de cifrado Estándar de cifrado de datos (DES) con comprobación de integridad Message Digest 5 (MD5), aunque se puede agregar mediante la modificación de una clave del Registro (no recomendado).

4.4.2. Configuraciones habituales de acceso remoto

Al ejecutar el *Asistente para la instalación del servidor de enrutamiento y acceso remoto*, éste pide que se elija la ruta de configuración que más se parezca a la solución de acceso remoto que se desea implementar. Si ninguna de las rutas de configuración del asistente satisface exactamente sus necesidades, puede seguir configurando el servidor una vez que finalice el asistente o elegir la ruta de configuración personalizada. No obstante, si elige la ruta de configuración personalizada, deberá configurar todos los elementos de Enrutamiento y acceso remoto de forma manual. Las soluciones más comunes de acceso remoto incluyen conexiones de red privada virtual (VPN), conexiones de acceso telefónico y conexiones seguras entre dos redes privadas.

4.4.2.1. Acceso remoto (VPN)

Si elige esta ruta, el servidor con Enrutamiento y acceso remoto se configurará de manera que permita a los clientes de acceso remoto conectarse a la red privada a través de internet (Figura 4-44). Para configurar este tipo de servidor en el asistente, haga clic en *Acceso remoto*, active la casilla VPN en la pantalla resultante (Figura 4-37) y siga los pasos correspondientes. Una vez que el asistente finaliza, es posible configurar opciones adicionales. Por ejemplo, se puede configurar el modo en que el servidor comprueba qué clientes VPN cuentan con permiso para conectarse a la red privada y si enruta el tráfico de red entre clientes VPN y la red privada.

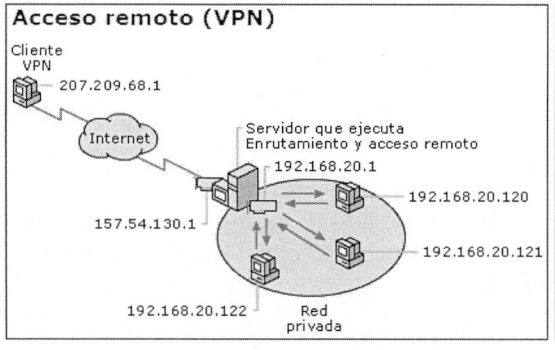

Figura 4-44

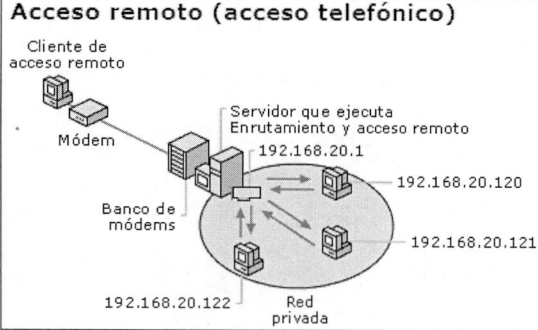

Figura 4-45

4.4.2.2. Acceso remoto (acceso telefónico)

Si opta por esta ruta, el servidor con Enrutamiento y acceso remoto se configura de manera que permita a los clientes de acceso remoto conectarse a la red privada al marcar en un banco de módems u otro equipamiento de acceso telefónico (Figura 4-45). Para configurar este tipo de servidor en el asistente, haga clic en *Acceso remoto*, active la casilla *Acceso telefónico* en la pantalla resultante (Figura 4-37) y siga los pasos correspondientes. Una vez que el asistente finaliza, es posible configurar opciones adicionales. Por ejemplo, se puede configurar el modo en que el servidor responde a la llamada, la forma en que comprueba qué clientes de acceso remoto cuentan con permiso para conectarse a la red privada y si enruta el tráfico de red entre clientes de acceso remoto y la red privada.

4.4.2.3. Traducción de direcciones de red

Si elige esta ruta, el servidor con Enrutamiento y acceso remoto se configurará de manera que comparta una conexión a Internet con equipos de la red privada y traduzca el tráfico entre su dirección pública y la red privada. Los equipos de internet no podrán determinar las direcciones IP de los equipos de la red privada.

Para configurar este tipo de servidor en el asistente, haga clic en *Traducción de direcciones de red (NAT)* en la Figura 4-36 y siga los pasos correspondientes. Una vez que el asistente finaliza, es posible configurar opciones adicionales. Por ejemplo, se pueden configurar filtros de paquetes y elegir los servicios que se van a permitir en la interfaz pública. La Figura 4-46 ilustra el proceso.

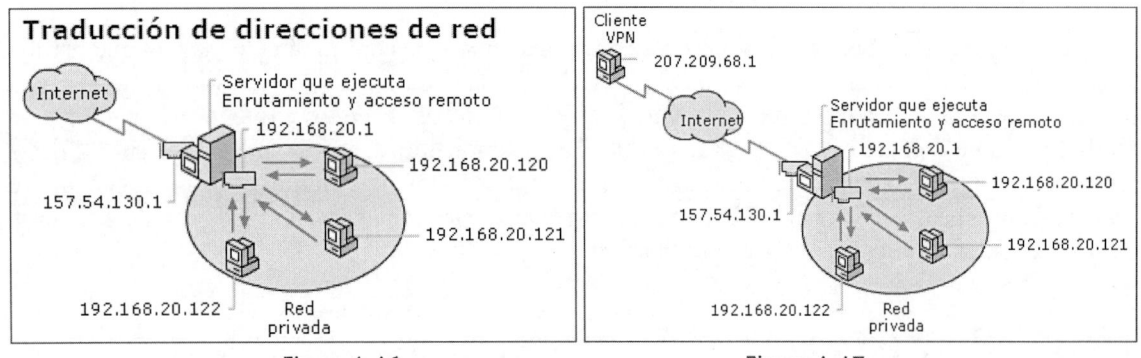

Figura 4-46   Figura 4-47

4.4.2.4. VPN y NAT

Si selecciona esta ruta, el servidor con Enrutamiento y acceso remoto se configurará de manera que proporcione NAT a la red privada y acepte conexiones VPN (Figura 4-47). Los equipos de internet no podrán determinar las direcciones IP de los equipos de la red privada. No obstante, los clientes VPN podrán conectarse a equipos de la red privada como si estuvieran conectados físicamente a la misma red. Para configurar este tipo de servidor en el asistente, haga clic en *Acceso a red privada virtual (VPN) y NAT* y siga los pasos correspondientes.

4.4.2.5. Conexión segura entre dos redes privadas

Si opta por esta ruta, se configurarán dos servidores con Enrutamiento y acceso remoto de manera que envíen los datos privados de forma segura a través de internet. Tendrá que elegir esta ruta cuando ejecute el *Asistente para la instalación del servidor de enrutamiento y acceso remoto* en cada servidor. La conexión entre los dos servidores puede ser persistente (siempre activa) o a petición (marcado a petición). Para configurar este tipo de servidor en el asistente, haga clic en *Conexión segura entre dos redes privadas* en la Figura 4-36 y siga los pasos correspondientes. Una vez que el asistente finaliza, es posible configurar opciones adicionales en cada servidor. Por ejemplo, se puede configurar qué protocolos de enrutamiento acepta cada servidor, así como la forma en que cada uno enruta el tráfico entre las dos redes. La Figura 4-48 ilustra este tipo de conexión.

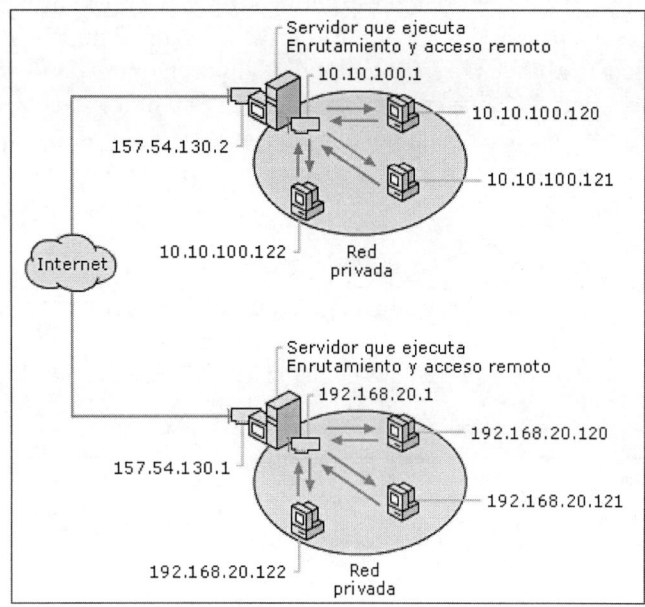

Figura 4-48

4.4.3. Escenarios de enrutamiento

Los enrutadores pueden usarse en numerosas topologías y configuraciones de red diferentes. A continuación, se describen escenarios de enrutamiento típicos.

4.4.3.1. Escenario de enrutamiento simple

En la Figura 4-49 se muestra una configuración de red simple con un servidor que ejecuta Enrutamiento y acceso remoto que conecta dos segmentos de red de área local (LAN) (redes A y B). En esta configuración, los protocolos de enrutamiento no son necesarios porque el enrutador está conectado a todas las redes a las que necesita enrutar paquetes.

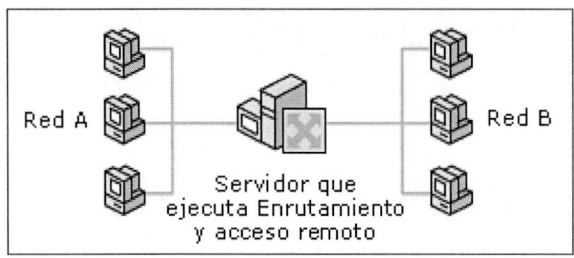

Figura 4-49

4.4.3.2. Escenario de varios enrutadores

En la Figura 4-50 se muestra una configuración más compleja de enrutadores. En esta configuración, hay tres redes (redes A, B y C) y dos enrutadores (enrutadores 1 y 2). El enrutador 1 está en las redes A y B, y el enrutador 2 está en las redes B y C. El enrutador 1 debe notificar al enrutador 2 que se puede tener acceso a la red A a través del enrutador 1 y el enrutador 2 debe notificar al enrutador 1 que se puede tener acceso a la red C a través del enrutador 2. Esta información se comunica de forma automática mediante un protocolo de enrutamiento como, por ejemplo, RIP. Cuando un usuario de la red A desea comunicarse con un usuario de la red C, el equipo del usuario de la red A reenvía el paquete al enrutador 1. El enrutador 1 reenvía el paquete al enrutador 2 y éste lo reenvía al equipo del usuario de la red C.

Sin protocolos de enrutamiento, un administrador de redes debe especificar rutas estáticas en las tablas de enrutamiento del enrutador 1 y del enrutador 2. Aunque las rutas estáticas funcionan, no lo hacen bien en redes de mayor tamaño ni se recuperan después de realizar cambios en la topología de la red.

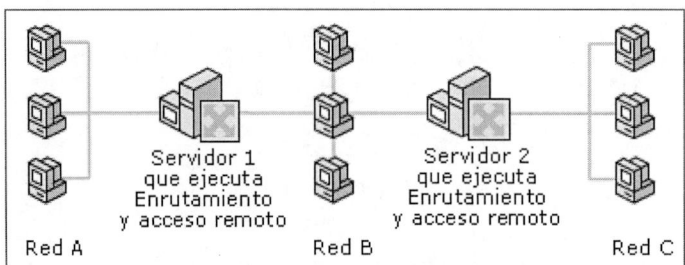

Figura 4-50

4.4.3.3. Escenario de enrutamiento de marcado a petición

En la Figura 4-51 se muestra una configuración de enrutamiento que usa marcado a petición.

Las redes A y B están separadas geográficamente y, por la cantidad de tráfico que se transfiere entre las redes, no resulta económica una concesión de vínculo de red de área extensa (WAN). El enrutador 1 y el enrutador 2 pueden conectarse a través de una línea telefónica analógica mediante un módem (u otro tipo de conectividad como ISDN) en cada extremo. Cuando un equipo de la red A inicia la comunicación con un equipo de la red B, el enrutador 1 establece una conexión telefónica con el enrutador 2. La conexión de módem se mantiene mientras se estén enviando o recibiendo paquetes. Si la conexión está inactiva, el enrutador 1 colgará para reducir los costos de conexión.

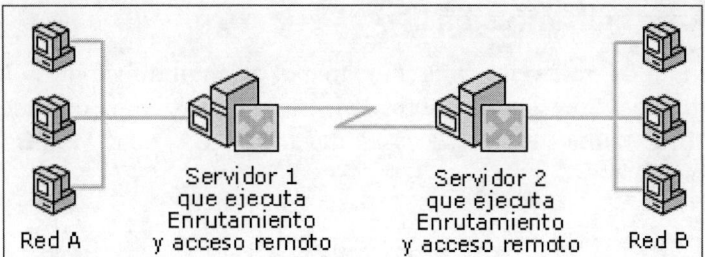

Figura 4-51

4.4.3.4. Enrutamiento unidifusión IPv4

El enrutamiento unidifusión es el reenvío del tráfico destinado a una única ubicación de una red desde un host de origen a un host de destino mediante enrutadores. En la actualidad, la mayor parte del tráfico de red mundial se realiza a través de redes de protocolo de internet versión 4 (IPv4). Además, la mayor parte del tráfico iniciado por los usuarios a través de redes IPv4 es tráfico unidifusión. El enrutamiento IP unidifusión se produce en todas las redes IP conectadas mediante enrutadores, lo que incluye una intranet IP no conectada a internet, internet e intranets que se conectan a internet o entre ellas a través de internet.

Los principales sistemas operativos para los que TCP/IP constituye el principal protocolo de red son Windows y UNIX. Todas las redes de Windows son compatibles con el enrutamiento IP unidifusión. Eso incluye redes que sólo usan enrutadores de hardware, redes que emplean enrutadores basados en software como el Servicio de enrutamiento y acceso remoto incluido en Windows Server o redes que usan una combinación de enrutadores de hardware y software.

Windows Server también es compatible con la siguiente generación de IP, el protocolo de internet versión 6 (IPv6).

El enrutamiento IP de unidifusión es el proceso que transfiere los datos en forma de paquetes IP de unidifusión por una red IP desde un nodo de origen (un equipo o cualquier otro dispositivo de red) a un nodo de destino. Un enrutador IP es un nodo que reenvía los paquetes IP entre las interfaces (que pueden ser adaptadores físicos de red o interfaces lógicas, como túneles) según la información que almacena en una base de datos, denominada tabla de enrutamientos. La Figura 4-52 muestra una red IP simple en la que se produce un enrutamiento IP de unidifusión.

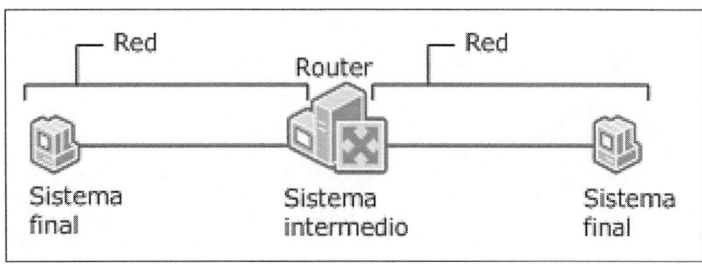

Figura 4-52

4.4.3.5. Enrutamiento multidifusión IPv4

La unidifusión es el envío de tráfico de red a un extremo. La multidifusión es el envío de tráfico de red a un grupo de extremos. Sólo los miembros del grupo de extremos que escuchen el tráfico de multidifusión (el grupo de multidifusión) procesan dicho tráfico. Todos los demás nodos omiten el tráfico de multidifusión.

El concepto de la pertenencia a grupos es fundamental en la multidifusión IP. Los datagramas de multidifusión IP se envían a un grupo, y sólo los miembros del grupo los reciben. Un grupo se identifica mediante una dirección de multidifusión IP única, que es una dirección IP en el intervalo de clase D, de 224.0.0.0 a 239.255.255.255 (designado como 224.0.0.0/4 en la notación de Enrutamiento de interdominios sin clases (CIDR)). Estas direcciones de clase D se denominan direcciones de grupo. Un host de origen envía datagramas de multidifusión a una dirección de grupo. Los hosts de destino comunican a un enrutador local que necesitan unirse al grupo.

En una intranet habilitada para multidifusión IP, cualquier host puede enviar datagramas de multidifusión IP a cualquier dirección de grupo y cualquier host puede recibir datagramas de multidifusión IP de cualquier dirección de grupo, independientemente de su ubicación. Para permitir esta funcionalidad, los hosts y enrutadores de la intranet deben admitir la multidifusión IP. Los hosts usan el Protocolo de administración de grupos de Internet (IGMP) para establecer la pertenencia a grupos. Los enrutadores usan protocolos de enrutamiento de multidifusión para reenviar los datos de multidifusión.

La Figura 4-53 muestra una intranet habilitada para multidifusión.

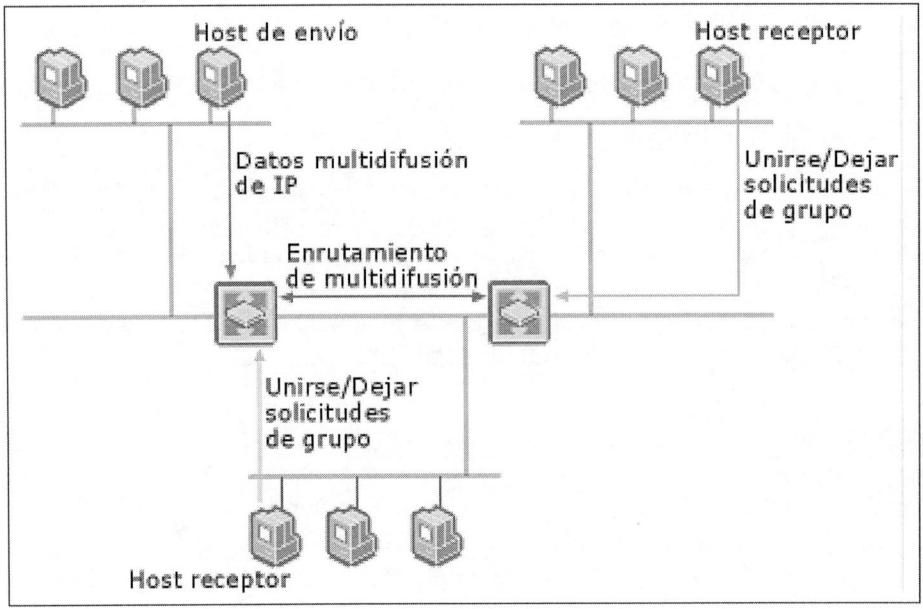

Figura 4-53

En esta ilustración, los hosts y los enrutadores están habilitados para multidifusión para que pueda suceder lo siguiente:

- El host que realiza el envío envía datagramas de multidifusión a una dirección de grupo designada.

- Los enrutadores reenvían los datagramas de multidifusión a los segmentos de red que incluyan miembros del grupo. Los enrutadores pueden reenviar el tráfico de multidifusión en una red, entre redes y en internet.

- Los hosts que deben recibir los datagramas comunican al enrutador local que deben unirse al grupo y, a continuación, reciben todos los datagramas siguientes enviados a la dirección de grupo.

- Si un host que recibe datagramas abandona el grupo y detecta que es posible que sea el último miembro del grupo en la subred, puede ponerse en contacto con el enrutador local a fin de abandonar el grupo y comunicarle que debe dejar de reenviar los datagramas de multidifusión a esa subred.

En cuanto a las ventajas de la multidifusión IP, podemos decir que se trata de un método eficaz para admitir un ancho de banda elevado y aplicaciones uno a varios en una red. La multidifusión puede reducir drásticamente el tráfico de red al enviar una única copia de los datos. Los hosts se pueden configurar para multidifusión sin tener que realizar actualizaciones de hardware. Como los enrutadores más recientes ya admiten el reenvío de multidifusión y los protocolos de enrutamiento de multidifusión, habilitar la multidifusión en una red resulta práctico y económico.

La multidifusión es útil para muchos tipos de aplicaciones uno a varios, como las siguientes:

- Multimedia, como conferencias de vídeo e informática en colaboración.

- Detección automática de los recursos de una red (por ejemplo, en Windows Server, la detección de enrutadores TCP/IP usa la multidifusión de forma predeterminada y WINS usa la multidifusión durante la detección automática de asociados de replicación).

- Difusión de datos, como la difusión de archivos o la sincronización de bases de datos.

- Compatibilidad con equipos móviles, como la actualización de libretas de direcciones remotas.

- Distribución de publicaciones organizativas.

Windows Server no proporciona protocolos de enrutamiento de multidifusión, como el protocolo de enrutamiento de multidifusión por vector de distancia (DVMRP), las extensiones de multidifusión para ruta de acceso más corta (MOSPF) y multidifusión independiente del protocolo (PIM), aunque Enrutamiento y acceso remoto admite los protocolos de enrutamiento de multidifusión desarrollados por fabricantes independiente de software (ISV).

Como alternativa, puede usar el Servicio de enrutamiento y acceso remoto para reenviar el tráfico de multidifusión. En este caso, el Servicio de enrutamiento y acceso remoto usa IGMP como componente del protocolo de enrutamiento IP. Las interfaces de los enrutadores se configuran en uno de estos dos modos de funcionamiento: modo de enrutador IGMP o modo de proxy IGMP. La finalidad del modo de enrutador IGMP es reenviar el tráfico de multidifusión en una intranet con un único enrutador. La finalidad del modo de proxy IGMP es conectar una intranet con un único enrutador a una intranet compatible con multidifusión o a internet.

Aunque Enrutamiento y acceso remoto usa IGMP de forma limitada para permitir el reenvío de multidifusión en una intranet, no es el equivalente de un protocolo de enrutamiento de multidifusión auténtico. El componente del protocolo de enrutamiento IGMP de Enrutamiento y acceso remoto admite el reenvío de multidifusión para varias topologías de red.

4.4.3.6. Enrutamiento IPv6

El enrutamiento es el proceso de reenviar paquetes entre segmentos de red conectados. En las redes basadas en IPv6, el enrutamiento es la parte del protocolo de Internet versión 6 (IPv6) que proporciona capacidades de reenvío entre hosts que se encuentran en segmentos independientes que pertenecen a una red mayor basada en IPv6. IPv6 es la oficina de correos donde se ordenan y entregan los datos de IPv6. Cada paquete entrante o saliente se denomina paquete IPv6. Un paquete IPv6 contiene la dirección de origen del host que realiza el envío y la dirección de destino del host receptor. A diferencia de las direcciones de nivel de vínculo, las direcciones IPv6 del encabezado IPv6 no suelen cambiar cuando el paquete se transmite por una red IPv6.

El enrutamiento es la función principal de IPv6. Los paquetes IPv6 se intercambian y procesan en cada host mediante IPv6 en el nivel de internet. Por encima del nivel IPv6, los servicios de transporte del host de origen pasan los datos en forma de segmentos TCP o mensajes UDP al nivel IPv6. El nivel IPv6 crea los paquetes IPv6 con la información de las direcciones de origen y destino, que se usa para enrutar los datos a través de la red. Después, el nivel IPv6 pasa los paquetes al nivel inferior del vínculo, donde los paquetes IPv6 se convierten en tramas para su transmisión a través de los medios específicos de una red física. Este proceso se produce en el orden inverso en el host de destino.

En cada host remitente, los servicios del nivel IPv6 examinan la dirección de destino de cada paquete, comparan esta dirección con una tabla de enrutamiento mantenida localmente y, después, determinan qué acción de reenvío adicional es necesaria. Los enrutadores IPv6 están conectados a dos o más segmentos de red IPv6 habilitados para reenviar paquetes entre ellos. Los segmentos de red IPv6, denominados también vínculos o subredes, están conectados mediante enrutadores IPv6, que son dispositivos que pasan paquetes IPv6 de un segmento de red a otro. Este proceso se conoce como enrutamiento IPv6 y se muestra en la Figura 4-54.

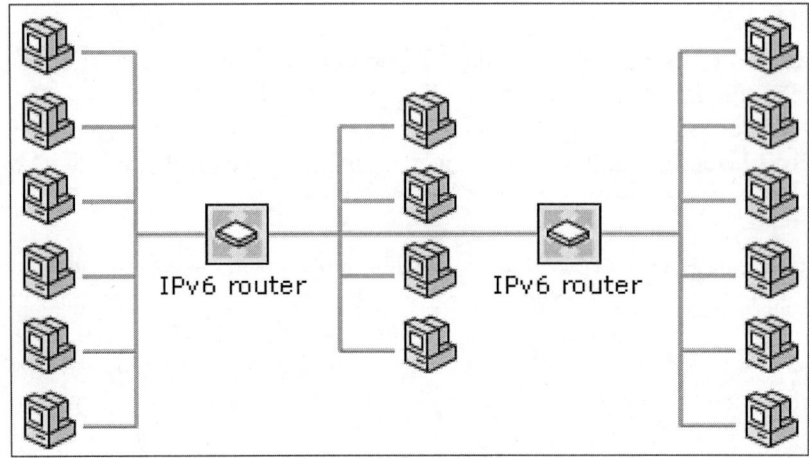

Figura 4-54

Los enrutadores IPv6 proporcionan el medio principal para unir dos o más segmentos de red IPv6 físicamente independientes. Todos los enrutadores IPv6 tienen las siguientes características:

- Los enrutadores IPv6 son físicamente hosts múltiples. Un host de hosts múltiples físicos es un host de la red que usa dos o más interfaces de conexión de red para conectarse a cada segmento de red físicamente independiente.

- Los enrutadores IPv6 permiten el reenvío de paquetes a otros hosts IPv6. Los enrutadores IPv6 son diferentes de otros hosts que usan la característica de host múltiple. Un enrutador IPv6 debe tener capacidad para reenviar la comunicación basada en IPv6 entre redes para otros hosts de la red IPv6.

Los enrutadores IPv6 se pueden implementar mediante diversos productos de hardware y software, incluido un equipo que ejecute un miembro de la familia Windows Server con el protocolo IPv6. Comúnmente se usan enrutadores que son dispositivos de hardware dedicados que ejecutan software especializado. Independientemente del tipo de enrutadores IPv6 que se usen, todo el enrutamiento IPv6 depende del uso de una tabla de enrutamiento para la comunicación entre los segmentos de red.

4.4.4. Programas de acceso remoto en Linux

Para muchas tareas de nuestro día a día, el acceso remoto puede ser una herramienta indispensable, ya que podemos controlar nuestra computadora como si estuviéramos sentados frente a ella. El Termino *"Remote Desktop"* se refiere a la aplicación que habilita a un usuario para acceder remotamente a un computador, es decir, ubicado físicamente distante.

Por su versatilidad, el acceso remoto es muy útil en entornos empresariales donde el soporte técnico presencial puede ser reducido considerablemente gracias a las acciones instantáneas vía remota. El software de escritorio remoto se puede encontrar en la mayoría de los sistemas operativos y plataformas, incluyendo los dispositivos móviles como iPhone, Android y BlackBerry. La conectividad de escritorio remoto depende de una serie de protocolos como RDP, VNC, *Remote Frame Buffer Protocolo*, *Apple Remote Desktop Protocol* y la tecnología NX, entre otros.

A continuación, se presenta una lista de algunos de los mejores programas de código abierto para escritorio remoto (sin ningún orden en particular) que pueden ser descargados y utilizados de forma gratuita.

RealVNC (Free Edition): RealVNC ofrece control remoto que permite ver e interactuar con las aplicaciones de escritorio a través de cualquier red. El software tiene una base de usuarios amplia con presencia mayoritaria en las mayores empresas multinacionales. Fue fundada por los desarrolladores originales de VNC para promover, mejorar y comercializar VNC. Tiene una amplia gama de aplicaciones, incluyendo la administración del sistema, soporte de TI y servicios de asistencia técnica. También puede ser utilizado para apoyar el usuario móvil, tanto para escritorio rápido dentro de la empresa y también para proporcionar acceso remoto en casa, o en la carretera. El sistema permite varias conexiones al mismo escritorio, proporcionando una valiosa herramienta de colaboración para compartir, o que trabajan en el lugar de trabajo o en el aula. Apoyo informático dentro de la familia geográficamente extendido es un uso muy popular. http://www.realvnc.com/

rDesktop: Es un cliente Open Source para Windows Terminal Services, capaz de hablar de forma nativa Remote Desktop Protocol (RDP) a fin de presentar el escritorio del usuario de Windows. Servidores compatibles que incluyen Windows o Windows Server. Actualmente funciona en la mayoría de las plataformas basadas en UNIX con el sistema de ventanas X, y otros puertos debería ser bastante sencillo.

Dentro de las opciones que nos presenta rDesktop podemos mencionar:

- Autenticación Automática

- Soporte Smartcard

- RemoteApp like support llamado "seamless" el modo a través de SeamlessRDP

- Asignaciones para la mayoría de los teclados internacionales

- Stream Compression y Encryption

- Almacenamiento en caché de mapa de bits

- Sistema de archivos, puerto de audio, serial y la redirección de puerto de impresora

Vinagre: Es un cliente VNC para el escritorio de GNOME. Se ha sustituido *xvnc4viewer* como el cliente de VNC por defecto en la última versión de Ubuntu. Vinagre tiene varias capacidades únicas y útiles como la de permitir a los usuarios conectarse a varios servidores simultáneamente y cambiar entre ellas por pestañas, navegar por servidores VNC y marcadores. Si bien, carece de otras características existentes en otros clientes de VNC, y según mi criterio es el menos estable, tiene aspectos como el establecimiento de un túnel SSH o compresión de estructuras de control, profundidad de color, velocidad de fotogramas e incluso No es necesario proporcionar la contraseña en cada conexión. La interfaz de usuario de Vinagre ya ha sido traducida a más de 40 idiomas diferentes. http://www.gnome.org/projects/vinagre/

TightVNC: Con TightVNC, usted puede ver el escritorio de una máquina remota y controlarlo con el ratón y teclado locales, al igual que lo haría sentado en la parte delantera de ese equipo. Es gratuito tanto para uso personal y comercial con el código fuente completo disponible, útiles en la administración, soporte técnico, educación, y para muchos otros fines, multiplataforma, disponible para Windows y Unix, con el cliente Java incluido, compatible con el estándar de software de VNC, conforme a las especificaciones del protocolo RFB. Con TightVNC puedes: reducir sus gastos y ahorrar su tiempo de viaje, ayudar a sus amigos y familiares para resolver problemas con sus equipos de forma remota, asegurarse de que nada malo está sucediendo en sus computadoras cuando usted está ausente. http://www.tightvnc.com/

Grdc: CMDE (GTK + / Gnome cliente de Escritorio remoto) es un GTK + y el software de escritorio remoto basado en GNOME que tiene la capacidad para conectarse a una plataforma de VNC (con libvncserver0), así como a Windows Terminal Server (con rdesktop). Aparte del programa principal, un soporte applet de GNOME para el cliente está disponible con el paquete 'CMDE-gnome'.

A continuación, se muestran algunas características de CMDE:

Proporciona una lista de archivos de escritorio remoto para servidores de uso más frecuentes.

- Capacidad para hacer conexiones rápidas poniendo directamente en el nombre del servidor.

- Equipos de escritorio remoto con resoluciones más altas son desplazables / escalable, tanto en ventana y pantalla completa.

- Modo de pantalla completa Viewport: escritorio remoto se desplaza automáticamente cuando se mueve el ratón sobre el borde de la pantalla.

- Barra de herramientas flotante en el modo de pantalla completa, le permite cambiar entre los modos, el teclado alternar agarrar, minimizar, etc

4.5. HERRAMIENTAS GRÁFICAS EXTERNAS PARA LA ADMINISTRACIÓN REMOTA

Terminal Services permite conexiones remotas con terminales de otros sistemas. El escritorio remoto permite administrar servidores remotos como si se estuviese delante del teclado. Windows Server permite automáticamente las conexiones de escritorio remoto.

4.5.1. Terminal Server en Windows Server

La función de servidor Terminal Services de Windows Server proporciona tecnologías que permiten a los usuarios obtener acceso a programas basados en Windows que están instalados en un servidor de Terminal Server o para obtener acceso a todo el escritorio de Windows. Con Terminal Services, los usuarios pueden obtener acceso a un servidor de Terminal Server desde una red corporativa o desde internet.

Terminal Services permite implementar y mantener software de forma eficiente en un entorno empresarial. Puede implementar programas fácilmente desde una ubicación central. Dado que los programas se instalan en el servidor de Terminal Server en lugar de en el equipo cliente, son más fáciles de actualizar y mantener. Cuando un usuario obtiene acceso a un programa de un servidor de Terminal Server, la ejecución del programa se produce en el servidor. Sólo se transmite a través de la red la información de teclado, ratón y pantalla. Cada usuario ve únicamente su sesión individual. La sesión se administra con transparencia en el sistema operativo del servidor y es independiente de cualquier otra sesión de cliente.

La función de servidor Terminal Services de Windows Server consta de varios subcomponentes, denominados "servicios de función". Uno de estos servicios de función es Terminal Server.

Un servidor de Terminal Server es el servidor que hospeda programas basados en Windows o todo el escritorio de Windows para clientes de Terminal Services. Los usuarios pueden conectarse a un servidor de Terminal Server para ejecutar programas, guardar archivos y usar los recursos de red de dicho servidor. Los usuarios pueden obtener acceso a un servidor de Terminal Server desde una red corporativa o desde internet con Conexión a Escritorio remoto o con RemoteApp de TS.

Cuando un usuario obtiene acceso a un programa de un servidor de Terminal Server, la ejecución del programa se produce en el servidor. Sólo se transmite a través de la red la información de teclado, ratón y pantalla. Cada usuario ve únicamente su sesión individual. La sesión se administra con transparencia en el sistema operativo del servidor y es independiente de cualquier otra sesión de cliente. Si implementa un programa en un servidor de Terminal Server en lugar de hacerlo en cada dispositivo, obtendrá muchas ventajas. Con Terminal Server es posible implementar rápidamente programas basados en Windows en dispositivos informáticos de toda una empresa. Esto resulta especialmente útil cuando se tienen programas que se actualizan con frecuencia, se usan con poca frecuencia o son difíciles de administrar. Además, los usuarios pueden obtener acceso a programas que se ejecutan en un servidor de Terminal Server desde dispositivos como equipos domésticos, quioscos, hardware de baja potencia y sistemas operativos distintos de Windows.

Los trabajadores de sucursales que necesitan tener acceso a almacenes de datos centralizados pueden obtener un mejor rendimiento de los programas mediante el acceso a los programas de un servidor de Terminal Server de forma remota. Algunas veces, los programas que manejan muchos datos no tienen protocolos de cliente/servidor optimizados para conexiones de baja velocidad. Los programas de este tipo suelen funcionar mejor a través de una conexión de Terminal Services que a través de la típica red de área extensa.

En Windows Server, puede usar *Configuración de Terminal Services* para definir la configuración del servidor de Terminal Server local o para conectarse a otro servidor de Terminal Server y definir su configuración de manera remota. Para *establecer una conexión con otro servidor de Terminal Server* mediante Configuración de Terminal Services, haga clic en *Inicio*, elija *Herramientas administrativas*, luego *Terminal Services* y, a continuación, pulse en *Configuración de Terminal Services*. En el menú *Acción*, haga clic en *Conectarse al servidor de Terminal Server*. También puede hacer clic con el botón secundario del ratón en *Configuración de Terminal Services* y elegir *Conectarse al servidor de Terminal Server* en el menú emergente resultante (Figura 4-55). En el cuadro de diálogo *Seleccionar equipo*, seleccione *Otro equipo*, escriba el nombre del equipo en el cuadro y, a continuación, haga clic en *Aceptar* (Figura 4-56).

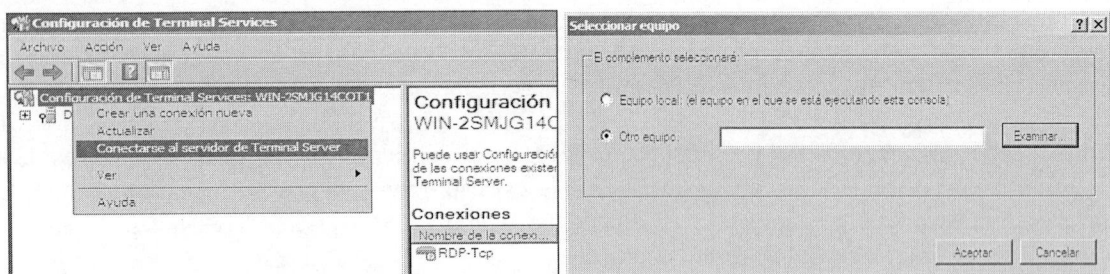

Figura 4-55   Figura 4-56

Configuración de Terminal Services se utiliza para definir la configuración de conexiones nuevas, modificar la configuración de conexiones existentes y eliminar conexiones. Puede definir la configuración por conexión o para el servidor en su conjunto. Se accede a Configuración de Terminal Services mediante *Inicio → Herramientas administrativas →Terminal Server → Configuración de Terminal Server* (Figura 4-57). Se obtiene así la pantalla de Configuración de Terminal Services (Figura 4-58).

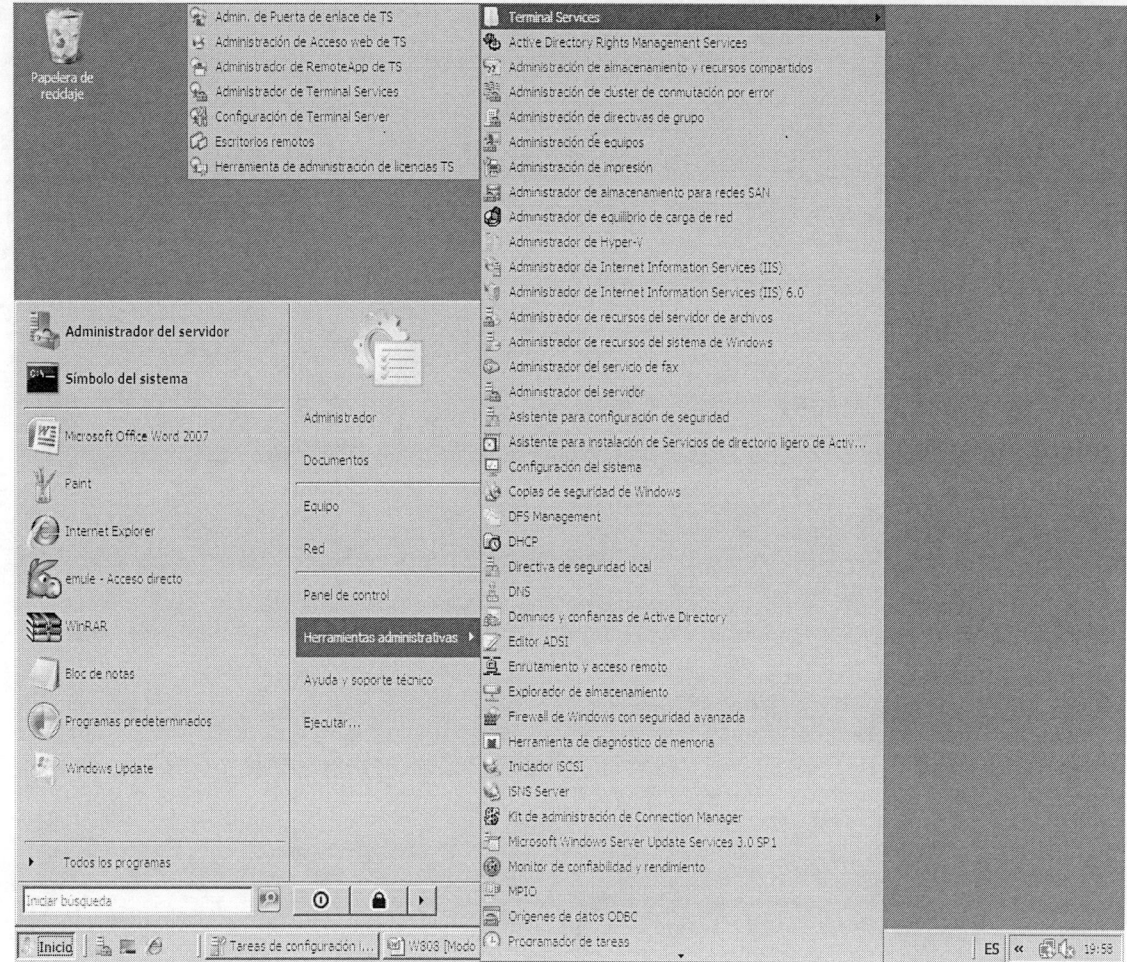

Figura 4-57

También se puede ejecutar Configuración de Terminal Services desde el Administrador del servidor. Para ello, haga clic en *Inicio → Herramientas administrativas → Administrador del servidor*, y en panel izquierdo, expanda *Funciones*. Abra *Terminal Services* y, a continuación, haga clic en *Configuración de Terminal Services* (Figura 4-59).

Para ejecutar Configuración de Terminal Services desde Microsoft Management Console, haga clic en *Inicio*, pulse en *Ejecutar*, escriba *mmc* y, a continuación, presione *Enter*. En el menú *Archivo*, haga clic en *Agregar o quitar complemento*.

En *Complementos disponibles*, haga clic en *Configuración de Terminal Services* y, a continuación, pulse en *Agregar*. En el cuadro de diálogo *Seleccionar equipo*, seleccione si desea conectarse al equipo local o a otro equipo. Si selecciona *Otro equipo*, escriba el nombre del equipo o use *Examinar* para buscar el equipo. Presione en *Aceptar*. En el cuadro de diálogo *Agregar o quitar complementos*, haga clic en *Aceptar*.

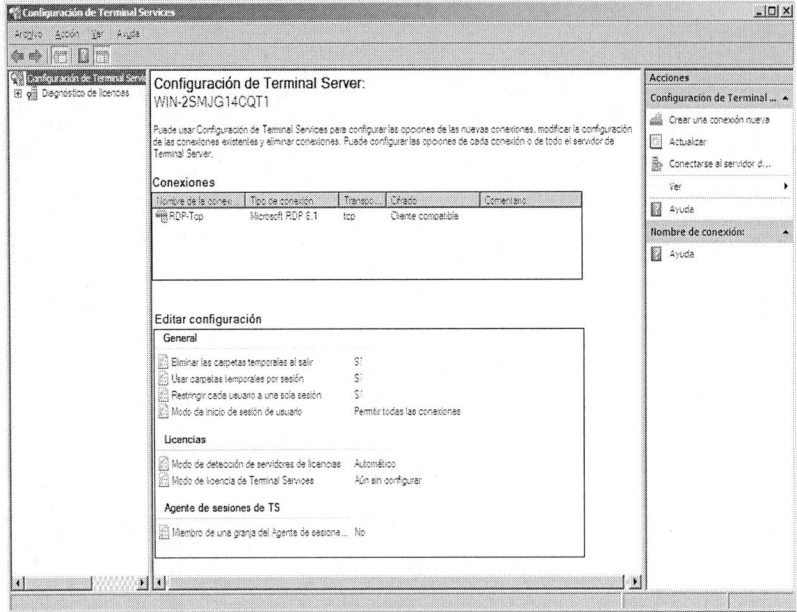

Figura 4-58

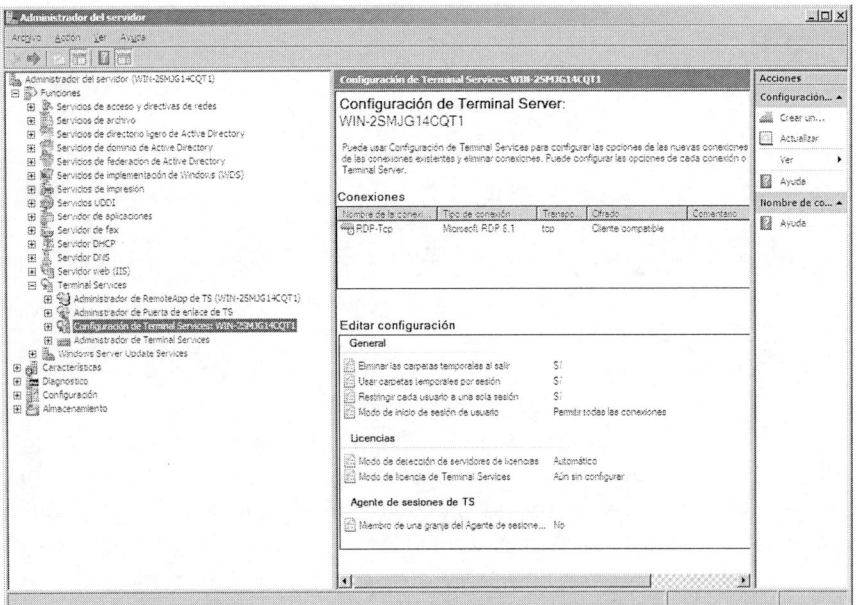

Figura 4-59

4.5.2. Terminal Server en Linux

Ya sabemos que *Remote Desktop Protocol* (*rdesktop*) es un protocolo de acceso remoto desarrolado por Microsoft que nos permite acceder a un escritorio desde un punto distante o incluso, dentro de nuestra red, formando un entorno cliente servidor. Basado en el trabajo de *rdesktop*, el proyecto *xrdp* utiliza el Protocolo de escritorio remoto para presentar una GUI para el usuario.

El objetivo de este proyecto es proporcionar un servidor completamente funcional *Linux Terminal Server*, capaz de aceptar conexiones, tanto de clientes Windows, desde *rdesktop* (con Linux o Mac) y servidor de clientes de terminal server de Microsoft.

A diferencia de un servidor de Windows NT, 2000, 2003, 2008 y posteriores, *xrdp* no mostrará un escritorio de Windows, sino una ventana de Escritorio X del usuario. *Xrdp* utiliza *Xvnc* o *X11rdp* para administrar la sesión X.

Para evitar tener que instalar ningún tipo de software en las máquinas Windows y utilizar el Terminal Server (cliente nativo basado en el protocolo *Remote Desktop Protocol* que permite acceder a escritorios remotos), podemos instalar en Linux la aplicación xrdp combinado con VNC (TightVNC).

El orden de instalación debe ser el presentado, primeramente, un servidor de VNC, por ejemplo, TightVNC, o TigerVNC y después *xrdp*.

Estos serían los pasos de instalación según se disponga de Ubuntu o Fedora:

```
(Ubuntu) root@ubuntu:~# aptitude install tightvncserver
(Fedora) root@fedora:~# yum  install tigervnc-server

(Ubuntu) root@ubuntu:~# aptitude install xrdp
(Fedora) root@fedora:~# yum install xrdp
```

ACTIVIDADES PROPUESTAS

Actividad 1. Especifica el trabajo con el escritorio remoto en Windows 10.

Actividad 2. Especifica el trabajo con el escritorio remoto en Windows 11.

Actividad 3. Configurar una nueva conexión de red en Windows 11 y Windows 10.

Actividad 4. Configurar una red inalámbrica en Windows 11 y Windows 10.

Actividad 5. Configurar una nueva de equipo a equipo en Windows 11 y Windows 10.

Actividad 6. Configurar una conexión remota aun área de trabajo con VPN en Windows 11.

Actividad 7. Configurar una conexión de banda ancha ADSL en Windows 11 y Windows 10.

Actividad 8. Configurar una conexión de acceso telefónico en Windows 11.

ADMINISTRACIÓN DE SERVIDORES DE IMPRESIÓN

5.1. PUERTOS Y PROTOCOLOS DE IMPRESIÓN

Los administradores del sistema responsables del entorno de impresión deben conocer a fondo el proceso de impresión y las opciones disponibles para que los servidores de impresión y los clientes se comuniquen con equipos que ejecutan el sistema operativo propio, equipos con otros sistemas operativos y a través de internet.

Cuando agrega una impresora conectada directamente a la red mediante un adaptador de red, puede implementar la impresión de dos maneras: agregando la impresora directamente al equipo de cada usuario sin utilizar el servidor de impresión o agregando la impresora una vez a un servidor de impresión y conectando después cada usuario a la impresora mediante el servidor de impresión.

Para ilustrar la impresión agregando la impresora directamente al equipo, utilizaremos el ejemplo siguiente: una red pequeña para trabajo en grupo que dispone de pocos equipos y de una impresora conectada directamente a la red. Cada usuario de la red agrega la impresora a su carpeta *Impresoras y faxes* sin compartirla y establece su propia configuración de controlador. La desventaja de esta configuración es que los usuarios no conocen el verdadero estado de la impresora. Cada equipo tiene su propia cola de impresión en la que sólo se muestran los trabajos de impresión enviados desde dicho equipo. No es posible determinar dónde se encuentra el trabajo de impresión en relación con los trabajos de impresión de otros equipos. Otra desventaja es que los mensajes de error (como los mensajes de atasco de papel o de bandeja de papel vacía) sólo aparecen en la cola del trabajo de impresión actual. Finalmente, todos los procesos relacionados con la impresión del documento se realizan en dicho equipo.

La segunda manera de configurar la impresión es imprimir con un servidor de impresión y consiste en utilizar un equipo que ejecute un sistema operativo como servidor de impresión. Este equipo agrega la impresora y la comparte con el resto de los usuarios.

La impresión con un servidor de impresión proporciona las ventajas siguientes:

- El servidor de impresión administra la configuración del controlador de impresión.
- En todos los equipos conectados a la impresora sólo aparece una cola de impresión, lo que permite a los usuarios ver dónde se encuentra su trabajo de impresión respecto al resto de los trabajos en espera.
- Los mensajes de error aparecen en todos los equipos, por lo que todos los usuarios conocen el verdadero estado de la impresora.
- Parte del procesamiento se transfiere del equipo cliente al servidor de impresión.
- Se puede establecer un registro único para aquellos administradores que deseen auditar los sucesos de la impresora.

La única desventaja de utilizar el servidor de impresión es que se requiere un equipo que funcione como tal. Sin embargo, no es necesario que sea un equipo dedicado; por lo general, los servidores de impresión se implementan en servidores que también realizan otras tareas.

En la impresión juegan un papel importante los *controladores de impresora*. Un controlador de impresora es un software que los programas utilizan para comunicarse con las impresoras y los trazadores gráficos. Los controladores de impresora traducen la información enviada desde el equipo en comandos que pueda entender la impresora. Normalmente, los controladores de impresora no son compatibles en las distintas plataformas, por lo que se deben instalar diversos controladores en el servidor de impresión para admitir diferentes componentes de hardware y sistemas operativos. En general, los controladores de impresora están formados por tres tipos de archivos:

Archivo de configuración o interfaz de impresora. Muestra los cuadros de diálogo *Propiedades* y *Preferencias* cuando se configura una impresora. Este archivo tiene la extensión .DLL.

Archivo de datos. Proporciona información acerca de las capacidades de una impresora específica, incluidos la capacidad de resolución, si puede imprimir en ambas caras de la página y el tamaño de papel que puede aceptar. Este archivo puede tener la extensión .DLL, .PCD, .GPD o .PPD.

Archivo de controlador de gráficos de impresora. Traduce los comandos de interfaz de controlador de dispositivo (DDI) en comandos que pueda entender la impresora. Cada controlador traduce un lenguaje de impresora diferente. Por ejemplo, el archivo PSCRIPT.DLL traduce el lenguaje de impresora PostScript. Este archivo tiene la extensión .DLL.

Estos archivos, que suelen ir acompañados por un archivo de ayuda, trabajan conjuntamente para que la impresión sea posible. Por ejemplo, cuando se instala una nueva impresora, la configuración lee el archivo de datos y muestra las opciones de impresora disponibles. Al imprimir, el archivo de controlador de gráficos realiza una consulta en el archivo de configuración acerca de las opciones seleccionadas para así poder crear los comandos de impresora adecuados.

La mayoría de los programas que admiten la impresión permiten elegir entre varias fuentes diferentes. Las impresoras que ofrecen la más amplia variedad de fuentes son las impresoras láser, matriciales y de inyección de tinta. Estas impresoras admiten un conjunto fijo de fuentes residentes, que puede ampliar con la instalación de cartuchos de fuentes o la carga de fuentes de software.

- Las *fuentes internas (residentes)* se utilizan principalmente en impresoras láser, matriciales y de inyección de tinta. Cargadas previamente en la memoria de la impresora (ROM), las fuentes internas están siempre disponibles para imprimir.

- Las *fuentes de cartucho* están almacenadas en un cartucho o una tarjeta que se conecta a la impresora.

- Las *fuentes descargables* son juegos de caracteres enviados desde el equipo a la memoria de una impresora cuando se necesitan para imprimir. También llamadas fuentes transferibles, las fuentes descargables se usan principalmente en impresoras láser y otras impresoras de páginas, aunque también en algunas impresoras matriciales. En los clientes que utilizan fuentes descargables y que imprimen en servidores de impresión de Windows se deben instalar las fuentes localmente para aumentar la velocidad de impresión.

Para cada documento que imprima, puede que Windows necesite enviar la pantalla y las fuentes descargables necesarias a la impresora. Para mejorar la velocidad de la impresión, utilice fuentes que no sea necesario descargar (como fuentes internas o de cartucho). Algunas impresoras disponen de la capacidad para mantener una lista de las fuentes descargables. Si la impresora admite esta característica, habilítela para aumentar la velocidad de impresión. No todas las impresoras pueden utilizar los tres tipos de fuentes. Por ejemplo, los trazadores gráficos de plumas normalmente no pueden utilizar fuentes descargables. Para obtener más información acerca de los tipos de fuentes que puede utilizar, consulte el manual de funcionamiento de la impresora.

El *procesador de impresión* indica a la cola de impresión que altere un trabajo en función del tipo de datos del documento. Junto con el controlador de impresora, envía los trabajos de impresión de la cola del disco duro a la impresora.

Ocasionalmente, los fabricantes de software desarrollan procesadores de impresión propios para admitir tipos de datos personalizados. Por lo general, no es necesario que los administradores configuren o intervengan en el funcionamiento del procesador de impresión.

El proceso de impresión suele admitir diferentes *tipos de datos*, según el sistema operativo que se utilice. En el caso de Windows suele admitir cinco tipos de datos. Los dos tipos de datos utilizados con más frecuencia, metarchivo mejorado (EMF) y preparado para imprimir (RAW), afectan al rendimiento del equipo cliente y del servidor de impresión de varias maneras.

EMF, o metarchivo mejorado, es el tipo de datos predeterminado para la mayoría de los programas basados en Windows. Con EMF, el documento impreso se convierte a un formato de metarchivo mucho más portátil que los archivos RAW que, normalmente, puede imprimirse en cualquier impresora. El tamaño de los archivos EMF suele ser menor que el de los archivos RAW que contienen el mismo trabajo de impresión. En lo que se refiere al rendimiento, sólo la primera parte del trabajo de impresión se altera o se procesa en el equipo cliente, la mayor parte del efecto lo experimenta el equipo servidor de impresión, lo que también permite que la aplicación del equipo de cliente devuelva el control al usuario con más rapidez.

RAW es el tipo de datos predeterminado para clientes que no son programas basados en Windows. El tipo de datos RAW indica a la cola de impresión que no altere de ningún modo el trabajo antes de la impresión. Con este tipo de datos, todo el proceso de preparación del trabajo de impresión se realiza en el equipo de cliente.

5.1.1. El proceso de impresión en Windows. Puertos y protocolos

A continuación, se ofrece una introducción a las operaciones realizadas en un documento enviado a una impresora desde un cliente Windows. La impresora está conectada a un equipo que ejecuta un sistema operativo de la familia Windows Server. (Algunos procesos son ligeramente diferentes en los clientes de impresión con sistemas operativos que no son Windows).

Las operaciones serían las siguientes:

1. Un usuario en un equipo cliente Windows decide imprimir un documento.

2. Si el documento se envía desde una aplicación Windows, la aplicación llama a la interfaz de dispositivo gráfico (GDI) que, a su vez, llama al controlador de impresora asociado a la impresora de destino. Con la información de documento procedente de la aplicación, la GDI y el controlador intercambian datos para procesar el trabajo de impresión en el lenguaje de la impresora y, a continuación, lo transfieren a la cola de impresión del equipo cliente. Si el cliente está utilizando un sistema operativo distinto a Windows o una aplicación que no esté basada en Windows, otro componente reemplazará a la GDI para realizar una tarea similar.

3. El equipo cliente entrega el trabajo de impresión al servidor de impresión. En los clientes Windows, la cola de impresión del cliente realiza una llamada a procedimiento remoto (RPC) a la cola de impresión del servidor, que emplea el enrutador de impresión para sondear al proveedor de impresión remota del cliente. El proveedor inicia otra RPC a la cola de impresión del servidor, que recibe el trabajo de impresión a través de la red.

4. En el servidor de impresión, los trabajos de impresión procedentes de clientes Windows utilizan el tipo de datos de metarchivo mejorado (EMF). Muchas otras aplicaciones utilizan el tipo de datos RAW (preparado para imprimir).

5. El enrutador del servidor transfiere el trabajo de impresión al proveedor de impresión local del servidor (componente de la cola de impresión), que pone en la cola el trabajo (lo escribe en el disco).

6. El proveedor de impresión local sondea al procesador de impresión. El procesador de impresión reconoce el tipo de datos del trabajo y recibe el trabajo de impresión. A continuación, el procesador de impresión convierte el trabajo de impresión según su tipo de datos.

7. Si la impresora de destino se define en el equipo de cliente, el servicio del servidor de impresión decide si la cola de impresión del servidor alterará el trabajo de impresión o le asignará un tipo de datos diferente. El trabajo de impresión se transfiere al proveedor de impresión local, que lo escribe en el disco.

8. El control del trabajo de impresión se pasa al procesador de páginas de separación, que agrega una página de separación, si se especifica, al principio del trabajo.

9. El trabajo sale de la cola de impresión hacia los monitores de impresión. Si se utiliza una impresora bidireccional, un monitor de lenguaje supervisa la comunicación de dos direcciones entre el remitente y la impresora, y, después, transfiere el trabajo de impresión a un monitor de puerto. En caso contrario, el trabajo va directamente al monitor de puerto que, a su vez, lo envía a la impresora de destino (o a otro servidor de impresión de red).

10. La impresora recibe el trabajo de impresión, convierte cada página al formato de mapa de bits y lo imprime.

La Figura 5-1 ilustra el proceso

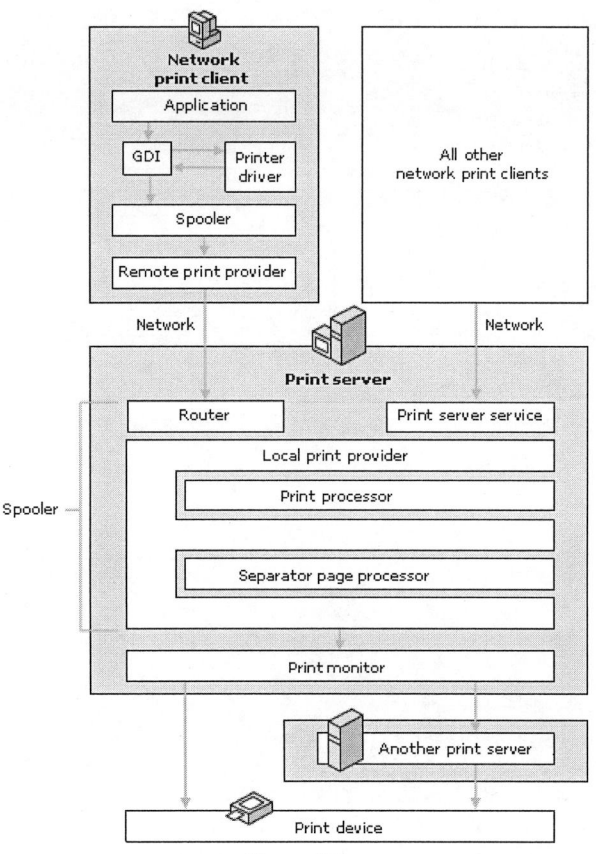

Figura 5-1

5.1.2. Imprimir desde Internet

La impresión desde Internet permite enviar trabajos de impresión a una impresora a través de Internet. Por ejemplo, puede enviar el nuevo catálogo de su organización directamente a la impresora del editor, siempre y cuando disponga del nombre de impresora del editor y el permiso adecuado. También puede utilizar esta tecnología en la red de área local (LAN) o intranet. Para imprimir desde Internet tendremos en cuenta los siguientes puntos:

- Para instalar una impresora desde Internet, debe utilizar la dirección URL de la impresora como nombre de la impresora. Los administradores también pueden utilizar el formato de dirección URL dentro de una intranet.

- Para que un equipo que ejecuta un sistema operativo de la familia Windows Server y Windows procese los trabajos de impresión que contienen direcciones URL, es necesario que ejecute los Servicios de Internet Information Server (IIS) de Microsoft.

- La impresión desde Internet emplea el Protocolo de impresión Internet (IPP) como protocolo de bajo nivel, que se encapsula dentro de HTTP y lo utiliza como portadora. Al tener acceso a una impresora a través de un explorador, el sistema intenta en primer lugar conectarse mediante RPC (en intranets y redes LAN), lo que constituye un método rápido y eficaz.

- IIS proporciona seguridad del servidor de impresión. Para admitir todos los exploradores o clientes Internet, el administrador debe elegir la autenticación básica. Como alternativa, el administrador puede utilizar la autenticación mediante desafío y respuesta de Microsoft o la autenticación Kerberos, que admite Microsoft Internet Explorer.

- Es posible administrar impresoras en cualquier explorador, pero debe utilizar Internet Explorer versión 4.0 o superior para poder conectar con una impresora mediante un explorador. La Figura 5-2 ilustra el proceso

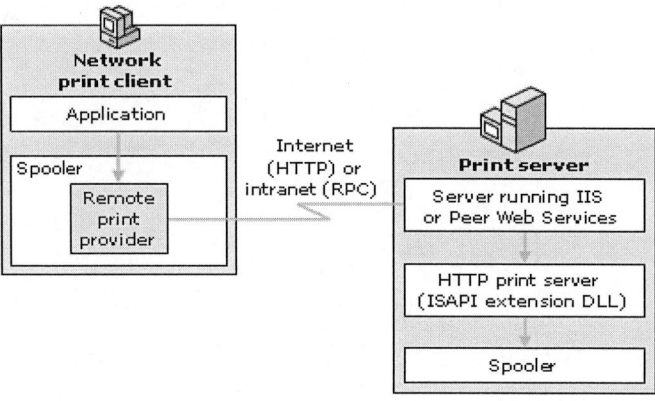

Figura 5-2

5.1.3. Elegir y configurar un puerto

El término monitor de impresión se utiliza para describir dos tipos de monitores de impresión: monitor de lenguaje y monitor de puerto. En el apartado anterior referente al proceso de impresión se explicó cuál es la función del monitor de impresión en el proceso de impresión. Si la impresora admite impresión bidireccional, una comunicación en dos direcciones entre la impresora y la cola de impresión que se ejecuta en el servidor de impresión, será necesario utilizar un monitor de lenguaje. La cola de impresión podrá tener acceso a la información de estado y configuración procedente de la impresora. El monitor más importante es el monitor de puerto, que controla el puerto de E/S a la impresora. Un *puerto de impresora* es una interfaz a través de la que una impresora puede comunicarse con el equipo. Puede agregar puertos de impresora mediante el *Asistente para agregar impresoras* en el momento en que agrega la impresora, en la ficha *Puertos* de la página de propiedades de la impresora o mediante la página de propiedades del servidor de impresión.

El proceso de selección de un puerto y las opciones subsecuentes presentadas dependen del modo en que la impresora esté conectada al servidor o la red, y de qué software (incluidos los *protocolos*) tenga instalado.

Si la impresora está conectada físicamente al servidor de impresión, seleccione el puerto local apropiado. LPT1 a LPT3 representan puertos paralelos, mientras que COM1 a COM4 representan puertos serie. Cuando un cliente imprime en un puerto de impresora representado como FILE, se pide al cliente el nombre de archivo y el archivo de salida se almacena en el equipo del cliente. Si decide agregar un nuevo puerto local, puede especificar lo siguiente:

- Un nombre de archivo, como **C:***dir**nombreDeArchivo*. Todos los trabajos enviados a este puerto se escriben en dicho archivo y cada trabajo nuevo sobrescribe al anterior.

- El nombre de recurso compartido de una impresora, como *servidor**impresora* (no se admiten direcciones URL). El redirector de red transfiere los trabajos enviados a este puerto a través de la red al recurso compartido designado.

- NUL. Especifica el puerto nulo, que puede utilizarse para probar si los clientes de red pueden enviar trabajos. Los trabajos enviados a NUL se eliminan sin desperdiciar papel ni retrasar trabajos de impresión reales.

- IR. Utilice este puerto para conectar con impresoras habilitadas para infrarrojos que cumplen las especificaciones de la Asociación para la transmisión de datos por infrarrojos (IrDA, <i>Infrared Data Association</i>). Si el hardware no admite IR, no se incluirá en la lista de la ficha *Puertos*.

Determinados puertos no se enumerarán en la ficha *Puertos* a menos que se instale una impresora que requiera uno de ellos. Las impresoras Bus serie universal (USB) e IEEE 1394 son compatibles con Plug and Play; cuando se conecta una impresora al puerto físico correcto (y USB o IEEE 1394) habilitado en el BIOS, se instala automáticamente el monitor de puerto correspondiente. El sistema operativo detecta el dispositivo, muestra su configuración en la pantalla y pide al usuario su confirmación. Es posible que tenga que insertar un CD-ROM que contenga archivos de controlador, como se describe en Agregar un puerto local.

Si la impresora se conecta directamente a la red, agregue un puerto cuando el Asistente para agregar impresoras le pida que seleccione un puerto. En la tabla siguiente se muestran las opciones de puerto disponibles y se explica en qué condiciones está disponible cada puerto. Para agregar un puerto debe tener credenciales administrativas.

Puerto adicional	Permite a los clientes imprimir en	Disponible
Puerto local	Impresoras conectadas a un puerto paralelo o serie, archivo específico, nombre UNC o puerto NUL.	De manera predeterminada
Puerto TCP/IP estándar	Impresoras TCP/IP conectadas directamente a la red.	De manera predeterminada
Dispositivos de impresión AppleTalk	Impresoras AppleTalk.	Si se instala el protocolo AppleTalk
Puerto LPR	Impresoras TCP/IP conectadas a un servidor UNIX o VAX.	Si se instalan los servicios de impresión para Unix.
Puerto para NetWare	Recursos de impresión de NetWare.	Si se instalan el protocolo NWLink y los Servicios de cliente para NetWare.

5.1.4. Configurar puertos y protocolos de impresión en Windows Server

Para *agregar un puerto* se tendrá en cuenta lo siguiente:

1. Abra **Impresoras y faxes**.

2. En el menú **Archivo**, haga clic en **Propiedades del servidor**.

3. Haga clic en la ficha **Puertos** y, a continuación, en **Agregar puerto**.

4. En la lista **Tipos de puerto disponibles**, haga clic en el nombre de un puerto para seleccionarlo. De manera predeterminada, en la lista **Tipos de puerto disponibles** sólo aparecen **Puerto local** y **Puerto TCP/IP estándar**.
   Si desea agregar un puerto de Programa de impresora de líneas remoto (LPR), tendrá que instalar el componente de red opcional **Servicios de impresión para Unix**. Después de hacerlo, **Puerto LPR** aparecerá entre los tipos de puerto disponibles. Para agregar otros tipos de puertos, haga clic en **Nuevo tipo de puerto**, escriba la ruta de acceso al disco compacto que contiene los archivos necesarios y haga clic en **Aceptar**.

5. Después de hacer clic en el tipo de puerto en el cuadro de diálogo **Puertos de impresora**, haga clic en **Puerto nuevo**.

6. Escriba un nombre que describa el puerto y, a continuación, haga clic en **Aceptar**.

7. En el cuadro de diálogo **Puertos de impresora**, haga clic en **Cerrar**.

8. Si es necesario, configure el puerto haciendo clic en **Configurar puerto**. Diferentes tipos de puerto tienen diferentes características que se pueden configurar. Cuando haya terminado de configurar el puerto, haga clic en **Aceptar**.

9. Haga clic en **Cerrar** para cerrar el cuadro de diálogo **Propiedades del servidor de impresión**.

Para *abrir Impresoras y faxes*, haga clic en **Inicio** y, a continuación, haga clic en **Impresoras y faxes**.

- Si agrega un puerto mediante el Asistente para agregar impresora, el puerto que agregue aparecerá en la lista.

Para *eliminar un puerto* se tendrá en cuenta lo siguiente:

1. Abra Impresoras y faxes.

2. En el menú **Archivo**, haga clic en **Propiedades del servidor** y, a continuación, en la ficha **Puertos**.

3. En la lista de puertos, haga clic en el puerto que desee eliminar y, a continuación, haga clic en **Eliminar puerto**.

4. Haga clic en **Sí** para confirmar.

Para *agregar un puerto local* se tendrá en cuenta lo siguiente:

1. Abra Impresoras y faxes.

2. Haga doble clic en **Agregar impresora** para iniciar el Asistente para agregar impresoras y, a continuación, haga clic en **Siguiente**.

3. Haga clic en **Impresora local conectada a este equipo**, desactive la casilla de verificación **Detectar e instalar mi impresora Plug and Play automáticamente** y, después, haga clic en **Siguiente**.

4. Haga clic en **Crear nuevo puerto**, haga clic en **Puerto local** y, después, en **Siguiente**.

5. Escriba el nombre del puerto y haga clic en **Aceptar**.

6. Siga las instrucciones que aparecen en la pantalla para terminar de agregar una impresora con el Asistente para agregar impresora.

Para *agregar un puerto TCP/IP estándar* se tendrá en cuenta lo siguiente:

1. Abra Impresoras y faxes.

2. Haga doble clic en **Agregar impresora** para iniciar el Asistente para agregar impresoras y, a continuación, haga clic en **Siguiente**.

3. Haga clic en **Impresora local conectada a este equipo**, desactive la casilla de verificación **Detectar e instalar mi impresora Plug and Play automáticamente** y, después, haga clic en **Siguiente**.

4. Haga clic en **Crear nuevo puerto** y, después, en **Puerto TCP/IP estándar**.

5. Haga clic en **Siguiente** para ejecutar el Asistente para agregar puerto de impresora estándar TCP/IP.

6. Siga las instrucciones que aparecen en la pantalla para terminar de instalar la impresora TCP/IP.

La mayoría de las impresoras de red admiten el protocolo TCP/IP. El puerto TCP/IP estándar simplifica la conexión de impresoras remotas con el protocolo TCP/IP. Un equipo que actúa como servidor de impresión debe ejecutar el protocolo TCP/IP para poder imprimir.

Para *conectar con un servidor de impresión que ejecute NetWare*, tiene que instalar los Servicios de cliente para NetWare.

También puede agregar puertos con el cuadro de diálogo *Propiedades del servidor de impresión*.

Para servidores de impresión que necesiten comunicarse con equipos host (como equipos UNIX o VAX), resulta más conveniente instalar un puerto LPR.

Para *agregar un puerto LPR* se tendrá en cuenta lo siguiente:

1. Abra Impresoras y faxes.

2. Haga doble clic en **Agregar impresora** para iniciar el Asistente para agregar impresoras y, a continuación, haga clic en **Siguiente**.

3. Haga clic en **Impresora local conectada a este equipo**, desactive la casilla de verificación **Detectar e instalar mi impresora Plug and Play automáticamente** y, después, haga clic en **Siguiente**.

4. Haga clic en **Crear nuevo puerto** y, después, en **Puerto LPR**.
   Si **Puerto LPR** no está disponible, haga clic en **Cancelar** para detener el asistente. Para agregar el puerto LPR, tendrá que instalar el componente de red opcional, **Servicios de impresión para Unix**.

5. Haga clic en **Siguiente** y, a continuación, proporcione la siguiente información:

   — En **Nombre o dirección del servidor que proporciona LPD**, escriba el nombre DNS (Sistema de nombres de dominio) o la dirección IP (Protocolo Internet) del host para la impresora que va a agregar. El host puede ser el dispositivo de impresión TCP/IP de conexión directa o el equipo UNIX al que está conectado el dispositivo de impresión. El nombre DNS puede ser el nombre especificado para el host en el archivo HOSTS.

   — En **Nombre de la impresora o cola en ese servidor**, escriba el nombre de la impresora tal y como está identificada por el host, que es la propia impresora con conexión directa o el equipo UNIX.

6. Siga las instrucciones que aparecen en la pantalla para terminar de instalar la impresora TCP/IP.

5.1.5. Servicios de impresión para Unix

Con UNIX, un programa de un equipo puede utilizar un servicio Acceso remoto a impresora de líneas (LPR) para enviar un documento a un servicio de cola de impresión que se encuentra en otro equipo. El servicio receptor suele denominarse Demonio de impresora de líneas (LPD).

Los servicios de impresión para Unix proporcionan servicios LPR y LPD que actúan de manera independiente en un servidor de impresión que ejecute un sistema operativo de la familia Windows Server. LPD se ejecuta en el servidor de impresión para permitir que el servidor acepte trabajos de clientes LPR, como los sistemas UNIX. LPR es una opción que permite a los equipos que ejecutan Windows enviar trabajos a servidores UNIX que ejecutan LPD.

- En el servidor de impresión, LPDSVC recibe los documentos procedentes de las herramientas LPR nativas que se ejecutan en equipos de cliente UNIX.

- En el servidor de impresión, LPRMON envía los trabajos de impresión a los procesos LPD nativos de los equipos UNIX a los que se han conectado las impresoras.

De forma predeterminada, el servicio LPD está configurado para iniciarse manualmente. Para hacer que se inicie automáticamente, en *Servicios*, cambie las opciones de inicio correspondientes al servicio del servidor de impresión TCP/IP. Para instalar los Servicios de impresión para Unix en un equipo que ejecute algún sistema operativo de la familia Windows Server, es necesario un disco compacto de dicho sistema operativo.

5.1.6. Protocolos para imprimir en una red TCP/IP en Linux

Existen distintas posibilidades de impresión en una red TCP/IP, las cuales no dependen tanto del hardware como del protocolo utilizado. Por eso en la configuración con Linux se distingue en función del protocolo y no del hardware. Las posibilidades más comunes son las siguientes:

- Imprimir a través de un servidor de red CUPS

    — Protocolo IPP (única posibilidad)

- Imprimir a través de un servidor de red LPD

    — Protocolo LPD (única posibilidad)

- Imprimir directamente desde una impresora de red o printserver-box:

    — Socket TCP

    — Protocolo LPD

    — Protocolo IPP

Para poder transmitir datos del remitente al destinatario según un protocolo determinado, es necesario que ambos soporten dicho protocolo. El software que funciona en el remitente y el destinatario también debe soportar ese protocolo.

Por consiguiente, el hardware y el software empleados no son relevantes: lo importante es que tanto el remitente como el destinatario soporten el protocolo correspondiente. Dependiendo del protocolo utilizado, se transmiten trabajos de impresión o sólo datos en crudo.

Además de los datos que se van a imprimir, un trabajo de impresión contiene también datos adicionales como qué usuario ha creado el trabajo de impresión y en qué máquina o, en caso necesario, opciones específicas de impresión (por ejemplo, tamaño del papel, impresión en modo dúplex, etc.).

5.1.7. Imprimir a través del protocolo LPD

En este caso, el remitente envía la tarea de impresión a través del protocolo LPD a una cola de impresión en el destinatario. Según el protocolo LPD, el destinatario recibe los trabajos de impresión en el puerto 515. Por lo tanto, en el ordenador destinatario siempre se requiere un servicio que acepte los trabajos de impresión en el puerto 515 (este servicio se llama normalmente lpd). Asimismo, también se requiere una cola de impresión a la que mandar los trabajos aceptados.

Remitentes que soportan el protocolo LPD:

Ordenadores Linux con el sistema de impresión LPRng:

- LPRng soporta el protocolo LPD mediante lpd. Para ello se necesita una cola de impresión local mediante la cual el lpd del remitente reenvíe el trabajo de impresión al lpd del destinatario.

- Con LPRng la transmisión se puede hacer también sin lpd local. El programa lpr del paquete lprng puede reenviar la tarea de impresión directamente al lpd del destinatario utilizando el protocolo LPD.

Ordenadores Linux con el sistema de impresión CUPS (servidor):

- CUPS soporta el protocolo LPD sólo a través del daemon cupsd. Para ello se necesita una cola de impresión local mediante la cual el cupsd local reenvíe la tarea de impresión al lpd del destinatario.

Ordenadores Linux con el sistema de impresión CUPS (cliente):

- La transmisión de datos a través del protocolo LPD no está soportada en los clientes CUPS.

Otros sistemas operativos:

- El protocolo LPD es muy antiguo, por lo que cualquier sistema operativo debería soportarlo al menos como remitente. Es posible que no se soporte por defecto. En este caso habría que instalar manualmente el software necesario.

Destinatarios que soportan el protocolo LPD:

Ordenadores Linux con el sistema de impresión LPRng:

- LPRng soporta la recepción de datos a través del protocolo LPD mediante lpd.

Ordenadores Linux con el sistema de impresión CUPS (servidor):

- CUPS soporta la recepción de datos a través del protocolo LPD mediante cups-lpd. Puede activar cups-lpd por medio de inetd o xinetd.

Ordenadores Linux con el sistema de impresión CUPS (cliente):

- Los clientes CUPS no soportan la recepción de datos a través del protocolo LPD.

Servidor de impresión e impresora de red/printserver-box

- El protocolo LPD es muy antiguo, por lo que cualquier servidor de impresión, servidor de impresión dedicado o impresora de red de uso extendido debería soportar este protocolo.

- En los servidores de impresión dedicados e impresoras de red el nombre de las colas de impresión varía en función del modelo o existen varias colas de impresión que funcionan de forma distinta.

5.1.8. Imprimir a través del protocolo IPP

Aquí el remitente envía la tarea de impresión a través del protocolo IPP a una cola de impresión en el destinatario. Según el protocolo IPP, el remitente acepta los trabajos de impresión en el puerto 631. Por lo tanto, en el ordenador destinatario se requiere un servicio que acepte los trabajos de impresión en el puerto 631 (este servicio se llama en CUPS cupsd) y una cola de impresión en la que se guarden los trabajos aceptados.

Remitentes que soportan el protocolo IPP:

Ordenadores Linux con el sistema de impresión LPRng:

- LPRng no soporta el protocolo IPP.

Ordenadores Linux con CUPS como cliente o servidor

- CUPS también soporta el envío de datos a través del protocolo IPP sin cupsd local. Los programas lpr o lp del paquete cups-client o el programa xpp o el programa KDE kprinter pueden reenviar el trabajo de impresión a través del protocolo IPP directamente al destinatario.

Otros sistemas operativos:

- El protocolo IPP es relativamente nuevo, por lo que el soporte depende de cada caso concreto.

Destinatarios que soportan el protocolo IPP

Ordenadores Linux con el sistema de impresión LPRng:

- LPRng no soporta el protocolo IPP.

Ordenadores Linux con el sistema de impresión CUPS (servidor):

- CUPS soporta la recepción a través del protocolo IPP mediante cupsd. En el ordenador destinatario se requiere una cola de impresión en la que cups-lpd guarde el trabajo de impresión que ha recibido del remitente.

Ordenadores Linux con el sistema de impresión CUPS (cliente):

- Los clientes CUPS no soportan la recepción a través del protocolo IPP.

Servidor de impresión e impresora de red/printserver-box

- El protocolo IPP es relativamente nuevo, por lo que el soporte depende de cada caso concreto.

5.1.9. Imprimir directamente vía socket TCP

Aquí no se envía ninguna tarea de impresión a una cola de impresión remota, ya que no existe ningún protocolo (LPD o IPP) que pueda trabajar tanto con trabajos como con colas de impresión. En vez de esto se envían directamente datos en crudo a un puerto TCP remoto utilizando el socket TCP. Normalmente se utiliza para enviar datos específicos de una impresora a impresoras de red y servidor de impresión dedicados. En muchos casos se emplea el puerto TCP 9100.

Remitentes que soportan la impresión directa a través del socket TCP:

Ordenadores Linux con el sistema de impresión LPRng:

- LPRng soporta el envío directo a través del socket TCP mediante lpd. Se requiere una cola en el ordenador remitente de la que el lpd del remitente tome el trabajo de impresión y envíe los datos que se van a imprimir al puerto TCP del destinatario.

- LPRng también lo soporta sin lpd local. El programa lpr del paquete lprng puede enviar directamente los datos al puerto TCP del destinatario a través del socket TCP con la opción -Y. Véase al respecto la página del manual correspondiente a lpr.

Ordenadores Linux con el sistema de impresión CUPS (servidor):

- CUPS soporta el envío directo de datos a través del socket TCP por medio de cupsd. Se requiere una cola en el ordenador remitente desde la que cupsd tome el trabajo de impresión y envíe los datos que se van a imprimir al puerto TCP del destinatario.

Ordenadores Linux con el sistema de impresión CUPS (cliente):

- Los clientes CUPS no soportan el envío directo a través del socket TCP.

- No obstante, los siguientes comandos permiten enviar datos al puerto de un ordenador.
  ```
  cat archivo | netcat -w 1 host puerto
  ```

Destinatarios que soportan la impresión directa a través del socket TCP:

Ordenadores Linux con LPRng o con CUPS como cliente o servidor

- Para la recepción directa a través del socket TCP no se requiere ningún sistema de impresión y ningún sistema de impresión lo soporta directamente, ya que normalmente no tiene sentido enviar datos en crudo cuando existe un sistema de impresión que soporta trabajos de impresión con sus protocolos correspondientes (LPD o IPP).

- No obstante, por ejemplo, en el sistema de impresión CUPS es posible aceptar datos en el puerto 9100 y reenviarlos a una cola de impresión. Para ello debe introducirse en /etc/inetd.conf alguna de las líneas siguientes:
  ```
  9100 stream tcp nowait lp /usr/bin/lp \
  lp -d <cola-impresión>
  ```
  Si no se va a realizar ningún proceso de filtrado, añada -o raw.

- También es posible emular un servidor de impresión dedicado que recibe datos en el puerto 9100 y los envía directamente a la impresora. Para ello debe introducirse en /etc/inetd.conf una línea del tipo:
  ```
  9100 stream tcp nowait lp /bin/dd dd of=/dev/lp0
  ```

Impresora de red o printserver-box

- El soporte depende de cada caso concreto.

- Especialmente el puerto correcto varía en función del modelo. Con impresoras de red HP o servidores de impresión dedicados HP JetDirect, este suele ser el puerto 9100, o con servidores de impresión dedicados JetDirect con dos o tres conexiones para impresoras suele ser los puertos 9100, 9101 y 9102. Estos puertos también son utilizados por muchos otros servidores de impresión dedicados. Consulte el manual de servidores de impresión dedicados y, en caso de duda, pregunte al fabricante del servidor o de la impresora de red qué puerto utiliza la impresora para comunicarse. Puede encontrar más información en LPRng-Howto en:

```
/usr/share/doc/packages/lprng/LPRng-HOWTO.html
```

y allí más concretamente en:

```
/usr/share/doc/packages/lprng/LPRng-HOWTO.html#SECNETWORK
/usr/share/doc/packages/lprng/LPRng-HOWTO.html#SOCKETAPI
/usr/share/doc/packages/lprng/LPRng-HOWTO.html#AEN4858
```

5.2. SISTEMAS DE IMPRESIÓN

Un sistema de impresión es un procedimiento mediante el cual se produce una reproducción sobre un soporte físico, generalmente papel, por medio de tinta, forma impresora y la máquina que efectúa el contacto o presión. El soporte puede ser laminado o con la forma de cualquier objeto que se tenga que imprimir. La tinta es el elemento líquido o pastoso que traslada la imagen de la forma al soporte de impresión y asegura la permanencia de la imagen en el tiempo.

La forma es la matriz que determina el lugar del soporte en el que se desea depositar la tinta. La máquina tiene como misión fundamental, la presión de impresión necesaria para poner en contacto la forma entintada y el soporte. Las máquinas tienen características distintas según los colores, la potencia y el sistema de impresión que se emplee.

También se pueden utilizar otras formas de impresión como las planchas de letterset o los cilindros de huecograbado o como los sistemas antiguos o no industriales (realización de productos gráficos). Además, en la actualidad hay otros sistemas, como la impresión por chorro de tinta que no tiene presión, la impresión por tóner que no usa tinta, la impresión directa del ordenador que no tiene forma y la troqueladora que tiene todo para imprimir menos la tinta.

Podríamos distinguir entre los siguientes sistemas de impresión:

OFFSET. El offset es un sistema de impresión que usa placas de superficie plana. La impresión se realiza mediante unas planchas tratadas que se encuentran situadas sobre unos cilindros, dos por cada color (Cian, Magenta, Amarillo y Negro) dando lugar a una impresión a color a dos caras (Figura 5-3). El área de la imagen a imprimir está al mismo nivel que el resto, ni en alto ni en bajo relieve, es por eso que se le conoce como un sistema planográfico. Se basa en el principio de que el agua y el aceite no se mezclan. El método usa tinta con base de aceite y agua. La imagen en la placa recibe la tinta y el resto la repele y absorbe el agua. La imagen entintada es transferida a otro rodillo llamado mantilla, el cual a su vez lo transfiere al sustrato. Por eso se le considera un método indirecto. Las placas para offset por lo general son de metal (aluminio) pero también las hay de plástico. Hay varias calidades de placa que determinan el precio y el uso que se le da (de acuerdo a su resistencia y facilidad de reúso). El offset es el sistema más utilizado por los impresores por la combinación de buena calidad y economía, así como en la versatilidad de sustratos. Algunas de las piezas que se pueden imprimir en offset son: Volantes, anuncios, posters, contratos, notas, menús, trípticos, libretas, etc.

DIGITAL. Por medio de los programas existentes para "desktop publishing" (Pagemaker, Quark Xpress...) podemos seguir todo el proceso de una publicación sin la intervención de agentes externos. Obviamente los costos y el tiempo se reducen en gran medida. Existen varios tipos de impresoras digitales, los principales son:

A. **Laser**. La impresora utiliza carga electrostática con el "tóner" o tinta en polvo para crear la imagen. Esta imagen entonces se transfiere a papel electrostáticamente mezclando polvo de tinta seca en un tambor de metal, con el uso del rayo láser. En otras palabras, las imágenes se crean electrostáticamente mezclando polvo de tinta seca en un tambor de metal, con el uso del rayo láser. La velocidad de este tipo de aparatos es muy variable puede ir desde 4-20 que sería para impresiones caseras o de bajo tiraje hasta 4,000 por hora en adelante. Un punto importante de este tipo de impresoras es la resolución de la imagen. Las menos costosas pueden dar buena calidad con 300 dpi pero se llega hasta 1,000 o más.

B. **Inyección de tinta**. La información digitalizada en una computadora se usa para dirigir la tinta a través de diminutos canales para formar patrones alfanuméricos o de puntos a la vez que rocían la imagen sobre el papel. En estos procesos no se necesitan ni cilindros ni presión. Algunas impresoras de inyección de tinta usan una sola boca o canal, guiada por la computadora para oscilar entre el papel y el depósito de tinta. La impresión por inyección de tinta se ha usado por lo general para imprimir envases y materiales de empaque. En la industria editorial algunas revistas imprimen el nombre del suscriptor directamente en la portada/contraportada y lo hacen mediante este sistema, lo que elimina el uso de etiquetas o también para mandar cartas personalizadas dentro de las mismas publicaciones. De este modo se vinculan de un modo más personal los publicistas, los dueños de la revista y los lectores. Algunos ejemplos de revistas que así se manejan en Estados Unidos son: Time, Sports Illustrated, Money y People.

   Las ventajas de la inyección de tinta son las siguientes:

   - Se pueden imprimir materiales delicados o frágiles

   - El desgaste de las placas que pegan contra los cilindros de impresión y el papel se elimina.

   - Las operaciones de pre-prensa son totalmente automáticas.

   - Tirajes cortos rápidos y económicos.

   - Impresos frente y vuelta en selección de color.

   - Entrega casi inmediata.

   - Magnífica calidad de impresión.

   - Personalización en texto e imágenes.

   - Para los periódicos, el poder tener las páginas ya impuestas y formadas digitalmente y mandarlas a centros de impresión donde se impriman el número exacto de ejemplares necesarios, ya muy cerca de los lugares de distribución final es una gran ventaja que esta tecnología utiliza.

La inyección de tinta es excelente para:

- Catálogos con precios e información actualizada.

- Formatos y diseños muy versátiles.

- Hacer múltiples pruebas de un mismo concepto, por ejemplo, en campañas de publicidad.

- Libros con gran calidad en color.

C. Impresión directo a Placa (CTP- Computer To Plate). Se parte de un archivo de computadora, del cual electrónicamente se hacen las imposiciones. Se hacen pruebas de color digitalmente, de dos lados y con imposiciones. La placa es expuesta directamente a través de una máquina digital.

Las ventajas de este sistema de impresión son las siguientes:

- Al eliminar pasos, el proceso es más rápido.

- Es más fácil hacer correcciones de último minuto.

- Se eliminan los negativos y pruebas de color tradicionales

- El registro es muy preciso.

- Las pruebas son de alta calidad.

- El formato digital permite guardar los archivos y facilita su modificación para otros propósitos.

- Se eliminan inconsistencias en la transferencia del negativo a la placa (polvo, etc.)

- Al ser una imagen de primera generación se aumenta el contraste.

- Se tiene un control más preciso sobre la ganancia de punto.

Las desventajas de este sistema de impresión son las siguientes:

- No se pueden hacer correcciones en la exposición de las placas.

- Se requiere más preparación y entrenamiento de los impresores.

- Los colores pueden no ser precisos en las pruebas, ya que el proceso de impresión de la prueba no corresponde exactamente al de la placa.

- Las pruebas solo se pueden hacer con los 4 colores·básicos. No hay manera de simular tintas directas.

- Si el cliente quiere pruebas de color exactas, se tienen que hacer negativos, lo cual aumenta los costos.

FLEXOGRAFIA. Este método de impresión es una forma de impresión en relieve. Las áreas de la imagen que están alzadas se entintan y son transferidas directamente al sustrato. El método se caracteriza por tener placas flexibles hechas de un hule o plástico suave y usar tintas de secado rápido y con base de agua. Las tintas para flexografía son particularmente aptas para imprimir en una gran variedad de materiales, como acetato, poliéster, polietileno, papel periódico, entre otros. Por su versatilidad este método se utiliza mucho para envases.

HUECOGRABADO. En este sistema de impresión las áreas de la imagen son grabadas hacia debajo de la superficie. Todas las imágenes impresas en huecograbado están impresas en un patrón de puntos incluyendo la tipografía. Esto produce áreas huecas en los cilindros de cobre. Se aplica tinta a los cilindros y ésta llena los huecos. Un rasero quita la tinta de la superficie y con una ligera presión la tinta se transfiere directamente al sustrato. El producir los cilindros es muy caro, por lo cual el huecograbado sólo se utiliza para tirajes largos.

SERIGRAFIA. Serigrafía es el método de impresión que funciona a base de la aplicación de tinta a una superficie a través de un "esténcil" montado sobre una malla fina de fibras sintéticas o hilos de metal, montadas sobre un bastidor. El esténcil se crea por un proceso fotográfico que deja pasar la tinta donde la emulsión ha sido expuesta a la luz. La tinta se esparce sobre la malla y se distribuye con un rasero para que pase por las áreas abiertas y plasme la imagen. Es uno de los procesos más versátiles ya que puede imprimir en casi cualquier superficie incluyendo: metal, vidrio, papel, plástico, tela o madera. Las máquinas de serigrafía manuales se usan para tirajes cortos o al imprimir en material muy grueso o delgado. Casi toda la impresión serigráfica hoy en día se hace en prensas semi o completamente automáticas que pueden producir hasta 5,000 impresiones por hora.

Algunos tipos de impresiones en serigrafía son: tarjetas de presentación, papelería corporativa, hojas y sobres membretados, invitaciones, agradecimientos, recuerdos, tarjetas de felicitación, participaciones, etc.

COMPOSICION DE TEXTOS. Hay 5 maneras de componer un texto:

1. **Monotipia**. Es a base de una impresión hecha con tipos individuales, es decir, matrices de metal que tienen cada una, una letra. Son compuestas en un marco o rama, y con eso se imprime un texto que se puede utilizar en el original.

2. **Linotipia**. También funciona a través de tipos de metal, pero son tipos que se hacen a través de una máquina que funde cada línea de texto completa. Luego son enramadas e impresas.

3. **Fotocomposición**. Funciona a través de una matriz que imprime, con un rayo de luz, las letras en papel fotográfico. Da una buena calidad.

4. **Letras adheribles**. Las letras adheribles (Letraset) se venden en planas, y se transfieren a un papel o al original. No es recomendable para textos largos, generalmente se usa para títulos o textos cortos.

5. **Digital**. Es a través de una computadora, que tiene salida a una impresora laser de alta resolución, o directamente a un archivo. Si se manda a imprimir a partir de un archivo, hay que asegurarse de incluir las fuentes; aún cuando el buró tenga la misma fuente, se puede tener problemas si son distintas versiones. Si tenemos poco texto, hay que tratar de convertirlo a curvas para evitar problemas de compatibilidad.

Para *imprimir imágenes*, debemos tener en cuenta varios puntos:

- El tipo de imagen, es decir, si es de línea o en medios tonos. Las imágenes de línea pueden ser dibujos o logotipos, siempre que tengan colores sólidos.

- Las imágenes en medios tonos son todas aquellas que tienen degradados o variaciones de tono, como pueden ser fotografías o ilustraciones.

- Las tintas que va a llevar la imagen. Pueden ser monocromo (un solo color), duotono (es decir, que lleva dos colores), tritono (tres colores) o en cuatricromía, o formada por las cuatro tintas básicas de impresión: cian, amarillo, magenta y negro (CMYK), que al ser impresas producen toda la variedad de tonos.

- El formato en el que está la imagen. Podemos entregar al impresor la foto original, o ya digitalizada. Si se la entregamos digitalizada, nos debemos asegurar de que esté en el formato más adecuado, ya sea gif, tiff, eps, o jpg. En el caso de que tengan selección de color, debemos cuidar también de que estén en modo CMYK (que es el que se usa para la impresión) y no RGB (que es el que se usa para monitores).

- La resolución en la que debe estar la imagen. Podemos tener problemas si la llevamos a una resolución muy alta o muy baja. La resolución debe de estar de acuerdo a la resolución que va a tener al imprimir. Una buena regla a seguir es que la resolución de la imagen (medido en puntos por pulgada o dpi) debe de ser de 1.6 a 2 veces la resolución de la impresión (medida en líneas por pulgada o lpi). Si la imagen no tiene muy buena resolución, y no podemos conseguir el original para digitalizarla de nuevo, debemos asegurarnos de que su tamaño sea menor al original.

Las *tintas que se usan para imprimir* están formadas por un agente colorante, que puede ser un pigmento vegetal, mineral o sintético, en un medio o vehículo, que puede ser agua, aceite o barniz, y aditivos, que le dan la consistencia y características físicas adecuadas.

Las tintas se dividen, en primer lugar, de acuerdo al proceso en el cual se usan, y, dentro de cada categoría, se dividen de acuerdo a su color y calidad.

Las tintas también se clasifican de acuerdo a cómo se secan, porque esta es una de sus propiedades más importantes. Hay tintas que se secan por oxidación, por evaporación o por absorción. Las tintas más modernas se secan al entrar en contacto con el papel. También hay tintas llamadas monoméricas que se secan cuando son expuestas a ciertas radiaciones como luz ultravioleta o rayos gamma. Este tipo se usa en impresiones de alta velocidad.

Hay tintas que se secan con el calor, y otras que, por el contrario, se calientan para imprimir y secan al enfriarse.

Es importante que el tiempo de secado sea el suficiente para que las tintas no se corran o pinten las demás copias al ser apiladas (a esto se le llama repinte).

La consistencia de la tinta también es de gran importancia. Tiene que tener el grado exacto de espesor y pegajosidad para que se adhiera bien al papel sin emplastarse.

Cuando se especifica los colores que va a llevar el impreso, tenemos que fijarnos en el número de tintas que va a requerir.

Con los cuatro colores principales (CMYK) podemos obtener casi todos los tonos que queramos, pero a veces puede ser difícil obtener un tono muy exacto, como puede ser el de un logotipo. En tal caso debemos evaluar si nos conviene imprimir una tinta directa. Las tintas directas están mezcladas exactamente, no formadas por la sobreimposición de puntos, por lo que dan el tono exacto deseado. Para especificar qué tono queremos, necesitamos basarnos en una guía predeterminada, como es la guía Pantone.

También se usan tintas directas cuando queremos lograr un efecto especial, tal como tinta metálica o fosforescente.

El barniz también se puede considerar una tinta extra cuando se aplica sólo en un área específica.

El proceso de impresión no termina cuando el papel sale con la imagen impresa. Después de eso todavía hay que hacer todos los *acabados* para que el impreso quede como estaba planeado. Estos acabados pueden ser cortes, dobleces, encuadernados o barnices.

5.3. GESTIÓN DE IMPRESORAS Y TRABAJOS

5.3.1. Gestión y administración de la impresión en Windows Server

Administración de impresión habilita una única interfaz que los administradores pueden usar para trabajar eficazmente con varias impresoras y servidores de impresión. Puede usar Administración de impresión para administrar impresoras de equipos con Microsoft Windows o Windows Server. Servicios de impresión en Windows y Windows Server permite compartir impresoras en una red y centralizar las tareas de administración del servidor de impresión e impresoras de red mediante el complemento de Microsoft Management Console (MMC) *Administración de impresión*. Administración de impresión le ayuda a supervisar las colas de impresión y recibe notificaciones cuando las colas de impresión interrumpen el procesamiento de los trabajos de impresión. Además, permite migrar los servidores de impresión e implementar conexiones de impresora con directivas de grupo.

Hay dos herramientas principales que se pueden usar para administrar un servidor de impresión de Windows: Administrador del servidor y Administración de impresión. En Windows Server, se puede usar el Administrador del servidor para instalar la función de servidor Servicios de impresión, servicios de funciones y otras características opcionales. El Administrador del servidor también muestra eventos relacionados con la impresión desde el Visor de eventos e incluye una instancia del complemento Administración de impresión que solamente puede administrar el servidor local.

El complemento Administración de impresión está disponible en la carpeta Herramientas administrativas (Figura 5-3) en los equipos con Windows Vista Business, Windows Vista Enterprise, Windows Vista Ultimate y Windows Server. Puede usarlo para instalar, ver y administrar todas las impresoras y servidores de impresión de Windows de su organización.

Administración de impresión proporciona detalles actualizados sobre el estado de las impresoras y los servidores de impresión de la red. Puede usar Administración de impresión para instalar conexiones de impresora en un grupo de equipos cliente de forma simultánea y para supervisar de forma remota las colas de impresión. Asimismo, facilita la búsqueda de impresoras con errores mediante filtros. Además, se pueden enviar notificaciones por correo electrónico o ejecutar scripts cuando una impresora o un servidor de impresión precisen atención. Administración de impresión puede mostrar más datos (como los niveles de tóner o de papel) en las impresoras que incluyen una interfaz de administración basada en web.

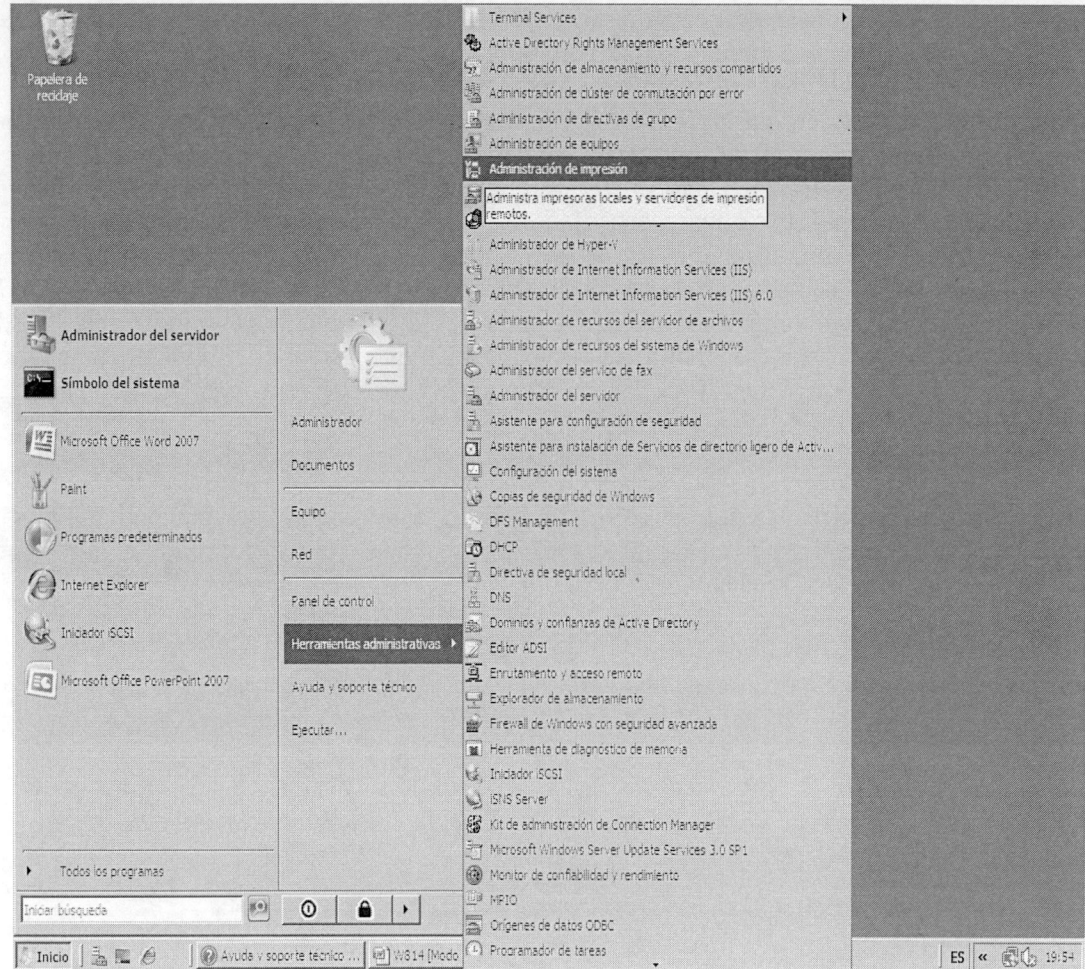

Figura 5-3

5.3.2. Servicios de función de Servicios de impresión

La función Servicios de impresión de Windows Server incluye tres servicios de función: Servidor de impresión, Servicio LPD e Impresión en internet.

Juntos, estos servicios de función proporcionan toda la funcionalidad de un servidor de impresión de Windows. Estos servicios de función se pueden agregar durante la instalación de la función Servicios de impresión mediante el Asistente para agregar funciones del Administrador del servidor. O bien, puede instalarlos después mediante el Asistente para agregar servicios de función del Administrador del servidor.

Servidor de impresión es un servicio de función necesario de la función Servicios de impresión. Agrega la función Servicios de impresión al Administrador del servidor e instala el complemento Administración de impresión. Administración de impresión se usa para administrar varias impresoras o servidores de impresión, o para la migración de impresoras hacia y desde servidores de impresión de Windows. Una vez que se comparte una impresora, Windows habilita la excepción *Compartir archivos e impresoras* en Firewall de Windows con seguridad avanzada.

El *servicio Line Printer Daemon (LPD)* instala e inicia el servicio Servidor de impresión TCP/IP (LPDSVC), el cual permite que equipos basados en UNIX u otros equipos que usan el servicio Line Printer Remote (LPR) impriman en impresoras compartidas de este servidor. También crea una excepción de entrada para el puerto 515 en Firewall de Windows con seguridad avanzada. Este servicio no requiere configuración. No obstante, si se detiene o reinicia el servicio de administrador de trabajos de impresión, también se detendrá el servicio Servidor de impresión TCP/IP y no se reiniciará automáticamente. Para usar un equipo con Windows o Windows Server para imprimir en una impresora o servidor de impresión que use el protocolo LPD, puede usar el Asistente para la instalación de impresoras de red y un puerto de impresión TCP/IP estándar. Sin embargo, se debe instalar la característica Monitor de puerto de Line Printer Remote (LPR) para imprimir en un servidor de impresión UNIX. Para hacerlo, en Windows Server, en el Administrador del servidor, haga clic en *Agregar características*, active la casilla *Monitor de puerto de LPR* y, a continuación, pulse en *Aceptar* (Figura 5-4).

El *servicio de función Impresión en Internet* de Windows Server crea un sitio web hospedado por Internet Information Services (IIS). Este sitio web permite a los usuarios administrar trabajos de impresión en el servidor y usar un explorador web para conectarse e imprimir en impresoras compartidas de este servidor mediante el *Protocolo de impresión en internet* (IPP) (los usuarios deben tener instalado el *Cliente de impresión en Internet*). Para administrar un servidor mediante el sitio web creado mediante Impresión en Internet, abra un explorador web y vaya a *http://nombreDeServidor/printers*, donde *nombreDeServidor* es la ruta de acceso UNC del servidor de impresión.

Para instalar el Cliente de impresión en internet en Windows Server, en el Administrador del servidor, haga clic en *Agregar características*, active la casilla *Cliente de impresión en Internet* y, a continuación, haga clic en *Aceptar* (Figura 5-5).

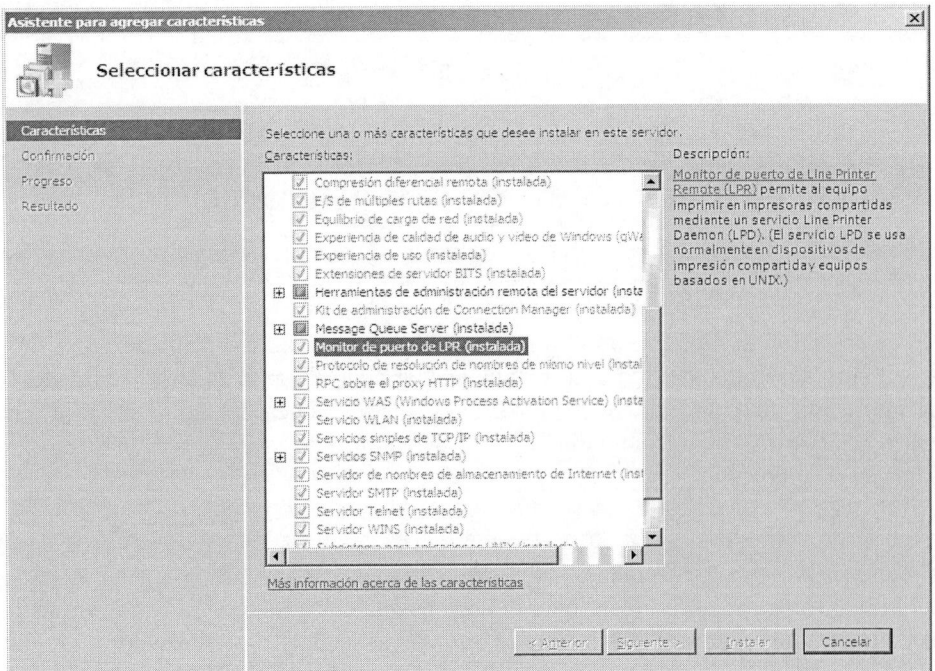

Figura 5-4

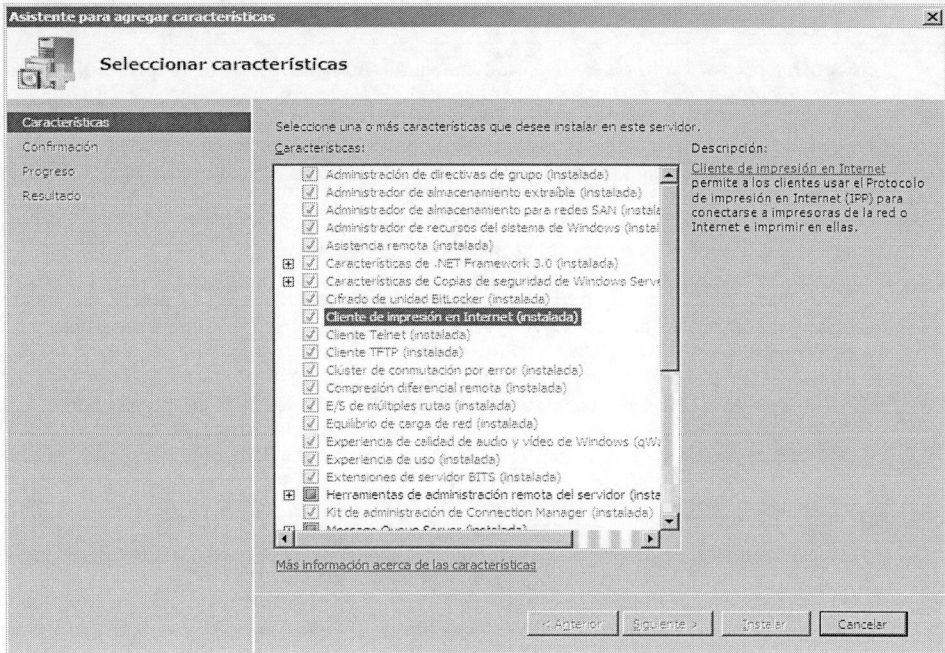

Figura 5-5

5.3.3. Implementación de servidores de impresión

En la tabla siguiente se especifican las tareas y su guía de referencia para la implementación de servidores de impresión.

Tarea	Referencia
Instalar Administración de impresión y abrir el complemento Administración de impresión	Administración de impresión se instala de forma predeterminada en los equipos con Windows Server. En el Administrador del servidor, use el *Asistente para agregar funciones* para instalar la función *Servicios de impresión.* Esto instala el complemento Administración de impresión y configura el servidor como un servidor de impresión. En el Administrador del servidor, use el Asistente para agregar características para instalar la opción *Herramientas de Servicios de impresión* de la característica *Herramientas de administración remota del servidor*. La opción Herramientas de Servicios de impresión instala el complemento Administración de impresión, pero no configura el servidor como un servidor de impresión.
Agregar y quitar servidores de impresión del complemento Administración de impresión	Para *agregar servidores de impresión* a Administración de impresión, abra la carpeta *Herramientas administrativas* y, a continuación, haga doble clic en *Administración de impresión* (Figura 5-3). En el árbol de Administración de impresión, pulse con el botón secundario en *Administración de impresión* y, a continuación, en *Agregar o quitar servidores* (Figura 5-6). En el cuadro de diálogo *Agregar o quitar servidores*, en *Especificar servidor de impresión*, en el apartado *Agregar servidor* (Figura 5-7) escriba o pegue los nombres de los servidores de impresión (use comas para separar los nombres) o haga clic en *Examinar* para ubicar y seleccionar el servidor de impresión. Haga clic en *Agregar a la lista.* Agregue todos los servidores de impresión que desee y haga clic en *Aceptar.* Para *quitar servidores de impresión* de Administración de impresión, abra la carpeta *Herramientas administrativas* y, a continuación, haga doble clic en *Administración de impresión.* En el árbol de Administración de impresión, haga clic con el botón secundario en *Administración de impresión* y, a continuación, en *Agregar o quitar servidores.* En el cuadro de diálogo Agregar o quitar servidores, en *Servidores de impresión*, seleccione uno o varios servidores y, a continuación, haga clic en *Quitar* (Figura 5-8).

Tarea	Referencia
Migrar y consolidar servidores de impresión	Para *migrar servidores de impresión* mediante Administración de impresión abra la carpeta *Herramientas administrativas* y, a continuación, haga clic en *Administración de impresión*. En el árbol de Administración de impresión, haga clic con el botón secundario en el nombre del equipo que contiene las colas de impresora que desea exportar y, a continuación, haga clic en *Exportar impresoras a un archivo* (Figura 5-9). Se iniciará el *Asistente para migración de impresoras* (Figura 5-10). En la página *Seleccionar la ubicación del archivo* (Figura 5-11), especifique la ubicación donde guardar las opciones de configuración de las impresoras y, a continuación, pulse en *Siguiente* para guardar las impresoras. Para *importar impresoras* haga clic con el botón secundario en el equipo de destino donde desee importar las impresoras y, a continuación, haga clic en *Importar impresoras desde un archivo*. Se iniciará el *Asistente para migración de impresoras*. En la página *Seleccionar la ubicación del archivo*, especifique la ubicación del archivo con las opciones de configuración de las impresoras y, a continuación, haga clic en *Siguiente*. En la página *Seleccionar opciones de importación* (Figura 5-12), especifique las siguientes opciones de importación: — *Modo de importación*. Especifica qué hacer si una cola de impresora específica ya existe en el equipo de destino. — *Mostrar lista en el directorio*. Especifica dónde publicar las colas de impresión importadas en los Servicios de dominio de Active Directory. — *Convertir puertos LPR en monitores de puerto estándar*. Especifica si los puertos de impresora LPR (Line Printer Remote) del archivo de opciones de configuración de las impresoras deben convertirse en el monitor de puertos estándar (que es más rápido) al importar las impresoras. Haga clic en *Siguiente* para importar las impresoras.
Agregar impresoras de red al servidor de impresión automáticamente	Para agregar automáticamente impresoras de red a un servidor de impresión, abra la carpeta *Herramientas administrativas* y, a continuación, haga doble clic en *Administración de impresión*. En el árbol Administración de impresión, haga clic con el botón secundario en el servidor adecuado y, a continuación, en *Agregar impresora* (Figura 5-13). En la página *Instalación de impresora* del *Asistente para la instalación de impresoras de red*, haga clic en *Buscar impresoras en la red* (Figura 5-14) y, a continuación, en *Siguiente*. Si se le solicita, especifique el controlador que se va a instalar para la impresora.
Implementar conexiones de impresora para usuarios o equipos	Para *implementar impresoras para usuarios o equipos mediante una directiva de grupo*, abra la carpeta *Herramientas administrativas* y, a continuación, haga doble clic en *Administración de impresión*. En el árbol Administración de impresión, en el servidor de impresión que corresponda, haga clic en *Impresoras*. En el panel de resultados, pulse con el botón secundario en la impresora que desea implementar y, a continuación, haga clic en *Implementar con directiva de grupo*. En el cuadro de diálogo Implementar con directiva de grupo, haga clic en *Examinar* y, a continuación, seleccione o cree un nuevo objeto de directiva de grupo para almacenar las conexiones de impresora. Haga clic en *Aceptar*. Especifique si se implementan conexiones de impresora para usuarios o equipos. Para la implementación en grupos de equipos de forma que todos los usuarios de los equipos puedan tener acceso a las impresoras, active la casilla *Los equipos a los que se aplica este GPO (por equipo)*. Para la implementación en grupos de usuarios de forma que los usuarios puedan obtener acceso a las impresoras desde cualquier equipo en que inicien sesión, active la casilla *Los usuarios a los que se aplica este GPO* (por usuario). Los equipos cliente con Windows no admiten conexiones por equipo. Haga clic en *Agregar*. Si es necesario, repita los pasos anteriores para agregar la configuración de conexión de impresora a otro GPO. Haga clic en *Aceptar*.
Mostrar impresoras en los Servicios de dominio de Active Directory	Para quitar o mostrar las impresoras en AD DS abra la carpeta *Herramientas administrativas* y, a continuación, haga doble clic en *Administración de impresión*. En el árbol de Administración de impresión, en el servidor de impresión adecuado, haga clic en *Impresoras*. En el panel de resultados, pulse con el botón secundario en la impresora que desee mostrar o quitar y, a continuación, haga clic en *Mostrar lista en el directorio* o en *Quitar del directorio*.

Tarea	Referencia
Instalar controladores de impresoras actualizados en el servidor, incluidos controladores de 32 y 64 bits	Para *agregar controladores de impresora de cliente al servidor de impresión*, haga clic con el botón secundario en la impresora a la que desea agregar controladores adicionales y, a continuación, en *Administrar uso compartido* (Figura 5-15). Haga clic en *Controladores adicionales* (Figura 5-16). Aparecerá el cuadro de diálogo *Controladores adicionales* (Figura 5-17). Active la casilla de la arquitectura de procesador para la cual desea agregar controladores. Por ejemplo, si el servidor de impresión ejecuta una edición de Windows basada en x64, active la casilla x86 para instalar los controladores de impresora de la versión de 32 bits en los equipos cliente con versiones de Windows de 32 bits. Si el servidor de impresión no tiene los controladores de impresora adecuados en su almacén de controladores, Windows le solicitará la ubicación de los archivos del controlador. Descargue y extraiga los archivos del controlador adecuado y, a continuación, en el cuadro de diálogo que aparece, especifique la ruta de acceso del archivo *.inf* del controlador. Para *actualizar o cambiar controladores de una impresora*, haga clic con el botón secundario en la impresora que desea cambiar o actualizar y, a continuación, haga clic en *Propiedades* (Figura 5-15). Haga clic en la ficha *Opciones avanzadas*. Seleccione un nuevo controlador en el cuadro *Controlador* (Figura 5-18) o haga clic en *Controlador nuevo* para instalar un nuevo controlador de impresora mediante el *Asistente para agregar controladores de impresora* (Figura 5-19) cuyos pasos seguiremos.

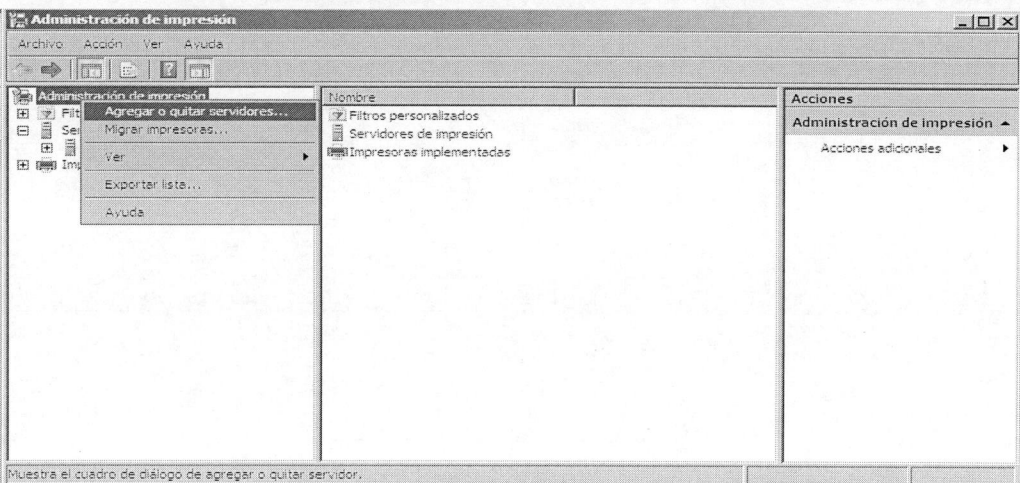

Figura 5-6

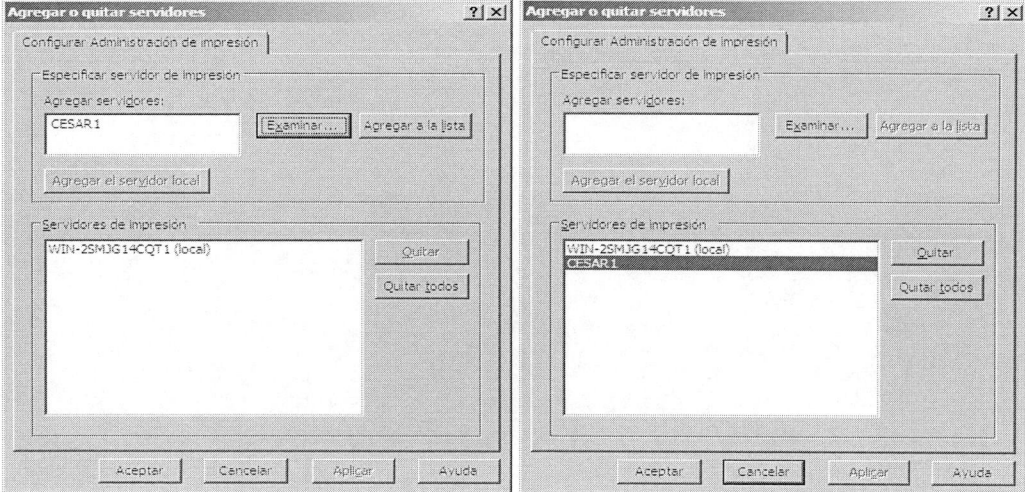

Figura 5-7   Figura 5-8

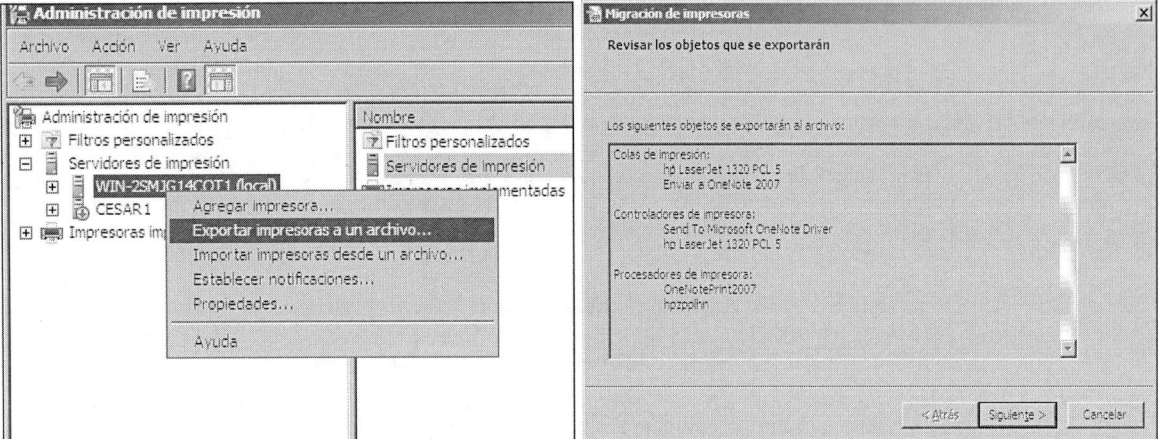

Figura 5-9   Figura 5-10

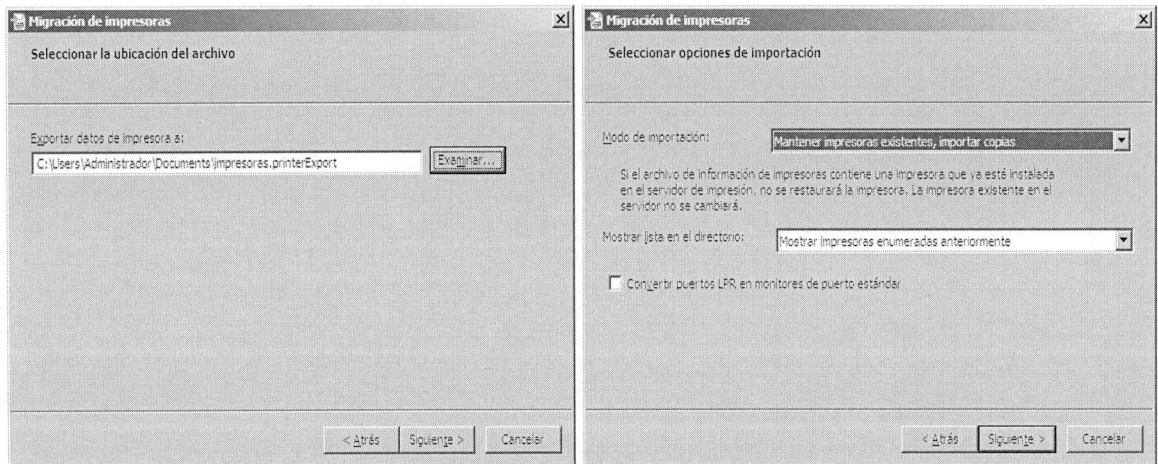

Figura 5-11   Figura 5-12

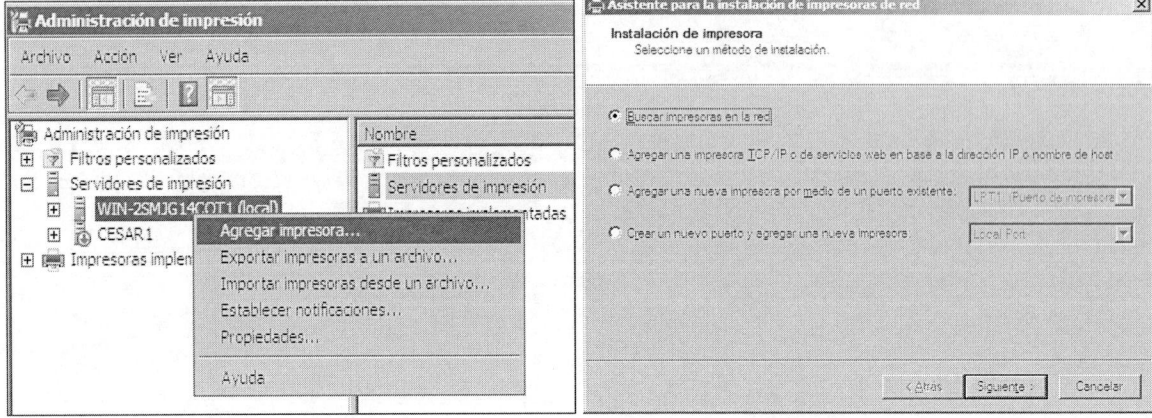

Figura 5-13   Figura 5-14

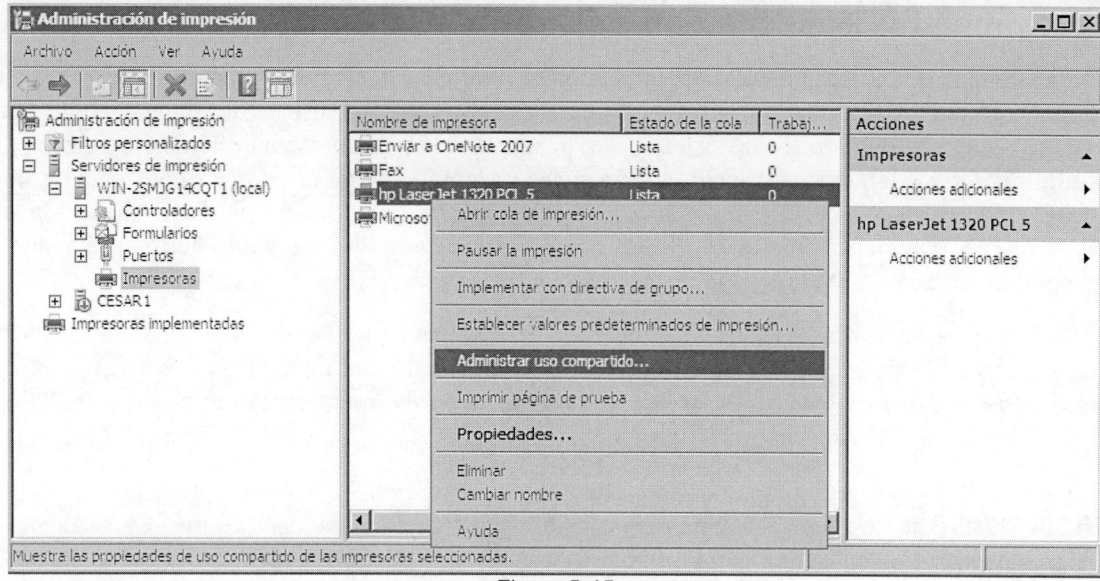

Figura 5-15

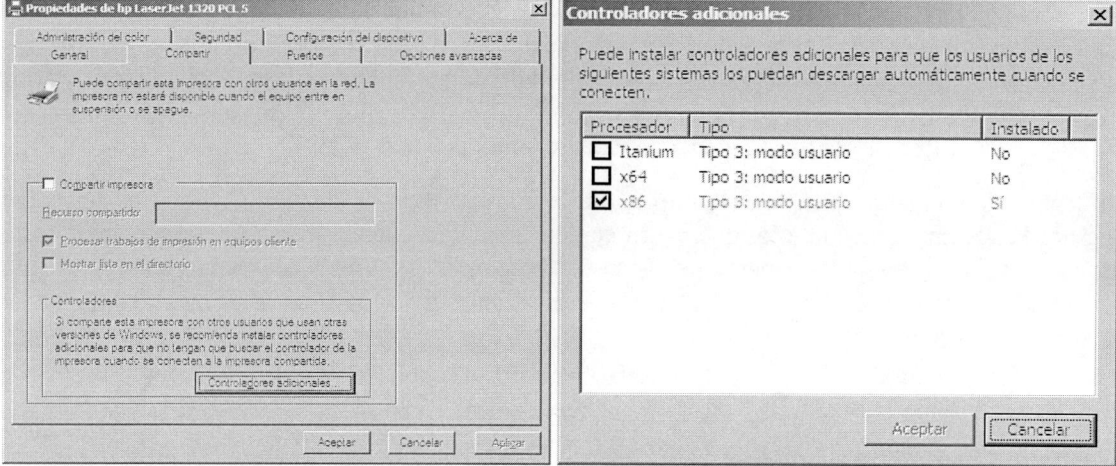

Figura 5-16   Figura 5-17

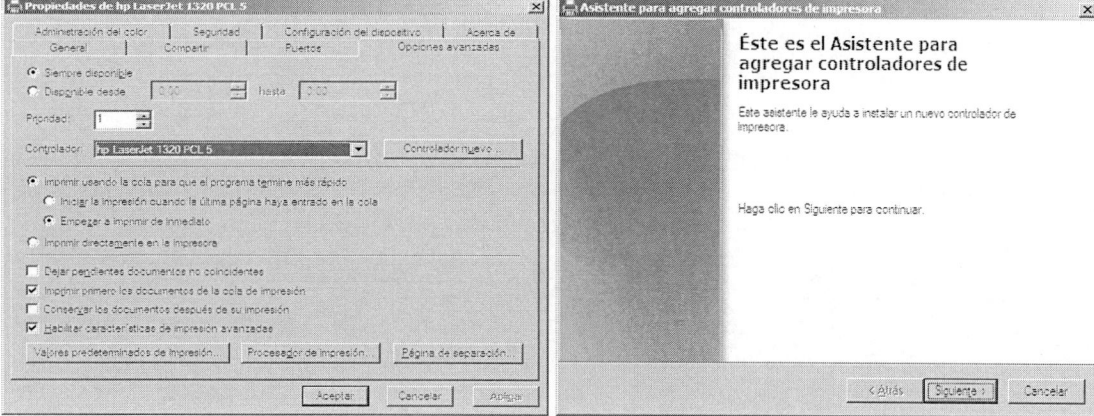

Figura 5-18   Figura 5-19

5.3.4. Comandos para gestión de impresoras en UNIX/Linux

En los comienzos de la computación, la impresión se realizaba mediante *impresoras de línea*, que imprimían una línea de texto por vez usando caracteres de tamaño fijo y una única fuente. Para acelerar el rendimiento general del sistema, las primeras computadoras mainframe intercalaban el trabajo de periféricos lentos como lectores de tarjetas, perforadoras de tarjetas e impresoras de línea con otros trabajos. Así nacieron las *operaciones periféricas simultáneas en línea (Simultaneous Peripheral Operation On Line)* más conocidas como *gestión de colas o spooling*, término que aún se utiliza con frecuencia para referirse a la impresión con computadoras.

En los sistemas UNIX® y Linux, la impresión inicialmente usaba el subsistema de impresión Berkeley Software Distribution (BSD), que consistía en un daemon de impresora en línea (line printer daemon - LPD) que se ejecutaba como servidor y en comandos clientes como lpr que enviaban trabajos a imprimir. Luego, el IETF estandarizó este protocolo como RFC 1179, "Line Printer Daemon Protocol".

System V UNIX también contaba con un daemon de impresora. En términos funcionales, éste era similar al LPD de Berkeley, pero el conjunto de comando era diferente. Entonces, es frecuente encontrarse con dos comandos con distintas opciones que realizan la misma tarea. Por ejemplo, tanto lpr de la implementación de Berkeley como lp de la implementación de System V se usan para imprimir archivos.

Los avances en la tecnología de impresión permitieron combinar distintos tipos de fuentes en una página e imprimir imágenes para acompañar las palabras. Con las fuentes de tamaño variable y las técnicas de impresión más modernas, como el espaciado entre caracteres y las ligaduras, se abrieron nuevos horizontes. Se lograron varias mejoras del enfoque de impresión lpd/lpr básico, como The next generation LPR (LPRng) y el Sistema de Impresión Común de Unix (CUPS).

Muchas impresoras que permiten la impresión de gráficos usan el lenguaje Adobe PostScript. Una impresora PostScript tiene un motor que interpreta los comandos contenidos en un trabajo de impresión y produce páginas terminadas a partir de dichos comandos. PostScript suele usarse como una forma intermedia entre el archivo original (por ejemplo, un archivo de texto o de imagen), y la forma final adecuada para una impresora que no tiene capacidad PostScript. La conversión de un trabajo de impresión, por ejemplo, de un archivo de texto ASCII o una imagen JPEG a un PostScript, o de un PostScript a al formato de trama final requerido por una impresora no PostScript se logra usando *filtros*.

Suponemos que nos centramos en el Sistema de Impresión Común de Unix (CUPS), que soporta tanto los comandos tradicionales como las más modernas interfaces gráficas a funciones de impresión. Se considera que el lector cuenta con CUPS 1.1, que incluye varias características no presentes en versiones anteriores, como las contraseñas Digest para una mayor seguridad. Muchos escritorios y distribuciones proporcionan programas gráficos front-end para CUPS, es decir que el material aquí desarrollado no es de carácter exhaustivo.

El servidor CUPS se ejecuta como un proceso daemon, *cupsd*, bajo el control de un archivo de configuración que normalmente se encuentra en *etc/cups/cupsd.conf*. El directorio */etc/cups* también contiene otros archivos de configuración relacionados con CUPS. Suele iniciarse durante la inicialización del sistema, pero también podría ser controlado por el script cups ubicado en */etc/rc.d/init.d* o en */etc/init.d*, de acuerdo con su distribución. Como en la mayoría de este tipo de scripts, es posible detener, iniciar o reiniciar el daemon. El archivo de configuración, */etc/cups/cupsd.conf*, contiene parámetros que pueden establecerse para controlar cuestiones como: el acceso al sistema de impresión, si se permite o no la impresión remota, la ubicación de los archivos spool, etc. Algunos sistemas tienen una segunda parte que describe las colas de impresión individuales, la cual suele ser automáticamente generada por las herramientas de configuración.

Una *cola de impresión* es una entidad lógica a la cual los usuarios dirigen trabajos de impresión. Muchas veces, en especial en sistemas de usuario único, una cola de impresión es sinónimo de una impresora. Sin embargo, CUPS admite sistemas sin una impresora conectada en los que se ponen en cola trabajos de impresión para ser posteriormente impresos en un sistema remoto. CUPS también admite el uso de *clases*, lo cual permite que el trabajo de impresión dirigido a una clase se imprima en la primera impresora disponible de dicha clase. Estas modalidades se desarrollan con mayor profundidad en la última sección de este tutorial. La inspección y manipulación de colas de impresión se realiza usando varios comandos. Algunos de estos provienen de los comandos LPD, aunque las opciones soportadas en la actualidad suelen limitarse a un subconjunto de las que soporta el sistema de impresión LPD original. Otros comandos de CUPS son nuevos. En general, los usuarios pueden manipular sus propios trabajos de impresión, pero únicamente el usuario root u otro usuario autorizado pueden manipular los trabajos de otros usuarios. La mayoría de los comandos CUPS soportan la opción -E para la comunicación encriptada entre el comando cliente CUPS y el servidor CUPS.

Los comandos más habituales para la gestión de impresoras y colas de impresión bajo las suposiciones anteriores son los siguientes:

Comando	Descripción
lp, lpr	Envía un trabajo a la impresora
lpq	Muestra las colas de impresión
lpc	Estado de las impresoras
lprm	Elimina un trabajo de la cola de impresión
lpmove	Permite que los trabajos se eliminen de una cola y pasen a otra
lpstat	Estado de la cola de impresión
cancel	Cancela un trabajo
enable imp	Activa impresora
disable imp	Desactiva impresora
lpadmin -p imp [opciones]	Administra impresoras
accept imp	Acepta peticiones para la cola */usr/sbin/accept hp*
reject imp	Deniega peticiones para la cola */usr/sbin/reject hp*
printtool	Configuración de la impresora
pr	Imprime un archivo
jobs	Muestra los trabajos que están en una cola de impresión

A continuación, se presenta la sintaxis resumida de los comandos más importantes. La sintaxis ampliada y del resto de comandos es necesario consultarla en el correspondiente manual del sistema operativo.

COMANDO lpr

Con **lpr** se envía un trabajo a la impresora. Este se copia en la cola de impresión, donde el demonio de impresión lo encuentra, y lo envía a la impresora física. Si no le suministra un fichero, **lpr** usará la entrada estándar.

Sintaxis:

lpr [-**P** impresora] [nombre_archivo]

Opciones:

-**P** impresora: indica la cola a utilizar para imprimir el trabajo (**Aula2** o **Salón**).
nombre_archivo: indica el nombre del trabajo.

Ejemplo: **lpr -P Aula2** carta.txt

COMANDO lpq

El comando **lpq** muestra los trabajos pendientes para la impresora deseada ("lp" por defecto). lpq muestra el número de cada trabajo, que lo identifica para cualquier proceso posterior.

Muestra también el estado de cada trabajo, "active" indica que el demonio está enviando el trabajo a su destino, o al menos lo intenta. Si no, un número indica su orden en la cola de impresión.

Sintaxis:

lpq [-**P** imprsora] [job #] [user]

Opciones:

-**P** impresora: indica la cola a consultar.

job #: número de trabajo asignado por el Administrador de Impresión; este número se obtiene ejecutando lpq.

user: nombre del usuario al que pertenece el trabajo.

Ejemplo: lpq -P salon

COMANDO lprm

El comando **lprm** elimina un trabajo de la cola de impresión. Puede indicar específicamente la identidad de un trabajo particular, o "-", con lo que se cancelan todos los trabajos destinados a la impresora seleccionada. Si es superusuario y quiere eliminar todos los trabajos pertenecientes a un usuario, especifique su nombre de usuario en la línea de órdenes.

Sintaxis:

lprm [-**P** printer] [-] [job #] [user --]

Opciones:

-**P** impresora: define la cola de impresión.

- : Si se utiliza esta opción se borran todos los trabajos de la cola indicada.

job #: número de trabajo a borrar.

user: dueño del trabajo.

Ejemplo:

lprm -P Aula2 - borra todos los trabajos del Aula2

lprm -P Aula2 320 borra el trabajo número 320 del usuario alumno80

5.3.5. Comandos para gestión de impresoras en Windows

El sistema operativo Windows, a través de la ventana MS-DOS, dispone del comando *print* para la gestión de impresoras y trabajos de impresión:

print.exe	Imprime un archivo de texto

Su sintaxis es la siguiente:

PRINT [/D: dispositivo] [[unidad:][ruta]archivo[...]]

/D: *dispositivo* especifica un dispositivo de impresión.

[unidad:][ruta]archivo[...] es el camino del archivo en el disco situado en unidad especificada.

ACTIVIDADES PROPUESTAS

Actividad 1. Especifica las tareas de administración de impresión en Windows 11.

Actividad 2. Especifica las tareas de administración de impresión en Windows 10.

Actividad 3. Especifica el proceso de creación de accesos directos a impresoras Windows 10 y Windows 11.

Actividad 4. Especifica el proceso de personalización de la impresión en Windows 10 y Windows 11.

Actividad 5. Especifica el proceso de interrumpir, reanudar y cancelar la impresión en Windows 10 y Windows 11.

Actividad 6. Especifica el proceso de administración de otros dispositivos a partir de los dispositivos de impresoras en Windows 10.

## CAPÍTULO 6

INTEGRACIÓN DE SISTEMAS OPERATIVOS EN RED LIBRES Y PROPIETARIOS

6.1. SISTEMAS OPERATIVOS DE RED EN ENTORNOS HETEROGÉNEOS MULTIPLATAFORMA

Normalmente, los Sistemas Operativos de Red tienen que integrar los productos hardware y software fabricados por diferentes fabricantes. Las propiedades y problemas a tener en cuenta en una red multiplataforma, son:

6.1.1. El entorno multiplataforma

Hoy en día, la mayoría de las redes se encuentran en entornos multiplataforma. A pesar de que pueden plantear retos importantes, funcionan correctamente cuando se implementan y se planifican de forma apropiada.

El carácter de una red cambia cuando los componentes software de diferentes plataformas deben operar en la misma red. Los problemas pueden aumentar cuando la red está ejecutando más de un tipo de sistema operativo de red.

Para que una red funcione de forma apropiada en un entorno de trabajo heterogéneo, deben ser compatibles el redirector, el sistema operativo del servidor y del cliente. En un entorno multiplataforma, es necesario encontrar un lenguaje común que permita a todos los equipos comunicarse.

6.1.2. Implementación de soluciones multiplataforma

Garantizar la interoperabilidad en entornos multiplataforma se puede conseguir a nivel de servidor (también conocido como el «final de regreso») o a nivel de cliente (también conocido como el «final de inicio»). La opción depende de los fabricantes que se estén utilizando.

6.1.2.1. Interoperabilidad de cliente

En las situaciones que se incluyen múltiples Sistemas Operativos de Red, el redirector se convierte en la clave de la interoperabilidad. Sólo cuando se utiliza más de un proveedor de servicios telefónicos para comunicarse con diferente gente, se tiene que el equipo puede tener más de un redirector para comunicarse a través de la red con servidores de red distintos.

Cada redirector maneja sólo los paquetes enviados en el lenguaje o protocolo que puede entender. Si conoce el destino y el recurso al que se quiere acceder, puede implementar el redirector apropiado y éste reenviará su petición al destino adecuado.

Si un cliente Windows necesita acceder al servidor Novell, para conseguirlo, el administrador de la red carga el redirector de Microsoft, instalado en el cliente, sobre Windows para el acceso a los servidores Novel.

6.1.2.2. Interoperabilidad del servidor

La segunda forma de implementar la comunicación entre un cliente y un servidor es instalar los servicios de comunicaciones en el servidor, enfoque utilizado para incluir un Apple Macintosh en un entorno Windows. Microsoft suministra los Servicios para Macintosh. Este software permite a un servidor Windows Server comunicarse con el cliente Apple.

Gracias a esta interoperabilidad, un usuario Macintosh puede seguir el procedimiento estándar de un Macintosh y visualizar los iconos propios del sistema, como puede ser Chooser and Finder, incluso cuando el usuario está accediendo a los recursos de Windows Server.

6.1.2.3. Opciones de fabricantes

Los fabricantes más importantes de productos de redes son Microsoft, Novell, Apple y Sun Microsystem.

Cada una de estas plataformas proporciona utilidades que hacen posible que sus sistemas operativos se puedan comunicar con servidores de las otras plataformas y que ayudan a sus servidores a reconocer clientes de las otras plataformas.

6.1.2.4. Microsoft

Microsoft ha desarrollado un redirector que reconoce redes Microsoft dentro de los siguientes sistemas operativos de Microsoft:

> Windows Server
>
> Windows 10 y 11

Los redirectorios se implementan, de forma automática, durante la instalación del sistema operativo. Una utilidad de instalación carga los controladores requeridos y, a continuación, edita los archivos de inicio, de forma que el redirector se active la próxima vez que el usuario encienda el equipo.

El software redirector de Microsoft no sólo permite a los clientes acceder a los recursos, sino también proporciona cada cliente Windows para Grupos de trabajo y Windows Server con la posibilidad de compartir sus propios recursos.

6.1.2.5. Microsoft en un entorno Novell

Los productos Microsoft y Novell pueden trabajar juntos.

Para conectar un cliente con Windows Workstation a una red Novell NetWare se requiere NWLink y Servicio de Cliente para NetWare (CSNW) o el Cliente NetWare de Novell para Windows NT.

Para conectar un servidor Windows Server a una red NetWare se requiere NWLink y el Servicio de Enlace para NetWare (GSNW). NWLink es la implementación de Microsoft del protocolo de intercambio de paquetes entre redes/Intercambio de paquetes secuenciados (IPX/SPX). CSNW es la implementación en Microsoft de un generador de peticiones de NetWare (terminología para el redirector en Novell).

Para conectar un cliente Windows a una red NetWare se requiere IPX/SPX y redes CSNW de Microsoft.

El Servicio de Microsoft para los Servicios de directorios de Novell (NDS) es el software de cliente para NetWare que incorpora soporte para Novell Network 4.x y Servicios de Directorios 5.x. Microsoft NDS proporciona a los usuarios con entrada y exploración soporte para servicios de enlace en NetWare 3.x y NetWare 4.x como servidores NDS NetWare 4.x y 5.x.

6.1.2.6. Clientes basados en MS-DOS

Los fabricantes de los sistemas operativos de servidor ofrecen utilidades que permiten a los clientes que utilizan MS-DOS, acceder a los servidores de estos tres fabricantes. Todas estas utilidades pueden residir en una máquina, de forma que el cliente con MS-DOS puede acceder a los servidores correspondientes de los tres entornos.

6.1.2.7. Novell

Los servidores Novell reconocen los siguientes clientes para los servicios de archivos e impresión. Los clientes NetWare que ejecutan MS-DOS pueden conectarse a:

> Servidores NetWare de Novell
>
> Equipos con Windows Server

Los clientes Windows Server que ejecutan el generador de peticiones de NetWare y el redirector de Windows Server pueden conectarse a:

> Servidores NetWare de Novell
>
> Equipos con Windows Server y Windows Workstation

Novell proporciona generadores de peticiones para sistemas operativos de clientes incluyendo:

> MS-DOS.
>
> OS/2.
>
> Cliente NetWare para Windows Server.

6.1.2.8. Apple

En el entorno de Macintosh, el redirector para la conexión AppleShare se incluye con el sistema operativo AppleTalk y proporciona la función de compartir archivos. El software de cliente se incluye con cada copia del sistema operativo de Apple. Además, se incluye un servidor de impresión de AppleShare, que gestiona las colas de impresión. Por tanto, tenemos que los Macintosh están equipados para formar parte de las redes Apple.

Cliente basado en MS-DOS. El software de conexión AppleShare ofrece a los clientes que utilizan MS-DOS acceso a los servidores de archivos e impresión de AppleShare. Con el software de ordenador personal LocalTalk y una tarjeta de equipo personal LocalTalk instalada en los equipos, los usuarios pueden acceder a los volúmenes (almacenamiento de archivos) del servidor de archivos e impresoras de una red AppleTalk. La tarjeta de equipo personal LocalTalk controla el enlace entre la red AppleTalk y el equipo personal. El software del controlador LocalTalk para el equipo personal implementa muchos de los protocolos de AppleTalk e interactúa con la tarjeta para enviar y recibir paquetes.

Servicios para Macintosh. A través de los Servicios para Macintosh, un servidor Windows Server puede estar disponible para los clientes Macintosh. Este producto hace posible que los clientes de MS-DOS y Macintosh puedan compartir archivos e impresoras. Los Servicios para Macintosh incluyen las versiones 2.0 y 2.1 de Apple Talk Protocol, LocalTalk, Ether Talk, Token Talk y FDDITalk. Además, los Servicios para Macintosh admiten la impresora LaserWriter versión 5.2 o posterior.

6.1.2.9. Redes UNIX

UNIX es un sistema operativo de propósito general, multiusuario y multitarea. Las dos versiones más conocidas son Linux y Solaris de Sun Microsystem. Normalmente, un sistema UNIX está constituido por un equipo central y múltiples terminales para los usuarios. Este sistema operativo incluye las prestaciones de red, diseñado específicamente para grandes redes, pero también presenta algunas aplicaciones para equipos personales. UNIX trabaja bien sobre un equipo autónomo y, como consecuencia de sus posibilidades de multitarea, también lo hace perfectamente en un entorno de red.

UNIX es altamente adaptable al entorno cliente/servidor. Se puede transformar en un servidor de archivos instalando el correspondiente software del servidor de archivos. A continuación, como host UNIX, puede responder a peticiones realizadas en las estaciones de trabajo. El software del servidor de archivos es, simplemente, una aplicación más que se está ejecutando en el equipo multitarea.

Un cliente de un host UNIX puede ser otro equipo UNIX o cualquier otro equipo que ejecute MS-DOS, OS/2, Microsoft Windows o Macintosh. Un redirector de archivos activará la estación para almacenar y recuperar archivos UNIX cuando éstos están en su formato original.

6.2. INSTALACIÓN, CONFIGURACIÓN Y USO DE SERVICIOS DE RED PARA COMPARTIR RECURSOS

Generalmente los servicios de red son instalados en uno o más servidores para permitir el compartir recursos a computadoras clientes. Los servicios de red son configurados en redes locales corporativas para asegurar la seguridad y la operación amigable de los recursos. Los servicios de red ayudan a la red local a funcionar sin problemas y eficientemente. Las redes locales corporativas usan servicios de red como DNS (Domain Name System) para dar nombres a las direcciones IP y MAC y DHCP para asegurar que todos en la red tienen una dirección IP valida.

Realizar tareas de administración de red sin tener cuentas de usuario para rastrear las actividades de los usuarios (ilegal o no) o sin tener DHCP para automatizar la asignación de direcciones IP a los nodos de la red o sin tener DNS para facilitar el acceso a direcciones IP sería una tarea muy problemática. Al activar estos servicios de red automatiza tareas de administración muy complejas y que pueden consumir mucho tiempo, y por tanto facilita las tareas de un administrador de redes.

Los servicios de red más comunes son:

- Servidores de autenticación
- Servicio de directorio
- Dynamic Host Configuration Protocol (DHCP)
- Domain Name System (DNS)
- Correo electrónico
- Servicio de impresión
- Network File System (NFS)

Un servicio de directorio es una aplicación o un conjunto de aplicaciones que almacena y organiza la información sobre los usuarios de una red de ordenadores, sobre recursos de red y permite a los administradores gestionar el acceso de usuarios a los recursos sobre dicha red. Además, los servicios de directorio actúan como una capa de abstracción entre los usuarios y los recursos compartidos. El servicio de directorio proporciona la interfaz de acceso a los datos que están en uno o más espacios de nombre de directorio. La interfaz del servicio de directorio es la encargada de gestionar la autenticación de los accesos al servicio de forma segura, actuando como autoridad central para el acceso a los recursos de sistema que manejan los datos del directorio. Del servicio de directorio ya se ha hablado extensamente en el primer capítulo de este libro

El protocolo de configuración dinámica de host DHCP (*Dynamic Host Configuration Protocol*) es un protocolo de red que permite a los clientes de una red IP obtener sus parámetros de configuración automáticamente. Se trata de un protocolo de tipo cliente/servidor en el que generalmente un servidor posee una lista de direcciones IP dinámicas y las va asignando a los clientes conforme éstas van estando libres, sabiendo en todo momento quién ha estado en posesión de esa IP, cuánto tiempo la ha tenido y a quién se le ha asignado después.

Cada dirección IP debe configurarse manualmente en cada dispositivo y, si el dispositivo se mueve a otra subred, se debe configurar otra dirección IP diferente. El DHCP le permite al administrador supervisar y distribuir de forma centralizada las direcciones IP necesarias y, automáticamente, asignar y enviar una nueva IP si fuera el caso en que el dispositivo es conectado en un lugar diferente de la red.

El protocolo DHCP incluye tres métodos de asignación de direcciones IP:

- *Asignación manual o estática*: Asigna una dirección IP a una máquina determinada. Se suele utilizar cuando se quiere controlar la asignación de dirección IP a cada cliente, y evitar, también, que se conecten clientes no identificados.

- *Asignación automática*: Asigna una dirección IP de forma permanente a una máquina cliente la primera vez que hace la solicitud al servidor DHCP y hasta que el cliente la libera. Se suele utilizar cuando el número de clientes no varía demasiado.

- *Asignación dinámica*: el único método que permite la reutilización dinámica de las direcciones IP. El administrador de la red determina un rango de direcciones IP y cada dispositivo conectado a la red está configurado para solicitar su dirección IP al servidor cuando la tarjeta de interfaz de red se inicializa. El procedimiento usa un concepto muy simple en un intervalo de tiempo controlable. Esto facilita la instalación de nuevas máquinas clientes a la red.

Un servidor DHCP puede proveer de una configuración opcional al dispositivo cliente. Las opciones configurables son: Dirección del servidor DNS, Nombre DNS, Puerta de enlace de la dirección IP, Dirección de Publicación Masiva (*broadcast address*), Máscara de subred, Tiempo máximo de espera del ARP (Protocolo de Resolución de Direcciones), MTU (Unidad de Transferencia Máxima según siglas en inglés) para la interfaz, Servidores NIS (Servicio de Información de Red), Dominios NIS, Servidores NTP (Protocolo de Tiempo de Red), Servidor SMTP, Servidor TFTP y Nombre del servidor WINS.

El sistema de nombres de dominio DNS (*Domain Name System*) es un sistema de nomenclatura jerárquica para computadoras, servicios o cualquier recurso conectado a internet o a una red privada. Este sistema asocia información variada con nombres de dominios asignado a cada uno de los participantes. Su función más importante, es traducir (resolver) nombres inteligibles para las personas en identificadores binarios asociados con los equipos conectados a la red, esto con el propósito de poder localizar y direccionar estos equipos mundialmente.

El servidor DNS utiliza una base de datos distribuida y jerárquica que almacena información asociada a nombres de dominio en redes como Internet. Aunque como base de datos el DNS es capaz de asociar diferentes tipos de información a cada nombre, los usos más comunes son la asignación de nombres de dominio a direcciones IP y la localización de los servidores de correo electrónico de cada dominio.

La asignación de nombres a direcciones IP es ciertamente la función más conocida de los protocolos DNS. Por ejemplo, si la dirección IP del sitio FTP de prox.mx es 200.64.128.4, la mayoría de la gente llega a este equipo especificando ftp.prox.mx y no la dirección IP. Además de ser más fácil de recordar, el nombre es más fiable. La dirección numérica podría cambiar por muchas razones, sin que tenga que cambiar el nombre.

Los usuarios generalmente no se comunican directamente con el servidor DNS ya que la resolución de nombres se hace de forma transparente por las aplicaciones del cliente (por ejemplo, navegadores, clientes de correo y otras aplicaciones que usan internet). Al realizar una petición que requiere una búsqueda de DNS, la petición se envía al servidor DNS local del sistema operativo. El sistema operativo, antes de establecer alguna comunicación, comprueba si la respuesta se encuentra en la memoria caché. En el caso de que no se encuentre, la petición se enviará a uno o más servidores DNS (Figura 6-1).

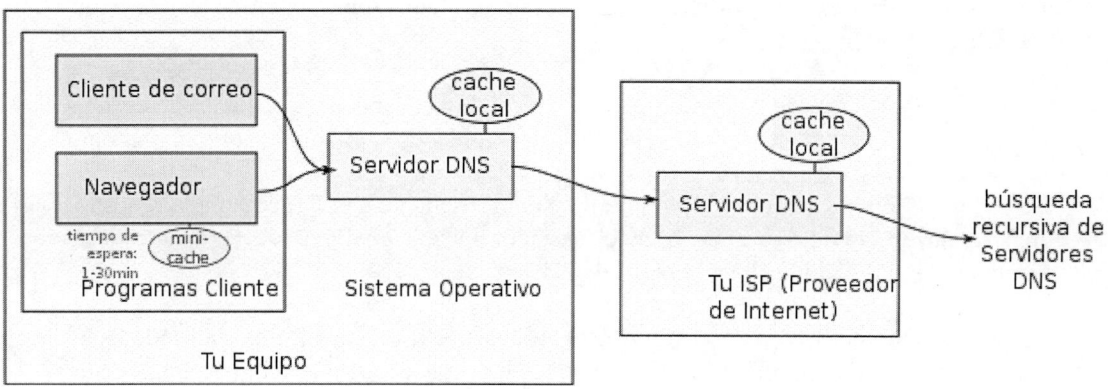

Figura 6-1

La mayoría de usuarios domésticos utilizan como servidor DNS el proporcionado por el proveedor de servicios de internet. La dirección de estos servidores puede ser configurada de forma manual o automática mediante DHCP. En otros casos, los administradores de red tienen configurados sus propios servidores DNS. En cualquier caso, los servidores DNS que reciben la petición, buscan en primer lugar si disponen de la respuesta en la memoria caché. Si es así, sirven la respuesta; en caso contrario, iniciarían la búsqueda de manera recursiva. Una vez encontrada la respuesta, el servidor DNS guardará el resultado en su memoria caché para futuros usos y devuelve el resultado.

El Sistema de archivos de red NFS (*Network File System*) es un protocolo de nivel de aplicación, según el Modelo OSI. Es utilizado para sistemas de archivos distribuido en un entorno de red de computadoras de área local. Posibilita que distintos sistemas conectados a una misma red accedan a ficheros remotos como si se tratara de locales. Originalmente fue desarrollado en 1984 por Sun Microsystems, con el objetivo de que fuera independiente de la máquina, el sistema operativo y el protocolo de transporte. El protocolo NFS está incluido por defecto en los Sistemas Operativos UNIX y la mayoría de distribuciones Linux.

6.2.1. Protocolo de configuración dinámica de host (DHCP)

El Protocolo de configuración dinámica de host (DHCP) es un estándar diseñado para reducir la complejidad de la administración de configuraciones de direcciones mediante el uso de un equipo servidor para administrar de forma centralizada las direcciones IP y otros detalles de configuración de la red. El servicio DHCP permite que el equipo servidor funcione como un servidor DHCP y configurar los equipos cliente habilitados para DHCP en la red. DHCP incluye el Protocolo de asignación dinámica de direcciones de multidifusión a clientes (MADCAP), el cual se usa para realizar asignaciones de direcciones de multidifusión. Si se asignan dinámicamente direcciones IP mediante MADCAP a los clientes registrados, éstos podrán participar de forma eficaz en el proceso de secuencia de datos (por ejemplo, transmisiones de red de vídeo o audio en tiempo real).

Al implementar los servidores del Protocolo de configuración dinámica de host (DHCP) en la red, puede proporcionar automáticamente equipos cliente y otros dispositivos basados en TCP/IP con direcciones IP válidas. Además, puede proporcionar los parámetros de configuración adicionales necesarios para estos clientes y dispositivos, llamados opciones de DHCP, los cuales les permiten conectarse a otros recursos de red como los servidores DNS, los servidores WINS y los enrutadores.

DHCP es una tecnología cliente-servidor que permite que los servidores DHCP asignen o concedan direcciones IP a equipos y otros dispositivos habilitados como clientes DHCP. Con DHCP, puede hacer lo siguiente:

- Conceder direcciones IP para una cantidad de tiempo específica a los clientes DHCP y, a continuación, renovar automáticamente las direcciones IP si el cliente solicita una renovación.

- Actualizar automáticamente los parámetros de los clientes DHCP mediante la modificación de una opción de servidor o ámbito en el servidor DHCP en lugar de realizar esta acción de forma individual en todos los clientes DHCP.

- Reservar direcciones IP para equipos específicos u otros dispositivos de modo que siempre tengan la misma dirección IP y reciban además las opciones de DHCP más actualizadas.

- Excluir direcciones IP o intervalos de direcciones de la distribución mediante el servidor DHCP de modo que estas direcciones IP e intervalos se puedan usar estáticamente para configurar servidores, enrutadores y otros dispositivos que requieran direcciones IP estáticas.

- Proporcionar servicios DHCP a varias subredes si todos los enrutadores entre el servidor DHCP y la subred para los que desea proporcionar el servicio están configurados para reenviar mensajes DHCP.

- Configurar el servidor DHCP para realizar servicios de registro de nombres DNS para los clientes DHCP.

- Proporcionar una asignación de direcciones de multidifusión para clientes DHCP basados en IP.

- Los componentes principales de DHCP permiten implementar un servidor DHCP en un servidor de Protocolo de asignación dinámica de direcciones de multidifusión a clientes (MADCAP). MADCAP sólo es compatible con IPv4. El servidor DHCPv6 no es compatible con MADCAP.

6.2.2. Servidor DHCP

Todos los equipos y otros dispositivos de la red TCP/IP deben tener una dirección IP para que la red funcione correctamente. Las direcciones IP se pueden configurar manualmente en cada equipo o puede implementar un servidor DHCP que asigne automáticamente concesiones de direcciones IP a todos los clientes DHCP de la red.

Dado que la mayoría de los sistemas operativos cliente buscan una concesión de dirección IP de forma predeterminada, no es necesario establecer ninguna configuración en el equipo cliente para implementar una red habilitada para DHCP; el primer paso es implementar un servidor DHCP.

No obstante, para que el servidor DHCP pueda proporcionar concesiones de direcciones de IP a los clientes, se debe definir un intervalo de direcciones IP en el servidor DHCP. Este intervalo, llamado ámbito, define una sola subred física en la red en la que se proporcionan los servicios DHCP. Por lo tanto, si tiene dos subredes, por ejemplo, el servidor DHCP debe estar conectado a cada subred y debe definir un ámbito para cada subred.

Además, los ámbitos son el método principal para que el servidor administre la distribución y la asignación de direcciones IP además de cualquier parámetro de configuración relacionado para los clientes de la red.

6.2.3. Servidor MADCAP

Al implementar DHCP como un servidor MADCAP, el servidor DHCP puede asignar dinámicamente direcciones IP de multidifusión a los clientes que deseen unirse al grupo de clientes que reciben la información enviada en los mensajes de multidifusión.

La multidifusión resulta útil para la entrega de información de un punto a varios puntos (por ejemplo, información de audio o vídeo) en internet. La multidifusión permite que un punto (por ejemplo, un servidor multimedia) envíe la información un solo paquete a muchos destinatarios mediante una dirección de multidifusión.

Las ventajas de este método son el uso de un solo paquete y la ausencia de sobrecarga para mantener listas de destinatarios. A diferencia de los paquetes de difusión, el tráfico de multidifusión no interrumpe los nodos que no están escuchando. Los enrutadores pueden tener capacidad de multidifusión y reenviar el paquete de multidifusión a todas las redes en que hay como mínimo un nodo escuchando.

6.2.4. Instalación de servidores DCHP

Los servidores DHCP administran de forma centralizada direcciones IP e información relacionada y la ofrecen a los clientes automáticamente. Esto permite configurar la red de cliente en un servidor en lugar de hacerlo en cada equipo cliente. Si desea que este equipo distribuya direcciones IP a los clientes, configure posteriormente este equipo como servidor DHCP.

Al agregar la función de servidor DHCP, crea un ámbito que define el rango de las direcciones IP que el servidor DHCP asigna a los clientes de una subred. Deberá crear un ámbito para cada subred que tenga clientes que desee administrar mediante DHCP. Para agregar la función DHCP, haga clic en Inicio → Herramientas administrativas → Administrador del servidor y, luego, en *Resumen, de funciones*, haga clic en Agregar funciones. Pulse en Siguiente, seleccione Servidor DHCP y, más tarde, haga clic en Siguiente. El Asistente para agregar funciones permitirá configurar la función de servidor DHCP del Administrador del servidor en siete pantallas.

1. La primera pantalla presenta una introducción a DHCP.

2. La segunda pantalla permite la configuración de DNS IPv4 (*integración de DHCP con DNS*). Los servidores DNS proporcionan una resolución de nombres de dominio para los recursos de red. Asocian la dirección TCP/IP asignada por DHCP a un cliente con su nombre de dominio completo (FQDN). Esta asociación o asignación de una dirección IP a un nombre de dominio implica que, si se realiza un cambio en la dirección o el nombre, se actualice la información del DNS. El protocolo DHCP no actualiza automáticamente el DNS en caso de que el servidor DHCP cambie la dirección IP de un cliente. Para facilitar esta interacción, los servidores que ejecutan Windows Server y DHCP, y los clientes que ejecutan DHCP pueden registrarse con el DNS, lo que permite la cooperación entre ambos. Si DHCP cambia la información de dirección IP, las actualizaciones de DNS correspondientes sincronizarán las asociaciones de nombre y dirección para el equipo.

3. La tercera pantalla permite la *configuración del servidor WINS*. Al agregar la función de servidor DHCP en el Administrador del servidor, puede especificar si WINS es necesario para las aplicaciones de la red. WINS es compatible principalmente con clientes que ejecutan versiones anteriores de Windows y aplicaciones que usan NetBIOS. Windows y Windows Server usan nombres DNS además de nombres NetBIOS. Los entornos que incluyen algunos equipos que usan nombres NetBIOS y otros equipos que usan nombres de dominio deben incluir servidores WINS y servidores DNS. Si todos los equipos de la red ejecutan Windows y Windows Server, y no son compatibles con las aplicaciones que requieren nombres NetBIOS, deberá establecer DNS como el único método para la resolución de nombres. No obstante, antes de estudiar la posibilidad de retirar o no instalar servidores WINS, identifique los equipos o aplicaciones basados en NetBIOS y determine el impacto que tendrá quitar NetBIOS. Es posible que una aplicación crítica se base en NetBIOS (sin ninguna alternativa disponible), en cuyo caso debe seguir usando WINS. Por ejemplo, las versiones anteriores de determinadas aplicaciones como Microsoft Systems Management Server (SMS) y las configuraciones de correo cliente/servidor de Microsoft BackOffice que usan Exchange Server pueden requerir la asignación de nombres NetBIOS.

4. La cuarta pantalla permite la *adición de ámbitos DHCP*. Un ámbito es una agrupación administrativa de direcciones IP para equipos de una subred que usa el servicio DHCP. En primer lugar, el administrador crea un ámbito para cada subred física y, a continuación, usa el ámbito para definir los parámetros usados por los clientes. Un ámbito tiene como propiedades un intervalo de direcciones IP desde el que incluir o excluir las direcciones usadas para las ofertas de concesión de servicio DHCP, una máscara de subred que determina la subred para una dirección IP determinada, un nombre de ámbito asignado al crearlo, valores de duración de la concesión asignados a los clientes DHCP que reciben las direcciones IP asignadas dinámicamente, todas las opciones de ámbito DHCP configuradas para la asignación a clientes DHCP (por ejemplo, servidor DNS, dirección IP de enrutador y dirección de servidor WINS) y propiedades reservas usadas opcionalmente para garantizar que un cliente DHCP siempre reciba la misma dirección IP.

5. La quinta pantalla permite *configurar el modo sin estado DHCPv6*. Windows Server es compatible con la funcionalidad del servidor DHCPv6 sin estado y con estado. Los clientes del modo sin estado DHCPv6 usan DHCPv6 para obtener parámetros de configuración de red distintos de la dirección IPv6 (por ejemplo, direcciones de servidor DNS). Los clientes configuran una dirección IPv6 mediante un mecanismo no basado en DHCPv6 como la configuración automática de direcciones IPv6 (basada en los prefijos IPv6 incluidos en los anuncios de enrutador) o la configuración de direcciones IP estáticas. En el modo con estado DHCPv6, los clientes obtienen la dirección IPv6 y otros parámetros de configuración de red mediante DHCPv6.

6. La sexta pantalla permite la *configuración del servidor DNS IPv6* (de modo similar a la configuración de DNS IPv4 de la segunda pantalla).

7. La séptima pantalla permite la *autorización de servidores DHCP en AD DS*. En Windows Server, el servicio del servidor DHCP se integra con Active Directory para proporcionar autorización para los servidores DHCP. Un servidor DHCP no autorizado puede interrumpir las operaciones de red por la asignación incorrecta de direcciones u opciones de configuración. Un servidor DHCP que es un controlador de dominio o un miembro del dominio de Active Directory consulta en Active Directory la lista de servidores autorizados (identificados mediante direcciones IP). Si su propia dirección IP no está en la lista de servidores DHCP autorizados, el servicio del servidor DHCP no completará la secuencia de inicio y se cerrará automáticamente. Se trata de un problema común para los administradores de red que intentan instalar y configurar un servidor DHCP en un entorno de Active Directory sin autorizar primero el servidor. En el caso de un servidor DHCP que no es miembro del dominio de Active Directory, el servicio del servidor DHCP envía un mensaje de difusión DHCPInform para solicitar información acerca del dominio raíz de Active Directory en que están instalados y configurados otros servidores DHCP. Otros servidores DHCP de la red responden con un mensaje DHCPAck, que contiene información que el servidor DHCP que realiza la consulta usa para buscar el dominio raíz de Active Directory. A continuación, el servidor DHCP de inicio consulta en Active Directory una lista de servidores DHCP autorizados e inicia el servicio del servidor DHCP sólo si su propia dirección está en la lista.

Por último, se describen las tareas que permiten aumentar la seguridad, confiabilidad y capacidad de administración de la función de servidor DHCP. Muchas de estas tareas implican la configuración de DHCP junto con otra tecnología o característica de Windows Server, como Active Directory (AD) o la Protección de acceso a redes (NAP), y otras describen cómo se puede diseñar la infraestrutura DHCP para obtener la máxima eficacia. Las tareas son las siguientes:

- Aumento de la tolerancia a errores mediante la división de ámbitos DHCP.

- Eliminación de actualizaciones manuales de registros DNS mediante la configuración actualizaciones dinámicas y actualizaciones dinámicas seguras.

- Permitir la administración remota de servidores DHCP mediante la configuración de puertos de Firewall de Windows.

- Evitar servidores DHCP no autorizados en la red mediante la autorización de servidores DHCP en AD DS.

- Aplicación de directivas de acceso a redes para el mantenimiento de clientes mediante la configuración de DHCP con la Protección de acceso a redes.

- Automatización de la administración de dispositivos con direcciones IP estáticas mediante la creación de reservas DHCP.

- Compatibilidad de varias subredes con un servidor DHCP mediante la configuración de agentes de retransmisión DHCP.

- Evitar la reconfiguración de DHCP en un servidor nuevo mediante la migración de una infraestructura DHCP existente.

- Equilibrio de carga en los servidores DHCP mediante el uso de la regla 80/20 para ámbitos.

- Centralización de la administración de dos o más servidores DHCP como un solo sistema mediante la agrupación en clústeres de servidores DHCP.

Estas tareas se gobiernan haciendo clic en Servidor DCHP en el árbol situado en la parte izquierda de la consola Administrador del servidor (Figura 6-1a). En la zona Servicios del sistema se puede administrar el servicio Servidor DCHP (iniciar, detener, pausar, reanudar y reiniciar).

6.2.5. Configuración de una dirección IP estática de servidor DHCP

Para determinados tipos de servidores, debe asignar una dirección IP estática y una máscara de subred durante la instalación o después de ella. Estos servidores incluyen servidores DHCP, servidores DNS, servidores WINS y cualquier servidor que proporcione acceso a internet a los usuarios. También se recomienda asignar una dirección IP estática y una máscara de subred a cada controlador de dominio. Si un equipo tiene más de un adaptador de red, deberá asignar una dirección IP independiente para cada adaptador.

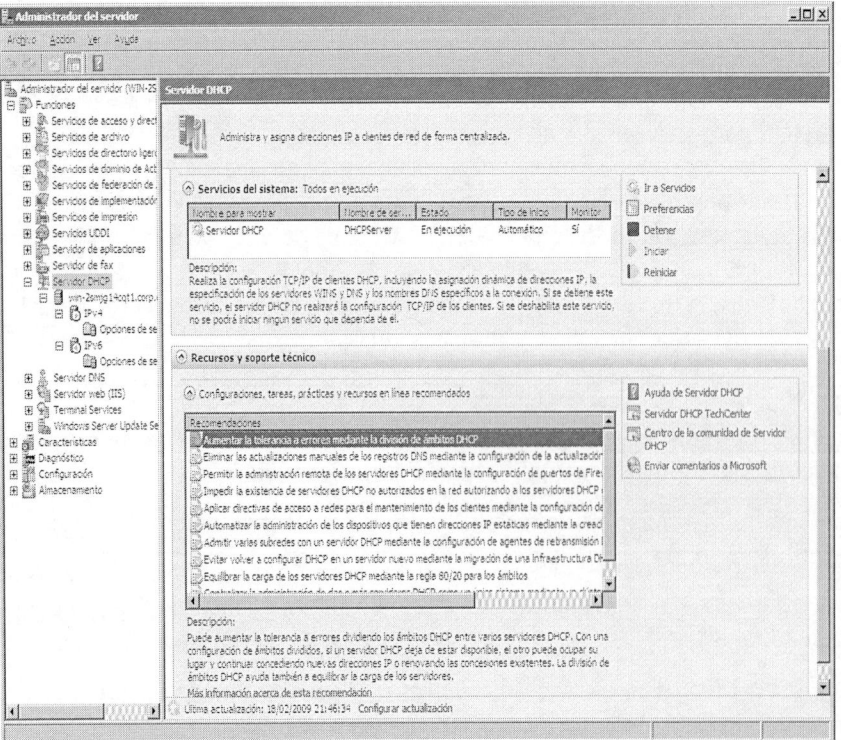

Figura 6-1a

Para *configurar IPv4 para direccionamiento estático*, haga clic en *Inicio → Red → Centro de redes y recursos compartidos* y, a continuación, en *Administrar conexiones de red*. Pulse con el botón secundario en la conexión a la que desea agregar una dirección IP estática y, luego, haga clic en *Propiedades*. Confirme el cuadro de diálogo de UAC y, más tarde, haga doble clic en *Protocolo de Internet versión 4 (TCP/IP/IPv4)*. Haga clic en *Usar la siguiente dirección IP* (Figura 6-2). Para una conexión de área local, en *Dirección IP, Máscara de subred* y *Puerta de enlace predeterminada*, escriba la dirección IP, la máscara de subred y las direcciones de puerta de enlace predeterminadas. Para las demás conexiones, escriba la dirección IP en *Dirección IP*. Haga clic en *Usar las siguientes direcciones de servidor DNS*. En *Servidor DNS preferido* y *Servidor DNS alternativo*, escriba las direcciones de los servidores DNS principal y secundario. Para definir las opciones de configuración avanzadas de dirección IPv4 estática para una conexión de área local, haga clic en *Opciones avanzadas*.

Para *configurar IPv6 para direccionamiento estático* haga clic en *Inicio → Red → Centro de redes y recursos compartidos* y, a continuación, en *Administrar conexiones de red*. Pulse con el botón secundario en la conexión a la que desea agregar una dirección IP estática y, luego, en *Propiedades*. Confirme el cuadro de diálogo de UAC y, a continuación, haga doble clic en *Protocolo de Internet versión 6 (TCP/IP/IPv6)*. Pulse en *Usar la siguiente dirección IPv6* (Figura 6-3). Para una conexión de área local, en *Dirección IPv6, Longitud del prefijo de subred* y *Puerta de enlace predeterminada*, escriba la dirección IP, la longitud del prefijo de subred y la dirección de puerta de enlace predeterminada. Para las demás conexiones, escriba la dirección IP en *Dirección IPv6*. Haga clic en *Usar las siguientes direcciones de servidor DNS*. En *Servidor DNS preferido* y *Servidor DNS alternativo*, escriba las direcciones de los servidores DNS principal y secundario. Para definir las opciones de configuración avanzadas de dirección IPv6 estática para una conexión de área local, haga clic en *Opciones avanzadas*.

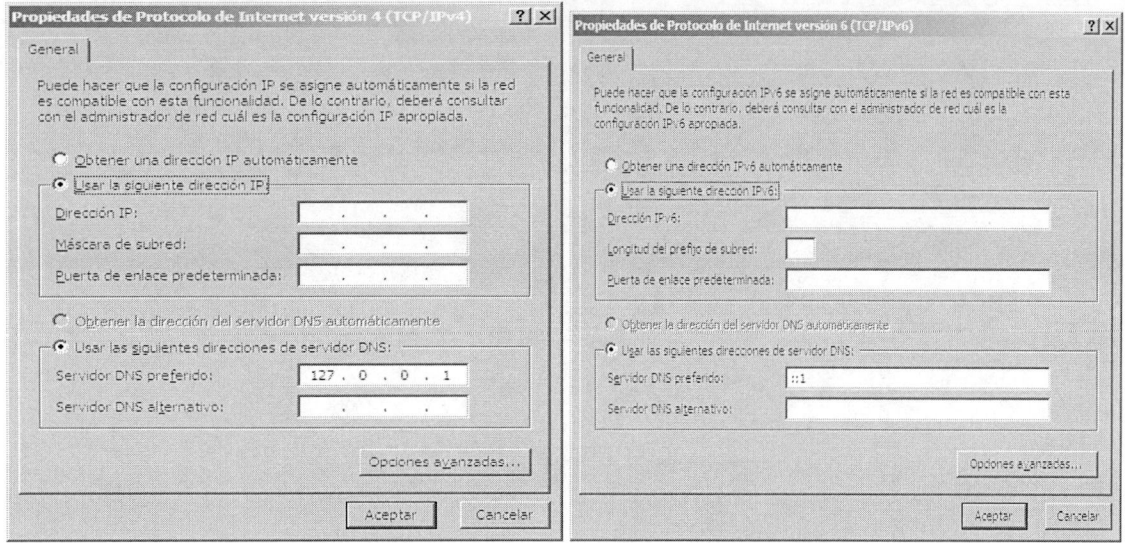

Figura 6-2   Figura 6-3

6.2.6. Administración de un servidor DHCP

Las herramientas principales que se usan para administrar los servidores DHCP son los comandos Netsh para DHCP y la consola de DHCP.

Puede escribir los comandos Netsh para DHCP en una ventana del símbolo del sistema en el símbolo del sistema netsh dhcp> o ejecutar los comandos Netsh para DHCP en archivos por lotes y otros scripts. Toda la funcionalidad disponible en la consola de DHCP está disponible en el símbolo del sistema netsh dhcp>. Esto puede resultar útil en las siguientes situaciones:

- Al administrar servidores DHCP en redes de área extensa (WAN), se pueden usar comandos en el modo interactivo en el símbolo del sistema netsh> para mejorar la administración en vínculos de red de baja velocidad.

- Al administrar un gran número de servidores DHCP, se pueden usar comandos en el modo por lotes para facilitar el script y automatizar tareas administrativas recurrentes que se deben realizar para todos los servidores DHCP.

La *consola de DHCP* se agrega a la carpeta *Herramientas administrativas* en el Panel de control al instalar la función del servidor DHCP (Figura 6-4). La consola de DHCP aparece como un complemento Microsoft Management Console (Figura 6-5).

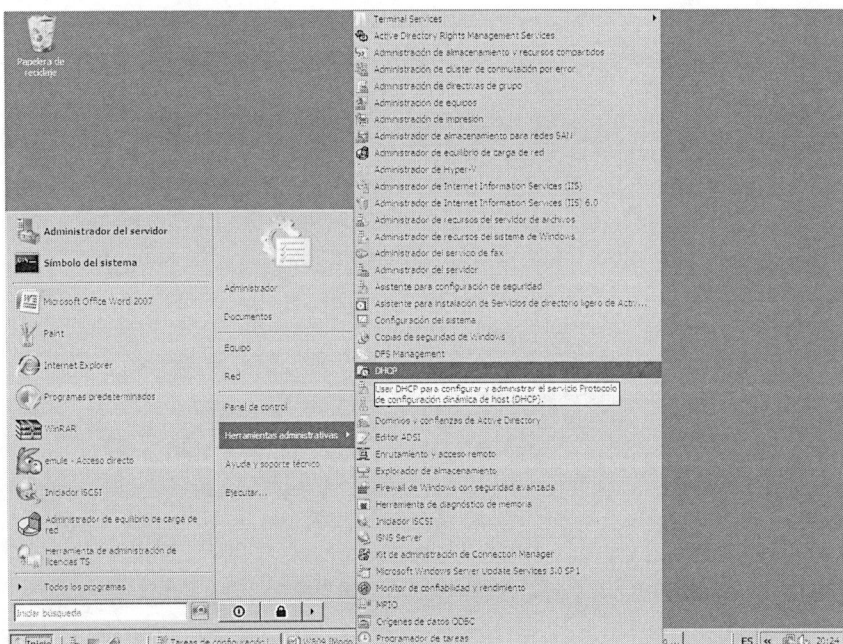

Figura 6-4

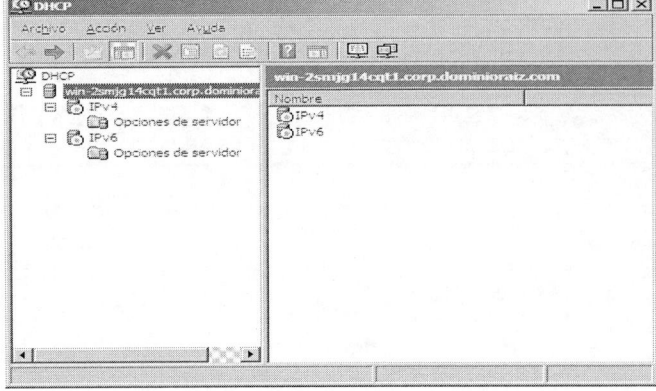

Figura 6-5

La consola de DHCP contiene, además, una serie de mejoras recomendadas por los administradores de red. Entre estas mejoras se incluyen la mejora de la supervisión del rendimiento del servidor, más tipos de opciones de DHCP predefinidas, compatibilidad de actualización dinámica para clientes que ejecutan versiones anteriores de Windows y la detección de servidores DHCP no autorizados en la red.

Una vez instalado el servidor DHCP, puede usar la consola de DHCP o los comandos Netsh para DHCP para realizar las tareas administrativas básicas del servidor como crear ámbitos, agregar y configurar superámbitos y ámbitos de multidifusión, ver y modificar las propiedades de los ámbitos (por ejemplo, configurar intervalos de exclusión adicionales), activar ámbitos, ámbitos de multidifusión o superámbitos, supervisar la actividad de concesión de ámbitos mediante la revisión de las concesiones activas para cada ámbito y crear reservas en ámbitos según sea necesario para clientes DHCP que requieren una dirección IP permanente para un uso concedido.

Además, puede usar la consola de DHCP o los comandos Netsh para DHCP para realizar tareas opcionales o de configuración avanzada como agregar nuevos tipos de opciones predeterminadas personalizadas, agregar y configurar cualquier clase de opción definida por el usuario o el proveedor y configurar otras propiedades del servidor —por ejemplo, registro de auditoría o tablas de protocolo de arranque (BOOTP)—.

Al ejecutar la consola DCHP se conecta directamente el servidor DCHP local. Para *conectarse a servidores DCHP remotos*, haga clic con el botón derecho del ratón sobre DCHP en el árbol de la consola y seleccione *Agregar servidor* (Figura 6-6). Se obtiene el cuadro de diálogo de la Figura 6-7. Seleccione la opción *Este servidor* y escriba la dirección IP o el nombre del equipo en el que esté el servidor DCHP que desea administrar. Haga clic en *Aceptar*.

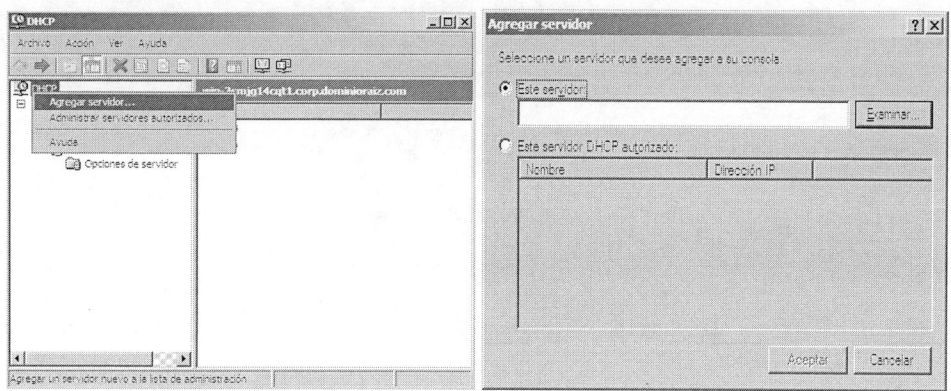

Figura 6-6   Figura 6-7

Para *poner en marcha y parar un servidor DCHP*, haga clic con el botón derecho del ratón sobre el servidor que desea administrar en la consola DCHP (Figura 6-8). Elija *Todas las tareas* y seleccione la opción adecuada (*Iniciar, Detener, Pausar, reanudar o Reiniciar*). También es posible, realizar una *Copia de seguridad, Restaurar, Eliminar* o *Actualizar* la base de datos DCHP.

Antes de poder usar un servidor DCHP en el dominio debe autorizarse en Active Directory. Haciendo clic en *Autorizar* en la Figura 6-8 se lleva a cabo la citada autorización.

Si se hace clic sobre IPv4 con el botón derecho del ratón en la consola DCHP, se obtendrá el menú emergente de la Figura 6-9.

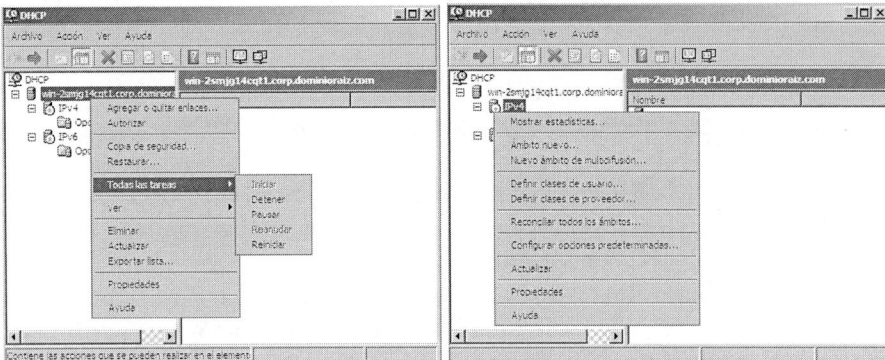

Figura 6-8   Figura 6-9

La opción *Mostrar estadísticas* presenta una serie de estadísticas relativas a la disponibilidad y uso de la dirección IPv4 (Figura 6-10).

La opción *Ámbito nuevo* abre el asistente para la creación de ámbitos para la distribución de direcciones IP a los equipos de la red (Figura 6-11). Las sucesivas pantallas del asistente permiten nombrar el ámbito (Figura 6-12), definir el intervalo de direcciones del ámbito para distribuir un conjunto de direcciones IP a los equipos de la red (Figura 6-13), agregar exclusiones de direcciones o intervalos de direcciones que no son distribuidas por el servidor (Figura 6-13), establecer la duración de la conexión específica para utilizar una dirección IP en el equipo (Figura 6-14) y configurar opciones de DCHP (Figuras 10-15 a 10-19). Posteriormente, se activa el ámbito (Figura 6-20) y finaliza el asistente (Figura 6-21).

Figura 6-10   Figura 6-11

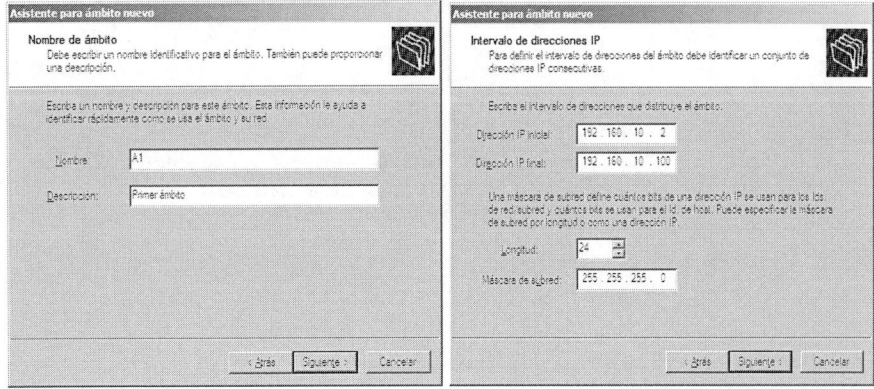

Figura 6-12   Figura 6-13

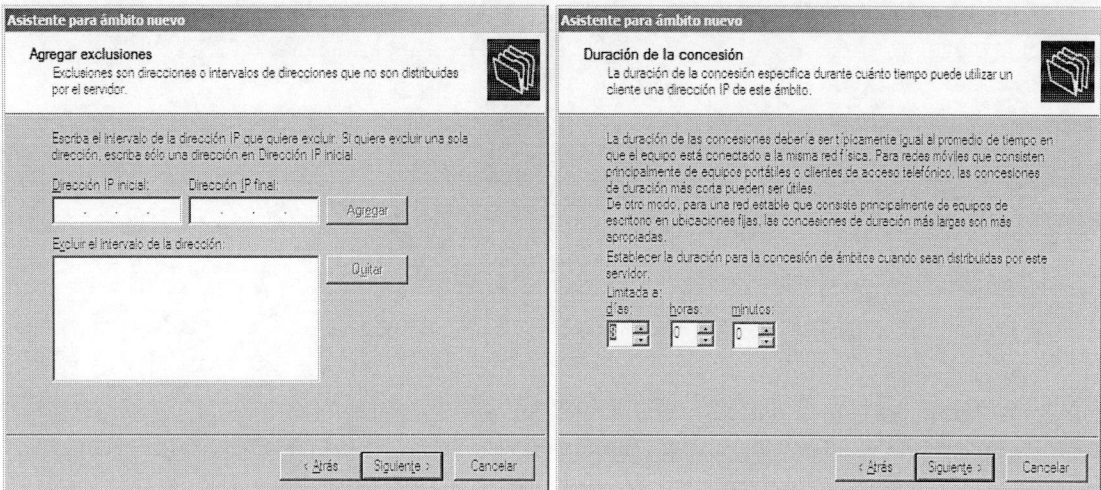

Figura 6-14   Figura 6-15

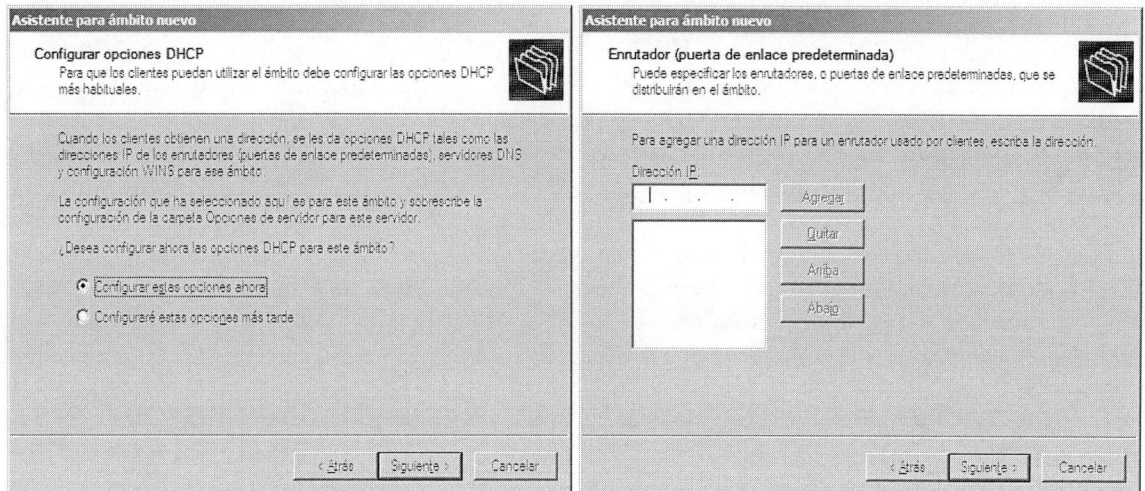

Figura 6-16   Figura 6-17

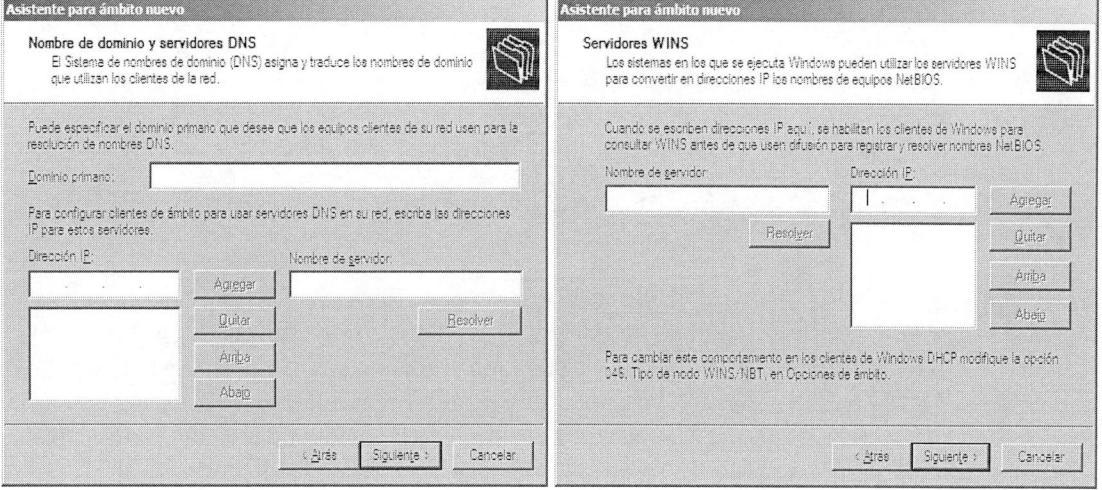

Figura 6-18   Figura 6-19

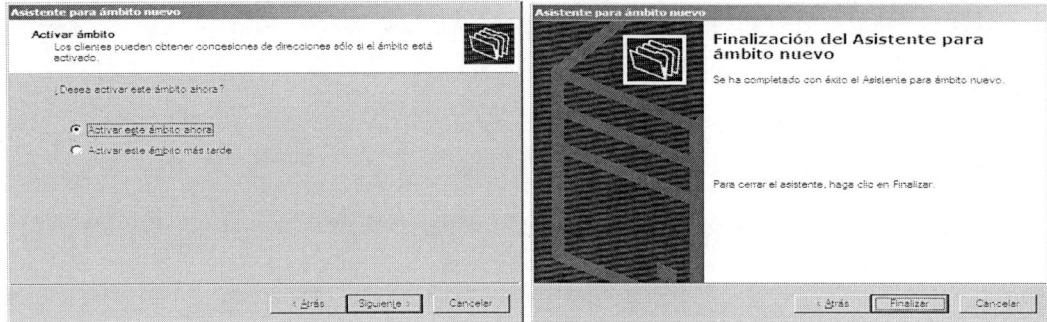

Figura 6-20 Figura 6-21

La opción *Nuevo ámbito de multidifusión* de la Figura 6-9 permite crear ámbitos de multidifusión mediante el correspondiente asistente. La opción *Reconciliar todos los ámbitos* permite eliminar las inconsistencias en los ámbitos. La opción *Actualizar* permite la actualización del ámbito.

La opción *Propiedades* de la Figura 6-9 nos lleva a la pantalla *Propiedades* cuya ficha *General* (Figura 6-22) posibilita actualizar estadísticas automáticamente cada cierto tiempo, habilitar la auditoría de registro DHCP mediante la creación de un archivo para supervisar el rendimiento del sistema y solucionar problemas de servicio y mostrar la tabla de servidores que puede contener entradas de configuración con clientes BOOTP. La ficha *DNS* (Figura 6-23) permite establecer el servidor DHCP para actualizar automáticamente servidores DNS autoritarios con los hosts (A) y registros de puntero de clientes de DCHP. La ficha *Protección de acceso a redes* permite configurar la protección de acceso a redes del servidor DCHP (Figura 6-24). La ficha *Opciones avanzadas* (Figura 6-25) permite especificar el número de veces que el servidor DCHP debería intentar la detección de una dirección IP antes de que el servidor conceda dirección a un cliente, definir la ruta del registro de auditoría, cambiar los enlaces de las conexiones del servidor y definir las credenciales de registro de actualizaciones dinámicas de DNS.

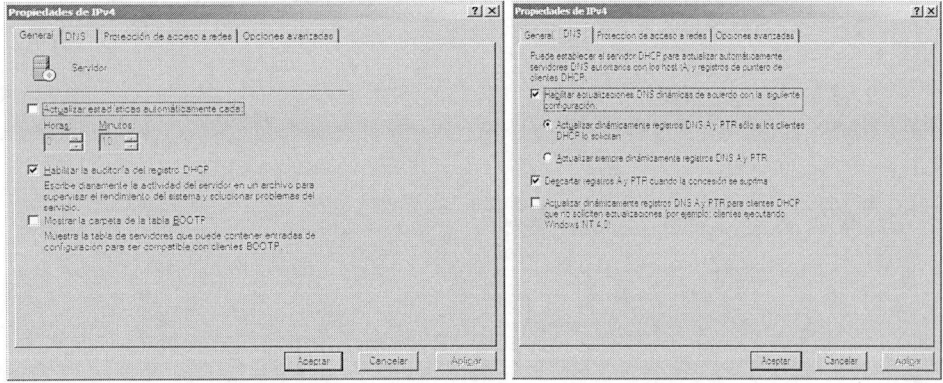

Figura 6-22 Figura 6-23

Si hacemos clic con el botón derecho del ratón sobre un determinado ámbito, podremos *administrar el ámbito* (mostrar estadísticas del ámbito, evitar conflictos de direccionamiento IP mediante reconciliación, desactivar, actualizar y eliminar el ámbito) a partir de las opciones del menú emergente de la Figura 6-24. La opción *Propiedades* del ámbito permite nombrarlo, direccionarlo y limitarlo a través de la ficha *General* (Figura 6-25), realizar integración entre DCHP y DNS mediante la ficha DNS (Figura 6-26), opciones de protección de acceso a redes mediante la ficha del mismo nombre (Figura 6-27) y opciones avanzadas mediante la ficha *Opciones avanzadas* (Figura 6-28).

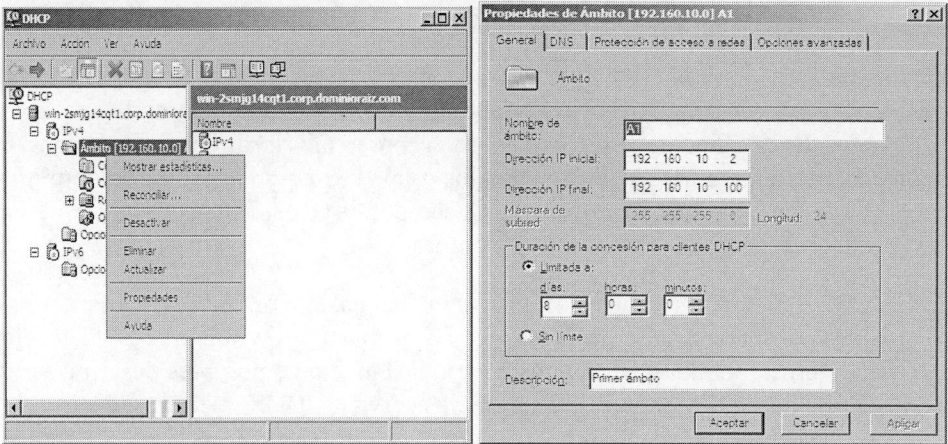

Figura 6-24   Figura 6-25

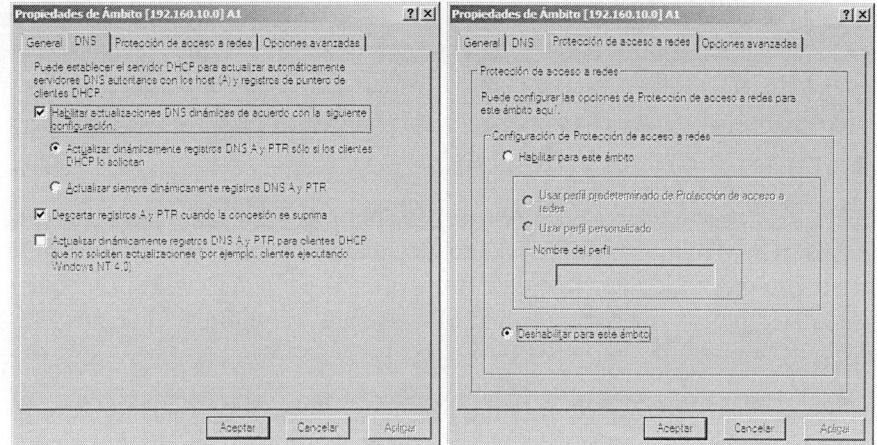

Figura 6-26   Figura 6-27

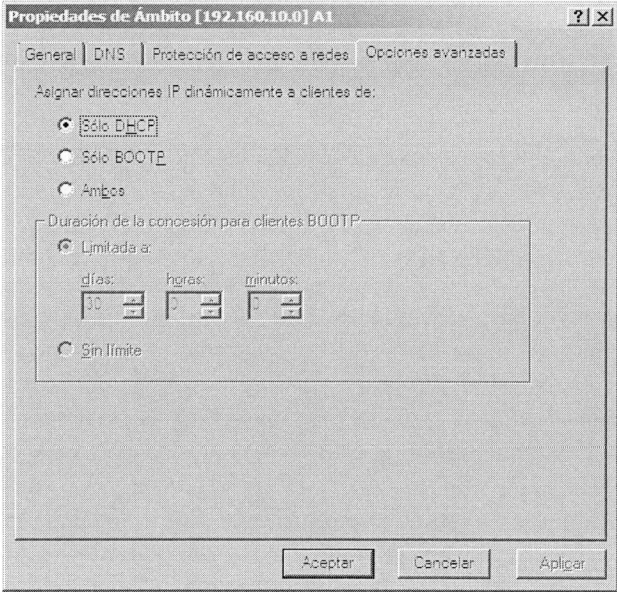

Figura 6-28

6.2.7. Sistema de nombres de dominio (DNS)

El Sistema de nombres de dominio (DNS) es el protocolo de resolución de nombres para redes TCP/IP, como internet. Los servidores DNS hospedan la información que habilita los equipos cliente para resolver nombres DNS alfanuméricos fáciles de recordar en las direcciones IP que usan los equipos para comunicarse entre ellos. DNS organiza los grupos de equipos dentro de dominios. Estos dominios se organizan siguiendo una jerarquía que puede definirse para redes públicas de internet o bien para redes privadas empresariales (intranets y extranets).

El sistema de nombres de dominio (DNS) es un sistema para asignar nombres a equipos y servicios de red que se organiza en una jerarquía de dominios. La asignación de nombres DNS se emplea en redes TCP/IP, como internet, para buscar equipos y servicios mediante nombres descriptivos. Cuando un usuario escribe un nombre DNS en una aplicación, los servicios DNS pueden traducir el nombre a otra información que está asociada a dicho nombre, como una dirección IP.

La función de servidor DNS en Windows Server combina la compatibilidad de protocolos DNS estándar con las ventajas de la integración con los Servicios de dominio de Active Directory (AD DS) y otras características de seguridad de red de Windows, entre las que se incluyen capacidades avanzadas como la actualización dinámica segura de registros de recursos DNS.

6.2.8. Instalación de un servidor DNS

La instalación de un servidor de Sistema de nombres de dominio (DNS) implica agregar la función del servidor DNS a un servidor Windows Server existente. Además, puede instalar la función de servidor DNS cuando instale la función Servicios de dominio de Active Directory (AD DS). Éste es el método preferido para instalar la función de servidor DNS si desea integrar el espacio de nombres de dominio DNS con el espacio de nombres de dominio de AD DS.

Para *instalar un servidor DNS*, abra el Administrador del servidor haciendo clic en *Inicio* y, a continuación, en *Administrador del servidor*. En el panel de resultados, en *Resumen de funciones*, haga clic en *Agregar funciones*. En el *Asistente para agregar funciones*, si aparece la página *Antes de comenzar*, pulse en *Siguiente*. En la lista *Funciones*, presione en *Servidor DNS* y, luego, en *Siguiente*. Lea la información de la página *Servidor DNS* y, más tarde, haga clic en *Siguiente*. En la página *Confirmar opciones de instalación*, compruebe que la función *Servidor DNS* será instalada y, por último, haga clic en *Instalar*.

Es recomendable configurar el equipo para que use una dirección IP estática. Si se configura el servidor DNS para que use direcciones dinámicas asignadas por DHCP, cuando el servidor DHCP asigne una nueva dirección IP al servidor DNS, los clientes DNS que estén configurados para usar la dirección IP anterior de ese servidor DNS no podrán resolver la dirección IP anterior ni encontrar el servidor DNS.

Después de instalar un servidor DNS, puede decidir cómo administrar ese servidor y sus zonas. Aunque puede usar un editor de texto para realizar cambios en los archivos de zona arranque del servidor, no se recomienda usar este método. El *Administrador de DNS*, al que se accede mediante *Inicio → Herramientas administrativas → DNS* (Figura 6-29) y la herramienta de línea de comandos DNS, *dnscmd*, simplifica el mantenimiento de estos archivos y deben usarse siempre que sea posible. Después de comenzar a usar el *Administrador de DNS* (Figura 6-30) o la línea de comandos para administrar estos archivos, no se recomienda editarlos de forma manual. Puede administrar zonas DNS que están integradas con AD DS únicamente con el Administrador de DNS o la herramienta de línea de comandos *dnscmd*. No es posible administrar estas zonas con un editor de texto.

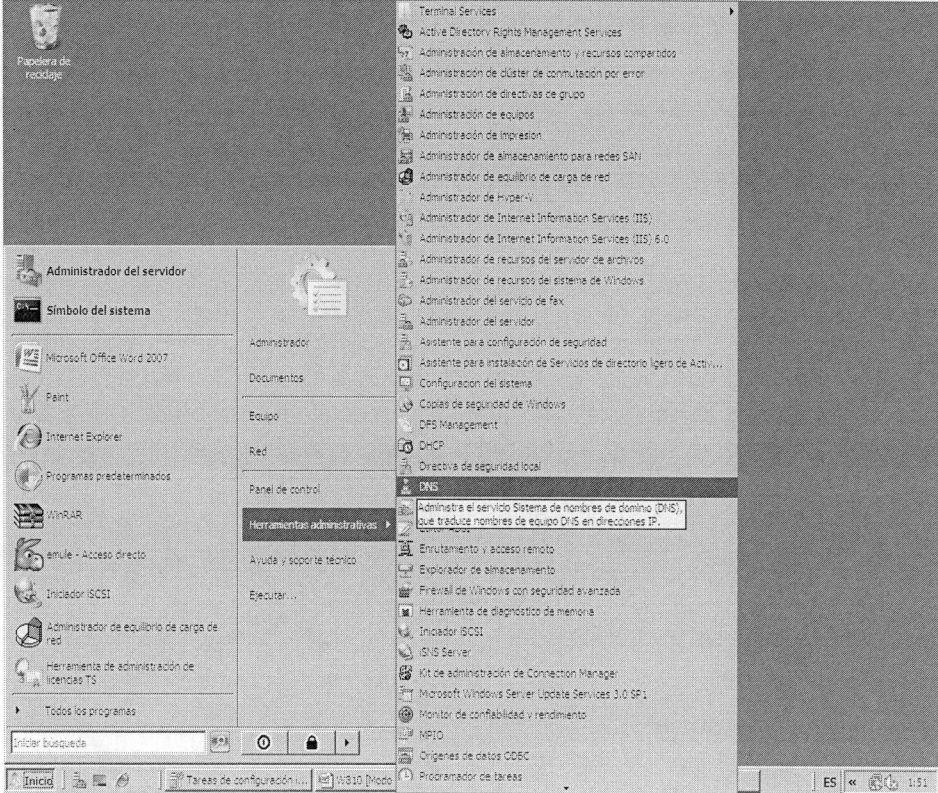

Figura 6-29

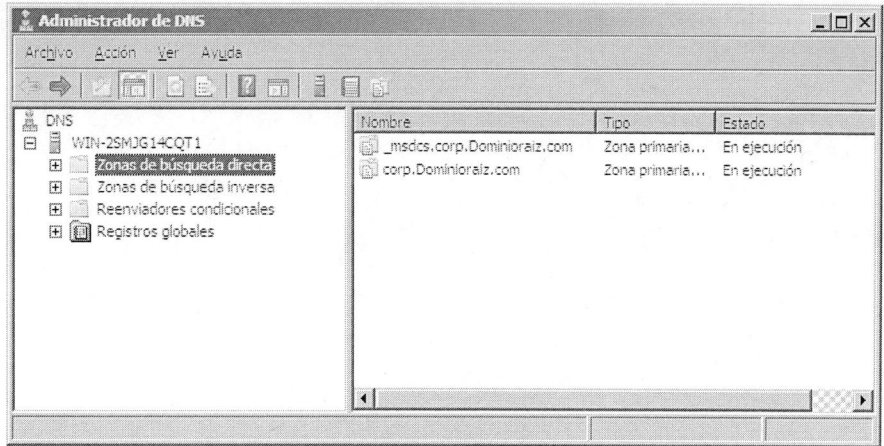

Figura 6-30

Si desinstala un servidor DNS que hospeda zonas integradas en AD DS, estas zonas se guardarán o eliminarán de acuerdo con su tipo de almacenamiento. Para todos los tipos de almacenamiento, los datos de la zona se almacenan en otros controladores de dominio o servidores DNS. Los datos de la zona no se eliminan a menos que el servidor DNS que desinstale sea el último servidor DNS que hospeda esa zona. Si desinstala un servidor DNS que hospeda zonas DNS estándar, los archivos de zona permanecerán en el directorio *%systemroot%\system32\Dns*, pero no se volverán a cargar si se vuelve a instalar el servidor DNS. Si crea una nueva zona con el mismo nombre que la zona antigua, el archivo de la zona antigua se reemplazará con el archivo de la zona nueva.

6.2.9. Configuración y administración de servidores DNS

Cuando instala los Servicios de dominio de Active Directory (AD DS) con el Asistente para la instalación de los Servicios de dominio de Active Directory, el asistente ofrece la opción de instalar y configurar automáticamente un servidor DNS. La zona DNS resultante se integra con el dominio AD DS que está controlado por el servidor AD DS. Para instalar AD DS en este equipo, use el Administrador del servidor.

Este método sólo se aplica a equipos servidores que se usan como controladores de dominio. Si los servidores miembro (servidores que no se usan como controladores de dominio) se usan como servidores DNS, no se integrarán con AD DS. Si elige la opción del asistente de instalar y configurar automáticamente un servidor DNS local, el servidor DNS se instalará en el equipo en el que se ejecuta el asistente y la configuración de servidor DNS preferido del equipo se configura para usar el nuevo servidor DNS local. Configure el resto de los equipos que se unirán a este dominio para usar esta dirección IP del servidor DNS como su servidor DNS preferido.

Cuando no hay un nuevo servidor de Sistema de nombres de dominio (DNS) instalado en un controlador de dominio, para configurarlo debe crear una zona de búsqueda directa e inversa (opcional), determinar si el servidor permitirá actualizaciones dinámicas y si se permiten actualizaciones no seguras y determinar si las consultas se reenviarán y a qué servidores.

Para *configurar un servidor DNS nuevo* mediante la interfaz de Windows, abra el Administrador de DNS mediante *Inicio → Herramientas administrativas → DNS* (Figura 6-29). Si es necesario, agregue el servidor correspondiente al complemento y, a continuación, establezca la conexión con él. En el árbol de consola, pulse con el botón derecho del ratón en el servidor DNS correspondiente (ruta *DNS/servidor DNS*). En el menú emergente resultante (o en el menú *Acción*), presione en *Configurar un servidor DNS* (Figura 6-31). Siga las instrucciones del *Asistente para configurar un servidor DNS* (Figura 6-32).

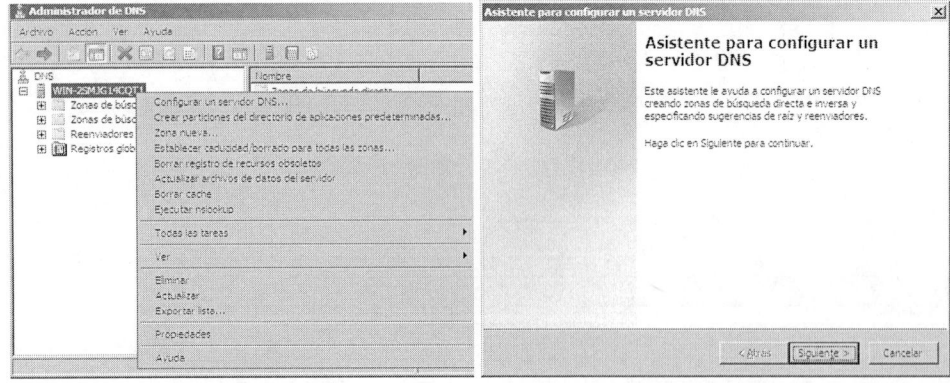

Figura 6-31   Figura 6-32

La pantalla *Selección de una acción de configuración* (Figura 6-33) permite elegir los tipos de zona de búsqueda apropiados para el tamaño de la red y los administradores avanzados pueden configurar sugerencias de raíz. La pantalla *Ubicación del servidor principal* (Figura 6-34) permite elegir dónde se mantienen los datos DNS para los recursos de red. La pantalla *Nombre de zona* (Figura 6-35) permite elegir nombre para la zona actual. La pantalla *Actualización dinámica* (Figura 6-36) permite especificar si esta zona DNS admitirá actualizaciones seguras, no seguras o no dinámicas. La pantalla *Reenviadores* (Figura 6-37) permite definir servidores DNS a los que este servidor envíe las consultas que no puede resolver. Por último, se obtiene la pantalla de finalización del asistente (Figura 6-38) que muestra la configuración elegida. Al pulsar en *Finalizar*, se habrá realizado ya la configuración de un servidor DNS nuevo.

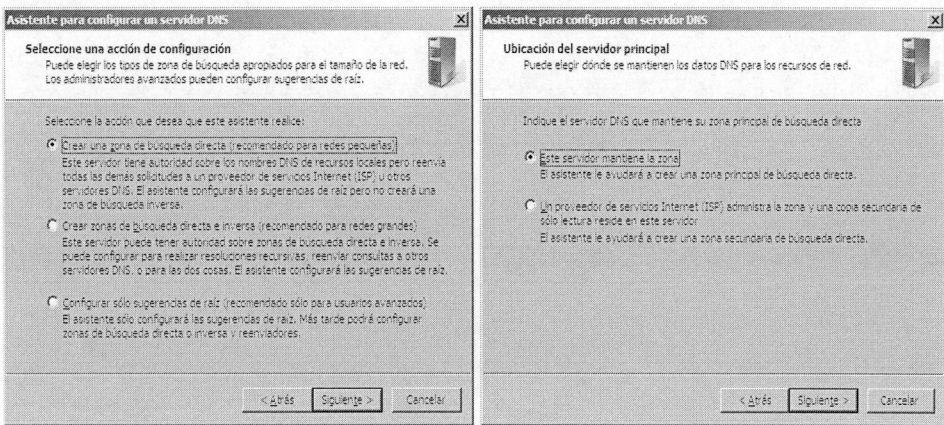

Figura 6-33   Figura 6-34

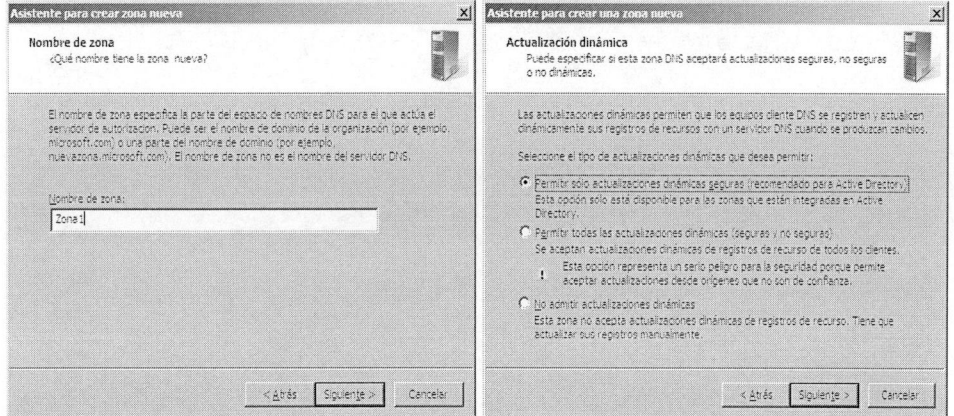

Figura 6-35   Figura 6-36

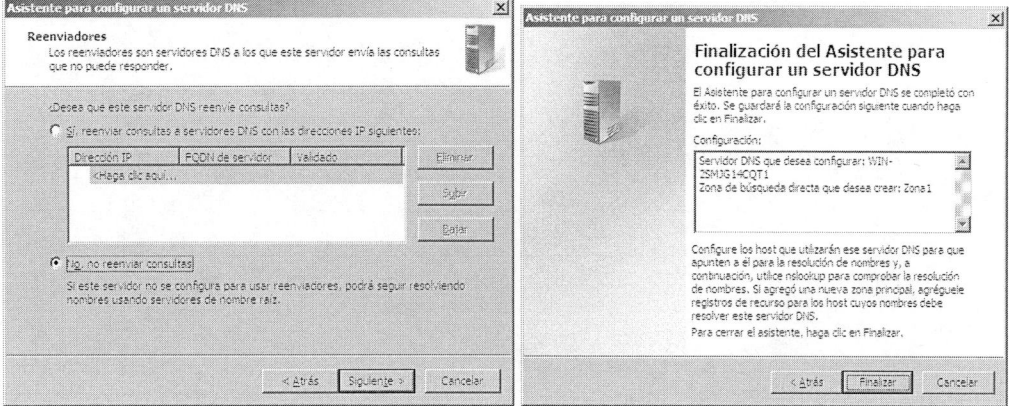

Figura 6-37   Figura 6-38

Las opciones del menú emergente de la Figura 6-31 permiten *Crear particiones de directorio de aplicaciones determinadas* para almacenar los datos de zona DNS y replicar estos datos en todos los servidores DNS que sean controladores de dominio, *Crear una zona nueva* para el servidor DNS para traducir nombres DNS en datos relacionados tales como direcciones IP o servicios de red mediante el *Asistente para crear zona nueva* (Figuras 10-39 a 10-45), *Establecer caducidad/borrado para todas las zonas* (Figura 6-46), *Borrar registro de recursos obsoletos* mediante compactación de todos los registros de recursos en el servidor, *Actualizar archivos de datos del servidor*, *Borrar caché*, ejecutar el comando *nslookup* en la línea de comandos (Figura 6-47), iniciar, detener, pausar, reiniciar y reanudar el servidor DNS (Figura 6-48), *Eliminar* y *Actualizar* el servidor DNS.

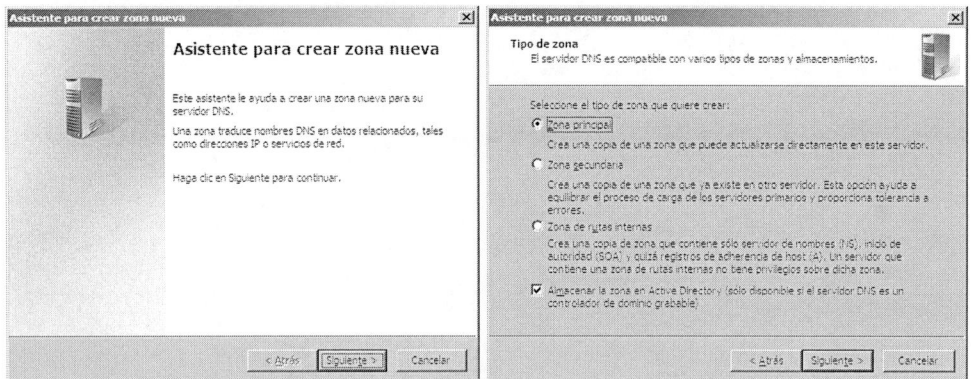

Figura 6-39   Figura 6-40

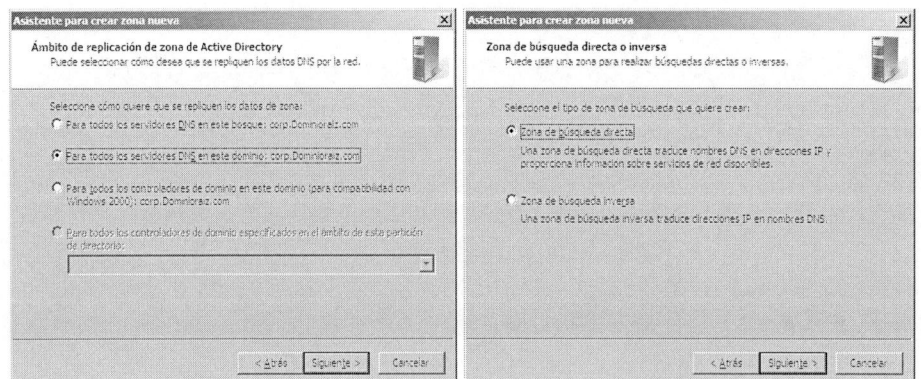

Figura 6-41   Figura 6-42

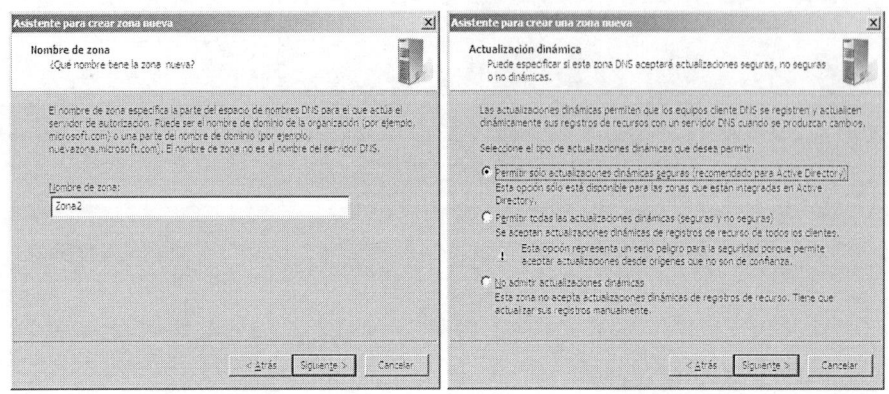

Figura 6-43   Figura 6-44

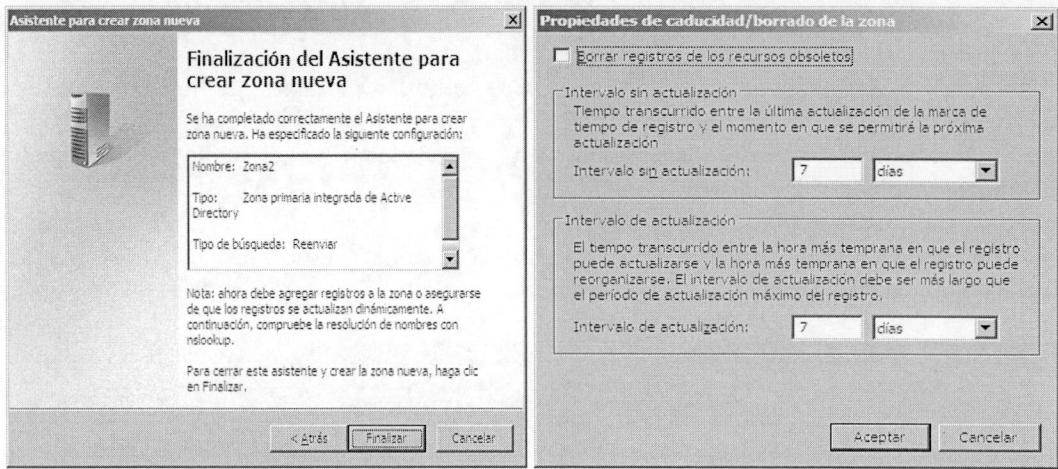

Figura 6-45   Figura 6-46

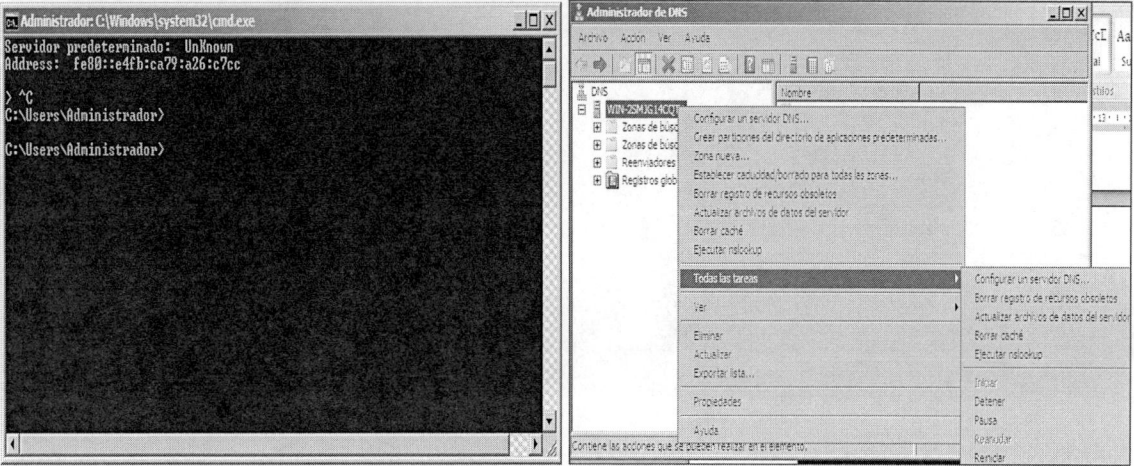

Figura 6-47   Figura 6-48

La opción *Propiedades* de la Figura 6-31 nos lleva a la pantalla *Propiedades del servidor DNS* que muestra varias fichas para la configuración de las citadas propiedades.

La ficha *Interfaces* (Figura 6-49) permite seleccionar la dirección IP que dará servicio a las consultas DNS. El servidor puede estar atento a las consultas DNS en todas las direcciones IP definidas para este equipo o puede limitarse a las direcciones IP seleccionadas.

La ficha *Reenviadores* (Figura 6-50) muestra los servidores DNS que puede utilizar este servidor para resolver consultas DNS para registros que no puede resolver el servidor.

La ficha *Avanzadas* (Figura 6-51) permite configurar varias opciones del servidor DNS como deshabilitar recursividad y reenviadores, habilitar la función *Round Robin*, habilitar orden de máscara de red, habilitar caché contra corrupción, etc.

La ficha *Sugerencias de raíz* (Figura 6-52) permite agregar, modificar, quitar y copiar desde servidor las sugerencias de raíz que resuelven consultas de zonas que no existen en el servidor DNS local (sólo se usan si los reenviadores no están configurados o no responden).

La ficha *Depurar registro* (Figura 6-53) permite crear un archivo de registro de paquetes enviados y recibidos por el servidor DNS ayudando a la depuración.

La ficha *Registro de sucesos* (Figura 6-54) permite registrar los sucesos seleccionados en ella.

La ficha *Supervisión* (Figura 6-55) permite comprobar la configuración del servidor pudiendo efectuar pruebas manuales o automáticas.

La ficha *Seguridad* (Figura 6-56) permite especificar permisos especiales y configuraciones de seguridad para grupos o usuarios.

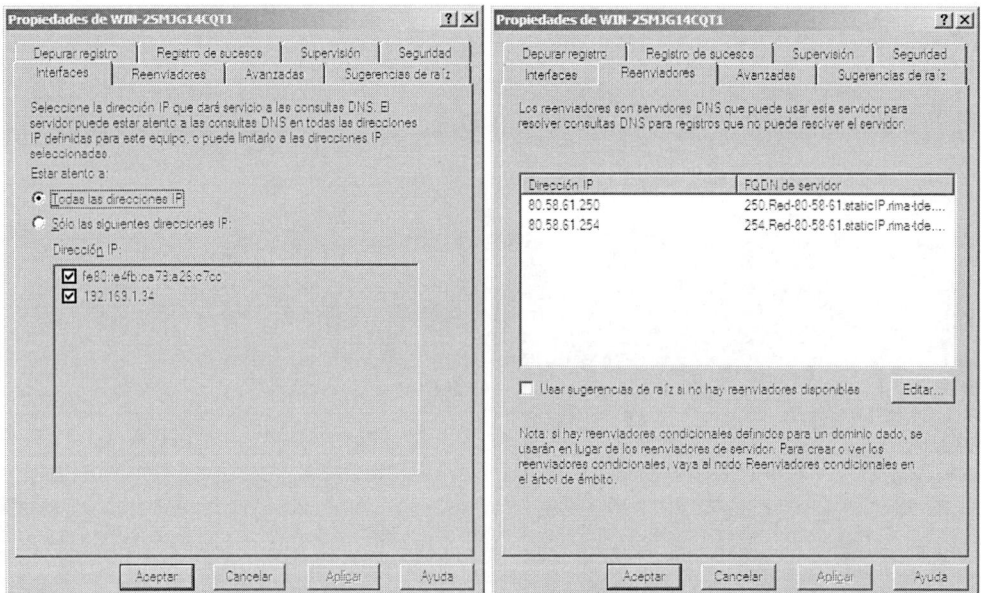

Figura 6-49   Figura 6-50

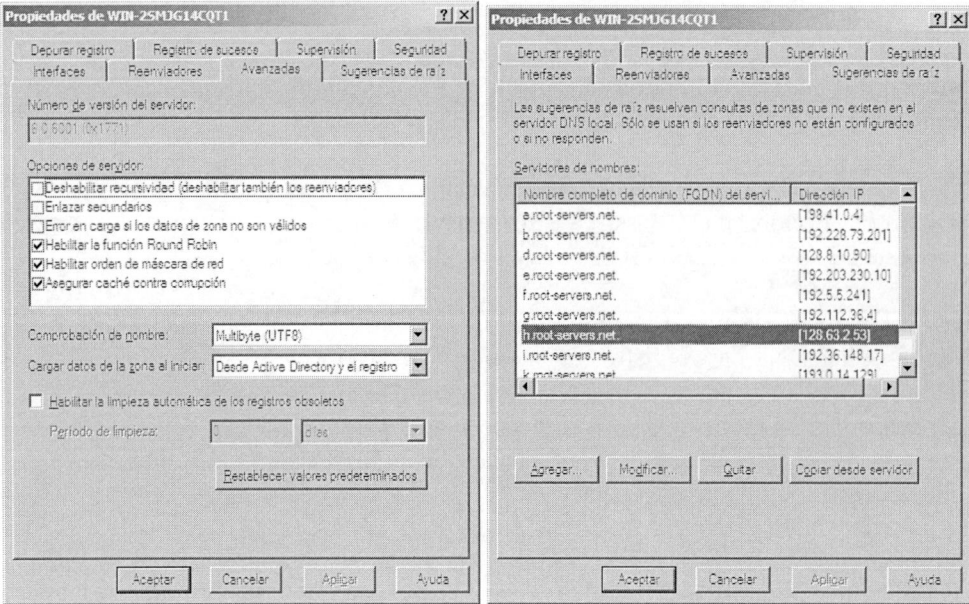

Figura 6-51   Figura 6-52

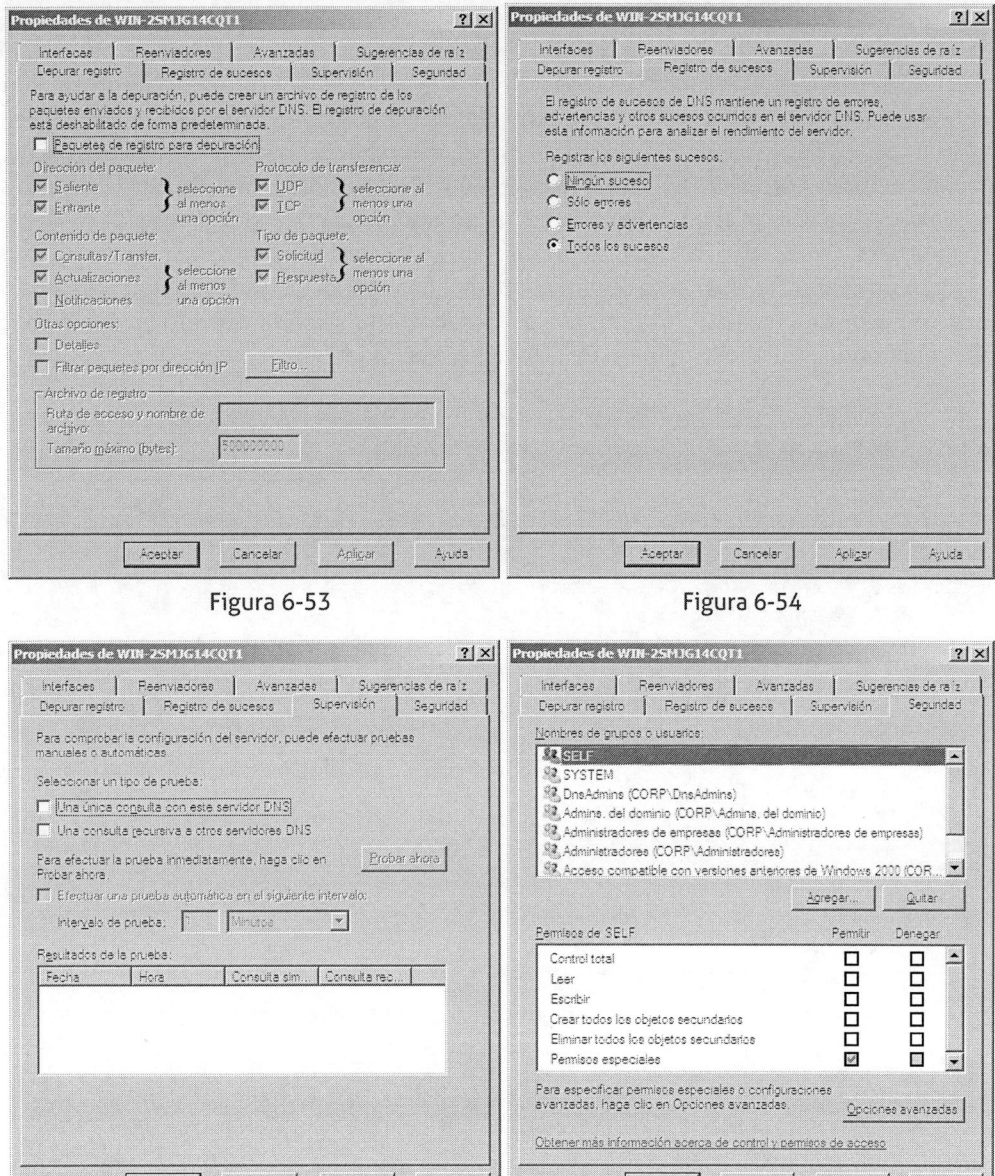

Figura 6-53   Figura 6-54

Figura 6-55   Figura 6-56

6.3. CONFIGURACIÓN DE RECURSOS COMPARTIDOS EN RED

6.3.1. Administración de conexiones de red en Windows Server

La carpeta *Conexiones de red* almacena todas las conexiones de red. Una conexión de red es un conjunto de información que permite al equipo conectarse a internet, una red u otro equipo. Cuando se instala un adaptador de red en el equipo, Windows crea una conexión para ese adaptador en la carpeta *Conexiones de red*. Se crea una conexión de área local para un adaptador de red Ethernet. Se crea una conexión de red inalámbrica para un adaptador de red inalámbrica. Una vez que tiene una conexión de red, se puede configurar una red, una conexión a internet o una conexión de red privada virtual (VPN).

Se accede a la carpeta *Conexiones de red* mediante *Inicio → Red → Centro de redes y recursos compartidos → Administrar conexiones de red*. Al hacer clic con el botón derecho del ratón en una conexión se obtiene el menú emergente de la Figura 6-57, que permite la administración de la conexión. La opción *Desactivar* permite el desactivado de la conexión. La opción *Estado* permite ver la duración de la conexión, la velocidad y la cantidad de datos que se han transmitido y recibido en la pantalla *Estado de conexión de área local* (Figura 6-58) cuyo botón *Propiedades* da acceso a la pantalla *Propiedades de conexión de área local* de la Figura 6-59 (que como ya hemos visto posibilita la configuración de la red), cuyo botón *Deshabilitar* permite deshabilitar la conexión y cuyo botón *Diagnosticar* permite utilizar las herramientas de diagnóstico disponibles (equivale a la opción *Diagnosticar* del menú emergente de la Figura 6-57). La opción *Eliminar* permite borrar la conexión y la opción *Cambiar nombre* permite renombrar la conexión.

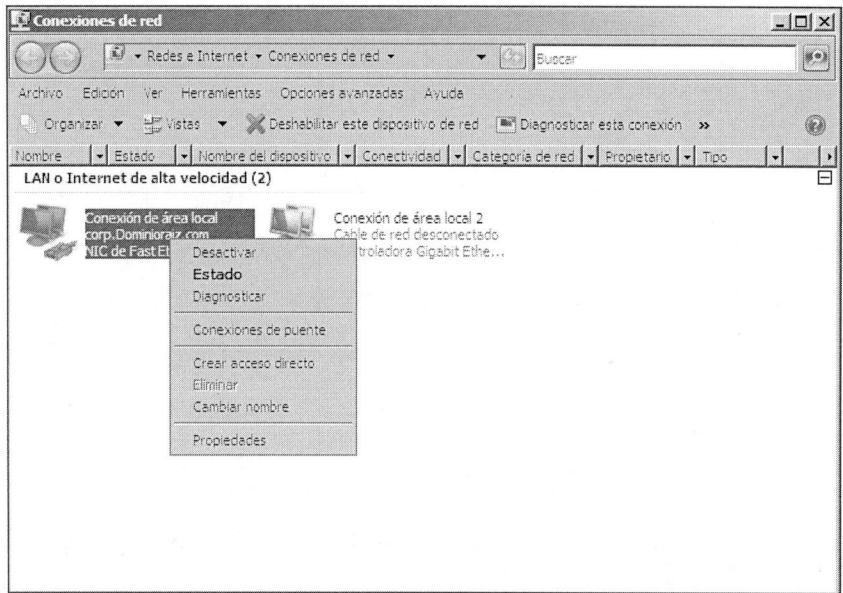

Figura 6-57

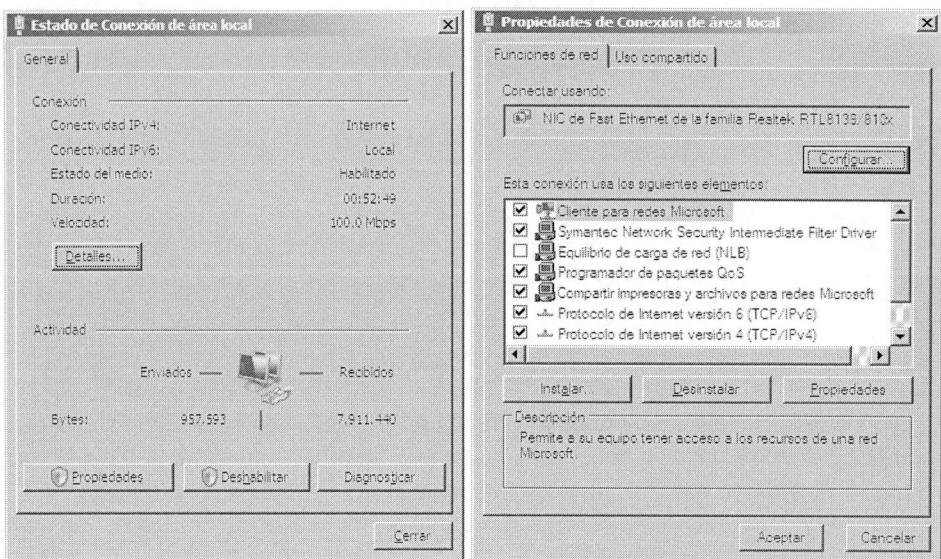

Figura 6-58   Figura 6-59

6.3.2. Conexión compartida a internet (ICS)

Para compartir una conexión a internet entre varios equipos se puede utilizar *Conexión Compartida a Internet* (ICS) o un enrutador. Para utilizar ICS, se necesita en primer lugar un equipo denominado host que esté conectado a internet y que tenga una conexión independiente con el resto de los equipos de la red. A continuación, se debe habilitar ICS en la conexión a internet. El resto de los equipos de la red se conectarán al equipo host y, desde allí, a internet mediante la conexión compartida a internet del equipo host. La Figura 6-60 muestra una red que usa ICS.

Para habilitar ICS en el equipo host, abra *Conexiones de red* (*Inicio → Red → Centro de redes y recursos compartidos → Administrar conexiones de red*), haga clic con el botón secundario del ratón en la conexión que desee compartir y, a continuación, haga clic en *Propiedades* en el menú emergente resultante (Figura 6-57). Si se le solicita una contraseña de administrador o una confirmación, escriba la contraseña o proporcione la confirmación. Haga clic en la ficha *Compartir* (Figura 6-61) y, a continuación, active la casilla *Permitir a usuarios de otras redes conectarse a través de la conexión a internet de este equipo*. La ficha *Compartir* no estará disponible si solamente tiene una conexión de red. Si lo desea, también puede activar la casilla *Permitir a usuarios de otras redes controlar o deshabilitar la conexión compartida a internet*. También existe la opción de permitir a usuarios de otras redes que usen los servicios que se ejecutan en su red. A tal efecto, haga clic en *Configuración* y seleccione los servicios que quiera permitir (Figura 6-62). Cuando habilita ICS, su conexión de red de área local (LAN) recibe una dirección IP estática y una configuración nuevas, por lo que deberá restablecer todas las conexiones TCP/IP entre el equipo host y el resto de equipos de la red. Para probar la conexión a internet y la red, compruebe si puede compartir archivos entre los equipos y asegúrese de que cada equipo puede obtener acceso a un sitio web.

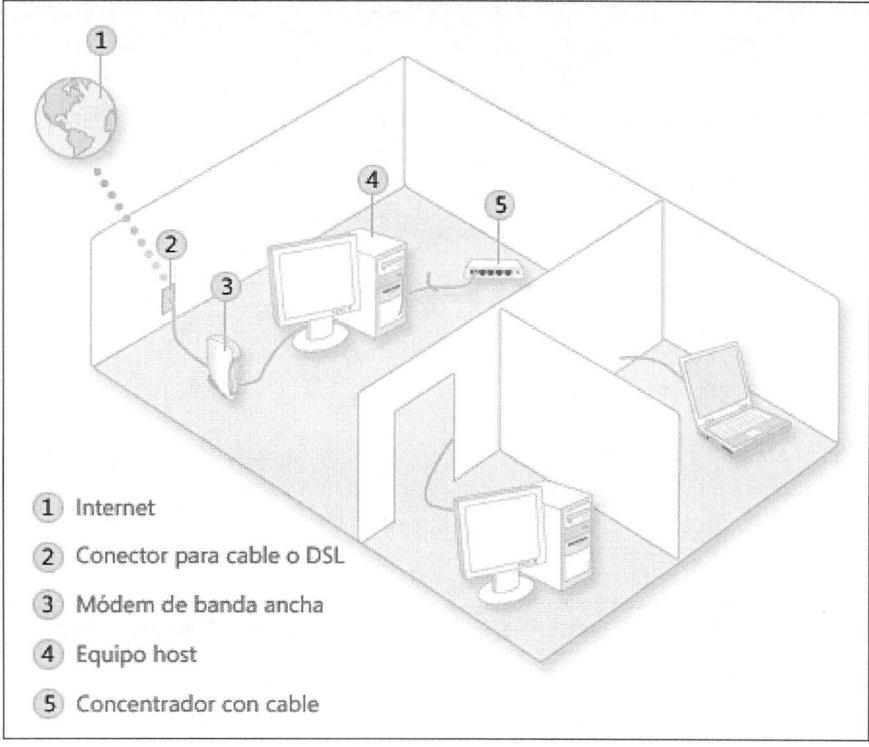

1. Internet
2. Conector para cable o DSL
3. Módem de banda ancha
4. Equipo host
5. Concentrador con cable

Figura 6-60

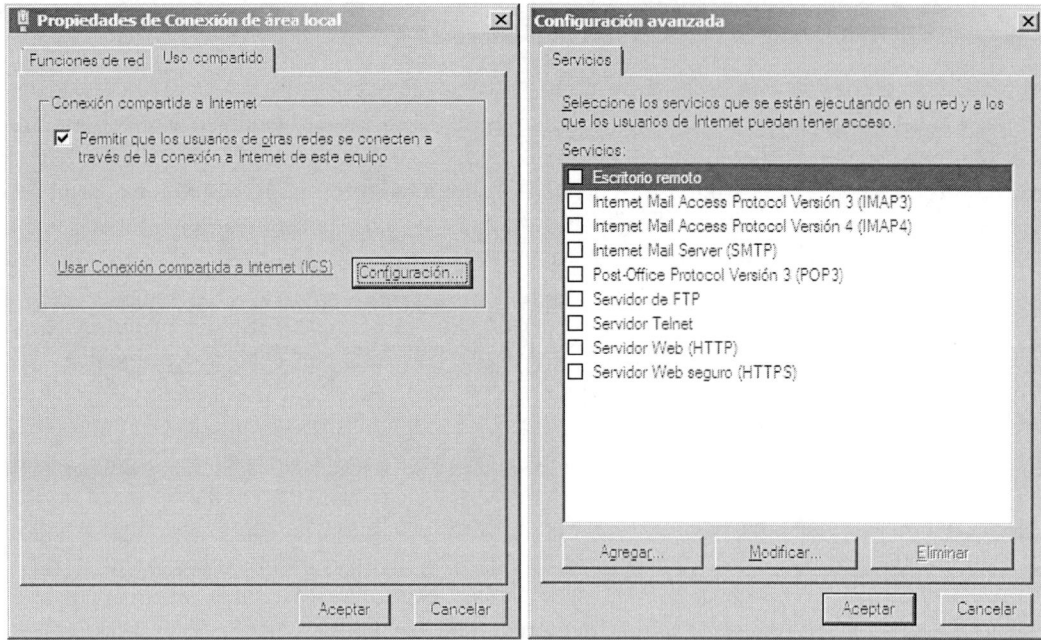

Figura 6-61   Figura 6-62

Para usar ICS, asegúrese de que la conexión de red de área local (LAN) de cada equipo de la red esté configurada para obtener automáticamente una dirección IP. Para ello, abra *Conexiones de red*, haga clic con el botón secundario del ratón en la conexión LAN y, a continuación, haga clic en *Propiedades*. Si se le solicita una contraseña de administrador o una confirmación, escriba la contraseña o proporcione la confirmación. Haga clic en *Protocolo de internet versión 4 (TCP/IPv4)* o *Protocolo de internet versión 6 (TCP/IPv6)* y después haga clic en *Propiedades*. Haga clic en *Obtener una dirección IP automáticamente* o en *Obtener una dirección IPv6 automáticamente*.

Las opciones de internet de los equipos de red también deberían configurarse para ICS. No use ICS en una red con controladores de dominio, servidores DNS, puertas de enlace o servidores DHCP. Y tampoco use ICS en sistemas configurados para direcciones IP estáticas.

Si crea una conexión de red virtual privada (VPN) en el equipo host con una red corporativa y habilita ICS en esa conexión, todo el tráfico de internet se redirigirá a la red corporativa y todos los equipos de su red doméstica podrán obtener acceso a la red corporativa. Si no habilita ICS en la conexión VPN, los demás equipos no tendrán acceso a internet ni a la red corporativa mientras la conexión VPN esté activa en el equipo host.

Si comparte la conexión a internet en una red ad hoc, se deshabilitará la conexión ICS si se desconecta de la red ad hoc o si crea una nueva red ad hoc sin desconectarse de la antigua para la que había habilitado ICS o si cierra la sesión y a continuación vuelve a iniciarla (sin desconectarse de la red ad hoc).

6.3.3. Uso compartido de una conexión a internet entre varios equipos

Una sola conexión a internet compartida entre todos los equipos de una red doméstica permite ahorrar tiempo, ya que sólo hay que configurar una conexión. También ahorra dinero, porque no es preciso comprar una cuenta de internet para cada equipo.

Como ya hemos dicho anteriormente, hay dos formas de configurar una conexión compartida a internet: por medio de un enrutador o mediante *Conexión compartida a Internet* (ICS) tal y como ya hemos visto

Utilizando un enrutador cada equipo se conecta al enrutador (también denominado dispositivo de puerta de enlace a internet). El enrutador, que puede ser inalámbrico o con cable, se conecta a un módem de banda ancha (DSL o cable) y éste se conecta a internet (Figura 6-63). Asegúrese de que el enrutador tenga un firewall integrado. Un firewall puede ayudar a detener las conexiones no deseadas a su red desde internet.

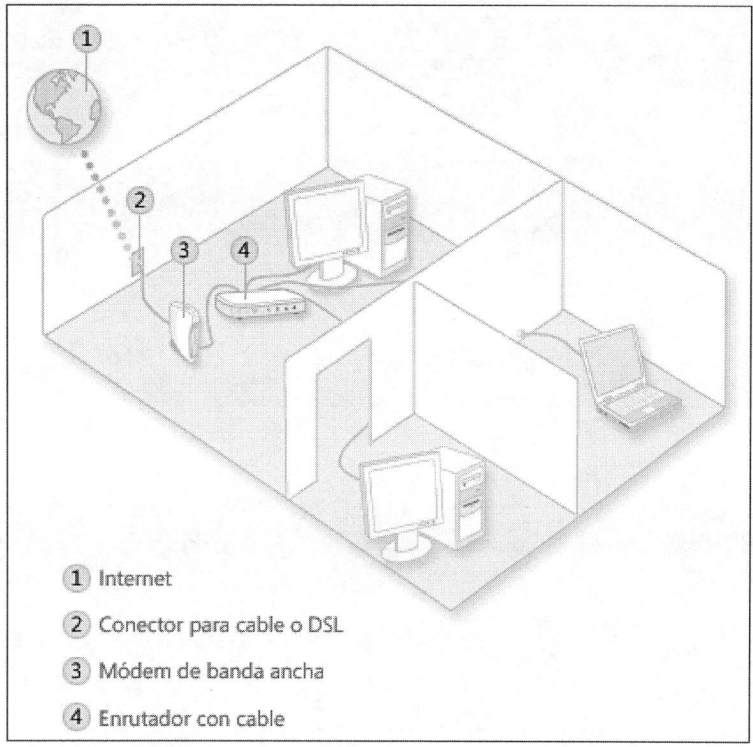

1 Internet

2 Conector para cable o DSL

3 Módem de banda ancha

4 Enrutador con cable

Figura 6-63

Si previamente habilitó *Conexión compartida a internet* (ICS) y decide usar un enrutador en lugar de ICS para compartir una conexión a internet entre dos o más equipos, deberá deshabilitar ICS. Para ello, abra *Conexiones de red*, haga clic con el botón secundario en la conexión compartida y después en *Propiedades*. Pulse en la ficha *Compartir*, desactive la casilla *Permitir a usuarios de otras redes conectarse a través de la conexión a internet de este equipo* en la Figura 6-61 y, después, haga clic en *Aceptar*.

6.3.4. Configurar una red de equipo a equipo (ad hoc)

Una red ad hoc es una conexión temporal entre equipos y dispositivos usada para un fin específico como, por ejemplo, compartir documentos durante una reunión o participar en juegos informáticos de varios jugadores. También puede usar una red ad hoc para compartir temporalmente una conexión a internet. Las redes ad hoc sólo pueden ser inalámbricas, de modo que deberá tener un adaptador de red inalámbrica instalado en el equipo para configurar una red ad hoc o para unirse a ella.

Para configurar una red de equipo a equipo, haga clic en *Inicio → Red → Centro de redes y recursos compartidos* y, a continuación, haga clic en *Conectarse a una red* (Figura 6-64) y se obtiene la Figura 6-65. Haga clic en *Configurar una conexión o red*. Por último, haga clic en *Configurar una red ad hoc (de equipo a equipo)*, pulse en *Siguiente* y siga los pasos del asistente (Figura 6-66).

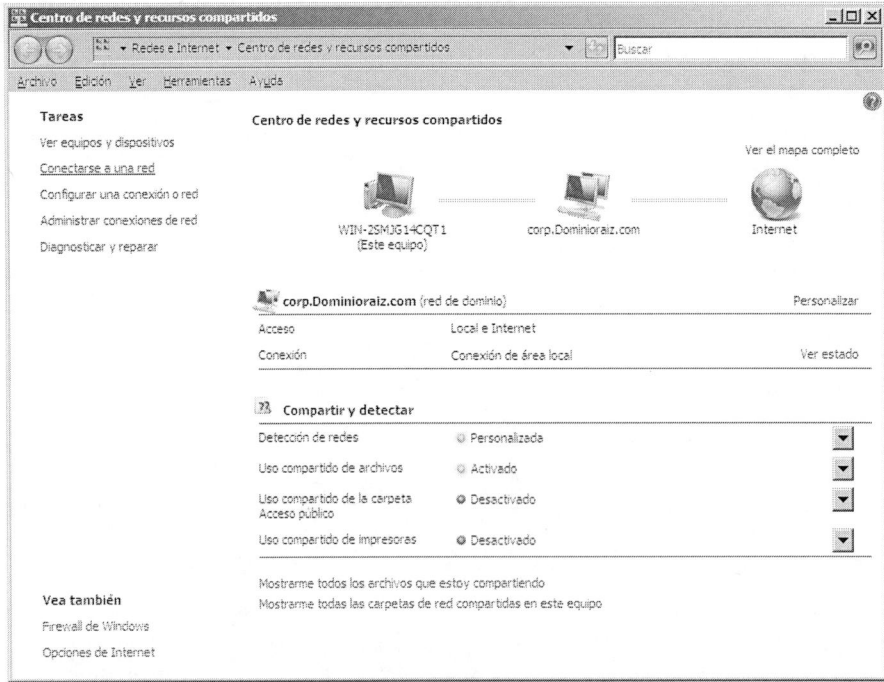

Figura 6-64

Figura 6-65

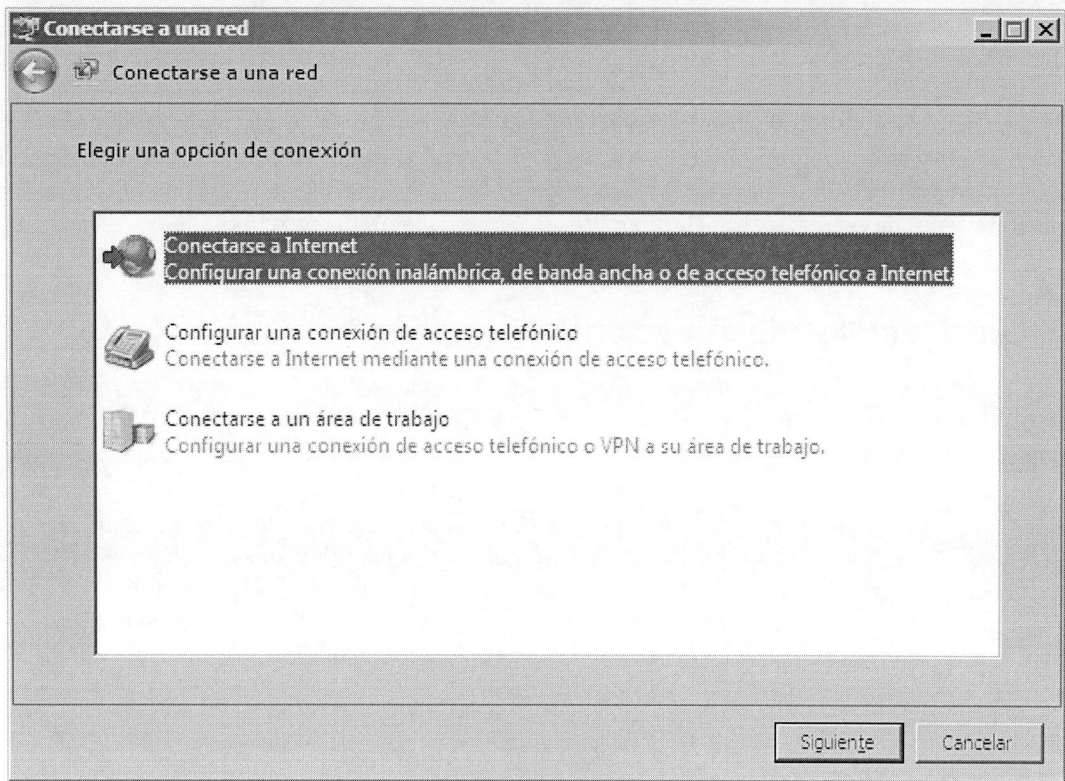

Figura 6-66

Si uno o más equipos en red se unen a un dominio, es necesario tener una cuenta del usuario en ese equipo para ver y obtener acceso a los elementos compartidos que contiene.

Una red ad hoc se elimina automáticamente después de que todos los usuarios se desconecten de la red o cuando la persona que la haya configurado se desconecte y salga del intervalo de los otros usuarios de la red, a menos que decida convertirla en una red permanente en el momento de crearla. Si comparte la conexión a internet, se deshabilitará la *Conexión compartida a internet* (ICS) si se desconecta de la red ad hoc, si se crea una red ad hoc sin desconectarse de la antigua red ad hoc para la que haya habilitado ICS o si cierra la sesión y, a continuación, vuelve a iniciarla (sin desconectarse de la red ad hoc).

Si configura una red ad hoc, compartirá la conexión a internet y, a continuación, alguien se conecta al mismo equipo con *Cambio rápido de usuario*, seguirá compartiéndose la conexión a internet, aunque no tuviese intención de compartirla con dicha persona.

6.3.5. Configuración de redes TCP/IP

Cuando un equipo dispone de una interfaz de red y está conectada, las conexiones de área local se crean automáticamente. Cuando el equipo tiene varios adaptadores de red conectados dispondrá de una conexión de área local para cada uno de ellos. Para poder comunicarse a través de TCP/IP, los equipos necesitan direcciones IP que deben configurarse. La configuración puede ser manual (direcciones IP estáticas), dinámica (direcciones IP dinámicas) o alternativa. En el caso de la configuración manual, las direcciones IP estáticas permanecen siempre fijas a menos que se cambien explícitamente. En el caso de la configuración dinámica, los servidores DHCP asignan direcciones IP dinámicas a los equipos cuando éstos se ponen en marcha, direcciones que pueden cambiar con el paso del tiempo. En el caso de la configuración alternativa (sólo IPv4), si un equipo está configurado para usar DHCPv4 pero no hay ningún servidor DHCP disponible, Windows Server le asigna una dirección privada alternativa automáticamente. También se puede especificar una dirección IPv4 alternativa configurada por el usuario (útil para los usuarios de equipos portátiles).

6.3.6. Configuración de direcciones IP estáticas

Para configurar una dirección IP estática, haga clic en *Inicio → Red*. Se obtiene la pantalla del *explorador de red* en la que puede ser necesario activar la detección de redes y recursos compartidos si no ha sido hecho previamente. En el explorador de red se observan los equipos y grupos de trabajo a que pertenecen. A continuación, hacemos clic en *Centro de redes y recursos compartidos* en la parte superior del explorador de red. Se obtiene la pantalla Centro de redes y recursos compartidos en la que se elige la opción *Administrar conexiones de red*. Se obtiene la pantalla *Conexiones de red* figura que presenta las conexiones existentes. Se hace clic con el botón derecho del ratón en la conexión con la que se quiere trabajar y en el menú emergente resultante se elige la opción *Propiedades*. Aparecerá el cuadro de diálogo *Propiedades de conexión de área local*. Haga doble clic sobre *Protocolo de internet versión 6 (TCP/IPv6)* o *Protocolo de internet versión 4 (TCP/IPv4)* según corresponda dependiendo del tipo de dirección IP que esté configurando.

Si se trata de una dirección IPv6, seleccione en la Figura 6-67 la opción *Utilizar la siguiente dirección IPv6* e introduzca dicha dirección en el cuadro de texto *Dirección IPv6*, dirección que no debe estar siendo utilizada en ningún otro lugar de la red. Pulse la tecla TAB y utilice el campo *Longitud del prefijo de subred* para garantizar que el equipo se comunica correctamente a través de la red. Windows Server insertará un valor predeterminado en este cuadro de texto, que debería bastar si la red no utiliza subredes de longitud variable. En caso contrario se modifica el valor hasta ajustarlo a las necesidades de la red.

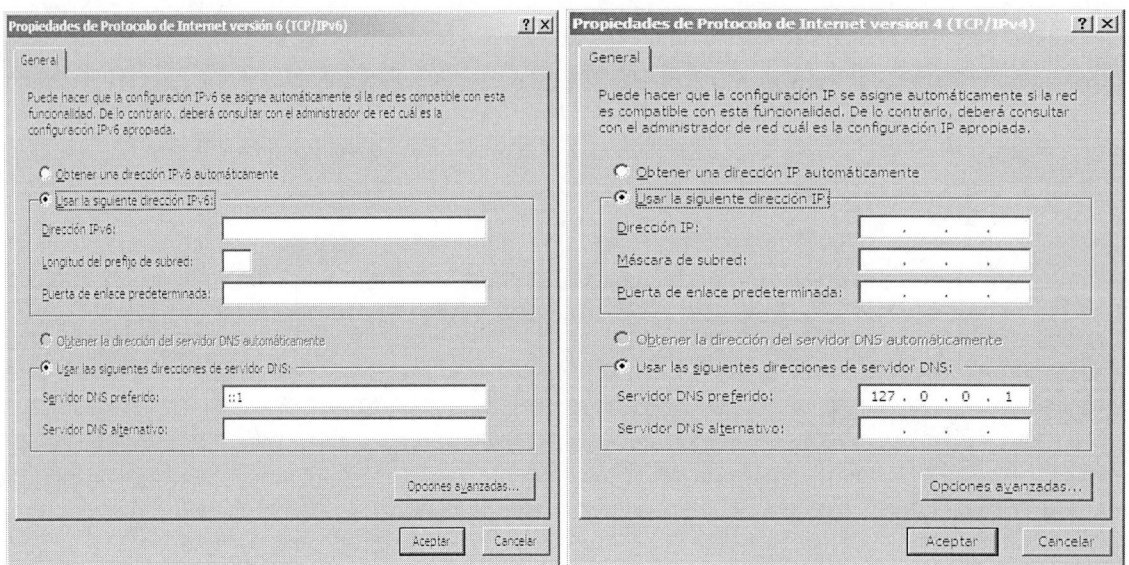

Figura 6-67   Figura 6-68

Si se trata de una dirección IPv4, seleccione en la Figura 6-68 la opción *Utilizar la siguiente dirección IP* e introduzca dicha dirección en el cuadro de texto *Dirección IP*, dirección que no debe estar siendo utilizada en ningún otro lugar de la red. Pulse la tecla TAB y utilice el campo *Máscara de subred* para garantizar que el equipo se comunica correctamente a través de la red. Windows Server insertará un valor predeterminado en este cuadro de texto, que debería bastar si la red no utiliza subredes de longitud variable. En caso contrario se modifica el valor hasta ajustarlo a las necesidades de la red.

Si el equipo necesita acceder a otras redes TCP/IP, a internet o a otras subredes indique la puerta de enlace predeterminada introduciendo la dirección IP del enrutador predeterminado de la red en el cuadro *Puerta de enlace predeterminada*. El apartado DNS se utiliza para la resolución de nombres de dominios. Se introducirán las direcciones de los servidores preferido y alternativo en los campos correspondientes. Se hace clic en *Aceptar* y, a continuación, en *Cerrar*. Se repite el proceso para todos los adaptadores de red que se tengan que configurar.

6.3.7. Configuración de direcciones IP dinámicas y alternativas

Al seleccionar *Obtener una dirección IPv6 automáticamente* en la Figura 6-8, se habilita la *configuración automática de IPv6*. Una conexión de red se asigna automáticamente una dirección local de vínculo y su puerta de enlace predeterminada puede asignar más direcciones a la propia conexión. La puerta de enlace predeterminada puede especificar que la conexión de red debe utilizar DHCPv6 para obtener más direcciones IPv6, pero no se requiere de forma predeterminada.

Cuando se selecciona *Usar la siguiente dirección IPv6*, la configuración automática de IPv6 sigue estando habilitada, pero se asignan direcciones IPv6 estáticas además de las direcciones IPv6 configuradas automáticamente.

Para *configurar IPv4 para direccionamiento dinámico* (predeterminado) haga clic en *Obtener una dirección IP automáticamente* en la Figura 6-9 y, a continuación, en *Aceptar*. Este procedimiento sólo es necesario si previamente se ha utilizado una configuración de IPv4 estática. De forma predeterminada, los equipos con sistemas operativos Windows intentan obtener la configuración de IPv4 de un servidor DHCP de la red.

Si utiliza direccionamiento dinámico IPv4 con equipos de sobremesa, deberá configurar una dirección alternativa automática haciendo clic en la ficha *Configuración alternativa* de Figura 6-70 resultante al hacer clic en *Obtener una dirección IP automáticamente* en la Figura 6-69 y, a continuación, seleccionando la opción *Dirección IP privada automática*. Finalmente se hace clic en *Aceptar* y *Cerrar*. Si utiliza direccionamiento dinámico IPv4 con equipos móviles, será conveniente configurar una dirección alternativa manual haciendo clic en la ficha *Configuración alternativa*, seleccionando la opción *Configurada por el usuario* e introduciendo la dirección IP a utilizar en el campo *Dirección IP*. Esta dirección IP debe ser privada y no deberá estar en uso donde se aplique la configuración. Cuando se utiliza direccionamiento dinámico IPv4 es necesario introducir la máscara de subred, la puerta de enlace predeterminada, los servicios DNS y la configuración de WINS para completar la configuración de dirección alternativa. Finalmente se hace clic en *Aceptar* y en *Cerrar*.

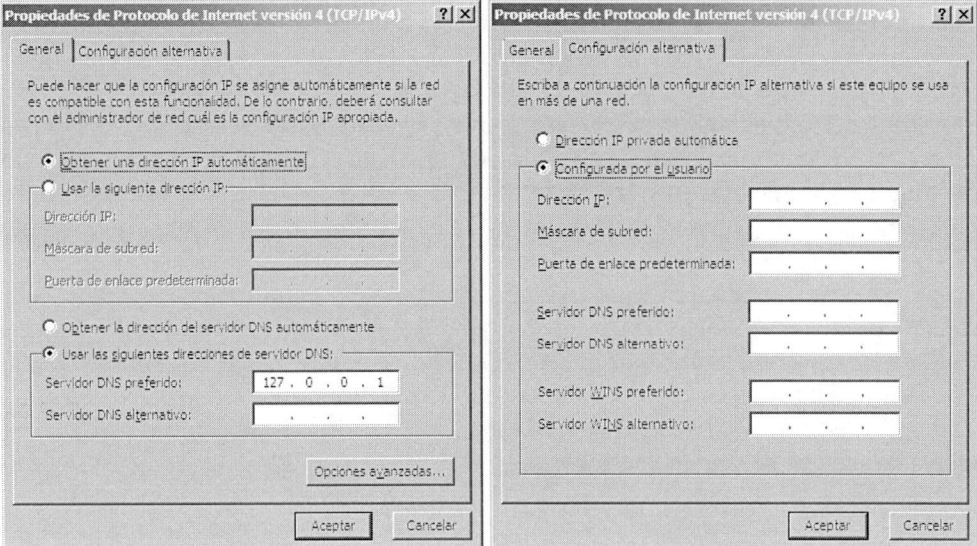

Figura 6-69   Figura 6-70

6.3.8. Configuración de varias puertas de enlace

Los equipos Windows Server se pueden configurar para que utilicen varias puertas de enlace disponiendo así de tolerancia a fallos cuando un enrutador deja de funcionar. Las puertas de enlace pueden configurarse a través de las opciones del servidor DCHP en caso de que éste se utilice. Pero se pueden configurar las puertas de enlace para asignar direcciones IP estáticas mediante *Inicio → Red → Centro de redes y recursos compartidos → Administrar conexiones de red*. A continuación, se hace clic con el botón derecho del ratón sobre la conexión con la que se quiere trabajar y se selecciona *Propiedades*. En la figura resultante se hace clic sobre *Protocolo de internet versión 6 (TCP/IPv6)* o *Protocolo de internet versión 4 (TCP/IPv4)* según corresponda dependiendo del tipo de dirección IP que esté configurando. Se obtienen las correspondientes pantallas. Si se hace clic en *Opciones avanzadas* en cualquiera de ellas, se obtendrán las Figuras 6-71 y 6-72, respectivamente.

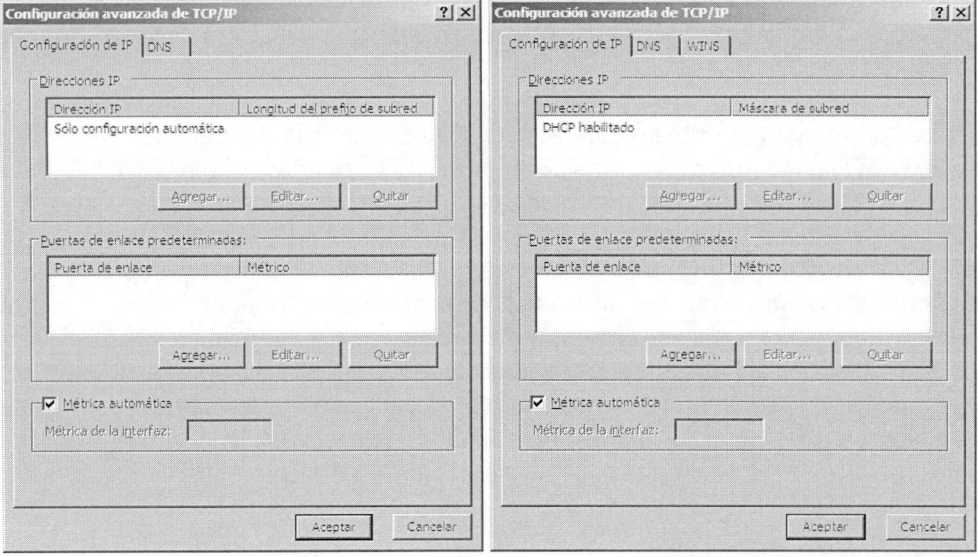

Figura 6-71   Figura 6-72

El apartado *Puertas de enlace predeterminadas* muestra las puertas de enlace configuradas manualmente si es que existen y pueden introducirse las puertas de enlace adicionales que se crea necesario. Para ello, se hace clic en *Agregar* y se introduce la dirección de la pasarela en el campo *Puerta de enlace*. Windows Server asigna por defecto automáticamente una métrica a la puerta de enlace, pero es posible asignar ese valor manualmente eliminando la marca de la casilla de verificación *Métrica automática* y proporcionando el valor deseado a medida. De esta forma pueden añadirse sucesivas puertas de enlace. Finalizado el proceso se hace clic en *Acepta*r y en *Cerrar*.

6.3.9. Configuración de redes a partir de la Consola de tareas de configuración inicial de Windows Server

Windows Server presenta la consola Tareas de configuración inicial (Figura 6-73) al concluir la instalación del sistema operativo.

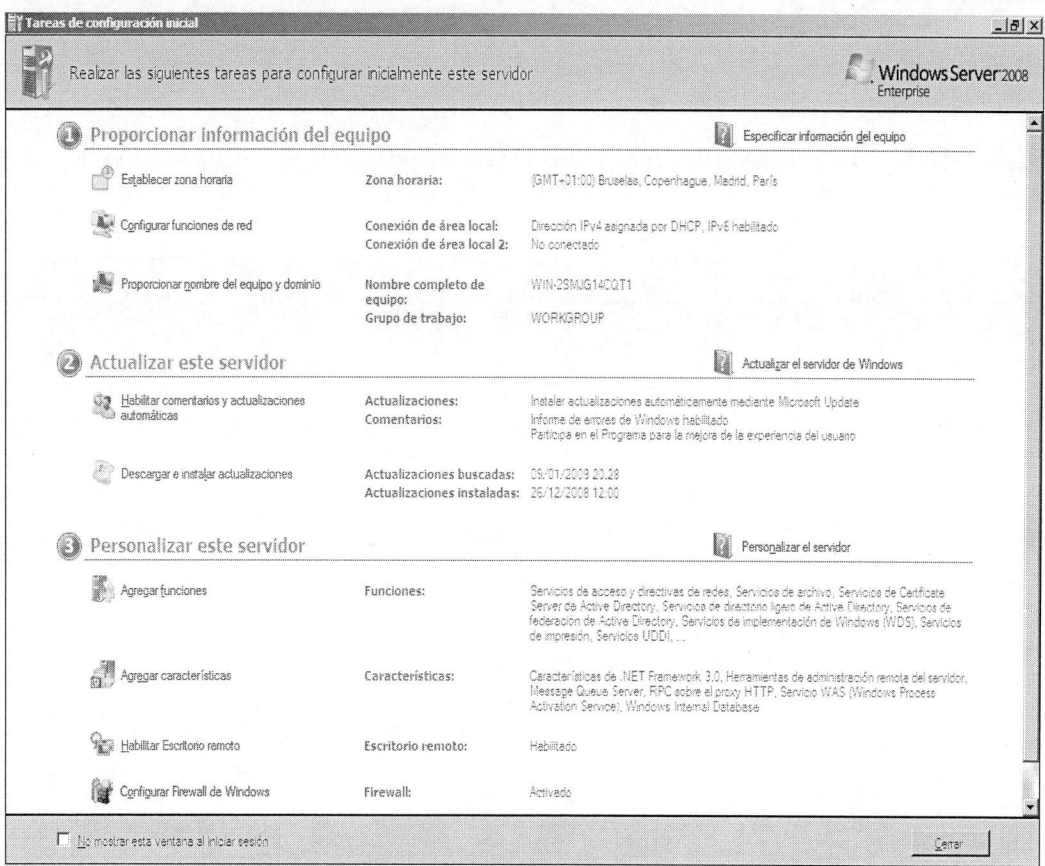

Figura 6-73

El primer apartado de la consola Tareas de configuración inicial se utiliza para proporcionar información al equipo y permite establecer zona horaria, configurar funciones de red y proporcionar nombre del equipo y dominio (Figura 6-74).

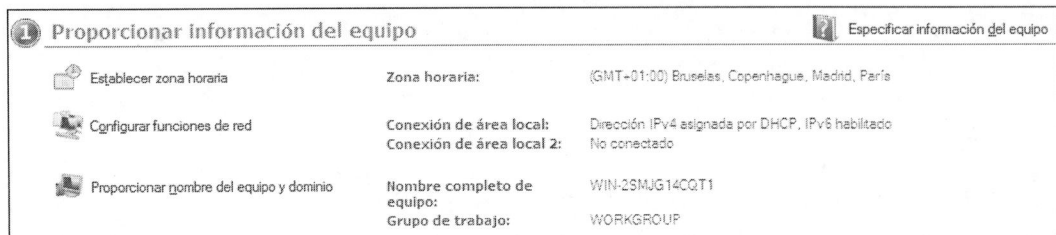

Figura 6-74

La opción *Configurar conexiones de red* de la Figura 3-74 nos lleva a la pantalla *Conexiones de red* (Figura 6-75) que presenta la conectividad entre el equipo e internet, una red u otro equipo a través de las conexiones de red. Las conexiones de red son muy recomendables para las tareas que generalmente realizan la mayoría de funciones de servidor que están disponibles para la instalación en el servidor Windows Server. Para configurar una conexión de red, selecciónela en la pantalla *Conexiones de red*. Si desea editar la configuración de una conexión de red existente, haga clic con el botón secundario en la conexión y en el menú emergente resultante (Figura 6-76) pulse en *Propiedades* para abrir el cuadro de diálogo *Propiedades de la conexión* (Figura 6-77).

Las opciones del menú emergente también permiten desactivar, diagnosticar, ver el estado, cambiar nombre y crear acceso directo para la conexión de red seleccionada.

La pantalla *Conexiones de red* almacena todas las conexiones de red. Una conexión de red es un conjunto de información que permite al equipo conectarse a internet, una red u otro equipo. Cuando se instala un adaptador de red en el equipo, Windows crea una conexión para ese adaptador en la pantalla *Conexiones de red*. Se crea una conexión de área local para un adaptador de red Ethernet. Se crea una conexión de red inalámbrica para un adaptador de red inalámbrica. Una vez que tiene una conexión de red, se puede configurar una red, una conexión a internet o una conexión de red privada virtual (VPN) en la pantalla *Conexiones de red*.

En la carpeta *Conexiones de red* puede seleccionar una conexión y ver la información de estado, como, por ejemplo, la duración de la conexión, la velocidad y la cantidad de datos que se han transmitido y recibido. También puede usar las herramientas de diagnóstico disponibles en una determinada conexión. La apariencia del icono cambia en la carpeta *Conexiones de red* en función del estado de la conexión.

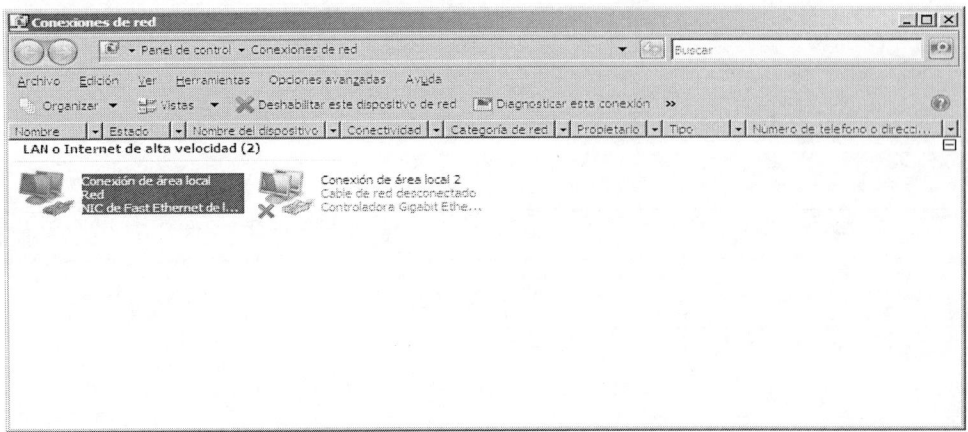

Figura 6-75

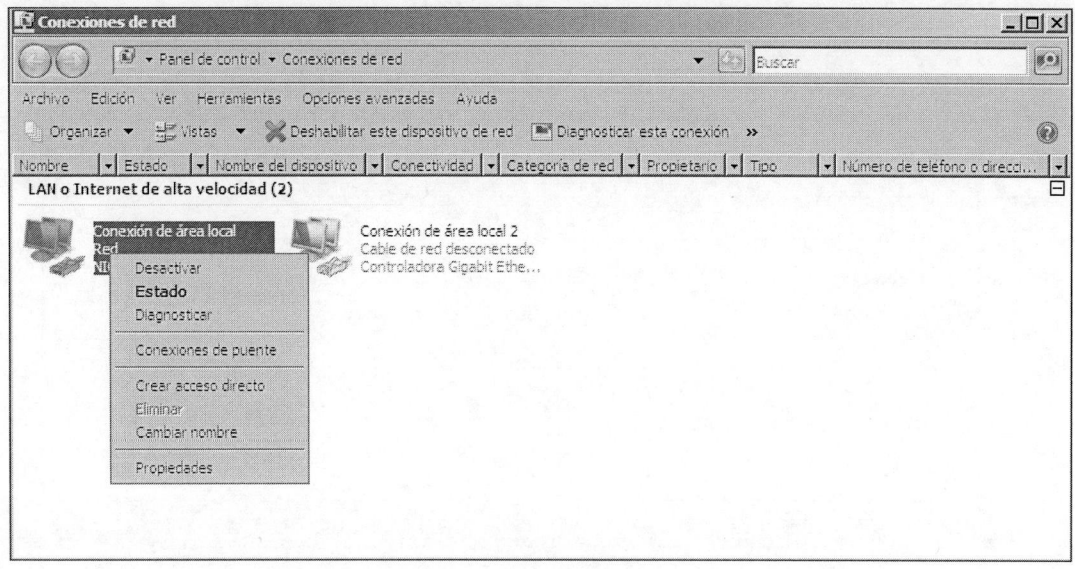

Figura 6-76

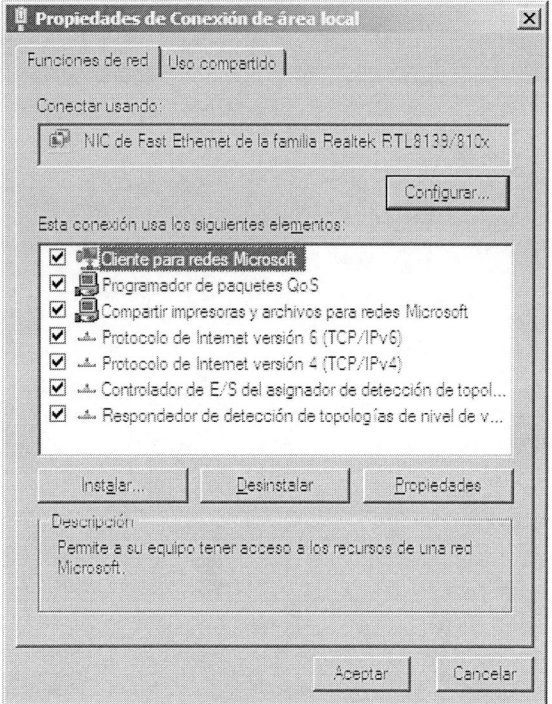

Figura 6-77

Las opciones *Nombre* (Figura 6-78), *Estado* (Figura 3-79), *Nombre de dispositivo* (Figura 6-80), *Conectividad* (Figura 6-81), *Categoría de red* (Figura 6-82), *Propietario* (Figura 6-83) y *Tipo* (Figura 6-84) de la pantalla *Conexiones de red*, presentan la información sobre las conexiones tal y como se observa en cada figura.

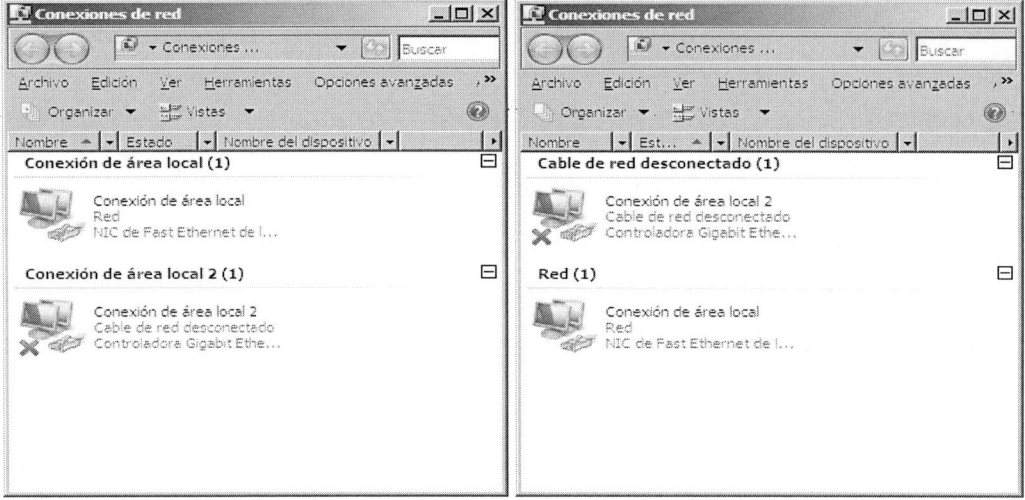

Figura 6-78   Figura 6-79

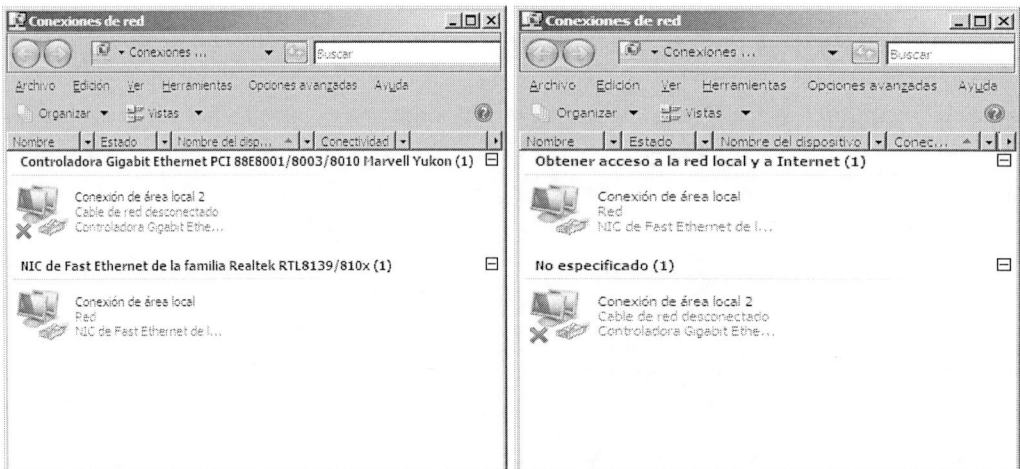

Figura 6-80   Figura 6-81

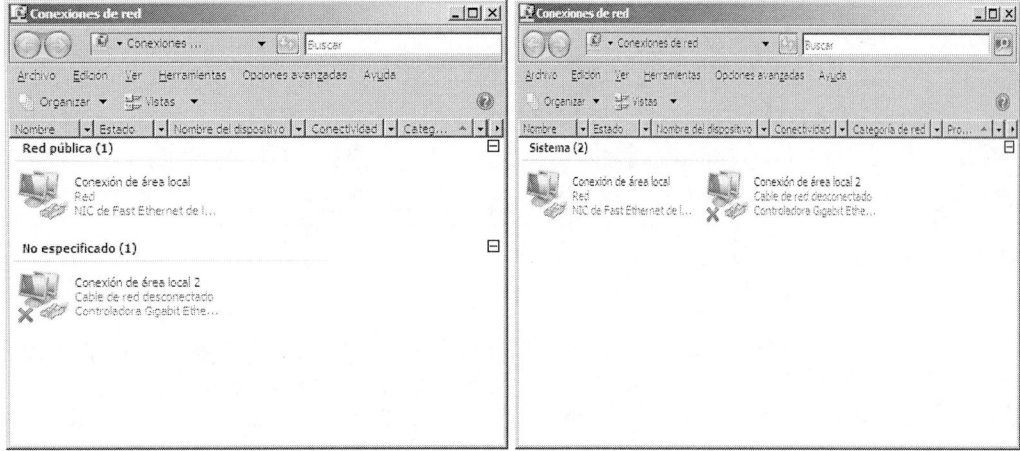

Figura 6-82   Figura 6-83

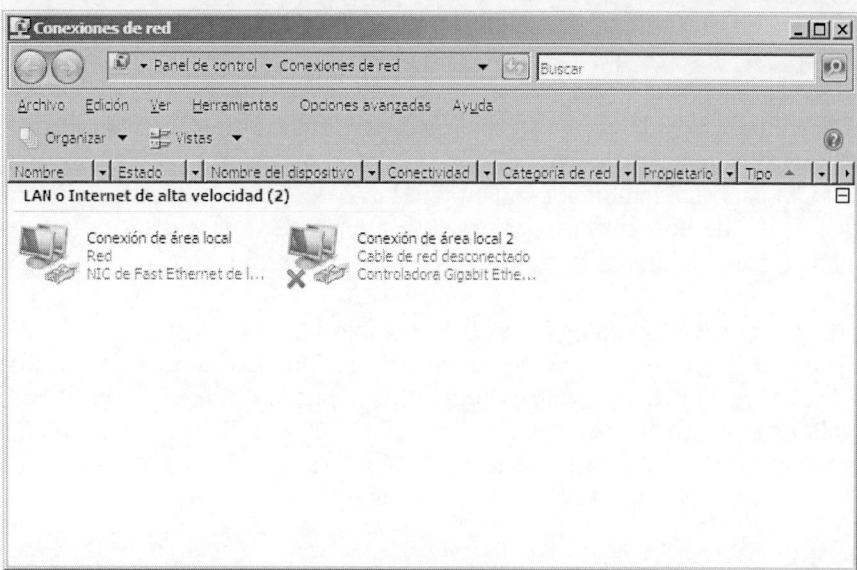

Figura 6-84

6.3.10. Administración de almacenamiento y recursos compartidos en Windows Server

Administración de almacenamiento y recursos compartidos permite administrar de forma centralizada dos recursos de servidor importantes como son carpetas y volúmenes compartidos en la red y volúmenes de discos y subsistemas de almacenamiento. Puede compartir el contenido de carpetas y volúmenes del servidor a través de la red con el *Asistente para aprovisionar carpetas compartidas*, que está disponible en *Administración de almacenamiento y recursos compartidos*. Este asistente le guiará a lo largo de los pasos necesarios para compartir una carpeta o volumen, y asignar a dicha carpeta o volumen todas las propiedades aplicables. El asistente le permite especificar la carpeta o volumen que desea compartir o crear una nueva carpeta para compartirla, especificar el protocolo de uso compartido de red usado para obtener acceso al recurso compartido, modificar los permisos NTFS locales de la carpeta o del volumen que va a compartirse, especificar los permisos de acceso compartido y límites de usuarios más acceso sin conexión a los archivos del recurso compartido y publicar el recurso compartido en un espacio de nombres DFS (sistema de archivos distribuido). Además, si se han instalado los *Servicios para Network File System* (NFS), especifique permisos de acceso basados en NFS para el recurso compartido.

Asimismo, si tiene instalado en el servidor el Administrador de recursos del servidor de archivos, aplique cuotas de almacenamiento al nuevo recurso compartido y cree filtros de archivos para limitar el tipo de archivos que pueden almacenarse en el mismo.

Con Administración de almacenamiento y recursos compartidos, también es posible supervisar y modificar aspectos importantes de los recursos compartidos nuevos y existentes. Es posible dejar de compartir una carpeta o un volumen, cambiar los permisos NTFS locales de una carpeta o volumen, cambiar los permisos de acceso compartido y la disponibilidad sin conexión, así como otras propiedades de un recurso compartido, consultar qué usuarios están obteniendo acceso en estos momentos a una carpeta o a un archivo y desconectar a un usuario si es preciso. Además, si se han instalado los *Servicios para Network File System* (NFS), modifique los permisos de acceso basados en NFS para un recurso compartido.

Con Administración de almacenamiento y recursos compartidos, puede aprovisionar almacenamiento en los discos que están disponibles en el servidor o en subsistemas de almacenamiento compatibles con el *Servicio de disco virtual* (VDS). El *Asistente para aprovisionar almacenamiento* le guiará a lo largo del proceso de creación de un volumen en un disco existente o en un subsistema de almacenamiento asociado al servidor. Si el volumen va a crearse en un subsistema de almacenamiento, el asistente también le guiará a lo largo del proceso de creación de un número de unidad lógica (LUN) donde hospedar ese volumen. También tiene la opción de crear solamente el LUN y usar Administración de discos para crear el volumen posteriormente.

Administración de almacenamiento y recursos compartidos también le ayuda a supervisar y administrar los volúmenes creados, así como cualquier otro volumen disponible en el servidor. Con Administración de almacenamiento y recursos compartidos, puede extender el tamaño de un volumen, formatear un volumen, eliminar un volumen, cambiar las propiedades del volumen, como la compresión, seguridad, disponibilidad sin conexión e indización y obtener acceso a las herramientas del disco para realizar comprobaciones de errores, desfragmentaciones y copias de seguridad.

Para *abrir Administración de almacenamiento y recursos compartidos*, haga clic en *Inicio*, seleccione *Herramientas administrativas* y, a continuación, pulse en *Administración de almacenamiento y recursos compartidos* (Figura 6-85). Se obtiene el Administrador de almacenamiento y recursos compartidos de la Figura 6-86 que presenta las fichas *Recursos compartidos* y *Volúmenes* que permitirán la administración de ambos elementos.

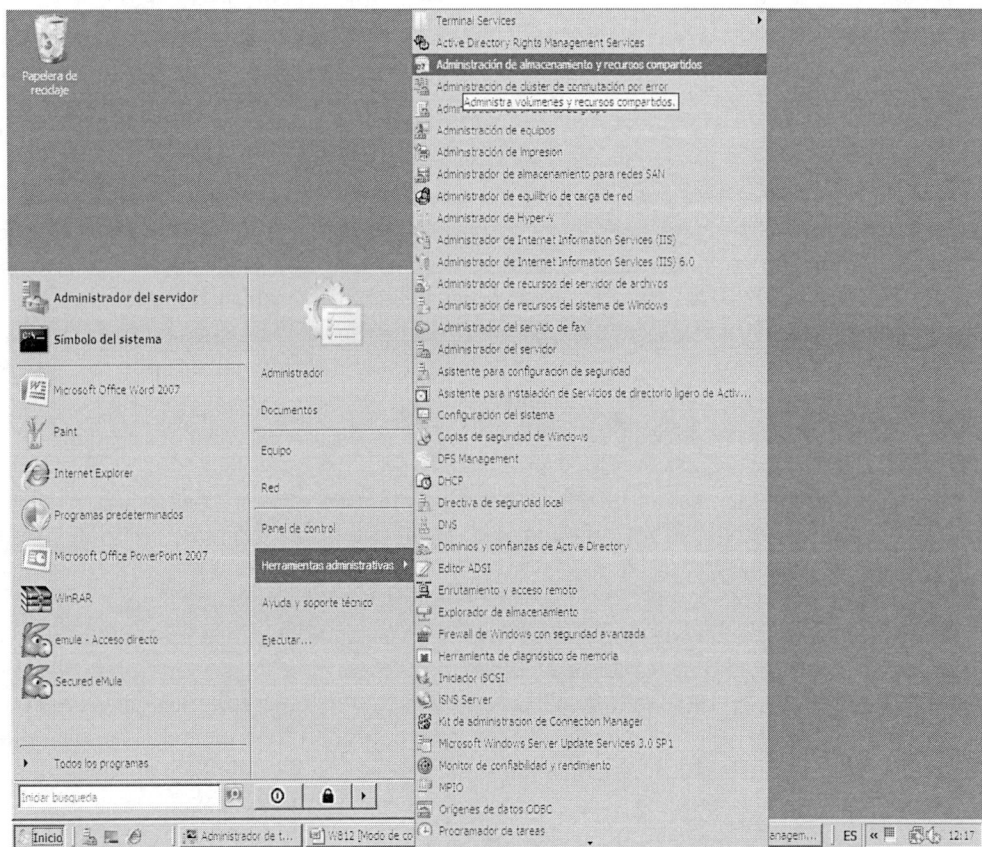

Figura 6-85

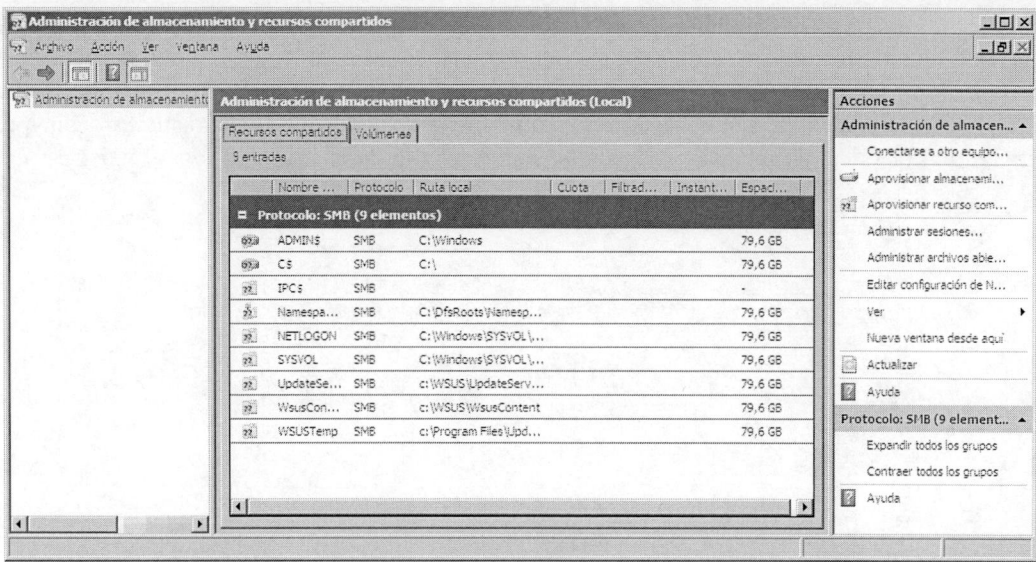

Figura 6-86

6.3.11. Aprovisionamiento de recursos compartidos

Se utiliza el *Asistente para aprovisionar carpetas compartidas* de *Administración de almacenamiento y recursos compartidos* para compartir el contenido de carpetas y volúmenes del servidor a través de la red.

Para compartir una carpeta o un volumen, en el panel *Acciones*, haga clic en *Aprovisionar recurso compartido* (Figura 6-87). Siga los pasos del *Asistente para aprovisionar carpetas compartidas* a fin de crear y configurar un recurso compartido.

En la pantalla del asistente *Ubicación de la carpeta compartida* (Figura 6-88) en su campo *Ubicación* especifique la carpeta que quiere compartir. Si no existe un volumen apropiado, haga clic en *Aprovisionar almacenamiento* para crearlo. Pulse *Siguiente* y en la pantalla *Permisos NTFS* (Figura 6-89) especifique los permisos NTFS para controlar el modo en que los usuarios y los grupos obtienen acceso a esta carpeta. Se pulsa *Siguiente* y en la pantalla *Protocolos de los recursos compartidos* (Figura 6-90) se selecciona cada protocolo a través del cual los usuarios obtendrán acceso a esta carpeta compartida. Se pulsa *Siguiente* y en la pantalla *Configuración de SMB* (Figura 6-91) se especifica el modo en que podrán usar esta carpeta compartida los clientes que obtengan acceso a ella a través del protocolo SMB.

Se pulsa *Siguiente* y en la pantalla *Permisos SMB* (Figura 6-92) se especifican los permisos de los recursos compartidos para el acceso basado en SMB a la carpeta compartida. Se pulsa *Siguiente* y en la pantalla *Permisos NFS* (Figura 6-93) se especifican los permisos de los recursos compartidos para el acceso basado en NFS a la carpeta compartida. Se pulsa *Siguiente* y en la pantalla *Directiva de cuota* (Figura 6-94) se especifica una cuota para limitar el tamaño máximo de esta carpeta compartida. Se pulsa *Siguiente* y en la pantalla *Directiva de filtro de archivos* (Figura 6-95) se aplica un filtro de archivos a una carpeta compartida para controlar los tipos de archivos que puede contener la carpeta. Se pulsa *Siguiente* y en la pantalla *Publicación en espacio de DFS* (Figura 6-96) se puede publicar un recurso compartido SMB en un espacio de nombres NFS especificando un espacio de nombres existente y las carpetas que desee crear en el espacio de nombres.

Se pulsa *Siguiente* y en la pantalla *Revisar la configuración y crear recurso compartido* (Figura 6-97) se presenta un resumen de la configuración elegida hasta ahora para la carpeta compartida. Al hacer clic en *Crear*, se aprovisiona la carpeta compartida y se obtiene la pantalla de confirmación (Figura 6-98). Al hacer clic en *Cerrar*, la nueva carpeta compartida se incorpora a la pantalla de la pestaña *Recursos compartidos* de Administración de almacenamiento y recursos compartidos (Figura 6-97).

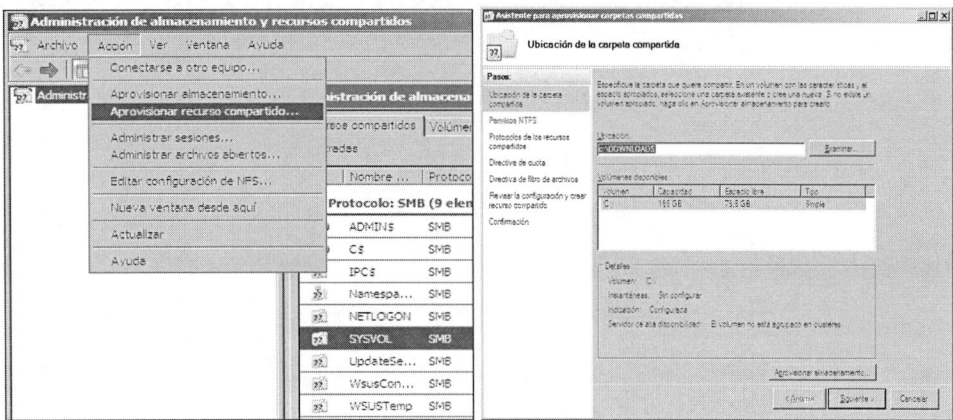

Figura 6-87   Figura 6-88

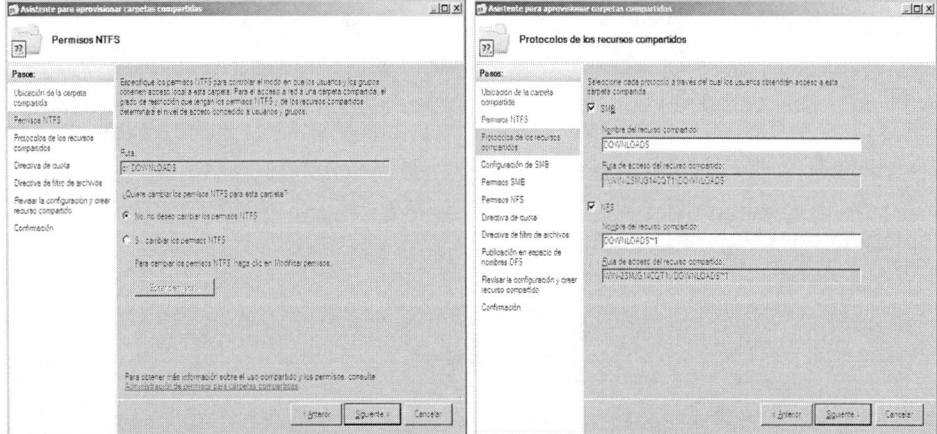

Figura 6-89   Figura 6-90

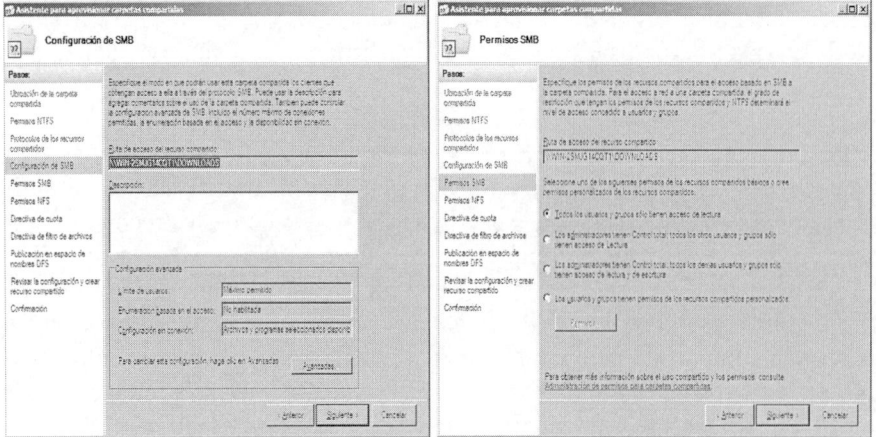

Figura 6-91   Figura 6-92

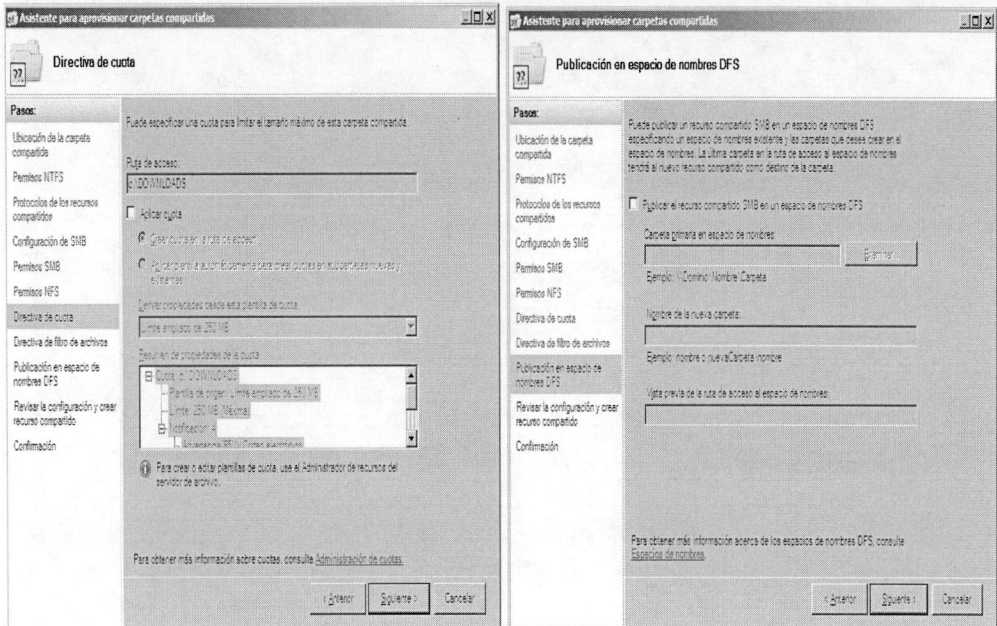

Figura 6-93   Figura 6-94

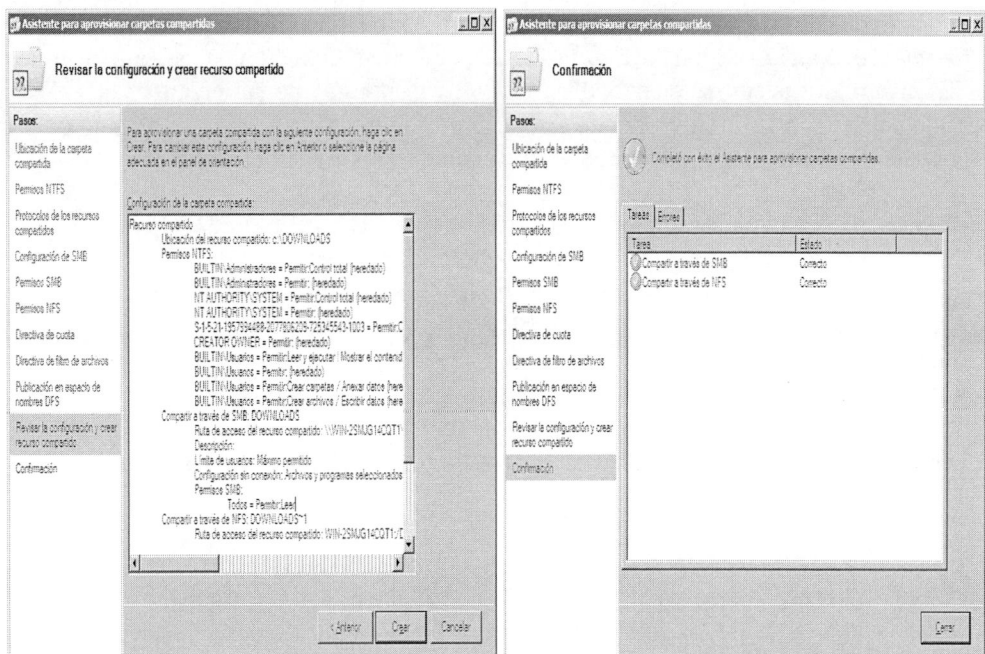

Figura 6-95   Figura 6-96

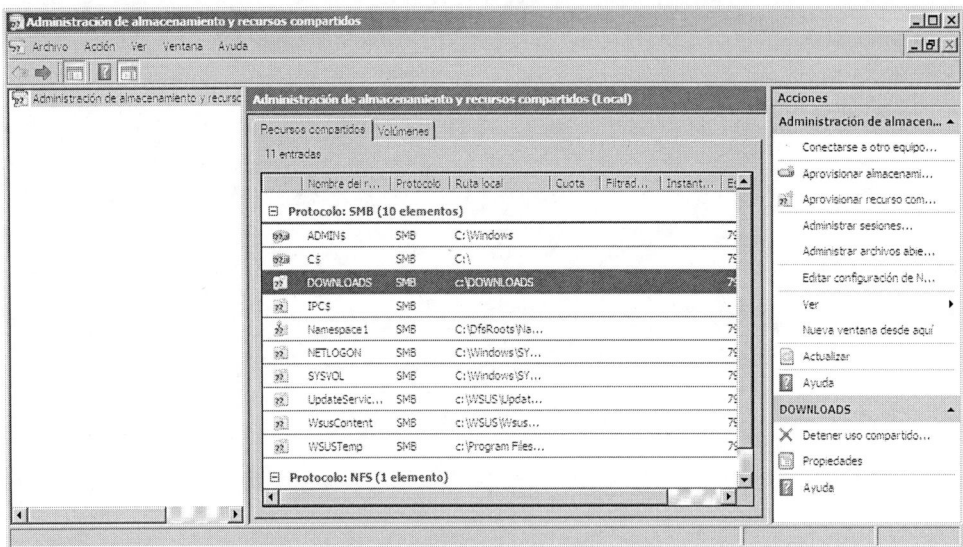

Figura 6-97

6.3.12. Aprovisionamiento de almacenamiento

Se utiliza Administración de almacenamiento y recursos compartidos para configurar y administrar recursos de almacenamiento en el servidor. Puede usar el *Asistente para aprovisionar almacenamiento* de Administración de almacenamiento y recursos compartidos (en el panel *Acciones*, haga clic en *Aprovisionar almacenamiento* según la Figura 6-32) para crear un volumen en uno o varios discos disponibles en el servidor, siempre y cuando estos discos dispongan de suficiente espacio sin asignar. Este asistente le permite elegir el disco donde se creará el volumen, especificar el tamaño del volumen, asignar una letra de unidad o un punto de montaje al volumen y formatear el volumen.

Si no hay espacio sin asignar en ninguno de los discos disponibles en el servidor, no estará disponible la opción *En uno o varios discos disponibles en este servidor* en el *Asistente para aprovisionar almacenamiento*. Sólo podrá crear un volumen en un disco que esté conectado. Para crear un volumen en un subsistema de almacenamiento, primero debe crear un LUN en dicho subsistema de almacenamiento y ponerlo a disposición del servidor.

Puede usar el Asistente para aprovisionar almacenamiento de Administración de almacenamiento y recursos compartidos para *crear números de unidad lógica* (LUN) en subsistemas de unidades de disco iSCSI y de canal de fibra conectados al servidor.

A continuación, puede asignar el LUN a su servidor o a otros servidores de la red. Durante la creación del LUN, también puede crear un volumen en dicho LUN y formatearlo. Un LUN es una referencia lógica a una parte de un subsistema de almacenamiento. Puede constar de un disco, una sección de un disco, toda una matriz de discos o una sección de una matriz de discos del subsistema. El uso de LUN simplifica la administración de los recursos de almacenamiento porque sirven como identificadores lógicos que permiten asignar privilegios de acceso y control.

Para aprovisionar un LUN en un subsistema de almacenamiento de discos, primero debe comprobar que se cumplen todos los requisitos que se indican a continuación:

- El subsistema de almacenamiento debe ser compatible con el Servicio de disco virtual (VDS).

- El proveedor de hardware de VDS para el subsistema de almacenamiento debe estar instalado en el servidor.

- El subsistema debe disponer de espacio de almacenamiento.

- El subsistema de almacenamiento debe estar directamente asociado al servidor o ser accesible a través de la red.

Si desea asignar el LUN a un servidor o clúster distinto del servidor donde ejecutó el asistente, las conexiones del servidor deberán configurarse mediante el *Administrador de almacenamiento para redes SAN*.

El *Administrador de almacenamiento para redes SAN* es una característica opcional y no se instala de forma predeterminada. Si aún no ha instalado esta característica, podrá hacerlo mediante el Administrador del servidor (en el nodo *Características*, haga clic en *Agregar características*). Si el LUN que está creando se encuentra en un subsistema iSCSI, deberán haberse configurado los iniciadores y destinos iSCSI de la red SAN. Si el servidor al que va a asignar el LUN va a obtener acceso al LUN a través de más de un puerto de canal de fibra o iniciador iSCSI, E/S de múltiples rutas deberá haberse instalado y deberá ejecutarse en dicho servidor. Pueden producirse pérdidas de datos si asigna el LUN a un servidor que no tiene instalado E/S de múltiples rutas y que va a obtener acceso al LUN a través de más de un puerto de canal de fibra o iniciador iSCSI. Si desea asignar el LUN a un clúster, el clúster deberá haberse configurado completamente mediante la instalación de Clúster de conmutación por error. Para impedir la pérdida de datos, asegúrese de que todos los servidores sean miembros de un único clúster y de que *Clúster de conmutación por error* se haya instalado en todos los servidores del clúster.

Para aprovisionar almacenamiento en el panel *Acciones*, haga clic en *Aprovisionar almacenamiento* (Figura 6-32). En la página *Origen de almacenamiento*, seleccione la opción *En un subsistema de almacenamiento* y haga clic en *Siguiente*. Siga los pasos del asistente para crear y configurar el LUN.

Si no hay ningún subsistema de almacenamiento de discos conectado al servidor, no se instalarán los proveedores de hardware de VDS o, si no hay espacio de almacenamiento disponible en ninguno de los subsistemas, no estará disponible la opción *En un subsistema de almacenamiento* del Asistente para aprovisionar almacenamiento.

Si crea un LUN pero no crea ningún volumen en el mismo, podrá usar Administración de discos para crear el volumen posteriormente.

Para el aprovisionamiento de almacenamiento es muy importante la característica *E/S de múltiples rutas (MPIO)* que proporciona compatibilidad con el uso de múltiples rutas a un dispositivo de almacenamiento. El uso de múltiples rutas aumenta la disponibilidad de los recursos de almacenamiento porque proporciona la conmutación por error de rutas de acceso desde un servidor o un clúster a un subsistema de almacenamiento.

Debe instalar MPIO en un servidor si éste tiene acceso a un número de unidad lógica (LUN) a través de varios puertos de canal de fibra o varios adaptadores de iniciador iSCSI. Para impedir la pérdida de datos, asegúrese de que el servidor permite el uso de MPIO antes de habilitar varios puertos de canal de fibra o adaptadores de iniciador iSCSI para el acceso al LUN. Si el servidor no admite MPIO, o si no está seguro, habilite un solo puerto de canal de fibra o adaptador de iniciador iSCSI en el servidor. Además, si va a habilitar el acceso a un LUN desde un clúster, asegúrese de que el Clúster de conmutación por error está instalado correctamente en cada servidor del clúster; de lo contrario, se puede producir una pérdida de datos.

Para instalar MPIO, en el árbol de consola del Administrador del servidor, haga clic en el nodo *Características* y en el panel *Características*, bajo *Resumen de características*, haga clic en *Agregar características* (Figura 6-98). En el *Asistente para agregar características*, active la casilla *E/S de múltiples rutas* y, a continuación, en *Siguiente*. Siga los pasos del Asistente para agregar características.

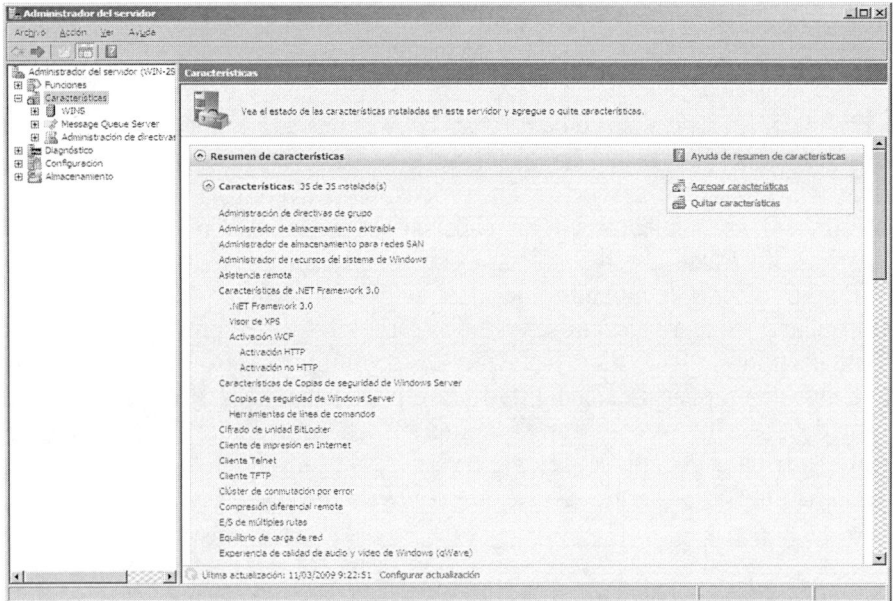

Figura 6-98

6.3.13. Administración de un recurso compartido

Puede usar *Administración de almacenamiento y recursos compartidos* para administrar todas las carpetas y volúmenes compartidos disponibles en el servidor. La ficha *Recursos compartidos* (Figura 6-99) ofrece una lista de todos los recursos compartidos que pueden administrarse.

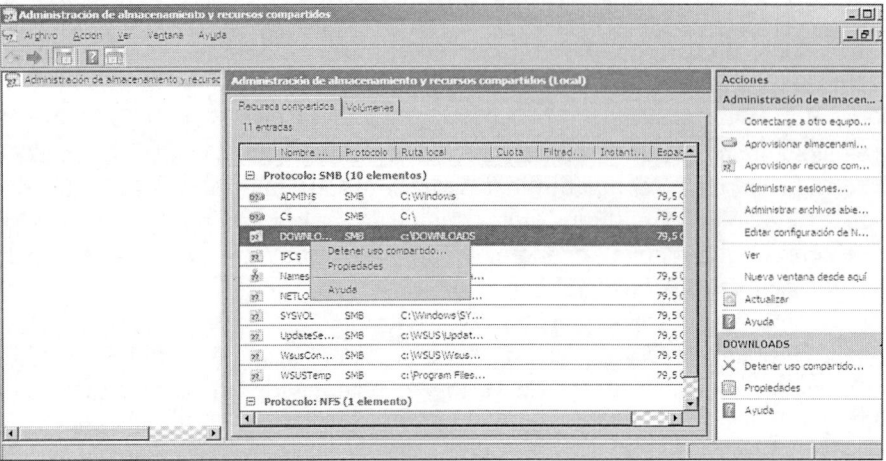

Figura 6-99

Para ver o modificar las propiedades de una carpeta o volumen *compartido*, en la ficha *Recursos compartidos*, haga clic con el botón derecho del ratón en la carpeta o volumen compartido de SMB (bloques de mensaje del servidor) o NFS (Network File System) cuyas propiedades desee ver o modificar (Figura 6-99) y elija *Propiedades* (o alternativamente seleccione la carpeta o volumen y en el panel *Acciones*, haga clic en *Propiedades*). En las fichas *Uso compartido* (Figura 6-100) y *Permisos* (Figura 6-101) modifique la configuración de uso compartido y permisos según corresponda y, a continuación, en *Aceptar*. También puede ver qué usuarios están obteniendo acceso en estos momentos a una carpeta o archivo del servidor y desconectar a un usuario si es preciso.

Para *dejar de compartir una carpeta o un volumen*, haga clic en *Detener uso compartido* en el menú emergente de la Figura 6-99.

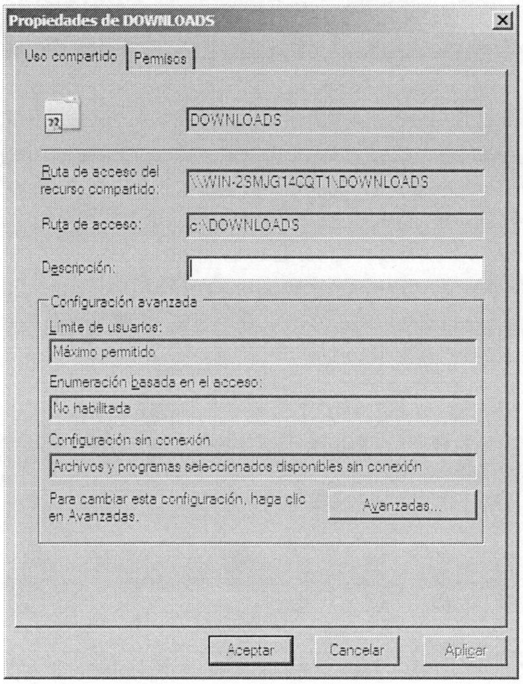

Figura 6-100 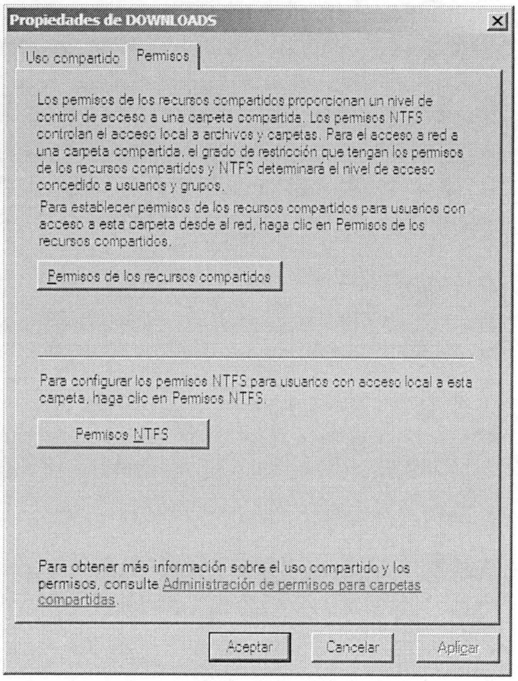   Figura 6-101

Para *establecer las opciones de configuración sin conexión para un recurso compartido,* en la ficha *Recursos compartidos*, en *Protocolo: SMB*, haga clic con el botón secundario en la carpeta compartida para la que desee establecer las opciones de configuración sin conexión (Figura 6-99) y, luego, haga clic en *Propiedades*. En la ficha *Uso compartido* (Figura 6-100), haga clic en *Avanzadas*. En la ficha *Almacenamiento en caché* (Figura 6-102), establezca las opciones de configuración sin conexión que desee y, a continuación, pulse en *Aceptar*.

Con Administración de almacenamiento y recursos compartidos, puede configurar si los archivos y programas de una carpeta o volumen compartido estarán disponibles sin conexión y, en caso afirmativo, la forma en lo harán. Los usuarios pueden usar la característica *Archivos sin conexión* en sus equipos cliente para trabajar con recursos compartidos almacenados en un servidor, incluso cuando no están conectados a la red. Para hacer que los recursos de red compartidos estén disponibles sin conexión, la característica *Archivos sin conexión* almacenará una versión de dichos recursos compartidos en una parte reservada del disco en el equipo del usuario (una caché local).

En la Figura 6-102 puede elegir una de las siguientes opciones de disponibilidad sin conexión para cada recurso compartido:

- *Sólo los archivos y programas especificados por los usuarios están disponibles sin conexión.* Se trata de la opción predeterminada al configurar un recurso compartido. Con esta opción, no hay archivos ni programas disponibles sin conexión de forma predeterminada, y los usuarios controlan los archivos y programas a los que desean obtener acceso cuando no están conectados a la red.

- *Todos los archivos y programas que los usuarios abren desde el recurso compartido están automáticamente disponibles sin conexión.* Siempre que un usuario obtenga acceso a la carpeta o volumen compartido y abra un archivo o programa de dicha carpeta o volumen, ese archivo o programa pasará a estar disponible sin conexión para dicho usuario de forma automática. Los archivos y programas que no se hayan abierto no estarán disponibles sin conexión. Si activa la casilla *Optimizado para un rendimiento óptimo*, los archivos ejecutables (EXE, DLL) que un equipo cliente ejecute desde el recurso compartido se almacenarán automáticamente en la memoria caché de dicho equipo cliente. La próxima vez que el equipo cliente necesite ejecutar esos mismos archivos ejecutables, obtendrá acceso a su memoria caché local en lugar de obtener acceso al recurso compartido del servidor. Esta opción resulta especialmente útil para los servidores de archivos donde se hospedan aplicaciones, ya que reduce el tráfico de red y mejora la escalabilidad del servidor. La característica *Archivos sin conexión* debe habilitarse en el equipo cliente para que los archivos y programas se almacenen en la memoria caché de forma automática. La opción *Optimizado para un rendimiento óptimo* no tiene ningún efecto sobre los equipos cliente de Windows.

- *Ningún archivo o programa del recurso compartido está disponible sin conexión.* Esta opción bloquea la característica *Archivos sin conexión* en los equipos cliente para que no realice copias de los archivos y programas en el recurso compartido.

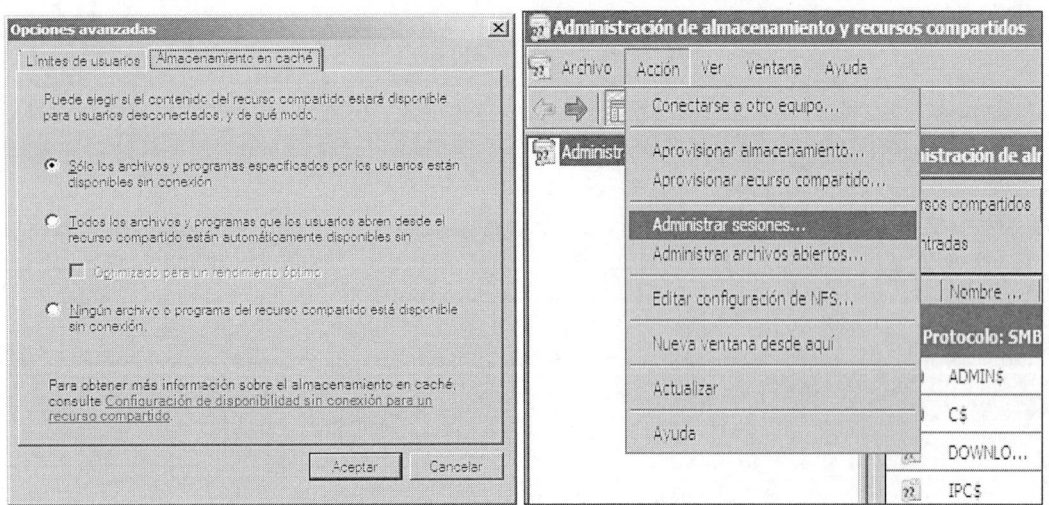

Figura 6-102   Figura 6-103

Para ver y cerrar sesiones abiertas, en el panel *Acciones*, haga clic en Administrar sesiones (Figura 6-103). Para cerrar una sesión específica, selecciónela y haga clic en *Cerrar selección* (Figura 6-104). O bien, para cerrar todas las sesiones, pulse en *Cerrar todo*.

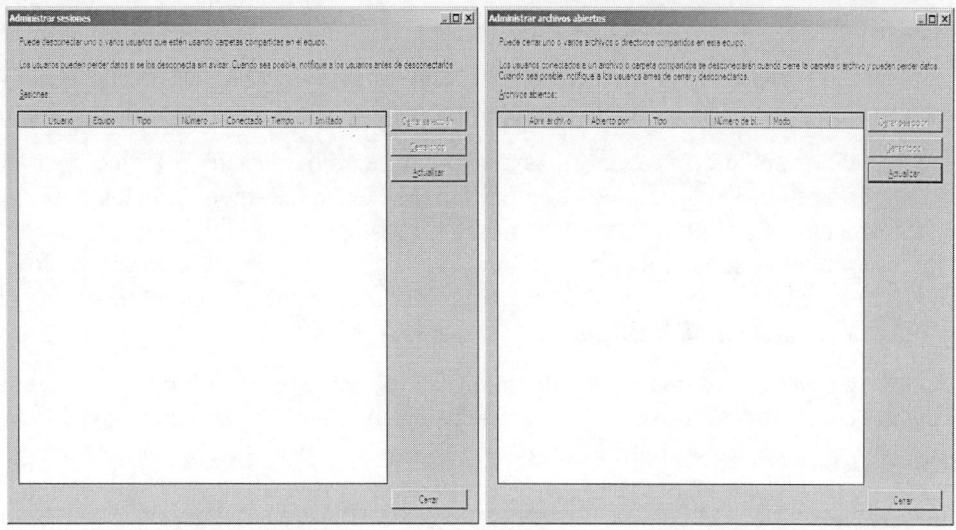

Figura 6-104   Figura 6-105

Para ver y cerrar archivos abiertos, en el panel *Acciones*, haga clic en *Administrar archivos abiertos* (Figura 6-103). Para cerrar un archivo específico, selecciónelo y haga clic en *Cerrar selección* (Figura 6-105). O bien, para cerrar todos los archivos, pulse en *Cerrar todo*.

6.3.14. Administración de permisos para carpetas compartidas en Windows Server. Permisos de red y locales

Los permisos en un recurso compartido, como una carpeta o volumen, vienen determinados por los permisos NTFS locales de dicho recurso, así como por el protocolo usado para obtener acceso al recurso compartido, que puede ser *Protocolo SMB* o *SAMBA* (bloque de mensajes del servidor) o *Protocolo NFS* (Network File System).

El control de acceso basado en SMB (para sistemas de archivos basados en Windows) se implementa mediante la concesión de permisos a usuarios individuales y grupos.

El control de acceso basado en NFS (para sistemas de archivos basados en UNIX) se implementa mediante la concesión de permisos a equipos cliente y grupos específicos, mediante el uso de nombres de red.

Los permisos de acceso final a un recurso compartido se determinan teniendo en cuenta los permisos NTFS y los permisos de protocolo compartido, y aplicando después los permisos más restrictivos.

Puede configurar permisos para un recurso compartido durante la creación de una nueva carpeta o volumen compartido con el *Asistente para aprovisionar carpetas compartidas* o seleccionando un recurso compartido existente y haciendo clic en *Propiedades* en el panel *Acciones*. En la ficha *Permisos* de la Figura 6-68 se configuran los permisos.

6.3.14.1. Permisos NTFS

Puede configurar los *permisos NTFS locales* para una carpeta o volumen compartido mediante Administración de almacenamiento y recursos compartidos, de las formas que se indican a continuación:

- *Nuevos recursos compartidos*. En el Asistente para aprovisionar carpetas compartidas, antes de seleccionar un protocolo de uso compartido de red, puede modificar los permisos NTFS para la carpeta o volumen que va a compartir. Estos permisos NTFS se aplicarán tanto de forma local como al obtener acceso al recurso a través de la red. Para modificar los permisos NTFS, en la página *Permisos NTFS*, seleccione *Sí, cambiar los permisos NTFS* y, a continuación, pulse en *Editar permisos*.

- *Recursos compartidos existentes*. Puede modificar los permisos NTFS de una de las carpetas o volúmenes compartidos de los que aparecen en la ficha *Recursos compartidos*. Para modificar los permisos NTFS, seleccione la carpeta o volumen; en el panel *Acciones*, haga clic en *Propiedades* y, en la ficha *Permisos*, pulse en *Permisos NTFS* (Figura 6-68).

6.3.14.2. Permisos SMB

El control de acceso basado en SMB o SAMBA de un recurso compartido se determina a través de dos conjuntos de permisos: Permisos NTFS y permisos de recurso compartido. Normalmente, los permisos de recurso compartido sólo se usan para el control de acceso en equipos que no usan el sistema de archivos NTFS. Los permisos NTFS y los permisos de recurso compartido son independientes en el sentido de que ninguno afecta al otro, y el más restrictivo de los dos será el que se aplique al recurso compartido. Si usa Administración de almacenamiento y recursos compartidos, podrá especificar permisos compartidos para los recursos compartidos basados en SMB de las siguientes formas:

- *Nuevos recursos compartidos*. En el Asistente aprovisionar carpetas compartidas, si selecciona SMB como protocolo de uso compartido, puede especificar los siguientes permisos de acceso basados en SMB en la página *Permisos SMB*:

  — *Todos los usuarios y grupos sólo tienen acceso de lectura*. El permiso resultante será el permiso Lectura para el grupo Todos.

  — *Los administradores tienen Control total; todos los otros usuarios y grupos sólo tienen acceso de Lectura*. El grupo Administradores tendrá el permiso Control total, mientras que al grupo Todos se le concederá el permiso Lectura.

  — *Los administradores tienen Control total; todos los demás usuarios y grupos sólo tienen acceso de lectura y de escritura*. El grupo Administradores tendrá el permiso Control total, mientras que al grupo Todos se le concederá tanto el permiso Lectura como el permiso Escritura.

  — *Los usuarios y grupos tienen permisos de los recursos compartidos personalizados*. Para usar esta opción, debe especificar todos los grupos y usuarios que vayan a tener acceso compartido, así como los permisos específicos de recursos compartidos (Control total, Cambiar, Lectura) que se concederán o denegarán a cada uno de ellos.

- *Recursos compartidos existentes*. Puede modificar los permisos de recurso compartido de una de las carpetas o volúmenes compartidos de los que aparecen en Protocolo: SMB en la ficha *Recursos compartidos*. Para modificar los permisos de recurso compartido, seleccione la carpeta o volumen; en el panel *Acciones*, haga clic en *Propiedades* y, en la ficha *Permisos*, pulse en *Permisos de los recursos compartidos*.

6.3.14.3. Permisos NFS

El *control de acceso basado en NFS de un recurso compartido* se determina basándose en los grupos y nombres de red. Para poder usar permisos NFS, primero debe instalar la función Servicios para Network File System (NFS) mediante Administrador del servidor. Después de instalarla, use NFSAdmin.exe para crear grupos de clientes y para agregar equipos cliente a dichos grupos antes de configurar los permisos de recursos compartidos NFS.

Si usa Administración de almacenamiento y recursos compartidos, podrá especificar permisos compartidos para los recursos compartidos basados en NFS de las siguientes formas:

- *Nuevos recursos compartidos.* En el Asistente para aprovisionar carpetas compartidas, si selecciona NFS como protocolo de uso compartido, la página Permisos NFS estará disponible en el asistente. Debe especificar si el acceso lo controlará un equipo cliente (host) específico o un grupo de clientes. Configurar permisos NFS en un recurso compartido, puede hacer lo siguiente:

  — *Agregar, editar o quitar permisos para grupos de clientes y hosts.* El valor predeterminado es acceso de sólo lectura para el grupo TODOS LOS EQUIPOS. Puede agregar cualquier grupo de clientes o host previamente creado (mediante NFSAdmin.exe) y conceder los permisos adecuados a cada uno de ellos (sin acceso, sólo lectura, lectura-escritura). Además, puede seleccionar la opción Permitir acceso a la raíz para cada grupo de cliente y host; no obstante, no se recomienda ya que supone un riesgo para la seguridad.

  — *Especifique si debe permitirse el acceso anónimo al recurso compartido.* Esta opción no está habilitada de forma predeterminada por motivos de seguridad. Aunque el acceso anónimo puede resultar de utilidad para solucionar problemas o en entornos de prueba, no es recomendable para uso general. Para permitir el acceso anónimo, el Asistente para aprovisionar carpetas compartidas modifica los permisos NTFS en la carpeta o volumen con objeto de conceder acceso al grupo de seguridad Todos. Al habilitar el acceso anónimo, también se habilita la directiva de seguridad Permitir la aplicación de los permisos Todos a los usuarios anónimos, que agrega el principio Inicio de sesión anónimo al grupo de seguridad Todos. De esta forma, los usuarios anónimos pueden desplazarse a través de carpetas a las que, de otro modo, no tendrían acceso al navegar por la ruta de acceso de un objeto de la carpeta compartida; pero el usuario no puede ver el contenido de las carpetas en las que no tiene permiso de acceso. Al deshabilitar el acceso anónimo, no se deshabilita la directiva de seguridad Permitir la aplicación de los permisos Todos a los usuarios anónimos.

- *Recursos compartidos existentes.* Puede modificar los permisos NFS de una de las carpetas o volúmenes compartidos de los que aparecen en Protocolo: NFS, en la ficha *Recursos compartidos*. Para modificar los permisos de recurso compartido, haga clic en la carpeta o volumen; en el panel *Acciones*, haga clic en *Propiedades* y, en la ficha *Permisos*, haga clic en *Permisos NFS*. Para configurar permisos, puede agregar, editar o quitar permisos para cada grupo de clientes o host individual para el que desee configurar el acceso.

Conceder a un usuario el permiso NTFS Control total en un recurso compartido permite a ese usuario tomar posesión de la carpeta o volumen, a menos que esté restringido de alguna forma. Tenga especial cuidado al conceder Control total. Si desea administrar el acceso a una carpeta o volumen exclusivamente mediante permisos NTFS, defina los permisos de recurso compartido Control total para Todos. Esto simplifica la administración de los permisos de recursos compartidos, pero los permisos

NTFS son más complejos que los permisos de recursos compartidos. Los permisos NTFS influyen sobre el acceso local y remoto. Se aplican con independencia del protocolo. Por el contrario, los permisos de recurso compartido sólo se aplican a recursos de red compartidos. Los permisos de recurso compartido no restringen el acceso de ningún usuario local o usuario de Terminal Server. Por tanto, los permisos de recurso compartido no ofrecen privacidad entre los usuarios de un equipo usado por varios usuarios. De forma predeterminada, el grupo Todos no incluye el grupo Anónimo, por lo que los permisos que se aplican al grupo Todos no afectan al grupo Anónimo. No es posible modificar los permisos de acceso de carpetas o volúmenes que se comparten con fines administrativos, como C$ y ADMIN$.

6.3.15. Administración de recursos compartidos y almacenamiento remoto

Administración de almacenamiento y recursos compartidos puede administrar recursos en el equipo local o en un equipo remoto, pero no en los dos al mismo tiempo. Para administrar los recursos compartidos y el almacenamiento en un equipo remoto, puede conectarse al equipo desde Administración de almacenamiento y recursos compartidos.

Para conectarse a un equipo remoto desde Administración de almacenamiento y recursos compartidos, en *Herramientas administrativas*, haga clic en Administración de almacenamiento y recursos compartidos. En el árbol de la consola, haga clic con el botón secundario en *Administración de almacenamiento y recursos compartidos* y, a continuación, pulse en *Conectar a otro equipo* (Figura 6-106). En el cuadro de diálogo *Conectar a otro equipo*, haga clic en *Otro equipo* (Figura 6-107). A continuación, escriba el nombre del servidor al que desee conectarse o pulse en *Examinar* para buscar un equipo remoto. Haga clic en *Aceptar*.

La opción *Conectar a otro equipo* sólo está disponible cuando se abre Administración de almacenamiento y recursos compartidos desde Herramientas administrativas. Si se obtiene acceso a Administración de almacenamiento y recursos compartidos desde Administrador del servidor, esta opción no estará disponible.

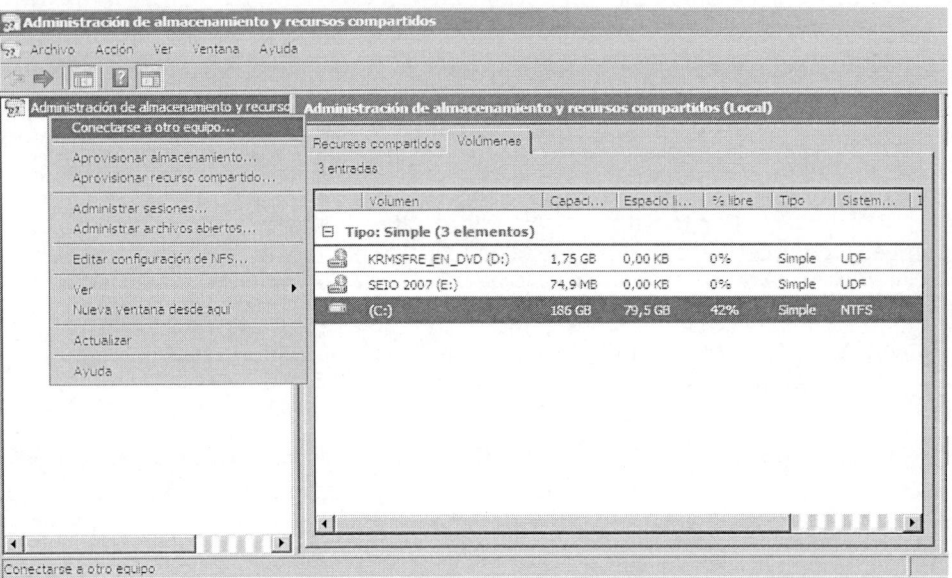

Figura 6-106

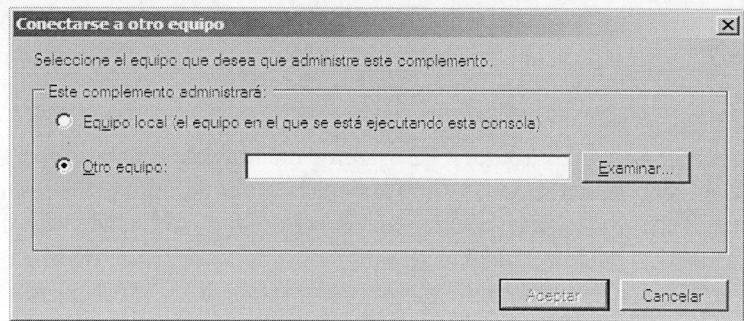

Figura 6-107

Para conectar a otro equipo debe iniciar sesión en el equipo local con una cuenta de dominio que sea miembro del grupo Administradores en el equipo remoto. Además, el equipo remoto debe ejecutar Windows Server y debe habilitarse la excepción *Administración remota del volumen* tanto en el equipo local como en el equipo remoto. Habilite esta excepción mediante *Firewall de Windows* en el Panel de control.

No es posible crear, ver ni modificar recursos compartidos basados en NFS en un equipo remoto.

Si se conecta de forma remota a una instancia del servidor de archivos de alta disponibilidad, sólo podrá administrar el almacenamiento en clústeres y los recursos compartidos que estén disponibles para dicha instancia. Si se conecta de forma remota a un servidor de un clúster de conmutación por error (un nodo), podrá administrar el almacenamiento y los recursos compartidos que estén disponibles localmente para dicho servidor, así como el almacenamiento en clústeres y los recursos compartidos que en esos momentos sean propiedad de dicho servidor del clúster.

6.3.16. Instantáneas de carpetas compartidas

Las instantáneas de carpetas compartidas proporcionan copias de un momento dado de los archivos ubicados en recursos compartidos, como los servidores de archivos. Instantáneas de carpetas compartidas es una característica incluida en el complemento Microsoft Management Console (MMC) de carpetas compartidas que se puede utilizar para ver archivos y carpetas compartidas que existían en determinados momentos del pasado. El acceso a versiones anteriores de los archivos, o instantáneas, es útil porque permite:

- Recuperar archivos que se eliminaron accidentalmente. Si elimina accidentalmente un archivo, podrá abrir una versión anterior y copiarla en una ubicación segura.

- Recuperar un archivo que se ha sobrescrito accidentalmente. Si sobrescribe accidentalmente un archivo, podrá recuperar una versión anterior del archivo.

- Comparar versiones de un archivo mientras trabaja. Puede usar versiones anteriores cuando desee comprobar qué es lo que cambió entre las dos versiones de un archivo.

Sin embargo, la creación de instantáneas no es un sustituto de la creación periódica de copias de seguridad. Además, las instantáneas de carpetas compartidas sólo se pueden habilitar de manera individual para cada volumen; es decir, no se pueden seleccionar carpetas y archivos compartidos específicos en un volumen para que se copien o no se copien.

Las instantáneas de carpetas compartidas están disponibles en todas las ediciones de Windows Server (versiones de 32 y de 64 bits). Sin embargo, la interfaz de usuario de las instantáneas de carpetas compartidas no está disponible para la opción de instalación Server Core de Windows Server.

Si tiene pensado desfragmentar el volumen de origen en el que están habilitadas las instantáneas de carpetas compartidas, es recomendable que establezca el tamaño de unidad de asignación del clúster en 16 KB o más cuando formatee el volumen de origen. Si no lo hace, el número de cambios provocados por la desfragmentación puede hacer que se eliminen versiones anteriores de los archivos.

Si necesita que la compresión de los archivos del volumen de origen sea NTFS, no podrá usar un tamaño de unidad de asignación de más de 4 KB. En este caso, al desfragmentar un volumen que está muy fragmentado, es posible que las instantáneas más antiguas se pierdan antes de lo esperado.

Para *habilitar y configurar las instantáneas de carpetas compartidas*, abra *Administración de equipos*, en el árbol de la consola haga clic con el botón secundario en *Carpetas compartidas*, pulse en *Todas las tareas* y, a continuación, en *Configurar instantáneas* (Figura 6-108). Haga clic en el volumen en el que desee habilitar las instantáneas de carpetas compartidas y, luego, en *Habilitar* (Figura 6-109). Para realizar cambios en la programación y en el área de almacenamiento predeterminados, haga clic en *Configuración* (Figura 6-110).

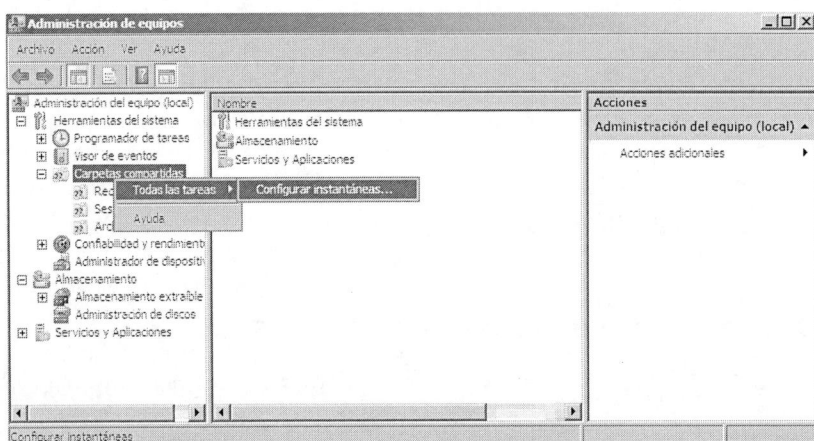

Figura 6-108

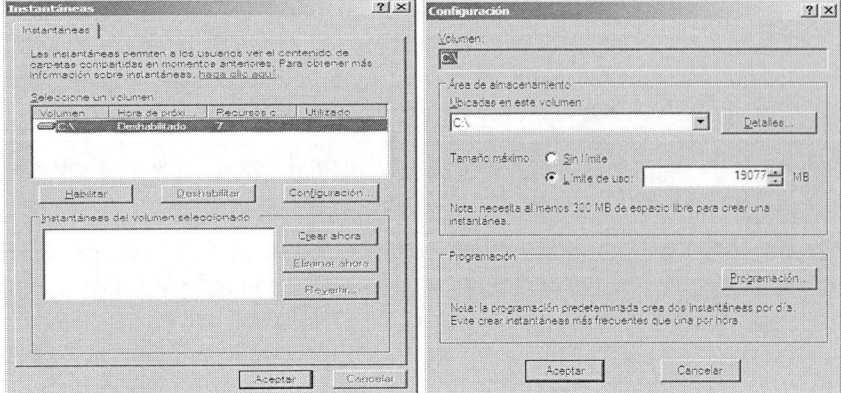

Figura 6-109   Figura 6-110

Si habilita las instantáneas de carpetas compartidas en un volumen con los valores predeterminado, las tareas se programarán de modo que creen instantáneas a las 7:00 de la mañana y a mediodía. El área de almacenamiento predeterminado se encontrará en el mismo volumen y su tamaño será del 10% del espacio disponible.

Las instantáneas de carpetas compartidas sólo se pueden habilitar de manera individual para cada volumen; es decir, no se pueden seleccionar carpetas y archivos compartidos específicos en un volumen para que se copien o no se copien.

ACTIVIDADES PROPUESTAS

Actividad 1. Especifica las funcionalidades del Centro de Redes y Recursos Compartidos en Windows 10
.
Actividad 2. Especifica las funcionalidades del Centro de Redes y Recursos Compartidos en Windows 11.

Actividad 3. Especifica el proceso de configuración de TCP/IP en Windows 10.

Actividad 4. Especifica el proceso de configuración de TCP/IP en Windows 11.

Actividad 5. Especifica el funcionamiento de Conexión Compartida a Internet ICS en Windows 10.

Actividad 6. Especifica el proceso de Administración de conexiones de red en Windows 10 y Windows 11.

Actividad 7. Explica el trabajo con la herramienta administrativa Carpetas Compartidas n en Windows 10 y Windows 11.

Actividad 8. Especifica el proceso de construcción de una red ad-hoc en Windows 10 y Windows 11.

INTEGRACIÓN DE SISTEMAS OPERATIVOS EN RED LIBRES Y PROPIETARIOS. REDES HETEROGÉNEAS

Contenidos

7.1. UTILIZACIÓN DE REDES HETEROGÉNEAS

Nos ocuparemos aquí de apartados tan importantes en la administración de redes heterogéneas como la seguridad en redes, la utilización de Terminal Server, la nueva tecnología de clusters para redes heterogéneas y las redes virtuales.

7.2. SEGURIDAD EN REDES HETEROGÉNEAS

Windows Server incorpora características de seguridad cuya implementación y administración hace más seguro el trabajo con tecnologías de la información. Las tecnologías de seguridad de este sistema operativo pueden clasificarse así:

- Tecnologías para la mitigación de vulnerabilidades y amenazas:

    — En este apartado se incluyen Firewall de Windows, Firewall de Windows con seguridad avanzada, protección antivirus, prevención de ejecución de datos, suplantación de identidad (*Phishing*) y Windows Defender y la protección contra Spyware.

- Tecnologías de administración y evaluación de configuraciones seguras:

    — En este grupo de tecnologías se incluyen el Administrador de autorización, Auditoría de seguridad, Asistente para configuración de seguridad, Directivas de restricción de software y Configuración y análisis de seguridad.

- Tecnologías de identidad y control de acceso:

    — En este grupo se incluyen las Tarjetas inteligentes, Autorización y control de acceso, Cifrado de unidad BitLocker Administración del Módulo de plataforma segura y Sistema de cifrado de archivos.

Por otra parte, cada función del servidor requiere una configuración de seguridad específica, según el escenario de implementación y los requisitos de infraestructura. La documentación de cada función de servidor contiene información de configuración de la seguridad y otras consideraciones de seguridad.

7.3. TECNOLOGÍAS PARA LA MITIGACIÓN DE VULNERABILIDADES Y AMENAZAS

Se trata de tecnologías que proporcionan defensas por niveles contra amenazas e intrusiones de software malintencionado mediante una estrategia de prevención, aislamiento y recuperación. Esta colección de tecnologías ofrece documentación y recursos para productos y tecnologías que ayudan a proteger clientes, servidores de aplicaciones y el perímetro de la red contra malware, como spyware, rootkits y virus.

Mediante *Inicio → Panel de control → Seguridad* obtenemos la Figura 7-1 que da acceso a herramientas de seguridad como Firewall de Windows, Windows Defender y Cfrado de unidad BitLocker.

7.3.1. Firewall de Windows

Firewall de Windows es una herramienta que puede ayudar a impedir que piratas informáticos o software malintencionado (como gusanos) obtengan acceso al equipo a través de una red o internet. Un firewall también puede ayudar a impedir que el equipo envíe software malintencionado a otros equipos. Para *activar y desactivar Firewall de Windows*, haga clic en *Inicio → Panel de control → Seguridad → Firewall de Windows* para abrir Firewall de Windows (Figura 7-2). Haga clic en *Activar o desactivar Firewall de Windows* en el panel de la derecha de la Figura 7-2 o alternativamente en *Cambiar la configuración*. Si se solicita una contraseña de administrador o una confirmación, escriba la contraseña o proporcione la confirmación. En la Figura 7-3 haga clic en *Activado (recomendado)* y, a continuación, en *Aceptar*. Si desea que el firewall lo bloquee todo, incluidos los programas seleccionados en la ficha *Excepciones*, active la casilla *Bloquear todas las conexiones entrantes*. Si desea desactivar el Firewall de Windows, haga clic en *Desactivado (no recomendado)* y, a continuación, en *Aceptar*.

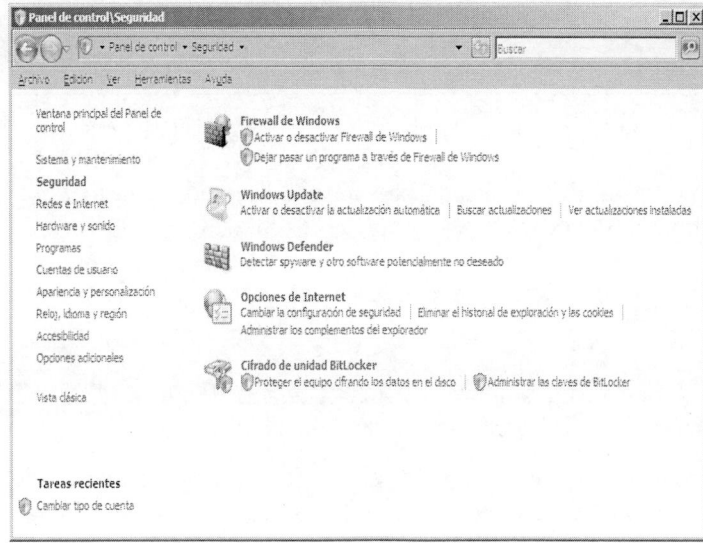

Figura 7-1

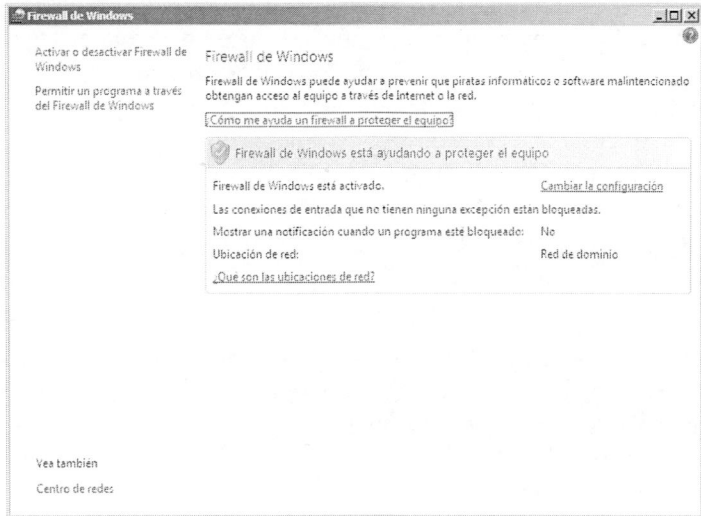

Figura 7-2

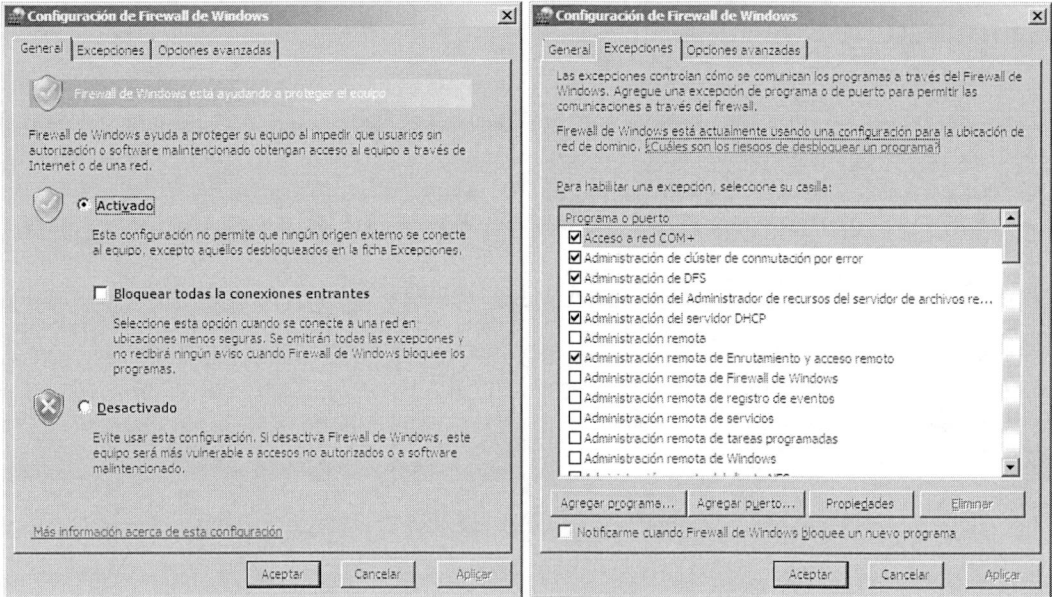

Figura 7-3   Figura 7-4

No debe desactivar Firewall de Windows si no tiene habilitado otro Firewall. La desactivación de Firewall de Windows podría provocar que el equipo (y la red, dado el caso) sean más vulnerables a los daños ocasionados por ataques de gusanos o piratas informáticos. Si el equipo está conectado a una red, es probable que la configuración de directivas de red le impida completar la activación y desactivación.

Existen tres opciones de configuración en la ficha *General* de Firewall de Windows (Figura 7-3). A continuación, se describen sus funciones y cuándo deben usarse:

1. *Activado (recomendado)*. Esta opción está activada de forma predeterminada. Cuando Firewall de Windows está activado, se bloquea la comunicación a través del firewall para la mayoría de los programas. Si desea desbloquear un programa, podrá agregarlo a la lista *Excepciones* (en la ficha *Excepciones* de la Figura 7-4).

2. *Bloquear todas las conexiones entrantes*. Con esta opción se bloquean todos los intentos de conexión al equipo no solicitado. Esta opción se usa cuando se necesita la máxima protección en un equipo; por ejemplo, al conectarse a una red pública en un hotel o un aeropuerto, o cuando hay un gusano que se está extendiendo por los equipos a través de internet. Con esta opción no se le avisa cuando Firewall de Windows bloquea programas y se omiten los programas que figuran en la lista *Excepciones*. Si selecciona *Bloquear todas las conexiones entrantes*, aún puede ver la mayoría de las páginas web, así como enviar y recibir mensajes de correo electrónico y mensajes instantáneos.

3. *Desactivado (no recomendado)*. No use esta opción a menos que se ejecute otro firewall en el equipo. La desactivación de Firewall de Windows podría provocar que el equipo (y la red, dado el caso) sean más vulnerables a daños ocasionados por ataques de piratas informáticos y software malintencionado (como los gusanos).

Si algunas opciones de firewall no están disponibles y el equipo está conectado a un dominio, puede que el administrador controle esas opciones a través de la directiva de grupo.

Si Firewall de Windows está bloqueando un programa y desea permitir que ese programa se comunique a través del firewall, normalmente podrá hacerlo seleccionando el programa en la ficha *Excepciones* de Firewall de Windows (Figura 7-4). Sin embargo, si el programa no aparece en la lista de la ficha Excepciones ni se puede agregar con el botón *Agregar programa*, es posible que deba abrir (agregar) un puerto. Por ejemplo, si desea jugar en red, es posible que deba abrir un puerto para el programa de juego, de manera que el firewall permita que la información del juego llegue a su equipo. A diferencia de una excepción, en la que sólo permanece abierto durante el tiempo necesario, el puerto se mantiene abierto permanentemente. Por lo tanto, deberá asegurarse de cerrar los puertos que ya no necesite.

Para *dejar pasar un programa y abrir un puerto en Firewall de Windows* se tendrá en cuenta lo siguiente:

1. Haga clic en *Inicio → Panel de control → Seguridad → Firewall de Windows* para abrir Firewall de Windows (Figura 7-2).

2. Haga clic en *Permitir que un programa se comunique a través de Firewall de Windows* en el panel de la derecha de la Figura 7-2.

3. Haga clic en *Agregar puerto* en la Figura 7-4. Se obtiene la Figura 7-5.

4. En el cuadro *Nombre*, escriba un nombre que le ayude a recordar para qué se usa el puerto.

5. En el cuadro *Número de puerto*, escriba el número del puerto.

6. Haga clic en *TCP* o en *UDP*, según el protocolo.

7. Para cambiar el ámbito del puerto, haga clic en *Cambiar ámbito* y, a continuación, en la opción que desea usar (Figura 7-6). Por "ámbito" entendemos el conjunto de equipos que pueden usar el puerto abierto.

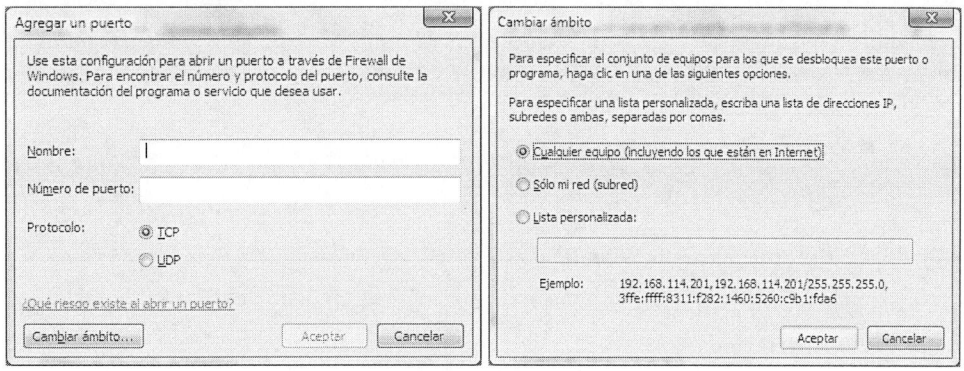

Figura 7-5   Figura 7-6

Cuando crea una excepción o abre un puerto en un firewall, está permitiendo que un programa determinado envíe a través del firewall información procedente de su equipo o destinada a éste. Permitir que un programa se comunique a través de un firewall (lo que en ocasiones se denomina desbloqueo) es como abrir una puertecita en el firewall. Cada vez que crea una excepción o abre un puerto para que un programa se comunique a través de un firewall, el equipo queda algo menos protegido. Cuanto mayor sea el número de excepciones o puertos abiertos en el firewall, más oportunidades tendrán los piratas informáticos o el software malintencionado de usar alguna de esas aperturas para propagar un gusano, obtener acceso a archivos o utilizar el equipo para propagar software malintencionado a otros equipos. Por lo general, resulta más seguro crear una excepción de programa que abrir un puerto. Si abre un puerto, se mantiene abierto hasta que lo cierre, independientemente de si lo usa o no un programa. Si crea una excepción, la "puerta" se abrirá únicamente cuando es necesario para una comunicación determinada. Para ayudar a reducir riesgos para la seguridad sólo debe crear una excepción o abrir un puerto cuando sea realmente preciso, y quitar las excepciones o cerrar los puertos que ya no necesite. Además, no cree nunca una excepción ni abra un puerto para un programa que no reconozca.

Muchos juegos le permiten jugar partidas de varios jugadores con otras personas en internet. Para ello, los programas de juego necesitan intercambiar grandes cantidades de datos entre su equipo y los equipos del resto de jugadores. Estos datos entran y salen del equipo a través de un pasillo que se denomina puerto. Para que los juegos intercambien datos, debe abrirse el puerto correcto en cada equipo que esté participando en el juego. Algunos juegos se conectan al puerto correcto automáticamente, pero muchos juegos exigen que abra el puerto manualmente para que el juego funcione. Si hay una serie de juegos de varios jugadores que parece que no funcionan a través de internet o en una red, es posible que el firewall o el servidor proxy estén bloqueando el puerto que el juego utiliza. Intente comprobar la información suministrada con el juego para ver si necesita tener un puerto específico abierto para jugar o compruebe cuidadosamente si hay algún mensaje de error.

Como los firewalls pueden restringir la comunicación entre el equipo e internet, puede que tenga que *cambiar la configuración del firewall para utilizar la Asistencia remota de Windows*. Los pasos son los siguientes:

1. Haga clic en *Inicio → Panel de control → Seguridad → Firewall de Windows* para abrir Firewall de Windows (Figura 7-2).

2. Haga clic en *Permitir un programa a través del Firewall de Windows*.

3. En *Excepciones* (Figura 7-4), seleccione la casilla de verificación situada junto a *Asistencia remota* y, a continuación, haga clic en *Aceptar*.

Como Firewall de Windows restringe la comunicación entre el equipo e internet, puede que tenga que *cambiar la configuración de Conexión a Escritorio remoto* para que funcione correctamente. Los pasos son los siguientes:

1. Haga clic en *Inicio → Panel de control → Seguridad → Firewall de Windows* para abrir Firewall de Windows (Figura 7-2).

2. Haga clic en *Permitir un programa a través del Firewall de Windows*.

3. En *Programa o puerto* (Figura 7-4), active la casilla junto a *Escritorio remoto* y, a continuación, pulse en *Aceptar*.

Si ha cambiado opciones de Firewall de Windows y desea deshacer los cambios, podrá *restaurar la configuración de firewall original* (predeterminada). Para ello:

1. Haga clic en *Inicio → Panel de control → Seguridad → Firewall de Windows* para abrir Firewall de Windows (Figura 7-2).

2. Haga clic en *Cambiar la configuración*. Si se solicita una contraseña de administrador o una confirmación, escriba la contraseña o proporcione la confirmación.

3. Haga clic en la ficha *Opciones avanzadas* (Figura 7-7) y, a continuación, en *Restaurar valores predeterminados*.

CAPÍTULO 7. INTEGRACIÓN DE SISTEMAS OPERATIVOS EN RED LIBRES Y PROPIETARIOS. REDES HETEROGÉNEAS 295

Cuando se restaura la configuración predeterminada, se quitan todos los cambios realizados en la configuración de Firewall de Windows hasta ese momento para todos los tipos de ubicación de red. Esto puede provocar que los programas a los que haya permitido la comunicación a través del firewall dejen de funcionar.

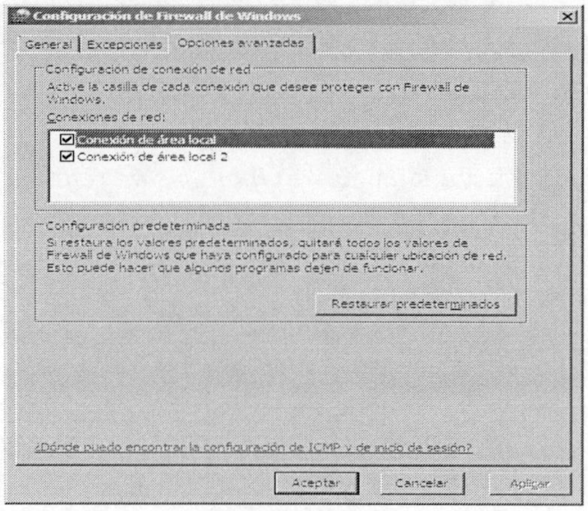

Figura 7-7

Los botones del apartado *Conexiones de red* de la Figura 7-7 permite establecer la protección de Firewall de Windows para las conexiones de red de área local.

7.3.2. Firewall de Windows con seguridad avanzada

Firewall de Windows con seguridad avanzada se ejecuta en cada equipo en el que se ejecuta Windows Server y proporciona protección local contra los ataques de red que puedan pasar a través de la red perimetral u originarse dentro de la organización. También proporciona seguridad de conexión entre equipos que permite requerir la autenticación y la protección de los datos para las comunicaciones. Firewall de Windows con seguridad avanzada permite solicitar o requerir que los equipos se autentiquen unos a otros antes de comunicarse y que usen integridad de datos o cifrado de datos en la comunicación.

Firewall de Windows con seguridad avanzada usa dos conjuntos de reglas para configurar el modo en que responde al tráfico entrante y saliente. Las reglas de firewall determinan qué tráfico se permite o se bloquea. Las reglas de seguridad de conexión determinan el modo en que se asegura el tráfico entre este equipo y otros equipos. Estas reglas, junto con otras configuraciones, pueden aplicarse con un perfil de firewall, que se aplica en función de si el equipo está conectado. También puede supervisar las reglas y las actividades del firewall.

7.3.3. Prevención de ejecución de datos

La *Prevención de ejecución de datos* DEP (*Data Execution Prevention*) es una característica de seguridad que ayuda a impedir daños en el equipo producidos por virus y otras amenazas a la seguridad. Los programas perjudiciales pueden intentar atacar Windows mediante la ejecución de código desde ubicaciones de la memoria del sistema reservadas para Windows y otros programas autorizados. Estos tipos de ataques pueden dañar los programas y los archivos. DEP puede ayudar a proteger el equipo mediante la supervisión de los programas para garantizar que utilizan la memoria del sistema de forma segura. Si DEP advierte que un programa del equipo usa la memoria de forma incorrecta, lo cierra y envía una notificación al usuario.

1. Para configurar la prevención de ejecución de datos se tendrá en cuenta lo siguiente:

2. Haga clic en *Inicio → Panel de control → Sistema y mantenimiento → Sistema para abrir Sistema* (Figura 7-9).

3. Haga clic en *Configuración avanzada del sistema en el panel de tareas situado en la parte izquierda.*

4. Se obtiene la pantalla *Propiedades del sistema* (Figura 7-10).

5. En *Rendimiento de la ficha Opciones avanzadas* de la pantalla *Propiedades del sistema*, haga clic en *Configuración*. Se obtiene la pantalla *Opciones de rendimiento*.

6. Haga clic en la ficha *Prevención de ejecución de datos* y, a continuación, haga clic en *Activar DEP para todos los programas y servicios excepto los que seleccione*

Para *desactivar DEP en un programa individual,* active la casilla situada junto al programa en el que desea desactivar DEP y, a continuación, haga clic en *Aceptar*. Si el programa no aparece en la lista, pulse en *Agregar*, busque la carpeta *Archivos de programa,* localice el archivo ejecutable del programa y, luego, haga clic en *Abrir*. Para *activar DEP en un programa individual,* desactive la casilla situada junto al programa en el que desea activar DEP y, por último, haga clic en *Aceptar*.

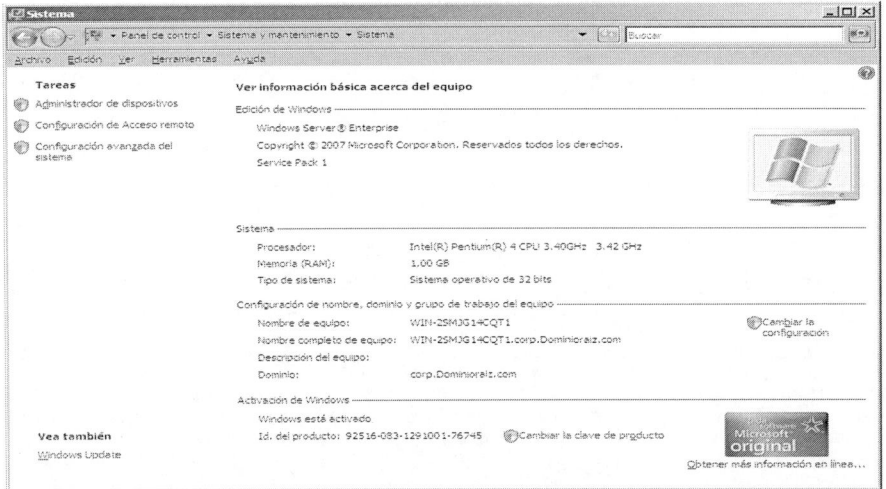

Figura 7-9

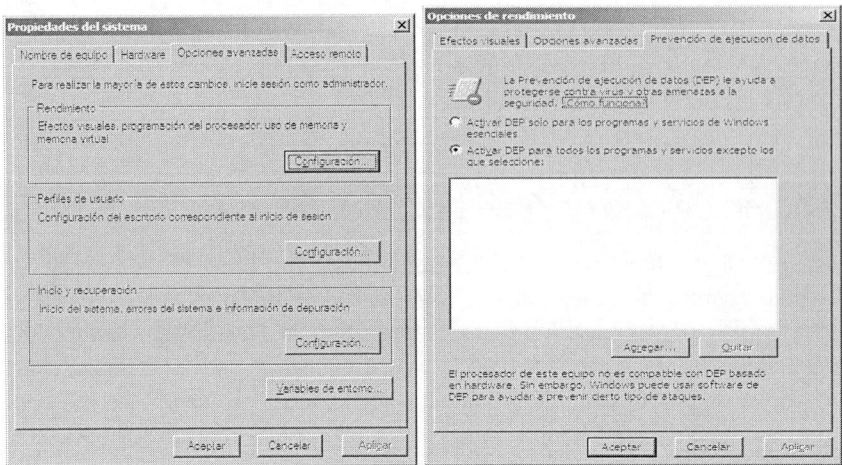

Figura 7-10   Figura 7-11

7.3.4. Windows Defender y la protección contra spyware

Windows Defender es el programa antispyware que incorpora Windows. El spyware es un software espía que suele mostrar anuncios emergentes, recopilar información sobre el usuario o cambiar la configuración del equipo sin consentimiento del usuario. Es muy importante ejecutar software antispyware siempre que utilice el equipo. El spyware y otro software no deseado pueden intentar instalarse en su PC cuando se conecte a internet. También pueden infectar el equipo al instalar un programa de un CD, un DVD u otros medios extraíbles. El software malintencionado o potencialmente no deseado también puede programarse para ejecutarse a horas inesperadas, no sólo al instalarse.

Existen posibilidades de que tenga algún tipo de spyware en su equipo si observa nuevas barras de herramientas, vínculos o favoritos que usted no ha agregado intencionadamente al explorador web o también si la página principal, el puntero del ratón o los programas de búsqueda cambian de forma inesperada. Otro síntoma de spyware es el hecho de que al escribir la dirección de un sitio web aparece la página de otro sitio web sin previo aviso. También hay riesgo de presencia de spyware si aparecen ventanas emergentes incluso sin estar conectado internet o si de repente, el rendimiento de su PC es más lento de lo normal. Incluso es posible que haya spyware en su equipo, aunque no vea ningún síntoma. Este tipo de software puede recopilar información acerca de usted y de su equipo sin su conocimiento o consentimiento.

Para proteger la seguridad del equipo, es muy recomendable ejecutar Windows Defender u otro programa antispyware en todo momento. En Windows Defender, puede realizar un análisis rápido del equipo o un análisis completo del sistema. Si sospecha que algún spyware ha infectado alguna zona concreta de su equipo, puede personalizar un análisis seleccionando sólo las unidades y las carpetas que desea analizar. En un análisis rápido se analizan las secciones del disco duro del equipo que suelen infectarse más comúnmente con spyware. En un análisis completo, se comprueban todos los archivos del disco duro y los programas que se están ejecutando, pero es posible que las operaciones se vean ralentizadas hasta que termine el análisis. Le recomendamos que realice un análisis rápido diariamente. Si sospecha que algún spyware ha infectado su equipo, lleve a cabo un análisis completo del sistema.

Para realizar un análisis rápido del equipo haga clic en *Inicio → Panel de control → Seguridad → Windows Defender* (Figura 7-1) para abrir Windows Defender. A continuación, haga clic en la flecha hacia abajo situada a la izquierda de la opción *Examinar* y elija *Examen rápido* (Figura 7-12). Comienza el examen rápido de los ficheros del equipo para detectar si existe software spyware (Figura 7-13). Finalizado el examen se obtienen las estadísticas del análisis (Figura 7-14).

Para *realizar un análisis de todo el equipo*, haga clic en *Inicio → Panel de control → Seguridad → Windows Defender* para abrir Windows Defender. A continuación, haga clic en la *flecha abajo* situada al lado del botón *Examinar* y, luego, pulse en *Examen completo* en la Figura 7-12. Si se solicita una contraseña de administrador o una confirmación, escriba la contraseña o proporcione la confirmación.

También es posible seleccionar las ubicaciones específicas que desea analizar con Windows Defender. No obstante, si se detecta software potencialmente no deseado o software malintencionado, Windows Defender realizará un análisis rápido para que los elementos detectados se puedan quitar, si es necesario, de las otras ubicaciones del equipo.

Para analizar sólo algunas partes específicas del equipo (análisis personalizado) haga clic en *Inicio → Panel de control → Seguridad → Windows Defender* para abrir Windows Defender. Haga clic en la flecha abajo situada al lado del botón *Examinar* y, a continuación, pulse en *Examen personalizado*

(Figura 7-12). Si se solicita una contraseña de administrador o una confirmación, escriba la contraseña o proporcione la confirmación.

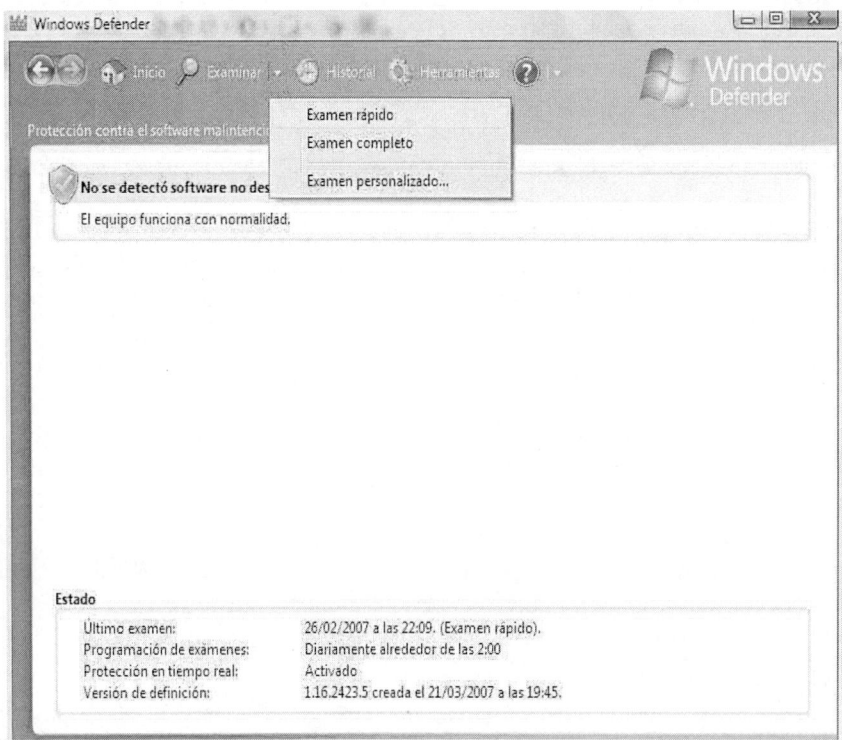

Figura 7-12

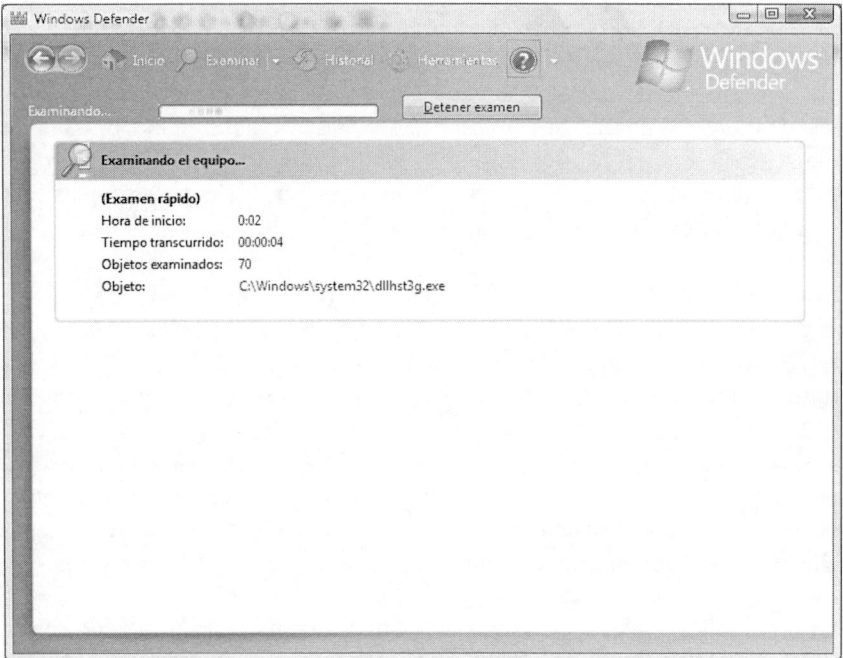

Figura 7-13

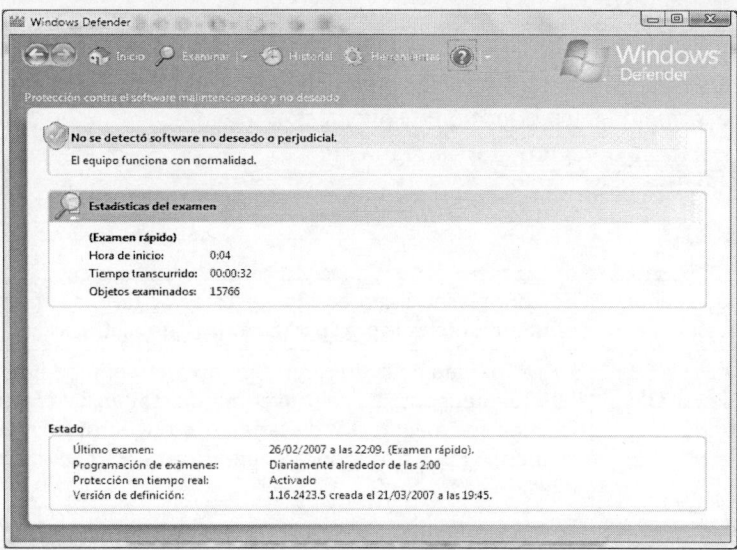

Figura 7-14

En la Figura 7-15 haga clic en *Examinar en las unidades y carpetas seleccionadas* y, a continuación, pulse en *Seleccionar*. Seleccione las unidades y carpetas que desea analizar y haga clic en *Aceptar*.

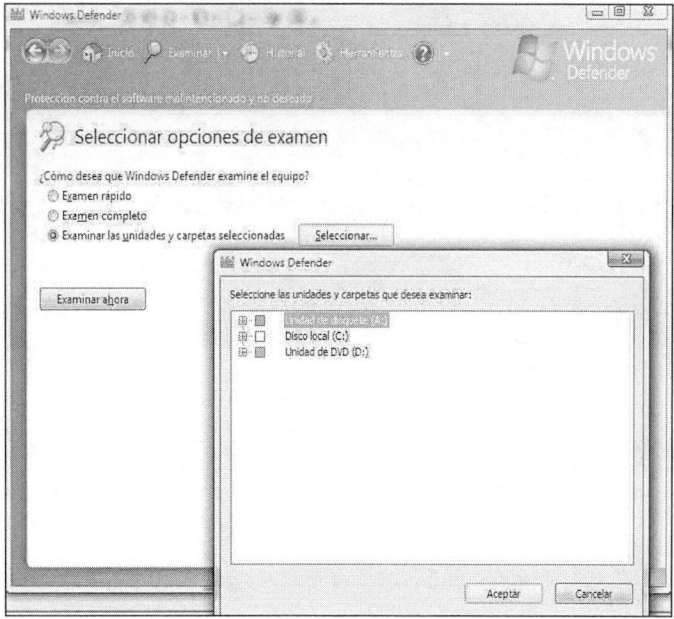

Figura 7-15

7.4. TECNOLOGÍAS DE IDENTIDAD Y CONTROL DE ACCESO

Estas tecnologías incluyen un modo centralizado de administrar credenciales para permitir que sólo los usuarios legítimos tengan acceso a los dispositivos, a las aplicaciones y a los datos.

7.4.1. Tarjetas inteligentes

Las tarjetas inteligentes ofrecen una forma difícil de manipular y portátil para proporcionar soluciones de seguridad para tareas como la autenticación de clientes, el inicio de sesión en dominios, la firma de código y el correo electrónico seguro. En la siguiente tabla se proporciona información adicional acerca de las tarjetas inteligentes.

Temas	Descripciones
Consideraciones de hardware y software	Las tarjetas inteligentes y los lectores de tarjetas inteligentes requieren una compra, instalación y administración adicionales
Instalación de la tecnología de tarjetas inteligentes en Windows	La posibilidad de configurar Windows Server mediante una tarjeta inteligente es un proveedor de credenciales integrado. La instalación del lector de tarjetas inteligentes debe hacerse siguiendo las instrucciones del fabricante. Es necesaria la emisión de un certificado
Administración de tarjetas inteligentes	La administración se lleva a cabo mediante la inscripción de certificados, la directiva del grupo y las herramientas de administración proporcionadas por el fabricante del hardware

7.4.2. Autorización y control de acceso

El control de acceso es el proceso de autorizar a los usuarios, grupos y equipos el acceso a los objetos para los que puede establecer permisos en el equipo o en la red. En la siguiente tabla se proporciona información adicional acerca del control de acceso y autorización.

Temas	Descripciones
Consideraciones de hardware y software para usar el control de acceso	Para administrar el control de acceso y la autorización en el dominio, es necesario ser administrador de dominio. Para administrar el control de acceso en el equipo local, debe ser un administrador en ese equipo o tener los derechos adecuados para el objeto
Instalación del control de acceso	El control de acceso y la autorización son componentes integrados en Windows Server; sin embargo, para administrarlos en un dominio, es necesario instalar y configurar la función de servidor AD DS y GPMC.
Administración del control de acceso	Para administrar el control de acceso y la autorización en un dominio, puede usar las herramientas de Active Directory y la directiva de grupo. Para administrar el control de acceso y la autorización en el equipo local, puede usar *Usuarios y grupos locales* y el *Editor de directivas de grupo local*

7.4.3. Cifrado de unidad BitLocker

El cifrado de unidad BitLocker de Windows es una característica de protección de datos disponible en Windows para equipos cliente y en Windows Server. BitLocker mejora la protección de datos combinando el cifrado de una unidad completa con la comprobación de integridad de los componentes de arranque. En la siguiente tabla se proporciona información adicional acerca de BitLocker.

Temas	Descripciones
Consideraciones de hardware y software para BitLocker	A continuación se indican los requisitos para usar BitLocker: Un equipo en el que se ejecute Windows o Windows Server. Un microchip del Módulo de plataforma segura (TPM) operativo, versión 1.2 o un dispositivo USB extraíble y protegido. BIOS compatible con Trusted Computing Group (TCG). Dos particiones de unidad NTFS, una para el volumen del sistema y otra para el volumen del sistema operativo. Una configuración de BIOS que inicie el equipo primero desde la unidad de disco duro, no desde las unidades USB o CD.
Instalación de BitLocker	BitLocker se instala ejecutando el Asistente para agregar características en el Administrador del servidor (capítulo 4). Es necesario realizar un reinicio para completar la instalación.
Administración de BitLocker	Con TPM, agregue el complemento Administración de TPM a MMC. Sin TPM, es necesaria una clave de inicio de USB extraíble.

El cifrado de unidad BitLocker se activa y desactiva mediante *Inicio → Panel de control → seguridad → Cifrado de unidad BitLocker* (Figura 7-16).

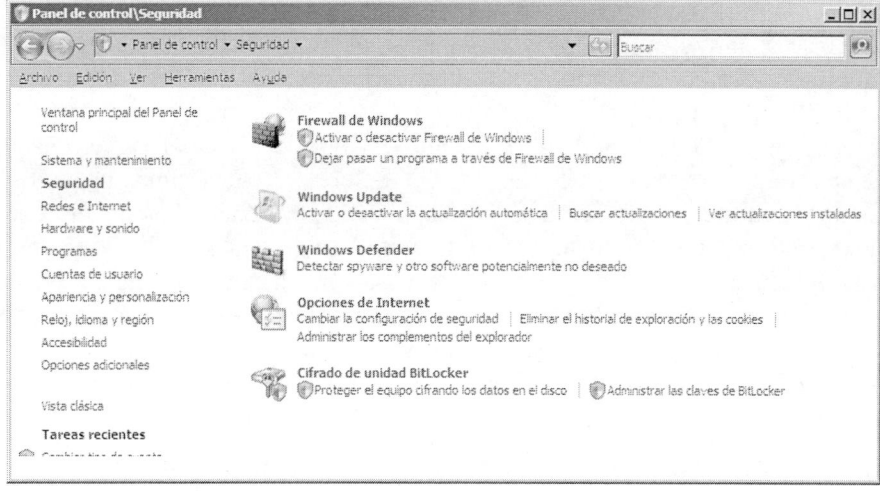

Figura 7-16

La activación del cifrado de unidad BitLocker (BitLocker) protege todos los archivos almacenados en la unidad en la que está instalado Windows. A diferencia del Sistema de cifrado de archivos (EFS), que le permite cifrar archivos específicos, BitLocker cifra toda la unidad del sistema, incluidos los archivos de sistema de Windows necesarios para el inicio del equipo y el inicio de sesión. Puede iniciar sesión y trabajar normalmente con los archivos, pero BitLocker puede ayudar a evitar que los piratas informáticos obtengan acceso a los archivos de sistema que necesitan para averiguar su contraseña; también pueden obtener acceso al disco duro si lo instala en otro equipo. BitLocker sólo puede proteger archivos que están almacenados en la unidad en que está instalado Windows. Si los almacena en otras unidades, podrá protegerlos con EFS. Cuando se agregan archivos nuevos a la unidad con BitLocker, éste los cifra de manera automática. Los archivos solamente permanecerán cifrados si se almacenan en la unidad cifrada. Los archivos que se copien en otra unidad u otro equipo quedarán descifrados. Si comparte archivos con otros usuarios, por ejemplo, a través de una red, los archivos estarán cifrados mientras estén almacenados en la unidad cifrada, pero los usuarios autorizados podrán obtener acceso a ellos normalmente. Durante el inicio del equipo, si BitLocker detecta un problema del sistema que pueda suponer un riesgo para la seguridad (como errores de disco, cambios en el BIOS o cambios en los archivos de inicio), bloqueará la unidad y solicitará una contraseña especial de recuperación de BitLocker para desbloquearla. Asegúrese de crear esta contraseña de recuperación la primera vez que active BitLocker; de lo contrario, podría perder acceso a los archivos de forma permanente. Se puede desactivar BitLocker en cualquier momento, tanto temporalmente, deshabilitándolo, como permanentemente, descifrando la unidad.

7.5. SERVIDORES DE TERMINAL SERVER

Un servidor de *Terminal Server* es el servidor que hospeda programas basados en Windows o todo el escritorio de Windows para clientes de la función de servidor *Terminal Services*. Este tipo de servidores y funciones de servidor permiten administrar redes heterogéneas.

Los usuarios pueden conectarse a un servidor de Terminal Server para ejecutar programas, guardar archivos y usar los recursos de red de dicho servidor. Los usuarios pueden obtener acceso a un servidor de Terminal Server mediante Conexión a Escritorio remoto o programas de RemoteApp.

Los programas de RemoteApp son programas a los que se accede de forma remota mediante Terminal Services y se comportan como si se ejecutaran en el equipo local del usuario final. Los usuarios pueden ejecutar los programas de RemoteApp al lado de sus programas locales. Si un usuario ejecuta más de un programa de RemoteApp del mismo servidor de Terminal Server, los programas de RemoteApp compartirán la misma sesión de Terminal Services. Esta funcionalidad conserva las sesiones de usuario y permite una conexión más rápida a cada programa adicional de RemoteApp que está en el mismo servidor. Con Administrador de RemoteApp de TS (Terminal Server), puede crear paquetes de Windows Installer (paquetes *.msi*) o archivos *.rdp* y luego distribuir los paquetes en toda la organización. O bien, si desea que los usuarios puedan tener acceso a los programas de RemoteApp a través de web, puede implementar los programas de RemoteApp en un sitio web con Acceso web de TS. RemoteApp de TS puede reducir la complejidad y la carga administrativa en muchas situaciones, incluidas las siguientes:

- Sucursales donde puede haber un soporte local de TI limitado y un ancho de banda de red limitado.

- Situaciones en las que los usuarios necesitan obtener acceso a aplicaciones de forma remota.

- Implementación de aplicaciones de línea de negocios (LOB), especialmente aplicaciones LOB personalizadas.

- Entornos como los espacios de trabajo "hot desk" o "hoteling", en los que los usuarios no tienen equipos asignados.

- Implementación de múltiples versiones de una aplicación, especialmente si la instalación de varias versiones localmente puede ocasionar conflictos.

Cuando un usuario obtiene acceso a un programa de un servidor de Terminal Server, la ejecución del programa se produce en el servidor. Sólo se transmite a través de la red la información de teclado, ratón y pantalla. Cada usuario ve únicamente su sesión individual. La sesión se administra con transparencia en el sistema operativo del servidor y es independiente de cualquier otra sesión de cliente.

Si implementa un programa en un servidor de Terminal Server en lugar de hacerlo en cada dispositivo, obtendrá muchas ventajas. Las más importantes son las siguientes:

- Es posible implementar rápidamente programas basados en Windows en dispositivos informáticos de toda una empresa. Terminal Services resulta especialmente útil cuando se tienen programas que se actualizan con frecuencia, se usan con poca frecuencia o son difíciles de administrar.

- Terminal Services puede reducir considerablemente la cantidad de ancho de banda necesaria para tener acceso a aplicaciones remotas.

- Con Terminal Services los usuarios pueden obtener acceso a programas que se ejecutan en un servidor de Terminal Server desde dispositivos como equipos domésticos, quioscos, hardware de baja potencia y sistemas operativos distintos de Windows.

- Terminal Services proporciona un mejor rendimiento de los programas para los trabajadores de sucursales que necesitan tener acceso a almacenes de datos centralizados. Algunas veces, los programas que manejan muchos datos no tienen protocolos de cliente/servidor optimizados para conexiones de baja velocidad. Los programas de este tipo suelen funcionar mejor a través de una conexión de Terminal Services que a través de la típica red de área extensa.

7.6. SERVICIOS DE FUNCIÓN TERMINAL SERVICES

La función de servidor Terminal Services consta de varios subcomponentes, denominados "servicios de función". En Windows Server, Terminal Services consta de los siguientes servicios de función:

- *Terminal Server*. Permite a un servidor hospedar programas basados en Windows o todo el escritorio de Windows. Los usuarios pueden conectarse a un servidor de Terminal Server para ejecutar programas, guardar archivos y usar los recursos de red de dicho servidor.

- *Acceso web de TS*. Permite a los usuarios obtener acceso a programas de RemoteApp y a una conexión de escritorio remoto con el servidor de Terminal Server a través de un sitio web.

- *Administrador de licencias TS*. Licencias de Terminal Services (Licencias de TS) administra las licencias de acceso de cliente de Terminal Services (TS CAL) que son necesarias para la conexión de cada dispositivo o usuario a un servidor de Terminal Server. Se usa Licencias de TS para instalar, emitir y supervisar la disponibilidad de TS CAL en un servidor de licencias de Terminal Services.

- *Puerta de enlace de TS*. Permite a los usuarios remotos autorizados conectarse a recursos de una red corporativa interna desde cualquier dispositivo conectado a internet.

- *Agente de sesión de TS*. Admite el equilibrio de carga de sesión entre los servidores de Terminal Server de un conjunto de servidores y la reconexión a una sesión existente en un conjunto de servidores de Terminal Server con equilibrio de carga.

- *Acceso web de TS* permite hacer que los programas de RemoteApp y una conexión de escritorio remoto al servidor de Terminal Server estén disponibles para los usuarios desde un explorador web. Con Acceso web de TS, los usuarios pueden visitar un sitio web (desde internet o desde una intranet) para obtener acceso a una lista de programas de RemoteApp disponibles. Cuando inician un programa de RemoteApp, se inicia una sesión de Terminal Services en el servidor de Terminal Server que hospeda el programa de RemoteApp. Al implementar Acceso web de TS, se puede especificar el servidor de Terminal Server que se usará como fuente de datos para rellenar la lista de programas de RemoteApp que aparece en la página web.

- *Administrador de licencias TS* administra las TS CAL que necesita cada usuario o dispositivo para conectarse a un servidor de Terminal Server. Se usa Licencias de TS para instalar, emitir y supervisar la disponibilidad de TS CAL en un servidor de licencias de Terminal Services. Para usar Terminal Services, debe tener como mínimo un servidor de licencias. Para las pequeñas implementaciones, es posible instalar el servicio de función Terminal Server y el servicio de función Licencias de TS en el mismo equipo. Para las implementaciones mayores, se recomienda instalar el servicio de función Licencias de TS en un equipo distinto al del servicio de función Terminal Server. Debe configurar Licencias de TS correctamente para que el servidor de Terminal Server continúe aceptando conexiones de clientes.

- *Puerta de enlace de TS* permite a los usuarios remotos autorizados conectarse a recursos de una red corporativa interna desde cualquier dispositivo conectado a internet. Los recursos de red pueden ser servidores de Terminal Server que ejecutan programas RemoteApp –que hospedan aplicaciones de línea de negocios (LOB)– o equipos con Escritorio remoto habilitado. Puerta de enlace de TS encapsula RDP por HTTPS para ayudar a establecer una co+++nexión cifrada segura entre los usuarios de internet y los recursos de la red interna en la que se ejecutan las aplicaciones importantes. La Puerta de enlace de TS presenta varias ventajas entre las que se encuentran las siguientes:

  — Permite a los usuarios remotos conectarse a recursos de una red interna a través de internet mediante una conexión cifrada, sin necesidad de configurar conexiones de red privada virtual (VPN).

  — Proporciona un modelo completo de configuración de seguridad que permite controlar el acceso a recursos específicos de la red interna. La Puerta de enlace de TS proporciona una conexión RDP punto a punto, en lugar de permitir a los usuarios remotos obtener acceso a todos los recursos de la red interna.

  — Asimismo, permite a los usuarios remotos conectarse a recursos de la red interna que están hospedados detrás de firewalls en redes privadas, atravesando traductores de direcciones de red (NAT). Con la Puerta de enlace de TS, no es necesario realizar una configuración adicional para el servidor o los clientes de la Puerta de enlace de TS en este escenario.

Antes de esta versión de Windows Server, las medidas de seguridad impedían que los usuarios remotos se conectaran a recursos de la red interna a través de firewalls y NAT. Esto se debía a que el puerto 3389, el puerto usado para las conexiones RDP, suele estar bloqueado por razones de seguridad de la red. La Puerta de enlace de TS transmite en su lugar el tráfico de RDP al puerto 443, usando un túnel HTTP de Seguridad de la capa de transporte (TLS) de Capa de sockets seguros. Dado que la mayoría de las corporaciones abren el puerto 443 para permitir la conectividad desde internet, la Puerta de enlace de TS aprovecha este diseño de red para proporcionar conectividad de acceso remoto a través de múltiples firewalls.

El Administrador de puerta de enlace de TS le permite configurar directivas de autorización para definir las condiciones que deben cumplirse para que los usuarios puedan conectarse a recursos de la red interna. Por ejemplo, puede especificar:

- Quién puede conectarse a recursos de la red (es decir, los grupos de usuarios que pueden conectarse).

- A qué recursos de la red interna (grupos de equipos) pueden conectarse los usuarios.

- Si los equipos cliente deben ser miembros de grupos de seguridad específicos de Active Directory.

- Si se permite la redirección de dispositivos y discos.

- Si los clientes deben usar autenticación con tarjeta inteligente o autenticación con contraseña, o si pueden usar cualquiera de estos métodos.

Puede configurar los servidores y clientes de Terminal Services de la Puerta de enlace de TS para usar Protección de acceso a redes (NAP) y para ampliar aún más la seguridad. NAP es una tecnología de creación, aplicación y corrección de directivas de mantenimiento incluida en Windows y Windows Server. Con NAP, los administradores de sistemas pueden aplicar directivas de mantenimiento que pueden incluir requisitos de software, requisitos de actualizaciones de seguridad, configuraciones de equipo obligatorias y otras configuraciones.

Puede usar un servidor de la Puerta de enlace de TS con Microsoft Internet Security and Acceleration (ISA) Server para ampliar la seguridad.

En este escenario, puede hospedar servidores de la Puerta de enlace de TS en una red privada en lugar de una red perimetral (también llamada subred filtrada) y hospedar ISA Server en la red perimetral. La conexión de Capa de sockets seguros (SSL) entre el cliente de Terminal Services e ISA Server puede finalizarse en ISA Server, que es para internet.

El Administrador de puerta de enlace de TS proporciona herramientas para ayudarle a supervisar el estado, el mantenimiento y los eventos de la conexión de la Puerta de enlace de TS. Con el Administrador de puerta de enlace de TS, puede especificar eventos (como intentos de conexión erróneos al servidor de la Puerta de enlace de TS) que desee supervisar para fines de auditoría.

El Agente de sesión de TS hace un seguimiento de las sesiones de usuario en un conjunto de servidores de Terminal Server con equilibrio de carga. La base de datos de Agente de sesión de TS almacena información sobre el estado de la sesión que incluye los identificadores de sesión, sus nombres de usuario asociados y el nombre del servidor donde reside cada sesión. Cuando un usuario con una sesión existente se conecta a un servidor de Terminal Server del conjunto de servidores con equilibrio de carga, el Agente de sesión de TS redirige al usuario al servidor de Terminal Server donde existe su sesión. Esto evita que el usuario se conecte a otro servidor del conjunto de servidores y se inicie una sesión nueva. Si la característica de Equilibrio de carga del Agente de sesión de TS está habilitada, el Agente de sesión de TS hace también el seguimiento del número de sesiones de usuario de cada servidor de Terminal Server del conjunto de servidores y redirige a los usuarios que no tienen una sesión existente al servidor que tiene menos sesiones. Esta funcionalidad le permite distribuir de forma homogénea la carga de sesiones entre los servidores de un conjunto de servidores de Terminal Server con equilibrio de carga.

7.7. CONFIGURACIÓN DE CONEXIONES DE TERMINAL SERVICES

7.7.1. Configuración de la seguridad para las conexiones de Terminal Services

De forma predeterminada, en las sesiones de Terminal Services se usa el cifrado RDP (Protocolo de escritorio remoto) nativo. Sin embargo, RDP no proporciona ningún mecanismo de autenticación para comprobar la identidad de un servidor de Terminal Server. Si desea mejorar la seguridad de las sesiones de Terminal Services, puede usar TLS (Seguridad de la capa de transporte) 1.0 para la autenticación del servidor y para cifrar las comunicaciones del servidor de Terminal Server. El equipo cliente y el servidor de Terminal Server deben estar configurados correctamente para que TLS mejore la seguridad.

Hay tres capas de seguridad disponibles:

Capa de seguridad	Descripción
SSL (TLS 1.0)	Se usará SSL (TLS 1.0) para la autenticación del servidor y para el cifrado de todos los datos que se transfieran entre el servidor y el cliente.
Negotiate	Éste es el valor predeterminado. Se usará la capa más segura que admita el cliente. Si se admite, se usará SSL (TLS 1.0). Si el cliente no admite SSL (TLS 1.0), se usará la capa de seguridad de RDP.
Capa de seguridad de protocolo de escritorio remoto (RDP)	En las comunicaciones entre servidor y cliente se usará el cifrado RDP nativo. Si selecciona la capa de seguridad de protocolo de escritorio remoto, no puede usar la Autenticación a nivel de red.

Para mejorar la seguridad del servidor de Terminal Server, puede proporcionar la autenticación de usuario en un punto anterior del proceso de conexión, cuando el cliente se conecta al servidor de Terminal Server. Este método de autenticación de usuario anticipado se conoce como Autenticación a nivel de red.

Cuando se usa SSL (TLS 1.0) para proteger la comunicación entre un cliente y un servidor de Terminal Server durante las conexiones RDP, se requiere un certificado para autenticar el servidor de Terminal Server. Puede seleccionar un certificado que haya instalado en el servidor de Terminal Server o puede usar el certificado autofirmado predeterminado. Para las conexiones de Terminal Services, el cifrado de datos puede proteger los datos al cifrarlos en el vínculo de comunicaciones entre el cliente y el servidor. El cifrado ayuda a protegerse contra la intercepción no autorizada de la transmisión en el vínculo entre el servidor y el cliente.

De manera predeterminada, las conexiones de Terminal Services se cifran en el nivel de seguridad más alto disponible (128 bits). Sin embargo, algunas versiones anteriores del cliente de Terminal Services no admiten este alto nivel de cifrado. Si este tipo de clientes antiguos están presentes en la red, puede establecer el nivel de cifrado de la conexión para que los datos se envíen y se reciban en el nivel de cifrado más alto que el cliente admita.

Para determinar el nivel de cifrado máximo que admite la versión de Conexión a Escritorio remoto que se ejecuta en el equipo, inicie Conexión a Escritorio remoto, haga clic en el icono de la esquina superior izquierda del cuadro de diálogo Conexión a Escritorio remoto y, a continuación, pulse en

Acerca de. Busque la frase "Intensidad máxima de cifrado" en el cuadro de diálogo Acerca de Conexión a Escritorio remoto. La versión 5.2 y las versiones posteriores de Conexión a Escritorio remoto admiten 128 bits de cifrado.

Existen cuatro niveles de cifrado:

Nivel de cifrado	Descripción
Compatible con FIPS	Este nivel cifra y descifra los datos enviados del cliente al servidor y del servidor al cliente por medio de métodos de cifrado validados por FIPS (Estándar federal de procesamiento de información) 140-1. Los clientes que no admiten este nivel de cifrado no se pueden conectar.
Alta	Este nivel cifra los datos enviados del cliente al servidor y del servidor al cliente por medio del cifrado de 128 bits. Use este nivel cuando el servidor de Terminal Server se ejecute en un entorno que contenga solamente clientes de 128 bits (como los clientes de Conexión a Escritorio remoto). Los clientes que no admitan este nivel de cifrado no podrán conectarse.
Cliente compatible	Éste es el valor predeterminado. Este nivel cifra los datos que se envían entre el cliente y el servidor con la intensidad de clave máxima que el cliente admita. Use este nivel cuando el servidor de Terminal Server se ejecute en un entorno donde haya clientes antiguos o diversos.
Baja	Este nivel cifra los datos que se envían del cliente al servidor por medio del cifrado de 56 bits. Los datos enviados del servidor al cliente no se cifran.

Para *definir la configuración de cifrado y autenticación del servidor para una conexión*, abra Configuración de Terminal Services mediante *Inicio → Herramientas administrativas →Terminal Server → Configuración de Terminal Server* (Figura 7-17). Se obtiene así la pantalla de Configuración de Terminal Services (Figura 7-18).

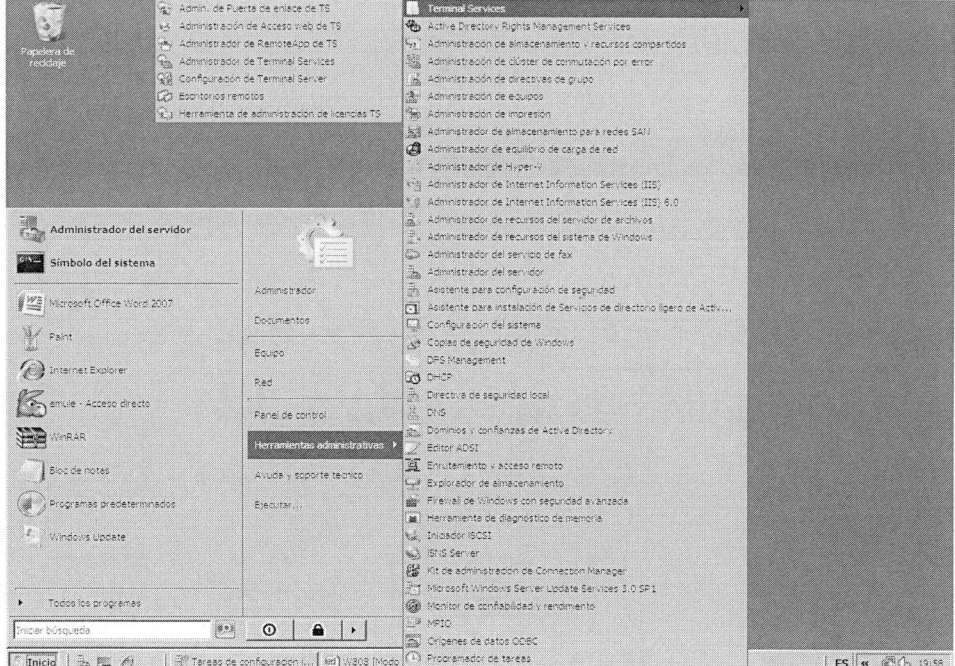

Figura 7-17

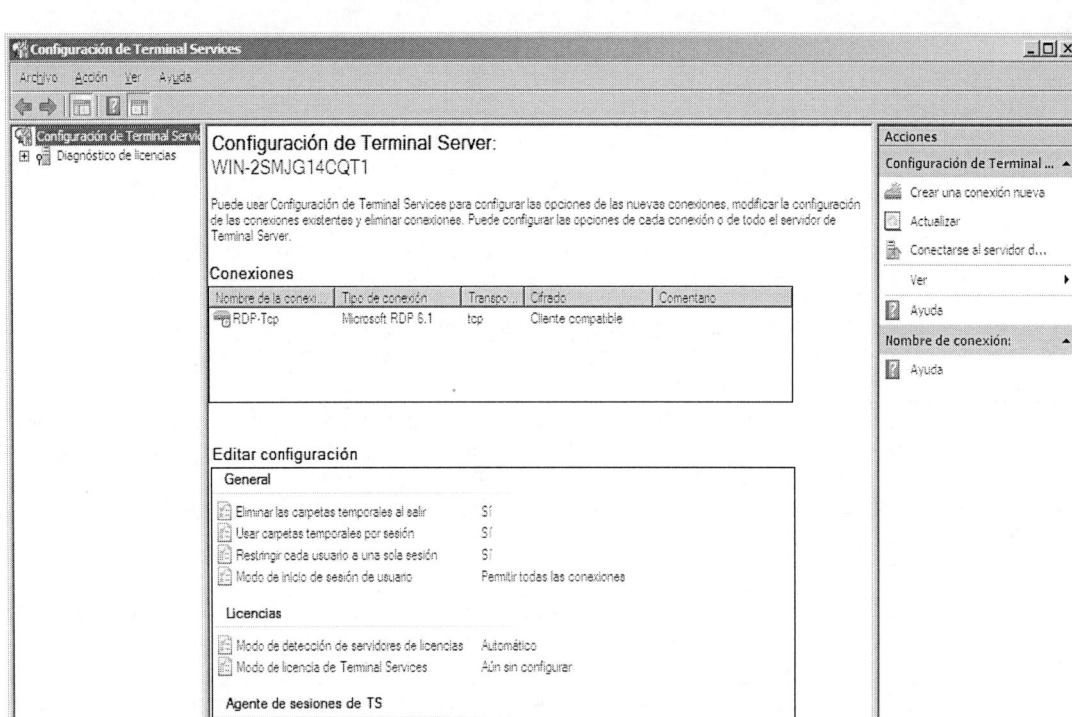

Figura 7-18

En *Conexiones*, haga clic con el botón secundario en el nombre de la conexión y, a continuación, en *Propiedades* (Figura 7-19). En el cuadro de diálogo *Propiedades de la conexión*, haga clic en la ficha *General* (Figura 7-20). Seleccione la configuración de cifrado y autenticación del servidor que corresponda a su entorno, según sus requisitos de seguridad y el nivel de seguridad que admitan los equipos cliente. Si elige SSL (TLS 1.0), seleccione un certificado que esté instalado en el servidor de Terminal Server o haga clic en *Predeterminado* para generar un certificado autofirmado. Si va a usar un certificado autofirmado, su nombre se mostrará como *Generado automáticamente*. Pulse en *Aceptar*.

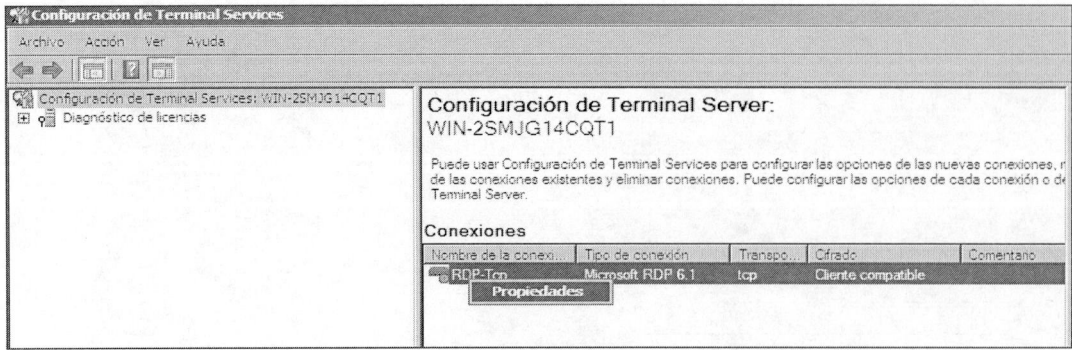

Figura 7-19

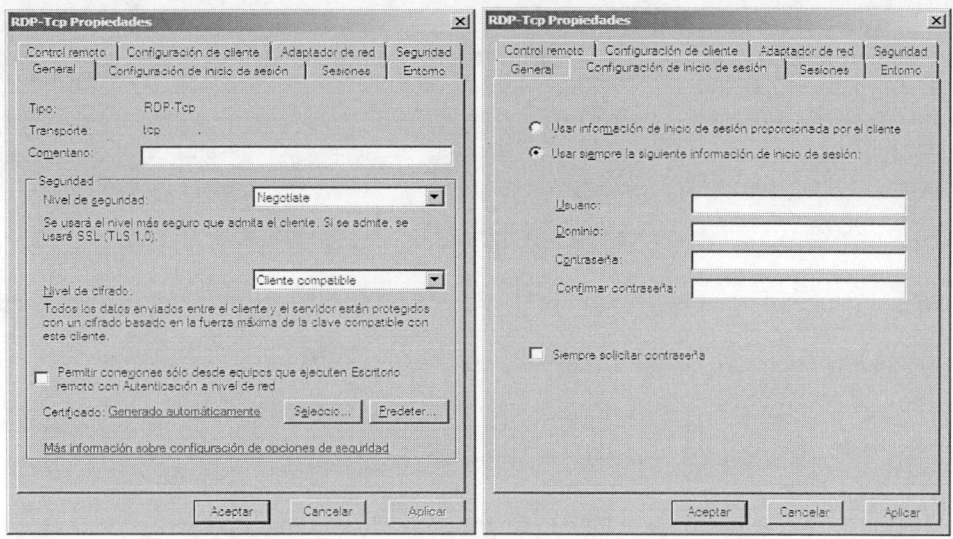

Figura 7-20   Figura 7-21

También puede definir la configuración de cifrado y autenticación del servidor aplicando las opciones de directiva de grupo: establecer el nivel de cifrado de conexión de cliente, requerir el uso de un nivel de seguridad específico para conexiones remotas (RDP), plantilla de certificado de autenticación de servidor y requerir la autenticación del usuario para las conexiones remotas mediante *Autenticación a nivel de red*. Estas opciones de configuración de directiva de grupo se encuentran en *Configuración del equipo\Plantillas administrativas\Componentes de Windows\Terminal Services\Terminal Server\Seguridad* y se puede configurar mediante el *Editor de directivas de grupo local* o la *Consola de administración de directivas de grupo* (GPMC).

Hay que tener en cuenta que estas opciones de directiva de grupo tienen prioridad sobre las configuradas en Configuración de Terminal Services, con la excepción de la opción de directiva *Plantilla de certificado de autenticación de servidor*.

Puede configurar el servidor de Terminal Server para que use FIPS como nivel de cifrado si aplica la opción de directiva de grupo *Criptografía de sistema: usar algoritmos que cumplan la norma FIPS para cifrado, firma y operaciones hash*. Esta opción de directiva de grupo se encuentra en *Configuración del equipo\Configuración de Windows\Configuración de seguridad\Directivas locales\Opciones de seguridad* y se puede configurar mediante el *Editor de directivas de grupo local* o la *Consola de administración de directivas de grupo* (GPMC). Tenga en cuenta que esta opción de directiva de grupo prevalecerá sobre la opción configurada en *Configuración de Terminal Services* y sobre la opción de directiva *Establecer el nivel de cifrado de conexión de cliente*.

Para mejorar la seguridad del servidor de Terminal Server, puede proporcionar la autenticación de usuario en un punto anterior del proceso de conexión, cuando el cliente se conecta al servidor de Terminal Server. Este método de autenticación de usuario anticipado se conoce como *Autenticación a nivel de red*.

La *Autenticación a nivel de red* es un nuevo método de autenticación que completa la autenticación del usuario antes de que se establezca una conexión a Escritorio remoto y de que aparezca la pantalla de inicio de sesión. Se trata de un método de autenticación más seguro que puede ayudar a proteger el equipo remoto de usuarios y software malintencionados. Sus ventajas son las siguientes:

- Inicialmente requiere menos recursos del equipo remoto. El equipo remoto usa un número limitado de recursos antes de autenticar al usuario, en lugar de iniciar una conexión completa al Escritorio remoto como en versiones anteriores.

- Puede ayudar a mejorar la seguridad al reducir el riesgo de los ataques por denegación de servicio.

- Para usar la Autenticación a nivel de red, deben cumplirse todos los requisitos siguientes:

- En el equipo cliente, usar como mínimo la versión 6.0 de Conexión a Escritorio remoto.

- En el equipo cliente, usar un sistema operativo, como Windows, que admita el protocolo CredSSP (Proveedor de compatibilidad con seguridad de credenciales).

- En el servidor de Terminal Server, usar Windows Server.

Para configurar la Autenticación a nivel de red para una conexión, abra Configuración de Terminal Services y en *Conexiones*, haga clic con el botón secundario en el nombre de la conexión y, luego, en *Propiedades* (Figura 7-19). En el cuadro de diálogo *Propiedades de la conexión*, haga clic en la ficha *General* y active la casilla *Permitir las conexiones sólo desde equipos que ejecuten Escritorio remoto con Autenticación a nivel de red* (Figura 7-20). Si la casilla *Permitir las conexiones sólo desde equipos que ejecuten Escritorio remoto con Autenticación a nivel de red* está activada y aparece atenuada, significa que la opción de directiva de grupo *Requerir la autenticación del usuario para las conexiones remotas mediante Autenticación a nivel de red* está habilitada y se ha aplicado al servidor de Terminal Server. Haga clic en *Aceptar*.

La *configuración de Autenticación a nivel de red para un servidor de Terminal Server* también se puede establecer de las maneras siguientes:

- Durante la instalación del servicio de función Terminal Server en el Administrador de servidores, en la página *Especificar método de autenticación para Terminal Server* del Asistente para agregar funciones.

- En la ficha *Acceso remoto* del cuadro de diálogo *Propiedades del sistema* de un servidor de Terminal Server. Si la casilla *Permitir las conexiones desde equipos que ejecuten cualquier versión de Escritorio remoto (menos seguro)* está activada y aparece atenuada, significa que la opción de directiva de grupo *Requerir la autenticación del usuario para las conexiones remotas mediante Autenticación a nivel de red* está habilitada y se ha aplicado al servidor de Terminal Server. Para configurar la Autenticación a nivel de red mediante la ficha *Acceso remoto* del cuadro de diálogo *Propiedades del sistema* de un servidor de Terminal Server, consulte *Cambiar la configuración de conexión remota*.

- Mediante la aplicación de la opción de directiva de grupo *Requerir la autenticación del usuario para las conexiones remotas mediante Autenticación a nivel de red*. Esta opción de configuración de directiva de grupo se encuentra en *Configuración del equipo\Plantillas administrativas\Componentes de Windows\Terminal Services\Terminal Server\Seguridad* y se puede configurar mediante el Editor de directivas de grupo local o la Consola de administración de directivas de grupo (GPMC). Tenga presente que la opción de configuración de directiva de grupo tendrá prioridad sobre la opción definida en Configuración de Terminal Services o en la ficha *Acceso remoto*.

Para determinar si un equipo ejecuta una versión de *Conexión a Escritorio remoto* compatible con la *Autenticación a nivel de red*, inicie *Conexión a Escritorio remoto*, haga clic en el icono de la esquina superior izquierda del cuadro de diálogo *Conexión a Escritorio remoto* y, a continuación, pulse en *Acerca de*. Busque la frase "Compatible con Autenticación a nivel de red" en el cuadro de diálogo *Acerca de Conexión a Escritorio remoto*.

Para conectarse al servidor de Terminal Server de manera remota, el usuario debe proporcionar credenciales para autenticarse y para que el servidor determine para qué acciones tienen autorización. De manera predeterminada, una conexión usa la información de inicio de sesión proporcionada por el usuario al usar *Conexión a Escritorio remoto* para conectarse al servidor de Terminal Server de forma remota. En lugar de emplear la información de inicio de sesión proporcionada por el cliente, puede especificar la información de inicio de sesión que desea que se use para la conexión en la ficha *Configuración de inicio de sesión* del cuadro de diálogo *Propiedades* de la conexión (Figura 7-21). También puede especificar que siempre se le solicite al usuario que proporcione una contraseña cuando se conecte al servidor de Terminal Server, incluso aunque el usuario haya configurado *Conexión a Escritorio remoto* para usar las credenciales guardadas al conectarse al servidor de Terminal Server.

Para *definir la configuración de inicio de sesión para una conexión*, abra Configuración de Terminal Services y en *Conexiones*, haga clic con el botón secundario en el nombre de la conexión y, a continuación, en *Propiedades* (Figura 7-19). En el cuadro de diálogo *Propiedades de la conexión*, haga clic en la ficha *Configuración de inicio de sesión* (Figura 7-21). Defina la configuración de inicio de sesión según corresponda a su entorno y pulse en *Aceptar*. Si la casilla *Siempre solicitar contraseña* aparece activada y atenuada, se habrá habilitado y se habrá aplicado al servidor de Terminal Server la opción de directiva de grupo *Solicitar la contraseña siempre al conectar*.

También puede especificar que se le solicite al usuario una contraseña cuando se conecte de manera remota al servidor de Terminal Server si aplica la opción de directiva de grupo *Solicitar la contraseña siempre al conectar*. Esta opción de configuración de directiva de grupo se encuentra en *Configuración del equipo\Plantillas administrativas\ Componentes de Windows\Terminal Services\Terminal Server\Seguridad* y se puede configurar mediante el Editor de directivas de grupo local o la Consola de administración de directivas de grupo (GPMC). Tenga presente que la opción de configuración de directiva de grupo tendrá prioridad sobre la opción definida en Configuración de Terminal Services.

Los *permisos de Terminal Services* se usan para controlar qué usuarios o grupos pueden realizar determinadas tareas en el servidor de Terminal Server, como iniciar sesión en dicho servidor o controlar una sesión de usuario de forma remota. Puede administrar los permisos por conexión en la Configuración de Terminal Services.

Los permisos de conexión que se establecen en Configuración de Terminal Services determinan las acciones que un usuario concreto puede realizar en el Administrador de Terminal Services. Por ejemplo, el usuario debe tener como mínimo el permiso de acceso especial Control remoto para controlar remotamente una sesión de usuario con el Administrador de Terminal Services.

A continuación, se incluye una lista de los permisos que puede establecer en Configuración de Terminal Services y la funcionalidad que ofrece cada permiso.

Permiso	Funcionalidad
Consultar información	Consultar la información de las sesiones y los servidores de Terminal Server.
Establecer información	Configurar las propiedades de la conexión.
Control remoto	Ver o controlar activamente la sesión de otro usuario.
Iniciar sesión	Iniciar sesión en el servidor de Terminal Server.
Cierre de sesión	Cerrar sesión de un usuario.
Message	Enviar un mensaje a un usuario.
Conectar	Conectar con otra sesión de usuario.
Desconectar	Desconectar una sesión de usuario.
Canales virtuales	Usar un canal virtual en una sesión, que permite redireccionar los recursos y los dispositivos locales.

De forma predeterminada, el grupo *Usuarios de escritorio remoto* recibe los permisos *Consultar información, Iniciar sesión, Mensaje* y *Conectar*. Hay tres conjuntos de permisos preconfigurados estándar: *Control total, Acceso de usuario* y *Acceso de invitado*. A continuación, se enumeran los permisos que están asociados a cada uno de los conjuntos de permisos preconfigurados estándar.

Conjunto de permisos	Permisos asignados
Control total	Consultar información, Establecer información, Control remoto, Iniciar sesión, Cierre de sesión, Mensaje, Conectar, Desconectar, Canales virtuales.
Acceso de usuario	Consultar información, Iniciar sesión, Conectar.
Acceso de invitado	Iniciar sesión.

Para *configurar los permisos de una conexión*, abra Configuración de Terminal Services y en *Conexiones*, haga clic con el botón secundario en el nombre de la conexión y, a continuación, en *Propiedades* (Figura 7-19). En el cuadro de diálogo *Propiedades de la conexión*, pulse en la ficha *Seguridad* (Figura 7-22). Puede que aparezca un mensaje que le recomienda que controle el acceso al servidor de Terminal Server mediante el grupo Usuarios de escritorio remoto. También puede aparecer otro que le indica que la configuración de permisos es de sólo lectura porque se ha habilitado la opción de configuración de directiva de grupo *No permitir a los administradores locales personalizar permisos* y se ha aplicado al servidor de Terminal Server. Haga clic en *Aceptar*. Configure los permisos según corresponda a su entorno y pulse en *Aceptar*.

Puede evitar que los administradores cambien los permisos de una conexión si aplica la opción de configuración de directiva de grupo *No permitir a los administradores locales personalizar permisos*. Esta opción de configuración de directiva de grupo se encuentra en *Configuración del equipo\Plantillas administrativas\Componentes de Windows\Terminal Services\Terminal Server\Seguridad* y se puede configurar mediante el Editor de directivas de grupo local o la Consola de administración de directivas de grupo (GPMC).

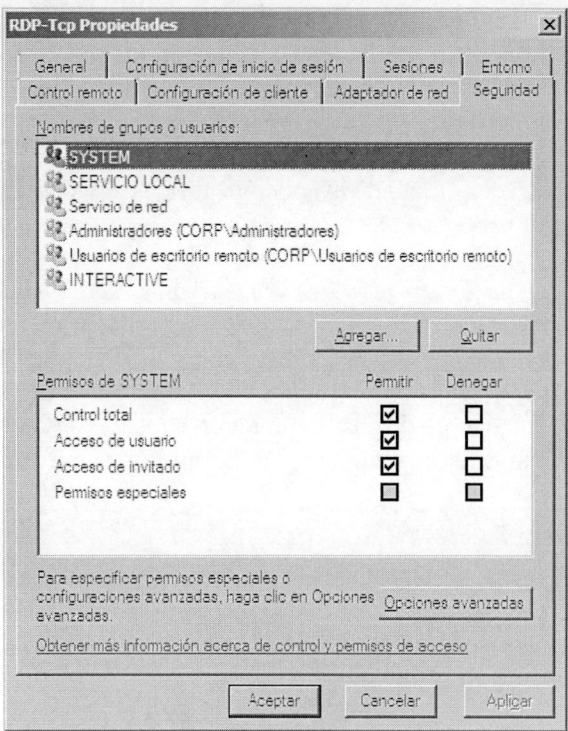

Figura 7-22

7.7.2. Definición de la configuración del cliente para las conexiones de Terminal Services

Nos ocuparemos de los procedimientos necesarios para configurar las opciones de cliente de las conexiones de Terminal Services. Se tratan temas relativos a accesibilidad de los dispositivos y recursos locales en una sesión remota, definición del inicio automático de un programa cuando un usuario inicia sesión y configuración de la intensidad de color máxima para una sesión remota.

Terminal Services permite a los usuarios tener acceso a sus dispositivos y recursos locales en sesiones remotas. Los usuarios pueden tener acceso a recursos como unidades locales, impresoras, el *Portapapeles* y dispositivos *Plug and Play* compatibles, lo que se suele denominar redirección. En Windows Server, la redirección se ha mejorado y ampliado. Ahora se pueden redirigir dispositivos portátiles de Windows, concretamente reproductores multimedia basados en el Protocolo de transferencia multimedia (MTP) y cámaras digitales basadas en el Protocolo de transferencia de imágenes (PTP). En Windows Server también se pueden redirigir dispositivos que usan Microsoft Point of Service (POS) for .NET 1.1. La redirección de dispositivos que usan Microsoft POS for .NET sólo se admite si el servidor de Terminal Server ejecuta una versión de Windows Server basada en x86.

Los usuarios pueden especificar qué tipos de dispositivos y recursos desean redirigir al equipo remoto en la ficha *Recursos locales* de *Conexión a Escritorio remoto*. Puede especificar qué dispositivos y recursos locales estarán disponibles para los usuarios en las sesiones remotas mediante una conexión en el servidor de Terminal Server. Puede habilitar o deshabilitar la redirección de unidades, impresoras, puertos LPT, puertos COM, portapapeles, audio y dispositivos *Plug and Play* admitidos.

Si deshabilita la redirección del Portapapeles, por ejemplo, los usuarios que se conecten al servidor de Terminal Server de manera remota a través de esta conexión no podrán redirigir su Portapapeles en su sesión remota, aunque activen la casilla *Portapapeles* de la ficha *Recursos locales*, en *Opciones de Conexión a Escritorio remoto*. Si habilita la redirección de un dispositivo o recurso local en el servidor de Terminal Server, los usuarios todavía tendrán que especificar que desean redirigir ese tipo de dispositivo o recurso local seleccionando la opción adecuada en la ficha *Recursos locales*, en *Opciones de Conexión a Escritorio remoto*.

Para *habilitar o deshabilitar la redirección de dispositivos y recursos locales* abra Configuración de Terminal Services, en *Conexiones*, haga clic con el botón secundario en el nombre de la conexión y, a continuación, en *Propiedades* (Figura 7-19). En el cuadro de diálogo *Propiedades de la conexión*, pulse en la ficha *Configuración de cliente* (Figura 7-23). En *Redirección* active la casilla para deshabilitar la redirección de ese tipo de dispositivo o recurso local o desactive la casilla para habilitar la redirección de ese tipo de dispositivo o recurso local. Por último, haga clic en *Aceptar*.

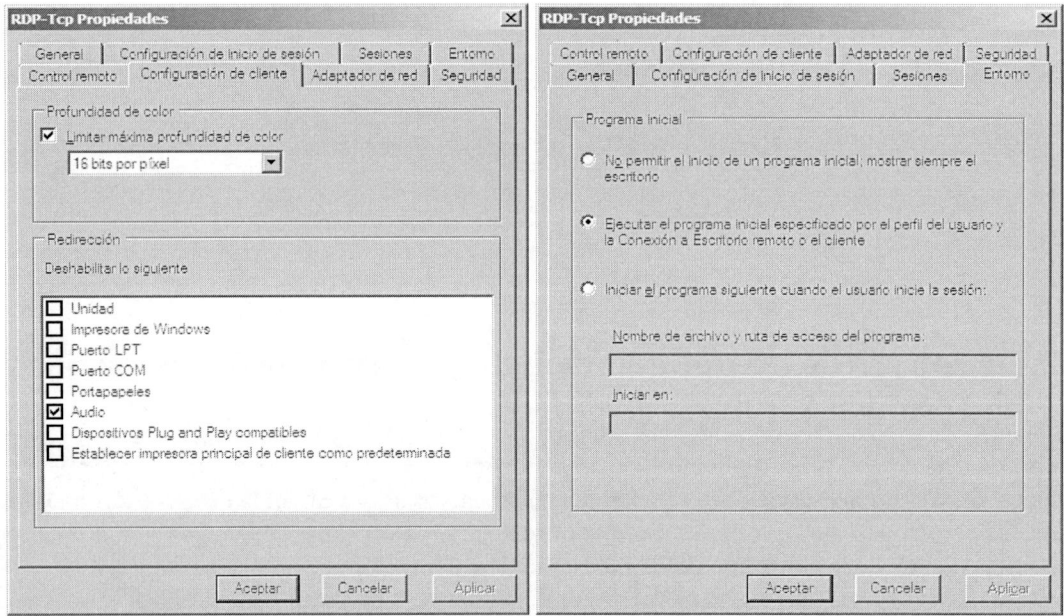

Figura 7-23   Figura 7-24

También puede definir qué dispositivos y recursos locales estarán disponibles para los usuarios en sus sesiones remotas mediante la aplicación de opciones de configuración de directiva de grupo.

De manera predeterminada, las sesiones de Terminal Services proporcionan acceso a todo el escritorio de Windows, a menos que se haya especificado un programa para que se inicie cuando el usuario se una a la sesión remota. Si se ha especificado un programa de inicio, será el único programa disponible para el usuario en la sesión de Terminal Services. El menú *Inicio* y el *Escritorio de Windows* no se muestran cuando el usuario se une a la sesión remota y, cuando el usuario cierra el programa, la sesión se cierra automáticamente.

La configuración de un programa de inicio por conexión afecta a todos los usuarios que usen la conexión. Se puede configurar el programa de inicio por usuario mediante la extensión de Terminal Services para el complemento Usuarios y grupos locales o para el complemento Usuarios y equipos de

Active Directory. Las opciones de programa de inicio que se configuren mediante Configuración de Terminal Services tendrán prioridad sobre las configuradas para una cuenta de usuario específica o las especificadas por el usuario en Conexión a Escritorio remoto.

Para *especificar el programa que se iniciará cuando el usuario se una a sesiones remotas* abra Configuración de Terminal Services y en *Conexiones*, haga clic con el botón secundario en el nombre de la conexión y, a continuación, en *Propiedades* (Figura 7-19). En el cuadro de diálogo *Propiedades de la conexión*, pulse en la ficha *Entorno* (Figura 7-24). Configure las opciones del programa de inicio según corresponda a su entorno.

Si selecciona la opción *Iniciar el programa siguiente* cuando el usuario inicie la sesión, en *Nombre de archivo y ruta de acceso del programa*, escriba el nombre y la ruta de acceso completa del archivo que se ejecutará cuando el usuario inicie sesión. Si es necesario, en *Iniciar en*, escriba la ruta de acceso completa al directorio de inicio del programa. Si no especifica nada en *Iniciar en*, el programa se ejecutará con su directorio de trabajo predeterminado. Si la ruta de acceso al programa, el nombre del archivo o el directorio de trabajo no son válidos, se producirá un error en la conexión de Terminal Server y aparecerá un mensaje. Haga clic en *Aceptar*. Los cambios efectuados en la ficha *Entorno* no se aplican en las sesiones que estaban abiertas cuando el cambio tuvo lugar. Los cambios surtirán efecto la próxima vez que el usuario establezca una conexión nueva con el servidor de Terminal Server.

También puede especificar si desea que aparezca un programa o el escritorio cuando el usuario se una a sesiones remotas mediante la aplicación de *Iniciar un programa al conectarse* o *Mostrar siempre el escritorio en conexión* (opciones de directiva de grupo).

Estas opciones de configuración de directiva de grupo se encuentran en *Configuración del equipo\Plantillas administrativas\Componentes de Windows\Terminal Services\Terminal Server\Entorno de sesión remota* y *Configuración de usuario\Plantillas administrativas\Componentes de Windows\Terminal Services\Terminal Server\Entorno de sesión remota.*

Estas opciones de configuración de directiva de grupo se pueden configurar en el Editor de directivas de grupo local o en la Consola de administración de directivas de grupo (GPMC). Tenga presente que estas opciones de configuración de directiva de grupo tendrán prioridad sobre las opciones definidas en Configuración de Terminal Services. Si se definen las opciones de directiva de Configuración del equipo y de Configuración de usuario, las primeras prevalecerán sobre las últimas. Asimismo, la opción de directiva de grupo *Mostrar siempre el escritorio en conexión* prevalecerá *sobre Iniciar un programa al conectarse*.

También puede especificar la resolución de color (intensidad de color) máxima de una sesión remota. Al limitar la intensidad del color se puede mejorar el rendimiento de la conexión, especialmente si la conexión es lenta, y reducir la carga en el servidor. La intensidad de color real de la conexión viene determinada por la compatibilidad de color disponible en el equipo cliente. El usuario también puede especificar una intensidad de color para la conexión en la ficha *Pantalla*, en *Opciones de Conexión a Escritorio remoto*, pero la intensidad especificada no puede ser mayor que el valor configurado en el servidor de Terminal Server.

Para *especificar la intensidad de color máxima para una sesión remota* abra Configuración de Terminal Services y en *Conexiones*, haga clic con el botón secundario en el nombre de la conexión y, a continuación, en *Propiedades* (Figura 7-19). En el cuadro de diálogo *Propiedades de la conexión*, pulse en la ficha *Configuración de cliente.* Active la casilla *Limitar máxima profundidad de color* y, luego, seleccione el valor adecuado para su entorno (Figura 7-25). El valor predeterminado es 32 bpp. Una intensidad de color de 24 bpp sólo se admite en Windows y Windows Server. Haga clic en *Aceptar*. Los cambios de configuración de la intensidad del color no se aplican a las sesiones conectadas en el momento de realizar el cambio. Los cambios surtirán efecto la próxima vez que el usuario establezca una conexión nueva con el servidor de Terminal Server.

Puede establecer también la intensidad de color máxima para una sesión remota si aplica la opción de directiva de grupo *Limitar intensidad máxima de color*. Esta opción de directiva de grupo se encuentra en *Configuración del equipo\Plantillas administrativas\Componentes de Windows\Terminal Services\Terminal Server\Entorno de sesión remota* y se puede configurar mediante el *Editor de directivas de grupo local* o la *Consola de administración de directivas de grupo* (GPMC). Tenga presente que la opción de configuración de directiva de grupo tendrá prioridad sobre la opción definida en Configuración de Terminal Services.

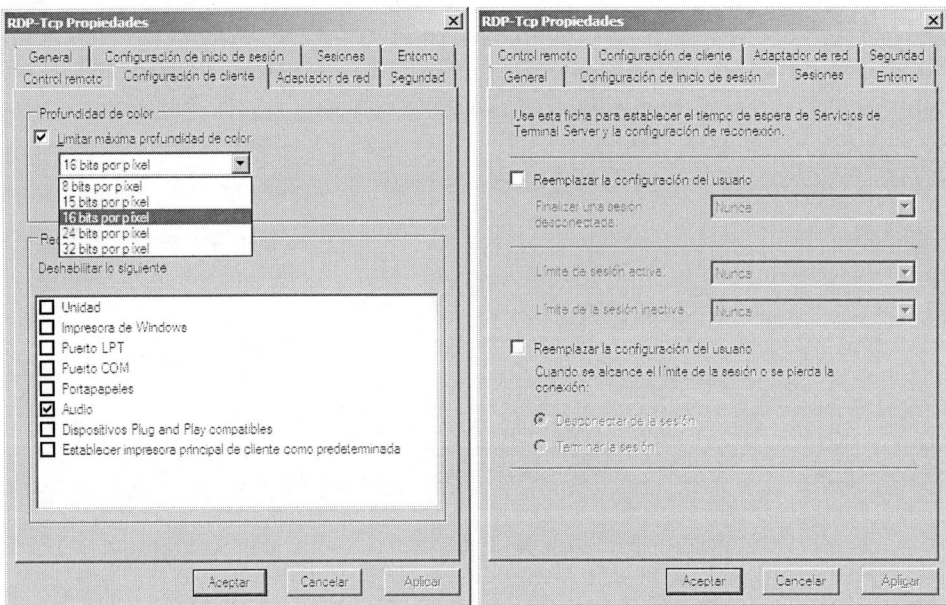

Figura 7-25   Figura 7-26

7.7.3. Configuración de sesión para las conexiones de Terminal Server

Nos ocuparemos ahora de los procedimientos necesarios para configurar las opciones de sesión de las conexiones de Terminal Services. Trataremos la configuración de tiempo de espera y reconexión para las sesiones de Terminal Services y la configuración de Control remoto para sesiones de Terminal Services.

De manera predeterminada, Terminal Services permite a los usuarios desconectarse de una sesión remota sin cerrar y terminar la sesión. Si una sesión está en el estado desconectado, los programas en ejecución se mantendrán activos incluso si el usuario ya no está conectado activamente. Puede limitar el tiempo durante el cual se mantendrán en el servidor las sesiones activas, desconectadas e inactivas (sin entrada de usuario). Esto es útil porque las sesiones que se siguen ejecutando de forma indefinida en el servidor de Terminal Server siguen consumiendo recursos del sistema.

La configuración de las opciones de tiempo de espera y reconexión por conexión afecta a todas las sesiones que usen la conexión. Puede configurar las opciones de tiempo de espera y reconexión por usuario mediante la extensión de Terminal Services para el complemento Usuarios y grupos locales o para el complemento Usuarios y equipos de Active Directory.

Las opciones de tiempo de espera y reconexión configuradas mediante Configuración de Terminal Services tienen prioridad sobre las opciones de tiempo de espera y reconexión configuradas para una cuenta de usuario específica.

En Configuración de Terminal Services puede configurar las siguientes opciones de tiempo de espera y reconexión.

Opción	Detalles
Finalizar una sesión desconectada	Especifique la cantidad de tiempo máxima durante la que se mantiene activa una sesión de usuario desconectada en el servidor de Terminal Server. Si especifica "Nunca", la sesión de usuario desconectada se mantiene durante un tiempo ilimitado. Si una sesión está en el estado desconectado, los programas en ejecución se mantienen activos incluso si el usuario ya no está conectado activamente.
Límite de sesión activa	Especifique la cantidad de tiempo máxima durante la que puede estar activa la sesión de Terminal Services del usuario antes de que dicha sesión se desconecte automáticamente o finalice. El usuario recibe una advertencia dos minutos antes de que la sesión de Terminal Services se desconecte o finalice, lo que permite al usuario guardar los archivos abiertos y cerrar los programas.
Límite de la sesión inactiva	Especifique la cantidad de tiempo máxima durante la que puede estar inactiva una sesión de Terminal Services activa (sin ninguna acción del usuario) antes de que dicha sesión se desconecte automáticamente o finalice. El usuario recibe una advertencia dos minutos antes de que la sesión se desconecte o finalice, lo que permite al usuario presionar una tecla o mover el ratón para mantener la sesión activa.
Cuando se alcanza el límite de una sesión o se pierde la conexión	Especifique si se va a desconectar o a finalizar la sesión de Terminal Services del usuario cuando se alcance el límite de una sesión activa o el límite de una sesión inactiva. Si se desconecta la sesión de usuario, los programas que está ejecutando el usuario se mantienen activos incluso aunque el usuario ya no esté conectado activamente. Si finaliza la sesión de usuario, el usuario deberá establecer una sesión de Terminal Services nueva con un servidor de Terminal Server.

Para *especificar las opciones de tiempo de espera y reconexión para una sesión remota*, abra Configuración de Terminal Services y en *Conexiones*, haga clic con el botón secundario en el nombre de la conexión y, luego, en *Propiedades* (Figura 7-19). En el cuadro de diálogo *Propiedades de la conexión*, haga clic en la ficha *Sesiones* (Figura 7-26). Pulse en *Aceptar*. Los cambios de configuración de tiempo de espera y reconexión no se aplican a las sesiones conectadas en el momento de realizar el cambio. Los cambios surtirán efecto la próxima vez que el usuario establezca una conexión nueva con el servidor de Terminal Server. También puede definir la configuración de tiempo de espera y reconexión aplicando las opciones de directiva de grupo siguientes: establecer el límite de tiempo para las sesiones desconectadas, establecer el límite de tiempo para sesiones activas, pero en inactividad de Terminal Services, establecer el límite de tiempo para sesiones activas de Terminal Services y terminar sesiones cuando se alcancen los límites de tiempo.

Estas opciones de configuración de directiva de grupo se encuentran en las ubicaciones *Configuración del equipo\Plantillas administrativas\Componentes de Windows\Terminal Services\Terminal Server\Límite de tiempo de sesión* y *Configuración de usuario\Plantillas administrativas\Componentes de Windows\Terminal Services\Terminal Server\Límite de tiempo de sesión.*

Estas opciones de configuración de directiva de grupo se pueden configurar en el Editor de directivas de grupo local o en la Consola de administración de directivas de grupo (GPMC). Tenga presente que estas opciones de configuración de directiva de grupo tendrán prioridad sobre las opciones definidas en Configuración de Terminal Services. Si se definen las opciones de directiva de Configuración del equipo y de Configuración de usuario, las primeras prevalecerán sobre las últimas.

Por otro lado, se puede supervisar las acciones de un cliente que ha iniciado sesión en un servidor de Terminal Server desde otra sesión por medio del control remoto. *Control remoto* permite observar o controlar de forma activa una sesión de cliente. Si opta por controlar activamente una sesión de cliente, podrá especificar acciones de teclado y ratón de entrada para la sesión. Puede advertir a un cliente de que desea controlar de forma remota su sesión mostrando un mensaje en el cliente para solicitarle su permiso para ver la sesión o participar en ella. La configuración del control remoto por conexión afecta a todas las sesiones que usen la conexión. De manera predeterminada, no se permite el control remoto.

Puede configurar el control remoto por usuario mediante la extensión de Terminal Services para el complemento *Usuarios y grupos locales* o para el complemento *Usuarios y equipos* de Active Directory. Las opciones de control remoto configuradas con la Configuración de Terminal Services tienen prioridad sobre las opciones de control remoto configuradas para una cuenta de usuario específica.

Para *especificar la configuración de control remoto para una sesión remota*, abra Configuración de Terminal Services y en *Conexiones*, haga clic con el botón secundario en el nombre de la conexión y, a continuación, en *Propiedades* (Figura 7-19). En el cuadro de diálogo *Propiedades de la conexión* pulse en la ficha *Control remoto* (Figura 7-27). Para usar la configuración de control remoto especificada para la cuenta de usuario, seleccione la opción *Usar control remoto con la configuración de usuario predeterminada*. La configuración predeterminada para una cuenta de usuario es que los usuarios de control remoto tengan control total de la sesión si el usuario les da permiso. Para especificar la configuración de control remoto para la conexión, seleccione la opción *Usar control remoto con la siguiente configuración* y, a continuación, indique si se requiere el permiso del usuario y qué nivel de control se permite. Haga clic en *Aceptar*. Los cambios de configuración de control remoto no se aplican a las sesiones conectadas en el momento de realizar el cambio. Los cambios surtirán efecto la próxima vez que el usuario establezca una conexión nueva con el servidor de Terminal Server.

Para configurar las opciones de control remoto, también puede aplicar la opción de directiva de grupo *Establecer reglas para el control remoto de sesiones de usuario de Terminal Services*. Esta opción de configuración de directiva de grupo se encuentra en las ubicaciones *Configuración del equipo\Plantillas administrativas\Componentes de Windows\Terminal Services\Terminal Server\Conexiones* y *Configuración de usuario\ Plantillas administrativas\ Componentes de Windows\Terminal Services\Terminal Server\ Conexiones*

Esta opción de directiva de grupo se puede configurar en el Editor de directivas de grupo local o en la Consola de administración de directivas de grupo (GPMC). Tenga presente que la opción de configuración de directiva de grupo tendrá prioridad sobre la opción definida en Configuración de Terminal Services. Si se definen las opciones de directiva de Configuración del equipo y de Configuración de usuario, la primera prevalecerá.

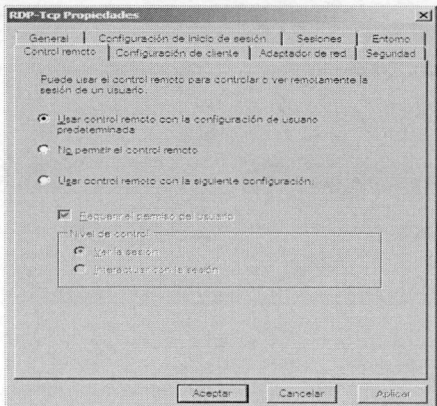

Figura 7-27

7.8. ADMINISTRACIÓN DE CONEXIONES DE TERMINAL SERVICES

Se estudiarán aquí los procedimientos necesarios para administrar las conexiones de Terminal Services. En concreto, se tratará la creación de una conexión de Terminal Services, la configuración del número de conexiones remotas simultáneas permitidas para una conexión, la habilitación y deshabilitación de una conexión de Terminal Services, la modificación de su nombre y su eliminación.

7.8.1. Creación de una conexión de Terminal Services

De manera predeterminada siempre se crea y se habilita automáticamente una conexión en un equipo donde se ejecute Windows Server, aunque el servicio de función Terminal Server no esté instalado en el equipo. Esta conexión se denomina RDP-Tcp y permite, como máximo, dos conexiones remotas simultáneas al equipo. Cuando se instala el servicio de función Terminal Server en el equipo, la conexión RDP-Tcp se cambia para permitir un número ilimitado de conexiones remotas simultáneas. Sólo se puede configurar una conexión de Protocolo de escritorio remoto (RDP) para cada adaptador de red instalado en el servidor de Terminal Server. Normalmente, la conexión RDP-Tcp predeterminada es la única conexión necesaria para admitir la administración remota del servidor o para admitir el servicio de función Terminal Server. Si desea configurar más conexiones que usen RDP, debe instalar un adaptador de red adicional para cada conexión RDP que desee crear.

Para crear una conexión nueva, abra Configuración de Terminal Services y en el menú *Acción*, haga clic en *Crear una conexión nueva* (Figura 7-28). En la página *Éste es el Asistente para la conexión de Terminal Services*, pulse en *Siguiente* (Figura 7-29). En la página *Protocolo de conexión*, escriba el nombre de la conexión (Figura 7-30). No puede haber dos conexiones con el mismo nombre en el equipo. Si hay más de un *Tipo de conexión* disponible en el equipo, seleccione el tipo adecuado para su entorno. No puede asignar varios tipos de conexión al mismo adaptador de red. Haga clic en *Siguiente*. En la página *Adaptador de red*, seleccione el adaptador de red que usará la conexión (si desea que la conexión use todos los adaptadores de red disponibles en el equipo, seleccione *Todos los adaptadores de red configurados con este protocolo*) y seleccione el número de conexiones remotas simultáneas que admitirá la conexión (Figura 7-31). Haga clic en *Siguiente* y, a continuación, en la página *Resumen*, pulse en *Finalizar* (Figura 7-32). La nueva conexión aparecerá en *Conexiones*, en la página principal de Configuración de Terminal Services.

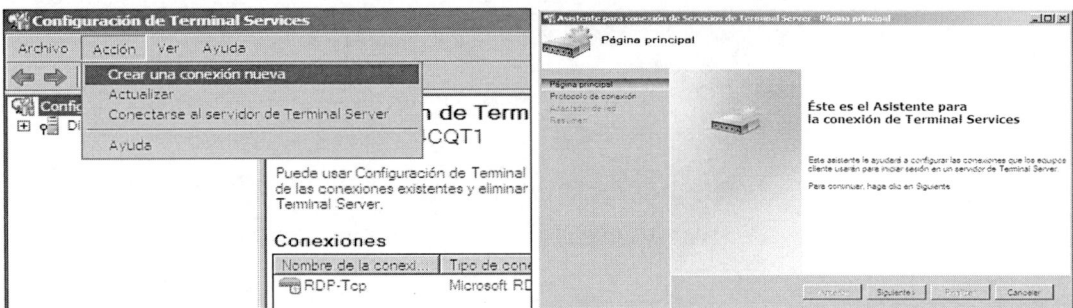

Figura 7-28   Figura 7-29

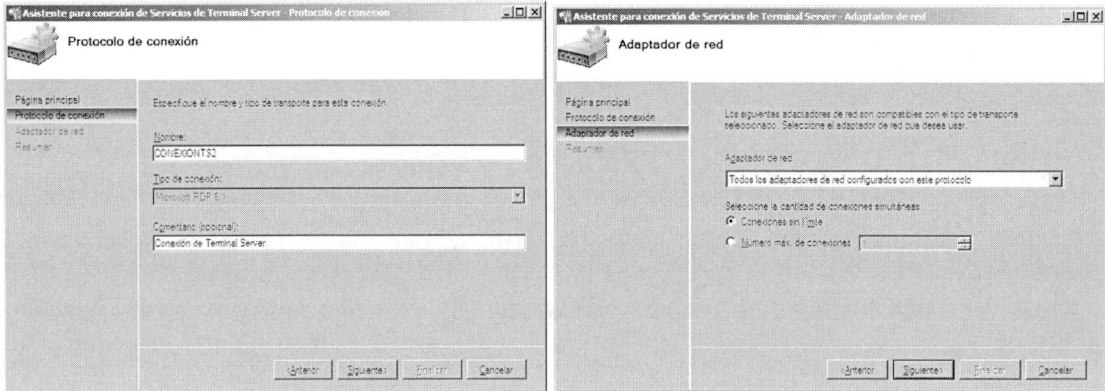

Figura 7-30   Figura 7-31

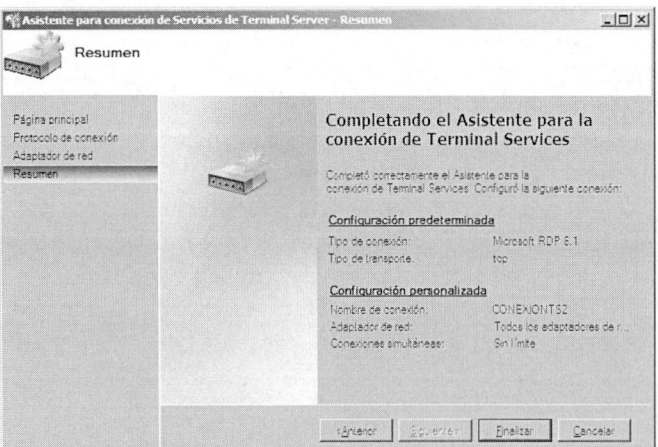

Figura 7-32

7.8.2. Configuración del número de conexiones remotas simultáneas permitidas para una conexión

Puede configurar el número de conexiones remotas simultáneas que se permiten para una conexión. Al limitar el número de conexiones remotas simultáneas puede mejorar el rendimiento del equipo, ya que se reducirá el número de sesiones que solicitan recursos del sistema. Si el servicio de función

Terminal Server no está instalado en el equipo, una conexión sólo podrá permitir como máximo dos conexiones remotas simultáneas al equipo.

Para *configurar el número de conexiones remotas simultáneas que se permiten para una conexión* abra Configuración de Terminal Services y en *Conexiones*, haga clic con el botón secundario en el nombre de la conexión y, a continuación, en *Propiedades* (Figura 7-33). En el cuadro de diálogo *Propiedades de la conexión*, haga clic en la ficha *Adaptador de red* (Figura 7-34). Seleccione la opción *Nº máximo de conexiones*, escriba el número de conexiones remotas simultáneas que desee permitir para la conexión y pulse en *Aceptar*. Si la opción *Nº máximo de conexiones* está seleccionada y se muestra atenuada, significa que la opción de configuración de directiva de grupo *Limitar número de conexiones* se ha habilitado y se ha aplicado al servidor de Terminal Server.

También puede establecer el número máximo de conexiones simultáneas que se permiten para un servidor de Terminal Server al aplicar la opción de configuración de directiva de grupo *Limitar número de conexiones*. Esta opción de configuración de directiva de grupo se encuentra en *Configuración del equipo\Plantillas administrativas\ Componentes de Windows\Terminal Services\Terminal Server\Conexiones* y se puede configurar mediante el Editor de directivas de grupo local o a través de la GPMC. Tenga presente que la opción de configuración de directiva de grupo tendrá prioridad sobre la opción definida en Configuración de Terminal Services.

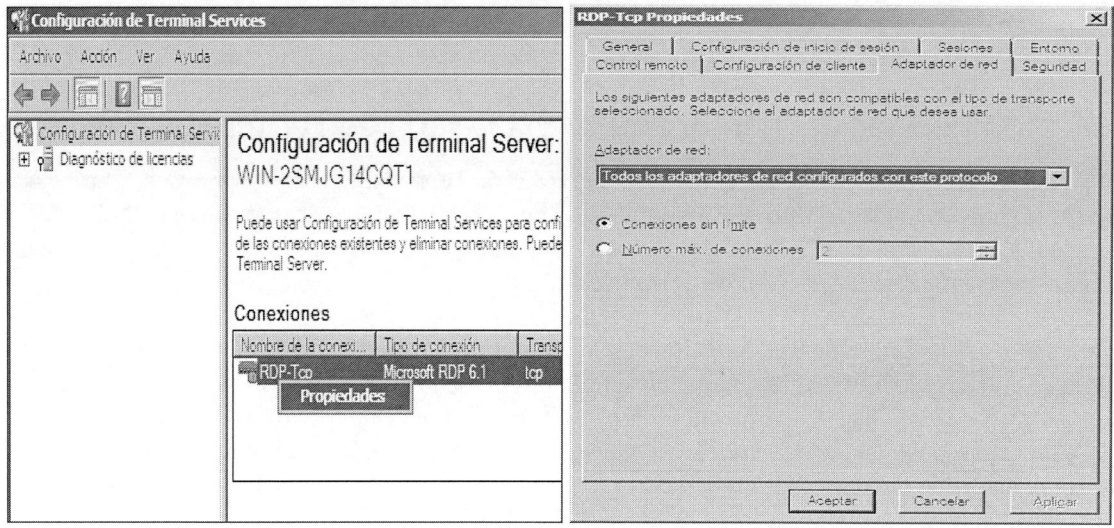

Figura 7-33   Figura 7-34

7.8.3. Habilitación o Deshabilitación de una conexión de Terminal Services

Debe habilitar una conexión en el servidor de Terminal Server para que los usuarios puedan iniciar sesión en el servidor a través de esa conexión. También puede deshabilitar una conexión en el servidor de Terminal Server para que ningún usuario pueda iniciar sesión en el servidor a través de esa conexión. Puede que desee deshabilitar todas las conexiones al servidor de Terminal Server si tiene previsto desconectarlo para realizar tareas de mantenimiento o para instalar nuevas aplicaciones.

Para *habilitar o deshabilitar una conexión de Terminal server*, abra Configuración de Terminal Services y en *Conexiones*, haga clic en el nombre de la conexión (por ejemplo, RDP-Tcp) que desea habilitar. En el menú *Acción*, pulse en *Habilitar conexión* o *Deshabilitar conexión* (Figura 7-35). Una flecha hacia arriba de color verde en el icono asociado al nombre de la conexión indica que ésta se encuentra habilitada.

Cuando se deshabilita una conexión en el servidor de Terminal Server, todos los usuarios que usen esa conexión para tener acceso al servidor se desconectarán inmediatamente de éste. Antes de deshabilitar una conexión, debería enviar un mensaje a los usuarios que están conectados al servidor de Terminal Server para advertirles de que se van a desconectar del servidor.

Figura 7-35

7.8.4. Modificación del nombre de una conexión de Terminal Services

Puede cambiar el nombre de una conexión en el servidor de Terminal Server. Quizás desee hacerlo para usar un nombre más descriptivo. El nombre de la conexión aparece cuando se consulta la información de la sesión en el Administrador de Terminal Services. No puede haber dos conexiones con el mismo nombre en un servidor de Terminal Server.

Para cambiar el nombre de una conexión en el servidor de Terminal Server, abra Configuración de Terminal Services y en *Conexiones*, haga clic en el nombre de la conexión (por ejemplo, RDP-Tcp) cuyo nombre desea cambiar. En el menú *Acción*, pulse en *Cambiar el nombre de la conexión* (Figura 7-27). En el cuadro de diálogo *Cambiar el nombre de la conexión*, escriba un nombre nuevo para la conexión y haga clic en *Aceptar* (Figura 7-36).

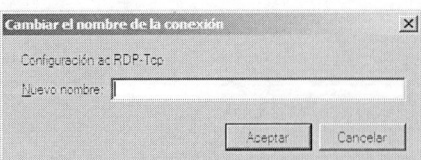

Figura 7-36

7.8.5. Eliminación de una conexión de Terminal Services

Para eliminar una conexión de terminal Services, abra Configuración de Terminal Services y en *Conexiones*, haga clic en el nombre de la conexión (por ejemplo, RDP-Tcp) que desea eliminar. En el menú *Acción*, pulse en *Eliminar* (Figura 7-35) y, a continuación, en *Sí*. La conexión quedará deshabilitada inmediatamente y todos los usuarios que usen esa conexión se desconectarán del servidor de Terminal Server.

Los usuarios no podrán volver a conectarse a sus sesiones hasta que cree una conexión nueva que use el mismo protocolo de conexión y adaptador de red que la conexión eliminada. Si no desea que los usuarios se conecten al servidor de Terminal Server temporalmente, deshabilite la conexión en el servidor de Terminal Server o deniegue los nuevos inicios de sesión al servidor de Terminal Server.

Cuando se elimina una conexión en el servidor de Terminal Server, todos los usuarios que usen esa conexión para tener acceso al servidor se desconectarán inmediatamente de éste. Antes de eliminar una conexión, debería enviar un mensaje a los usuarios que están conectados al servidor de Terminal Server para advertirles de que se van a desconectar del servidor.

7.9. ADMINISTRADOR DE TERMINAL SERVICES

El Administrador de Terminal Services se utiliza para supervisar y ver información acerca de los usuarios, las sesiones y los procesos de los servidores de Terminal Server. Además, permite realizar determinadas tareas administrativas (por ejemplo, puede desconectar o cerrar sesiones de usuarios de Terminal Services). Para ejecutar el *Administrador de Terminal Services*, haga clic en *Inicio →
Herramientas administrativas → Terminal Services → Administrador de Terminal Services* (Figura 7-37). Se obtiene la consola del Administrador de Terminal Services (Figura 7-38).

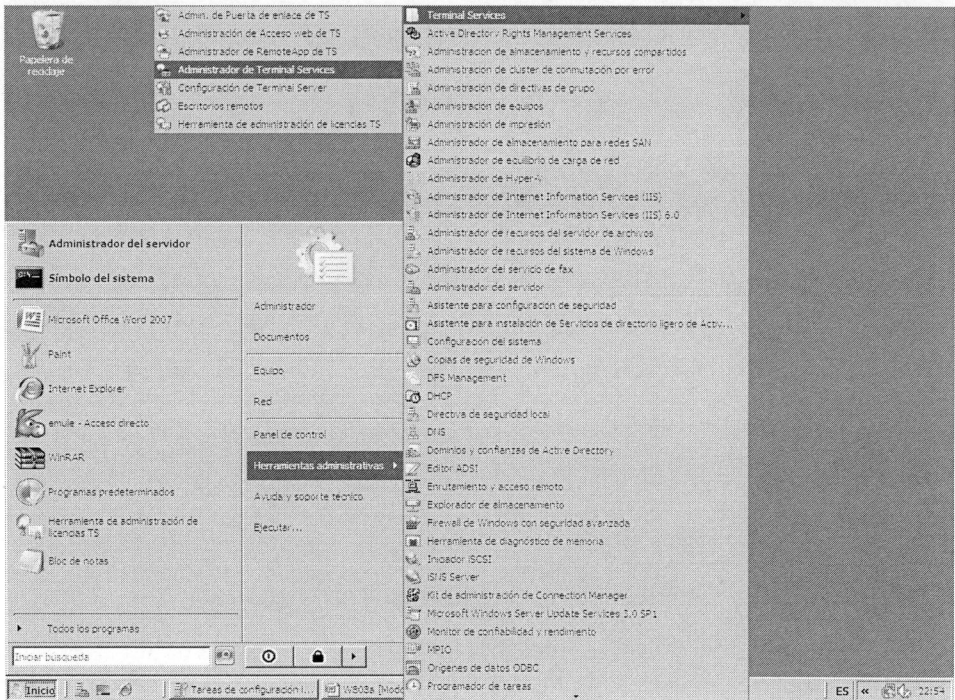

Figura 7-37

Figura 7-38

Para *configurar las opciones del Administrador de Terminal Services,* en el panel izquierdo del Administrador de Terminal Services, haga clic con el botón secundario en *Administrador de Terminal Services* y, a continuación, en *Opciones* (Figura 7-39). En el cuadro de diálogo *Opciones* (Figura 7-40), seleccione las opciones de configuración preferidas.

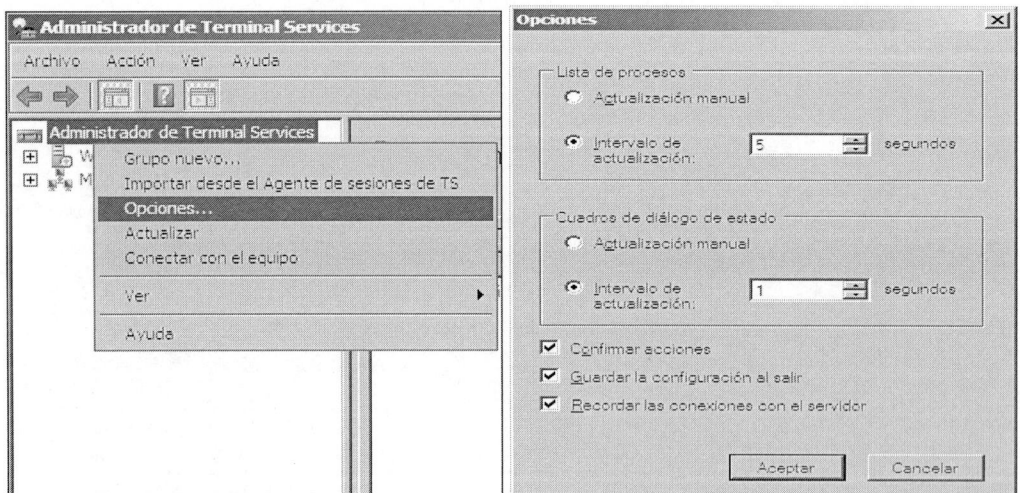

Figura 7-39   Figura 7-40

7.9.1. Administración de usuarios, sesiones y procesos

Es posible utilizar el Administrador de Terminal Services para supervisar y ver información acerca de los usuarios, las sesiones y los procesos de los servidores de Terminal Server con Windows Server. Además, es posible realizar determinadas tareas administrativas (por ejemplo, puede desconectarse o cerrar la sesión de los usuarios de sesiones de Terminal Services).

Puede *ver la información acerca de los usuarios conectados a un servidor de Terminal Server* en la ficha *Usuarios* del Administrador de Terminal Services (parte central de la Figura 7-38). A continuación, se incluye una lista de las columnas mostradas en la ficha *Usuarios* y una descripción de la información que se va a mostrar en cada columna.

Columna	Descripción
Servidor	Nombre del servidor de Terminal Server en el que el usuario inició sesión
Usuario	Nombre de la cuenta del usuario que inició sesión en el servidor de Terminal Server
Sesión	Sesión del servidor de Terminal Server asociada al usuario
Id.	Identificador numérico que identifica la sesión del servidor de Terminal Server
Estado	Estado de la sesión. Para obtener información acerca de los estados de las sesiones, consulte V*er las sesiones ejecutadas* en un servidor de Terminal Server
Tiempo de inactividad	Número de minutos transcurridos desde la última acción del teclado o el ratón en una sesión
Hora de inicio de sesión	Fecha y hora en que el usuario inició sesión, si procede

Puede *ver información acerca de las sesiones que se ejecutan en un servidor de Terminal Server* en la ficha *Sesiones* del Administrador de Terminal Services (parte central de la Figura 7-38). Hay tres sesiones que siempre aparecen en la ficha *Sesiones* del Administrador de Terminal Services:

- *Servicios*. Sesión que contiene varios procesos del sistema en el servidor de Terminal Server.

- *Escucha*. Sesión que escucha y acepta nuevas conexiones de cliente de Protocolo de escritorio remoto (RDP) y, por lo tanto, crea nuevas sesiones en el servidor de Terminal Server.

- *Consola*. Sesión a la que se conecta si inicia sesión en la consola física del equipo en lugar de conectarse remotamente.

A continuación, se incluye una lista de las columnas mostradas en la ficha *Sesiones* y una descripción de la información que se va a mostrar en cada columna.

Columna	Descripción
Servidor	Servidor de Terminal Server al que está asociada la sesión
Sesión	Sesión que se ejecuta en el servidor de Terminal Server
Usuario	Cuenta de usuario asociada a la sesión
Id.	Identificador numérico que identifica la sesión del servidor de Terminal Server
Estado	Estado de la sesión. Para obtener más información, consulte Estados de sesión
Tipo	Tipo de cliente de escritorio remoto que usa la sesión
Nombre de cliente	Nombre del equipo cliente que usa la sesión, si procede
Tiempo de inactividad	Número de minutos transcurridos desde la última acción del teclado o el ratón en una sesión
Hora de inicio de sesión	Fecha y hora en que el usuario inició sesión, si procede
Comentario	Información adicional de la sesión (por ejemplo, ubicación). Este campo es opcional

A continuación, se incluye una lista de los estados de sesión que se pueden mostrar en la columna *Estado* de la ficha *Sesiones* del Administrador de Terminal Services y una descripción de cada estado.

Estado de sesión	Descripción
Activo	La sesión está conectada y el usuario inició sesión en el servidor de Terminal Server
Conectado	La sesión está conectada, pero no hay ningún usuario que iniciara sesión en el servidor de TS
ConnectQuery	La sesión se encuentra en el proceso de conexión. Si este estado continúa, indica que hay un problema de conexión
Instantánea	La sesión se encuentra en el proceso de ser controlada remotamente por otra sesión
Estar atento a	La sesión está lista para aceptar una conexión de cliente
Desconectado	El usuario está desconectado de la sesión, pero la sesión sigue estando asociada al servidor de Terminal Server y se puede volver a conectar en cualquier momento
Restablecer	La sesión se encuentra en el proceso de restablecimiento
Inactivo	La sesión está inicializada y lista para aceptar una conexión. Para optimizar el rendimiento de un servidor, se inicializan dos sesiones predeterminadas (inactivas) para poder establecer las conexiones de cliente
Apagado	La sesión no se pudo inicializar o no se pudo terminar correctamente, y no está disponible. Si este estado continúa, indica que hay un problema de conexión de la sesión
Iniciar	La sesión se encuentra en el proceso de inicialización

Puede *ver la información acerca de los procesos ejecutados en un servidor de Terminal Server* en la ficha *Procesos* del Administrador de Terminal Services (parte central de la Figura 7-38). A continuación, se incluye una lista de las columnas mostradas en la ficha *Procesos* y una descripción de la información que se va a mostrar en cada columna.

Columna	Descripción
Servidor	Servidor de Terminal Server al que está asociado el proceso
Usuario	Cuenta de usuario asociada al proceso
Sesión	Sesión del servidor de Terminal Server asociada al proceso
Id.	Identificador numérico que identifica la sesión del servidor de Terminal Server
PID	Identificador numérico que identifica el proceso del servidor de Terminal Server
Imagen	Programa ejecutable que creó el proceso en el servidor de Terminal Server

Para *conectarse a una sesión de usuario*, en el panel izquierdo del Administrador de Terminal Services, haga clic en el servidor de Terminal Server en que se ejecuta la sesión de usuario. Para conectarse a la sesión de usuario, en la ficha *Usuarios* haga clic con el botón secundario en la sesión de usuario y, a continuación, en *Conectar* (Figura 7-41). La opción *Desconectar* desconecta al usuario de la sesión, la opción *Cerrar la sesión* cierra la sesión, la opción *Control remoto* permite controlar remotamente la sesión, la opción *Enviar mensaje* permite enviar un mensaje al usuario, la opción *Restablecer* permite restablecer una sesión de usuario y la opción *Estado* permite ver la información del estado de la sesión de usuario. Alternativamente, en la ficha *Sesiones*, haga clic con el botón secundario en la sesión de usuario y, luego, en *Conectar*. Haga clic en *Aceptar* para conectarse a la sesión de usuario. El resto de las opciones del menú son similares a las de la ficha *Usuarios*.

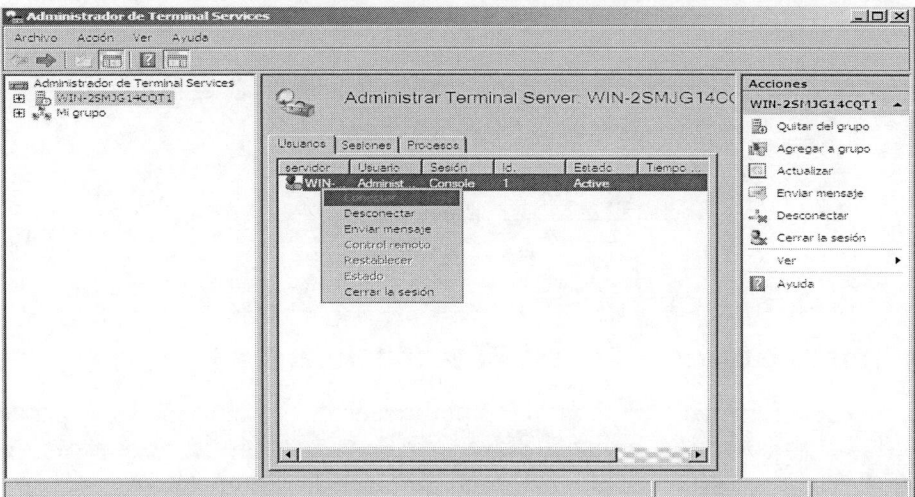

Figura 7-41

7.9.2. Administración de servidores de Terminal Server

Para *conectarse a un servidor de Terminal Server*, en el panel izquierdo del Administrador de Terminal Services, haga clic en *Administrador de Terminal Services* y en el menú *Acción*, haga clic en *Conectar con el equipo* (Figura 7-42). En el cuadro de diálogo *Seleccionar equipo* (Figura 7-43), indique si desea conectarse al equipo local o a otro equipo. Si selecciona *Otro equipo*, puede escribir el nombre NetBIOS, el nombre de dominio completo (FQDN) o la dirección IP del equipo. Puede usar *Examinar* para buscar el equipo. Haga clic en *Aceptar*. El equipo aparece en el panel izquierdo y una flecha arriba de color verde sobre el icono asociado al equipo indica que está conectado al equipo. El equipo se identifica mediante el nombre NetBIOS, el nombre de dominio completo (FQDN) o la dirección IP, según lo que haya especificado en el paso 3.

Para *conectarse a un servidor de Terminal Server desconectado*, en el panel izquierdo del Administrador de Terminal Services, haga clic en el servidor de Terminal Server al que desee conectarse. Una flecha abajo de color rojo sobre el icono asociado al equipo indica que no está conectado al equipo. En el menú *Acción*, haga clic en *Conectar*. Una flecha arriba de color verde sobre el icono asociado al equipo indica que está conectado al equipo. La opción *Desconectar* permite desconectarse del servidor de Terminal server en el caso de que estemos conectados.

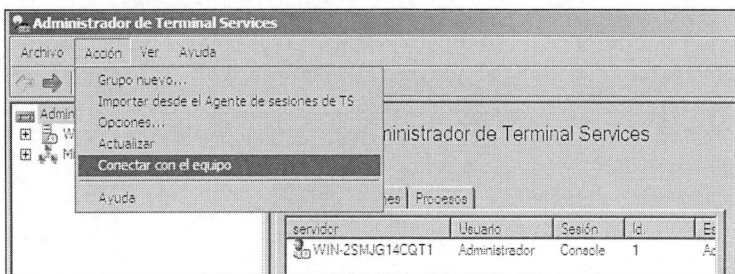

Figura 7-42

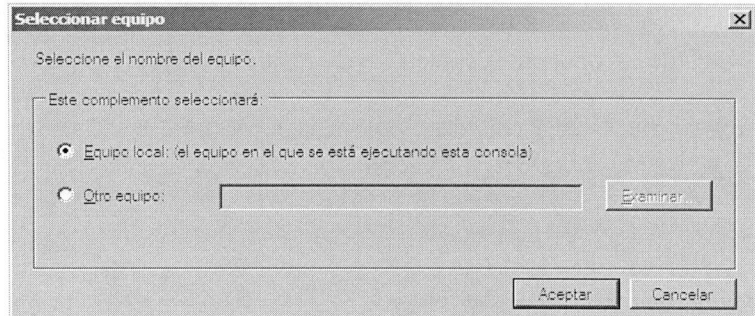

Figura 7-43

7.9.3. Administración de grupos de Terminal Server

Puede usar grupos de Terminal Server en el Administrador de Terminal Services para facilitar la organización de los servidores de Terminal Server que desee administrar. Para *crear un grupo de Terminal Server,* en el panel izquierdo del Administrador de Terminal Services, haga clic en *Administrador de Terminal Services.* En el menú *Acción,* haga clic en *Grupo nuevo* (Figura 7-44). En el cuadro de diálogo *Crear grupo* (Figura 7-45), escriba el nombre del grupo y, a continuación, en *Aceptar.* El grupo de Terminal Server creado aparece al final de la lista de grupos de Terminal Server del panel izquierdo.

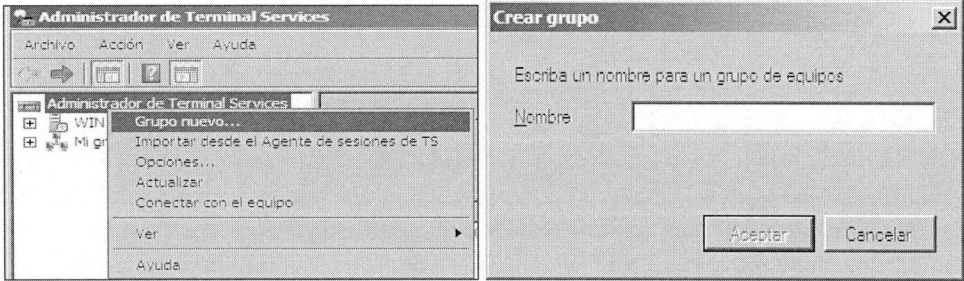

Figura 7-44   Figura 7-45

Para *agregar un servidor de Terminal Server a un grupo de Terminal Server,* en el panel izquierdo del Administrador de Terminal Services, haga clic en el grupo de Terminal Server al que desee agregar el servidor de Terminal Server. En el menú *Acción,* haga clic en *Agregar equipo* (Figura 7-46). En el cuadro de diálogo *Seleccionar equipo* (Figura 7-47), indique si desea conectarse al equipo local o a otro equipo. Si selecciona *Otro equipo,* podrá escribir el nombre NetBIOS, el nombre de dominio completo (FQDN) o la dirección IP del equipo. Puede usar *Examinar* para buscar el equipo. Haga clic en *Aceptar.* El equipo aparece ahora en el grupo de Terminal Server del panel izquierdo y el Administrador de Terminal Services intenta automáticamente conectarse al equipo. El equipo se identifica mediante el nombre NetBIOS, el nombre de dominio completo (FQDN) o la dirección IP.

Puede *quitar un servidor de Terminal Server de un grupo de Terminal Server* del Administrador de Terminal Services mediante la opción *Quitar del grupo* del menú emergente de la Figura 7-46. Si el servidor de Terminal Server pertenece a más de un grupo de Terminal Server, sólo se quitará del grupo especificado. Para *quitar todos los servidores de Terminal Server de un grupo de Terminal Server* del Administrador de Terminal Services, use la opción *Vaciar grupo* del menú emergente de la

Figura 7-46. Puede *cambiar el nombre de un grupo de Terminal Server* del Administrador de Terminal Services con la opción *Cambiar nombre* del menú emergente de la Figura 7-46.

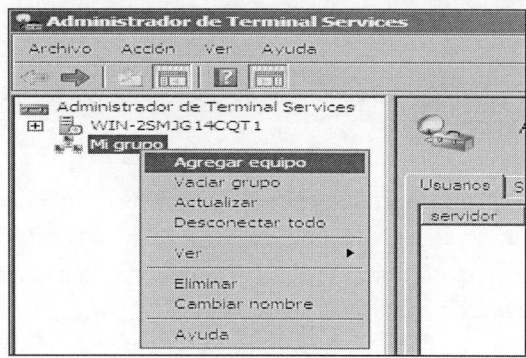

Figura 7-46

Para importar una lista de servidores de Terminal Server del Agente *de sesión de TS*, en el panel izquierdo del Administrador de Terminal Services, haga clic en Administrador de Terminal Services. En el menú *Acción*, pulse en *Importar desde el Agente de sesión de TS* (Figura 7-59). En este cuadro de diálogo, escriba el nombre NetBIOS, el nombre de dominio completo (FQDN) o la dirección IP del equipo del Agente de sesión de TS y, a continuación, haga clic en *Aceptar*. Aparece uno de los siguientes nodos en el panel izquierdo:

- Agente de sesión de TS (nombreDeEquipo), donde nombreDeEquipo es el nombre NetBIOS del equipo especificado en el paso 3.

- Agente de sesión de TS (Dirección IP), donde Dirección IP es la dirección IP especificada en el paso 3.

- Agente de sesión de TS (FQDN), donde FQDN es el FQDN especificado en el paso 3.

Puede usar la acción *Importar desde el Agente de sesión de TS* para importar una lista de los servidores de Terminal Server de un equipo de Windows Server que ejecute el Agente de sesión de TS. La acción *Importar desde el Agente de sesión de TS* agrega automáticamente todas las granjas de servidores de Terminal Server hospedadas por el equipo del Agente de sesión de TS, así como todos los servidores de Terminal Server que pertenezcan a dichas granjas.

Los servidores de Terminal Server importados automáticamente están en el estado desconectado. Para conectar un servidor de Terminal Server específico, haga clic con el botón secundario en el servidor de Terminal Server al que desee conectarse y, a continuación, haga clic en *Conectar*.

La lista de servidores de Terminal Server que pertenecen a las granjas no se actualiza automáticamente. Para actualizarla, haga clic con el botón secundario en el nodo del Agente de sesión de TS correspondiente del panel izquierdo y, a continuación, haga clic en *Actualizar*. No puede actualizar la lista de servidores de Terminal Server de una granja específica en un nodo del Agente de sesión de TS; sólo puede actualizar el nodo del Agente de sesión de TS completo. Para actualizar la lista de servidores de Terminal Server para todas las granjas hospedadas por un equipo del Agente de sesión de TS, haga clic con el botón secundario en el nodo del Agente de sesión de TS correspondiente del panel izquierdo y, a continuación, haga clic en *Actualizar*.

Puede usar la acción *Importar desde el Agente de sesión de TS* para importar una lista de los servidores de Terminal Server de más de un equipo del Agente de sesión de TS.

330 ADMINISTRACIÓN DE SISTEMAS OPERATIVOS

Sólo puede eliminar el nodo del Agente de sesión de TS completo. No puede realizar ninguna de las siguientes acciones:

- Eliminar un servidor de Terminal Server específico de una granja incluida en un nodo del Agente de sesión de TS.

- Eliminar una granja incluida en un nodo del Agente de sesión de TS.

- Vaciar una granja incluida en un nodo del Agente de sesión de TS.

- Vaciar un nodo del Agente de sesión de TS.

Para eliminar un nodo del Agente de sesión de TS, haga clic en el nodo correspondiente y, en el menú *Acción*, haga clic en *Eliminar*.

7.10. DISPONIBILIDAD Y ESCALABILIDAD

El uso de las tecnologías de agrupación en clústeres en el sistema operativo Windows Server aumenta la disponibilidad y la escalabilidad en aplicaciones cruciales. Entre estas aplicaciones se incluyen las bases de datos corporativas, el correo electrónico y los servicios basados en web como las tiendas en línea. Si usa las tecnologías de agrupación en clústeres adecuadas y lleva a cabo prácticas de diseño y operativas correctas (por ejemplo, la administración de la configuración o de la capacidad), podrá escalar la instalación de forma adecuada y asegurarse de que las aplicaciones y los servicios estarán disponibles en cualquier momento en que los necesiten los clientes y empleados.

7.10.1. Tecnologías de agrupación en clústeres

Una alta disponibilidad es la capacidad para proporcionar al usuario acceso a un servicio o una aplicación durante un alto porcentaje de tiempo programado mediante el intento de reducción de cortes no programados y la reducción del impacto del tiempo de inactividad programado en servidores concretos. La escalabilidad es la capacidad para incrementar o reducir fácilmente la capacidad informática. Un clúster consta de dos o varios equipos que trabajan juntos para proporcionar un mayor nivel de disponibilidad, escalabilidad o ambos del que puede obtenerse mediante el uso de un único equipo.

Windows Server proporciona dos tecnologías de agrupación en clústeres: clústeres de conmutación por error y equilibrio de carga de red (NLB). Los clústeres de conmutación por error proporcionan principalmente un alto nivel de disponibilidad. El equilibrio de carga de red proporciona escalabilidad y ayuda a aumentar la disponibilidad de servicios basados en web. La selección de la tecnología de clúster (clústeres de conmutación por error o equilibrio de carga de red) depende principalmente de si las aplicaciones que ejecuta disponen de un estado en memoria de ejecución prolongada.

Los clústeres de conmutación por error están diseñados para aplicaciones con un estado en memoria de ejecución prolongada o con estados de datos grandes y actualizados con frecuencia. Estas aplicaciones se denominan aplicaciones "con estado" e incluyen las aplicaciones de base de datos y de mensajería. Los usos típicos de los clústeres de conmutación por error incluyen servidores de archivos, servidores de impresión, servidores de base de datos y servidores de mensajería.

El equilibrio de carga de red está diseñado para aplicaciones que no cuentan con un estado en memoria de ejecución prolongada. Se denominan aplicaciones "sin estado". Una aplicación sin estado trata cada solicitud del cliente como una operación independiente y, por tanto, puede equilibrar la carga de cada solicitud de forma independiente.

Las aplicaciones sin estado a menudo cuentan con datos de sólo lectura o con datos que no cambian a menudo. Generalmente usan el equilibrio de carga de red los servidores web front-end, las redes privadas virtuales (VPN), los servidores FTP (protocolo de transferencia de archivos y los servidores de firewall y de proxy. Los clústeres de equilibrio de carga de red también son compatibles con otros servicios y aplicaciones basados en TCP o UDP.

7.10.2. Clúster de conmutación por error

Un clúster de conmutación por error es un grupo de servidores independientes que ejecutan Windows Server y que trabajan juntos para aumentar la disponibilidad de los servicios y las aplicaciones. Cuando se produce un error en un equipo de un clúster, se redirigen los recursos y la carga de trabajo se redistribuye a otro equipo del clúster. Puede usar clústeres de conmutación por error para garantizar que los usuarios dispongan de acceso prácticamente constante a importantes recursos basados en servidor.

Al usar un clúster de conmutación por error, puede garantizar que los usuarios disponen de acceso prácticamente constante a importantes recursos basados en servidor. Un clúster de conmutación por error es un conjunto de equipos independientes que trabajan juntos para aumentar la disponibilidad de los servicios y las aplicaciones. Los servidores agrupados (denominados nodos) se conectan mediante cables físicos y software. Si se produce un error en uno de los nodos, otro comienza a dar servicio mediante un proceso que se denomina conmutación por error.

Puede usar el complemento *Administración de clúster de conmutación por error* disponible en *Inicio → Herramientas administrativas* (Figura 7-47) para validar configuraciones de clúster de conmutación por error, para crear y administrar estos clústeres, y para migrar alguna configuración de recursos de un clúster que ejecuta Windows Server a un clúster que ejecuta Windows Server.

En Windows Server, los cambios en los clústeres de conmutación por error (anteriormente denominados clústeres de servidor) están pensados para simplificar la configuración y la administración de los clústeres, para conseguir que éstos sean más seguros y estables, para mejorar la red en los clústeres y para mejorar la forma en que los clústeres de conmutación por error se comunican con el almacenamiento.

En cuanto a *consideraciones de hardware y software para los clústeres de conmutación por error*, Microsoft sólo admite una solución de clúster de conmutación por error si todos los componentes de hardware están marcados como "*Certified for Windows Server*". Además, la configuración completa (servidores, red y almacenamiento) debe superar todas las pruebas del asistente para validar la configuración, incluido en el complemento Administración del clúster de conmutación por error.

El software que se usa para administrar un clúster de conmutación por error es el complemento Administración de clúster de conmutación por error, que se instala como parte de la característica de clúster de conmutación por error de Windows Server. El servicio subyacente que da soporte a los clústeres de conmutación por error es el Servicio de clúster.

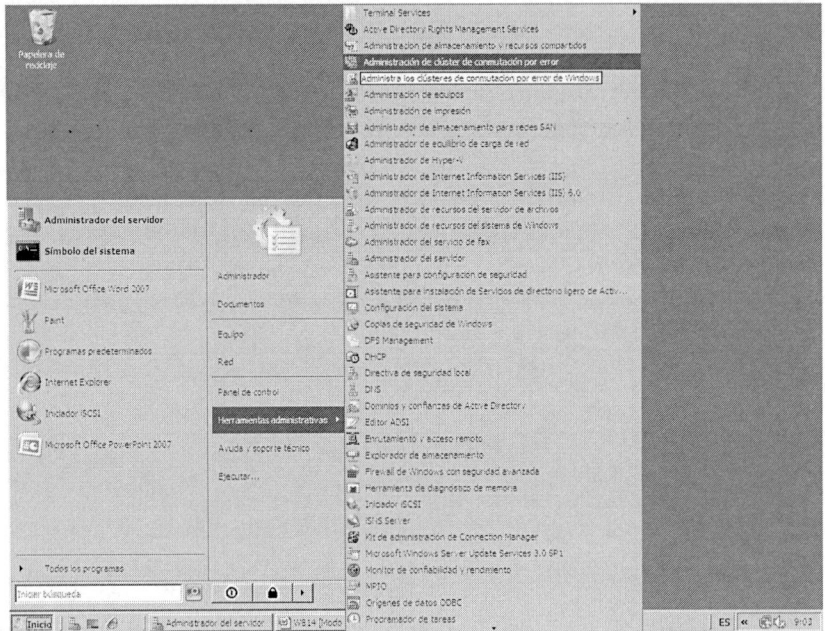

Figura 7-47

7.10.3. Instalación de la característica de clúster de conmutación por error

Use las *Tareas iniciales* de configuración o el *Administrador de servidores* para instalar características. Para instalar la característica de clúster de conmutación por error, en la lista de tareas, haga clic en *Agregar características*. En la lista de características que presenta el asistente, haga clic en *Clúster de conmutación por error* (Figura 7-48).

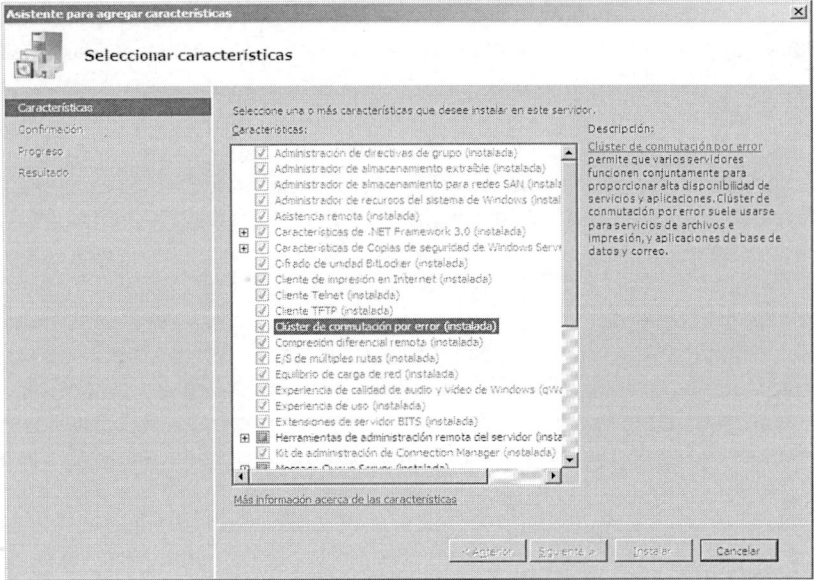

Figura 7-48

7.10.4. Administración de un clúster de conmutación por error

Las funciones y las características de servidor se pueden administrar con los complementos Microsoft Management Console (MMC). Para abrir el complemento de clúster de conmutación por error, haga clic en *Inicio*, seleccione *Herramientas administrativas* y, a continuación, haga clic en *Administración de clúster de conmutación por error* (Figura 7-47). Se obtiene la consola de Administración de clúster de conmutación por error (Figura 7-49).

Para empezar a usar un clúster de conmutación por error, valide la configuración de hardware y después cree un clúster. Posteriormente, puede ya administrar el clúster. Todos estos pasos aparecen facilitados en el apartado *Administración de la consola* de Administración de un clúster de conmutación por error (Figura 7-49).

Hay que tener presente que la característica Clúster de conmutación por error se incluye en Windows Server Enterprise y Windows Server Datacenter. No se incluye en Windows Server Standard ni en Windows Web Server.

En la tabla siguiente se referencian los pasos para la creación y administración de un clúster de conmutación por error.

Paso	Referencia
Revise los requisitos de hardware e infraestructura para un clúster de conmutación por error	Un clúster de conmutación por error debe cumplir determinados requisitos de hardware, software e infraestructura de red, y requiere una cuenta administrativa con los permisos de dominio correspondientes. En un clúster de conmutación por error, es necesario el siguiente hardware: *Servidores*: se recomienda usar un conjunto de equipos que contengan los mismos componentes o similares *Adaptadores y cable de red (para la comunicación de red)*: el hardware de red, como otros componentes de la solución de clúster de conmutación por error, debe estar marcado como "Certificado para Windows Server". Si se usa iSCSI, los adaptadores de red deberán estar dedicados a la comunicación de red o iSCSI, no a ambos. En la infraestructura de red que conecta los nodos del clúster, evite los puntos de error únicos. Hay varias formas de conseguirlo. Puede conectar los nodos del clúster con varias redes distintas. Como alternativa, puede conectar los nodos del clúster con una sola red construida con adaptadores de red en equipo, conmutadores redundantes, enrutadores redundantes o hardware similar que elimine los puntos de error únicos- *Controladores de dispositivo o adaptadores apropiados para el almacenamiento*: si usa Serial Attached SCSI o Fibre Channel, en todos los servidores agrupados, los controladores de dispositivo de almacenamiento masivo que estén dedicados al almacenamiento en clúster deben ser idénticos. También deben usar la misma versión del firmware. si usa iSCSI, cada servidor agrupado debe tener uno o varios adaptadores de red o adaptadores de bus host dedicados al almacenamiento en clúster. La red que se use para iSCSI no se puede usar para la comunicación de red. En todos los servidores agrupados, los adaptadores de red que se usen para conectar al destino del almacenamiento iSCSI deben ser idénticos y se recomienda usar Gigabit Ethernet o superior. *Almacenamiento*: debe usar almacenamiento compartido que sea compatible con Windows Server.

Paso	Referencia
Instale la característica de clúster de conmutación por error en todos los servidores que se incluirán en el clúster	Para instalar la característica de clúster de conmutación por error, si recientemente instaló Windows Server en el servidor y se muestra la interfaz *Tareas de configuración inicial*, bajo *Personalizar este servidor*, haga clic en *Agregar características*.
	Si no se muestra la interfaz *Tareas de configuración inicial*, agregue la característica mediante el Administrador del servidor:
	Si éste ya está en ejecución, en *Resumen de características*, haga clic en *Agregar características*. Si el Administrador del servidor no está en ejecución, haga clic en *Inicio*, pulse en *Herramientas administrativas*, haga clic en *Administrador del servidor* y, después, si se le pide permiso para seguir, haga clic en *Continuar*. A continuación, en *Resumen de características*, haga clic en *Agregar características*. En el Asistente para agregar características, pulse en *Clúster de conmutación por error* y, a continuación, en *Instalar*. Cuando el asistente termine, ciérrelo. Repita el proceso para cada servidor que desee incluir en el clúster.
Conecte las redes y el almacenamiento que usará el clúster	Para preparar el hardware antes de validar un clúster de conmutación por error confirme que la solución de clúster completa, incluidos los controladores, es compatible con Windows Server. Se recomienda usar un conjunto de equipos que contengan los mismos componentes o similares. Conecte y configure las redes que usarán los servidores del clúster. Siga las instrucciones del fabricante para conectar físicamente los servidores al almacenamiento. Asegúrese de que todos los discos (LUN) que desee usar en el clúster están expuestos a los servidores que organizará en clúster (y sólo a esos servidores). Si ha adquirido software que controla el formato o la función del disco, solicite al proveedor instrucciones sobre cómo usar dicho software con Windows Server.
	En uno de los servidores que desee organizar en clúster, haga clic en *Inicio*, en *Herramientas administrativas*, en *Administración de equipos* y, finalmente, en *Administración de discos*. (Si aparece el cuadro de diálogo *Control de cuenta de usuario*, confirme que la acción que muestra es la que desea y, a continuación, haga clic en *Continuar*). En *Administración de discos*, confirme que se pueden ver los discos de clúster. Si desea tener un volumen de almacenamiento mayor de 2 terabytes, y está usando la interfaz de Windows para controlar el formato del disco, convierta el disco en este momento al estilo de partición llamado tabla de particiones GUID (GPT). Para ello, haga copia de seguridad de los datos del disco, elimine todos los volúmenes del disco y, en *Administración de discos*, haga clic con el botón secundario en el disco (no en una partición) y haga clic en *Convertir en disco GPT*. Para volúmenes menores de 2 terabytes, en lugar de usar GPT, puede usar el estilo de partición denominada registro de arranque maestro (MBR). Compruebe el formato de todos los LUN o volúmenes expuestos. Se recomienda usar el formato NTFS (para el disco testigo, debe usar NTFS). Según corresponda, asegúrese de que hay conectividad entre los servidores que se organizarán en clúster y los controladores de dominio ajenos al clúster. La conectividad con los clientes no es necesaria para la validación y se puede establecer más adelante.
Ejecute el Asistente para validar una configuración para confirmar que el hardware y la configuración de hardware de los	Para validar un clúster de conmutación por error nuevo o existente, identifique el servidor o los servidores en los que desea realizar las pruebas y confirme que la característica Clúster de conmutación por error está instalada. Revise el hardware de red o almacenamiento que desea validar para confirmar que está conectado a los servidores. Decida si desea ejecutar todas las pruebas de validación disponibles o sólo algunas

Paso	Referencia
servidores, la red y el almacenamiento son compatibles con los clústeres de conmutación por error. Si resulta necesario, ajuste el hardware o la configuración de hardware y, a continuación, ejecute el asistente de nuevo	de ellas. En el complemento *Administración de clúster de conmutación por error*, en el árbol de consola, asegúrese de que Administración de clúster de conmutación por error está seleccionado y, a continuación, en *Administración*, haga clic en *Validar una configuración* (Figura 7-20). Siga las instrucciones del asistente para especificar los servidores y las pruebas, ejecutar las pruebas y ver los resultados. Tenga en cuenta que al ejecutar el *Asistente para validar una configuración en servidores no organizados en clúster*, debe indicar los nombres de todos los servidores en los que desea realizar las pruebas, no sólo uno de ellos.
Cree el clúster de conmutación por error	Para crear un clúster de conmutación por error, confirme que el hardware está conectado y que se validó su configuración. En el complemento *Administración de clúster de conmutación por error*, confirme que Administración de clúster de conmutación por error está seleccionado y, a continuación, en *Administración*, haga clic en *Crear un clúster* (Figura 7-20). Siga las instrucciones del asistente para especificar los servidores que se incluirán en el clúster, el nombre del clúster y la información de dirección IP que no proporcione automáticamente la configuración de DHCP. Después de ejecutar el asistente, cuando aparezca la página Resumen, haga clic en *Ver informe* para ver un informe de las tareas realizadas por el asistente.
Administrar un cluster de conmutación por error	En el árbol de consola, haga clic con el botón secundario en *Administración de clúster de conmutación por error*, haga clic en *Administrar un clúster* (Figura 7-20) y, a continuación, seleccione o especifique el clúster que desee para su administración. Si el árbol de consola está contraído, expándalo en el clúster que desea administrar y realice las acciones pertinentes.

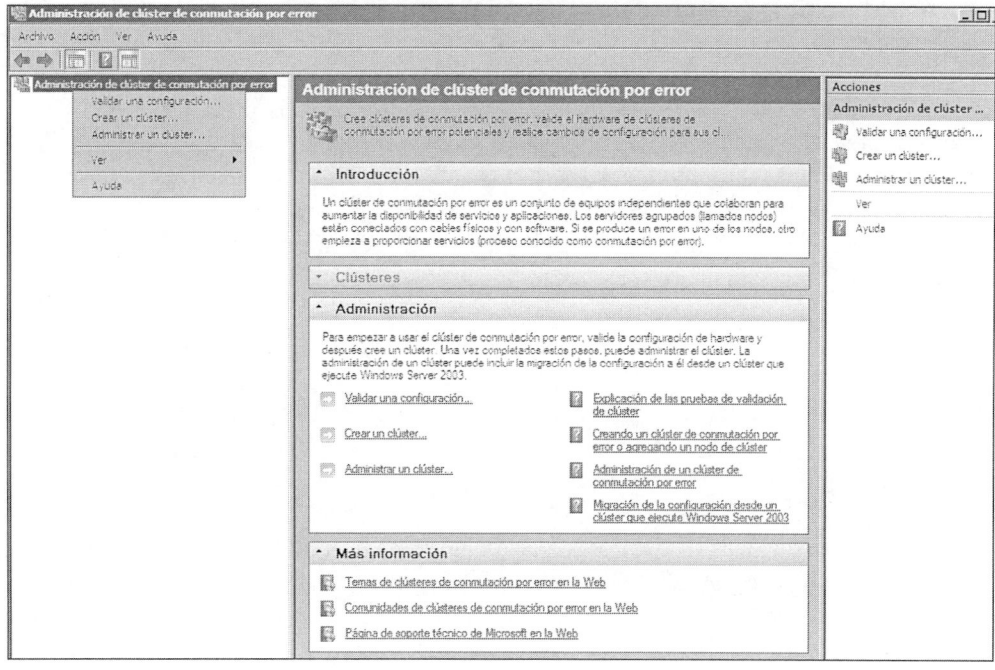

Figura 7-49

7.10.5. Equilibrio de carga de red

La característica de equilibrio de carga de red (NLB) mejora la disponibilidad y escalabilidad de las aplicaciones de servidor de internet tales como las usadas en servidores web, servidores FTP, servidores firewall, servidores proxy, servidores de redes privadas virtuales (VPN) y otros servidores con una importancia decisiva.

Un solo equipo que ejecuta Windows puede proporcionar un nivel limitado de confiabilidad y rendimiento escalable del servidor. Sin embargo, la combinación de recursos pertenecientes a dos o más equipos que ejecuten uno de los productos en Windows Server en un solo clúster virtual permite a NLB ofrecer la confiabilidad y el rendimiento que necesitan los servidores web y otros servidores con una importancia decisiva.

Cada host ejecuta una copia independiente de las aplicaciones de servidor deseadas (tales como aplicaciones para servidores web, FTP y Telnet). NLB distribuye las solicitudes de clientes entrantes por los hosts que forman el clúster. La carga que administra cada host puede configurarse según sea necesario. También puede agregar hosts de manera dinámica al clúster para administrar los aumentos de carga. Además, NLB puede dirigir todo el tráfico a un solo puerto especificado, que se denomina host predeterminado.

NLB permite a todos los equipos del clúster ser controlados por el mismo conjunto de direcciones IP del clúster y mantiene un conjunto de direcciones IP dedicadas únicas para cada host. En el caso de aplicaciones con equilibrio de carga, cuando se produce un error en un host o éste se queda sin conexión, la carga se redistribuye automáticamente entre los equipos que siguen operativos. Cuando se produce un error en un equipo o se queda sin conexión de manera inesperada, se pierden las conexiones activas con el servidor en el que se ha producido un error o se ha quedado sin conexión. Sin embargo, si desactiva de manera intencionada un host, puede usar el comando *drainstop* para dar servicio a todas las conexiones activas antes de dejar el equipo sin conexión. Cuando esté listo, el equipo sin conexión puede volverse a unir de manera transparente al clúster y volver a recuperar su cuota de carga de trabajo, lo que permite a los otros equipos del clúster administrar menos tráfico.

En cuanto a hardware y software para los clústeres NLB tendremos presente que NLB se instala como un componente del controlador de redes de Windows estándar. Para habilitar y ejecutar NLB, no se requiere ningún tipo de cambio en el hardware.

El *Administrador de NLB* (Figura 7-51) al que se accede mediante *Inicio → Herramientas administrativas → Administrador de equilibrio de carga de red* (Figura 7-50) le permite crear nuevos clústeres NLB así como configurar y administrar clústeres y todos los hosts del clúster desde un solo equipo remoto o local.

NLB permite a los clientes tener acceso al clúster mediante el uso de un solo nombre de Internet lógico y una dirección IP virtual, conocida como la dirección IP del clúster (conserva los nombres individuales de cada equipo).

NLB permite varias direcciones IP virtuales para servidores de host múltiple. En el caso de los clústeres virtuales, los servidores no necesitan ser de host múltiple para tener varias direcciones IP virtuales. NLB se puede enlazar a varios adaptadores de red, lo que le permite configurar varios clústeres independientes en cada host. La compatibilidad con varios adaptadores de red difiere de los clústeres virtuales en que los clústeres virtuales le permiten configurar varios clústeres en un único adaptador de red.

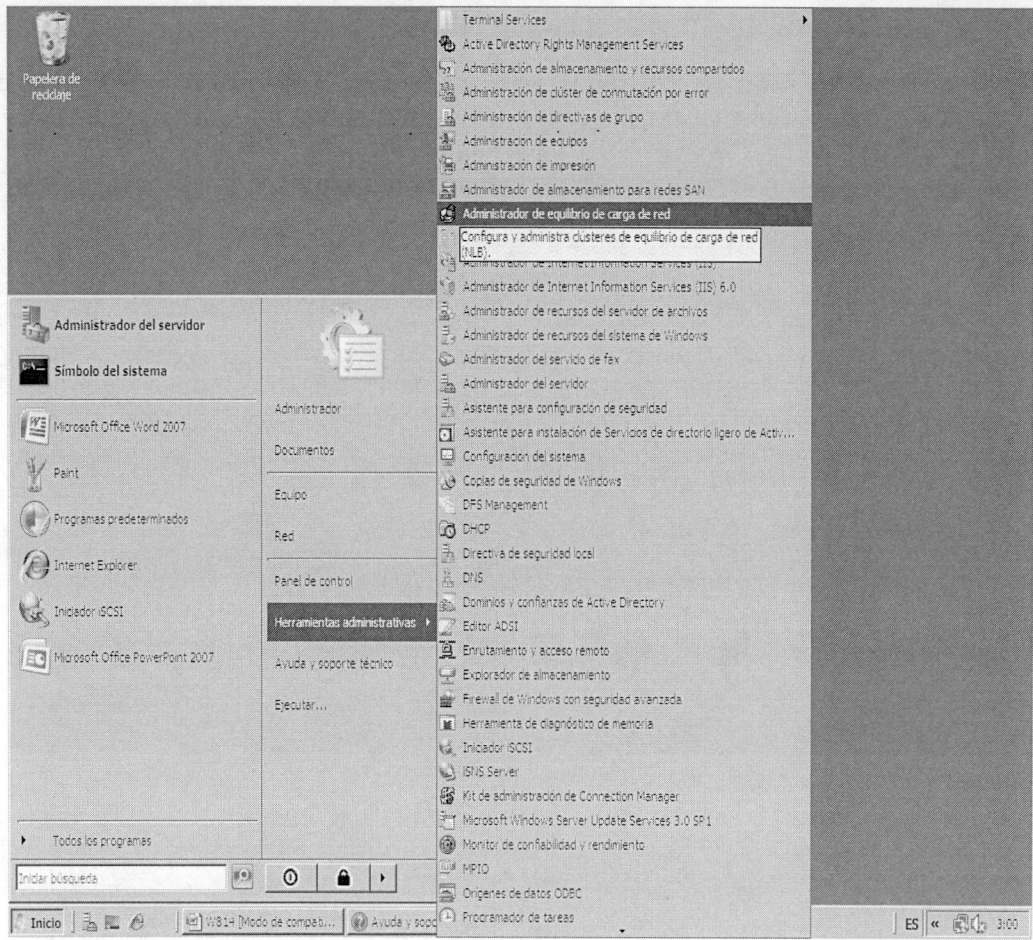

Figura 7-50

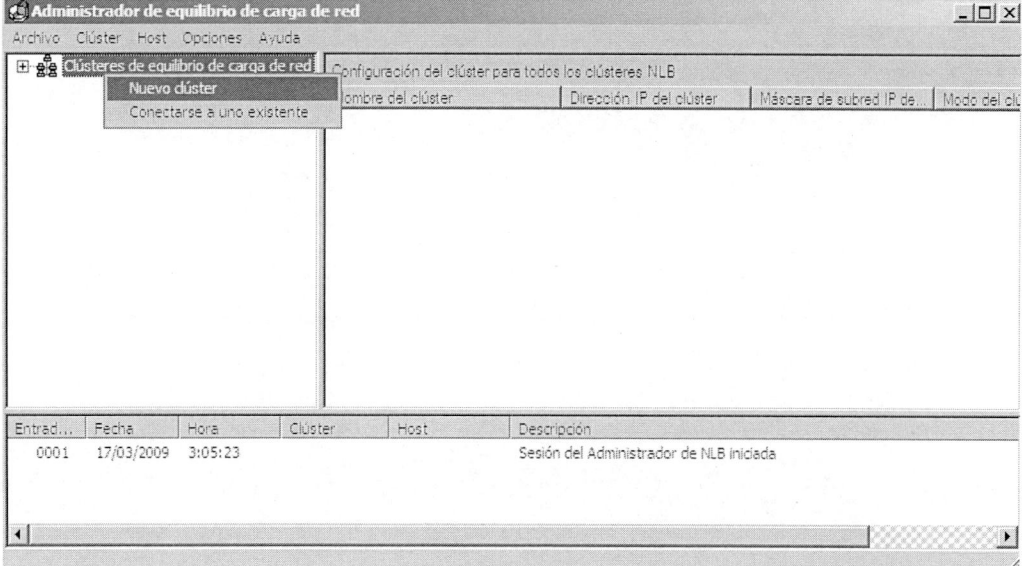

Figura 7-51

7.10.6. Instalación de la característica NLB

Para usar el equilibrio de carga de red (NLB), un equipo debe tener únicamente TCP/IP en el adaptador en el que está instalado NLB. No agregue ningún otro protocolo (por ejemplo, IPX) a este adaptador. NLB puede equilibrar la carga de cualquier aplicación o servicio que use TCP/IP como su protocolo de red y esté asociado a un puerto de Protocolo de control de transmisión (TCP) o de Protocolo de datagramas de usuario (UDP).

Para *instalar y configurar NLB*, debe usar una cuenta que aparezca en el grupo Administradores de cada host. Si no usa una cuenta del grupo Administradores cuando instala y configura cada host, se le solicitará que proporcione las credenciales de inicio de sesión de dicha cuenta. Para configurar una cuenta que el Administrador de NLB use de manera predeterminada en el Administrador de NLB, expanda el menú *Opciones* (Figura 7-52). Haga clic en *Credenciales* (Figura 7-53). Se recomienda no usar esta cuenta para ningún otro fin. Puede usar las *Tareas iniciales* de configuración o el Administrador de servidores para instalar NLB.

Para instalar NLB en la lista de tareas, haga clic en *Agregar características*. En la lista de características del asistente, haga clic en *Equilibrio de carga de red* (Figura 7-54).

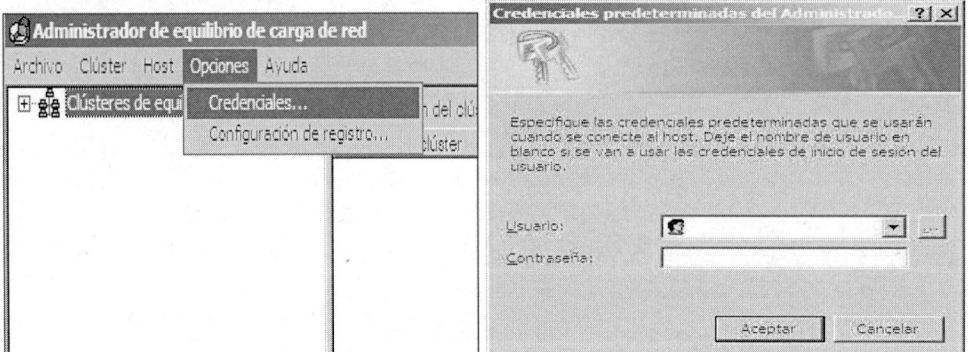

Figura 7-52   Figura 7-53

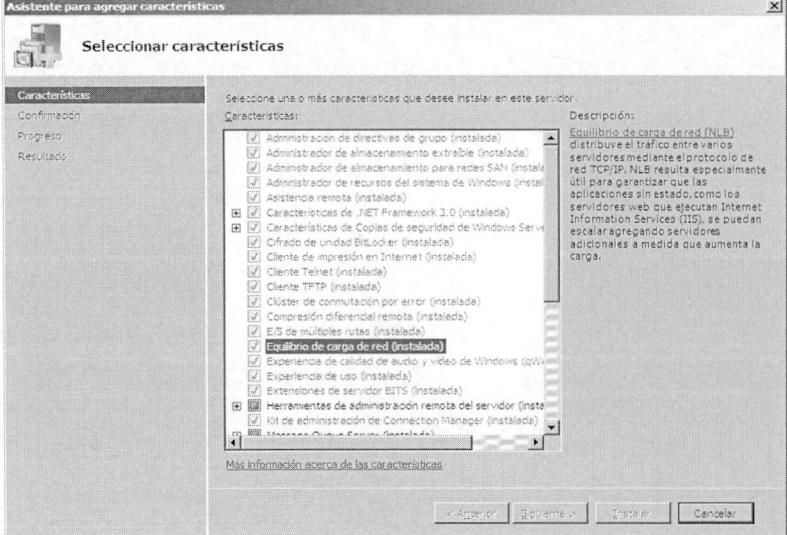

Figura 7-54

7.10.7. Administración de NLB

Las funciones y las características de servidor se pueden administrar con el Administrador de equilibrio de carga de red (NLB), que se abre mediante *Inicio → Herramientas administrativas → Administrador de equilibrio de carga de red* (Figura 7-50). También puede escribir *Nlbmgr* en un símbolo del sistema. Se obtiene el Administrador de equilibrio de carga de red (Figura 7-51).

NLB incluye las siguientes características de capacidad de administración:

- Puede administrar y configurar varios clústeres NLB y los hosts del clúster desde un solo equipo mediante el uso del Administrador de NLB.

- Puede especificar el comportamiento del equilibrio de carga para un solo puerto IP o un grupo de puertos mediante el uso de reglas de administración de puertos.

- Puede definir diferentes reglas de puerto para cada sitio web. Si usa el mismo conjunto de servidores con equilibrio de carga para varias aplicaciones o sitios web, las reglas de puerto se basan en la dirección IP virtual de destino (mediante el uso de clústeres virtuales).

- Puede dirigir todas las solicitudes de cliente a un solo host mediante el uso de reglas opcionales de un solo host. NLB en ruta las solicitudes de clientes a un host concreto que ejecuta aplicaciones específicas.

- Puede bloquear el acceso de red no deseado para determinados puertos IP.

- Puede habilitar la compatibilidad con el Protocolo de administración de grupos de internet (IGMP) en los hosts del clúster para controlar el desborde de conmutación (cuando se funciona en el modo de multidifusión).

- Puede iniciar, detener y controlar las acciones de NLB de un modo remoto desde cualquier equipo conectado por red que ejecute Windows mediante el uso de comandos de shell o scripts.

- Puede ver el registro de eventos de Windows para comprobar si hay eventos de NLB. NLB registra en el registro de eventos todas las acciones y los cambios que se han realizado en el clúster.

7.11. APLICACIONES Y SERVICIOS WEB

Windows Server ofrece una plataforma segura y de fácil administración, para el desarrollo y alojamiento fiable de aplicaciones y servicios web. Las nuevas características incluyen administración simplificada, seguridad aumentada y mejoras de rendimiento. Windows Server permite a los administradores controlar y ver detalles sobre cómo y cuándo las aplicaciones y los servicios web usan los recursos clave del sistema operativo. En los párrafos siguientes se especifican las herramientas esenciales de la plataforma web de Windows Server.

Internet Information Services 7.0 (IIS7). Windows Server proporciona una plataforma unificada para publicación en la Web que integra *Internet Information Services 7.0 (IIS7), ASP.NET, Windows Communication Foundation y Microsoft Windows SharePoint Services*. Las mejoras clave de IIS7 incluyen características más eficientes de administración, mejor seguridad y soporte técnico optimizado.

Herramientas de administración mejoradas. La nueva utilidad de administración en IIS7, *Administrador de IIS*, es una herramienta más eficiente para la administración del servidor web. Ofrece compatibilidad para configuraciones de IIS y ASP.NET, datos de usuario e información de diagnósticos en tiempo de ejecución.

Nueva herramienta de línea de comandos appcmd.exe para la administración de servidores, sitios y aplicaciones web. La interfaz de línea de comandos simplifica a los administradores las tareas comunes de administración de servidores web.

Instalación modular basada en características. IIS7 está compuesto por más de 40 módulos de características independientes. Sólo la mitad de los módulos se instala de forma predeterminada y los administradores pueden instalar o eliminar de forma selectiva cualquier módulo de característica que elijan. Este enfoque modular permite a los administradores instalar sólo las opciones que necesitan y ahorrar tiempo, al limitar el número de características que se necesitan administrar y actualizar.

Modelo de configuración distribuida. Uno de los objetivos clave de IIS7 es habilitar la configuración distribuida que permite a los administradores especificar opciones de configuración para un sitio o aplicación web en el mismo directorio donde se almacena el código o contenido. Al especificar en un único archivo en las opciones de configuración, la configuración distribuida permite a los administradores delegar a otros la administración de características seleccionadas de sitios o aplicaciones web. Los administradores también pueden bloquear opciones de configuración específicas para que nadie pueda cambiarlas. Esta característica se puede usar para garantizar que una directiva de seguridad, que evita la ejecución de secuencia de comandos, no sea sobrescrita por un desarrollador de contenidos al que se le delega acceso administrativo al sitio web.

Diagnósticos y solución de problemas. IIS7 permite la solución de problemas del servidor Web con soporte de seguimiento y diagnósticos integrados posibilitando que el administrador observe de cerca el servidor web y consulte información detallada de diagnóstico en tiempo real. Los diagnósticos y la solución de problemas permiten que un desarrollador o un administrador consulten las solicitudes que se ejecutan en el servidor. IIS7 incluye también nuevos objetos de estado y control de tiempo de ejecución, que ofrecen información en tiempo real del estado de grupos de aplicaciones, procesos de trabajo, sitios, dominios de aplicación e incluso de solicitudes en ejecución. IIS7 incluye también *eventos de seguimiento detallado* (a través de la ruta de las solicitudes que se ejecutan en el servidor y su respuesta), *mensajes de error* mucho más detallados y que se pueden procesar (en vez de consultar un breve código de error, ahora los administradores pueden ver información detallada sobre la solicitud, qué problemas potenciales pueden haber originado el error y también sugerencias sobre cómo corregirlo) y un *API de estado y control de tiempo de ejecución* (RSCA), que está diseñada para ofrecer información detallada del tiempo de ejecución del servidor desde el interior de IIS7.

Arquitectura modular extensible. En IIS7, el núcleo está dividido en más de 40 módulos de características independientes. El núcleo también incluye una nueva API Win32 para construir módulos de servidor de núcleo, de modo que los usuarios pueden agregar, eliminar o incluso reemplazar módulos de características de IIS.

Modelo flexible de extensibilidad para personalización. IIS7 permite a los desarrolladores extender IIS para ofrecer funcionalidad personalizada de formas nuevas y más eficaces. La nueva interfaz de programación de aplicaciones de servidor de núcleo (API) permite desarrollar módulos de características tanto en código nativo (C/C++) como en código administrado (lenguajes como C# y Visual Basic 2005, que usa .NET Framework). IIS7 también permite la extensibilidad de la configuración, secuencias de comandos, registro de eventos y conjuntos de características de herramientas de administración, ofreciendo a los desarrolladores de software una plataforma completa de servidor en la que construir las extensiones de servidor web.

Verdadera implementación de aplicaciones con xcopy. IIS7 permite almacenar las opciones de configuración en archivos *web.config*, lo que facilita el uso de *xcopy* para copiar aplicaciones entre múltiples servidores web, y evitar así réplicas costosas y propensas a errores, sincronización manual y tareas adicionales de configuración.

Los cambios estructurales en IIS7 se combinan para crear un sistema para aplicaciones web muy flexible. La capacidad de tener acceso a configuraciones de IIS a través de la interfaz GUI y a la herramienta de línea de comandos *appcmd.exe* ofrece herramientas eficaces tanto para los administradores de servidor web principiantes, que poseen habilidades básicas, como para los más avanzados que administran múltiples servidores mediante herramientas de secuencias de comandos. Los componentes de seguimiento y solución de problemas de IIS ofrecen información detallada y útil que ayuda a los administradores y desarrolladores aislar código con problemas.

7.12. ACCESO CENTRALIZADO DE APLICACIONES

Windows Server ofrece mejoras e innovaciones a *Servicios de Terminal Server* que ya no es un simple acceso a aplicaciones, sino que permite ejecutar en el propio escritorio aplicaciones remotas en paralelo con aplicaciones locales. Asimismo, ofrece nuevas opciones para tener acceso de forma centralizada a las aplicaciones a través de *Acceso web de Servicios de Terminal Server*. Los nuevos componentes de Servicios de Terminal Server incluyen:

- *RemoteApp de Servicios de Terminal Server.* Permite a los usuarios ejecutar programas Windows de acceso remoto en paralelo con sus aplicaciones locales en el escritorio mediante el nuevo cliente *Conexión a escritorio remoto 6.0*, que incluye mejoras de pantalla y *Desktop Experience* que reproduce el escritorio existente en el equipo remoto permitiendo al usuario usar características de Windows como el Reproductor de Windows Media, los temas de escritorio y la administración de fotos en conexión remota.

- *Terminal Services Gateway.* Función de Servicios de Terminal Server que permite a usuarios remotos autorizados conectarse a través de internet a servidores de terminal y estaciones de trabajo de una red corporativa. Esto permite que servidores y estaciones de trabajo estén disponibles de forma sencilla y segura para los trabajadores remotos o en viaje, sin usar la infraestructura para Red Privada Virtual (VPN).

- *Acceso web de Servicios de Terminal Server (TS Web Access).* Función de Servicios de Terminal Server que permite que los administradores sitúen programas de *RemoteApp de Servicios de Terminal Server* (nuevo método remoto de presentación de aplicaciones disponible en Windows Server) a disposición de usuarios desde un explorador web, sin requerir que el usuario realice ninguna instalación de software. Con TS Web Access, los usuarios pueden visitar un sitio web y tener acceso a una lista de todas las aplicaciones disponibles. Cuando el usuario inicia uno de los programas listados, se arranca de forma automática una sesión de Servicios de Terminal Server de ese usuario en el servidor de terminal basado en Windows Server que aloja la aplicación. Para el usuario, esta interfaz web ofrece un menú centralizado que muestra todas las aplicaciones remotas actualmente disponibles y donde ejecutar una aplicación remota es tan sencillo como elegir un programa del menú. Mediante el uso de Acceso web TS, se reduce la carga administrativa. Se puede tener acceso fácilmente a los programas desde una ubicación central. Los programas se ejecutan en un servidor de terminal y no en el equipo cliente, de modo que el personal de TI tiene que mantener y actualizar una sola instancia de la aplicación.

- *Inicio de sesión único.* Elimina la necesidad de especificar las credenciales varias veces a los usuarios remotos. El inicio de sesión único permite que usuarios con una cuenta de dominio inicien una sesión de Servicios de Terminal Server una vez, usando una contraseña o una tarjeta inteligente y, después, puedan obtener acceso a servidores y aplicaciones remotos sin que se les solicite nuevamente sus credenciales.

7.13. TRABAJO REMOTO CON SUCURSALES

Las empresas quieren aproximarse a sus clientes y mueven a los trabajadores lejos de las ubicaciones centrales hacia las sucursales. Microsoft comenzó a abordar las necesidades y los desafíos del escenario de sucursales en Windows Server R2. El lanzamiento de Windows Server incluye muchas mejoras adicionales que ofrecerán a los administradores un mayor control sobre las sucursales y aumentarán el nivel de protección de la red central y los datos de la sucursal y la organización. Para la sucursal, las ventajas clave que ofrece Windows Server se pueden dividir en tres categorías:

- *Mejora de la eficiencia de la implementación y administración del servidor de sucursal.* Cambios y mejoras del servicio de directorio de Active Directory, introducción del controlador de dominio de sólo lectura, BitLocker, separación de funciones y la opción de instalación de Servidor Básico son características específicas de Windows Server que abordan necesidades únicas de la sucursal, y aumentan la eficacia para administrar las ubicaciones remotas.

- *Reducción de riesgos de seguridad en sucursales.* Los *Controladores de dominio de sólo lectura (RODC)* disponibles en el sistema operativo Windows Server están diseñados para ser implementados principalmente en entornos de sucursal. La separación de funciones del administrador permite que un usuario local de sucursal puede iniciar sesión en un RODC para realizar trabajo de mantenimiento en el servidor, como por ejemplo actualizar un controlador, sin tener acceso a recursos de dominio fuera de la sucursal. Por otro lado, *Cifrado de unidad BitLocker* es una nueva característica clave de seguridad en Windows Server, que ayuda a proteger servidores en sucursales cifrando el contenido de las unidades de disco. También se encuentra disponible en las ediciones de Windows para proteger equipos cliente y equipos móviles para usuarios móviles. Asimismo, las mejoras en la capacidad de administración de *Active Directory* (asistentes de instalación, interfaz, etc.) y *Servidor Básico* (mantenimiento reducido de software, superficie de ataque reducida, menos reinicios y espacio en disco menor) ofrecen ventajas clave en el escenario de las sucursales.

- *Mejora de la eficiencia de comunicaciones WAN y del uso del ancho de banda.*

La solución de Microsoft para sucursales y Windows Server abordan las necesidades fundamentales de la sucursal con una variedad de nuevas características y mejoras al ofrecer implementación simplificada y administración eficaz de funciones clave del servidor, mejor seguridad y una arquitectura que optimiza el rendimiento y ofrece continuidad del servicio.

7.14. EL CONCEPTO DE VIRTUALIZACIÓN

La virtualización de Microsoft Windows Server combina características encaminadas a la consolidación de servidores. Mediante *Windows Server virtualization* (WSv), una tecnología eficaz con sólidas características de administración y seguridad, se resuelven muchos problemas de protección de servidores consolidados, respuesta a cargas de trabajo dinámicas, obtención de alto rendimiento y administración simplificada. La combinación de características de seguridad y fuerte aislamiento en WSv hace posible consolidar cargas de trabajo heterogéneas en servidores host mientras se mantienen la flexibilidad y seguridad.

La *seguridad* es un desafío fundamental en cada implementación de servidor. Un servidor que aloja múltiples máquinas virtuales (VM), también conocido como servidor consolidado, está expuesto a los mismos riesgos de seguridad que los servidores no consolidados, pero agrega el desafío de separación de funciones de administrador. WSv aumenta la seguridad de servidores consolidados y resuelve la separación de funciones de administrador mediante las siguientes características:

- *Particiones fuertes*. Una máquina virtual funciona como un contenedor independiente de sistema operativo, completamente aislado de otras máquinas virtuales que se ejecutan en el mismo servidor físico.

- *Seguridad para el hardware*. Características como prevención de ejecución de datos (DEP) se encuentran disponibles en el hardware más reciente para servidores y ayudan a evitar la ejecución de los virus y los gusanos más predominantes.

- *Windows Server virtualization*. WSv ayuda a evitar la exposición de las VM que contienen información confidencial y protege también al sistema operativo host subyacente del riesgo que comporta un sistema operativo invitado.

- *Características de seguridad de red*. Permite la traducción de direcciones de red (NAT) automática, firewall y protección de acceso a redes (NAP).

- *Base de equipos de confianza mínima*. Ofrece una superficie de ataque reducida y una arquitectura de virtualización simplificada y ligera.

La configuración de un servidor consolidado que ofrezca los mejores entornos de seguridad y sistema operativo para cada aplicación puede presentar en ciertas ocasiones un desafío difícil. Debido a que WSv crea un entorno donde es posible configurar cada carga de trabajo con un entorno de sistema operativo y perfil de seguridad ideales, resuelve el desafío de la separación de funciones en un servidor consolidado. WSv protege a las máquinas virtuales del sistema operativo host, y viceversa, al permitir que las máquinas virtuales se ejecuten en una cuenta de servicio sólo con los privilegios necesarios. Con WSv, el sistema operativo host está protegido y una máquina virtual en riesgo está limitada en el daño que podría causar a otras máquinas virtuales.

La virtualización del servidor, mediante un fuerte aislamiento, permite que coexistan cargas de trabajo con requisitos de recursos diferentes en el mismo servidor host. WSv ofrece varias características que facilitan el uso eficaz de los recursos físicos del servidor host. Las más importantes son las siguientes:

- *Asignación flexible de memoria*. Se puede asignar una cantidad máxima y una cantidad mínima de memoria RAM garantizada a las máquinas virtuales.

- *Adición dinámica de hardware*. WSv puede agregar dinámicamente procesadores lógicos, memoria, adaptadores de red y almacenamiento a sistemas operativos invitados compatibles, mientras se encuentran en ejecución.

- *Configuración flexible de red*. WSv ofrece características avanzadas de red para las máquinas virtuales, que incluyen la traducción de direcciones de red automática, firewall, protección de acceso a redes y asignación de VLAN. Esta flexibilidad permite una configuración compatible con los requisitos de seguridad de red.

Las características de asignación flexible de memoria, adición dinámica de hardware y configuración flexible de red de WSv facilitan una respuesta más eficaz a las cargas dinámicas de servidor. WSv se puede usar con sistemas operativos invitados compatibles, para asignar dinámicamente recursos adicionales de memoria y procesador a una máquina virtual en ejecución y administrar los requisitos ampliados de procesamiento sin reiniciar el sistema operativo invitado. Con suficientes recursos de servidor host, este cambio no disminuye el rendimiento de las demás máquinas virtuales que se ejecutan en el host. Microsoft y sus asociados ofrecen el soporte técnico completo para sistemas operativos invitados Windows y Linux compatibles.

Los avances de rendimiento derivados de WSv incluyen:

- *Arquitectura de virtualización ligera, de baja sobrecarga, basada en Hypervisor de 64 bits*. Hardware preparado para virtualización (Intel VT y la tecnología "Pacifica" de AMD) que permite rendimientos mayores del sistema operativo invitado.

- *Compatibilidad con múltiples núcleos*. A cada máquina virtual se le pueden asignar hasta ocho procesadores lógicos, lo que permite la virtualización de grandes cargas de trabajo, con cálculo intensivo, que aprovechan los beneficios del procesamiento en paralelo de núcleos de máquinas virtuales con procesadores múltiples.

- *Compatibilidad de sistemas operativos host e invitado de 64 bits*. WSv se ejecuta en la versión de 64 bits de Windows Server para ofrecer acceso a grandes grupos de memoria para las máquinas virtuales invitadas. WSv también es compatible con sistemas operativos invitados de 64 y 32 bits que se ejecutan en el mismo servidor consolidado.

- *Compatibilidad con Servidor Básico*. WSv puede usar una instalación Servidor Básico de Windows Server como sistema operativo host. La superficie mínima de instalación y baja sobrecarga de Servidor Básico dedica la mayor cantidad posible de la capacidad de procesamiento de servidor host a las máquinas virtuales en ejecución.

- *Acceso a disco de paso*. Los sistemas operativos invitados se pueden configurar para tener acceso de forma directa a almacenamiento local o de red de área de almacenamiento (SAN) iSCSI, lo que ofrece mayores rendimientos en aplicaciones con muchas operaciones de E/S, como SQL Server o Microsoft Exchange.

Muchas cargas de trabajo de servidor demandan mucho procesamiento de servidor y subsistemas de entrada salida E/S. Cargas de trabajo como SQL Server y Microsoft Exchange normalmente consumen mucha memoria y lastran el rendimiento de disco, y ha habido resistencia a virtualizar estas cargas de trabajo. El Hypervisor de 64 bits en WSv junto con características como el acceso a disco de paso hacen posible y con frecuencia deseable virtualizar grandes cargas de trabajo.

En cuanto a la *administración simplificada*, en las instalaciones de centros de datos y sucursales remotas donde es posible implementar WSv, se necesitan fuertes capacidades de administración y automatización para ser totalmente conscientes del potencial de reducción de costos de la virtualización. WSv satisface este desafío con las siguientes capacidades de administración y automatización:

- *Administración extensible*. WSv está diseñado para funcionar con *Microsoft System Center Operations Manager* (SCOM) y *System Center Virtual Machine Manager* (SCVMM). Estas herramientas de administración ofrecen informes, automatización, implementación y herramientas autoservicio de usuario para WSv.

- *Interfaz MMC 3.0 para administración de máquina virtual*. La familiar interfaz *Microsoft Management Console* (MMC) se usa para administrar la configuración de WSv y los valores de VM, reduciendo sensiblemente el proceso de aprendizaje de WSv.

- *Interfaz del instrumental de administración de Windows (WMI)*. WSv incorpora un proveedor WMI que ofrece acceso a información de sistema y administración mediante secuencias de comandos.

- *Secuencias de comandos de PowerShell*. La configuración de host y VM de WSv se configura a través de *Windows PowerShell*.

- *Administración de objetos de directivas de grupo* (GPO). WSv usa las capacidades de administración de configuración de GPO para administrar la virtualización del host WSv y la configuración del equipo virtual.

7.15. HYPER-V

La función *Hyper-V* permite crear un entorno de equipos de servidor virtualizado mediante una tecnología integrada en Windows Server. Puede usar un entorno de equipos de servidor virtualizado para mejorar la eficacia de sus recursos de equipos al aprovechar mejor sus recursos de hardware.

Hyper-V ofrece una infraestructura de software y herramientas básicas de administración en Windows Server que puede usar para crear y administrar un entorno de equipos de servidor virtualizado. Este entorno virtualizado se puede usar para abordar diversos objetivos empresariales orientados a mejorar la eficacia y reducir los costos. Por ejemplo, un entorno de servidor virtualizado puede ayudarle a reducir los costos de operar y mantener los servidores físicos al aumentar el uso del hardware. Puede reducir el número de componentes de hardware necesarios para ejecutar las cargas de trabajo de servidor, fomentar el desarrollo y aumentar la eficacia de las pruebas al reducirse el tiempo necesario para configurar el hardware y el software, y reproducir los entornos de prueba y mejorar la disponibilidad del servidor sin usar tantos equipos físicos como serían necesarios en una configuración de conmutación por error que solo usa equipos físicos.

Para instalar y usar la función Hyper-V, necesitará lo siguiente:

- Un procesador x64. Hyper-V está disponible en las versiones x64 de Windows Server, concretamente, las versiones x64 de Windows Server Standard, Windows Server Enterprise y Windows Server Datacenter.

- Virtualización asistida por hardware. Está disponible en procesadores que incluyen una opción de virtualización; concretamente, Intel VT o AMD Virtualization (AMD-V).

- La protección de ejecución de datos (DEP) de hardware debe estar disponible y habilitada. Concretamente, debe habilitar el bit XD de Intel (bit ejecutar deshabilitado) o el bit NX de AMD (bit no ejecutar).

La configuración de la virtualización asistida por hardware y la protección de ejecución de datos de hardware están disponibles en el BIOS. No obstante, los nombres de las opciones de configuración pueden diferir con respecto a los indicados anteriormente. Para obtener más información acerca de si un modelo de procesador concreto admite Hyper-V, consulte al fabricante del equipo. Si modifica la configuración de la virtualización asistida por hardware o la protección de ejecución de datos de hardware, es probable que tenga que desconectar el equipo y volver a encenderlo. Si sólo reinicia el equipo, es posible que los cambios realizados en las opciones de configuración no surtan efecto.

7.15.1. Configuración de Hyper-V

Existen dos categorías de configuración de Hyper-V: configuración del servidor, que especifica la ubicación predeterminada de los discos duros virtuales y las máquinas virtuales, y configuración del usuario, que le permite personalizar las interacciones con Conexión a máquina virtual, así como mostrar mensajes y páginas de asistentes en caso de que los haya ocultado previamente. Entre las opciones de configuración de Conexión a máquina virtual se incluyen la combinación de teclas de liberación del ratón y las combinaciones de teclas de Windows.

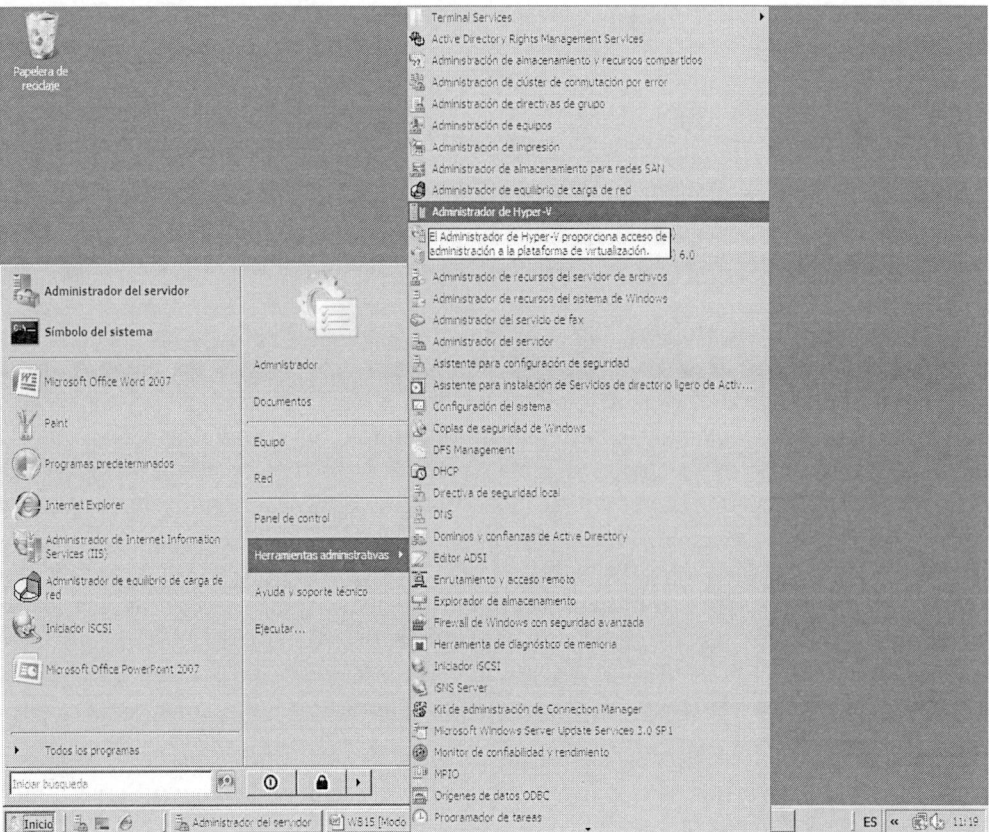

Figura 7-55

Para *configurar las opciones de Hyper-V*, abra el Administrador de Hyper-V haciendo clic en *Inicio → Herramientas administrativas → Administrador de Hyper-V* (Figura 7-55). En el panel *Acciones de la consola del Administrador de Hyper-V*, haga clic en *Configuración de Hyper-V*. En el panel de navegación, pulse en la opción que desee configurar. Haga clic en *Aceptar* para guardar los cambios y cerrar *Configuración de Hyper-V* o pulse en *Aplicar* para guardar los cambios y configurar otras opciones.

Para *configurar Hyper-V cuando se usan credenciales de tarjeta inteligente*, siga las instrucciones del procedimiento anterior para abrir *Configuración de Hyper-V*. En el panel de navegación, haga clic en *Credenciales de usuario*. Desactive la casilla *Usar credenciales predeterminadas*. Pulse en *Aceptar* para guardar los cambios y cerrar *Configuración de Hyper-V* o haga clic en *Aplicar* para guardar los cambios y configurar otras opciones.

7.15.2. Creación de máquinas virtuales

El *Asistente para crear nueva máquina virtual* ofrece un modo simple y flexible de crear una máquina virtual. El Asistente para crear nueva máquina virtual está disponible en el Administrador de Hyper-V. Cuando se usa el asistente, existen dos opciones básicas para crear una máquina virtual. En primer lugar, se puede usar la configuración predeterminada para crear una máquina virtual sin tener que seguir todas las páginas de configuración del asistente. Este tipo de máquina virtual se configura de la siguiente forma:

Nombre	Nueva máquina virtual
Ubicación	Ubicación predeterminada configurada para el servidor de Hyper-V
Memoria	512 MB
Conexión de red	Sin conectar
Disco duro virtual	Disco duro de expansión dinámica con una capacidad de almacenamiento de 127 gigabytes
Opciones de instalación	No se especificó ningún medio

En segundo lugar, puede usar las opciones que especifique en las páginas de configuración para crear una máquina virtual personalizada que se ajuste a sus necesidades.

Para *crear una máquina virtual predeterminada*, abra el Administrador de Hyper-V y en el panel *Acción*, haga clic en *Nueva* y, a continuación, en *Máquina virtual*. En la página *Antes de comenzar*, haga clic en *Finalizar*. O bien, si la página *Especificar el nombre y la ubicación* es la primera que aparece, pulse en *Finalizar* en dicha página.

Para *crear una máquina virtual personalizada*, abra el Administrador de Hyper-V. Haga clic en *Inicio*, seleccione *Herramientas administrativas* y, a continuación, en *Administrador de Hyper-V*. En el panel *Acción*, haga clic en *Nueva* y, luego, en *Máquina virtual*. Siga a lo largo de las páginas del asistente para especificar las opciones de configuración personalizadas que desee realizar. Puede hacer clic en *Siguiente* para avanzar por las distintas páginas del asistente, o puede pulsar en el nombre de una página en el panel izquierdo para ir directamente a esa página. Cuando haya terminado de configurar la máquina virtual, haga clic en *Finalizar*.

De forma predeterminada, para completar este procedimiento, lo mínimo que se necesita es pertenecer al grupo local Administradores, o un grupo equivalente. No obstante, un administrador puede usar el Administrador de autorización para modificar la directiva de autorización, de modo que un usuario o grupo de usuarios pueda completar este procedimiento.

Puede personalizar las opciones de las páginas que desee del Asistente para crear nueva máquina virtual y, después, hacer clic en *Finalizar* para completar el proceso. Se usan valores predeterminados para todas las páginas que no se personalizaron antes de completar el asistente.

Independientemente de qué método use para crear una máquina virtual, puede cambiar la configuración más adelante modificando las opciones de configuración de la máquina virtual. Para crear una máquina virtual en una carpeta compartida y usar una ruta de acceso UNC (convención de nomenclatura universal) como ubicación especificada, debe concederse a la cuenta de equipo permiso de lectura y escritura en la carpeta.

Algunas configuraciones no pueden realizarse con el Asistente para crear nueva máquina virtual porque se consideran configuraciones avanzadas. Por ejemplo, el uso de controladores SCSI y discos físicos. Es posible editar las opciones de configuración de la máquina virtual para efectuar una configuración avanzada.

7.15.3. Creación de discos duros virtuales

El *Asistente para crear nuevo disco duro virtual* ofrece un modo sencillo de crear un disco duro virtual. El asistente crea Disco duro virtual de expansión dinámica, Disco duro virtual fijo y Disco duro virtual de diferenciación. Muchas de las opciones que puede usar para personalizar el disco duro virtual varían en función del tipo de disco duro virtual que se cree. En todos los casos, el disco duro virtual requiere un nombre y una ubicación de almacenamiento. No cree el disco duro virtual en una carpeta que esté marcada para cifrado. Los discos duros virtuales se almacenan como archivos .vhd. Hyper-V no admite el uso de medios de almacenamiento si se ha usado el sistema de cifrado de archivos para cifrar el archivo .vhd. No obstante, es posible usar archivos almacenados en un volumen que usa el Cifrado de unidad BitLocker de Windows.

Para *crear un disco duro virtual*, abra el Administrador de Hyper-V, en el panel *Acción*, haga clic en *Nuevo* y, a continuación, en *Disco duro*. Prosiga a través de las páginas del asistente para personalizar el disco duro virtual. Puede hacer clic en *Siguiente* para avanzar por las distintas páginas del asistente, o puede pulsar en el nombre de una página en el panel izquierdo para ir directamente a esa página. Cuando haya terminado de configurar el disco duro virtual, haga clic en *Finalizar*.

Los discos duros virtuales se almacenan como archivos *.vhd*, lo que hace que sean portátiles, pero también supone un riesgo potencial para la seguridad. Es recomendable que mitigue este riesgo tomando una serie de precauciones, como almacenar los archivos *.vhd* en una ubicación segura. El disco duro virtual se crea al hacer clic en *Finalizar* para completar el asistente. En función de las opciones elegidas para el disco duro virtual, es posible que el proceso tarde una cantidad de tiempo considerable. Puede realizar determinados cambios en un disco duro virtual después de crearlo. Por ejemplo, puede convertirlo de un tipo de disco virtual en otro. Puede usar el Asistente para edición de disco duro virtual con objeto de realizar cambios.

7.15.4. Configuración de máquinas virtuales

Para usar Hyper-V con objeto de ejecutar cargas de trabajo en un entorno virtualizado, debe crear máquinas virtuales que ejecuten los diferentes sistemas operativos invitados y aplicaciones. El Asistente para crear nueva máquina virtual se usa para crear las máquinas virtuales. El asistente le ayudará crear una máquina virtual con la configuración que elija para el nombre de máquina virtual, la memoria, las redes y el almacenamiento. El Asistente para crear nueva máquina virtual está disponible en el Administrador de Hyper-V. Después de crear una máquina virtual, puede establecer su configuración con el fin de personalizarla. Por ejemplo, puede agregar o quitar hardware virtual, como una controladora de almacenamiento o un adaptador de red, agregar o quitar discos duros virtuales, agregar memoria, modificar el orden de inicio de dispositivos en el sistema básico de entrada y salida (BIOS).

Para *configurar una máquina virtual*, abra el Administrador de Hyper-V y en el panel de resultados, en *Máquinas virtuales*, seleccione la máquina virtual que desee configurar. En el panel *Acción*, bajo el nombre de máquina virtual, haga clic en *Configuración*. En el panel de navegación (panel izquierdo), pulse en el elemento que desee configurar. Realice una de las acciones siguientes:

- Para agregar otra instancia de un elemento, como un controlador SCSI, seleccione el elemento y haga clic en *Agregar*. Es posible que algunos elementos requieran una configuración adicional una vez agregados, como los adaptadores de red.

- Para modificar un elemento, realice los cambios de configuración que desee y haga clic en *Aceptar*.

- Para quitar un elemento, selecciónelo si es necesario y haga clic en *Quitar*.

Para realizar más cambios, haga clic en el siguiente elemento que desee configurar y repita los pasos. Cuando acabe con la configuración, haga clic en *Aceptar*.

7.15.5. Instalación de un sistema operativo invitado

Para poder instalar el sistema operativo invitado, necesita configurar la máquina virtual de modo que use una unidad virtual para obtener acceso a los medios de instalación, en caso de que no especificase la ubicación de los medios de instalación cuando creó la máquina virtual. Para obtener instrucciones, consulte Configuración de discos y almacenamiento. Si desea realizar una instalación basada en red, debe agregar un adaptador de red heredado a la máquina virtual y conectarlo al adaptador de red físico. Una vez que disponga de los medios de instalación y que haya configurado la máquina virtual adecuadamente, podrá instalar el sistema operativo invitado.

Para instalar el sistema operativo invitado, abra el Administrador de Hyper-V y establezca una conexión con la máquina virtual. En la sección *Máquinas virtuales* del panel de resultados, haga clic con el botón secundario en el nombre de la máquina virtual y, a continuación, pulse en *Conectar* o seleccione el nombre de la máquina virtual. En el panel *Acción*, haga clic en *Conectar*. Se abrirá la herramienta *Conexión a máquina virtual*. En el menú *Acción* de la ventana Conexión a máquina virtual, haga clic en *Iniciar*. La máquina virtual se iniciará, buscará los dispositivos de inicio y cargará el paquete de instalación. Siga los pasos de la instalación.

Hyper-V incluye un paquete de software que mejora la integración entre el equipo físico y la máquina virtual. Este paquete contiene servicios de integración y controladores de máquina virtual.

Para *instalar los servicios de integración y los controladores de máquina virtual* (con el paquete de software disponible), establezca una conexión con la máquina virtual. En la sección *Máquinas virtuales* del panel de resultados haga clic con el botón secundario en el nombre de la máquina virtual y, a continuación, en *Conectar* o seleccione el nombre de la máquina virtual. En el panel *Acción*, haga clic en *Conectar*. Se abrirá la herramienta *Conexión a máquina virtual*. En el menú *Acción* de *Conexión a máquina virtual*, haga clic en *Insertar disco de instalación de servicios de integración*. Esta acción cargará el disco de instalación en la unidad de DVD virtual. En función del sistema operativo que se esté instalando, es posible que tenga que iniciar la instalación manualmente. Haga clic en cualquier lugar en la ventana del sistema operativo invitado y desplácese hasta la unidad de CD. Use el método adecuado para que el sistema operativo invitado inicie el paquete de instalación desde la unidad de CD. Una vez finalizada la instalación, todos los servicios de integración y controladores de máquina virtual estarán disponibles para usarse.

No se admite el uso de *Conexión a máquina virtual* dentro de una sesión de Terminal Services. Este tipo de uso puede dar lugar a un comportamiento del teclado impredecible. Para corregir este comportamiento, cierre tanto *Conexión a máquina virtual* como *Conexión a Escritorio remoto* y, a continuación, ejecute *Conexión a máquina virtual* directamente desde el equipo local.

7.15.6. Conexión a una máquina virtual

Conexión a máquina virtual es una herramienta que se usa para conectarse a una máquina virtual de modo que sea posible instalar o interactuar con el sistema operativo invitado en una máquina virtual. Entre las tareas que pueden realizarse usando Conexión a máquina virtual se encuentran: conectarse a la salida de vídeo de una máquina virtual, controlar el estado de una máquina virtual, tomar instantáneas de una máquina virtual y modificar la configuración de una máquina virtual.

Para conectarse a una máquina virtual desde el Administrador de Hyper-V, abra el Administrador de Hyper-V en el panel de resultados, en *Máquinas virtuales*, haga clic con el botón secundario en el nombre de la máquina virtual y pulse en *Conectar*. Se abrirá la herramienta *Conexión a máquina virtual*.

Es posible mover el puntero del ratón sin problemas entre el sistema operativo en ejecución en el equipo físico y el sistema operativo invitado cuando los controladores de máquina virtual están instalados en el sistema operativo invitado. Estos controladores se incluyen con Windows Server después de instalar el paquete de actualización. Para el resto de los sistemas operativos compatibles, es necesario instalar los servicios de integración en el sistema operativo invitado para poder instalar el controlador de máquina virtual. Para obtener instrucciones sobre la instalación de los servicios de integración, consulte *Instalación de un sistema operativo invitado*.

El puntero del ratón puede mostrarse como un pequeño punto cuando el usuario se conecta a una máquina virtual en ejecución. Para enviar los clics del ratón o la entrada del teclado a la máquina virtual, haga clic en cualquier lugar de la ventana de máquina virtual. Para devolver la entrada al equipo físico, presione la combinación de teclas de liberación del ratón y mueva su puntero fuera de la ventana de máquina virtual. La combinación de teclas de liberación predeterminada es *Ctrl+Alt+flecha izquierda*, pero puede cambiarse modificando la configuración de Hyper-V. No es posible usar el teclado para enviar *Ctrl+Alt+Supr* a una máquina virtual. Debe usarse el comando de menú. Para ello, en el menú *Acción*, haga clic en *Ctrl+Alt+Supr*.

Es posible pasar de un modo de ventana al modo de pantalla completa. Para ello, en el menú *Ver*, haga clic en *Modo de pantalla completa*. Para regresar al modo de ventana, presione *Ctrl+Alt+Enter*.

Si un usuario autorizado se conecta a una máquina virtual a través de *Conexión a máquina virtual* y otro usuario autorizado decide usar la consola de la misma máquina virtual, el segundo usuario tomará la sesión y el primer usuario la perderá. Esto puede suponer un riesgo para la privacidad y la seguridad, puesto que el segundo usuario puede ver el escritorio, los documentos y las aplicaciones del primero. Una sesión de máquina virtual está disponible para todos los usuarios con privilegio para operaciones de lectura de consola o lectura/escritura de consola en la directiva de autorización. De forma predeterminada, este privilegio se concede a cualquier administrador. Para evitar o corregir este problema, ajuste los privilegios de modo que se restrinja el acceso en función de las necesidades.

7.16. ADMINISTRACIÓN DE REDES VIRTUALES

Puede crear numerosas redes virtuales en el servidor que ejecuta Hyper-V para proporcionar diversos canales de comunicaciones. Por ejemplo, puede crear redes para establecer comunicaciones entre máquinas virtuales exclusivamente (este tipo de red virtual recibe el nombre de red privada), para establecer comunicaciones entre el servidor de virtualización y las máquinas virtuales (este tipo de red virtual recibe el nombre de red interna) y para establecer comunicaciones entre una máquina virtual y una red física mediante la creación de una asociación con un adaptador de red físico del servidor de virtualización (este tipo de red virtual recibe el nombre de red externa).

Puede usar el *Administrador de redes virtuales* para agregar, quitar y modificar las redes virtuales. El Administrador de redes virtuales está disponible en el Administrador de Hyper-V. Si conecta una red virtual a un adaptador de red físico que usa opciones estáticas, como una dirección IP estática, e IPv6 no está deshabilitado, la nueva conexión sobrescribirá las opciones de configuración estáticas. La conectividad de red se perderá hasta que vuelva a aplicar las opciones estáticas al adaptador de red físico.

Para *agregar una red virtual*, abra el Administrador de Hyper-V y en el menú *Acciones*, haga clic en *Administrador de redes virtuales*. En *Crear red virtual*, seleccione el tipo de red que desee crear. Haga clic en *Agregar*. Aparecerá la página *Nueva red virtual*. Escriba un nombre para la nueva red y revise el resto de las propiedades y modifíquelas si es necesario. Puede usar la identificación de LAN virtual como forma de aislar el tráfico de red. No obstante, el adaptador de red físico debe admitir este tipo de configuración. Haga clic en *Aceptar* para guardar la red virtual y cerrar el Administrador de redes virtuales, o pulse en *Aplicar* para guardar la red virtual y seguir usando el Administrador de redes virtuales.

Para *modificar una red virtual*, abra el Administrador de Hyper-V y en el menú Acciones, haga clic en *Administrador de redes virtuales*. En *Redes virtuales*, haga clic en el nombre de la red que desee modificar. En *Propiedades de la red virtual*, edite las propiedades adecuadas para modificar la red virtual. Pulse en *Aceptar* para guardar los cambios y cerrar el Administrador de redes virtuales, o haga clic en *Aplicar* para guardar los cambios y seguir usando el Administrador de redes virtuales.

Para *quitar una red virtual*, abra el Administrador de Hyper-V. En el menú *Acciones*, haga clic en *Administrador de redes virtuales*. En *Redes virtuales*, haga clic en el nombre de la red que desee quitar. En *Propiedades de la red virtual*, haga clic en Quitar. Pulse en *Aceptar* para guardar los cambios y cerrar el Administrador de redes virtuales, o haga clic en *Aplicar* para guardar los cambios y seguir usando el Administrador de redes virtuales.

No es posible conectar una red virtual a un adaptador de red inalámbrico. Como consecuencia, no es posible ofrecer capacidades de red inalámbrica a las máquinas virtuales. Sólo puede conectarse una red virtual al mismo tiempo a un adaptador de red físico; no es posible conectar varias redes virtuales al mismo adaptador de red físico.

ACTIVIDADES PROPUESTAS

Actividad 1. Especifica las tecnologías para la mitigación de vulnerabilidades y amenazas en Windows 10 y Windows 11.

Actividad 2. Especifica las tecnologías de administración y evaluación de configuraciones seguras en Windows 11.

Actividad 3. Especifica las tecnologías de identidad y control de acceso en Windows 10 y Windows 11.

Actividad 4. Especifica el funcionamiento del Centro de Actividades en Windows 11.

Actividad 5. Especifica el funcionamiento del Centro de Seguridad en Windows 10.

Actividad 6. Describe la protección antivirus en Windows 10 y Windows 11.

Actividad 7. Describe la suplantación de identidad en Windows 10 y Windows 11.

Actividad 8. Describe el funcionamiento de Firewall de Windows sobre Windows 10 y Windows 11.

Actividad 9. Describe el funcionamiento de Windows Defender sobre Windows 10 y Windows 11.

## CAPÍTULO 8

APLICACIÓN DE LENGUAJES DE SCRIPTING EN SISTEMAS OPERATIVOS LIBRES Y PROPIETARIOS

Contenidos

8.1. ESTRUCTURAS DEL LENGUAJE. CREACIÓN DE SCRIPTS EN SISTEMAS OPERATIVOS LIBRES Y PROPIETARIOS

Un lenguaje scripting, o lenguaje de guiones, es un tipo de lenguaje de programación que es generalmente interpretado. Los scripts permanecen en su forma original (su código fuente en forma de texto) y son interpretados comando por comando cada vez que se ejecutan. De todas maneras, los scripts pueden ser compilados también, aunque no es usual. Se entiende por guión un archivo de órdenes o archivo de procesamiento por lotes, habitualmente denominado *script*. Se trata de un programa usualmente simple, que por lo regular se almacena en un archivo de texto plano. Los guiones son casi siempre interpretados, pero no todo programa interpretado es considerado un guión. El uso habitual de los guiones es realizar diversas tareas como combinar componentes, interactuar con el sistema operativo o con el usuario. Por este uso, es frecuente que los *shells* (interfaces de programación de los sistemas operativos) sean a la vez intérpretes de este tipo de programas.

Las características más importantes de los lenguajes scripting son las siguientes:

- Los scripts suelen escribirse más fácilmente, pero con un costo sobre su ejecución.

- Suelen implementarse con intérpretes en lugar de compiladores.

- Tienen fuerte comunicación con componentes escritos en otros lenguajes.

- Los scripts se suelen almacenar como texto sin formato.

- Los códigos suelen ser más pequeños que el equivalente en un lenguaje de programación compilado.

Desde cierto punto de vista se pueden clasificar los lenguajes de programación en:

1. Lenguajes para programación de sistemas (en inglés: *System Programming Languages*)

    — En general son rigurosos, seguros y eficientes

    — Facilitan y/o exigen cierta disciplina de programación

    — Son adecuados para desarrollar programas complicados

    — Suelen tener buenos mecanismos para definir tipos de datos

    — Suelen procesarse mediante compiladores

2. Lenguajes de guiones o *scripts* (en inglés: *Scripting Languages*)

    — En general son permisivos, menos seguros y menos eficientes que los anteriores

    — No exigen mucha disciplina para usarlos

    — Son adecuados para desarrollar programas sencillos

    — Suelen permitir el uso de variables no tipadas

    — Suelen procesarse mediante intérpretes

A veces es difícil determinar a qué categoría corresponde un lenguaje de programación en particular, ya que las características indicadas pueden darse en mayor o menor grado. A continuación, se indican ejemplos de cada una de estas clases de lenguajes.

- Lenguajes para programación de sistemas

    — COBOL, FORTRAN, C/C++/C#

    — Pascal, Modula-2, Oberon, Ada

    — Java

    — Lisp, Haskell, Smalltalk, Eiffel

- Lenguajes de guiones (*scripts*)

    — Lenguajes de órdenes (*command languages*, *shell languages*)

    — Rexx, Tcl, Perl, Pyton, Ruby

    — VBScript, JavaScript

Dentro de los lenguajes de guiones, los lenguajes de órdenes constituyen un grupo particular. Podría decirse que los lenguajes de órdenes tienen como objetivo principal gobernar la ejecución de otros programas y automatizar así operaciones complejas combinando programas ya existentes. El resto de los lenguajes de guiones vienen a ser lenguajes de programación de uso general o especializado y que no requieren la existencia de otros programas para construir aplicaciones con ellos.

Los lenguajes de órdenes se denominan también lenguajes de "*shell*". Poseen las siguientes características:

- Suelen estar asociados a algún Sistema Operativo.

- Pueden usarse de modo interactivo y no interactivo.

    — En el modo interactivo, el usuario introduce las órdenes una a una y se ejecutan inmediatamente

    — En el modo no interactivo se dispone de un guión de órdenes preparadas de antemano y permite la automatización de operaciones

- Ofrecen las siguientes funciones.

    — Ejecutar programas

    — Usar/configurar dispositivos y servicios del sistema operativo

    — Manipular ficheros y grupos de ficheros

    — Elementos básicos de programación:

- Secuencias, alternativas y bucles

- Variables

- Subprogramas

- Detección de errores, etc.

El nombre de "lenguajes de órdenes" se debe a que el guión (*script*) se plantea básicamente como una secuencia de órdenes que se van ejecutando sucesivamente. Históricamente surgieron como un mecanismo para gobernar el funcionamiento en "batch" (sin interacción con el usuario) de los primeros computadores y sistemas operativos. Con la aparición de UNIX se popularizó el uso interactivo de los computadores y el empleo de estructuras generales de programación en los lenguajes de órdenes. En UNIX se introdujo también el término "shell" para designar el intérprete de órdenes que permitía gobernar el funcionamiento del computador invocando los servicios del sistema operativo.

Los lenguajes de órdenes no suelen tener un nombre propio. El nombre del lenguaje se corresponde con el nombre del intérprete o "shell" que lo procesa. Como ejemplos de intérpretes de lenguajes de órdenes se pueden citar los siguientes:

- Para los sistemas operativos MS-DOS o Windows:

  — COMMAND.COM (en MS-DOS y Win9x - 16 bits)

  — CMD.EXE (en WinNT - 32 bits)

- Para los sistemas operativos UNIX y Linux

  — sh (shell de Bourne, estándar)

  — csh, tcsh (C-shell, algo irregular)

  — ksh (shell de Korn para el UNIX de ATT)

  — bash (shell de Bourne actualizado, introducido en Linux)

8.1.1. El intérprete Bash de Linux

Bash es el intérprete de comandos más extendido en Linux. En la shell de Linux se utiliza habitualmente Bash. A continuación, apuntamos rasgos de su estructura.

Ya sabemos que un guión o *script* no es más que un fichero de texto plano que contiene una lista de comandos de cierto lenguaje. Estos lenguajes se llaman interpretados, ya que en vez de compilar un fichero fuente hasta obtener uno ejecutable son interpretados directamente de la fuente. Ya hemos dicho que hay muchos lenguajes interpretados (*perl, python, php*, etc) pero en este capítulo nos vamos a centrar en los guiones de comandos de consola.

La primera tarea es ver cómo se llama a un guión. Una primera manera sería llamando al intérprete de comandos (*bash* en este caso) pasándole como parámetro el guión:

```
bash miscript.sh
```
o
```
sh miscript.sh
```

Otra manera válida es activando el bit de ejecución en los permisos del fichero:

```
chmod +x miscript.sh
./miscrit.sh
```

Hay que tener en cuenta dos cosas:

1. Debemos indicar qué interprete vamos a usar para ejecutar el guion. Normalmente esto se hace añadiendo al guion como primera línea una que comience con #!interprete. Si vamos a hacer guiones de shell esto mismo se puede lograr asegurándose que la extensión es .sh.

2. Para ejecutarlo deberemos indicar la ruta al fichero, o incluir el directorio del guion en nuestro path (directorios donde se buscan ejecutables), o copiarlo a alguno de los directorios de nuestro path (a mí personalmente me gusta */usr/local/bin*).

Empezaremos con el típico hola mundo. Pero vamos a aprovechar y de paso ver algunas de las ventajas de la programación en shell.

```
#!/bin/bash
FECHA=$(date)
echo "Hola mundo"
echo "Ahora mismo son"; echo $FECHA
echo "Es hora   de despedirse.!"
```

Lo primero es indicar cuál va a ser el intérprete de nuestro guión. Hemos indicado explícitamente que queremos usar *bash*, pero podíamos haber indicado */bin/sh* y nuestro script sería más genérico (siempre que no usemos funciones exclusivas de *bash*). Lo siguiente que hemos hecho es almacenar en una variable (FLECHA, las mayúsculas no son obligatorias, pero hacen más legible el código) el resultado de ejecutar un comando (date, que nos dará la fecha actual). En este caso, FLECHA es el nombre de la variable, y $FLECHA es su contenido. Para asignar un contenido a una variable usamos = (ojo con los espacios). Las variables en *shell* no tienen tipos. Normalmente, funcionan siempre como cadenas de textos (se pueden concatenar etc). Luego hemos pasado a sacar distinta información por pantalla. Como se ve, los comandos se pueden separar con un salto de línea, o con el uso de punto y coma. Asimismo, si un comando es demasiado largo y queremos dividirlo en varias líneas, podemos usar la contra barra (\) para hacerlo (realmente lo que hacemos es "escapar", evitar que se interprete, el retorno de carro que nos da una línea nueva.

También hemos hecho uso del valor contenido en una variable, al llamarla con el símbolo de dólar delante.

8.1.1.1. Entrada de datos

Ya hemos visto cómo sacar información al exterior para comunicarnos con el usuario (echo). Pero también querremos que el usuario introduzca algún dato. Para ello tenemos el comando *read*, su sintaxis es:

READ

```
read VARIABLE
```

Con esto, lo que escriba el usuario sería almacenado en la variable VARIABLE. Un ejemplo:

```
#!/bin/bash
echo -n "Introduce: \t"
read ENTRADA
echo "Has tecleado: $ENTRADA"
```

SELECT

Select está a medio camino entre una orden lectura de entrada y una de control de flujo. Es por ello que la veremos más a fondo en la sección de abajo. Por ahora solo deciros que select se usa para que el usuario elija una opción entra una lista prefijada.

8.1.1.2. Redirecciones y tuberías

Todo comando en Unix tiene 3 tuberías: entrada estándar, salida estándar y salida de error estándar. Estas entradas podemos redireccionarlas a ficheros (con los símbolos < y >) o a otros comandos (con una "tubería", el símbolo |). Esto nos permite ir conectado comando cono piezas de un lego y lograr resultados sorprendentes.

Podemos imaginarnos un comando Unix como una pieza de fontanería con 3 bocas. Si por ejemplo queremos unir la salida de un comando a la entrada de otro, podemos hacer fácilmente con una tubería (*pipe*) (|)

```
ls | sort
```

Esto nos haría un listado del directorio actual y lo ordenada por orden alfabético. Pero también podemos enviar la salida de un comando a un fichero:

```
ls > fichero.txt
```

También podemos hacer que un comando tome su entrada de un fichero:

```
sort < fichero.txt
```

Si queremos que la salida de un comando se añada a un fichero, en vez de sustituir su contenido, podemos usar >>.

Hemos dicho que teníamos 3 tuberías. ¿Cómo redireccionamos la salida de errores estándar? Como todas las tuberías están numeradas (0 entrada, 1 salida y 2 errores), podemos hacer uso de su número al redireccionar:

```
comando 2> errores.txt
```

También podemos redireccionar una salida sobre otra...

```
comando 2>&1
```

...y mandarlo todo a un fichero:

```
comando >> salida.txt 2>&1
=--=
 ||
```

8.1.1.3. Control del flujo

Con lo explicado hasta hora podríamos empezar a hacer nuestros pinitos, agrupando comandos en listas que se ejecutan siempre secuencialmente. Pero llegará un momento en el que querremos controlar el flujo del programa (si cumple una condición haz una cosa, repite esto tantas veces, etc.)

IF

Es la estructura de control más básica: Si se cumple la condición haz esto, de lo contrario haz esto otro. El código sería:

```
if condición
then
 lista de comandos
else
 lista de comandos2
fi
```

La condición puede ser de distintos tipos como veremos más abajo. La orden else y lista de comandos2 son opcionales, si no las necesitas no hace falta usarlas.

Un ejemplo:

```
PREGUNTAR="SI"
if [ $PREGUNTAR == "SI" ]
then
 echo "Me han pedido que te pregunte cuál es tu nombre?"
else
 echo "No me apetece saber cómo te llamas"
fi
```

WHILE

Con *while* repetiremos una lista de comandos siempre que la condición sea cierta. Hay que recordar que con *while* se comprueba la condición antes de ejecutar los comandos, con lo cual puede que no se ejecuten ni una sola vez. También disponemos de *until*, cuyo funcionamiento es similar a *while*, solo que en esta ocasión la condición será negada (repetir mientras condición sea falsa, en vez del repetir mientras condición sea cierta que sería un *while*).

Su sintaxis es:

```
while [ condición ]
do
 comando1
 comando2
 comando3
 ....
done
```

Ejemplo:

```
SALIR=0
while [ ! $SALIR ]
do
 if [ ]
 then
  SALIR=1
 fi
done
```

Que también se podría escribir usando *until*:

```
SALIR=0
until [ $SALIR ]
do
 if [ ]
 then
  SALIR=1
 fi
done
```

FOR

El funcionamiento de for en shell es distinto del funcionamiento tradicional de for en lenguajes como C. La sintaxis seria la siguiente:

```
for variable in lista
do
 comandos
done
```

Estas líneas lo que harán será ir asignando a variable cada uno de los elementos de la lista y ejecutar comandos tantas veces como elementos tenga la lista. Por ejemplo, un listado de ficheros en un directorio podría ser:

```
for fichero in $(ls .)
do
 echo "Este es el fichero $fichero"
done
```

Si queremos un for más "tradicional" podemos hacer uso del comando *seq*, que nos generar una lista:

```
for I in $(seq 1 10)
do
 echo "Estamos en la posición $I de 10"
done
```

Otra manera de usar *for* es:

```
for (( expr1 ; expr2 ; expr3 ))
do
 lista comandos
done
```

CASE

Con case podemos comprar una variable con varios valores distintos. Su sintaxis es la siguiente:

```
case $VARIABLE in
 patron1 )
       comandos1
       ;;
 patron2 )
       comandos2
       ;;
 patron3 )
       comandos3
       ;;
esac
```

En el caso de arriba se comprobaría $VARIABLE con los distintos patrones y en caso de coincidencia se ejecutaría los comandos consecuentes. Un ejemplo de un posible uso de case es el procesado de los parámetros pasados a un guión:

```
#!/bin/bash
case $1 in
 -h )
       echo "Aquí va la ayuda"
       ;;
 -e )
       echo "Opción -e "
       ;;
 Esac
```

SELECT

Ya hemos dicho que esta orden es un poco curiosa. Veamos su sintaxis y luego la analizaremos:

```
select VARIABLE in uno dos tres cuatro
do
 comandos
done
```

Esta orden *select* nos mostrará por la salida de errores estándar una lista que contendrá todas las palabras después de *in* (en este caso uno dos tres cuatro). Luego se quedará esperando nuestra elección. Si tecleamos uno de los números correspondientes a alguna de las palabras en la lista, se le asignara dicho valor a la variable VARIABLE y se ejecutaran los comandos. Si tecleamos un número fuera del rango o cualquier otra cosa, la variable se quedará sin contenido. Lo tecleado se almacenará en la variable $REPLY. Los comandos se ejecutarán cada vez que elijamos una opción hasta que ordenemos un comando *break*.

Si no indicamos la lista de palabras, se nos mostrará una lista con los parámetros pasados al comando. *Select* nos puede ser útil por ejemplo para crear el menú principal de un programa junto con la orden case. Por ejemplo:

```
select ACCION in Empezar Repetir Acabar
do
 case $ACCION in
 "Empezar")
  echo "El usuario quiere empezar"
  ;;
 "Repetir")
  echo "El usuario quiere repetir"
  ;;
 "Acabar")
  echo "El usuario quiere salir"
  break
  ;;
 *)
  echo "No se que quiere el usuario"
  ;;
 esac
done
```

8.1.1.4. Condicionales

Podemos hacer una evaluación condicional para una sentencia IF o WHILE haciendo uso de [] o test. Por ejemplo, podemos hacer lo siguiente y el resultado será el mismo:

```
cadena1="un texto"
cadena2="otro texto"
if test "$cadena1" = "$cadena1"
then
 echo "cadenas iguales"
else
 echo "cadenas distintas"
fi
```

```
if [ "$cadena1" == "$cadena1" ]
then
 echo "cadenas iguales"
else
 echo "cadenas distintas"
fi
```

8.1.1.5. Evaluación aritmética: let y expr

Si queremos hacer cálculos aritméticos (que una expresión sea evaluada aritméticamente) podemos hacer uso del comando *expr*:

```
echo "Vamos a hacer unos cálculos:"
echo "2 mas 2 : $(expr 2 + 2 )
DOS=2
echo "4 entre 2 : $(expr 4 / $DOS )"
```

Algunos caracteres deben ser escapado para evitar que bash los interprete (si queremos usar < y > tendremos que usar \< y \>). Pero si estamos usando *bash* podemos hacer uso de la orden interna *let*:

```
 id++ id--       Se procesa el valor y después se aumenta o
decrementa
 ++id --id       Aumenta o decrementar el valor de la variable y se
procesa
 - +             unary minus and plus
 ! ~             Negación lógica y de bits
 **              Exponencial
 * / %           Multiplicar, dividir, resto
 + -             Sumar, restar
 << >>           Rotar bit a izquierda y derecha
 <= >= < >       Comparaciones
 == !=           Igualdad, desigualdad
 &               bitwise AND
 ^               bitwise exclusive OR
 |               bitwise OR
 &&              logical AND
 ||              logical OR
 expr1?expr2:expr3  Evaluación condicional: Si expr1 entonces expr2,
sino expr3
 = *= /= %= += -= <<= >>= &= ^= |=   asignaciones
```

Si necesitamos cálculos matemáticos más avanzados, o trabajar con distintas bases podemos usar la potente herramienta bc.

```
 AÑADIR DOCU DE BC ALGUN DIA :P
```

Ejemplos:

```
CONT=0
for I in $(seq 1 100)
```

```
do
 echo "Estamos en el bucle numero $CONT"
 let CONT++
done
```

8.1.1.6. Algunas variables importantes $algo ($0,$1,&?,$#,....)

A la hora de ejecutar un guión de intérprete de comandos tenemos unas cuantas variables que nos pueden ayudar. Todas las variables en *shell* empiezan por el símbolo del dólar ($). Veamos algunas:

$numero

Las variables nombradas como $ más un números ($0,$1,$2,...) representan los distintos parámetros recibidos. $0 representa el nombre del propio guión de comandos.

$#

Esta variable indica el número de parámetros que ha recibido nuestro guión al ser llamado. Es útil por ejemplo para comprobar que el usuario ha introducido el número de parámetros adecuado, o para saber cuántos parámetros ha introducido para ir procesándolos (esto se hace más fácil con shift). Por ejemplo:

```
if [ $# -ne 3 ]; then
        echo "Es necesario introducir 3 parámetros: $0 parametro1
parametro2 parametro3"
        exit -1
 fi
```

$?

Representa el estado de la salida del comando anterior. De esta manera podremos saber si el comando ejecutado anteriormente ha finalizado exitosamente o ha ocurrido algún error.

[[Explicar cómo usar errores de salida y cómo generarlos (exit)]]

$, $@*

Estas dos variables nos devuelven todos los parámetros. La diferencia está en que $* nos los va a devolver agrupados como una sola separada y los parámetros separados por espacios (bueno, realmente por el primer carácter de la variable IFS). Mientras que $@ nos devuelve los parámetros pasados al guión como una lista de palabras. Esto es:

$* equivale a : "$1 $2 $3 ..." (recordad que no siempre es espacio, comprobad IFS) $@ equivale a : "$1" "$2 "$3" ...

8.1.1.7. Procesar los parámetros pasados a un script

Vamos a verlo con un ejemplo práctico:

```
#!/bin/bash
echo "Hemos recibido $# parámetros"
while (( $# ))
do
```

```
    case $1 in
    -h )
          echo "Aquí va la ayuda"
          ;;
    -e )
          echo "Opción -e "
          ;;
    esac
    shift
done
```

La explicación de lo anterior sería la siguiente:

- Entramos en un while que se repetirá mientras el número de parámetros sea distinto de cero.
- Con un case comparamos cada parámetro con las distintas opciones.
- Hacemos un *shift*. Lo que hará será rotar una posición todos los parámetros (el segundo será el primero, el tercero el segundo, etc.) y decrementa el numero de parámetros.

$_

Anterior comando ejecutado.

IFS

Separador de elementos de una lista. Normalmente espacio, tabulador y salto de carro. Ajustándolo podemos hacer más útiles las estructuras FOR. Ejemplo:

```
IFS=":"
echo "Directorios en el PATH..."
for DIR in $PATH
do
    echo $DIR
done
```

8.1.1.8. Funciones

Se definen de la forma siguiente:

```
funcion() {
        código
        código
        código
}
```

Dentro de la función podemos usar $0,$1...etc. para acceder a los parámetros pasados a la función (no al guión). SI queremos indicar un valor de retorno deberemos usar *return* valor en vez de *exit*. La función tiene que ser definida siempre antes de usarla.

8.1.1.9. Llamando a otros guiones

Si llamamos a una serie de comandos o a un script de la manera $() será reemplazo por el valor de retorno de dichos comandos o guión.

```
echo "En este directorio tenemos : $(ls -l)
```

sh command

Si llamamos a un guión usando *sh* (p.j.: *sh miguion.sh*) este guión se ejecutará en una shell separada.

. command

Pero si ejecutamos un guión de *shell* llamando con un punto (.) delante este se ejecutará dentro de la misma shell en la que se está ejecutado el guión principal. Esto es, las variables que declaremos en alguno de los 2 guiones serán válidas para el otro, etc. Se suele utilizar a modo de leer ficheros de configuración.

```
#Vamos a leer la configuración del usuario
. ~/usuario.conf
```

8.1.1.10. Interfaces

A menudo deseamos que nuestro guión se comunique con un humano. Si comunicarnos a través de la consola no nos vale, podemos recurrir a varios guis listos para usar desde *shell script*.

Dialog y derivados

Dialog representa diálogos de manera muy sencilla. Con el tiempo han salido derivados de dialog que son compatibles a nivel sintaxis. Por lo tanto, saber manejar dialog es muy interesante. Dialog tiene predefinidos varios tipos de ventanas:

```
calendar, checklist, fselect, gauge,
infobox, inputbox, input- menu,
menu, msgbox (message), password,
radiolist, tailbox, tailboxbg, textbox,
timebox, and yesno (yes/no).
```

Xdialog

Como dialog pero para las X. Su sintaxis es compatible, así que podremos usar los mismos diálogos. Muy útil si no sabemos si el guión será ejecutado en una maquina con X o no.

Kdialog

Como dialoh y Xdialog pero esta vez usando *qt* y *kde*. Ofrece un aspecto inmejorable si usamos KDE como escritorio.

Zenity

Basado en *gtk*. Su sintaxis es parecida a la de dialog, pero hay cambios. Nos ofrece un aspecto mucho más refinado al usar *ls* librerías *gtk2*.

Es necesario comentar que para los sistemas operativos UNIX y Linux existen otras *shells* (interfaces de programación). Las más importantes son:

- o *sh* (shell de Bourne, estándar)
- o *csh, tcsh* (C-shell, algo irregular)
- o *ksh* (shell de Korn para el UNIX de ATT)

8.1.2. Lenguaje de órdenes de MS-DOS/Windows

En este apartado, como caso concreto de lenguaje de guiones en el contexto de los lenguajes de programación, se introduce el lenguaje de órdenes de MS-DOS/Windows. Este lenguaje está disponible en la familia de sistemas Windows NT. Es una extensión del lenguaje de órdenes de MS-DOS. Un guión de órdenes es un fichero de texto con la extensión .BAT o .CMD. El intérprete (shell) de este lenguaje es un programa llamado *cmd.exe*.

8.1.2.1. Sintaxis general

- Por defecto, una orden por línea
  - — `orden argumentos...`
  - — en el nombre de la orden no se distingue entre mayúsculas y minúsculas (ORDEN = Orden = orden)

- El intérprete distingue dos clases de órdenes
  - — órdenes internas (DIR, COPY, ...) - las ejecuta el propio intérprete, en general no devuelven indicación de error
  - — órdenes externas (programas ejecutables u otros guiones) - se ejecutan por separado, devuelven indicación de error

- Líneas de comentarios
  - — `REM texto del comentario`
  - — `:: texto del comentario`

- Etiquetas - permiten programar saltos mediante la orden GOTO
  - — `:nombre`
  - — `GOTO nombre`

- Los argumentos actuales con los que se invoca una orden son cadenas de texto, con los siguientes formatos:
  - — `valor` - sin espacios en blanco
  - — `/xxx` - por convenio, se interpreta como una opción y no como un dato
  - — `"valor ...\" ..."` - permite incluir espacios en blancos y comillas (") literales

- Órdenes compuestas - permiten escribir varias órdenes como una sola o una orden en varias líneas
  - — `orden ... & orden ...` (secuencia de órdenes, se ejecutan todas)
  - — `orden ... && orden ...` (secuencia condicional, sólo continúa mientras haya éxito)
  - — `orden ... || orden ...` (secuencia condicional, sólo continúa mientras haya fallo)
  - — `( órdenes ... )` (orden compuesta, puede ocupar varias líneas)
  - — `^& ^|` (se usa ^ como escape para introducir un & o | literal)

Ejemplo: imprimir serie de Fibonacci

Aunque los lenguajes de órdenes no se usan habitualmente para realizar tareas de cálculo, el caso es que tienen posibilidad de hacerlo. Para tener una idea de cómo es un guión de órdenes aquí se presenta un ejemplo que permite imprimir los términos de la serie de Fibonacci hasta un límite dado como argumento. El significado de las órdenes utilizadas se irá viendo en los siguientes apartados. El guión estará almacenado en un fichero de texto llamado *fibonacci.bat*:

```
@echo off
rem Imprimir la serie de Fibonacci hasta un límite dado como argumento

:: comprobar si hay argumento
if  not .%1.==..  goto iniciar
  echo -- Faltan argumentos
  echo -- Uso:  %0  limite
  exit /B

:iniciar
echo Serie de Fibonacci
set x1=0
echo %x1%
set x2=1
echo %x2%

:repetir
  set x0=%x1%
  set x1=%x2%
  set /A x2=x0+x1
  if  %x2% GTR %1  exit /B
  echo %x2%
goto repetir
```

Para ejecutar el guión de ejemplo hay que abrir una ventana de órdenes (Microsoft la llama "Simbolo del sistema"), escribir en ella el nombre del fichero y pulsar la tecla Intro (Enter). La Figura 8-1 muestra el ejemplo en el entorno DOS.

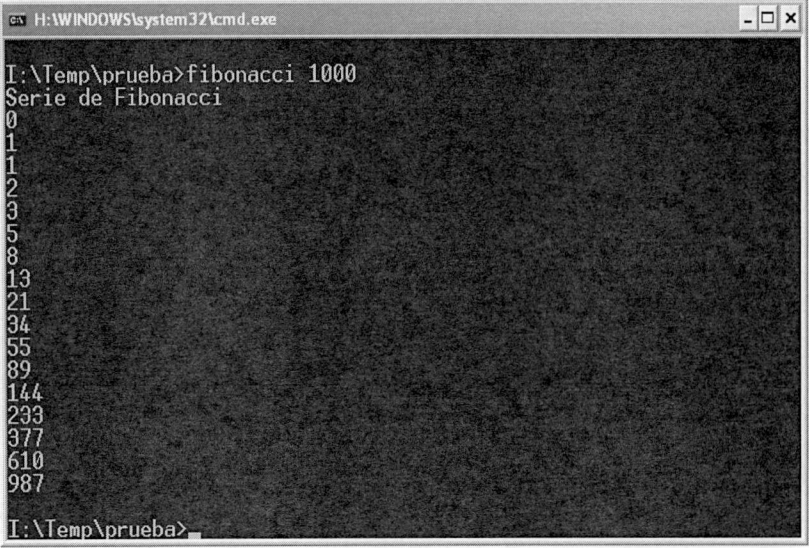

Figura 8-1

Ayuda en línea

Se puede obtener información de ayuda acerca de las órdenes de CMD mediante:

- `HELP` (presenta la lista de las órdenes disponibles - órdenes internas y librería de órdenes externas de CMD)

- `HELP orden` (presenta una descripción de la orden indicada)

- `orden /?` (equivale a `HELP orden`)

Orden ECHO

En realidad son dos órdenes distintas con el mismo nombre:

- Escribir resultados
  - — `ECHO resultado` (escribe el texto indicado)
  - — `ECHO.` (escribe una línea en blanco - no hay espacio entre ECHO y el punto)

- Control de la traza de ejecución (escribir cada orden antes de ejecutarla)
  - — `ECHO ON/OFF` (habilita o suprime la traza)
  - — `ECHO` (sin argumentos, informa del estado de traza)
  - — `@orden` (la @ al comienzo de la línea suprime la traza de la orden, aunque esté activo `ECHO ON`)

Orden EXIT

- Termina la ejecución del guión de órdenes
  - — `EXIT` (termina la ejecución del intérprete de órdenes `cmd.exe`)
  - — `EXIT /B` (termina la ejecución del guión en curso)
  - — `EXIT /B nivelerror` (termina el guión en curso y devuelve el código de error indicado)

8.1.2.2. Ejecución de programas u otros guiones

- Orden de ejecución, implícita
  - — `nombre argumentos...`
    - – ejecuta el fichero nombre, o bien `nombre.bat/cmd/exe/com`
    - – busca el fichero en el directorio actual y en el PATH
    - – la ejecución termina con una indicación o nivel de error
    - – si el fichero es un *script* (`.bat`, `.cmd`), no retorna

- Orden de ejecución, explícita
  - — `CALL nombre argumentos...`
  - — como la anterior, pero siempre retorna

- Uso de un shell secundario
    - `CMD /C orden ...`
        - invoca una copia del *shell* para que ejecute la orden y retorne
        - no devuelve indicación de error (el código de retorno es el del propio CMD, y no el de la orden ejecutada)

- Ejecución en una ventana separada
    - `START orden argumentos...`
        - invoca la orden en una nueva ventana
        - el guión en curso continúa inmediatamente sin esperar que termine la orden, por lo tanto, no hay indicación de error
        - si la orden es otro *script*, su ventana continuará abierta al terminar
    - `START /WAIT orden argumentos...`
        - como la anterior, pero se espera a que termine la orden y se cierre su ventana antes de continuar el guión en curso

El código de retorno que sirve como indicador de nivel de error es un valor numérico no negativo que se designa simbólicamente como ERRORLEVEL. Por convenio se asume que el valor 0 indica que no hubo error, y valores distintos de cero indican que sí hubo error. El valor particular de ERRORLEVEL permite distinguir entre varios tipos de error.

8.1.2.3. Acceso a los argumentos o parámetros

Los argumentos de una orden se escriben a continuación del nombre de la orden, separando unos de otros por espacios en blanco. Dentro del guión se pueden usar los argumentos de la siguiente manera:

- %1, %2, ... %9 designan los argumentos desde el primero al noveno
- los argumentos posteriores al noveno no pueden nombrarse directamente
- %* designa la serie de todos los argumentos, incluso si hay más de 9
- %0 designa el nombre de la orden
- %% designa literalmente un carácter %
- `SHIFT`
    - desplaza los argumentos una posición hacia el comienzo (%0 ← %1 ← %2 ← %3 ← %4 ..., se pierde el antiguo %0)
    - opera con todos los argumentos, incluso si hay más de 9
    - no afecta a %*, que sigue designando la serie de argumentos originales (de 1 en adelante)

8.1.2.4. Redirección de los canales estándar de Entrada/Salida

- Canales estándar
    - entrada estándar (0)
    - salida estándar (1)
    - salida de error estándar (2)

- Redirección de la E/S
    - `orden < entrada.txt` (ejecuta la orden tomando la entrada del fichero `entrada.txt`)
    - `orden > salida.txt` (ejecuta la orden enviando la salida al fichero `salida.txt`)
    - `orden1 | orden2` (usa la salida de `orden1` como entrada para `orden2`)
    - `... >> salida.txt` (añade la salida al fichero `salida.txt`)
    - `... 2> salida.txt` (envía la salida de error al fichero `salida.txt`)
    - `... 2>&1` (envía la salida de error al canal de salida normal)
    - `... 1>&2` (envía la salida normal al canal de salida de error)
    - `orden1 < entrada.txt | orden2 | orden3 >> salida.txt` (las redirecciones pueden combinarse).

8.1.2.5. Entorno o contexto de ejecución (variables, directorio actual)

- Las órdenes se ejecutan en un contexto que incluye, entre otros elementos:
    - un conjunto de variables de entorno - cada variable tiene un nombre y un valor
    - un directorio actual, que se toma como punto de referencia para los ficheros a los que no se designa de manera absoluta
- Manejo de las variables de entorno
    - `SET variable=valor` (¡ojo!, sin dejar espacio)
    - `SET variable=` (suprime la variable)
    - `%variable%` (recupera el valor de la variable)
    - `SET prefijo` (presenta las variables cuyo nombre empieza por ese prefijo)
    - `SET` (presenta todas las variables)
- Cálculos aritméticos
    - `SET /A variable = expresión` (interpreta el valor a asignar como una expresión numérica, que se evalúa)
        - la expresión puede contener paréntesis, operadores, constantes numéricas enteras y nombres de variables de entorno
        - operadores: + - * / ... etc.
        - las referencias a variables de entorno no necesitan los "%" (var equivale a %var%)
        - `variable += expresión` (se admiten operadores de asignación como en C: += -= *= /= ...)
- Variable PATH
    - contiene una lista de directorios separados por punto y coma (;) en los que se buscan los programas o guiones a ejecutar
    - `PATH lista-de-directorios` (equivale a `SET PATH=lista-de-directorios`)
    - `PATH` (presenta el valor de PATH - equivale a ECHO %PATH%)

- Cambio de directorio, permanente
    - — `CD directorio` (cambia el directorio actual)
    - — `x:` (cambia la unidad actual, cada unidad de disco tiene su propio directorio actual)
    - — `CD` (presenta el valor del directorio actual)

- Cambio de directorio, temporal
    - — `PUSHD directorio` (cambia el directorio actual)
    - — `POPD` (restaura el anterior directorio actual)
    - — `PUSHD/POPD` pueden anidarse

- Entorno de ámbito limitado
    - — `SETLOCAL` (inicia ámbito local)
    - — `SET/CD/PATH` (cambios locales)
    - — fin del guión (termina el ámbito local)
    - — `ENDLOCAL` (termina el ámbito local)
    - — `SETLOCAL/ENDLOCAL` pueden anidarse

8.1.2.6. Estructuras de control: órdenes condicionales

En un guion de órdenes se pueden programar acciones condicionales mediante los siguientes mecanismos:

- Estructuras de control: IF-THEN-ELSE
    - — `IF condición orden`
    - — `IF condición ( orden1 ) ELSE orden2`

- Las condiciones pueden escribirse como:
    - — `valor1 == valor2` (comparación de valores de texto)
    - — `valor1 operador valor2` (comparación de valores numéricos enteros o valores de texto)
        - – el operador puede ser `EQU`, `NEQ`, `LSS`, `LEQ`, `GTR`, `GEQ`
    - — `/I valor1 operador valor2` (comparar sin distinguir entre mayúsculas y minúsculas)
    - — `EXIST nombre` (existe un fichero o directorio con ese nombre)
    - — `EXIST directorio\nul` (existe el `directorio`)
    - — `ERRORLEVEL valor` (nivel-de-error ≥ valor)
    - — `DEFINED variable` (existe una variable de entorno con ese nombre)
    - — `NOT condición` (negación de la `condición`)

También se pueden programar acciones condicionales mediantes saltos. El siguiente esquema de código equivale a un IF-THEN-ELSE

```
IF NOT condición GOTO es-falso
   ... acción si se cumple la condición (then) ...
   GOTO fin-condición
:es-falso
   ... acción si no se cumple la condición (else) ...
:fin-condición
```

8.1.2.7. Estructuras de control: bucles

La orden FOR permite programar bucles controlados por una variable de índice:

- `FOR %%v IN (lista-de-valores) DO acción-con-%%v`

  — el nombre de la variable es una letra

  — repite la acción por cada valor de la lista, cambiando la variable

  — los valores de la lista se escriben separados por espacios en blanco

  — los valores de la lista pueden contener comodines (*wildcards*) - se repite por cada fichero que se ajuste al patrón

  — si la acción es un nombre de guión el bucle no se repite, ya que no hay retorno

- `FOR %%v IN (lista-de-valores) DO CALL acción...`

  — esta es la forma correcta de repetir la ejecución de un guión - evita salir del bucle prematuramente

- `FOR /D %%v IN (lista) DO ...`

- `FOR /R %%v IN (lista) DO ...`

  — repite para cada directorio (/D) o árbol de subdirectorios (/R)

- `FOR /L %%v IN (inicio, paso, fin) DO ...`

  — bucle con contador numérico

Otras formas de bucle (WHILE, bucles indefinidos, ...) se deben programar mediante saltos. El siguiente esquema de código equivale a un bucle WHILE:

```
:inicio-bucle
   IF NOT condición GOTO fin-bucle
   ... acción del bucle
   GOTO inicio-bucle
:fin-bucle
```

8.1.2.8. Manejo de ficheros

Las operaciones con ficheros o grupos de ficheros son uno de los objetivos fundamentales de los lenguajes de órdenes. Los ficheros tienen un nombre y una extensión (que por convenio designa el tipo del fichero), y se organizan en directorios, que pueden estar jerarquizados. Los directorios tienen nombre y no suelen tener extensión (si se les pone extensión, no significa nada). En MS-DOS y Windows cada unidad de disco se designa por una letra, y tiene su propio sistema de ficheros.

- La notación para designar ficheros y grupos de ficheros es:
    - `unidad:\directorio\...\nombre.ext` (nombre completo de un fichero o directorio)
    - si se omite la unidad o los primeros directorios se toma como referencia la unidad o directorio actual
    - . (referencia al directorio actual)
    - .. (referencia al directorio padre)
    - `?*` (comodines o patrones: ? = cualquier carácter; * = cualquier texto)
    - si un nombre de fichero o directorio contiene espacios en blanco (no se recomienda), entonces debe escribirse entre comillas
- Listar los ficheros o directorios
    - `DIR patrón` (presenta todos los ficheros y directorios)
    - `DIR` (equivale a `DIR *`)
    - `DIR /opciones...` (especifica cómo se organiza la lista - ociones: /S /P /W /B /O ... etc.)
- Listar el contenido de un fichero de texto
    - `TYPE fichero(s)` (admite patrones)
- Cambiar el nombre y/o la extensión de un fichero o directorio
    - `RENAME fichero nuevo-nombre` (admite patrones)
    - `REN` (abreviatura de RENAME)
    - `nombre.*`, `*.ext` (como nuevo patrón, conserva la extensión o el nombre originales)
- Eliminar ficheros
    - `DEL patrón` (**¡ojo!**: `DEL * elimina todo`)
- Copiar o mover ficheros
    - `COPY origen destino` (copia sólo ficheros - admite patrones)
        - (destino puede ser un fichero o un directorio)
    - `COPY origen` (por defecto, destino = .)
    - `XCOPY origen destino` (copia ficheros o directorios)
    - `XCOPY origen` (por defecto, destino = .)
    - `MOVE origen destino` (mueve ficheros o directorios)
    - `MOVE origen` (destino = .)
- Crear y eliminar directorios
    - `MKDIR directorio` (crea un directorio)
    - `RMDIR directorio` (elimina el directorio, que debe estar vacío)
    - `MD, RD` (abreviaturas de MKDIR y RMDIR, respectivamente)

8.1.2.9. "Expansión" de parámetros y variables

Con mucha frecuencia los parámetros de un guión o las variables de índice de un FOR contienen referencias a ficheros o directorios. El lenguaje de órdenes permite extraer partes seleccionadas (directorio, nombre, extensión, ...) y construir nuevas designaciones a partir de otras. Microsoft denomina "expansión de parámetros" a este mecanismo.

- Extracción de partes de una referencia a fichero o directorio (u otra información del mismo):
    — %~*XXN* (*XX*: una o más letras de código, *N*: número del parámetro [1..9] o letra de la variable índice de FOR)
        – lista de códigos:
            ▪ f - nombre completo
            ▪ d - unidad de disco
            ▪ p - directorio(s)
            ▪ n - sólo el nombre
            ▪ x - extensión
            ▪ a - atributos del fichero
            ▪ t - fecha y hora del fichero
            ▪ z - tamaño del fichero
        – si se aplica a una variable índice, su letra de nombre no debe coincidir con ningún código posible
        – si se combinan varias letras de código los valores se reordenan de manera prefijada
    — %~*N* (si se omiten las letras de código, simplemente se quitan las comillas, si las hubiera)
- Búsqueda en la lista de directorios contenida en el PATH u otra variable de entorno
    — %~$PATH:*N* (devuelve lo primero que encuentre que se ajuste al valor del parámetro)
        – puede usarse cualquier otra variable de entorno, no sólo PATH
- Expansión de variables (sustitución de texto)
    — %var:antes=después% (recupera el valor de la variable con las sustituciones indicadas)
        – no modifica el valor interno de la variable

8.1.2.10. Ayuda para la interacción

Los lenguajes de órdenes no suelen disponer de mecanismos adecuados para construir programas interactivos. De todas maneras, ofrecen ciertas facilidades para la ejecución en modo interactivo, por consola, dando manualmente las órdenes una a una.

- `CLS` (borra la pantalla o ventana de órdenes)
- `COLOR xy` (cambia los colores de la pantalla: x = color de fondo, y = color del texto)

— xy son dos dígitos hexadecimales

— para consultar los códigos de color, dar COLOR /?

- COLOR (sin parámetro, restaura los colores por defecto - texto blanco en fondo negro)

- TITLE título (establece el texto que aparece en la barra de título de la ventana de órdenes)

- PROMPT texto-guía (establece el texto de petición de nueva orden)

  — el texto guía puede contener texto normal combinado con códigos especiales:

    – $P (directorio actual)

    – $G (signo mayor que >)

    – $N (letra de la unidad de disco actual)

    – $$ (literalmente un $)

    – para consultar otros códigos, dar PROMPT /?

- PROMPT (sin parámetros, restaura el valor por defecto PG)

- PAUSE (presenta un mensaje de pausa y espera hasta que se pulsa una tecla)

- MORE (copia la entrada estándar a la salida estándar, haciendo pausas cada P líneas - P = líneas de la pantalla)

- MORE fichero (toma la entrada del fichero indicado, similar a TYPE fichero pero con pausas)

- SET /P variable=texto-guía (se presenta el texto-guía y se asigna a la variable el valor que se introduzca por consola)

  — si se introduce un valor vacío, la variable no cambia

8.2. DEPURAR SCRIPTS CON HERRAMIENTAS DE DESARROLLO

Como ejemplo para la depuración de scripts consideraremos la característica *Herramientas de desarrollo* de Internet Explorer 8 que proporciona un depurador de Microsoft JScript integrado y ligero que permite a los desarrolladores de software establecer puntos de interrupción y recorrer paso a paso el código de JScript del lado cliente sin salir del explorador.

8.2.1. Introducción

La depuración de JScript constituye una parte fundamental del desarrollo web. Gracias al depurador de JScript intuitivo y ligero, la característica de Herramientas de desarrollo aporta una experiencia de depuración de JScript integral tan simple como hacer clic. Una vez instalado Internet Explorer 8, los desarrolladores pueden depurar JScript en cualquier sitio cargado en Internet Explorer. Para abrir *Herramientas de desarrollo* desde Internet Explorer 8, presione F12; como alternativa, en la barra de comandos Herramientas, haga clic en el botón Herramientas de desarrollo. El depurador de JScript se puede utilizar para depurar cualquier motor que implemente las interfaces IActiveScriptSite (tales como Microsoft Visual Basic Scripting Edition (VBScript)).

8.2.2. Iniciar la depuración

La Figura 8-2 muestra la interfaz para iniciar la depuración de un script con las herramientas de desarrollo de Internet Explorer 8. El camino sería similar para cualquier otra herramienta de depuración en cualquier otro entorno de programación de scripts.

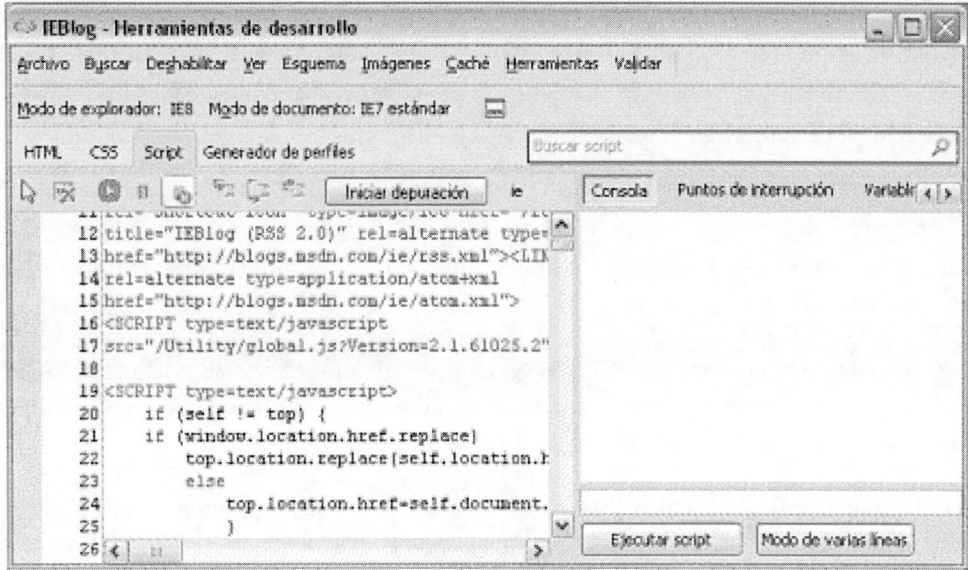

Figura 8-2

Con las *Herramientas de desarrollo* en la pestaña *Script,* inicie el proceso de depuración haciendo clic en el botón Iniciar depuración o presionando F5. Al hacer clic en este botón, se desencadenarán estos eventos:

- El cuadro de diálogo *Depuración* requiere la actualización de la página web, permite actualizar la página. Si hace clic en *Aceptar*, se iniciará la depuración y la página se actualizará; si hace clic en *Cancelar*, la depuración no se iniciará y la página no se actualizará.

- Una vez se inicia la depuración, la ventana *Herramientas de desarrollo* se desancla automáticamente si está anclada a la instancia de Internet Explorer 8. Cuando se detenga la depuración, puede anclarla de nuevo a la instancia de Internet Explorer 8.

Para detener la depuración, haga clic en el botón *Detener depuración* o presione MAYÚS+F5.

El cuadro de diálogo *Depuración* requiere actualización de página web únicamente se muestra si no se ha habilitado la depuración de script para Internet Explorer. Al hacer clic en *Aceptar* en el cuadro de diálogo, se habilitará la depuración de script para esta instancia de Internet Explorer temporalmente, hasta que cierre la ventana. Para habilitar la depuración de script para todas las instancias de Internet Explorer, haga clic en la pestaña *Opciones avanzadas* del menú *Opciones de Internet*. A continuación, en la categoría *Examinar*, desactive la casilla *Deshabilitar la depuración de scripts (Internet Explorer)* y haga clic en *Aceptar*. Para que los cambios surtan efecto, cierre todas las instancias de Internet Explorer y, a continuación, ábralas de nuevo.

Todos los scripts de una página, tanto los archivos independientes como los bloques de script integrados, están disponibles en el cuadro de lista desplegable de Script, con independencia de que se haya iniciado o no la depuración. Puede cambiar de un archivo a otro en cualquier momento mientras se encuentre en la pestaña del modo de script. El código fuente del archivo seleccionado actualmente aparece en el recuadro de contenido principal.

8.2.3. Establecer los puntos de interrupción

En el recuadro de contenido principal donde se muestra el código de script, se pueden establecer puntos de interrupción; para ello, se puede:

- Hacer clic en el número de línea para insertar o eliminar un punto de interrupción.

- Hacer clic con el botón secundario en una línea de código y seleccionar Insertar punto de interrupción.

- Colocar el cursor en una línea de código y presionar F9 para insertar o eliminar un punto de interrupción.

Los puntos de interrupción se pueden establecer tanto si el depurador está iniciado como si no. Una vez establecido un punto de interrupción, aparece el icono de punto de interrupción ⬤ junto al número de línea del código; además, se resalta el código de esa línea.

Un punto de interrupción pausa inmediatamente la ejecución del script antes de la línea de punto de interrupción; el depurador resalta la próxima línea que se va a ejecutar. Durante la depuración, cualquier error en tiempo de ejecución hará que el depurador se interrumpa en la ubicación del error. Para evitar la interrupción en caso de error, desactive el botón de alternancia Error de interrupción o presione CTRL+MAYÚS+E. Mientras el depurador mantiene pausada la ejecución, el explorador no responde a ninguna intervención del usuario.

La Figura 8-3 muestra un ejemplo de configuración y administración de puntos de interrupción.

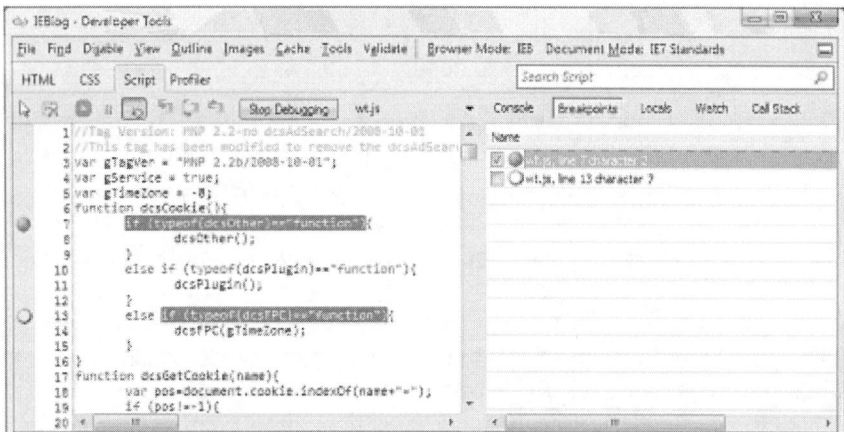

Figura 8-3

Existe una lista de todos los puntos de interrupción disponible en la ficha Puntos de interrupción del depurador. En ella, encontrará la ubicación de todos los puntos de interrupción, junto con el nombre de archivo y el número de línea donde se ha establecido cada uno de ellos. Para ir a la ubicación de un punto de interrupción en el código fuente, haga doble clic en el punto de interrupción en la lista. Para desactivar el punto de interrupción sin quitarlo, desactive la casilla situada junto a él. Para quitar el punto de interrupción, haga clic en él con el botón secundario y seleccione Eliminar en el menú contextual. Internet Explorer conserva la información del punto de interrupción hasta que se cierran las Herramientas de desarrollo, aunque se navegue fuera del sitio actual.

Existen varios casos en que el punto de interrupción puede dejar de ser válido. Los puntos de interrupción no válidos se deshabilitan y sobre su icono se muestra un icono de advertencia. Un punto de interrupción deja de ser válido cuando se navega fuera del sitio en el que está establecido. Puede no ser válido si se establece en una ubicación incorrecta en modo de no depuración, o si se inicia la depuración en un lugar donde el depurador no encuentra ningún código coincidente. También puede perder su validez si se actualiza la página en la que se ha establecido y el código fuente cambia.

Cuando se establece un punto de interrupción, la ejecución se pausa cada vez que se encuentra ese punto. Si se desea que la ejecución se pause en el punto de interrupción únicamente cuando se cumpla determinada condición, debe establecerse una condición para ese punto de interrupción. Para establecer una condición de punto de interrupción, siga estos pasos:

1. Haga clic con el botón secundario en el punto de interrupción en el recuadro de contenido principal o en el recuadro de puntos de interrupción. Aparecerá un menú contextual.

2. Seleccione la opción *Condición...* Aparecerá un cuadro de diálogo.

3. Escriba la condición en el cuadro de diálogo *Punto de interrupción condicional* y haga clic en *Aceptar*.

En lo sucesivo, el depurador únicamente pausará la ejecución en este punto de interrupción cuando se cumpla la condición.

8.2.4. Controlar la ejecución

Los puntos de interrupción se utilizan para pausar la ejecución del script y permitir que el desarrollador examine el estado del código en ese punto. Cuando se detiene en un punto de interrupción (Figura 8-4), la ejecución se puede controlar mediante cualquiera de los botones de comando siguientes:

- *Continuar*

  Continúa ejecutando el script sin pausarlo, hasta que se encuentra otro punto de interrupción o un error de script. Método abreviado de teclado: F5.

- *Interrumpir todo*

  Pausa la ejecución inmediatamente antes de que se ejecute la siguiente instrucción de script. Haga clic en el botón o presione CTRL+MAYÚS+B para activar este comando; a continuación, realice las acciones que desea depurar.

- *Error de interrupción*

  Pausa la ejecución en el punto donde se ha producido el error. Este comando está activo de forma predeterminada. Si no desea que se pause la ejecución en estos puntos de error, haga clic en este botón para desactivar este comando; sin embargo, en ambos casos se presentará un mensaje de error en la consola por cada error encontrado. Método abreviado de teclado para activar o desactivar el comando alternativamente: CTRL+MAYÚS+E.

- *Paso a paso por instrucciones*

  Ejecuta la siguiente línea de script y pausa, aunque la próxima línea se encuentre dentro de un nuevo método. Método abreviado de teclado: F11.

- *Paso a paso por procedimientos*

  Continúa hasta la próxima línea de script del método actual y, a continuación, pausa. Resulta útil para no pasar por las llamadas a métodos. Método abreviado de teclado: F10.

- *Paso a paso para salir*

  Sigue ejecutando el script hasta la próxima línea del método que ha llamado al método actual. Resulta útil para salir de bucles y llamadas a métodos. Método abreviado de teclado: MAYÚS+F11.

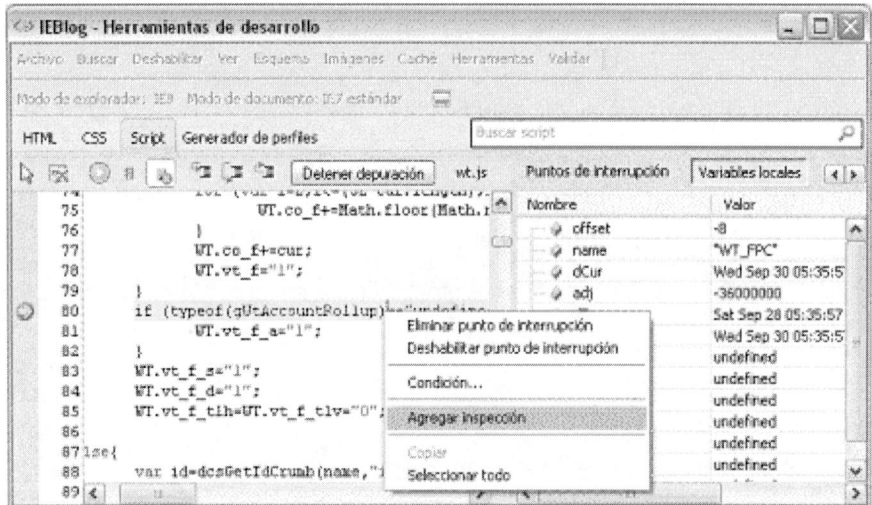

Figura 8-4

8.2.5. Inspeccionar variables

Todas las variables se pueden inspeccionar en el recuadro *Variables locales* (Figura 8-5) y en el recuadro Inspección. Para inspeccionar las variables:

- Inicie el depurador haciendo clic en Iniciar depuración.

- Establezca uno o varios puntos de interrupción a lo largo de la ruta de ejecución.

- A continuación, ejecute los scripts.

Durante la ejecución, el depurador pausará en el primer punto de interrupción que encuentre. Una vez pausada la ejecución, se pueden inspeccionar y editar las variables en los recuadros *Variables locales* e *Inspección*.

El recuadro *Variables locales* del depurador muestra el *Nombre*, el *Valor* y el *Tipo* de todas las variables disponibles en el ámbito de ejecución actual. Si una variable está fuera del ámbito, no está disponible y ni se muestra en el recuadro Variables locales. Las variables y los objetos que están 'fuera de ámbito' se pueden examinar en cualquier momento en el recuadro Inspección.

Las variables se pueden inspeccionar desde ámbitos diferentes agregándolas al recuadro *Inspección*. Hay varias maneras de agregar variables al recuadro Inspección:

1. En el recuadro de contenido principal, seleccione texto de un script, haga clic con el botón secundario para activar el menú contextual y seleccione Agregar inspección. Se agregará ese texto a la lista de inspección.

2. En el recuadro *Variables locales*, haga clic con el botón secundario en una variable o en un objeto y seleccione *Agregar inspección* para agregarlo a la lista de inspección.

3. En el recuadro Inspección, seleccione *Haga clic para agregar* y, a continuación, escriba el nombre de la variable que desee inspeccionar. El texto *Haga clic para agregar* se encuentra en la parte inferior de la lista de inspección, pues es el último elemento de la lista del recuadro Inspección.

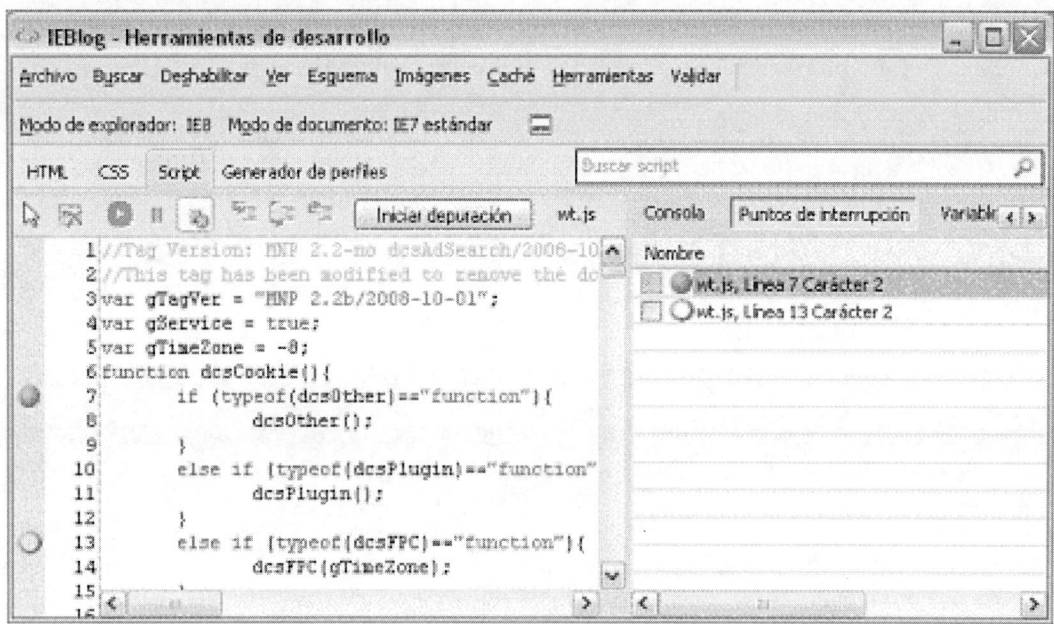

Figura 8-5

Con cada ejecución de una línea de código, el depurador actualiza los valores de las variables en los recuadros *Variables locales* e *Inspección*. Los valores actualizados se muestran en texto rojo. Para modificar el valor de una variable en el recuadro *Variables locales* o *Inspección*, haga doble clic en el valor, escriba otro nuevo y presione ENTRAR. Como alternativa, puede hacer clic con el botón secundario en el objeto y seleccionar Editar valor para comenzar la edición. Cuando haya finalizado, presione ENTRAR para confirmar o ESC para cancelar la edición.

8.2.6. Inspeccionar la pila de llamadas

El recuadro *Pila de llamadas* proporciona una lista de contextos de ejecución cada vez que el depurador pausa la ejecución en un punto de interrupción. Para saltar a cualquier elemento de la pila, haga doble clic en él. El depurador mostrará ese método en el recuadro de contenido principal. A partir de ahí se pueden inspeccionar las variables de ese contexto de ejecución en los recuadros *Variables locales* e *Inspección*.

8.2.7. Utilizar la consola para ejecutar instrucciones de código

El recuadro *Consola del depurador* proporciona una consola para ejecutar instrucciones de script sobre la marcha. Escriba cualquier instrucción o nombre de variable válida y presione ENTRAR (o haga clic en Ejecutar script) para ejecutar esa instrucción en el contexto de la página actual, exactamente en el punto donde está pausada la ejecución.

Para establecer los valores de las variables, se utiliza la sintaxis de asignación estándar:

```
s = 'my query string';
```

Al hacer clic en el botón *Modo de varias líneas*, se expande la ventana de entrada para permitir la especificación de varias líneas. También cambia el comportamiento de la tecla ENTRAR, de tal forma que crea una nueva línea, en lugar de ejecutar el script. Aquí, puede escribir varias líneas de código y, a continuación, ejecutarlas haciendo clic en Ejecutar script. La ventana de entrada, cuyo tamaño se puede cambiar, proporciona controles adicionales en el menú contextual.

El recuadro *Consola* se puede utilizar en cualquier momento, aunque no se haya iniciado el depurador. Cuando la ejecución se detiene en un punto de interrupción, los comandos especificados en este recuadro se ejecutan en el ámbito de ejecución del punto de interrupción; si la ejecución no se pausa, se ejecutan en el ámbito global.

8.2.8. Utilizar la consola para registrar alertas y mensajes de error

Todos los errores de script de una instancia determinada de Internet Explorer se registran en el recuadro Consola cuando se abren las Herramientas de desarrollo. Para navegar a la ubicación del error, haga clic en la información de origen proporcionada en el error.

Los mensajes también se pueden registrar en la Consola mediante las API console.log. En lugar de utilizar *window.alert()* y generar una cantidad innumerable de cuadros de diálogo, llame a console.log para que las cadenas de salida se envíen al recuadro *Consola*. Para diferenciar unos mensajes de otros, utilice API console.log distintas; por ejemplo:

- console.log
- console.info
- console.warn
- console.error
- console.assert

Se puede llamar a estos comandos de consola con una lista de argumentos que se concatenarán para generar la cadena de salida. Además, se puede dar formato a los argumentos mediante modelos de sustitución del tipo de *printf*. Por ejemplo, se puede llamar a console.log de una de las maneras siguientes:

- console.log("La variable x = " + x + " y la variable y = " + y)
- console.log("La variable x = ", x, " y la variable y = ", y)
- console.log("La variable x = %d y la variable y = %d", x, y)

Sin embargo, el comando *console.assert* requiere una expresión en el primer argumento para evaluarse en true o false. Si la expresión se evalúa en true, el mensaje de aserción de salida no se envía a la consola; de lo contrario, sí. Por ejemplo:

```
var x = 1;
var y = 1;

//This expression evaluates to TRUE, so the message will not show up in the
console
console.assert(x==y, "ASSERT: x == " + x + "; y == " + y);

//This expression will evaluates to FALSE so the message will show up in
the console
y = 2;
console.assert(x==y, "ASSERT: x == " + x + "; y == " + y);
```

Estos mensajes de consola se pueden filtrar desde el recuadro *Consola* para mostrarlos u ocultarlos. Para seleccionar los mensajes que se desea mostrar u ocultar en el recuadro *Consola*, el filtro debe establecerse como sigue: haga clic con el botón secundario en el recuadro *Consola* y mueva el cursor sobre *Filtrar*. Aparecerá una lista de filtros disponibles; el filtro con la marca de verificación es el que está activo.

Además, el objeto de consola se puede extender para agregar nuevas funcionalidades conforme a las necesidades de desarrollo. Por ejemplo, puede que se desee utilizar un método personalizado para que los mensajes de depuración de salida se envíen a la consola. Para agregar un comando *console.debug*, se pueden agregar los fragmentos de código siguientes al código de JScript:

```
console.debug = function(name, value){
        console.warn("DEBUG: " + name + "==" + value);
}
```

En el ejemplo anterior se toman dos argumentos y, simplemente, se envían al recuadro *Consola* con un formato mínimo. Puesto que el desarrollador puede definir *console.debug*, puede personalizar los argumentos de función y el comportamiento como desee para adaptarlos a sus necesidades. De esta manera, el objeto de consola se puede utilizar para agregar cualquier cantidad de nuevos comandos que se necesite.

Dado que se utilizan comandos de consola existentes en el nuevo comando, Filtrar se sigue aplicando. Por ejemplo, el comando *console.debug* del ejemplo anterior utiliza *console.warn* para enviar los mensajes de salida al recuadro Consola. Si desactiva *Advertencias de consola* en la lista *Filtrar*, entonces ninguna salida de *console.warn* se mostrará en el recuadro *Consola*.

8.3. INTERPRETACIÓN DE SCRIPTS DEL SISTEMA

8.3.1. Scripts de configuración del sistema

En esta sección vamos a ver, sin adentrarnos mucho en detalles ni conceptos, cómo configurar nuestro equipo, para distintas situaciones típicas. Si bien normalmente las configuraciones que se ofrecen son independientes de la distribución de GNU/Linux que se utilice, para dar detalles se usará Debian GNU/Linux.

8.3.2. Obtener información

Siempre que queramos configurar un dispositivo será importante tener información sobre sus características. Para esto, puede resultar de utilidad, consultar los manuales, la caja o mirar la plaqueta del dispositivo. GNU/Linux tiene, además, ciertas herramientas para ayudarnos a configurar nuestro equipo.

- *lspci* nos muestra información sobre las placas PCI que tengamos instaladas en nuestro sistema. Es, en realidad, un resumen de la información más útil que se encuentra en */proc/pci*.

- *pnpdump* nos muestra información sobre las placas *isapnp* que tengamos (muchas veces, ninguna). Además, la salida de este comando nos sirve para tener un archivo de configuracion para *isapnp*.

- *discover* puede darnos información acerca del hardware que tenemos, según el tipo de harware que estemos buscando. Como ejemplo *discover sound* nos dice qué placa de sonido tenemos y si ejecutamos *discover –module sound* nos dice qué módulo de kernel deberemos utilizar para configurar esa placa. También podemos preguntarle sobre: *bridge, cdrom, ide, scsi, usb, ethernet, modem,* y *video*.

- *mdetect* nos permite detectar qué tipo de mouse tenemos.

- *read-edid* , para configurar el video.

- *kudzu* , para todo tipo de hardware.

8.3.3. Configuración del ratón en consola

El ratón es un dispositivo de entrada muy útil, que nos puede ayudar tanto en entornos gráficos como en consola de texto. Para utilizar el ratón dentro de la consola de texto utilizamos un servicio llamado *gpm* (*General Purpose Mouse Interface*). Además de hacer disponible el uso del ratón para muchos programas, también nos da algunas ventajas extras como la de seleccionar un fragmento de texto y pegarla con el botón del medio.

El programa *gpm* no tiene definido un archivo de configuración, sino que recibe los valores por parámetros.

Por ejemplo: */usr/sbin/gpm -m /dev/psaux -t imps2*, dice que se use el dispositivo */dev/psaux* como un mouse IntelliMouse PS/2.

Como tantos otros programas dentro del entorno Unix, *gpm* es un programa que realiza una sola tarea, la de manejar el ratón, y lo hace bien. Mientras que el servidor X de modo gráfico hace una gran cantidad de cosas. Si elegimos que sea *gpm* quien maneje el ratón, podemos aliviar parte del trabajo del X. Para eso existe la opción *-R de gpm (repeat)* que puede enviar los comandos que detectó el *gpm* con o sin formato a un dispositivo creado por el *gpm (/dev/gpmdata)*.

Por ejemplo: */usr/sbin/gpm -m /dev/psaux -t imps2 -Rms3*.

Para configurar este servicio, dentro de la distribución Debian GNU/Linux se utiliza el script *gpmconfig*. En otras distribuciones se utilizan otros programas para configurar, o se edita un archivo de configuración. Los valores a utilizar serán muy similares, ya que en definitiva son parámetros que se le indican al *gpm*.

El script *gpmconfig* es un script interactivo que en primer lugar muestra la configuración actual del ratón (si es que existe), y luego permite modificarla según sea necesario. Los parámetros que deben ser configurados son:

- *Dispositivo (device)* es el dispositivo al que está conectado el mouse. Las posibilidades son las siguientes:

    /dev/psaux, si se trata de un mouse PS/2.

    /dev/ttyS0, si est´a conectado al COM1.

    /dev/ttyS1, si est´a conectado al COM2.

    /dev/ttyS2, si est´a conectado al COM3.

    /dev/ttyS3, si est´a conectado al COM4.

    /dev/usb/mouse, si es un mouse USB.

    /dev/mouse, que normalmente es un symlink al dispositivo correspondiente al ratón.

- *Tipo (type)* es el tipo de ratón que se quiere configurar (con 2 o 3 botones, con o sin ruedita, etc.) En este caso hay muchas posibilidades, se incluyen aquí las más comunes.

    msc, para la mayoría de los ratones serie de 3 botones.

    ms, si se trata de un ratón serie, de tipo Microsoft, con 2 o 3 botones (si tiene sólo dos, el tercero es simulado cuando se aprietan los dos a la vez).

    ms3, si se trata de un ratón serie con ruedita y tres botones.

    ps2, si se trata de un ratón PS/2 genérico.

    imps2, si se trata de un ratón PS/2, con ruedita y dos o tres botones (si tiene dos, el tercero es emulado).

    netmouse, si se trata de un ratón Genius Netmouse, que tiene dos botones de arriba/abajo en lugar de ruedita.

- *Aceleración (responsiveness)* permite que el mouse se mueva a mayor velocidad a través de la pantalla. Se trata de un valor numérico, cuyo valor predeterminado es 10. Un cursor veloz se obtiene con 20, utilizando 30 ya es demasiado rápido (todo esto depende del mouse).

Protocolo de Repetición (*repeat protocol*) es la forma en que el *gpm* va a repetir la entrada del mouse al modo gráfico, según se explicó anteriormente. Para que esto se haga efectivo, será necesario indicarle al servidor X que la entrada de mouse la lea de */dev/gpmdata*, en lugar de leerla directamente desde el mouse. Y el tipo de mouse que se le especifique al servidor deberá coincidir con el protocolo indicado.

Si se especifica la opción *none*, no se realizará la repetición. Esta es la opción a seleccionar cuando se quiere que el modo gráfico maneje la entrada de ratón. Si, en cambio, se especifica la opción ms3, la repetición se realizará en el protocolo IntelliMouse y esto mismo habrá que seleccionar en la configuración del servidor.

8.3.4. Configuración de teclado

La forma de configurar el teclado varía de distribución en distribución. Hay dos maneras de configurarlo: directamente desde el kernel o desde el sistema. Algunas distribuciones utilizan una forma o la otra, y algunas –como Debian- permiten elegir de qué forma se lo configurará.

Dentro de Debian la forma de configurar el teclado es ejecutar el comando:

dpkg-reconfigure console-common.

La primera pantalla que se obtiene explica las opciones que se van a mostrar en la segunda. En la segunda pantalla se permite seleccionar la forma de configuración de teclado (kernel o no).

Seleccionando la opción *Select keymap from arch list*, debemos luego poner la disposición general de las teclas (*querty* es la disposición común, de la mayoría de los teclados en inglés y español). Y en la siguiente pantalla se selecciona la disposición regional. El teclado latinoamericano es el teclado que tiene la @ en la misma tecla que la Q, y el español el que tiene la @ en la misma tecla que el 2 y las ".

8.3.5. Módulos

En GNU/Linux, gran parte del hardware que utilicemos tiene que estar soportado por el kernel Linux, antes de que lo usemos. Por ejemplo, normalmente Linux ya tiene compilado el soporte de rígidos IDE, de manera que podemos utilizar el disco rígido al iniciar el sistema. Esto mismo sucede con los dispositivos más comunes, como los puertos en serie y paralelo.

Sin embargo, es normal que no esté compilado en el kernel el soporte para todo el resto del hardware, sino que el soporte esté disponible en forma de *módulos*. En la práctica los módulos funcionan como los drivers en otros sistemas operativos y cargar el módulo correcto nos permite utilizar nuestro hardware.

Para manejar los módulos usamos los siguientes scripts:

- *lsmod*. Lista los módulos que ya están cargados.
- *modprobe –l*. Muestra todos los módulos disponibles para la versión del kernel que estamos utilizando. (El listado es largo, se puede utilizar: *modprobe -l — less*, o bien *modprobe -l — grep net*, *modprobe -l — grep agp*, según el módulo que se esté buscando).
- *modinfo módulo*. Muestra información sobre el modulo, como por ejemplo, qué opciones recibe.
- *modprobe módulo opciones*. Carga el módulo y le pasa las opciones.
- *insmod ruta/modulo.o*. Otra forma de cargar el módulo, en este caso recibe como parámetro la ruta de acceso al módulo.
- *Rmmod*. Quita el módulo de memoria. El módulo no puede estar siendo utilizado si se lo quiere sacar de la memoria.
- *modconf* (Específico de Debian). Es una aplicación un poco más amigable, que permite buscar en el listado de módulos, instalar el módulo que es necesario y configurarlo para que se cargue automáticamente al reiniciar el sistema.

Por otro lado, si queremos configurar los módulos para que se carguen cuando se inicia el sistema, deberemos editar el archivo */etc/modules*.

Y también el archivo */etc/modules.conf*, que permite configurar algunas opciones que el sistema le va a pasar a los módulos cuando se cargan, así como formas para que cargue determinado módulo al querer usar determinado recurso.

La sintaxis de este archivo es:

- *options m'odulo opciones.* Para especificar las opciones para el módulo.

- *alias recurso m'odulo.* Para especificar qué módulo cargar al usar determinado recurso.

En Debian GNU/Linux el archivo */etc/modules.conf* es mantenido por una aplicación llamada *modutils*, que permite tener varios archivos de configuración sencillos, separados por tareas o recursos. Estos archivos deben ser colocados dentro del directorio */etc/modutils/* . Y para recopilar los archivos en */etc/modules.conf* se utiliza el comando *update-modules*.

8.3.6. Directorio de configuración etc

GNU/Linux es increíblemente fácil de configurar, sin bases de datos raras, sin registros, sin directorios regados por aquí y por allá con archivos extraños, sin archivos 'dll hell', sin archivos con terminación *.ini* o *.bat* o algo más, etc. Casi todo lo configurable (por no decir todo) lo encontramos en el directorio de configuración *etc*, y todos los archivos configurables de este directorio no son más que simples archivos de texto ASCII, editables desde cualquier editor, más simple no es posible. Pero este directorio tiene decenas de archivos y subdirectorios así que esta guía de LinuxTotal.com.mx te servirá para conocer los más importantes.

En la tabla siguiente, donde se encuentre 'Dir' indica directorio y todos los demás son archivos.

Archivos de configuración en /etc	
/etc/aliases	Permite agregar alias (nicks) a nombres reales de usuarios de correo electrónico
/etc/bashrc	Funciones y alias disponibles para todos los usuarios, variables de entorno globales en /etc/profile
/etc/cron.d	Dir, archivos de cron personalizados para programas específicos.
/etc/cron.daily	Dir, scripts de usuarios o de programas específicos que se ejecutan cada día, según lo definido en crontab
/etc/cron.hourly	Dir, scripts de usuarios o de programas específicos que se ejecutan cada hora, según lo definido en crontab
/etc/cron.monthly	Dir, scripts de usuarios o de programas específicos que se ejecutan cada mes, según lo definido en crontab
/etc/cron.weekly	Dir, scripts de usuarios o de programas específicos que se ejecutan cada semana, según lo definido en crontab
/etc/crontab	Controla archivos de cron para usuarios individuales o para el usuario root
/etc/fedora-release	Sustitue 'fedora' por el nombre de tu distro para ver la versión específica de tu distribución Linux
/etc/exports	Definición de directorios a compartir a través del sistema de archivos en red NFS
/etc/filesystems	Se usa para probar el orden de sistemas de archivos cuando se monta un dispositivo con la opción auto

Archivos de configuración en /etc	
/etc/fstab	Lista los sistemas de archivos montados automáticamente al arranque del sistema
/etc/group	Almacena la información de los grupos del sistema, complemento de /etc/passwd
/etc/gshadow	Guarda las contraseñas de los grupos asi como información de la caducidad de la misma, similar a /etc/shadow
/etc/host.conf	Indica cómo y en qué orden se resuelven los nombres de equipo o de dominio
/etc/hosts	Define nombres de equipos igualándolos con sus direcciones IP
/etc/hosts.allow	Define un formato de acceso o lista de control de acceso de qué equipos pueden ingresar al sistema
/etc/hosts.deny	Define un formato de acceso o lista de control de acceso de qué equipos no pueden ingresar al sistema
/etc/inittab	Archivo de configuración para el comando init, determina el nivel de ejecución del sistema y define scripts de arranque
/etc/issue	Mensaje de bienvenida para todas las consolas antes del login
/etc/login.defs	Controla la configuración del login de usuarios (contraseña, caducidad, etc.) en sistemas que usan /etc/shadow
/etc/logrotate.conf	Configura los parámetros del programa logrotate que a la vez administra archivos de bitácora (logfiles).
/etc/mtab	Archivo dinámico que contiene una lista de los sistemas de archivos montados actualmente. Inicializado por init y actualizado por mount.
/etc/motd	"Message Of The Day", mensaje que aparece a todos los usuarios después de loguearse a una terminal.
/etc/passwd	La base de datos de usuarios del sistema, nombre, directorio de inicio, id del usuario, etc. Se complementa con las contraseñas almacenadas en /etc/shadow
/etc/printcap	Archivo de configuración para las impresoras
/etc/profile	Variables de entorno globales a todos los usuarios. Funciones y alias van en /etc/bashrc
/etc/rc.d	Dir, directorio que contiene los scripts de arranque del sistema y los directorios de los niveles de ejecución
/etc/rc.d/init.d	Dir, scripts de arranque/detener de los diferentes programas servidores del sistema. en algunas distros está en /etc/init.d
/etc/rc.d/rc.local	Último script que se ejecuta al arranque del sistema, es el más adecuado para agregar nuestros propios scripts de arranque
/etc/rc.d/rc0.d	Dir, scripts de arranque (Start)/detener(Kill) cuando se ingresa al nivel de ejecución 0 (apagado del equipo)
/etc/rc.d/rc1.d	Dir, scripts de arranque (Start)/detener(Kill) cuando se ingresa al nivel de ejecución 1 (monousuario, single user)
/etc/rc.d/rc2.d	Dir, scripts de arranque (Start)/detener(Kill) cuando se ingresa al nivel de ejecución 2 (multiusuario)
/etc/rc.d/rc3.d	Dir, scripts de arranque (Start)/detener(Kill) cuando se ingresa al nivel de ejecución 3 (red completa, multiusuario)
/etc/rc.d/rc4.d	Dir, scripts de arranque (Start)/detener(Kill) cuando se ingresa al nivel de ejecución 4 (personalizado)
/etc/rc.d/rc5.d	Dir, scripts de arranque (Start)/detener(Kill) cuando se ingresa al nivel de ejecución 5 (modo gráfico X11, red completa, multiusuario)
/etc/rc.d/rc6.d	Dir, scripts de arranque (Start)/detener(Kill) cuando se ingresa al nivel de ejecución 6 (reinicio del equipo)
/etc/resolv.conf	Configura la(s) dirección(es) del servidor de nombres de domino que resuelve para el equipo
/etc/securetty	Identifica las terminales en las que el usuario root puede loguearse
/etc/services	Lista de los servicios de red (tcp y udp) según la última lista de la iana.org
/etc/shells	Lista de los shell (línea de comandos) confiables

Archivos de configuración en /etc	
/etc/shadow	Complemento de /etc/passwd, archivo donde se guarda la contraseña encriptada y demás datos de la misma de los usuarios del sistema
/etc/sudoers	Lista de usuarios con privilegios especiales de root y los comandos que pueden ejecutar
/etc/sysconfig	Dir, directorio donde se almacenan archivos de configuración relativos al equipo, teclado, mouse, red, etc.
/etc/ " /clock	Permite definir la zona horaria y otros parámetros de la fecha y hora
/etc/ " /i18n	Parámetros LC (locale) y otros de internacionalización como sistema de medida, de moneda, código de teléfono, etc.
/etc/ " /init	Variables de control de la forma en que inicia el sistema
/etc/ " /iptables	Iptables toma por default este archivo para cargar sus reglas al arranque del sistema
/etc/ " /network	variables de configuración global de parámetros de red
/etc/ " /networking/devices	Dir, directorio que contiene la configuración de los dispositivos de red
/etc/ " / " / " /ifcfg-eth0	Cada dispositivo (eth0, eth1, etc.) de red tiene su archivo de variables de configuración
/etc/sysctl.conf	Variables de configuración del kernel
/etc/syslog.conf	Control y configuración sobre la bitacorización de eventos del sistema
/etc/termcap	Configuración de los atributos de la terminal o shell
/etc/version	Generalmente el número de versión de la distro

Es importante tener presente que no todos los archivos aquí mostrados existen en todas las distribuciones de Linux, puede haber, y de hecho las hay, importantes diferencias, pero en su gran mayoría esta guía las aplica.

8.4. COMANDOS PARA TAREAS ADMINISTRATIVAS

El conocimiento de los comandos Linux es importante para las tareas de administración y programación. Los comandos Linux son necesarios para tener un dominio del sistema operativo. La línea de comandos es la manera más directa de enviar órdenes a su máquina. La línea de comandos de GNU/Linux es más potente que los prompts que puede haber usado con anterioridad.

8.4.1. Comandos en el sistema operativo Linux

8.4.1.1. Comandos Linux de archivos y directorios

En este grupo de comando se incluyen ccomandos Linux de ficheros y directorios, crear y borrar directorios; listar, copiar, renombrar y borrar archivos, crear enlace entre archivos. Los más importantes son los siguientes:

ls : Listar archivos y directorios

cp : Copiar archivos y directorios

pwd : Mostrar el nombre del directorio de trabajo actual

cd : Cambiar de directorio

sort : Ordenar ficheros

mkdir : Crear directorios

touch : Crear o actualizar ficheros

rm : Borrar archivos y/o directorios

rmdir : Borrar directorios vacios

mv : Mover o renombrar archivos

more : Muestra ficheros página a página

less : Muestra Ficheros página a página

cat : Mostrar ficheros de forma continua

head : Ver el inicio de un archivo

tail : Ver las últimas líneas de un archivo

find : Buscar archivos

grep : Buscar el patrón pasado como argumento en uno o más archivos

wc : Calcular la cantidad de cadenas y palabras en archivos

ln : Crea enlace entre ficheros

8.4.1.2. Comandos Linux para programar la ejecución de comandos

En este grupo se incluyen comandos Linux para programar la ejecución de comandos una vez o de forma reiterada. Tenemos:

crontab : Ejecutar comandos Linux a intervalos de tiempo regulares

at : Ejecutar un comando Linux un vez

8.4.1.3. Comandos Linux para archivar y comprimir ficheros

En este grupo se encuentran comando Linux usados para archivar, extraer y comprimir ficheros.

tar : Almacenar y extraer ficheros de un fichero archivador

gzip : Comprimir ficheros

bzip2 : Comprimir ficheros

8.4.1.4. Comandos Linux de atributos y permisos

En este grupo se encuentran comandos Linux para atributos y permisos de archivos y directorios.

chown : Cambiar el propietario de un archivo

chgrp : Cambiar el grupo propietario de un archivo o grupo de archivos

chmod : Cambiar los permisos de accesos a los archivos y directorios

8.4.1.5. Comandos Linux para el control de procesos

En este grupo se encuentran comandos Linux para el control de los procesos en ejecución, información del estado de los mismos, terminar procesos, establecer prioridad de programas.

ps : Informa del estado de los procesos

pstree : Muestra los procesos en forma de estructura de árbol

top : Muestra los procesos que se están ejecutando en ese momento, mostrando los que más CPU consumen

kill : Terminar un proceso por ID

killall : Terminar procesos por nombre

nice : Ejecutar un programa con la prioridad de planificación modificada

renice : Altera la prioridad de los procesos en ejecución

8.4.1.6. Comandos linux del Sistema

En este grupo se encuentran comandos Linux del sistema (reiniciar y apagar máquina, cerrar sesión de trabajo, uso de memoria, instalar paquetes).

date : muestra fecha y hora actual del sistema

cal : muestra el calendario del mes actual

uptime : tiempo que lleva encendida la máquina

df : espacio libre en los discos

du : espacio usado por los directorios y ficheros

free : uso de memoria y swap

dmesg : muestra mensajes del kernel durante el arranque del ordenador

reboot : reinicia la máquina

halt : apaga la máquina

shutdown : cierra el sistema

init : control de inicialización de procesos

exit : Cerrar sesión actual

clear : borrar pantalla

bc : calculadora

man : formatear y mostrar las páginas del manual en línea

uname : imprime información del sistema

hostname : muestra o establece el nombre del sistema

domainname : nombra o establece el nombre de dominio NIS/YP del sistema

mkfs : construir un sistema de ficheros de Linux

fdisk : manipular tablas de particiones de Linux

fsck : chequear y reparar sistemas de ficheros

mount : montar un sistema de ficheros

umount : desmontar sistema de ficheros

rpm : instalar los paquetes RedHat

8.1.4.7. Comandos Linux de administración de usuarios

En este grupo se encuentran comandos linux para las operaciones vinculadas con usuarios (adicionar, borrar y cambiar usuario, crear grupo, etc.)

useradd : adicionar nuevo usuario

userdel : borrar cuenta de usuario

passwd : cambiar contraseña de usuario

su : cambio de usuario

logname : muestra el nombre de usuario

id : muestra los datos de identificación del usuario

who : muestra los usuarios del sistema

last : muestra información de los últimos usuarios que han usado el sistema

groupadd : crear un nuevo grupo

nail :enviar y recibir correo de internet

pine : lector de correo en modo texto

mesg : controlar el acceso a escritura a la terminal

write : enviar mensaje a otro usuario

wall : enviar mensaje a todos los usuarios

w : muestra qué usuarios están conectados a la máquina y qué están haciendo

8.4.1.8. Comandos Linux de red

En este grupo se encuentran comandos Linux para operaciones de red (mostrar estado de la red, configurar red, enviar paquetes, etc.)

netstat : mostrar el estado de la red

ifconfig : configurar interfaz de red

nmap : escananear red

ping : enviar paquetes

nslookup : consultar servidores de nombres de dominio

telnet : comunicación interactiva con otro host

route : manipular tabla de enrutamiento IP

8.4.2. Comandos en el sistema operativo Windows

8.4.2.1. Comandos de archivos

- cacls: modifica los permisos de lectura y escritura en archivos y carpetas
- chkdsk: comprueba el estado de una partición
- comp: compara archivos o carpetas y muestra las diferencias entre ellos
- compact: compresor de archivos

- convert: conversor de particiones, convierte particiones FAT16 o FAT32 en particiones NTFS sin pérdida de datos
- defrag: defragmentador de archivos
- diskpart: permite crear, eliminar y administrar particiones.
- find: busca archivos
- findstr: busca cadena de caracteres dentro de los archivos
- iexpress: Asistente para crear comprimidos .CAB
- openfiles: muestra a un administrador los archivos abiertos en un sistema y permite desconectarlos si se han abierto a través de red

8.4.2.2. Comandos de configuración e información del sistema

- bootcfg: configurador de arranque, modifica el archivo boot.ini para indicar opciones de arranque.
- control userpasswords2: permite modificar las claves y los permisos de los diferentes usuarios.
- driverquery: crea un informe sobre los drivers instalados en el sistema.
- dxdiag: herramienta de diagnóstico de DirectX
- gpresult: información de las políticas de grupo aplicadas a un usuario
- gpupdate: actualizar las políticas de grupo
- pagefileconfig: configuración de la memoria virtual de Windows
- prncnfg: información sobre las impresoras instaladas
- prnjobs: información sobre los trabajos de impresión en cola
- reg: permite ver y modificar valores del registro de Windows. Opciones posibles:
    - reg query: consulta en el registro
    - reg add: añadir entrada
    - reg delete: eliminar entrada
    - reg copy: copiar clave en otro lugar del registro
    - reg save: guardar parte del registro
    - reg restore: restaura el registro
    - reg load: cargar valor o clave desde un archivo .reg
    - reg unload: descargar valor o clave
    - reg compare: comparar valores de registro
    - reg export: exportar registro a un archivo
    - reg import: importar registro a un archivo
- sc: administrador de servicios, podemos detenerlos, ejecutarlos, etc.
- sfc: busca archivos del sistema dañados y los recupera en caso de que estén defectuosos.
- systeminfo: muestra información sobre nuestro equipo y nuestro sistema operativo: número de procesadores, tipo de sistema, actualizaciones instaladas, etc
- taskkill: permite matar procesos conociendo su nombre o su número de proceso (PID)
- Tasklist: informe sobre los procesos ejecutados en el sistema

8.4.2.3. Comandos de Redes

- arp: muestra y permite modificar las tablas del protocolo ARP, encargado de convertir las direcciones IP de cada host en direcciones MAC (dirección física única de cada tarjeta de red)
- ftp: cliente FTP en modo consola de comandos
- getmac: muestra las direcciones MAC de los adaptadores de red que tengamos instalados en el sistema
- ipconfig: muestra y permite renovar la configuración de todos los interfaces de red
- nbtstat: muestra las estadísticas y las conexiones actuales del protocolo NetBIOS sobre TCP/IP, los recursos compartidos y los recursos que son accesibles
- net: permite administrar usuarios, carpetas compartidas, servicios, etc.
- netsh: programa en modo consola permite ver, modificar y diagnosticar la configuración de la red
- netstat: información sobre las conexiones de red de nuestro equipo
- nslookup: aplicación de red orientada a obtener información en los servidores DNS sobre un host en concreto
- pathping: muestra la ruta que sigue cada paquete para llegar a una IP determinada, el tiempo de respuesta de cada uno de los nodos por los que pasa y las estadísticas de cada uno de ellos
- ping: comando para comprobar si una máquina está en red o no
- route : permite ver o modificar las tablas de enrutamiento de red
- tracert: informa sobre el camino que siguen los paquetes IP desde que sale de nuestra máquina hasta que llega a su destino

8.4.2.4. Comandos Misceláneos

- at: permite programar tareas para que nuestro ordenador las ejecute en una fecha o en un momento determinado
- logoff: comando para cerrar sesiones, incluso en equipos remotos
- msg: envía mensajes por la red a otros equipos
- msiexec: comando para ejecutar archivos de instalación .MSI
- runas: ejecución de programas como si fueras otro usuario
- shctasks: administrador de tareas programadas
- shutdown: comando para apagar, reiniciar el equipo

8.4.2.5. Comandos de Microsoft Management Console (MMC)

Los siguientes comandos no son más que los accesos a cada sección de la MMC, que lanzarán una interfaz gráfica.

- ciadv.msc: permite configurar el servicio de indexado, que acelera las búsquedas en el disco duro
- compmgmt.msc: da acceso a la Administración de equipos, desde donde podemos configurar nuestro ordenador y acceder a otras partes de la MMC
- devmgmt.msc: administrador de dispositivos
- dfrg.msc: defragmentador de disco

- diskmgmt.msc: administrador de discos
- fsmgmt.msc: monitorización y Administración de los recursos compartidos
- gpedit.msc: políticas de grupo
- lusrmgr.msc: administración de usuarios
- ntmsmgr.msc: administración de dispositivos de almacenamiento extraíbles
- ntmsoprq.msc: monitorización de las solicitudes de operador de medios extraíbles
- perfmon.msc: monitor de sistema
- secpol.msc: configuración de seguridad local
- services.msc: administrador de servicios
- wmimgmt.msc: administrador de WMI

8.5. SCRIPTS PARA LA ADMINISTRACIÓN DE CUENTAS DE USUARIO, PROCESOS Y SERVICIOS DEL SISTEMA

8.5.1. Cuentas de Usuario y Cuentas de Grupo en Linux

Las cuentas de usuario en un sistema Linux permiten a varias personas iniciar sesión en el sistema al mismo tiempo o en momentos diferentes sin interferir entre sí. Los términos *usuario* y *cuenta* a veces se usan de manera intercambiable.

El sistema operativo Linux es tanto un sistema multiusuario como multitarea. La cuenta de usuario más importante en un sistema Linux es la cuenta *Superusuario*, también denominada cuenta *raíz*. Esta es la cuenta que es usada por el administrador del sistema para llevar a cabo cualquier tarea administrativa en un sistema Linux.

La cuenta Superusuario puede usarse de varias maneras:

- – Inicio de sesión como raíz
- – Su
- – Sudo
- – Archivos raíz SUID

El usuario raíz crea otros usuarios Linux mediante el comando *useradd*. Cuando este comando se introduce en el prompt, Linux lleva a cabo muchas tareas simultáneas para crear la cuenta del usuario, como crear un directorio *home* y asignar permisos por defecto. Otros indicadores de parámetros existen para el comando *useradd* y pueden encontrarse viendo su página *man*.

El proceso de inhabilitar una cuenta requiere un poco más de esfuerzo. El administrador del sistema debe editar el archivo que almacena toda la información de usuarios del sistema e inhabilitar manualmente la contraseña del usuario. Las contraseñas del usuario se almacenan en un archivo central denominado archivo "shadow", que está ubicado en el directorio /etc. Este archivo puede editarse con un editor de texto como el *Editor vi*.

En cuanto a la creación de grupos y agregado de usuarios a grupos tenemos varios comandos en Linux. Cada grupo de un sistema Linux puede tener desde ningún miembro hasta muchos miembros como cuentas de usuario en el sistema. La membresía de grupo está controlada por el archivo */etc/group*.

Para cambiar a un grupo diferente después de iniciar sesión en el sistema use el comando *newgrp*. La sintaxis para este comando es la siguiente:

> *newgrp nombregrupo*

Por ejemplo:

> *Newgrp ingeniería*

El comando *gpasswd* puede usarse para modificar grupos existentes.

8.5.2. Sistema de Archivos y administración de Servicios en GNU/Linux

Crear archivos y directorios en Linux es simplemente una cuestión de conocer los comandos apropiados y cómo usarlos. Algunos de los comandos usan la misma sintaxis tanto para archivos como para directorios, mientras que otros son diferentes.

El comando *find* se usa para localizar uno o más archivos suponiendo que se conocen sus nombres de archivo aproximados. El comando *find* permite especificar filtros y ejecutar comandos en el contenido de árboles de directorio enteros.

El comando *grep* le permite buscar un patrón en una lista de archivos. La forma de buscar una cadena mediante el comando *grep* es colocar las palabras que está buscando juntas entre comillas simples.

En cuanto a *contraseñas y permisos*, El sistema de permisos de Linux es mucho más difícil que el de Windows. Se da más control a los administradores de sistemas mediante el uso de tres categorías de permisos distintivas de lectura, escritura y ejecución. El permiso de ejecución controla la capacidad de un usuario de entrar a un directorio, mientras que el permiso de lectura controla su legibilidad.

Los permisos de archivos y directorios en Linux se controlan mediante el uso de los dos comandos muy importantes *chown* y *chmod*.

El comando *chown* es llevado a cabo por todos los usuarios para especificar la pertenencia a usuario *y gruop* de un archivo o directorio. La sintaxis es la siguiente:

- *chown nombreusuario.grupo nombrearchivo*
- Por ejemplo: *chown jdoe.ejecutivos informe_01*

La propiedad de archivos y directorios es un concepto importante en Linux porque los permisos se declaran tanto para usuarios como para grupos basándose en esta pertenencia. La sintaxis es la siguiente:

- *chmod modo nombrearchivo*
- Por ejemplo: *chmod 700 informe_01*

En cuanto a montaje y administración de sistemas de archivos los dos comandos que usa Linux para montar y desmontar sistemas de archivos y particiones son *mount* y *umount*. La opción *-o* toma una lista de las opciones separadas por coma.

El comando *df* mostrará información acerca de una unidad de disco rígido o partición que incluya espacio en disco rígido total, usado y disponible. Hay muchos parámetros que pueden usarse con este comando también y que pueden consultarse con *man*.

Si es necesario liberar espacio en un disco rígido, use el comando *du* para mostrar información acerca del directorio home de un usuario específico para tomar una decisión respecto a qué archivos mover o borrar para hacer espacio. También hay varios parámetros que pueden usarse junto con el comando *du*.

En cuanto a los *archivos de configuración del sistema de archivos*, existen dos tipos de archivos de configuración para el sistema de archivos Linux. Se trata de archivos de configuración del Usuario y del Sistema.

Los archivos de configuración del usuario se almacenan como archivos de punto (.) La configuración del usuario para la interfaz KDE se almacena en los archivos *.kde* y *.kderc*. Estos archivos de punto están ocultos y son ignorados por la mayoría de las herramientas de Linux. Si se usa el comando ls para enumerar el contenido del directorio home del usuario, estos archivos no figurarán en la lista. Pueden figurar agregando el parámetro -A al comando *ls*.

Los archivos de configuración de función del sistema controlan las funciones del sistema una vez que éste ha arrancado. Los archivos para servidores también están ubicados en el directorio /etc. Estos archivos controlan programas que se ejecutan en segundo plano, más a menudo inadvertidos por el usuario. Estos archivos están configurados usualmente para iniciar el servidor o cambiar su comportamiento en alguna forma si el servidor ya se ha iniciado.

El archivo */etc/inittab* es responsable de controlar procesos *init*, lo cual ejecuta los scripts de inicio en un sistema Linux. Hay dos tipos de líneas que se encontrarán en los archivos */etc/inittab*: líneas de comentario y líneas de control. Las líneas de comentario son tipos típicos de líneas que se encontrarán en todos los scripts de cualquier sistema operativo. Éstas son las líneas que se comentan usando un signo numeral (#). Las líneas de control son las líneas que lee el programa.

El archivo */etc/fstab* proporciona acceso a particiones de disco y a dispositivos de medios removibles. Linux soporta una estructura de directorios unificada lo que significa que cada directorio está ubicado en algún lugar en relación a la raíz del árbol que es /.

En cuanto a la *administración de niveles de ejecución*, primero decir que los niveles de ejecución controlan qué conjunto predeterminado de programas se ejecutarán en el sistema cuando el sistema arranque. Las configuraciones que controlan cómo arranca el sistema y en qué nivel de ejecución arrancar están almacenadas en el archivo */etc/inittab*. El programa *init* lee las configuraciones de este archivo y por lo tanto configura el nivel de ejecución inicial del sistema. Una vez que el sistema ha arrancado es posible cambiar el nivel de ejecución usando los programas *init* o *telinit*.

Cambiar al nivel de ejecución 0 es un caso especial porque requiere apagar la computadora y detenerla. Pasar a nivel de ejecución 0, para apagar el sistema, puede hacerse mediante los comandos *telinit* o *init*. • Se recomienda usar el comando *shutdown* en cambio por las muchas opciones que brinda.

8.5.3. Demonios (servicios) en Linux

Las funciones que se denominan servicios en Windows y Módulos Descargables Netware (NLMs) en Novell se denominan daemons (demonios) en Linux. Ejemplos de daemons Linux son FTPD y HTTPD. Los daemons no están integrados al sistema operativo como los servicios lo están en Windows. Los daemons se ejecutan como procesos en segundo plano. Se ejecutan continuamente sin producir ninguna salida visible.

Hay varios daemons Linux comunes:

- HTTPD: Este daemon es responsable de las solicitudes del navegador web.

- *Inetd*: Este daemon esperará que se haga una solicitud entrante y luego envía esa solicitud al daemon apropiado.

- *Crond*: Este daemon ejecutará scripts en un momento especificado.

- *Syslogd*: Este daemon registrará información acerca de programas en ejecución actualmente al archivo log del sistema.

Los daemons pueden cargarse o descargarse de la memoria en cualquier momento. También pueden reiniciarse sin tener que reiniciar todo el sistema.

En cuanto al inicio, detención y reinicio de daemons tenemos lo siguiente:

- Los scripts *Sys* V pueden usarse para iniciar, detener o reiniciar daemons Linux.

- Los scripts se ubican en directorios en particular, más comúnmente en los directorios */etc/rc.d/init.d* o */etc/init.d*.

- Para ejecutar estos scripts, necesitan ir seguidos por opciones tales como *start, stop* o *restart*.

- La opción *status* puede usarse en algunos scripts también para obtener feedback acerca de en qué estado actual se encuentra el daemon.

Los dos tipos de superservidores que se usan en Linux son *inetd.d* y *xinetd.d*. Los super-servidores escuchan solicitudes para cualquiera de los daemons y servicios del servidor. Ellos cargan el daemon o servicio en la memoria solamente cuando se ha hecho una solicitud y está en uso. Hasta que la solicitud se haya hecho, el daemon no estará ejecutándose ni consumirá nada de memoria.

En cuanto a HTTP, el NOS Linux no es capaz de proporcionar el daemon HTTP a los usuarios. En cambio, un programa de webhosting separado y extremadamente popular llamado Apache es la solución común. Apache proporciona los mismos daemons HTTP para Linux que la herramienta Servicios de Información de Internet (IIS) proporciona para Windows. Los usuarios no tienen que estar ejecutando un sistema Linux para acceder al daemon del servidor web Apache porque el servidor web Apache es accedido mediante el protocolo HTTP, que es independiente del sistema operativo.

A los usuarios de un sistema Linux habilitado para HTTP se les da típicamente un directorio especial dentro de su directorio home para colocar archivos web públicos. Este directorio a menudo se llama "*public_html*" y se convierte automáticamente en el directorio web raíz del usuario.

En cuanto a FTP, aunque el servicio FTP de Windows puede o no estar disponible por defecto, el servicio FTP de Linux no necesita configuración. Esta configuración se encuentra en */etc/rc.d/init.d/xinetd*.

Si un administrador de sistemas desea inhabilitar el servicio, un signo numeral (#) puede ubicarse al principio de la línea. De otro modo, Linux inicia automáticamente el daemon FTP (FTPD) durante el proceso de inicio, y los usuarios pueden usar FTP remotamente a la máquina en cualquier momento.

En cuanto a Telnet, permite a un usuario remoto iniciar sesión en un sistema con el propósito de emitir comandos y acceder a archivos usando una Interfaz de Línea de Comandos (CLI). Al descubrir que un servidor está escuchando solicitudes Telnet, un hacker puede intentar usar la fuerza bruta para irrumpir en el sistema. Un ataque de fuerza bruta puede involucrar el uso de un programa que adivina la contraseña, usando un diccionario como fuente de sus adivinaciones.

8.5.4. Protocolos para compartir archivos e impresoras

El protocolo Bloque de Mensaje de Servidor (SMB) está diseñado para ser un protocolo para compartir archivos. Ha sido renombrado Sistema Común de Archivos de Internet (CIFS) pero aún se usa para compartir archivos e impresoras. Este protocolo se utiliza para permitir que sistemas no Linux ni UNIX monten sistemas de archivos e impresoras Linux en la red. El protocolo SMB permite que un cliente Windows haga esto de la misma forma en que si estuviera conectado a otro sistema Windows.

El Sistemas de archivos de Red (NFS) se usa como medio para compartir archivos entre varios sistemas informáticos conectados en una red. No obstante, la principal diferencia con NFS es que está diseñado para funcionar en sistemas UNIX. NFS es el método preferido para compartir archivos entre sistemas Linux y UNIX porque los sistemas clientes pueden acceder a partes compartidas NFS en un servidor de archivos NFS con utilidades de acceso a archivos Linux.

En cuanto a la impresión. el componente principal de la impresión en Linux es la cola de impresión. El software LPRng proporciona el servidor con la capacidad de manipular múltiples impresoras y colas además de proporcionar la seguridad que será necesaria en una red grande. El otro componente principal del Software LPRng es el archivo */etc/printcap*.

Red Hat viene con una herramienta GUI que puede ser usada para configurar impresoras llamada *printtool*. Para usar la herramienta, escriba *printtool* en un *prompt* de shell. Esto lanzará la herramienta de configuración de impresora. Esta herramienta ayuda en la configuración de una estación de trabajo cliente en la red.

8.5.5. Cliente de correo

Para configurar el daemon de e-mail en Linux, el administrador necesitará configurar un agente de usuario de correo, también conocido como mailer, el agente de transferencia de correo (MTA), y el protocolo de transporte. El mailer proporciona al usuario una interfaz para leer y componer mensajes. El mailer usa el MTA para transferir el correo desde el emisor al destinatario y viceversa. Los dos MTAs importantes son SMTP y Sendmail.

ACTIVIDADES PROPUESTAS

Actividad 1. Ilustra con ejemplos los comandos de configuración del sistema para Windows

Actividad 2. Ilustra con ejemplos los comandos de configuración de redes para Windows

Actividad 3. Ilustra con ejemplos los comandos de administración de procesos para Windows

Actividad 4. Ilustra con ejemplos los comandos de administración de procesos para Linux

Actividad 5. Utiliza un par de herramientas MMC llamándolas a través de comandos.

CAPÍTULO 9

LINUX EN RED

Contenidos

Linux incorpora soporte para trabajo en red desde el propio núcleo del sistema. Esta característica le coloca entre los sistemas operativos más estables, rápidos y seguros en lo tocante a comunicación entre ordenadores y redes de área local. Tanto si planea implantar una intranet en un entorno corporativo o simplemente desea crear una pequeña red doméstica, Linux le proporciona un conjunto de herramientas y posibilidades más que suficientes para llevar a cabo, prácticamente todas las soluciones habituales y muchas otras no tan habituales.

9.1. TCP/IP EN LINUX

TCP/IP es el nombre de una familia (conjunto) de protocolos que en los últimos años ha conseguido convertirse en el más utilizado para realizar comunicaciones entre ordenadores. De la historia del nacimiento paralelo de TCP/IP e Internet se han escrito innumerables documentos, por lo que aquí nos limitaremos a describir los fundamentos básicos necesarios para dominar la configuración de una red basada en TCP/IP.

Los protocolos definen una serie de normas que se establecen para lograr la comunicación entre los ordenadores participantes. El objetivo final de la definición (y el seguimiento) de estas normas es que cada uno de los "interlocutores" sepa interpretar lo que el otro le remite. Es algo así como definir el "lenguaje" que se va a usar en esa comunicación.

Un ejemplo simple para entender esta idea es comparar la comunicación entre los ordenadores con una conversación telefónica. El protocolo sería el idioma utilizado en la conversación. La condición es que para una "conversación" determinada, los dos interlocutores empleen el mismo "idioma".

El conjunto de protocolos TCP/IP le debe su nombre a dos de los protocolos más importantes que contiene: TCP (Transmision Control Protocol o Protocolo de Control de Transmisiones) e IP (Internet Protocol, Protocolo de Internet), sin embargo, hay algunos más, distribuidos en los diferentes niveles en los que operan. En una primera aproximación se puede estructurar la torre de protocolos TCP/IP en cuatro niveles funcionales

Cada nivel está definido para realizar una serie de tareas específicas y suministrar el resultado de su trabajo al nivel adyacente.

Existe cierta analogía con el Modelo de Referencia de la OSI (Open System Interconnection), pero al ser TCP/IP anterior en el tiempo no se ajusta exactamente con los siete niveles definidos por la OSI.

9.1.1. Nivel de aplicación

En el nivel de aplicación se encuentran las aplicaciones disponibles para los usuarios. Es el nivel superior, controla y coordina las funciones que realizan por los programas (aplicaciones) de usuario.

Dentro del este nivel podemos encontrar aplicaciones como:

- FTP (File Transfer Protocol, Protocolo de transferencia de ficheros.) El método más rápido a la hora de mover ficheros de una máquina a otra.

- NFS (Network File System, Sistema de ficheros en red.) Se utiliza para tener acceso a directorios de máquinas remotas, utilizando un sistema de archivo distribuido.

- Telnet (Registro y ejecución remota.) Permite a un usuario acceder a una máquina remota y actuar exactamente igual que si estuviera sentado frente al segundo ordenador, que puede estar realmente separado varios kilómetros.

- SMTP (Simple Mail Transfer Protocol, Protocolo de transferencia de correo.). Utilizado para enviar correo electrónico.

- DNS (Domain Name Service, Servicio de nombres de dominio.) Permite que los usuarios se refieran a las máquinas por un nombre en lugar de un número (dirección IP.)

- Kerberos. Protocolo de seguridad, utilizado para validar contraseñas y ciertos esquemas de encriptación.

- RPC (Remote Procedure Call, Llamadas de procedimiento remoto.) Permite a ciertas aplicaciones comunicarse con otra máquina.

- POP (Post Office Protocol, Protocolo de oficina de correos.) Encargado de recibir y distribuir posteriormente el correo electrónico a los usuarios.

- HTTP (Hiper Text Transfer Protocol, Protocolo de transferencia de hipertexto). El utilizado para leer páginas Web.

Por supuesto existen más aplicaciones que operan en este nivel, pero estas deben ser las más utilizadas. Todas operan siguiendo el esquema cliente-servidor, de manera que en la comunicación entre dos ordenadores intervienen, por una parte, la máquina que ofrece el servicio, por ejemplo, HTTP, que tendrá activo un servidor Web y por la otra parte la máquina que solicita el servicio a través de una aplicación cliente, por ejemplo, un navegador como pueda ser Netscape.

9.1.2. Nivel de transporte

El nivel de transporte suministra a las aplicaciones servicios de comunicación entre las máquinas que van a comunicarse. Para ello se utilizan dos protocolos:

TCP (Transmisión Control Protocol,Protocolo de Control de Transmisiones), que es un protocolo fiable, ya que permite la recuperación ante datos perdidos, erróneos o duplicados, garantizando la secuencia de entrega. Además, está orientado a conexión, permite multiplexación, o lo que es igual, que múltiples usuarios puedan utilizar una conexión TCP simultáneamente, empleando el uso de puertos y sockets.

Un puerto es un número que identifica hacia qué aplicación o proceso deben dirigirse los datos, mientras que un socket contiene un par de números, uno es el puerto a través del cual la aplicación se comunica con TCP y el otro identifica la máquina en la que la aplicación está corriendo.

UDP (User Datagram Protocol, Protocolo de Datagrama de Usuario), que ofrece un servicio basado en envío de datagramas, no es orientado a conexión, por lo que cada datagrama debe contener la información de direccionamiento necesaria, y no es fiable ya que no se recibe confirmación de los datagramas recibidos, ni se garantiza el orden de entrega, debiendo ser la aplicación la encargada del control de estas tareas. Igual que TCP, permite multiplexación.

9.1.3. Nivel Internet

Este nivel es responsable de asegurar que la información se transmita correctamente a través de la red. Libera al nivel de transporte de la necesidad de conocer los mecanismos de transmisión de datos. No es fiable ni orientado a conexión. Los protocolos más importantes del nivel Internet son:

IP (Internet Protocol, Protocolo de Internet.) Trabaja con entrega de datagramas que, al no ser un protocolo fiable, pueden perderse o llegar desordenados o duplicados, debiendo ser TCP quien se encargue de estas cuestiones.

Este protocolo selecciona la trayectoria que deben seguir los datagramas, realizando si es necesario fragmentación y reensamblado de la información.

ICMP (Internet Control Message Protocol, Protocolo de Mensajes de Control de Internet.) El objetivo principal es proporcionar información sobre errores o de control entre nodos. Normalmente son generados por el software TCP/IP y no por el usuario.

ARP (Address Resolution Protocol, Protocolo de Resolución de Direcciones.) Los adaptadores de red tienen un número único que les identifica en la red. Se le conoce como "dirección física del adaptador", y es puesto por el fabricante del hardware, de manera que no se repite en ningún otro adaptador del mundo. De esta manera se identifica a nivel físico cada puesto en la red. El protocolo ARP se encarga de convertir las direcciones IP en direcciones físicas.

9.1.4. Nivel Físico

Es el responsable de la definición de características mecánicas, eléctricas y funcionales de la transmisión y recepción de información. Este nivel coincide con el homólogo del Modelo de Referencia de la OSI.

Se refiere al interfaz de red utilizado, de hecho, TCP/IP no define ningún protocolo en este nivel, lo que pone de manifiesto la flexibilidad de TCP/IP.

9.2. ARQUITECTURA CLIENTE-SERVIDOR

El diseño de los servicios TCP/IP se implementan en dos partes diferenciadas, por un lado tendremos la máquina que proporciona el servicio, a la que llamaremos "servidor", que atenderá las peticiones de otras máquinas que soliciten este servicio y en el otro extremo de la conexión estarán precisamente estas máquinas que llamaremos "clientes".

Ejemplos de este modelo pueden ser ordenador que ofrezca ficheros a el resto de ordenadores de su red mediante "ftp". Este ordenador sería el servidor y el resto los clientes. Sencillamente tendrá activado el servicio ftp y los demás podrán conectarse para utilizar sus ficheros.

Por supuesto una máquina puede ser servidor y cliente a la vez, suponga la red del ejemplo anterior con una variante: todos los puestos tienen activado el servicio ftp. Todos los puestos serán servidores en el momento en que un ordenador solicite sus servicios y clientes al hacer lo mismo con otros puestos.

9.2.1. Direcciones IP

El método utilizado por TCP/IP para localizar e identificar cada uno de los puestos que están conectados a una red es mediante la asignación de una dirección IP, que debe ser única en esa red, y que define tanto el puesto (host) y la red a que pertenece.

La dirección IP es un número de 32 bits de longitud, representado habitualmente en formato decimal, por cuatro grupos de números separados por puntos. Por ejemplo:

192.168.112.125

Consta de dos direcciones lógicas:

< Dirección de red > < Dirección de host >

También puede identificarse en la dirección IP la subred a la que pertenece el puesto:

< Dirección de red > < Dirección de subred > < Dirección de host >

Esta segunda formula surge debido a la limitación en cuanto a números de host que puede identificar una determinada clase de direcciones IP. Para agregar más puestos que los soportados por la clase se divide la red en redes lógicas más pequeñas: esto es lo que se denomina subred.

9.2.2. Clases de direcciones IP

Existen 5 tipos de formato diferentes para las direcciones IP que las dividen en las siguientes clases:

- Clase A. Dedica 7 bits para direcciones de red, lo que supone un máximo de $2^7 = 128$ redes, cada una de las cuales puede tener un máximo de $2^{24} = 16.777.216$ ordenadores, ya que hay 24 bits para las direcciones de host. Esta clase se utiliza cuando se un número muy elevado de ordenadores; por ejemplo, redes gubernamentales. Rango: de 1.0.0.0 a 127.0.0.0
- Clase B. Emplea 14 bits para direcciones de red y 16 bits para direcciones de host. Esto nos permite un número de $2^{14} = 16.536$ redes, de un máximo $2^{16} = 65.536$ hosts por red. Rango: de 128.0.0.0 a 191.255.0.0
- Clase C. Tiene 21 bits para direcciones de red y 8 bits para direcciones de host. Esto nos permite un máximo de $2^{21} = 2.097.142$ redes de $2^8 = 256$ hosts por red. Rango: de 192.0.0.0 a 223.255.255.0
- Clase D. Se reservan todas las direcciones para multidestino (multicasting), esto es, cada mensaje se transmite para todo un grupo especifico de ordenadores.
- Clase E. Esta clase se utiliza con fines experimentales.

9.2.3. Direcciones reservadas

Las redes de área local tienen un rango de direcciones reservadas que podremos usar siempre en ordenadores que no tengan conexión directa a Internet o a redes que utilicen las mismas direcciones IP, no se puede tener dos ordenadores con la misma dirección IP conectados a la misma red. Las direcciones reservadas para LAN en cada clase son:

- Clase A, de la 10.0.0.0 a la 10.255.255.255, la máscara a utilizar es 255.0.0.0

- Clase B, de la 172.16.0.0 a la 172.31.255.255, la máscara a utilizar es 255.255.0.0

- Clase C, de la 192.168.0.0 a la 192.168.255.255, la máscara a utilizar es 255.255.255.0

A su vez están reservadas las direcciones acabadas en cero (el último octeto en binario todos ceros), que define la dirección de red, por ejemplo:

213.220.25.0

Las que acaban en 255 (el último octeto en binario todo unos) son direcciones de difusión, que alcanzan a todos los puestos, como:

213.220.25.255

y por último la dirección de bucle o lazo (loopback) que se refiere siempre a si misma:

127.0.0.1

9.2.4. Subredes

Si su red supera el número de puestos máximo deberá utilizar diferentes máscaras de subred para implementar las subredes que necesite.

La máscara es un mecanismo compuesto de «ceros» y de «unos» mediante el cual los «unos» indican la parte de dirección de red y subred y los «ceros» se corresponden con las direcciones de host.

9.3. CONFIGURACIÓN DEL HARDWARE DE RED

Antes de poder utilizar un dispositivo de red, son necesarias una serie de funciones especiales definidas por el núcleo, de manera que, si este ha sido recompilado, es necesario asegurarse de que proporciona los controladores necesarios para comunicarse correctamente con el dispositivo.

El núcleo que proporciona Esware Linux por defecto está compilado con soporte para la mayoría de los dispositivos más comunes, por lo que, si mantiene el núcleo original de la distribución, no debería tener muchos problemas para que su dispositivo sea correctamente detectado.

El proceso de instalación realiza un chequeo de hardware y en caso de encontrar algún dispositivo de red, le presenta una pantalla de configuración donde se le pide los datos relativos a dirección IP del host, máscara de subred y las direcciones del servidor DNS y de la puerta de enlace.
Si completó los datos de esta pantalla, probablemente tenga su dispositivo de red configurado.

En caso contrario o si agregó el dispositivo después de la instalación, deberá hacer la configuración usted mismo.

Veremos los programas y archivos de configuración de red, trabajando con una tarjeta Ethernet como ejemplo, por ser las más utilizadas actualmente.

Los dispositivos de red se crean de forma dinámica por el controlador de dispositivos mientras se inicia y localiza el hardware.

Hay nombres estándares para los dispositivos de red en Linux, sustituya n por el número de dispositivo en el sistema, empezando a contar siempre desde cero

Un dispositivo que merece especial atención es el dispositivo "loopback", o de "bucle". Funciona como un circuito cerrado donde cada datagrama enviado es automáticamente devuelto al mismo sistema. El nombre de este dispositivo es lo. Es un dispositivo un tanto especial, necesario para algunos programas por lo que no se debe inhabilitar en ningún caso.

9.3.1. Herramientas de configuración

Disponemos de una serie de comandos y herramientas gráficas para la configuración de los dispositivos de red, direcciones IP y tablas de encaminamiento.

Primero: ifconfig

El comando básico es **ifconfig**, que se utiliza tanto para chequear el estado, configurar la interfaz, incluyendo la dirección IP, dirección de difusión, mascara de red y si la interfaz es o no operativa. Se utiliza durante el arranque para configurar aquellos interfaces que se necesiten. Tras esto, normalmente sólo se necesita para la puesta a punto del sistema.

La sintaxis de ifconfig es la siguiente:

```
ifconfig interfaz dirección-IP [mascara] opciones dirección-difusión
```

si se usa sin argumentos, **ifconfig** mostrará el estado actual de los interfaces activos.

Ejemplo:

```
[root@jcv /root]# ifconfig eth0 Link encap:Ethernet HWaddr
00:C0:DF:E0:39:6B
 inet addr:192.168.13.47 Bcast:192.168.13.255 Mask:255.255.255.0 UP
    BROADCAST RUNNING MULTICAST MTU:1500 Metric:1 RX packets:4485
    errors:0 dropped:0 overruns:0 frame:0 TX packets:401 errors:0
    dropped:0 overruns:0 carrier:0 collisions:19 txqueuelen:100
    Interrupt:10 Base address:0xe400

lo Link encap:Local Loopback inet addr:127.0.0.1 Mask:255.0.0.0 UP
    LOOPBACK RUNNING MTU:3924 Metric:1 RX packets:603 errors:0 dropped:0
    overruns:0 frame:0 TX packets:603 errors:0 dropped:0 overruns:0
    carrier:0 collisions:0 txqueuelen:0

[root@jcv /root]#
```

Aquí se pueden ver dos dispositivos: **eth0**, que la tarjeta ethernet y **lo**, el dispositivo de bucle o lazo, cuya dirección IP es 127.0.0.1. Esta es la forma más sencilla de realizar una comprobación del estado de los dispositivos.

Si se pasa un sólo argumento de interfaz, muestra solamente el estado de ese interfaz; si se da un solo argumento -a, muestra el estado de todos los interfaces, incluso de aquellos que no están activos. De otro modo, configura un interfaz.

Los argumentos más comunes de **ifconfig** son los siguientes:

up Esta opción hace que el interfaz se active.

down Esta opción hace que el interfaz se desactive.

arp Activa el uso del Protocolo de Resolución de Direcciones (ARP) para este interfaz.

[-] arp Desactiva el uso del protocolo ARP para este interfaz.

promisc Activa promiscuo del interfaz. Seleccionar esto, hará que el interfaz recibá todos los paquetes de la red.

[-] promisc Desactiva el modo promiscuo del interfaz.

metric N Esta opción establece la métrica de la interfaz. Es una medida de enrutamiento, a mayor metrica, menos favorable es la ruta.

mtu N Este parámetro establece la Unidad de Transferencia Máxima (MTU) de un interfaz.

netmask [addr] Establece la máscara de red IP para un interfaz. Este valor es por defecto el de la máscara de red normal de clase A, B o C, pero puede configurarse para cualquier valor.

irq [addr] Establece la línea de interrupción usada por el dispositivo.

io_addr [addr] Establece la dirección inicial en el espacio de E/S para este dispositivo.

broadcast [addr] Establece la dirección de emisión del protocolo del interfaz.

[-] pointopoint [addr] Esta opción activa el modo point-to-point (punto a punto) del interfaz, lo cual significa que se trata de una unión directa entre dos máquinas, sin nadie más a la escucha.

El uso de **ifconfig** para configurar una tarjeta de red está restringido al administrador del sistema (root), un usuario sin privilegios, únicamente puede usarlo para comprobar el estado.

Por ejemplo, desactivar un dispositivo de red con **ifconfig** es tan sencillo como ejecutar la siguiente orden:

```
[root@jcv /root]# ifconfig eth0 down
```

y para volvera activar el dispositivo:

```
[root@jcv /root]# ifconfig eth0 up
```

Una opción muy particular que nos ofrece Linux es la posibilidad de asignar a un dispositivo un "alias de red". Esto consiste simplemente en proporcionar al mismo dispositivo físico una configuración "virtual", que le asignará una nueva "identidad" en la red, de manera que nos permite, por ejemplo, disponer diferentes direcciones IP, en e mismo dispositivo, para diferentes servicios.

Para asignar un "alias de red" a un dispositivo también usaremos el comando **ifconfig**:

```
[root@jcv /root]# ifconfig eth0:0 192.168.100.1 netmask 255.255.255.0
```

Se observa que después del nombre de dispositivo añadimos dos puntos y un número, en este caso el cero. Este es el número de alias con que será conocido el dispositivo. De manera que se ha creado el alias `eth0:0` para la tarjeta Ethernet eth0. Al ejecutar ahora `ifconfig` para comprobar el estado, obtenemos la siguiente salida:

```
[root@jcv /root]# ifconfig eth0 Link encap:Ethernet HWaddr
00:C0:DF:E0:39:6B inet addr:192.168.13.47 Bcast:192.168.13.255
Mask:255.255.255.0

     UP BROADCAST RUNNING MULTICAST MTU:1500 Metric:1 RX packets:0
     errors:0 dropped:0 overruns:0 frame:0 TX packets:0 errors:0 dropped:0
     overruns:0 carrier:0 collisions:0 txqueuelen:100 Interrupt:5 Base
     address:0xd800
  eth0:0 Link encap:Ethernet HWaddr 00:C0:DF:E0:39:6B
     inet addr:192.168.100.2 Bcast:192.168.100.255 Mask:255.255.255.0 UP
         BROADCAST RUNNING MULTICAST MTU:1500 Metric:1 Interrupt:5 Base
         address:0xd800
  lo Link encap:Local Loopback inet addr:127.0.0.1 Mask:255.0.0.0 UP
     LOOPBACK RUNNING MTU:3924 Metric:1 RX packets:0 errors:0 dropped:0
     overruns:0 frame:0 TX packets:0 errors:0 dropped:0 overruns:0
     carrier:0 collisions:0 txqueuelen:0
[root@jcv /root]#
```

Dispondremos de dos direcciones IP con una única tarjeta de red, las dos perfectamente operativas. Para que la creación de alias de red se realice automáticamente debe añadir el comando que usó para activar el alias al script `/etc/init.d/network`.

Segundo: route

El comando **route** nos permite consultar y manejar la tabla de encaminamiento (también leerá *enrutamiento*). El objetivo de esta tabla (piense en tabla como equivalente a una "lista") es informar al núcleo que hacer con cada paquete que deba salir del equipo, que dispositivo deberá usar y si utiliza una "puerta de enlace" (gateway) o lo envía directamente a su destino.

La sintaxis de **route** es la siguiente:
```
route [opciones] [comando [parametros]]
```

Ejecutado sin argumentos, **route** muestra la configuración actual de la tabla de rutas:

```
[root@jcv /root]# route Kernel IP routing table Destination Gateway Genmask
Flags Metric Ref Use Iface
  192.168.100.0 * 255.255.255.0 U 0 0 0 eth0 192.168.0.0 * 255.255.255.0 U
  0 0 0 eth0
127.0.0.0 * 255.0.0.0 U 0 0 0 lo [root@jcv /root] #
```

Al haber declarado un alias de red, obtenemos dos líneas asignadas al mismo dispositivo, eth0, una para cada dirección de red. La salida de **route** presenta siete columnas:

1. Destino, indica hacia donde se van a enviar los paquetes. El nombre especial `default` indica a puerta de enlace por defecto.

2. Gateway, indica la dirección o el nombre de la puerta de enlace a través de la cual se envían los paquetes. Un asterisco (*) indica que los paquetes se envían directamente a su destino.

3. Genmask, es la máscara que se aplica al valor Destino a través de esa ruta.

4. Flags, puede contener varios valores: U (up), ruta disponible; H (host), el destino es un puesto no de tráfico. Supone una ruta estática a ese equipo; G (gateway), el paquete se envía a un puesto controlador de tráfico, no al destino directamente

5. Metric, indica la distancia al destinatario, la emplean algunos demonios de enrutamiento. No se usa con los últimos núcleos.

6. Ref, número de referencias a esta ruta. (No se usa en el núcleo de Linux)

7. Use, cuenta el número de búsquedas para esta ruta.

8. Iface, indica el dispositivo a través del cual se enviarán los paquetes para esta ruta.

Para modificar las rutas de la tabla de encaminamiento se emplean los comandos add y del. La sintaxis en este caso es:

```
route add|del [-net|-host] <destinatario> [gw <puerta>] [netmask
<máscara>] [dev]<dispositivo>
```

Los comandos add y del se usan respectivamente para añadir o borrar una entrada en la tabla. Las opciones -net y -host no son imprescindibles, pero eliminan cualquier posible ambigüedad. Indican si el objetivo es una red (-net) o si el objetivo es un ordenador (-host). La opción gw indica que cualquier paquete IP para la red u ordenador objetivo se encaminará a través del gateway especificado La opción netmask indica la máscara de red de la ruta que se va a añadir. La opción dev asocia la ruta con el dispositivo que se especifica, de otro modo, el núcleo tratará de determinar el dispositivo por sí mismo (mediante la comprobación de las rutas y especificaciones de dispositivo existentes). En la mayoría de los casos esta opción no será necesaria.

Ejemplos:

```
route add -net 127.0.0.0
```

Añade la típica entrada de tipo loopback, usando una máscara de red 255.0.0.0 (red clase A, determinada por la dirección de destino) asociada con el dispositivo «lo» (dicho dispositivo se debe configurar previamente con ifconfig).

```
route add -net 192.168.13.0 netmask 255.255.255.0 dev eth0
```

Añade una ruta a la red 192.168.13.x vía «eth0». El modificador de máscara de red de clase C no resulta realmente necesario en este caso dado que 192.* es una dirección de clase C. También se podría omitir la opción «dev».

```
route add default gw 192.168.1.25
```

Añade una ruta por defecto (que será usada en caso de no poder usar ninguna otra). Todos los paquetes que sigan esta ruta serán encaminados por medio de «192.168.1.25». El dispositivo utilizado para esta ruta dependerá de cómo pueda alcanzarse «192.168.1.25»

```
route add -net 213.220.15.0 netmask 255.255.255.0 gw 192.168.1.25
```

Este comando añade la red «213.220.15.x» que ha de ser encaminada vía gateway a través de la dirección 192.168.1.25.

```
route add 10.0.0.0 netmask 255.0.0.0 reject
```

Instala una ruta de rechazo para la red privada «10.x.x.x.»

Tercero: netstat

Una herramienta útil donde las haya: netstat. En realidad, es un conjunto de herramientas que nos facilita información sobre la configuración y la actividad de la red. Por ejemplo, veamos el resultado de la ejecución de netstat -r:

```
[root@jcv /root]#netstat -r

   Kernel IP routing table

Destination Gateway Genmask Flags Metric Ref Use Iface

192.168.100.0 * 255.255.255.0 U 0 0 0 eth0
```

Es en realidad una llamada al comando route que acabamos de ver. Ejecutado sin argumentos muestra el estado de las conexiones de red. Presenta una lista de los conectores (sockets) que estén abiertos. Esta es la operación por defecto: si no se especifica ninguna familia de direcciones, se mostrarán los conectores activos para todas las familias de direcciones configuradas. Con la opción -e se puede obtener información adicional (userid, identificador de usuario). Con el modificador -v se consigue que netstat muestre familias de direcciones conocidas no soportadas por el núcleo. La opción -o muestra información adicional sobre los temporizadores de red. La opción -a muestra todos los conectores, incluyendo los que se encuentran a la escucha de recibir peticiones en el servidor.

9.4. COMPARTIR RECURSOS EN RED: SAMBA

Una de las necesidades que ocasionalmente se encuentra un administrador de red es la de hacer coexistir máquinas con distintos sistemas operativos, y que a pesar de ello sean capaces de compartir recursos a través de la red. Un servidor de impresión Linux y un par de máquinas en las que corre Windows de Microsoft, por ejemplo. O tener acceso a directorios compartidos de Windows desde las estaciones Linux, y viceversa.

Todo esto es posible implementarlo mediante una correcta configuración de un software que tiene disponible en su distribución Esware: Samba.

Samba proporciona a Linux servicios de protocolo Session Message Block (al que llamaremos a partir de ahora SMB, y que además es conocido también como NetBIOS o LanManager), que es el protocolo empleado por los sistemas operativos de Microsoft para compartir archivos y servicios de impresión. Y lo mejor de todo es que Samba trabaja en las dos direcciones, lo que significa que tenemos posibilidad de hacer que las máquinas Linux aparezcan en el Entorno de Red de Windows

9.4.1. Instalación de Samba

Si no lo selecciono durante la instalación, tendrá que recurrir al CD 1 (sistema) de Esware.

Encontrará, en el directorio: `/mnt/cdrom/Esware/RPMS/` los siguientes paquetes, necesarios para empezar a trabajar con Samba.

```
samba-2.0.6-9.i386.rpm
samba-client-2.0.6-9.i386.rpm
samba-common-2.0.6-9.i386.rpm
```

La instalación de cualquier paquete basado en rpm no debería suponer ningún problema, si ha llegado a este punto del libro, de todas formas, el comando a ejecutar es:

```
rpm -ivh <nombre_del_paquete_rpm>
```

9.4.2. Componentes de Samba

Samba incorpora un variado conjunto de componentes, cada uno de los cuales tiene una función bien definida, a continuación, se describe la tarea principal de los mismos:

`Smbd`: El "demonio" Samba. Es el encargado de proveer servicio a los clientes SMB, como Windows. El fichero de configuración de este demonio es `/etc/smb.conf`

`Snmbd` El "demonio" `nmbd` proporciona servicio de nombres y navegación NetBIOS

`Ssmbclient`: Es un programa cliente (parecido a un ftp), que se usa para acceder desde Linux a recursos compartidos mediante SMB (como puedan ser directorios o impresoras de Windows)

`Stestparm`: Utilidad que permite chequear el fichero de configuración `/etc/smb.conf`.

`Stestprns`: Utilidad que permite chequear las impresoras definidas en el fichero

`/etc/printcap`.

`Ssmbstatus`: Herramienta que comprueba y presenta una lista de las conexiones activas en el servidor `smbd`.

`Snmblookup`: Realiza consultas sobre nombres NetBIOS, relacionándolos con sus direcciones IP, desde máquinas Linux

`smake_smbcodepage`: Utilidad que permite crear ficheros de definición de páginas de códigos para el servidor `smbd`.

`Ssmbpasswd`: Cambia las contraseñas encriptadas SMB de los usuarios en los servidores Samba.

La instalación de Samba, coloca los scripts de inicio del servidor junto a todos los scripts rc.d de manera que el arranque y parada del servidor sigue la convención de este sistema. (Repase la parte de arranque del sistema si no está seguro.)

Por supuesto, esto es modificable y se puede hacer el inicio de Samba desde inetd, para ello deberá añadir al fichero de configuración de inetd, `/etc/inetd.conf` las siguientes líneas:

9.4.3. Configuración de Samba

La configuración del servidor Samba se define en un solo fichero, /etc/smb.conf. Aquí podemos determinar qué recursos del sistema se comparten con las otras máquinas de la red y las limitaciones y control de acceso que pondremos a estos recursos.

El fichero contiene una serie de secciones, con su nombre entre corchetes, como puede ser [global]. Dentro de cada sección los parámetros se asignan en modo nombre = valor, como, por ejemplo, workgroup = ESWARE.

Si una línea comienza por un punto y coma (;), indica que es un comentario y no se tendrá en cuenta su contenido, al igual que el carácter #, que realiza la misma función. Se usa el primer carácter para pasar por alto opciones y el segundo para comentarios reales.

Antes de empezar a modificar el fichero de configuración /etc/smb.conf, es buena idea hacer una copia de seguridad del que trae por defecto, ya que viene con una serie de definiciones básicas que pueden servir claramente de referencia.

Tambien deberá comprobar que el usuario que va a usar en las pruebas entre el cliente y el servidor existe en Linux. Añada un usuario si es necesario con el comando adduser y asígnele una contraseña con passwd.

La última comprobación es ver que la red sobre la que trabaja está disponible para los equipos. Haga ping entre los ordenadores implicados en las pruebas, no sea que un fallo de configuración de red le vuelva loco configurando Samba.

9.4.3.1. Secciones de smb.conf

— La sección [global]

Esta sección define parámetros de todo el servidor Samba. Se usarán para definir el comportamiento de todos los recursos. Además, proporciona valores predeterminados para las otras secciones:

```
[global] # workgroup = Nombre del dominio NT o Grupo de Trabajo workgroup
= ESWARE
```

workgroup = Especifica el grupo de trabajo. Recomendable el uso de mayúsculas, sin utilizar espacios y no sobrepasar ocho caracteres.

```
# server string es la descripción del Grupo de Trabajo server string =
Servidor Samba
```

server string = Una descripción para identificar al servidor desde el programa cliente

```
# Opción importante para la seguridad. Permite restringir las #
conexiones a máquinas de la red local. # En el ejemplo se limita el
acceso a dos redes locales de clase C # y al dispositivo «loopback».
hosts allow = 192.168.1. 192.168.2. 127.
```

```
   hosts allow = Determina el origen de las redes desde donde se aceptarán conexiones. #
Para cargar automáticamente las impresoras declaradas en # /etc/printcap

printcap name = /etc/printcap load printers = yes
```

Estas líneas habilitan la impresión automáticamente, siempre que la impresora esté configurada en el sistema.

```
   # Número de caracteres de coincidencia entre mayusculas y minusculas;
password level = 8; username level = 8
```

Si tiene problemas con las conexiones a clientes Windows, establezca el valor de `password level =` al mayor tamaño de contraseña de su sistema y `username level =` al nombre más largo de usuario y quite las marcas de comentario.

```
   # Para usar contraseñas encriptadas; encrypt passwords = yes; smb
passwd file = /etc/smbpasswd
```

Encontrará contraseñas encriptadas para clientes Windows que utilicen la versión 95 OSR2 o posteriores, las versiones anteriores empleaban texto plano en las contraseñas. Si este es su caso, retire las líneas de comentarios y añada al servidor las contraseñas de los usuarios ejecutando el comando `smbpasswd`, con la opción `-a`, de la siguiente manera:

```
   smbpasswd -a marmol
```

Esto añadirá el usuario `marmol`, que ya existía en Linux, al archivo de contraseñas encriptadas de Samba.

```
   # Si necesita que Samba trabaje como servidor de
# dominio (logon server) para estaciones de trabajo Windows
; domain logons = yes

# Si activó lo anterior puede ejecutar un script especifico
# para cada estación de trabajo
; logon script = %m.bat
# O un script específico para cada usuario
  ; logon script = %U.bat
```

Estas líneas procesan un script individual para cada máquina o usuario que realicen una conexión y convierte a Samba en un servidor de dominio.

— La sección `[homes]`

La sección `[homes]` permite a los usuarios remotos acceder a sus respectivos directorios personales en la máquina Linux.

Esto es, si un usuario se conecta al servidor Samba desde su máquina Windows, lo hará en su directorio personal. Recuerde que para hacer esto, tiene que ser usuario de la máquina Linux. La sección `[homes]` es una facilidad para que cada usuario tenga acceso a sus ficheros, sin tener que añadir una sección explicita en el fichero smb.conf.

Samba comparte dinámicamente el directorio del usuario localizándolo en el fichero de contraseñas del sistema.

```
[homes]
comment = Directorios Personales
browseable = no
writable = yes
; preserve case = no
; short preserve case = no # El tipo "case" por defecto es normalmente
"upper" para archivos DOS; default case = lower # Atención a "case
sensitivity" (distinción entre mayúsculas y # minúsculas. Puede hacer que
"algo" no funcione. ; case sensitive = no create mode = 0750
```

Aclaremos algunas entradas:

```
comment =
```

Identificación para los usuarios

```
browseable =
```

Indica si el recurso se verá en un navegador tipo Explorador de Windows o Entorno de Red

```
writable =
```

Modo en que se comparte el recurso, en este ejemplo, se permite escritura

```
preserve case = ; default case = ; case sensitive =
```

Instrucciones sobre respetar o no la distinción entre mayúsculas y minúsculas en los archivos nuevos creados en el servidor. Preste atención a esto porque Linux es *case-sensitive*, y Windows no.

```
create mode =
```

Establece los permisos que tendrán los archivos nuevos creados en el servidor

9.5. COMPARTIR UNA UNIDAD LINUX CON MÁQUINAS WINDOWS

Como se muestra en el fichero smb.conf anterior, compartir una unidad Linux con usuarios Windows es fácil. De todas maneras, como todo lo demás con Samba, puedes tener las cosas MUY controladas.

Para compartir un directorio con todo el mundo, crea una copia de la sección `[tmp]` añadiendo algo como esto al smb.conf:

```
[public] comment = Cosas publicas path = /home/public
```

Para que este directorio lo pueda leer todo el mundo, pero que sólo lo puedan cambiar gente del grupo 'laborales', modifica la entrada de esta manera:

```
[public] comment = Cosas publicas path = /home/public public = yes
writable = yes printable = no write list = @laborales
```

9.6. COMPARTIENDO UNA UNIDAD WINDOWS CON MÁQUINAS LINUX

Se incluye un programa cliente de SMB para máquinas UNIX con la distribución de Samba. Provee un interfaz estilo ftp para la línea de comandos. Puedes usar esta utilidad para transferir ficheros entre un 'servidor' Windows y un cliente UNIX.

Para ver qué recursos están disponibles en un host dado, ejecuta:

```
/usr/sbin/smbclient -L host
```

donde 'host' es el nombre de la máquina que quieres 'ver'. Esto devolverá una lista de nombres de 'servicios' —esto es, nombres de unidades o impresoras que puede compartir contigo—. A menos que el servidor SMB no tenga la seguridad configurada, te preguntará por una clave. Dale la clave de la cuenta de 'invitados' o de tu cuenta personal en esa máquina.

Por ejemplo:

```
    smbclient -L Noe
```

La salida de este comando debería ser algo parecido a esto:

```
Server time is Sat Aug 10 15:58:27 1996 Timezone is UTC+10.0 Password:
Domain=[WORKGROUP] OS=[Windows] Server=[NT LAN Manager 4.0] Server=[Noe]
User=[] Workgroup=[WORKGROUP] Domain=[]
```

La lista muestra otros servidores SMB con recursos para compartir con la red. Para usar el cliente, ejecuta:

```
smbclient servicio -U <usuario>
```

donde 'servicio' es una máquina y un recurso compartido. Por ejemplo, si estás intentando entrar en un directorio que ha sido compartido como 'public' en una máquina llamada Noe, el servicio debería llamarse /Noe/public

La orden, para esta máquina y este recurso, entonces será:

```
smbclient /Noe/public -U Mimi
```

De todas maneras, si se desea emplear la fórmula de Microsoft de llamar a máquinas remotas, es decir usar la barra invertida (\ ), debido a restricciones del shell, necesitará poner las barras invertidas con secuencias de escape, por lo que al final saldrá algo parecido a esto:

```
    smbclient \\\\Noe\\public -U Mimi
```

donde 'Mimi' es el nombre del usuario.

Entonces aparecerá el 'prompt' de smbclient, despues de pedir la contraseña:

```
Server time is Sat Aug 10 15:58:44 1996
Timezone is UTC+10.0
```

El comando de smbclient, 'h', muestra lista de los comandos disponibles del cliente.

9.7. COMPARTIENDO UNA IMPRESORA LINUX CON MÁQUINAS WINDOWS

Para compartir una impresora Linux con máquinas Windows, necesita asegurarse de que la impresora está preparada para trabajar bajo Linux. Si puede imprimir desde Linux, preparar una 'compartición' SMB de la impresora es automático.

Puede añadir la configuración de la impresora a smb.conf:

```
[global] printing = bsd printcap name = /etc/printcap load printers = yes
 log file = /var/log/samba-log.%m lock directory = var/lock/samba

[printers] comment = Todas las impresoras security = server path =
 /var/spool/lpd/lp browseable = no printable = yes public = yes writable
 = no create mode = 0700
[laser] security = server path = /var/spool/lpd/lp printer name = lp
    writable = yes public = yes printable = yes print command = lpr -r -h
    -P %p %s
```

¡Asegúrese de que el 'path' de la impresora (en este caso bajo [laser]) se corresponde al directorio de 'spool' en /etc/printcap!

9.8. COMPARTIENDO UNA IMPRESORA WINDOWS CON MÁQUINAS LINUX

Para compartir una impresora en una máquina Windows, debe hacer lo siguiente:

a) Debe tener las entradas adecuadas en /etc/printcap y deben corresponderse a la estructura de directorios local (el directorio de spool, etc)

b) Debe tener el script /usr/bin/smbprint. Viene con las fuentes de Samba, pero no con la distribución de ejecutables del Samba.

La forma más fácil y cómoda es utilizar la herramienta printtool para añadir una impresora, especificando el tipo smb A continuación debe completar los campos indicando los parámetros necesarios para que samba sea capaz de encontrar la impresora.

9.9. CONFIGURAR SAMBA CON SWAT

Existe una herramienta de configuración para el servidor samba, que puede ser de gran ayuda por dos motivos principalmente: primero, se trabaja en entorno gráfico y usted eso lo agradece y segundo trabaja vía http, lo que nos permite administrar nuestro servidor con absoluta comodidad remotamente.

La herramienta se llama Swat y la ejecución requiere de un navegador Para invocar a Swat debe poner lo siguiente en la línea de URL:

http://localhost:901/

y a continuación se le pedirá identificarse con un nombre de usuario y una contraseña válida.

9.10. WEBMIN. EL CONFIGURADOR WEB DEL SISTEMA

9.10.1. Instalación de Webmin

Webmin, como bien explica el título del capítulo, es un administrador general del sistema. El decir general no es nada exagerado debido a que con él podremos administrar funciones básicas del sistema, como usuarios y grupos; hardware (instalación de impresoras, dispositivos de red); servidores (podremos configurar Apache, Sendmail o DNS). Además, incorpora una serie de utilidades, como un terminal en JAVA, u otras que nos harán muy sencilla la administración y configuración de todo un servidor ESware Linux desde el navegador y de forma extremadamente sencilla.

Linux instalará Webmin siempre y cuando esta opción sea seleccionada en el grupo de aplicaciones a instalar. Webmin quedará instalado a falta de algunos parámetros básicos de configuración, como, el nombre de la máquina en la que se ejecuta, así como el usuario y contraseña de administración general. Si no modificamos estos parámetros, quedarán configurados con los valores predefinidos. Dichos valores son: El nombre de usuario y contraseña quedarán fijados a los de root. Éstos es conveniente cambiarlos para que una violación de Webmin no suponga también una total del sistema. Se asignará a nuestro equipo el nombre de host por defecto. El directorio de configuración de Webmin queda asignado a /etc/webmin y el de programas a /usr/libexec/webmin. Con estas nociones generales estamos preparados para acceder a él y revisar posteriormente los componentes.

9.10.2. Configuración de Webmin

Hay una carpeta se engloban aspectos generales de la configuración de Webmin. Uno de los más importantes es el control de acceso. Con éste podemos limitar el acceso a nuestro configurador a ciertas direcciones IP. Puesto que se accede a Webmin mediante *web*, cualquier equipo situado en la misma red o en internet podría acceder a nuestra configuración de no ser por este módulo, que evita el acceso desde determinadas IP y permite el de otras de forma tan sencilla como especificando dichas IP denegadas o aceptadas en una determinada casilla. Al mismo tiempo podremos cambiar el puerto en el que Webmin escuchará las peticiones de configuración; por defecto es el 10000.

En esta carpeta encontraremos al mismo tiempo un historial de acceso a Webmin, un configurador de salida por *proxy*, un área de cambio de propiedades de la interfaz de usuario, etc. Podremos cambiar el idioma, añadir módulos que aporten nueva funcionalidad, e incluso, actualizarlo directamente desde Internet.